LE

VERBE BASQUE.

LE
VERBE BASQUE,

PAR

L'ABBÉ INCHAUSPE.

OUVRAGE PUBLIÉ

PAR

LE PRINCE LOUIS-LUCIEN BONAPARTE.

> La langue basque n'eût-elle conservé
> de son antique splendeur que son système
> de conjugaison, c'en serait assez pour que
> cette belle langue méritât d'être étudiée.
> (LÉCLUSE.)

BAYONNE,
VEUVE LAMAIGNÈRE NÉE TEULIÈRES, IMPRIMEUR,
RUE PONT-MAYOU, 39.

PARIS,
BENJAMIN DUPRAT, LIBRAIRE DE L'INSTITUT, DE LA BIBLIOTHÈQUE IMPÉRIALE, ETC.
RUE DU CLOÎTRE-SAINT-BENOÎT, 7.

1858.

A SON ALTESSE

LE PRINCE

LOUIS - LUCIEN BONAPARTE.

Monseigneur,

Dans ce siècle de prodigieuse activité où l'homme s'efforce de ravir à la nature tous ses secrets, d'éclaircir toutes les obscurités de l'histoire, d'exhumer tous les monuments de l'antiquité, de pénétrer tous les mystères que l'univers offre à son esprit, l'attention des savants s'est aussi arrêtée sur la langue des Basques, cette langue si étrange, si originale, si harmonieuse et si merveilleusement conservée : — monument curieux et vénérable dont l'origine semble devoir remonter jusqu'au berceau du genre humain, et qui a traversé les âges sans que les bouleversements qui ont tout confondu autour de lui, et les peuples et les langues, aient pu dénaturer sa structure primitive, ni altérer profondément les formes qui le distinguent : semblable à ces gigantesques Pyramides de l'Orient, témoins de la puissance passée d'un grand peuple, qui ont vu s'écrouler autour d'elles les trônes, les cités et les empires, et qui seules sont restées debout, bravant la puissance destructive des éléments et des hommes.

Mais ce n'est pas seulement son antiquité et la merveille de sa conservation ; ce n'est pas seulement son originalité et l'harmonie de ses termes qui doivent recommander la langue basque à l'attention des savants. Sa beauté intrinsèque, la perfection de son organisme, l'unité et la simplicité qui ont présidé à sa construction ; et en même temps les grandes et majestueuses proportions de son architecture, la richesse de ses formes et sa merveilleuse flexibilité, voilà les caractères dont elle s'enorgueillit, voilà les titres qu'elle présente au jugement du linguiste et du philosophe, pour réclamer son rang parmi les premières langues du monde.

Si on doit juger de la perfection d'une langue par la simplicité de son mécanisme et par les ressources qu'elle possède pour rendre avec clarté, avec justesse et avec facilité toutes les nuances de la pensée humaine, nous osons douter qu'aucune langue puisse entrer en comparaison avec la langue basque.

Elle n'a qu'une seule déclinaison et une seule conjugaison. Elle exprime toutes les idées par des noms : substantifs, qualificatifs ou pronoms. Un verbe unique sert à lier les idées et à en indiquer les rapports. Ce verbe est l'âme du discours ; c'est lui qui donne la vie, l'action, le mouvement au langage. Il agit sur les substances, il les anime et les vivifie, mais il ne s'identifie pas avec elles ; il garde ses prérogatives ; tous les mots peuvent se conjuguer avec lui, mais il reste toujours seul *verbe*.

Dans la connaissance de la déclinaison et de la conjugaison sont renfermées toutes les difficultés de sa syntaxe.

L'accord consiste à unir dans leur forme radicale tous les mots qui se rapportent les uns aux autres, de manière à en former un tout solidaire : le dernier terme reçoit pour tous la terminaison casuelle.

Peut-on concevoir un plan d'une plus grande simplicité ?

Mais avec le mécanisme le plus simple, quelle prodigieuse puissance de composition ! quelle admirable souplesse ! quelle richesse de flexions !

La déclinaison, par la multiplicité de ses cas indéfinis et définis, exprime toutes les relations des êtres, leurs situations, leurs usages et leurs modes, avec une netteté, une précision et une clarté inconnues aux langues à flexions ; et cela sans avoir aucun besoin d'articles ni de prépositions (1). Elle distingue le sens individuel et le sens générique, le sens partitif et le sens total, avec une admirable facilité et avec la plus exacte justesse. Ce n'est pas tout ; elle a l'étonnante faculté de doubler et de redécliner ses cas (2), et celle plus étonnante encore de les conjuguer (*Voir page 433*).

Si la langue basque est admirable dans sa déclinaison et dans la manière dont elle traite le nom, elle l'est bien davantage dans son verbe et dans sa conjugaison. Le verbe est sa gloire et son orgueil, c'est dans le verbe qu'elle déploie sa magnificence et ses immenses richesses. Il est unique, et c'est l'une de ses plus belles prérogatives ; mais dans son unité, il est si grand, si fécond, si riche, si magnifique, qu'il surpasse autant les verbes des autres langues que le chêne de nos forêts surpasse les humbles bruyères qui croissent sous ses vastes rameaux.

Il possède des modes inconnus aux autres langues ; aucune d'elles n'indique les temps avec autant de précision. — Il exprime dans ses flexions non pas seulement la personne et le nombre du sujet, mais les régimes directs et les régimes indirects avec toutes leurs variations nominales ou pronominales, singulières ou plurielles. Il y a plus ; suivant le nombre des personnes auxquelles on s'adresse et suivant leur qualité ou leur rang par rapport à celui qui parle,

---

(1) Les prépositions n'existent pas en basque ; la déclinaison basque étant complète, les prépositions n'auraient aucune utilité. Ce qu'on appelle adverbes dans les autres langues, sont en basque de vrais noms ou des cas des noms. Ainsi, *loin* se dit *hurrun*, et il se décline au défini et à l'indéfini ; *hurrina, az, aren, harranez, hurrunko,* etc. ; il en est de même de *hullan*, près ; *hullana, hullanétik,* etc. ; de *non*, où, *nontik, nonko, nora,* etc. ; de *han*, là, *hantik, hara, hanko ;* de *guti*, peu ; de *hanitz*, beaucoup ; de *onxa* ou *ongi edérki*, bien ; *gaizki*, mal, etc.

(2) Ainsi, dans *jaterako*, pour aller manger ; *Bayonarako*, pour aller à Bayonne, il y a le cas adlatif et le cas prolatif ; dans *jakitekotan, hartzekotan*, dans l'intention de savoir, dans l'intention de prendre, il y a le cas prolatif et le cas positif. — Le génitif positif *aitáren* se redécline à tous les cas ; *aitárena*, celui du père ; *aitárenaz*, par celui du père ; etc. — Comme aussi le génitif relatif ; *hiriko, hirikóa,* celui de la ville ; *hirikóaren*, de celui de la ville, etc.

il varie chacune de ses terminaisons; en sorte qu'il possède la faculté d'exprimer la personne du sujet, les divers régimes, et encore la personne à qui l'on parle et sa condition.

Ce n'est pas tout encore, il a une forme capitale pour l'idée dominante de la phrase, et des formes secondaires pour les idées régies et pour les propositions incidentes. De plus, chacune de ses terminaisons peut prendre la forme nominale et se décliner à l'indéfini et au défini, au singulier et au pluriel, comme tous les autres noms. Et ces innombrables et étourdissantes métamorphoses se font avec tant de facilité, d'après une loi si naturelle, si simple et si régulière, qu'elles se gravent sans étude dans la tête du Basque, et qu'il les emploie dans l'occasion avec la plus grande aisance, et sans se douter des trésors féeriques de formes et de terminaisons qu'il possède dans sa mémoire.

Monseigneur, nous rendons sincèrement hommage au talent, au mérite et aux sentiments patriotiques des hommes qui avant nous ont travaillé à faire connaître la langue basque. Mais ne devons-nous pas à la vérité de dire qu'ils semblent n'en avoir pas suffisamment connu le génie et les richesses; que sa théorie interne, le plan de sa construction, les secrets de son mécanisme leur sont demeurés cachés; que tous, plus ou moins, lui ont supposé un mécanisme semblable à celui des langues connues, et qu'ils ont cherché à la réduire à leurs formes et à la plier à leurs règles; qu'ainsi les uns lui ont fait subir le supplice du lit de Procuste et nous ont présenté un corps mutilé; que les autres ne nous ont offert que des membres détachés et désunis qui ne pouvaient point donner l'idée de l'ensemble imposant de sa magnifique et gigantesque charpente? Cet ouvrage de notre composition, dont vous avez daigné agréer l'offrande et auquel vous avez voulu donner l'honneur de la publicité, n'est point un travail complet sur la langue basque, mais c'est un travail qui présente pour la première fois, dans toute son étendue et sous sa physionomie propre, la partie la plus importante, la plus belle, la plus curieuse et aussi la plus difficile de cette langue, *le verbe*. Nous l'avons pris dans le dialecte Souletin qui est celui qui le possède le plus complet dans ses formes et en même temps le plus simple et le plus régulier dans ses flexions (1).

Notre travail est neuf ; mais ce n'est point ici une de ces théories fondées sur un système préconçu que nous présentons. Le rôle que nous nous sommes assigné a été celui d'un ouvrier consciencieux et patient qui recueille les matériaux épars d'un magnifique édifice, préparé par un grand et habile architecte, qui les étudie, les coordonne, et qui, après s'en être bien rendu compte, assigne à chaque partie sa place, les ajuste, les superpose et construit l'édifice sur le plan du génie qui l'avait conçu.

Si ce travail intéresse le public, s'il contribue à faire mieux connaître et apprécier notre belle langue, il est juste que je le proclame, et je le fais avec la plus douce et la plus vive reconnaissance, PRINCE, c'est à vous que, tous, nous en sommes redevables. Sans vos encouragements, il est probable qu'il serait toujours resté à l'état imparfait d'ébauche où vous le vîtes d'abord ; et sans votre générosité, jamais certainement il n'aurait vu le jour.

En vous livrant à vos savantes études comparatives des langues anciennes et modernes de l'Europe, vous avez été frappé des caractères particuliers qu'offrait la langue basque. Les moyens de la bien connaître vous manquaient ; mais, comme ces habiles naturalistes auxquels le moindre ossement suffit pour deviner les proportions et pour reconstruire dans leur esprit la charpente de l'être auquel il a appartenu ; vous aussi, avec les données imparfaites que vous possédiez, de ce coup d'œil d'aigle qui distingue les Bonaparte, vous avez découvert ce que la langue basque avait de grand et d'admirable dans son organisme, et vous avez voulu que ce vieux monument fût tiré de son obscurité, que ses formes fussent dégagées, et qu'on le montrât dans sa beauté et dans ses majestueuses proportions.

---

(1) Nous donnons en appendice les principales formes du verbe basque dans les dialectes Labourdin, Guipuscoan et Biscayen.

ÉPÎTRE DÉDICATOIRE.

Monseigneur, votre nom et vos travaux donnent à cette langue un honneur et un éclat dont les Basques eux-mêmes ne la soupçonnaient pas digne, mais dont ils se sentent justement fiers et glorieux. Vous avez acquis des droits éternels à leur affection et à leur reconnaissance ; vous vivrez dans leur mémoire et dans leur cœur. Ils se rappelleront et ils rediront avec orgueil à leurs neveux la gloire et la célébrité qu'a données au nom et à la langue des Basques Louis-Lucien Bonaparte, le neveu et le cousin de nos deux Grands Empereurs ; ce Prince aussi distingué par son génie, par sa vaste érudition et par les qualités de son cœur, qu'illustre par sa naissance.

Pour nous qui avons eu l'insigne honneur d'être admis dans votre intimité, nous ne perdrons jamais le souvenir de ces heureux entretiens dans lesquels nous avons eu à admirer et l'élévation de votre esprit, et l'étendue de vos connaissances, et les richesses de votre cœur, et la vivacité et la fermeté de votre foi, et en même temps cette simplicité touchante qui s'allie en vous à tant de noblesse, de mérite et de grandeur. Ces souvenirs et les témoignages flatteurs de bienveillance et d'amitié que vous nous avez donnés resteront profondément gravés dans notre âme ; ils seront toujours pour nous une des plus douces et des plus suaves consolations de la vie. Aussi, lorsque nos faibles vœux seront adressés au Ciel pour les personnes qui nous sont chères, Prince, vous serez certainement l'un de ceux pour lesquels notre cœur les exprimera avec le plus d'ardeur.

Daignez en agréer l'assurance, et me croire avec le plus profond respect et le plus sincère attachement,

Monseigneur,

De Votre Altesse

Le très-humble et très-dévoué serviteur,

INCHAUSPE, *Prêtre*.

VALEUR DES LETTRES EMPLOYÉES DANS LA PARTIE BASQUE DE CET OUVRAGE.

En général, toutes les lettres doivent se prononcer telles qu'elles sont écrites, mais elles n'ont pas, toutes, le même son que leurs correspondantes dans le français.

1. **A** se prononce comme en français.
2. **B** au commencement des mots et après *m* et *n*, se prononce comme le *b* français : *bat, buru, hambat, hainbeste*. Dans les autres positions, le *b* basque a un son intermédiaire entre le *b* et le *v* français : *abere, habaro, heben, salbazale, erbi, arbi, flabo*.
3. **D** se prononce comme en français.
4. **E** est le plus souvent ouvert; il est fermé quand il se trouve accentué à la fin des mots.
5. **F** ne se trouve que dans les mots empruntés aux langues étrangères; il se prononce comme en français.
6. **G** a toujours le son guttural : *ge, gi* se prononcent comme *ghe, ghi* en italien.
7. **H** est aspiré toutes les fois qu'il n'est pas précédé du *c*.
8. **I** comme en français.
9. **J** dans le dialecte souletin, se prononce comme en français; en Labourd et dans la Navarre, comme un *d* mouillé; en Guipuscoa on lui donne le son du *j* espagnol.
10. **K** est dur comme en français.
11. **KH** a le son aspiré de *k*.
12. **L** comme le *l* français dans *Lucien, langue* : *lan, lehen*.
13. **LL** leur son est celui des *ll* mouillés espagnols : *llabur, olla*.
14. **M** comme le *m* français non nasal.
15. **N** comme le *n* français non nasal.
    Ñ comme le *gn* français et le *ñ* espagnol.
17. **O** comme en français dans *bol, homme*.
18. **P** comme en français.
19. **PH** a le son aspiré du *p*.
20. **R** est doux entre deux voyelles : *hari, fil, ere, aussi*; dur dans les autres cas : *haur, sar, sorthu, sarde*.
21. **RR** se prononcent durs entre deux voyelles : *harri, pierre, erre, brûlé*.
22. **S** a un son gras et plein qui ne se trouve pas dans le français : *gose, usu, ase*; il se prononce sans le concours des dents.

23 le S, dans le dialecte souletin, a un son plus doux dans un petit nombre de mots tels que *losa, arresa, Jesus, guisa;* on l'indique par le *s* italique quand le mot est écrit en caractères romains et par le *s* romain dans les mots écrits en italiques.
24 T a le son du *t* français.
25 TH a le son aspiré du *t*.
26 TT double a un son doux dont l'union du *t* avec *y* consonne peut donner une idée; c'est un *t* mouillé : *haurtto, tchorittoua*.
27 U en dialecte souletin, se prononce comme en français; dans les autres dialectes il a la valeur de l'*ou* français.
28 X a le son de *ts* réunis.
29 Y est toujours consonne; entre deux voyelles il a le son doux qu'on lui donne en français dans *payer, voyage, layettes* ; entre une consonne et une voyelle il a le son d'un *d* mouillé : *onyo, anyerejer*.
30 Z a le son du *c* doux français dans les mots *ciel, ce, espèce, grâce*.
31 le Z dans certains mots tels que *aizina*, loisir, *zartatu*, éclater, *ezne*, lait, etc., a le son du *z* français.
32 TZ a le son du *t* et du *z* réunis. C'est le *z* italien dans le mot *azione*.
33 CH a le son de ces deux lettres dans les mots français *chacun, chercher*.
34 TCH a le son du *ch* rendu plus dur par le *t*. C'est le *ch* espagnol.
35 AI se prononce *a-ï*, comme dans *Anaïs, Adélaïde*.
36 AU se prononce *aou* : *jaun, haur*, prononcez *jaoun, haour*.
37 EU se prononce *eou* : *euri*, pluie, prononcez *couri*.
38 OA se prononce *oua* : *Jinkoa*, prononcez *Jinkoya*.
39 OE se prononce *oue* : *gaistoen, zeyoen*, prononcez *gaistouen, zeyouen*.
40 OI se prononce *o-ï*, comme dans *ovoïde, sphéroïde, goiz, khoi, goithu, joiten*.
41 OU se prononce comme l'*ou* français.

Le G, seul, ne se trouve pas dans cet alphabet, parce qu'il est remplacé par le *z* pour le son doux, et par le *k* pour le son dur.

Dans certains mots écrits généralement avec *o*, dans tous les dialectes, par les meilleurs auteurs anciens, l'*o* se prononce quelquefois *ou*; tels sont : *noiz, nor, nola, zombat, non, hon*, que l'on entendra plus généralement prononcer, en Soule : *nouiz, nour, noula, zoumbat, noun, houn*. Nous n'avons pas cru devoir nous écarter, pour ces termes, de la manière générale de les écrire; d'autant que, prononcés tels qu'ils sont écrits, ils ne choquent point et on les trouve bien dits dans tous les pays sans exception.

LE VERBE BASQUE.

SON UNITÉ ET SES PROPRIÉTÉS.

La langue basque n'a qu'un verbe.

Ce verbe a deux voix : la *voix intransitive* et la *voix transitive*. La *voix intransitive*, DA, XIZ, etc., sert à exprimer un état du sujet, ou une action reçue, ou une action faite par le sujet sur lui-même; la *voix transitive*, DU, DUT, etc., sert à exprimer une action exercée sur une personne ou une chose autre que le sujet du verbe. Les noms qui accompagnent le verbe déterminent l'état ou l'action.

La voix intransitive n'admet pas de régime direct; elle rend le verbe *être* français, et en se combinant avec les noms verbaux, elle exprime les verbes appelés en français *neutres*, *réfléchis* et *passifs*.

La voix transitive demande un régime direct; elle rend le verbe *avoir*, et tous les verbes appelés *actifs* en français, en se combinant avec les noms verbaux qui indiquent une action transmise.

Ces deux voix sont le complément l'une de l'autre et ne doivent être considérées que comme composant un seul verbe. En effet, la même action a besoin des deux voix, de même qu'elle a besoin des divers modes, pour exprimer ses divers rapports. Ainsi, l'action de *perdre*, d'*offrir*, de *commencer*, de *donner*, de *frapper*, etc., et en général, toutes les actions transitives exprimées en français par les verbes actifs, se combinent avec l'une et l'autre des deux voix, selon que l'action s'exerce sur un objet étranger ou sur le sujet lui-même. Pour rendre *il l'a offert*, on dit *eskéntu* DU avec la voix transitive; pour exprimer *il s'est offert*, *eskéntu* DA avec la voix intransitive; *il le commençait* se dit *hásten zian*; *il commençait à*, *hásten* ZEN; *il l'aura perdu*, *gáldu* DUKE; *il se sera perdu*, *gáldu* DATE, etc. Le rôle du verbe en basque est de lier les idées exprimées par les noms et d'en indiquer les divers rapports, et ces rapports s'exprimant par les formes, les modes et les voix, l'ensemble de ces formes, de ces modes et de ces voix constitue le verbe complet ; il ne faut donc pas faire des deux voix deux verbes, non plus qu'on ne fait des différents modes des verbes distincts.

Le verbe basque, dans la variété de ses formes, de ses inflexions et de ses combinaisons, détermine les temps avec une admirable précision, distingue les personnes, non-seulement celles qui sont le sujet du verbe comme font la plupart des langues, mais les premières, secondes et troisièmes personnes qui sont sujets, régimes directs et régimes indirects du verbe ; bien plus, il exprime le singulier et le pluriel, soit du sujet, soit du régime direct, soit du régime indirect. C'est ainsi que dans *éman déitzogu, nous les lui avons donnés*, dei-tz-o-gu exprime la première personne plurielle du sujet *nous*, par le *gu* final ; le régime direct pluriel *les*, par *tz* ; le régime indirect *à lui*, par *o*. Dans *emáiten déizkuye, ils nous les donnent* (dei-z-ku-ye), la troisième personne plurielle du sujet est exprimée par le *ye* final, le régime direct pluriel par le *z*, le régime indirect par *ku (gu)*.

Le verbe basque possède de plus quatre manières d'exprimer chaque distinction de temps, de personnes et de nombres ; nous les appelons *traitements*, à l'exemple des grammairiens basques-espagnols. Le premier traitement, le plus important et le seul absolument nécessaire pour écrire et pour parler le basque, est le traitement *indéfini* ; on l'emploie dans le discours public et en général lorsqu'on s'adresse à plusieurs personnes : *eskéntzen* DU, *il offre* ; *ján* DUT, *j'ai mangé*. Le second traitement est le *masculin* ; il indique le genre masculin de la personne à qui l'on parle, et on en fait usage avec un inférieur et avec toute personne du sexe masculin que l'on traite familièrement : *eskéntzen* DIK, *il offre* ; *éman* DIAT, *j'ai donné*. Le troisième traitement est le *féminin* ; il indique le sexe féminin de la personne à qui l'on parle, et on en use à l'égard des inférieurs et généralement à l'égard de toutes les personnes du sexe féminin avec lesquelles on a des rapports familiers : *eskéntzen* DIN, *il offre* ; *éman* DIÑAT, *j'ai donné*. Le quatrième traitement est le *respectueux* ; on s'en sert avec un supérieur et avec toutes les personnes auxquelles on doit des égards : *eskéntzen* DIZU, *il offre* ; *éman* DIZUT, *j'ai donné*. Ces divers traitements ajoutent sans doute à la complication du verbe basque, mais ils ont l'avantage d'identifier la personne qui parle avec celle à qui elle s'adresse, et d'exciter sans cesse l'attention de celle-ci. Nous observerons en passant, ce que nous aurons à remarquer aussi plus tard, que dans chaque phrase il n'y a que la forme du verbe servant à exprimer l'idée capitale qui admette la variété des traitements.

MODES ET FORMES DU VERBE BASQUE.

On doit distinguer dans le verbe basque sept modes : l'*indicatif*, l'*impératif*, le *subjonctif*, le *votif*, le *suppositif*, le *conditionnel* et le *potentiel*. Les modes que nous appelons *votif* et *suppositif* sont particuliers à la langue basque ; nous avons dû leur donner une dénomination et une classification particulières, parce que leur signification les distingue des autres modes, et qu'ils font partie intégrante du verbe. Nous ne comptons pas l'*infinitif* parmi les modes du verbe basque; les terminatifs que, par analogie, on a cru devoir rapporter à ce mode, appartiennent au nom verbal.

On distingue dans le verbe basque trois sortes de formes : les *formes premières* ou *capitales*, les *formes régies* et les *formes d'incidence*. Dans cette phrase : *errán du bíbar joánen déla*, il a dit qu'il partira demain, DU est une forme capitale et DÉLA est une forme régie. Dans cette autre : *nórk-ere éne errának éntzuten* BEITUTU *eta egiten, hárek udúri* DU *gizón bat zóñek hárrin-gáinen égin* BÉITU *béré etchía*, celui qui entend mes paroles et les accomplit, ressemble à un homme qui a bâti sa maison sur la pierre; BEITUTU et BEITU sont des formes d'incidence, DU est la forme capitale ; dans *jákin* HEZAZU *norút joan* DEN, HEZAZU est une forme capitale, DEN est une forme régie.

On compte dans chaque voix du verbe quinze formes simples ou capitales ; en voici le tableau :

Voix intransitive.

INDICATIF	1. *Da,* il est; *héltzen da,* il arrive; *héltu da,* il est arrivé; *hélturen da* et *héltuko da,* il arrivera.
	2. *Zen,* il était; *héltzen zen,* il arrivait; *héltu zen,* il arriva; *hélturen zen* et *héltuko zen,* il serait arrivé.
	3. *Dáte,* il sera ; *héltu dáte,* il sera arrivé ; *héltzen dáte,* il arrivera, il sera (en arrivée) sur le point d'arriver.
SUBJONCTIF OU FORME RÉGIE OPTATIVE.	4. *Dádin,* — *hel dádin,* qu'il arrive ; *izan dádin,* qu'il soit.
	5. *Lédin,* — *hel lédin,* qu'il arrivât; *izan lédin,* qu'il fût.
	Zátekian, — *héltu zátekian* (*náhi zikézun*), il aurait voulu) qu'il fût arrivé.
IMPÉRATIF	6. *Hádi, zite,* — *hel hádi, hel zíte,* arrive; *hízan,* sois; *izan hádi,* sois ; et *hadíla, zitiála,* — *ehadíla hel,* n'arrive pas; *ehadíla ízan,* ne sois pas.
VOTIF	7. *Ailédi,* — *ailédi hel,* plût à Dieu qu'il arrivât !
	8. *Ailitz,* — *áilitz héltu,* plût à Dieu qu'il fût arrivé ! *áilitz hében,* plût à Dieu qu'il fût ici !
SUPPOSITIF	9. *Balédi,* — *hel balédi,* s'il arrivait (dans le futur).
	10. *Bálitz,* — *héltu bálitz,* s'il était (actuellement) arrivé ; *hon bálitz,* s'il était bon.
CONDITIONNEL	11. *Lizáte,* il serait (présentem[t]); *héltu lizáte,* il serait arrivé (dans ce mom[t]).
	12. *Léite,* — *hel léite,* il arriverait; *izan léite,* il serait (dans le futur), il deviendrait.
	13. *Zátekian,* — *héltu zátekian,* il serait arrivé (dans le passé, précédem[t]).

4 LE VERBE BASQUE.

POTENTIEL	14. *Dáite*, il se peut, et il pourra ; *hel dáite*, il peut et il pourra arriver. *Léite* (même forme que la 12ᵐᵉ condit.) ; *hel léite*, il pourrait arriver.
	15. *Záitekian*, — *hel záitekian*, il pouvait arriver et il aurait pu arriver ; *izan záitekian*, il pouvait être et il aurait pu être.

Voix transitive.

INDICATIF	1. *Du*, il a ; *eskéntzen du*, il offre ; *eskéntu du*, il a offert ; *eskentúren du*, il offrira.
	2. *Zían*, il avait ; *eskéntzen zían*, il offrait ; *eskéntu zían*, il avait offert.
	3. *Dúke*, il aura ; *eskéntu dúke*, il aura offert ; *eskéntzen dúke*, il aura en offre, il offrira.
SUBJONCTIF OU FORME RÉGIE OPTATIVE.	4. *Dézan*, — *úkhen dézan*, qu'il ait ; *éskent dézan*, qu'il offre.
	5. *Lézan*, — *úkhen lézan*, qu'il eût ; *éskent lézan*, qu'il offrît.
	Zukían, — *eskéntu zukían* (*béldur zen*, il craignait) qu'il eût offert.
IMPÉRATIF	6. *Hézak*, *hezázu*, — *éskent hézak*, offre ; *úkhen hézak*, aie ; et *dezayála*, *dezazúla*, — *extezayála éskent*, n'offre pas.
VOTIF	7. *Ailéza*, — *ailéza éskent*, plût à Dieu qu'il offrît !
	8. *Ailu*, — *áilu eskéntu*, plût à Dieu qu'il eût offert ! *ailu !* eût-il !
SUPPOSITIF	9. *Baléza*, — *éskent baléza*, s'il offrait (dans le futur).
	10. *Bálu*, s'il avait (actuellement) ; *eskéntu bálu*, s'il avait offert.
CONDITIONNEL	11. *Lúke*, il aurait ; *ba-lúke adína*, il aurait l'âge ; *eskéntu lúke*, il aurait offert.
	12. *Lezáke* et *líro*, *eskent lezáke* ou *líro*, il offrirait.
	13. *Zukían*, *eskéntu zukían*, il aurait offert ; *úkhen zukían*, il aurait eu.
POTENTIEL	14. *Dezáke* et *díro*, il peut et il pourra ; *éskent dezáke* ou *díro*, il peut offrir et il pourra offrir.
	Lezáke, — *éskent lezáke*, il pourrait offrir (c'est la forme conditionnelle).
	15. *Zezakían*, — *éskent zezakían*, il pouvait offrir et il aurait pu offrir ; *úkhen zezakían*, il pouvait avoir.

Les formes *zátekian* et *zukían*, qui correspondent à la forme en *issem* du latin, ont, comme elle, double emploi. Elles servent à exprimer le conditionnel passé, et le plusque-parfait du subjonctif.

Les formes *léite* ou *léiteke*, *lizáte* ou *lizáteke*, servent à exprimer également le conditionnel présent et le potentiel conditionnel ; ceux-ci, du reste, ne diffèrent guère l'un de l'autre dans la signification et dans l'idée qu'ils énoncent à l'esprit.

Les *formes régies* sont de deux sortes : 1° les *formes régies positives* ; 2° les *formes régies exquisitives*. Elles dérivent des *formes capitales*; elles n'admettent les traitements masculin, féminin et respectueux que lorsque la seconde personne est mentionnée dans la forme comme sujet, comme régime direct ou comme régime indirect.

Le caractéristique de la forme régie positive est *la* ou *ala*, qui s'ajoute comme suffixe aux terminatifs des formes capitales. Cette addition s'opère en faisant subir à ces terminatifs un léger changement à la dernière lettre, et souvent en les laissant intacts. Pour les formes passées, qui se terminent toujours en *n*, on change simplement le *n* final en *la* : *nían, niála; zúnían, zuniála; zen, zéla*.

Les formes présentes et futures ayant les finales de leurs terminatifs plus variées, l'addition du suffixe ne se fait pas avec la même régularité que dans les formes passées; ainsi, *dut* fait *dudála*; *da*, *déla*; *gira*, *giréla*; *niz*, *nizála*; *dúgu*, *dugúla*; *dúzu*, *duzúla*; *du*, *diála* ou *duela*.

La forme régie exquisitive s'obtient en changeant le suffixe *la* de la forme régie positive en *n*; ces deux formes n'ont pas d'autre différence entr'elles. Il s'ensuit que, dans les formes passées la forme capitale et la forme régie exquisitive se confondent; elles ne diffèrent qu'en ce que la forme régie n'admet pas les divers traitements lorsque la seconde personne ne se trouve pas mentionnée.

La forme régie positive est exprimée en français par la conjonction *que* suivie d'un temps de l'indicatif, et en latin par la conjonction *quòd*, ou par la règle du *que* retranché, c'est-à-dire, par l'infinitif du verbe et l'accusatif dans le sujet. EXEMPLES : *vous dites qu'il est bon, erráiten dúzu hon* DÉLA; *il croit que je resterai, oúste du egónen* NIZALA ; *il jure qu'il l'a vu, zin egíten du ikhoúsi* DIALA.

La forme régie exquisitive s'emploie lorsque le verbe est régi par une forme capitale servant une idée d'information, d'enquête. Elle est ordinairement précédée des particules *non, où; nóra, où; nóntik, d'où; nóla, comment; nóiz, quand; éya, si, utrùm; zómbat, combien; zer, que, quoi; zéren, pourquoi; zóin, zóinen, zóini*, etc., *lequel, duquel, auquel; nor, nóri, nóren, nórizaz*, etc., *qui, à qui, de qui, par qui*, etc. EXEMPLES : *voyez où il est, ikhous hezázu non* DEN; *où il sera arrivé, nóra héltu* DATIAN; *où ils sont allés, norát jóan* DIREN; *j'ai demandé quel âge il a, galthátu dut zer ádin* DIAN; *quand il m'a vu, nóiz ikhoúsi* NAYAN; *combien d'années il aura, zómbat ourthe* DUTUKIAN; *quelle récompense vous aurez, zer sári* DUKEZUN; *quand il peut* ou *pourra me le donner, nóiz éman* DIZAKÉDAN. Cette forme se rend ordinairement en latin par le subjonctif : *vide ubi sit; quò pervenerit; quò iverint : percontatus sum qualem haberet ætatem; quandò me viderit*, etc.

Le *que* conjonction, suivi du subjonctif en français, et exprimé en latin par *ut* ou *ne* avec le subjonctif, se rend simplement en basque par le subjonctif. Les formes de ce mode sont essentiellement régies, et dans la langue basque, il aurait été plus rationnel de les classer avec les deux précédentes, en les appelant *formes régies optatives* ; mais nous avons voulu conserver à ce mode la dénomination et le rang qu'il occupe dans la plupart des langues écrites. Ce mode, de même que les deux autres formes régies, n'admet les traitements masculins, féminins et respectueux que lorsque la seconde personne est sujet ou régime; dans les autres cas, il n'a que le traitement indéfini.

Le verbe ne sert pas toujours à exprimer dans le langage une idée capitale ou une idée régie; il se trouve employé souvent pour des idées accessoires qui ne sont ni capitales ni régies èt que nous appelons *d'incidence*. Dans cette phrase : *Marie qui a été la mère du Rédempteur, descendait d'Abraham, María zóiñ izan* BÉITA *Arrérósliaren amá, Abrahámetarik eráisten zen; qui a été, izan* BÉITA...., sert à exprimer une idée d'incidence, et l'idée capitale s'exprime par *descendait, eráisten* ZEN ; dans ces autres : *là où est votre trésor, là est aussi votre cœur, nón ere* BÉITA *zoúre tresóra, hán ere dá zoúre bihótza ; souvenez-vous de Dieu qui voit vos démarches, órhit zîte Jinkoaz zóinec ikhoústen* BÉITUTU *zoure urháxak;* les idées capitales sont exprimées par *là est votre cœur, souvenez-vous de Dieu, hán da zoúre bihótza, órhit zîte Jinkoaz;* les idées d'incidence par *là où est votre trésor, qui voit vos démarches, nón ere béita zoúre tresóra, zóinec ikhoústen béitutu.* La langue basque donne une forme particulière au verbe qui sert à exprimer ces idées d'incidence. La particularité consiste simplement dans l'affixe *bei* ou *bai* (suivant le dialecte) dont on fait précéder les terminatifs de la forme capitale.

Ces formes d'incidence sont ordinairement précédées des pronoms *zóiñ, zóiñek, zóiñi,* etc., *qui, lequel, à qui,* etc. ; *zóiñ-ere, nór-ere, nóri-ere,* etc., *celui qui, celui à qui,* etc.; *zér-ere, zéri-ere, zéren-ere,* etc.; *ce que, ce à quoi, ce pourquoi,* etc.; ou des particules *nón-ere, là, où; nóiz-ere, quand; norát-ere, où, qui ; nóntik-ere, d'où que; nóla, comme* (conjonction); *nóla-ere, hála-nóla, de même que, comme,* etc. Elles s'emploient souvent sans être précédées de pronoms ni de particules, et alors elles ajoutent au verbe le sens des conjonctions françaises *parce que, comme.* Elles suivent, par rapport aux traitements, les mêmes règles que les formes régies.

Observons 1° que cet affixe *bei* ou *bai*, à cause de la consonnance douce de l'*i*, fait subir à certaines lettres qui le suivent les mêmes changements que la lettre douce *z*; ces changements consistent en ce que la lettre douce *d* se change en *t*, le *b* en *p*, le *g* en *k* et le *z* en *tz*; ainsi on dit : *béita* pour *béi-da; béitu* pour *béi-du; beitzén* pour *bei-zén; beikútu* pour *bei-gútu;* de même qu'on dit *ézta, éztu, etzén, ezkútu;* 2° que le même affixe *bei* perd le plus souvent l'*i* devant *h, l, n;* ainsi on dit : *behíz* pour *bei-hiz; beléite* pour *bei-léite; benían* pour *bei-nían.* La particule *ez* perd également le *z* devant les mêmes lettres.

Voici le tableau des formes régies et des formes d'incidence avec les formes capitales auxquelles elles correspondent :

Voix intransitive.

Forme capitale.	Forme régie positive.	Forme régie exquisitive.	Forme d'incidence.
1. *da*, il est.	*déla*, qu'il est.	*den*, il est.	*béita*, il est.
2. *zen*, il était.	*zéla*, qu'il était.	*zen*, il était.	*beitzén*, il était.
3. *dáte*, il sera.	*dátiala*, qu'il sera.	*dátian*, il sera.	*beitáte*, il sera.

Forme capitale.	Forme régie positive.	Forme régie exquisitive.	Forme d'incidence.
4. *lizáte*, il serait.	*lizátiala*, qu'il serait	*lizátian*, il serait.	*belizáte.*
5. *léite* et *léiteke*.	*léitiala.*	*léitian.*	*beléite.*
6. *zátekian*, il aurait été	*zátekiala.*	*zátekian.*	*beitzátekian.*
7. *dáite*, il se peut.	*dáitiala.*	*dáitian.*	*beitáte.*
8. *záitekian*, il se pouvait	*záitekiala.*	*záitekian.*	*beitzáitekian.*

Voix transitive.

Forme capitale.	Forme régie positive.	Forme régie exquisitive.	Forme d'incidence.
1. *du*, il a.	*diála*, qu'il a.	*dian*, il a.	*béitu*, il a.
2. *zian*, il avait.	*ziála*, qu'il avait.	*zian*, il avait.	*beitzian*, il avait.
3. *dúke*, il aura.	*dukiála*, qu'il aura.	*dukian*, il aura.	*beitúke*, il aura.
4. *lúke*, il aurait.	*lukiála*, qu'il aurait.	*lukian*, il aurait.	*beilúke* ou *belúke*.
5. *lezáke* ou *liöke*.	*lezakiála* et *liökiala*.	*lezakian* et *liökian*.	*belezáke* et *beliöke*.
6. *zukian*, il aurait eu.	*zukiála.*	*zukian.*	*beitzukian.*
7. *dezáke* et *diöke*.	*dezakiála* et *diökiala*	*dezakian* et *diökian*	*beitezáke* et *beitiöke*
8. *sezakian.*	*zezakiála.*	*zezakian.*	*beitzezakian.*

La forme exquisitive se décline à tous les temps et à toutes les personnes; et, déclinée, elle signifie *celui qui, celle qui, ce qui*, suivi de la signification particulière du verbe : *déna*, celui qui est ou ce qui est; *nizána*, celui qui suis; *dudána*, celui, celle ou ce que j'ai. La déclinaison basque étant unique, comme la conjugaison, et ayant les mêmes terminaisons casuelles pour tous les adjectifs et pour tous les substantifs, elle n'indique pas de différence de genre.

La forme positive reçoit aussi certaines terminaisons casuelles qui rendent les conjonctions françaises *tandis que, parce que*, etc. On les trouvera à la suite des tableaux des formes.

DES NOMS VERBAUX.

On a donné, par analogie, le nom de *verbes* à des mots qui expriment en basque des idées rendues en français par les verbes attributifs. Ces termes ont, il est vrai, des caractères qui les distinguent des substantifs et adjectifs ordinaires. Cependant nous ne croyons pas qu'on doive les appeler verbes dans la langue basque. On ne conçoit pas de verbes sans affirmation, sans indication de mode, de temps et de personnes; or ces termes exprimant simplement une idée, une manière d'être ou d'agir, sans aucune affirmation, sans indiquer aucun rapport soit au temps, soit aux personnes, sont dépourvus des propriétés essentielles du verbe, tandis qu'ils ont tous les caractères des substantifs et des adjectifs : ils se déclinent au défini, à l'indéfini, au singulier et au pluriel, et ils suivent pour l'accord et les régimes toutes les règles des adjectifs et des substantifs, surtout dans le dialecte souletin.

Héltze, jite, jóaite, izáte, ukhéite, jóite, ebilte, igáite, gáltze, eskéntze, etc., et tous les termes de ce genre qui se rendent par un verbe en français, sont de vrais substantifs qui se déclinent et qui suivent les règles des substantifs. Ainsi on dit :

Au nominatif défini : *zer* IZATE *tristia, quelle triste existence ;* JITE *hóri luzátzen du, il retarde cette venue, cette arrivée.*

A l'infinitif : *ez-ta* IZATERIK, JOAITERIE, *il n'y a pas d'existence, de départ.*

Au médiatif : *háren* IKHOUSTEZ *asérik niz, je suis rassasié de le voir* (mot à mot : *de vue de lui*).

A l'adlatif : *joan da amáren* IKHOUSTERA, *il est allé voir sa mère* (mot à mot : *à voir de la mère*).

Au prolatif : *amáren* LAGUNTZECO *behár du, il le lui faut pour accompagner sa mère* (mot à mot : *pour l'accompagner de sa mère*).

Au positif : *ikhoúsi dut haúrraren* JOITEN, *je l'ai vu frapper l'enfant* (mot à mot : *en action de frapper l'enfant, in verberatione pueri*) ; *ikhási du irakoúrten, il a appris à lire*; *izán niz zamariaren edaráten, j'ai été abreuver le cheval* (mot à mot : *en action d'abreuver du cheval*); *haúrra jóiten du, ikhoústen dut argia, il frappe l'enfant, il voit la lumière.* (1)

Les autres cas de la déclinaison indéfinie, pour les noms verbaux, sont moins usités ; cependant ils existent : l'actif, *izátek, gáltzek ;* le génitif, *ukhéiteren, gáltzeren ;* le sociatif, *hártzeki, izátekí, gáltzeki ;* le datif, *izáteri, gáltzeri, hiltzeri ;* le causatif et le despectif, *ukhéitegatik, gáltzegatik* et *gáltzerengatik ;* le déterminatif, *haúxterano, erháiterano,* sont tous dans la langue, quoiqu'on ait peu souvent besoin d'user de ces cas.

On dit encore, déclinant les substantifs verbaux au défini singulier :

Nominatif : *aitáren* JOAITIA, *makhilaren* HARTZIA, *mithilaren* IGORTIA (mot à mot : *l'aller ou le départ du père, le prendre ou la prise du bâton, l'envoyer ou l'envoi du domestique*; *háizu da* EMAITIA, *il est permis de donner* (mot à mot : *le donner est permis*).

Actif : *aitáren* IKHOUSTIAK *bóztu nái, le voir ou la vue de mon père m'a réjoui ;* háren ENTZUTIAK *gáiztu du, il s'est irrité en l'entendant* (mot à mot : *l'entendre de lui l'a irrité.*

Génitif : HILTZIAREN *beldúrra, la crainte de mourir* (mot à mot : *du mourir*).

Datif : *háren* JOAITIARI *nigar égin du, il a pleuré à son aller ou départ ;* IKHOUSTIARI *izitu da, il s'est effrayé en voyant.*

Positif : *guthúnaren* ESKENTZIAN, *en offrant la lettre ou le livre ;* aitáren LAGUNTZIAN, *en accompagnant papa ;* mot à mot : *dans l'offre de la lettre, dans l'accompagnement de papa.*

Elatif : JOAITETIK *gibeltu dut, je l'ai dissuadé de partir* (mot à mot : *du départ*) ; *begira zite* EMAITETIK, *gardez-vous de donner.*

Adlatif : *hitzemáitetik* EGITIALA *báda bide, il y a de la distance* ou *de la différence entre promettre et faire ;* mot à mot : *de la promesse à l'action.*

---

(1) Si dans ces deux derniers exemples *haúrra, argia* se trouvent être à l'accusatif, c'est que ces mots sont régis par *du* et *dut,* et non par *jóiten* et *ikhoústen ;* mot à mot, ces deux phrases se traduisent ainsi : *il a l'enfant en verberation, habet puerum in verberatione ; j'ai la lumière en vue, habeo lumen in visione.*

Prolatif : *hórren* URGAIZTIARENTAKO *zér nahi égin lézake*, il ferait tout pour le soulager.
Médiatif : *háren* JÓAITIAZ *izitúrik izán da*, il a été étonné de son départ ; *zoûre* GALTZIAZ *eztáite consóla*, il ne peut se consoler de votre perte.
Sociatif : HELTZIAREKI *erran déit*, il m'a dit en arrivant ; *hoúnen* EMAITIAREKI *erránen déyozu*, vous lui direz en donnant ceci (mot à mot : avec le donner de ceci).
Déterminatif : *begira hezázu ene* JITIALANO, gardez-le jusqu'à mon arrivée.
Causatif et despectif (l'usage les confond) : *zoûre* EGURUKITZIARENGATIK *égon nizu*, je suis resté àfin de vous attendre ; *zoûre* KHECHATZIAGATIK, *zoûre* BUHURTZIAGATIK *eginen dizut*, je le ferai malgré votre colère, malgré votre opposition.

Les mêmes cas existent au pluriel, mais à cause de la nature de ces sortes de mots, ils sont d'un usage moins fréquent.

L'adjectif verbal se décline de même ; ainsi on dit :
Au nominatif indéfini : GALDU *dut, je l'ai perdu* ; JOAN *da, il est allé* ; ÉMAN *du, il l'a donné*.
A l'infinitif : IKHOUSIRIK *jóan zinéla, ayant vu que vous étiez parti* ; EGINIK *da, il est fait* ; GALDURIK *ukhén du, il l'a eu perdu*.
A l'actif : *gáiza* GALDUK *eta zuháiñ eihartuk balio diána*, ce que vaut chose perdue et arbre desséché.
Génitif possessif : EMANEN *dut zerbáit*, je donnerai quelque chose ; GALDUREN *du guzia*, il perdra tout ; JOANEN *da egun*, il partira aujourd'hui.
Génitif relatif (même usage) : GALDUKO *du guzia*, ESKENTUKO *déyot zerbáit*, je lui offrirai quelque chose. (1)
Datif : *gáiza* GALDURI *eta* EDIRÉNI..... à chose perdue et trouvée....
Positif : *gáiza* GALDUTAN *eta* ESKENTUTAN (2) *chadila bérma*, ne compte pas sur chose perdue et offerte.
Elatif : *Hontársun* IGORRITARIK *eta hour* ICHOURITARIK *zer bil dáite*, de fortune dépensée et d'eau versée que peut-on recueillir ?
Adlatif : *bágo* ERORIRA *egurkariak égur bilha*, les bûcherons vont chercher le bois au hêtre tombé ; *bi zamári* EROSITARA *nóa*, je vais vers deux chevaux achetés.
Translatif : *holáko hérri* GALDUTARAT *etziñála jóan*, n'allez pas dans des pays perdus de cette sorte.

---

(1) Les dialectes souletin et navarrais n'ont pas ce second génitif dans les adjectifs verbaux qui se terminent en *n* au nominatif indéfini ; ainsi ils ne disent pas : *jodnko niz, emánko dut*, c'est probablement la rudesse de la consonnance qui, dans ces mots, aura proscrit de l'usage ce génitif qui existe pour tous les autres adjectifs verbaux, et qui est seul employé en Biscaye et dans le Guipuzcoa.

(2) Voici la règle de l'accord des substantifs avec les qualificatifs : lorsqu'un substantif est accompagné d'un ou de plusieurs qualificatifs, sans l'intermédiaire d'un verbe, le dernier terme est le seul qui prenne le cas modificatif ; les autres conservent leur état radical ou indéfini. Ainsi on dit : *ezné hóna*, le bon lait, et non *eznia hóna* : *goure etchía*, notre maison, et non *gouria etchia* ; *ardou hónetik*, du bon vin, et non *ardoutik hónetik* ; *gáiza gáldutan* et non *gaizáfan gáldutan* ; *béhi gáldiaren* et non *beháren gáldiaren*.

Prolatif : GALDUTAKO *utzirik da, il a été laissé pour perdu;* HILETAKO, *pour mort.*
Médiatif : EBILIZ EBILIZ *hélturen gira, à force de marcher nous arriverons;* adiskidia, IKHÉRTUZ, *har hézak, prends l'ami après l'avoir éprouvé;* GALDUZ *géroz, après l'avoir perdu.*
Sociatif : *holáko emázte* GALDUEKI *bizitzia, ifernu bat da, c'est un enfer que de vivre avec ces sortes de femmes perdues.*
Déterminatif : GALDUTARANO, ERABILITARANO, *jusques à*, etc.
Causatif : *bi ollo* GALDURENGATIK (1) *eztut nigar eginen, je ne pleurerai pas pour deux poules perdues.*
Despectif : *holáko bi gizon* GALDUGATIK *aitzina joánen niz, j'irai en avant malgré deux hommes perdus comme ceux-là.*
Contributif : *hán* EBILKAL *ikhôusten dut, je le vois chaque fois que je vais là;* IKHOUSKAL *ágour egiten déit, il me salue chaque fois que je le vois.*
Modal : IKHOUSKA *eginen dúgu, nous ferons après examen;* JOKA, *en frappant;* EMANKA, *en donnant.*

Le défini se décline de même, et comme dans tous les autres adjectifs, il est d'un usage plus fréquent que l'indéfini :
Nominatif : *béhi* GALDIA, *la vache perdue;* EMANA *hon da hártzeco, ce qui est donné est bon à prendre.*
Actif : *hárri* ERABILIAK *éztu biltzen oroldérik, la pierre roulée n'amasse pas de mousse.*
Génitif possessif : *béhi* GALDIAREN *humia da, c'est le petit ou le veau de la vache perdue.*
Génitif relatif : *álhor* EROSIKO *ogia, le froment du champ acheté.*
Datif : *gáiza* UKHÉNARI *edo* EMANARI *etzáyo béhar sobéra so égin, il ne faut pas trop examiner une chose reçue ou donnée.*
Médiatif : *ardoú* EDANAZ, *diháru* IGORRIAZ *ardanóya ézta arrancára, l'ivrogne ne se soucie ni du vin bu ni de l'argent dépensé.*
Positif : *álhor* EREÍÑIAN *ezte zála utz aberérik, ne laisse pas des animaux dans le champ ensemencé.*
Elatif : *ardoú* UKHENÉTIK *edo* ERAIXITIK *emáiten da,* EROSITIK *bêno gógo hóbez, on donne plus volontiers du vin qu'on a reçu ou récolté que du vin acheté.*
Adlatif : *bágo* ERORIALA *láster egurkaria, le bûcheron (court) vite vers le hêtre abattu; lan* HASIALA, *au travail commencé.*
Translatif : *étche ónxa* ZERRATIALAT *banóa, órori* IDÉKIALAT *béno gógo hóbez, je vais plus volontiers dans une maison bien fermée que dans une maison ouverte à tout le monde.*
Prolatif : *nékez* BILDIARENTAKO *(hourk bádu ésker habóro, eziez ehiki* UKHÉNARENTACO; *on apprécie plus ce qu'on a amassé avec peine, que ce qu'on a eu avec facilité.*
Sociatif : EROSIAREKI *eta* UKHÉNAREKI *zerbáit eginen dúgu, nous ferons quelque chose avec ce qui a été acheté et ce qui a été reçu en don.*

---

(1) Après les noms de nombres, les substantifs se mettent à l'indéfini ; ainsi on dit : *bi gizon*, deux hommes ; *hámar árdi*, dix brebis ; *hámar gizôn*, à dix hommes ; *bost ardíren*, de cinq brebis. Si ces noms de nombres sont déterminés et précédés en français des articles *les, des, aux,* les substantifs prennent le caractère défini ; ainsi on dit : les deux hommes, *bi gizának;* la laine des cinq brebis, *bost ardién ilhéa;* aux dix hommes, *hámar gizonér.*

Causatif : *zuk* IGORRIARENGATIK *eginen dut, je le ferai à cause de celui que vous avez envoyé.*

Despectif : *zér-nahí zuk* ERRANAGATIK, *eginen dut, je le ferai malgré tout ce que vous avez dit.*

Déterminatif : *jarráiki nitzáyo álhor* EREINIALANO, *je l'ai suivi jusqu'au champ ensemencé.*

Le pluriel des adjectifs verbaux est aussi usité que le singulier ; ainsi on dit :

Au nominatif : *béhi* GALDIAK *édiren dira, les vaches perdues se sont retrouvées.*

A l'actif : *zamári* SALDIEK *eráman die, les chevaux vendus l'ont emporté.*

Au génitif possessif : *árdi* EROSIÉN *ilhía, la laine des brebis achetées.*

Au génitif relatif : *álhor* EREI ÑETAKO *belhárra, l'herbe des champs ensemencés.*

Au datif : *sórho* EBAKIÉR, *aux prairies fauchées.*

Au médiatif : *idi* EROSIÉZ *zerbútza zite, servez-vous des bœufs achetés.*

Au positif : *záku* ZILATIÉTAN, *dans les sacs percés; sorho* EBAKIÉTAN, *dans les prés fauchés.*

A l'élatif : *árdi* KHOUNTATIÉTARIK *otóak eramáiten du, le loup emporte des brebis comptées.*

A l'adlatif : *ahári* EROSIÉTARA *joáiten niz, je vais aux moutons achetés* (pour les voir).

Au translatif : *ene hazíenda* EROSIÉTARAT *banóa, je vais à mes troupeaux achetés* (pour rester).

Au déterminatif : *háritz* EGOTCHIÉTABANO *banóa, je vais jusqu'aux chênes abattus.*

Au sociatif : *zamári* EROSIÉKI *joán da, il est parti avec les chevaux achetés.*

Au causatif : *zuk* IGORRIÉNGATIK, *zuk* GOMENDATIÉNGATIK *eginen dut, je le ferai à cause de ceux que vous avez envoyés, à cause de ceux que vous avez recommandés.*

Au despectif : *mézu* IGORRIAK-GATIK, *mehátchu* EGINAK-GATIK *aitzina joánen niz, malgré les avis qui m'ont été adressés, malgré les menaces qui m'ont été faites, j'irai en avant.*

Les mots indiqués en lettres majuscules dans les exemples précédents sont ceux que les grammairiens et les lexicographes appellent *verbes attributifs*; les modifications casuelles sont les seules dont ils soient susceptibles. Ces termes, qui rendent en basque les idées exprimées par des verbes dans les autres langues, ne sauraient donc avec justesse être appelés *verbes* dans la langue basque, puisqu'ils ne se conjuguent pas. On voit que bien plutôt il faut les considérer comme de vrais substantifs et adjectifs, puisqu'ils se déclinent et qu'ils suivent toutes les règles des substantifs et adjectifs ordinaires. Nous dirons comment ils s'unissent au verbe unique pour exprimer les idées et rendre les verbes des autres langues.

Cependant, quoique nous croyions plus juste de classer ces termes parmi les adjectifs et les substantifs, nous devons leur reconnaître des caractères particuliers qui les en distinguent, et nous les appelons noms *verbaux*, parce qu'ils sont particulièrement destinés à être unis au verbe, et parce qu'ils expriment l'idée d'une action ou d'un état.

La plupart de ces termes ont, dans les dialectes basques-français et dans le dialecte navarrais-espagnol, une forme radicale, distincte de l'adjectif et du substantif, qui rend quelquefois l'infinitif français et qui se joint dans la conjugaison aux formes du subjonctif, de l'impératif, du potentiel et au futur du votif et du suppositif; tels sont : *jar, gal, sar, har, ebil, igor, ichour*, et généralement tous les noms verbaux dont la forme adjective n'est pas terminée en *n*. Ceux-ci, qui sont en assez grand nombre, n'ont pas un radical distinct de la forme adjective ; tels sont : *jan, jin, jóan, éman, igaiñ, igáran, eróan, eráman*, etc., et *jo*. Les dialectes du Guipuzcoa et de la Biscaye ne connaissent, dans aucune espèce de noms verbaux, cette distinction du radical et de l'adjectif verbal; ils emploient toujours cette dernière forme au nominatif indéfini, lorsque nous faisons usage du radical.

Parmi les noms verbaux, il y en a qui expriment des actions qui peuvent s'exercer sur des personnes ou des choses autres que la cause de ces actions; tels sont : *éman, jo, har, jan, eráman;* nous les appelons *transitifs*, parce que leur action se transmet ou se transfère. Ces noms se combinent avec la forme transitive *dut*, lorsque l'action exprimée par eux se transmet : *éman dut sagárra, j'ai donné la pomme,* et avec la forme intransitive *niz*, lorsque l'action qu'ils expriment retombe ou se réfléchit sur le sujet ou la cause de l'action ; ainsi on dit : *éman niz, je me suis donné; eskéntu niz, je me suis offert; gáldu da, il s'est perdu; hárturik da, il est pris.*

D'autres noms expriment des actions intransmissibles, comme : *jóan, ébil, jin, hel,* etc.; nous les appelons *intransitifs;* ils ne peuvent se combiner qu'avec la conjugaison intransitive *da, niz ; jóan da, il est allé; ebilten da, il marche,* etc.

LES TEMPS DU VERBE BASQUE.

Les noms verbaux indiquent les diverses manières d'être et d'agir; le verbe unique exprime les relations de ces manières d'être et d'agir avec les personnes et les temps. Ainsi, dans *ebilten niz, je suis en marche, je marche,* — *ebilten, en marche,* exprime le genre d'action qui se fait ; *niz, je suis,* exprime le sujet de cette action et le temps présent; dans *lehéntzen nitzáyo, je le devance, je lui suis en avance,* — *lehéntzen, en avance,* exprime la nature de l'action ; *nitzáyo* exprime le présent et la relation de la première à la troisième personne ; dans *éman zéitan,* — *éman, donné,* indique la nature particulière de l'action qui est faite ; *zéitan, il m'avait* ou *il avait à moi,* exprime le temps passé et la relation de la troisième à la première personne.

Le tableau suivant donnera les différentes manières dont le verbe se combine avec les noms verbaux et les significations particulières de ces diverses combinaisons. On y verra que le verbe basque, qui indique dans la variété de ses inflexions le sujet, les régimes directs et indirects, le genre et le nombre, précise encore tous les temps avec plus d'exactitude qu'aucune autre langue.

I. Présent. — DA, DU.

DA, *il est; hón da,* il est bon; *bá-da,* il y a ; *izán da,* il a été; *izánik da,* il est ayant été; *izánen da,* il sera ; mais on emploiera plutôt la forme simple *dáte* pour *il sera.*

Voix intransitive, Forme DA.

NEUTRE.

Présent : *joáiten da*, il va ; *ebilten da*, il marche.
Parfait : *joán da*, il est allé ; *ebili da*, il a marché.
Parfait absolu : *joánik da*, il est (tout à fait) parti ; *aspaldian joánik da*, il est parti depuis longtemps.
Parfait antérieur : *joán izán da* (il est étant parti), il est allé précédemment.
Parfait antérieur absolu : *joánik izán da*, il a été parti, *(béna utzúli da*, mais il est revenu).
Présent propositif ou futur : *joánen da*, il ira (il est d'allé, devant aller).
Parfait propositif : *jóan izánen da*, il sera parti ; (en Soule on dit plutôt : *jóan dáte*).
Parfait propositif absolu : *joánik izánen da*, il aura été parti ; (on dit mieux : *joánik dáte*).

RÉFLÉCHIE ET PASSIVE.

Présent : *gáltzen da*, il se perd ; *aurkhítzen da*, il se trouve.
Parfait : *gáldu da*, il s'est perdu ; *aurkhítu da*, il s'est trouvé.
Parfait absolu ou passif : *gáldurik da*, il est perdu ; *aurkhitúrik da*, il est trouvé.
Parfait antérieur : *gáldu izán da*, il s'est perdu (précédemment).
Parfait antérieur absolu : *gáldurik izán da*, il a été perdu, (*béna géro edirénik*, mais après retrouvé).
Présent propositif ou futur : *gálduren da*, il se perdra.
Parfait propositif ou futur : *gáldu izánen da*, il se sera perdu ; (on dit mieux : *gáldu dáte*).
Parfait propositif ou futur absolu : *gáldurik izánen da*, il sera perdu ; (et plutôt : *gáldurik dáte*).

Voix transitive, Forme DU.

Du, il a ; *bá-du adína*, il a l'âge ; *ukhén du*, il a eu ; *ukhénik du*, il l'a eu ; *ukhénen du*, il aura ; (mais on dira plutôt *dúke*, il aura).

Présent : *gáltzen du*, il perd ; mot à mot : il l'a en perte.
Parfait : *gáldu du*, il l'a perdu (présentement).
Parfait absolu : *gáldurik du*, il l'a tout à fait perdu.
Parfait antérieur : *gáldu ukhén du*, il l'a perdu (précédemment).
Parfait antérieur absolu : *gáldurik ukhén du*, il l'a eu perdu, (*béna edíren du*, mais il l'a retrouvé).
Présent propositif ou futur : *gálduren du*, il perdra.
Parfait propositif ou futur : *gáldu ukhénen du*, il l'aura perdu ; (plutôt : *gáldu dúke*).
Parfait propositif ou futur absolu : *gáldurik ukhénen du*, il l'aura tout à fait perdu ; (on dit plutôt : *gáldurik dúke*).

II. PASSÉ. — ZEN, ZIAN.

ZEN, il était; *hon zen*, il était bon; *ba-zen*, il y avait, il existait; *zan izen*, il avait été; mot à mot : il était été; *izánik zen*, il était ayant été (*armadétan izánik zen*, il avait été dans les armées); *izánen zen*, il aurait été; on dit aussi : *ba-zátekian* et *izan zátekian*, pour *il aurait été*.

<table>
<tr><td rowspan="2">Voix intransitive, Forme ZEN.</td><td>NEUTRE.</td><td>

Passé imparfait : *joáiten zen*, il allait.
Passé parfait : *jóan zen*, il alla (alors).
Passé parfait absolu : *joánik zen*, il était parti; (*ordúkoz joánik zen*, il était parti pour lors).
Passé antérieur : *jóan izán zen*, il était allé, ou il alla précédemment.
Passé antérieur absolu : *joánik izan zen*, il avait été parti.
Passé propositif ou futur : *joánen zen*, il serait parti; (on dit aussi : *jóan zátekian*).
Passé propositif antérieur peu usité : *jóan izánen zen*, il serait parti, il y aurait été; (on dit plutôt : *jóan izan zátekian*).
Passé propositif absolu : *joánik izánen zen*, il aurait été parti.

</td></tr>
<tr><td>RÉFLÉCHIE ET PASSIVE.</td><td>

Passé imparfait : *gáltzen zen*, il se perdait.
Passé parfait : *gáldu zen*, il se perdit.
Passé parfait absolu : *gáldurik zen*, il était perdu.
Passé antérieur : *gáldu izan zen*, il s'était perdu.
Passé antérieur absolu : *gáldurik izan zen*, il avait été perdu.
Passé propositif : *gálduren* et *gálduko zen*, il se serait perdu; (on dit aussi : *gáldu zátekian*).
Passé propositif antérieur peu usité : *gáldu izánen zen*, il se serait perdu; (plutôt : *gáldu izan zátekian*).
Passé propositif absolu : *gáldurik izánen zen*, il aurait été perdu; (on dit plutôt : *gáldurik izan zátekian*).

</td></tr>
</table>

ZIAN, il avait; *ba-zian úrhe*, il avait de l'or; *úkhen zian*, il avait eu; *úkhenik zian*, il l'avait eu; *ukhénen zián*, il l'aurait eu; mais on dit plutôt : *úkhen zukian*.

Voix transitive, Forme ZIAN.

Passé imparfait : *gáltzen zían*, il perdait.
Passé parfait : *gáldu zían*, il perdit (alors).
Passé parfait absolu : *gáldurik zían*, il l'avait perdu ; (*ordúkoz gáldurik zian*, il l'avait pour lors perdu).
Passé antérieur : *gáldu úkhen zían*, il perdit, ou il eut perdu.
Passé antérieur absolu : *gáldurik ukhen zían*, il l'avait eu perdu.
Passé propositif : *gálduren zían*, il aurait perdu ; (mieux : *gáldu zukían*).
Passé propositif antérieur peu usité : *gáldu ukhénen zían*, il aurait eu perdu ; (plutôt : *gáldu úkhen zukían*).
Passé propositif absolu : *gáldurik ukhénen zían*, il l'aurait eu perdu (absolument).

III. FUTUR. — DATE, DUKE.

DATE, il sera ; *hon dáte*, il sera bon ; *ba-dáte*, il y aura ; *izan dáte*, il aura été ; *izánik dáte*, il aura déjà été.

Voix intransitive.

NEUTRE.

Futur présent : *egóiten dáte*, il demeurera, il sera actuellement demeurant, il doit demeurer. *Egónen da* signifie : il demeurera dans l'avenir, il est devant demeurer.
Futur parfait : *egon dáte*, il sera resté, il doit être resté ; *jóan dáte*, il sera parti, allé.
Futur parfait absolu : *joánik dáte*, il sera parti ; (*aspaldían jóanik date*, il sera parti depuis longtemps).
Futur antérieur : *jóan izan dáte*, il sera allé (précédemment), il aura été ; *egon izan dáte*, il aura resté.
Futur antérieur absolu : *joánik izan dáte*, il aura été parti, (*béna utzúli da*, mais il est revenu).

RÉFLÉCHIE, PASSIVE.

Futur présent : *gáltzen dáte* (il sera en perte), il se perdra actuellement ; *ediréiten dáte*, il se trouvera actuellement ; *ónxa ediréiten dáte*, il se trouvera bien (actuellement), il doit se trouver bien.
Futur parfait : *gáldu dáte*, il se sera perdu (actuellement) ; *edirén dáte*, il se sera trouvé.
Futur parfait absolu : *gáldurik dáte*, il sera perdu ; *edirénik dáte*, il sera trouvé.
Futur antérieur : *gáldu izan dáte*, il se sera perdu (précédemment).
Futur antérieur absolu : *gáldurik izan dáte*, il aura été perdu (mais retrouvé).

DUKE, il aura, *ba-dúke adína*, il aura l'âge ; *úkhen dúke*, il aura eu ; *ukhénik dúke*, il l'aura déjà eu, et il l'aura eu en don (il l'aura d'eu).

Voix transitive, Forme DUKE.

Futur présent : *gáltzen dúke*, il perdra, il doit perdre ; mot à mot : il aura en perte ; (*hólatan mila libera gáltzen dúke*, de cette sorte il perdra (il aura en perte) mille francs.
Futur parfait : *gáldu dúke*, il aura perdu, il doit avoir perdu.
Futur parfait absolu : *gáldurik dúke*, il l'aura (complètement) perdu.
Futur antérieur : *gáldu úkhen dúke*, il aura eu perdu.
Futur antérieur absolu : *gáldurik úkhen dúke*, il l'aura eu perdu, (*bena bérriz edíren dúke*, mais il l'aura retrouvé).

IV. SUPPOSITIF. — BALÉDI, BALÉZA, BALITZ, BALU.

V. intr.

Futur neutre : *jóan balédi*, s'il allait (dans le futur) ; s'il allait (autrefois), s'exprime par le passé imparfait, *joáiten ba-zén*.
Futur réfléchi : *gal balédi*, s'il se perdait (dans le futur) ; (s'il se perdait, dans le sens du passé, *gáltzen ba-zén*).

V. trans.

Futur : *gal baléza*, s'il perdait (dans le futur) ; (s'il perdait, dans le sens du passé, *gáltzen ba-zian*).

BALITZ, s'il était actuellement ; *hon bálitz*, s'il était bon (présentement).

Voix intransitive.

NEUTRE.

Présent : *joáiten bálitz*, s'il allait (à présent), s'il était en route pour aller.
Parfait : *jóan bálitz*, s'il était allé (actuellement) ; on dit *jóan ba-zén*, pour le passé.
Parfait absolu : *jóanik bálitz*, s'il était présentement parti.
Plusque-parfait : *jóanik izan bálitz* (s'il était ayant été parti), s'il avait été parti.

RÉFLÉCHIE.

Présent : *gáltzen bálitz*, s'il se perdait (actuellement).
Parfait : *gáldu bálitz*, s'il s'était perdu (actuellement).
Parfait absolu : *gáldurik bálitz*, s'il était perdu (actuellement) ; (s'il était perdu autrefois, *gáldurik ba-zén*).
Plusque-parfait absolu : *gáldurik izan balitz*, s'il avait été perdu (mot à mot : s'il était à présent ayant été perdu) ; s'il avait été perdu (auparavant), *gáldurik izan ba-zén*.

BALU, s'il avait ; *bálu adína*, s'il avait l'âge (actuellement) ; s'il avait, dans le temps passé, s'exprime par *ba-zian*, ou *bálin ba-zian*.

Voix trans.

Présent : *gáltzen bálu*, s'il perdait (actuellement) ; *gáizki igórten bálu*, s'il dépensait mal à propos ; *ónxa egíten bálu*, s'il faisait bien.
Parfait : *gáldu bálu*, s'il avait perdu (actuellement) ; *máite bálu*, s'il l'aimait ; mot à mot : s'il l'avait cher (à présent).

V. Votif. — AILÉDI, AILÉZA; AILITZ, AILU.

V. intr.
- Futur neutre : *ailédi jóan*, puisse-t-il aller ; plût à Dieu qu'il allât !
- Futur réfléchi : *ailédi gal*, puisse-t-il se perdre ; plût à Dieu qu'il se perdît !

V. transit. Futur transitif : *ailéza gal*, puisse-t-il perdre ; plût à Dieu qu'il perdît !

Voix intransit.
- Présent neutre : *ailitz joáiten*, plût à Dieu qu'il fût en marche pour aller !
- Parfait neutre : *ailitz jóan*, plût à Dieu qu'il fût allé !
- Parfait absolu : *ailitz jóanik*, plût à Dieu qu'il fût parti !
- Parfait réfléchi : *ailitz gáldu*, plût à Dieu qu'il se fût perdu !
- Parfait passif : *ailitz gáldurik*, plût à Dieu qu'il fût perdu !
- Plusque-parfait passif : *ailitz izan gáldurik*, plût à Dieu qu'il eût été perdu !

V. trans
- Parfait : *ailu gáldu*, plût à Dieu qu'il eût perdu !
- Parfait absolu : *ailu egínik*, *urhentúrik*, plût à Dieu qu'il l'eût (entièrement) fait, achevé !

VI. Potentiel. — DAITE, DEZAKE ; LEITE, LEZAKE ; ZAITEKIAN, ZEZAKIAN.

DAITE, *ba-dáite*, il se peut ; *izan dáite*, il peut être, et il pourra être.

Voix intransitive.

NEUTRE.
- Présent et futur : *jóan dáite*, il peut aller, et il pourra aller.
- Parfait : *jóan izan dáite*, il peut être allé, ou il se peut qu'il soit allé.
- Parfait absolu : *joánik izan dáite*, il se peut qu'il soit (déjà) parti.

R. ET P.
- Présent et futur : *gal dáite*, il peut se perdre, ou il pourra se perdre.
- Parfait : *gáldu izan dáite*, il peut s'être perdu.
- Parfait absolu : *gáldurik izan dáite*, il peut être perdu.

DEZAKE, il peut ou il pourra ; *úkhen dezáke*, il peut avoir ou il pourra avoir.

V. tran.
- Présent et futur : *gal dezáke*, il peut et il pourra perdre.
- Parfait : *gáldu úkhen dezáke*, il peut avoir perdu.
- Parfait absolu : *gáldurik úkhen dezáke*, il peut l'avoir perdu (entièrement).

Voyez : *leite*, il pourrait (agir), et *lezáke*, il pourrait (faire) au § VII. Ces deux formes s'emploient pour le potentiel et le conditionnel.

ZAITEKIAN, il pouvait ; *izan záitekian*, il pouvait, ou il aurait pu être.

Voix intransitive.

NEUTRE.
- Passé : *jóan záitekian*, il pouvait aller.
- Passé antérieur : *jóan izan záitekian*, il pouvait être allé, et il aurait pu aller.
- Passé absolu : *joánik izan záitekian*, il pouvait être (déjà) parti.

R. ET P.
- Passé : *gal záitekian*, il pouvait se perdre.
- Passé antérieur : *gáldu izan záitekian*, il pouvait s'être perdu.
- Passé absolu : *gáldurik izan záitekian*, il pouvait être perdu.

Zezakian, il pouvait, et il aurait pu (faire); *úkhen zezakian*, il pouvait avoir, ou il aurait pu avoir.

V. trans.

Passé : *gal zezakian*, il pouvait perdre, il aurait pu perdre.
Passé antérieur : *gáldu úkhen zezakian*, il pouvait avoir perdu.
Passé absolu : *gáldurik úkhen zezakian*, il pouvait l'avoir perdu (absolument).

VII. Conditionnel.

Lizate et Lizateke, il serait (dans le présent); *hében lizáte*, il serait ici.

Voix intransitive.

Neutre.

Présent : *joáiten lizáte*, il irait (à présent), il serait allant ; *égoiten lizáte*, il serait demeurant ; *barátzen lizáte*, il resterait.
Parfait : *jóan lizáte*, il serait parti (actuellement); il serait parti (auparavant) se dit : *jóan zátekian*.
Parfait absolu : *joánik lizáte*, il serait (bien) parti.

Réfl. et Pass.

Présent : *gáltzen lizáte*, il se perdrait (présentement).
Parfait : *gáldu lizáte*, il se serait perdu.
Parfait absolu : *gáldurik lizáte*, il serait perdu.
Parfait antérieur absolu : *gáldurik izan lizáte*, il aurait été perdu, mot à mot : il serait ayant été perdu.

Luke, *ba-lúke adina*, il aurait l'âge ; *úkhen lúke*, il aurait eu ; *ukhénik lúke*, il l'aurait (bien) eu.

Voix transitive.

Présent : *gáltzen lúke*, il perdrait (actuellement), il aurait en perte ; *béhar lúke*, il aurait besoin.
Parfait : *gáldu lúke*, il aurait perdu (actuellement) ; il aurait perdu (autrefois) se dit *gáldu zukian*.
Parfait absolu : *gáldurik lúke*, il l'aurait (tout à fait) perdu.
Parfait antérieur : *gáldu úkhen lúke*, il aurait eu perdu.
Parfait antérieur absolu : *gáldurik úkhen lúke*, il l'aurait eu perdu.

Leite, *izan léite*, il serait (dans l'avenir); il serait (dans le présent) s'exprime par *lizáte*).
Cette forme exprime le conditionnel, et aussi le potentiel *il pourrait*.

V. intrans.

Futur : *jóan léite*, il irait, et il pourrait aller.
Futur absolu : *joánik izan léite*, il pourrait être parti.
Futur : *gal léite*, il se perdrait, et il pourrait se perdre.
Futur : *gáldurik izan léite*, il pourrait être perdu.

LEZAKE, *úkhen lezáke*, il aurait (dans l'avenir), et il pourrait avoir.

V. tr.
Futur : *gal lezáke*, il perdrait, et il pourrait perdre.
Futur antérieur absolu : *gáldurik úkhen lezáke*, il pourrait l'avoir (tout à fait) perdu.

ZATEKIAN, il aurait été, il devait être ; *hében zátekian*, il aurait été ici ; *ba-zátekian*, il y aurait eu, il aurait été ; *izan zátekian*, il aurait été ; *izánik zátekian*, il aurait (déjà) été.

Voix transitive.

NEUTRE.
Passé imparfait : *joáiten zátekian*, il aurait été en marche pour aller, il devait être à même d'aller.
Passé parfait : *jóan zátekian*, il serait allé (alors).
Passé absolu : *joánik zátekian*, il aurait été parti ; il devait être déjà parti.
Passé antérieur, *jóan izan zátekian*, il y aurait été.
Passé antérieur absolu : *joánik izan zátekian*, il aurait été (déjà) parti.

RÉFL. ET PASSIVE.
Passé imparfait : *gáltzen zátekian*, il aurait été à même de se perdre, ou il devait être à même de se perdre.
Passé parfait : *gáldu zátekian*, il se serait perdu (alors).
Passé absolu : *gáldurik zátekian*, il aurait été perdu (alors).
Passé antérieur absolu : *gáldurik izan zátekian*, il aurait été perdu (précédemment).

ZUKIAN, *ba-zukian*, il aurait eu (alors), il devait avoir ; *úkhen zukian*, il aurait eu (précédemment).

Voix transitive.
Passé imparfait : *gáltzen zukian* (mot à mot : il aurait eu en perte), il devait perdre (en ce moment).
Passé parfait : *gáldu zukian*, il aurait perdu (précédemment) ; (il aurait perdu à présent, *gáldu lúke*).
Passé absolu : *gáldurik zukian*, il aurait eu (déjà) perdu, il devait l'avoir perdu.
Passé antérieur absolu : *gáldurik úkhen zukian*, il l'aurait eu (pour lors) perdu.

VIII. IMPÉRATIF.

HADI, *ehádi, zíte, etzíte; hadíla, ehadíla; izan hádi, ehadíla izan*, sois, ne sois pas.

V. intransit.

NEUT.
Jóan hádi, va, pars ; *ehadíla jóan*, ne va pas.
Joánik izan hádi, sois parti.

P. ET R.
Réfléchi : *gal hádi*, perds-toi ; *ehadíla gal*, ne te perds pas. On dit aussi : *gal hadíla*, perds-toi
Passif : *gáldurik izan hádi*, sois perdu.

HÉZAK, hezázu; dezayála, dezañála, dezazúla, eztezayála, eztezañála, eztezazúla.

V. tr.
Gal hézak, perds; eztezayála gal, ne perds pas.
Gáldurik úkhen hézak, aie-le perdu; (eginik úkhen hézak ene jin ordúko, aie-le fait pour mon arrivée).

IX. SUBJONCTIF.

DADIN, eztádin; ízan dádin, qu'il soit.

V. intransit.

NEUT.
Présent : jóan dádin, qu'il aille; eztádin jóan, qu'il n'aille pas.
Présent absolu : joánik ízan dádin, qu'il soit parti.

P. R.
Présent : gal dádin, qu'il se perde.
Parfait absolu : gáldurik ízan dádin, qu'il soit perdu.

DÉZAN, úkhen dézan, qu'il aie; eztézan úkhen, qu'il n'aie pas.

V. tr.
Présent : gal dézan, qu'il perde.
Parfait absolu : gáldurik úkhen dézan, qu'il l'aie perdu (entièrement).

NOTA. Le parfait du subjonctif, dans ces sortes de locutions : je doute *qu'il soit venu* ; je veux *qu'il soit bon* (dans le sens de *j'admets* qu'il soit bon); j'ai du plaisir, j'ai du regret *qu'il soit parti, qu'il aie donné, que vous ayez offert*, etc., s'exprime en basque avec la forme régie exquisitive DEN, DIAN; dúda dut jin DEN; náhi dut hon DEN ; azégin dut, dólu dut jóan DEN; éman DIAN, eskéntu DUZUN.

LÉDIN ET ZÉDIN ; ízan lédin, qu'il fût ; elédin ízan, qu'il ne fût pas.

Voix intransit.

NEUT.
Passé : jóan lédin, qu'il allât, et jóan zédin.
Passé absolu : joánik ízan lédin, qu'il fût (déjà) parti ; on dit aussi : joánik ízan zédin.

P. R.
Passé : gal lédin, qu'il se perdît.
Passé absolu : gáldurik ízan lédin, qu'il fût (tout à fait) perdu.

LÉZAN ET ZÉZAN; úkhen lézan, qu'il eût ; elézan úkhen, qu'il n'eût pas.

V. tr.
Passé : gal lézan, qu'il perdît, et gal zézan.
Passé absolu : gáldurik úkhen lézan, qu'il l'eût (tout à fait) perdu.

ZATEKIAN, *izan zátekian*, qu'il eût été; (*náhi úkhen nikézun, hebéntik hurrun izan* ZATEKIAN, j'aurais voulu qu'il eût été loin d'ici).

Voix intr.
- Passé antérieur neutre : *héltu zátekian*, qu'il fût arrivé.
- Passé antérieur absolu : *héltúrik izan zátekian*, qu'il eût été arrivé.
- Passé antérieur réfléchi : *gáldu zátekian*, qu'il se fût perdu.
- Passé antérieur passif : *gáldurik izan zátekian*, qu'il eût été perdu.

ZUKIAN, *úkhen zukian*, qu'il eût eu; (*náhi nikeyán, Johának úkhen zukian*, j'aurais désiré que Jean l'eût eu).

V. tr.
- Passé antérieur : *gáldu zukían* qu'il eût perdu.
- Passé antérieur absolu : *gáldurik úkhen zukían*, qu'il eût eu perdu.

REMARQUES SUR LES COMBINAISONS PRÉCÉDENTES.

Il y a des noms verbaux qui expriment une action qui ne s'exerce que sur le sujet, ou simplement un état du sujet; ces sortes de noms nous les avons appelés *intransitifs*; ils ne se conjuguent qu'avec les formes intransitives DA, ZEN, etc. Tels sont : *joáite*, action d'aller; *ebílte, marche*, action de marcher; *egáite*, action de rester, ou état de celui qui demeure, etc.

D'autres noms verbaux expriment des actions qui peuvent s'exercer et sur le sujet lui-même et aussi sur des objets étrangers au sujet. Ces noms, que nous appelons *transitifs*, se conjuguent avec les formes transitives et intransitives. Lorsqu'ils se conjuguent avec les formes transitives, leur action se porte sur un objet étranger au sujet, et ils rendent les verbes appelés actifs en français. Lorsqu'ils se conjuguent avec les formes intransitives, l'action qu'ils expriment retombe sur le sujet, et alors ils rendent le sens des verbes appelés en français *réfléchis* et *passifs*. Ainsi les noms verbaux *gáltze, emáite, chahátze, ukhúzte, ikhoúste, háste, jóite,* etc., qui expriment l'action de perdre, de donner, de nettoyer, de laver, de voir, de commencer, de frapper, se conjuguent avec les formes intransitives DA, ZEN, etc., et avec les formes transitives DU, ZIAN, etc.; et *gáltzen* DA signifie il se perd; *gáldu* DA, il s'est perdu; *gáldurik* DA, il est perdu; *gáltzen* DU veut dire il le perd; *gáldu* DU, il l'a perdu; *emáiten* DA signifie il se donne; *emánen* DA, il se donnera; *emán* DA, il s'est donné; *emánik* DA, il est donné; *emáiten* DU, il donne; *emán* DU, il a donné; *chahátzen* DA, il se nettoie; *chahátzen* DU, il nettoie; *chahatúric* DA, il est nettoyé; *ukhúzten* da, il se lave, il se baigne; *ukhúzten du*, il le lave; *ukhúzi du*, il l'a lavé; *ukhúzirik da*, il est lavé; *ikhoústen da*, il se voit; *ikhoústen du*, il le voit; *ikhousirik da*, il est vu; *hásten da*, il commence à; *hásten du*, il le commence : *hásirik du*, il est commencé ; *jóiten da*, il se frappe ; *jóiten du*, il le frappe ; *jóik da*, il est frappé, etc.

DA exprime l'état, l'existence ; DU exprime la possession, l'adhésion du sujet à un objet étranger. *Joáiten da* doit se traduire mot à mot : *il est en action d'aller ; ebilten da, il est en marche ; joáiten date, il sera en action d'aller*, c'est-à-dire *il ira actuellement, il sera allant ; gáltzen du* doit se traduire littéralement : *il l'a en perte* ou *perdition ; emáiten du, il l'a en don* ou *donation ;* DU exprime toujours une relation avec un objet autre que le sujet et demande un complément direct.

Gáltzen da, qui doit mot à mot se traduire *il est en perte*, signifie *il se perd lui-même*, parce que le propre de la forme intransitive DA est de faire retomber sur le sujet l'action exprimée par le nom verbal, tandis que le propre de la forme transitive DU est de transporter cette action hors du sujet ; c'est pour cela qu'il faut dire *gáltzen du* pour exprimer qu'on perd autre chose que soi.

Gáldu da se traduit mot à mot par *il est perdu*, mais il signifie *il s'est perdu ;* comme aussi *emán da, jó da, edíren da, aurkhitu da,* etc.

Pour exprimer le passif : *il est perdu, il est donné, il est frappé, il est trouvé,* etc., la forme DA se joint avec le cas infinitif de l'adjectif verbal ; ainsi, tandis que *gáldu da* veut dire *il s'est perdu ; gáldurik da* signifie *il est perdu ;* et *emánik da* voudra dire *il est donné ; jóik da, il est frappé ; edírenik da, il est trouvé,* etc.

Ici nous devons signaler une différence entre le dialecte souletin et les autres dialectes basques. Ceux-ci, pour exprimer le passif, au lieu de se servir du cas infinitif de la déclinaison indéfinie, emploient le nominatif défini. Ainsi, pour exprimer *il est perdu*, ils disent *gáldua da ; il est trouvé, aurkhitúa da ; il est donné, emána da.* Ils en usent ainsi non-seulement avec les adjectifs verbaux, mais avec tous les autres adjectifs ; ainsi ils diront : *háu óna da*, pour signifier *ceci est bon ; hóri gáistoa, cela est mauvais.*

Le souletin conserve toujours invariablement le caractère propre de la déclinaison définie et indéfinie ; pour lui, *háu óna da* veut dire *celui-ci est le bon ; hóri gáistoa da, celui-là est le mauvais ;* et pour exprimer *ceci est bon, cela est mauvais,* il se sert de la forme indéfinie, et il dit : *háu hon da, hóri gáisto da.* De même, *emána da, aurkhitúa da, gáldua da, chahotúa da,* etc., et les semblables locutions, au nominatif défini, veulent dire, pour le souletin : *c'est le donné, c'est le trouvé,* c'est-à-dire *c'est celui qui est donné, c'est celui qui est trouvé, c'est celui qui est perdu,* etc.

Une autre différence remarquable entre le dialecte souletin et les autres dialectes se trouve dans l'usage des noms verbaux *izáte, izan* et *ukhéite, úkhen.* Pour le souletin, *izáte* veut dire *état, existence, être ; izan, izána, été, ce qui a été, ce qui a existé ;* et il ne le combine qu'avec la forme intransitive *da, hiz, niz, je suis, tu es, il est ;* pour lui, *ukhéite* veut dire *possession, avoir ; úkhen* veut dire *eu ; ukhéna, ce que l'on a eu ;* et il combine toujours ces deux termes avec les formes transitives *du, duk, dut, il a, tu as, j'ai,* etc. Le labourdin et le guipuzcoan donnent au nom verbal *izáte, izan,* la double signification d'*être, été,* et d'*avoir, eu.* Ainsi le souletin dira, pour exprimer *j'ai été, izán niz ;* pour exprimer *j'ai eu, ukhén dut ;* le labourdin et le guipuzcoan diront pour *j'ai été*, *izan* ou *izatu naiz* ; pour *j'ai eu*, *izan dut* ou *izatu det* (*izatu* s'emploie en Guipuzcoa au lieu de *izan*). Le souletin dit : *zúhur* IZATEN *ba-da*, s'il persiste à être sage, mot à mot : *s'il est sage en persistance* (existence) ; UKHEITEN *bá-du zuxéna*, s'il obtient le droit, mot à mot : *s'il a le droit en avoir*. Le labourdin et le guipuzcoan emploient *izaten* dans les deux cas, et ils disent : *zuhur izaten ba-da, izaten ba-du zuxena*.

Le futur a une forme simple dans le dialecte souletin ; ainsi, *je serai* s'exprime par *nizáte* ; *j'aurai*, par *dúket* ; *je serai content* se dit *hotz nizáte* ; *il sera sage*, *zúhur dáte* ; *j'aurai l'âge*, *ba-dúket adina* ; *il aura le droit*, *ba-dúke zuxéna*. Les autres dialectes basques ont perdu cette forme ; pour exprimer le futur, ils se servent toujours du présent combiné avec le génitif de l'adjectif verbal : *izanen* ou *izango da*, il sera ; *izanen* ou *izango du*, il aura. Le souletin fait usage aussi de la forme composée, mais il emploiera particulièrement *izánen da* au lieu de *date*, lorsque *il sera* signifie *il deviendra* : cet enfant sera grand, *háur hóri izánen da hándi* ; et *ukhénen du* sera employé pour *dúke*, lorsque *il aura* signifie *il recevra, il obtiendra* ; *ukhénen du háren hontarzúna*, il aura sa fortune.

Le futur simple français, dans son sens ordinaire, s'exprime par le présent combiné avec le génitif, soit possessif, soit relatif, de l'adjectif verbal ; ainsi, *j'irai demain* se dit *joánen* ou *joánko niz bihar* ; *il marchera vite*, *ebiliren* ou *ebiliko da zálhe* ; *il perdra la tête*, *gálduren* ou *gálduko du buria*. La signification de ce futur est celle-ci : *je suis devant aller, il est devant marcher, il est devant perdre* ; c'est un présent futur. Le futur présent proprement dit s'exprime par la forme *dáte*, *dúke*, combiné avec le cas positif du substantif verbal : *joáiten dáte*, il ira, il sera allant ; *bihar, arguitzékoz, joáiten date Bayonarát*, demain, dès l'aube du jour, il sera en route pour Bayonne ; *eguérditan, barazkáltzen dáte*, à midi, il sera à dîner ; *ordian jiten dáte*, alors il viendra, il sera arrivant ; *hárek igórten dúke*, ce sera lui qui l'envoie ; mot à mot, *joáiten dáte* se traduit : il sera en action d'aller ; *jiten dáte*, il sera en action de venir ; *igórten dúke*, il l'aura en envoi.

Dans le présent propositif ou futur, l'état du sujet exprimé par le verbe est au présent et l'action exprimée par le génitif de l'adjectif verbal est au futur : *joánen da*, il est devant aller (*ha de andar*) ; *emánen du*, il l'a devant donner (*ha de dar*).

Dans le futur présent, l'état du sujet exprimé par le verbe est au futur et l'action exprimée par le cas positif du substantif verbal est au présent : *joáiten date*, il sera en action d'aller, il ira ; *emáiten dúke*, il l'aura en acte de donner, il donnera.

Le futur parfait, *jóan dáte*, il sera parti ; *éman dúke*, il l'aura donné, s'exprime dans les autres dialectes par ces combinaisons : *joana izanen da* ; *emana izanen du*.

Quoique la conjugaison française soit une de celles qui expriment avec le plus de précision la variété des temps, néanmoins elle ne rend pas toujours avec une rigoureuse exactitude la pensée humaine. Par exemple, dans ces phrases : *si mon maître s'en allait demain, je me divertirais ; si mon maître restait aujourd'hui dans la maison, moi je m'en irais*, les formes *allait* et *restait*, qui indiquent par elles-mêmes un temps passé, expriment ici une action future. Ces termes indiquent le temps propre à leur forme dans ces phrases : *si mon maître s'en allait, moi je restais ; si mon maître restait, moi je m'en allais* ; ici *allait* et *restait* expriment une action passée.

La langue basque a deux formes pour distinguer ces nuances de la pensée ; ainsi, *s'il venait aujourd'hui, s'il partait demain*, s'expriment par la forme BALÉDI ; *jin balédi égun, jóan balédi bihar* ; *s'il donnait demain ce festin, s'il perdait ce soir au jeu*, s'expriment par BALÉZA : *émun baléza bihar apáiru houra ; gal baléza gáur jokian* ; tandis que l'imparfait des phrases suivantes, qui expriment une action passée, se rendra par BA-ZEN et BA-ZIAN : *s'il venait, c'était pour mettre tout en désordre ; s'il partait, sa femme devait le suivre ; s'il donnait un repas, Paul ne manquait pas de s'y rendre ; s'il perdait un jour, il gagnait l'autre* : *jiten* BA-ZEN, *óroren nahastéra héltu zen ; joáiten* BA-ZEN, *emáztia jarráiki béhar zéyon ; emáiten* BA-ZIAN *apáiru-bat, Páulek etzian joáitia hux egiten ; gáltzen* BA-ZIAN *égun batian, irabázten zian bestian.*

De même dans ces phrases : *s'il était bon, je le mangerais ; s'il était arrivé, j'irais lui souhaiter le bon jour ; s'il avait son argent perdu, il serait plus triste ; — était bon, était arrivé, avait perdu* expriment des états présents ou des actions présentes. Tandis que dans ces autres : *s'il était bon, pourquoi ne le preniez-vous pas ? s'il était arrivé hier, je lui aurais parlé ; s'il avait perdu sa bourse, il aurait dû la réclamer ;* les mêmes termes, *était bon, était arrivé, avait perdu*, expriment un état passé ou une action passée. La langue basque distingue ces divers temps en exprimant la signification du présent par *bálitz, bálu*, et la signification du passé par *ba-zén* et *ba-zian* : *hon* BALITZ *jan nezáke ; jin* BALITZ, *jóan néinte egun-hón emáitera ; gáldu* BALU *béré diharia, tristiágo lizáte ; — hón ba-zén, zértako e-tzunian, hártzen ? jin* BA-ZEN *átzo, mintzatuko nian ; gáldu ba-zián zarpá, béhar zukian oihukátu*. —Jamais, dans le langage, le Basque ne confondra ces formes, *balédi, baléza, bálitz, bálu* et *ba-zén, ba-zían*.

Les mêmes distinctions et les mêmes remarques doivent être faites pour les formes conditionnelles *lizáte, lúke ; léite, lezáke* et *zátekian, zukian*. *Lizáte* et *lúke* expriment un temps présent ; *léite* et *lezáke* un temps à venir, et *zátekian, zukian*, un temps passé.

1re FORME. — PRÉSENT.

DA, DU; — DELA, DIALA; — DEN, DIAN; — BEITA, BEITU.

Signification propre : *Da*, il est; *du*, il a; *déla* qu'il est; *diála*, qu'il a; DEN, il est; DIAN, il a; *béita*, parce qu'il est; *béitu*, parce qu'il a.

I. Combinaisons de la forme intransitive DA, NIZ. Elle s'emploie :

1° Seule avec le nominatif indéfini d'un substantif ou d'un adjectif, ou avec un adverbe : *éri niz*, je suis malade ; *ónxa hiz*, tu es bien ; *hõn da*, il est bon ; *emázte da*, c'est une femme ; *hán dira*, ils sont là ;

2° Précédée de la particule *ba*, pour rendre les locutions françaises *il y a*, *il y en a*; *bá-da thize*, il y a du gibier ; *ba-gira hánitz*, nous sommes nombreux ;

3° Avec le cas positif des substantifs verbaux intransitifs, pour signifier que l'action se fait présentement par le sujet : *jiten da*, il vient ; *joáiten niz*, je vais ; *ebilten hiz*, tu marches ;

4° Avec le cas positif des substantifs verbaux transitifs ; alors l'action exprimée par ces substantifs se réfléchit sur le sujet du verbe, et cette combinaison rend le présent simple des verbes appelés réfléchis en français : *eskéntzen da*, il s'offre ; *ukhúzten da*, il se lave ; *aurkhítzen niz*, je me trouve ;

5° Avec le nominatif indéfini des adjectifs verbaux intransitifs, et elle exprime l'action faite : *joán da*, il est allé ; *ebili niz*, j'ai marché ; *izán da*, il a été ;

6° Avec le nominatif indéfini des adjectifs verbaux transitifs, et elle exprime l'action réfléchie faite : *aurkhitu da*, il s'est trouvé ; *eskéntu niz*, je me suis offert ;

7° Avec le génitif indéfini des adjectifs verbaux intransitifs, et elle exprime l'action devant être faite : *joánen da*, il ira ; *ebiliren gira*, nous marcherons ;

8° Avec le génitif indéfini des adjectifs verbaux transitifs, et elle exprime l'action future réfléchie : *eskentúren niz*, je m'offrirai, etc. ;

9° Avec l'infinitif des adjectifs verbaux intransitifs, et elle exprime le parfait absolu : *joánik da*, il est (déjà ou tout à fait) parti ;

10° Avec l'infinitif des adjectifs verbaux transitifs, et elle exprime le parfait passif : *eskentárik da*, il est offert ; *gáldurik da*, il est perdu ;

11° Avec l'infinitif des adjectifs verbaux transitifs et intransitifs, combiné avec le nominatif indéfini *izan*, *été*, et elle exprime le parfait antérieur absolu ou passif : *joánik izán da*, il a été parti ; *eskentárik izán da*, il a été offert.

12° Avec l'infinitif des adjectifs verbaux transitifs et intransitifs combiné avec le génitif indéfini *izánen*, *d'été* : *joánik izánen da*, il sera parti ; *gáldurik izánen du*, il sera perdu.

Ces combinaisons : *jóan izán da*, *gáldu izán da*, *il a été*, *il s'est perdu*, sont aussi employées quelquefois ; elles ajoutent une idée d'antériorité au parfait. — *Jóan izánen da*, *il sera allé*, n'est pas usité dans le dialecte souletin qui a le futur simple *dáte* : *jóan dáte*.

Les formes régies et leurs composés prennent toutes les combinaisons de la forme capitale, avec leurs diverses significations ; comme aussi la forme incidente *béita*.

II. Combinaisons de la forme transitive DU, DUT. Elle s'emploie :

1° Seule précédée de la particule affirmative *ba*, pour signifier : *il a*, *j'ai*, etc. ; *ba-du*, *ba-dut adina*, j'ai l'âge.

2° Avec le cas positif des substantifs verbaux transitifs, pour signifier que l'action se fait actuellement : *eskentzen du*, il l'offre.

3° Avec le nominatif indéfini des adjectifs verbaux transitifs, pour exprimer l'action faite : *eskéntu du*, il l'a offert ; *emán dut*, je l'ai donné.

4° Avec le génitif des adjectifs verbaux transitifs, pour signifier que l'action se fera : *eskentúren du*, il offrira ; *emánen duk*, tu donneras.

5° Avec l'infinitif de l'adjectif verbal suivi de *ukhen*, *eu*, pour exprimer l'action antérieurement faite : *gáldurik ukhén du*, il l'a eu perdu.

6° Avec l'infinitif seul de l'adjectif verbal, et elle exprime le parfait absolu : *gáldurik du*, il l'a tout à fait perdu.

☞ La locution *gáldu ukhén du* est usitée et elle ajoute une idée d'antériorité au parfait ; néanmoins, elle n'en diffère pas assez, ni dans l'usage, ni dans le sens, pour en faire un temps à part. — *Gáldu ukhénen du* et *gáldurik ukhénen du* sont des locutions régulières ; mais elles ne sont presque jamais employées en Soule, parce qu'on les remplace par la forme simple du futur *dúke* : *gáldu dúke*, il l'aura perdu ; *gáldurik dúke*, il l'aura (tout à fait) perdu.

7° Cette forme se combine encore assez souvent avec le nominatif indéfini des adjectifs et des substantifs ordinaires. C'est ainsi que l'on dit : *máite dut*, je l'aime, mot à mot : *je l'ai cher* ; *máitiágo dut*, je l'aime plus ; *nahi dut*, je le veux ; *nahiágo dut*, je le préfère (je le veux plus) ; *ousté dut*, je crois (j'ai idée) ; *behár dut*, j'ai besoin ; *hotz dut*, j'ai froid ; *hártze dut*, je suis créancier de, etc. *Máite*, *máitea* veut dire, cher ; *náhi*, voulu et volonté ; *ousté*, opinion et idée ; *behár*, besoin, nécessité ; *hotz*, froid ; *hártze*, créance.

La forme incidente *béitu*, les formes régies *diála*, *den* et leurs composés prennent toutes les combinaisons de la forme simple, avec leurs significations relatives.

1ʳᵉ FORME. — INDICATIF. — PRÉSENT.

VOIX INTRANSITIVE.

FORME PREMIÈRE OU CAPITALE.

Traitement indéfini.

	1	2	3	4	5	6	7
		à lui	à eux	à toi	à vous	à moi	à nous
il	da	záyo	zéye	záizu	záizie	záit	záiku
ils	díra	záitzo	záitzo	záitzu	záitzie	záist	záizku
tu *respectueux*	zira	zitzáyo	zitzáye	....	....	zitzáit	zitzáiku
vous	zirayé	zitzáyoe	zitzáyie	....	....	zitzáiztaye	zitzáizkuye
je	niz	nitzáyo	nitzáye	nitzáizu	nitzáizie	....	....
nous	gira	gitzáyo	gitzáye	gitzáizu	gitzáizie	....	....

Traitements masculins, féminins et respectueux de la forme capitale.

		1	2	3	4	5	6	7
il	*masculin*	duk	ziók	ziék	záik	záizie	zitak	zikuk
	féminin	dun	zión	zién	záiñ		zitan	zikun
	respectueux	dúzu	ziózu	ziézu	záizu		zitazu	zikuzu
ils	*masculin*	dútuk	zitzók	zitzék	záizak	záitzie	ziztak	zizkuk
	féminin	dútun	zitzón	zitzén	záitzan		ziztan	zizkun
	respectueux	dutúzu	zitzózu	zitzézu	záitzu		ziztatzu	zizkutzu
tu	*m. et fém.*	hiz (1)	hitzáyo	hitzáye	....	....	hitzáit	hitzáiku
	respectueux	zira	zitzáyo	zitzáye			zitzáit	zitzáiku
je	*masculin*	nuk	nitzók	nitzék	nitzáik	nitzáizie	....	....
	féminin	nun	nitzón	nitzén	nitzáiñ			
	respectueux	núzu	nitzózu	nitzézu	nitzázu			
nous	*masculin*	gútuk	gitzók	gitzék	gitzáik	gitzáizie	....	....
	féminin	gútun	gitzón	gitzén	gitzáiñ			
	respectueux	gutúzu	gitzózu	gitzézu	gitzézu			

(1) Lorsque le pronom *hi* (toi), qui est des deux genres, entre dans la composition du terminatif, celui-ci est toujours le même pour le masculin et le féminin.

INDICATIF. — PRÉSENT.

VOIX TRANSITIVE.

FORME PREMIÈRE OU CAPITALE.

		1	2	3	4	5	6
		le	les	le à lui	les à lui	le à eux	les à eux
il		du	dutu	déyo	déitzo	déye	déitze
ils		die	dutie	déyoe	déitzoe	déyie	déitzeye
tu	respectueux	dúzu	dutúzu	déyozu	déitzozu	déyezu	déitzezu
vous		duzie	dutuzie	déyozie	déitzozie	déyezie	déitzezie
je		dut	dútut	déyot	déitzot	déyet	déitzet
nous		dúgu	dutúgu	déyogu	déitzogu	déyegu	déitzegu

Traitement indéfini.

Traitements masculins, féminins et respectueux de la forme capitale.

il	masculin féminin respectueux	dík dín dizu	ditík ditín ditizu	diók dión diozu	ditzók ditzón ditzózu	diék dién diezu	ditzék ditzén ditzézu
ils	masculin féminin respectueux	die diñe dizie	ditie ditiñe ditizie	dióye dióñe diózie	ditzóye ditzóñe ditzózie	diéye diéñe diézie	ditzéye ditzéñe ditzézie
tu	masculin féminin respectueux	dúk dún dúzu	dútuk dútun dutúzu	déyok déyon déyozu	déitzok déitzon déitzozu	déyek déyen déyezu	déitzek déitzen déitzezu
je	masculin féminin respectueux	diát diñát dizut	ditiát ditiñát ditizut	dióyat dióñat diózut	ditzóyat ditzóñat ditzózut	diéyat diéñat diézut	ditzéyat dizéñat ditzézut
nous	masculin féminin respectueux	diégu diñagu dizúgu	ditiágu ditiñagu ditizúgu	dióyagu dióñagu diózugu	ditzóyagu ditzóñagu ditzózugu	diéyagu diéñagu diézugu	ditzéyagu ditzéñagu ditzézugu

INDICATIF — PRÉSENT.

VOIX TRANSITIVE.

FORME PREMIÈRE OU CAPITALE. *(Suite.)*

		7	8	9	10	11	12
		le à toi	les à toi	le à vous	les à vous	le à moi	les à moi
il		déizu	déitzu	déizie	déitzie	déit	déizt
ils		déizuye	déitzuye	deizié	deitzié	déitaye	déiztaye
tu	*respectueux*	....	....	....	....	déitazu	déiztatzu
vous		....	....	....	....	déitazie	déiztatzie
je		déizut	déitzut	déiziet	déitziet	....	....
nous		déizugu	déitzugu	déiziegu	déitziegu	....	....

Traitements indéfini.

Traitements masculins, féminins et respectueux de la forme capitale.

il	*masculin* *féminin* *respectueux*	déik déiñ déizu	déitzak déitzan déitzu	déizie	déitzie	ditak ditan ditazu	diztak diztan diztatzu
ils	*masculin* *féminin* *respectueux*	déye déñe déizuye	déitzaye déitzañe déitzuye	deizié	deitzié	ditaye ditañe ditazie	diztaye diztañe diztatzie
tu	*masculin* *féminin* *respectueux*	....	....	....	....	déitak déitan déitazu	déiztak déiztan déiztatzu
je	*masculin* *féminin* *respectueux*	déyat déñat déizut	déitzat déitzañat déitzut	déiziet	déitziet	....	....
nous	*masculin* *féminin* *respectueux*	déyagu déñagu déizugu	déitzagu déitzañagu déitzugu	déiziegu	déitziegu	....	....

INDICATIF — PRÉSENT.

VOIX TRANSITIVE.

FORME PREMIÈRE OU CAPITALE. *(Suite).*

		Traitement indéfini.					
		13	14	15	16	17	18
		le à nous	les à nous	te	vous	me	nous
il	....	déiku	déizku	zutu	zutie	nài	gútu
ils	....	déikuye	déizkuye	zutié	zutiè	náye	gutie
tu	*respectueux*	déikuzu	déizkutzu	....	....	náizu	gutúzu
vous	....	déikuzie	déizkutzie	....	....	náizię	gutuzie
je	....	....	....	zútut	zutiét	....	....
nous	....	....	....	zutúgu	zutiégu	....	....

Traitements masculins, féminins et respectueux de la forme capitale.

		13	14	15	16	17	18
il	*masculin* *féminin* *respectueux*	dikuk dikun díkuzu	dizkuk dizkun dizkutzu	hái hái zútu	zutie	nik nin nizu	gitik gitín gitízu
ils	*masculin* *féminin* *respectueux*	díkuye díkuñe díkuzie	dizkuye dizkuñe dizkntzie	háye háye zutié	zutié	nié niñé nizie	gitíe gitiñé gitizie
je	*masculin* *féminin* *respectueux*	déikuk déikun déikuzu	déizkuk déizkun déizkutzu	....	....	náik náiñ náizu	gútuk gútun gutúzu
tu	*masculin* *féminin* *respectueux*	....	....	háit háit zútut	zutiét	....	....
nous	*masculin* *féminin* *respectueux*	....	....	háigu háigu zutúgu	zutiégu	....	....

INDICATIF — PRÉSENT.

VOIX INTRANSITIVE.

FORME RÉGIE POSITIVE.

	1	2	3	4	5	6	7
	à lui	à eux	à toi		à vous	à moi	à nous
qu'il	déla	záyola	záyela	(m záyala / f. záñala / r. zúizula)	záiziela	záitala	záikula
qu'ils	diréla	záitzola	záitzela	(m záitzala / f. záitzañala / r. záitzula)	záitziela	záiztala	záizkula
que (m et f.) tu (resp.)	hizála / ziréla	hitzáyola / zitzáyola	hitzáyela / zitzáyela	....	....	hitzáitala / zitzáitala	hitzáikula / zitzáikula
que vous	ziraréla	zitzáyoela	zitzáyiela	....	....	zitzáiztayela	zitzáizkuyela
que je	nizála	nitzáyola	nitzáyela	(m nitzáyala / f. nitzáñala / r. nitzáizula)	nitzáiziela	....	....
que nous	giréla	gitzáyola	gitzáyela	(m gitzáyala / f. gitzáñala / r. gitzáizula)	gitzáiziela	....	....

FORME RÉGIE EXQUISITIVE.

	1	2	3	4	5	6	7
il	dén	záyon	záyen	(m záyan / f. záñan / r. záizun)	záizien	záitan	záikun
ils	dirén	záitzon	záitzen	(m záitzán / f. záitzañan / r. záitzun)	záitzien	záiztan	záizkun
tu (m et f.) (resp.)	hizan / zirén	hitzáyon / zitzáyon	hitzáyen / zitzáyen	....	....	hitzáitan / zitzáitan	hitzáikun / zitzáikun
vous	ziraryén	zitzáyoen	zitzáyien	....	....	zitzáiztayen	zitzáizkuyen
je	nizan	nitzáyon	nitzáyen	(m nitzáyan / f. nitzáñan / r. nitzáizun)	nitzáizien	....	....
nous	girén	gitzáyon	gitzáyen	(m gitzáyan / f. gitzáñan / r. gitzáizun)	gitzáizien	....	....

INDICATIF. — PRÉSENT.

VOIX TRANSITIVE.

FORME RÉGIE POSITIVE.

		1 le	2 les	3 le à lui	4 les à lui	5 le à eux	6 les à eux
qu'il	....	diála	dutiála	déyola	déitzola	déyela	déitzela
qu'ils	....	diéla	dutiéla	déyoela	déitzoela	déyiela	déitzeyela
que tu	*masculin*	duyála	dutuyála	déyoala	déitzoala	deéyala	déitzeyala
	féminin	duñála	dutuñála	déyoñala	déitzoñala	deéñala	déitzeñala
	respect.	duzúla	dutuzúla	déyozula	déitzozula	deézula	déitzezula
que vous	....	duziéla	dutuziéla	déyoziela	déitzoziela	deéziela	déitzeziela
que je	....	dudála	dutudála	déyodala	déitzodala	déyedala	déitzedala
que nous	....	dugúla	dutugúla	déyogula	déitzogula	déyegula	déitzegula

FORME RÉGIE EXQUISITIVE.

		1	2	3	4	5	6
il	....	dían	dutían	déyon	déitzon	déyen	déitzen
ils	....	dién	dutién	déyoen	déitzoen	déyien	déitzeyen
tu	*masculin*	duyán	dutuyán	déyoan	déitzoan	deéyan	déitzeyan
	féminin	duñán	dutuñán	déyoñan	déitzoñan	deéñan	déitzeñan
	respect.	dúzun	dutúzun	déyozun	déitzozun	deézun	déitzezun
vous	....	duzién	dutuzién	déyozien	déitzozien	deézien	déitzezien
je	....	dudan	dutudan	déyodan	déitzodan	déyedan	déitzedan
nous	....	dugun	dutugun	déyogun	déitzogun	déyegun	déitzegun

INDICATIF. — PRÉSENT.

VOIX TRANSITIVE.

FORME RÉGIE POSITIVE. (Suite.)

		7 le à toi	8 les à toi	9 le à vous	10 les à vous	11 le à moi	12 les à moi
qu'il	mas. fém. résp.	déyala déiñala déizula	déitzayala déitzañala déitzula	déiziela	déitziela	déitala	déiztala
qu'ils	mas. fém resp.	déyiela déñiela déizuyela	déitzayela déitzañela déitzuyela	deiziéla	deitziéla	déitayela	déitztayela
que tu	mas. fém. resp.	....	....	....	....	déitayala déituñala déitazula	déiztayala déiztañala déiztatzula
que vous		....	....	....	....	déitaziela	déiztatziela
que je	mas. fém. resp.	déyadala déñadala déizudala	déitzayadala déitzañadala déitzudala	déiziedala	déitziedala	....	....
que nous	mas. fém. resp.	déyagula déñagula déizugula	déitzayagula détzañagula déitzugula	déiziegula	déitziegula	....	....

FORME RÉGIE EXQUISITIVE. (Suite).

il	mas. fém. resp.	déyan déñan déizun	déitzayan déitzañan déitzun	déizien	déitzien	déitan	déiztan
ils	mas. fém. resp.	déyien déñien déizuyen	déitzayen déitzañen déitzuyen	deitzién	deitzién	déitayen	déiztayen
tu	masc fém. resp.	....	....	....	....	déitayan déitañan déitazun	déiztayan déiztañan déiztatzun
vous		....	....	....	....	déitazien	déiztatzien
je	mas. fém. resp.	déyadan déñadan déizudan	déitzayadan déitzañadan déitzudan	déiziedan	déitziedan	....	....
nous	mas. fém. resp.	déyagun déñagun déizugun	déitzayagun déitzañagun déitzugun	déiziegun	déitziegun	....	....

INDICATIF. — PRÉSENT.

VOIX INTRANSITIVE.

FORME RÉGIE POSITIVE. (Suite).

		13 le à nous	14 les à nous	15 te	16 vous	17 me	18 nous
qu'il		déikula	déizkula	*m.* háyala *f.* háyala *r.* zutiála	zutiéla	náyala	gutiála
qu'ils		déikuyela	déizkuyela	*m.* háyela *f.* háyela *r.* zutiéla	zutiéla	náyela	gutiéla
que tu	*masc.* *fém.* *resp.*	déikuyala déikuñala déikuzula	déizkuyala déizkuñala déizkutzula	....	....	náiyala náiñala náizula	gutuyála gutuñála gutuzúla
que vous		déikuziela	déizkutziela	....	....	núiziela	gutuziéla
que je				*m.* háidala *f.* háidala *r.* zutudála	zutiédala	....	....
que nous				*m.* háigula *f.* háigula *r.* zutugúla	zutiégula	....	....

FORME RÉGIE EXQUISITIVE. (Suite.)

il		déikun	déizkun	*m.* háyan *f.* háyan *r.* zutian	zutién	náyan	gutian
ils		déikuyen	déizkuyen	*m.* hayén *f.* hayén *r.* zutién	zutién	náyen	gutién
tu	*masc.* *fém.* *resp.*	déikuyan déikuñan déikuzun	déizkuyan déizkuñan déizkutzun	....	....	naiyán naiñán náizun	gutuyán gutuñán gutúzun
vous		déikuzien	déizkutzien	....	....	naizién	gutuzién
je				*m.* háidan *f.* háidan *r.* zutúdan	zutiédan	....	....
nous				*m.* háigun *f.* háigun *r.* zutúgun	zutiégun	....	....

VOIX INTRANSITIVE.

FORME D'INCIDENCE.

		1	2	3	4	5	6	7
			à lui	à eux	à toi	à vous	à moi	à nous
il		béita	beitzáyo	beitzáye	m. beitzáik f. beitzáiñ r. beitzáizu	beitzáizie	beitzáit	beitzáiku
ils		beitira	beitzáitzo	beitzáitze	m. beitzáitzak f. beitzáitzan r. beitzáitzu	beitzáitzie	beitzáizt	beitzáizku
tu	m. et fém.	béhiz	behitzáyo	behitzáye	....	....	behitzáit	behitzáiku
	respectif.	beitzira	beitzitzáyo	beitzitzáye	....	....	beitzitzáit	beitzitzáiku
vous		beitzirayé	beitzitzáyoe	beitzitzáyie	....	....	beitzitzáiztaye	beitzitzáizkuye
je		béniz	benitzáyo	benitzáye	m. benitzáik f. benitzáiñ r. benitzáizu	benitzáizie	....	....
nous		beikira	beikitzáyo	beikitzáye	m. beikitzáik f. beikitzáiñ r. beikitzáitzu	beikitzáizie	....	....

INDICATIF. — PRÉSENT.
VOIX TRANSITIVE.

FORME D'INCIDENCE.

		1	2	3	4	5	6
		le	les	le à lui	les à lui	le à eux	les à eux
il	.....	béitu	beitútu	beitéyo	beitéitzo	beitéye	beitéitze
ils	.....	beitie	beitutie	beitéyoe	beitéitzoe	beitéyie	beitéitzeye
tu	masc.	béituk	beitútuk	beitéyok	beitéitzok	beitéyek	beitéitzek
	fém.	béitun	beitútun	beitéyon	beitéitzon	beitéyen	beitéitzen
	resp.	beitúzu	beitutúzu	beitéyozu	beitéitzotzu	beitéyezu	beitéitzezu
vous	.....	beituzie	beitutuzie	beitéyozie	beitéitzozie	beitéyezie	beitéitzezie
je	.....	béitut	beitútut	beitéyot	beitéitzot	beitéyet	beitéitzet
nous	.....	beitúgu	beitutúgu	beitéyogu	beitéitzogu	beitéyegu	beitéitzegu

		7	8	9	10	11	12
		le à toi	les à toi	le à vous	les à vous	le à moi	les à moi
il	mas.	beitéik	beitéitzak	beitéizie	beitéitzie	beitéit	beitéitzat
	fém.	beitéin	beitéitzan				
	resp.	beitéizu	beitéitzu				
ils	mas.	beitéyo	beitéitzaye	beiteizié	beiteitzié	beitéitade	beitéiztade
	fém.	beitéñe	beitéitzañe				
	resp.	beitéizie	beitéitzie				
tu	mas.	....	....	....	....	beitéitak	beitéiztak
	fém.	....	....	....	....	beitéitau	beitéiztan
	resp.	....	....	....	....	beitéitazu	beitéiztatzu
vous	.....	....	....	....	....	beitéitazie	beitéiztatzie
je	mas.	beitéyat	beitéitzat	beitéiziet	beitéitziet	....	....
	fém.	beitéñat	beitéitzañat				
	resp.	beitéizut	beitéitzut				
nous	mas.	beitéyagu	beitéitzagu	beitéiziegu	beitéitziegu	....	....
	fém.	beitéñagu	beitéitzañagu				
	resp.	beitéizugu	beitéitzugu				

INDICATIF. — PRÉSENT.

VOIX TRANSITIVE.

FORME D'INCIDENCE. (Suite).

		13	14	15	16	17	18
		le à nous	les à nous	tu	vous	me	nous
il		beitéiku	beitéizku	*m. f.* behái / *r.* beitzútu	beitzutié	benái	beikútu
ils		beitéikuye	beitéizkuye	*m. f.* beháye / *r.* beitzutié	beitzutié	benáye	beikutie
tu	*musc.*	beitéikuk	beitéizkuk	....	....	benáik	beikútuk
	fém.	beitéikun	beitéizkun	....	....	benáin	beikútun
	resp.	beitéikuzu	beitéizkutzu	....	....	benáizu	beikutúzu
vous		beitéikuzie	beitéizkutzie	....	....	benáizie	beikutuzie
je		....	....	*m. f.* beháit / *r.* beitzútut	beitzutiét	....	....
nous		....	....	*m. f.* beháigù / *r.* beitzulúgu	beitzutiégu	....	....

FORMES COMPOSÉES.

1. **Forme adjective** : C'est la forme exquisitive déclinée : *dén-a,* celui qui est ; *hizán-a,* toi qui es ; *nizán-a,* moi qui suis ; *dirén-ak,* ceux qui sont ; *girén-ak,* nous qui sommes, etc. ; *dián-a,* celui qui a, et ce qu'il a ; *dudán-a,* ce que j'ai ; *duzún-a,* ce que tu (vous) as ; *duzién-a,* ce que vous avez ; *diána éman du,* il a donné ce qu'il a ; *diának gogóa, éman béza,* que celui qui a l'intention, donne.

2. **Lorsque, quand** — s'expriment par le cas positif de la forme adjective ; *dén-ian, nizan-ian, dudán-ian*; lorsque je suis arrivé, *héltu nizan-ian*; quand il est parti, *jóan dénian*; lorsque j'ai donné, *éman dudanian*; lorsqu'il est arrivé à moi, *héltu zditanian*; lorsqu'il me les a donnés, *éman déizlantian*.

3. **Tant que** — s'exprime par une terminaison casuelle de la forme adjective, en *o;* elle est particulière aux formatifs du verbe ; on peut l'appeler *cas duratif*: *déno, nizan-o, dudán-o,* etc. ; *egóiten déno,* tant qu'il demeure ou demeurera ; tant que je lui donne, *emáiten déyodano.*

4. **Pour le temps auquel** (pour *quand*) — s'exprime par le prolatif de la forme adjective : *nizan-éko, dén-eko dián-eko; jin déneko,* mot à mot : *pour quand* il est

venu ; *héltu nizan-éko*, mot à mot : *pour quand* je suis arrivé ; *éman déizuneko, pour quand* il vous l'a donné.

5. Si, entre deux verbes, en latin *an utrùm*, s'exprime par la terminaison *ez* ajoutée à la forme exquisitive ; cette forme est tout simplement le médiatif indéfini de la forme adjective : *dén-ez, nizán-ez, diàn-ez, déizun-ez* ; demandez s'il est parti, *gáltha hezázu jóan dénez* ; s'il m'a vu , *ikhoúsi náyanez* ; s'il me le donnera, *emánen déitadanez*.

6. **Tandis que** — s'exprime par la terminaison *rik* ajoutée à tous les formatifs de la forme positive *déla*, etc. C'est proprement le cas infinitif de cette forme ; *déla-rik, nizalá-rik, dudalá-rik ; étchen délarik*, tandis qu'il est à la maison ; *hében nizalárik*, tandis que je suis ici ; *hànitz habóro éman déyodalarik*, tandis que je lui en ai donné beaucoup plus.

7. **Parce que, par la raison que** — s'exprime par la terminaison déterminative *koz* ajoutée à la forme positive : *déla-koz, diàla-koz, dudalá-koz*, etc. ; *éman dudalákoz*, parce que j'ai donné ; *sárthu hizalákoz*, parce que tu es entré. Nous dirons en passant que la conjonction *parce que* s'exprime aussi par la forme incidente toute seule.

8. **Sous prétexte**, ou *faisant semblant* — s'exprime par la terminaison *koan*, qui est le cas positif du génitif possessif, ajoutée à la forme positive (1) ; *déla-koan, diálakoan, duzúla-koan; gáldu diàlakoan*, sous prétexte qu'il a perdu ; *órai héltu hizálakoan*, faisant semblant que tu es arrivé à présent.

9. La forme interrogative *ai-je, a-t-il, est-il*, etc., s'exprime par les terminatifs de la forme simple : 1° en rendant l'*a* final long, si le terminatif finit par *a* : *jóan da*, il est parti ; *jóan dá*, est-il parti ? *Héltu dira*, ils sont arrivés ; *héltu dirá*, sont-ils arrivés ? On dit aussi *déya* et *diréya*. 2° En ajoutant *a* lorsque les formatifs se terminent par une consonne ou par la voyelle *o* : *hoúnki dúta*, l'ai-je touché ? *hártu dúka*, as-tu pris ? 3° En ajoutant *ya* aux terminatifs qui finissent en *ie* : *éman diéya*, ont-ils donné ? 4° En changeant l'*u* final et l'*i* final en *ia* : *hási duzía*, avez-vous commencé ? — Lorsque l'interrogation est exprimée par un adverbe ou un pronom, le verbe ne prend pas de forme particulière pour l'indiquer ; ainsi on dira : *noiz jóan dira*, quand sont-ils partis ? *nóntik igáran ziráye*, par où avez-vous passé ? *nóla zira*, comment êtes-vous ? *nor jin da*, qui est venu ?

Le seul dialecte souletin a une forme particulière pour l'interrogation ; les autres dialectes usent de la forme simple sans modification ; le ton seul indique l'intention de celui qui parle.

---

(1) Les deux génitifs basques se déclinent : ainsi *etchíaren*, de la maison, fait *etchíarèn-a*, celui de la maison, *etchíaren-az, etchiarén-ari*, etc. ; *etcheko*, de la maison ; *etchekó-a*, ce qui est de la maison ; *etchekó-aren, etchekó-an, etchekó-az*, etc. Le génitif possessif exprime un rapport de dépendance, et le génitif relatif un rapport local ; on dit : *alhórraren jabía*, le maître du champ ; *alhorréko lília*, la fleur du champ.

2ᵐᵉ FORME. — PASSÉ.

ZEN, ZIAN; — ZELA, ZIALA; — BEITZEN, BEITZIAN.

Signification propre : *Zen*, il était ; *zian*, il avait ; *zéla*, qu'il était ; *ziála*, qu'il avait ; *beitzen*, il était, parce qu'il était ; *beitzian*, il avait, parce qu'il avait.

I. Combinaisons de la forme intransitive ZEN. Elle s'emploie :

1º Seule avec le nominatif indéfini d'un adjectif ou d'un substantif, ou avec un adverbe : *hándi zen*, il était grand ; *artzáin zen*, il était berger ; *húrrun nintzan*, j'étais loin ;

2º Précédée de la particule *ba*, pour exprimer la locution française *il y avait :* il y en avait beaucoup, *ba-zen hánitz ;*

3º Avec le cas positif indéfini du substantif verbal intransitif, pour exprimer que l'action se faisait ; *joáiten zen*, il allait ;

4º Avec le cas positif indéfini du substantif verbal transitif, pour exprimer une action réfléchie sur le sujet, qui se faisait dans le passé : *eskéntzen zen*, il s'offrait ;

5º Avec le nominatif indéfini de l'adjectif verbal intransitif, et elle exprime le passé parfait : *jóan zen*, il alla ;

6º Avec le nominatif indéfini de l'adjectif verbal transitif, pour exprimer l'action réfléchie faite dans le passé : *eskéntu zen*, il s'offrit ;

7º Avec les mêmes nominatifs des adjectifs verbaux des deux espèces joints à *izan, été*, pour exprimer le plusque-parfait : *jóan izan zen*, il était allé ; *eskéntu izan zen*, il s'était offert ;

8º Avec le génitif indéfini des adjectifs verbaux, pour exprimer l'action passée conditionnelle, neutre ou réfléchie : *joáṅen zen*, il serait parti ; *eskentúren zen*, il se serait offert ;

9º Avec l'infinitif de l'adjectif verbal, et elle exprime le parfait passif : *joánik zen*, il était parti ; *gáldurik zen*, il était perdu ; *emánik zen*, il était donné ;

10º Avec le même infinitif suivi de *izan, été*, pour exprimer le plusque-parfait passif : *joánik izan zen*, il avait été parti ; *eskentúrik izan zen*, il avait été offert ;

11º Avec le même infinitif suivi du génitif *izánen*, pour exprimer le plusque-parfait conditionnel : *joánik izánen zen*, il aurait été parti ; *gáldurik izánen zen*, il aurait été perdu.

INDICATIF. — PASSÉ.

☞ *Jóan izánen zen*, et *gáldu izánen zen* sont peu usités. On dit généralement, en usant des formes conditionnelles : *jóan izan zátekian*, il serait parti ; *gáldu izan zátekian*, il se serait perdu.

II. Combinaisons de la forme transitive ZIÁN. Elle s'emploie :

1° Seule, avec le nominatif indéfini de plusieurs adjectifs et substantifs ordinaires : *máite zian*, il l'aimait ; *górde zian*, il l'avait caché ; *aguèri zian*, il l'avait en évidence ; *oúste zian*, il croyait ; *zor zian*, il devait ; *behar zian*, il avait besoin ;

2° Seule, précédée de la particule affirmative *ba*, pour exprimer l'imparfait du verbe *avoir* ; j'avais, *banian* ; il avait, *bazian* ;

3° Avec le cas positif des substantifs verbaux transitifs, et elle exprime le passé imparfait : *gáltzen nian*, je perdais ; *emáiten zian*, il donnait ;

4° Avec le nominatif indéfini de l'adjectif verbal transitif, et elle exprime le passé parfait : *gáldu zian*, il perdit ; *eman zian*, il donna ;

5° Avec le même nominatif suivi de *úkhen, eu*, et elle exprime le passé antérieur : *gáldu úkhen zian*, il perdit, ou il avait perdu, et il eut perdu.

6° Avec l'infinitif des adjectifs verbaux transitifs, et elle exprime le passé absolu : *gáldurik zian*, il l'avait perdu ; (*ordúkoz emánik zian*, pour lors, il l'avait donné).

7° Avec le même infinitif suivi de *úkhen, eu*, et elle exprime le passé antérieur absolu : il l'avait eu perdu, *gáldurik úkhen zian* ;

8° Avec le génitif indéfini des adjectifs verbaux, et elle exprime le passé conditionnel : *gálduren zian*, il l'aurait perdu ;

9° Avec l'infinitif de l'adjectif verbal suivi du génitif *ukhénen*, et elle exprime le conditionnel passé absolu : *gáldurik ukhénen zian*, il l'aurait eu perdu.

Les formes régies *zéla* et *ziála* et leurs composés, et la forme d'incidence *beitzén, beitzian*, sont susceptibles des mêmes combinaisons que *zen* et *zian*.

EXEMPLES : *oúste nian jóan zéla*, je croyais qu'il était parti ou qu'il partit ; *joánik zéla* (en labourdin *joana zela*), qu'il était déjà parti ; *hóba zinéla*, que vous étiez meilleur ; *ba ziréla láur*, qu'ils étaient quatre ; *egun joánen ginéla*, que nous partirions aujourd'hui ; *gálduren zéla*, qu'il se perdrait ; *eman hiéla*, que tu avais donné ; *hártzen zéitzayala*, qu'il te les prenait. — *Jakin diát nón hintzan*, j'ai su où tu étais. *Nóla hárrun beitziren*, comme ils étaient loin ; *nóiz-ere hulláñtu beikintzéyon*, lorsque nous nous approchâmes de lui ; *zoíñi eman beitzunién zuzéna*, auquel vous aviez donné le droit ; *non egiten beikunian lána*, où nous faisions le travail.

2ᵐᵉ FORME. — **INDICATIF.** — PASSÉ.

VOIX INTRANSITIVE.

FORME PREMIÈRE OU CAPITALE.

	Traitement indéfini.						
	1	2	3	4	5	6	7
		à lui	à eux	à toi	à vous	à moi	à nous
il ..	zén	zéyon	zéyen	zéizun	zéizien	zéitan	zéikun
ils ..	zirón	zéitzon	zéitzen	zéitzun	zéitzien	zéiztan	zéizkun
tu r.	zinén	zintzéyon	zintzéyen	....	....	zinzéitan	zinzéikun
vous ..	zinién	zintzéyoen	zintzéyien	....	....	zintzéiztayen	zintzéizkuyen
je ..	níntzan	nintzéyon	nintzéyen	nintzéizun	nintzéizien	....	....
nous ..	ginén	gintzéyon	gintzéyen	gintzéizun	gintzéizien	....	....

Traitements masculins, féminins et respectueux de la forme capitale.

		1	2	3	4	5	6	7
il	m f r	zuyán zuñán zúzun	zióyan zióñan zózun	ziéyan ziéñan ziézun	zeyán zéiñan zéizun	zéizien	zitayan zitañan zitazun	zikuyan zikuñan zikuzun
ils	m f r	zutián zutuñán zutúzun	zitzóyan zitzóñan zitzózun	zitzéyan zitzéñan zitzézun	zeitzán zeitzañán zéitzun	zeitzién	ziztayan ziztañan ziztatzun	zizkuyan zizkuñan zizkutzun
tu	m f r	hintzan zinén	hintzéyon zintzéyon	hintzéyen zintzéyen	....	....	hintzéitan zintzéitan	hintzéikun zintzéikun
je	m f r	nundián nunduñán nundúzun	nintzóyan nintzóñan nintzózun	nintzéyan nintzéñan nintzézun	nintzeiyán nintzeiñ n nintzéizun	nintzéizien	....	....
nous	m f r	guntián guntuñán guntúzun	gintzóyan gintzóñan gintzózun	gintzéyan gintzéñan gintzézun	gitzeiyán gitzeiñán gintzéizun	gintzéizien	....	....

INDICATIF. — PASSÉ.

VOIX TRANSITIVE.

FORME PREMIÈRE OU CAPITALE.

		Traitement indéfini.					
		1	2	3	4	5	6
		le	les	le à lui	les à lui	le à eux	les à eux
il	....	zian	zutian	zéyon	zéitzon	zéyen	zéitzen
ils	....	zièn	zutièn	zéyoen	zéitzoen	zéyien	zéitzeyen
tu	respectueux	zunian	zuntian	zenéyon	zenéitzon	zenéyen	zenéitzen
vous	....	zunièn	zuntièn	zenéyoen	zenéitzoen	zenéyien	zenétzièn
je	....	nian	nutian	nëyon	néitzon	ñéyen	néitzen
nous	....	gunian	guntian	genéyon	genéitzon	genéyen	genéitzen
		Traitements masculins, féminins et respectueux de la forme capitale.					
il	masculin	zián	zitián	zióyan	zitzóyan	ziéyan	zitzéyan
	féminin	ziñán	zitiñán	zióñan	zitzóñan	ziéñan	zitzéñan
	respectueux	zizun	zitizun	ziózun	zitzózun	ziézun	zitzézun
ils	masculin	ziéyan	zitiéyan	zioéyan	zitzoéyan	zieéyan	zietzéyan
	féminin	ziéñan	zitiéñan	zioéñan	zitzoéñan	zieéñan	zietzéñan
	respectueux	zizien	zitizien	ziózien	zitzózien	ziéczien	zietzézien
tu	masculin	hian	hutian	héyon	héitzon	héyen	héitzen
	féminin	hian	butian	héyon	héitzon	héyen	héitzen
	respectueux	zunian	zuntian	zenéyon	zenéitzon	zenéyen	zenéitzen
je	masculin	nián	nitián	nióyan	nitzóyan	niéyan	nitzéyan
	féminin	niñán	nitiñán	nióñan	nitzóñan	niéñan	nitzéñan
	respectueux	nizun	nitizun	niózun	nitzózun	niézun	nitzézun
nous	masculin	ginián	ginitián	ginióyan	ginitzóyan	giniéyan	ginitzéyan
	féminin	giniñán	ginitiñán	ginióñan	ginitzóñan	giniéñan	ginitzéñan
	respectueux	ginizun	ginitizun	giniózun	ginitzózun	giniézun	ginitzézun

INDICATIF — PASSÉ.

VOIX TRANSITIVE.

FORME PREMIÈRE OU CAPITALE. (*Suite*).

		Traitement indéfini.					
		7	8	9	10	11	12
		le à toi	les à toi	le à vous	les à vous	le à moi	les à moi
il	....	zéizun	zéitzun	zeizién	zeitzién	zéitan	zéiztan
ils	....	zéizien	zéitzien	zeizién	zeitzién	zéitayen	zéiztayen
tu	*respectueux*	....	....	....	....	zenéitan	zenéiztan
vous	....	....	....	....	....	zenéitazien	zenéiztatzien
je	....	néizun	néitzun	néizien	néitzien	....	....
nous	....	genéizun	genéitzun	genéizien	genéitzien	....	....

Traitements masculins, féminins et respectueux de la forme capitale.

il	*masculin* *féminin* *respectueux*	zeyán zeñán zéizun	zéitzán zeitzañán zéitzun	zeizién	zeitzién	zitayan zitañan zitazun	ziztayan ziztañan ziztatzun
ils	*masculin* *féminin* *respectueux*	zeyán zeyeñán zéizien	zeitzeyán zeitzeñán zéitzien	zeizién	zeitzién	zitadiéyan zitadiéñan zitazien	ziztadiéyan ziztadiéñan ziztatzien
tu	*masculin* *féminin* *respectueux*	....	....	....	....	héitan héitan zenéitan	héiztan héiztan zenéiztan
je	*masculin* *féminin* *respectueux*	neyán neñán néizun	neitzán neitzañán neitzun	néizien	néitzien	....	....
nous	*masculin* *féminin* *respectueux*	geneyán geneñán genéizun	geneitzán geneitzañán genéitzun	genéizien	genéitzien	....	....

INDICATIF — PASSÉ.

VOIX TRANSITIVE.

FORME PREMIÈRE OU CAPITALE. (Suite.)

		13	14	15	16	17	18
		Traitement indéfini.					
		le à nous	les à nous	te	vous	me	nous
il	....	zéikun	zéizkun	zuntían	zuntién	nundian	guntian
ils	....	zéikuyen	zéizkuyen	zuntien	zuntién	nundién	guntién
tu	respectueux	zenéikun	zenéizkun	....	....	nundúzun	guntúzun
vous	....	zenéikuzien	zenéizkutzien	....	....	nunduzién	guntuzién
je	....	....	....	zuntúdan	zuntiédan	....	....
nous	....	....	....	zuntúgun	zuntiégun	....	....

Traitements masculins, féminins et respectueux de la forme capitale.

il	masculin féminin respectueux	zikuyan zikuñan zikuzun	zizkuyan zizkuñan zizkutzun	hundían hundiañ zuntian	zuntién	nindián nindiñán nindizun	gintián gintinán gintizun
ils	masculin féminin respectueux	zikiéyan zikiénan zikuzién	zizkiéyan zizkiénan zizkutzién	hundién hundién zuntien	zuntién	nindiéyan nindiénan nindizién	gintiéyan gintiéñan gintizién
je	masculin féminin respectueux	héikun héikun zenéikun	héizkun héizkun zenéizkun	....	....	nunduyán nundunán nundúzun	guntuyán guntuñán guntúzun
tu	masculin féminin respectueux	....	....	hundúdan hundúdan zuntúdan	zuntiédan	....	....
nous	masculin féminin respectueux	....	....	hundúgun hundúgun zuntúgun	zuntiégun	....	....

VOIX INTRANSITIVE.

FORME RÉGIE POSITIVE.

	1	2	3	4	5	6	7
		à lui	à eux	à toi	à vous	à moi	à nous
qu'il	zéla	zéyola	zéyela	m. zéiyala f. zéiñala r. zéizula	zéiziela	zéitala	zéikula
qu'ils	ziréla	zéitzola	zéitzela	m. zéitzala f. zéitzañala r. zeitzula	zéitziela	zéiztala	zéizkula
que m. et f.	hintzála	hintzéyola	hintzéyela	....	....	hintzéitala	hintzéikula
tu resp.	zinéla	zintzéyola	zintzéyela	....	....	zintzéitala	zintzéikula
que vous ..	ziniéla	zintzéyeela	zinzéyiala	....	....	zintzéiztadela	zintzéizkuyela
que je	nintzála	nintzéyola	nintzéyela	m. nintzéiyala f. nintzéiñala r. nintzéizula	nintzéiziela	....	....
que nous ..	ginéla	gintzéyola	gintzéyela	m. gintzéiyala f. gintzéiñala r. gintzéizula	gintzéiziela	....	....

INDICATIF. — PASSÉ.

VOIX TRANSITIVE

FORME RÉGIE POSITIVE.

		1 le	2 les	3 le à lui	4 les à lui	5 le à eux	6 les à eux
qu'il	....	ziéla	zutiála	zéyola	zéitzola	zéyela	zéitzela
qu'ils	....	ziéla	zutiéla	zéyoela	zéitzoela	zéyiela	zéitzeyela
que tu	*m. et fém.*	hiála	hutiála	héyola	héitzola	héyela	héitzela
	respect.	zuniála	zuntiála	zenéyola	zenéitzola	zenéyela	zenéitzela
que vous	....	zuniéla	zuntiéla	zenéyoela	zenéitzoela	zenéyiela	zenéitziela
que je	....	niála	nutiála	néyola	néitzola	néyela	néitzela
que nous	....	guniála	guntiála	genéyola	genéitzola	genéyela	genéitzela

INDICATIF. — PASSÉ.

VOIX TRANSITIVE.

FORME RÉGIE POSITIVE. (Suite.)

		7 le à toi	8 les à toi	9 le á vous	10 les á vous	11 le à moi	12 les à moi
qu'il	*masculin* *féminin* *respectueux*	zéyala zeñala zéizula	zéitzala zéitzañala zéitzula	zeiziéla	zeitziéla	zéitala	zéiztala
qu'ils	*masculin* *féminin* *respectueux*	zéyiala zeyeñala zéiziela	zéitzeyala zéitzeñala zéitziela	zeiziéla	zeitziéla	zéitayela	zéiztayela
que tu	*m. et fém.* *respect.*	....	....	....	....	héitala zenéitala	héiztala zenéiztala
que vous		....	....	....	....	zenéitayela	zenéiztayela
que je	*masculin* *féminin* *respectueux*	néyala néñala néizula	néitzala néitzañala néitzula	néiziela	néitziela	....	....
que nous	*masculin* *féminin* *respectueux*	ganéyala genéñala genéizula	genéitzala genéitzuñala genéitzula	genéiziela	genéitziela	....	....

INDICATIF. — PASSÉ.

VOIX TRANSITIVE.

FORME RÉGIE POSITIVE. (*Suite*).

		13	14	15	16	17	18
		le à nous	les à nous	te	vous	me	nous
qu'il	....	zéïkula	zéïzkula	(m. hundíála f. hundíála r. zuntiála)	zuntiéla	nundiála	guntiála
qu'ils	....	zéïkuyela	zéïzkuyela	(m. hundiéla f. hundiéla r. zuntiéla)	zuntiéla	nundiéla	guntiéla
que tu	{ m. et fém. respect.	héïkula zenéïkula	héïzkula zenéïzkula	....	....	m. nunduyála f. nunduñála r. nunduzúla	guntuyála guntuñála guntuzúla
que vous	....	zenéïkuyela	zenéïzkuyela	....	....	nunduziéla	guntuziéla
que je	....	....	....	(m. f. bundudála r. zuntudéla)	zuntiédala	....	....
que nous	....	....	....	(m. f. huntugúla r. zuntugúla)	zuntiégula	....	....

INDICATIF. — PASSÉ.

Toutes les formes passées ayant les terminaisons en *n*, la forme régie *exquisitive*, dans ces modes, se trouve être la même que la forme capitale. Il faut seulement observer que, pour la forme *exquisitive*, on ne fait usage de la variété des traitements que lorsque la seconde personne est sujet ou régime.

VOIX INTRANSITIVE.

FORME INCIDENTE.

		1	2	3	4	5	6	7	
			à lui	à eux	à toi	à vous	à moi	à nous	
il	.....	beitzén	beitzitzéyon et beitzéyon	beitzitzéyen et beitzéyen	m. beitzitzeiyán f. beitzitzeiñán r. beitzitzéizun	beitzitzéizien et beitzélzien	beitzitzéitan et beitzéltan	beitzitzéikun et beitzóikun	INDICATIF — PASSÉ.
ils	.....	beitzirén	beitzitzéitzon et beitzéitzon	beitzitzéitzen et beitzéitzen	m. beitzitzeitzáñ f. beitzitzeitzañán r. heitzitzéitzun	beitzitzéitaien et beitzéitzien	beitzitzéiztan et beitzéiztan	beitzitzéizkun et beitzéizkun	
tu	m. et f.	behintzan	behintzéyon	behintzéyen	....	....	behintzéitan	behintzéikun	
tu	resp.	beitzinén	beitzintzéyon	beitzintzéyen	....	....	beitzintzéitan	beitzintzéikun	
vous	plur.	beitziniéu	beitzintzéyoen	beitzintzéyien	....	....	beitzintzéiztayen	beitzintzéizknyen	
je	.....	henintzan	benintzéyon	henintzéyen	m. benintzeiyán f. benintzeiñán r. beninzéizun	benintzéizien	....	....	
nous	.....	beikinén	beikintzéyon	beikintzéyen	m. beikintzeiyán f. beikintzeiñán r. beikintzéizun	beikintzéizien	....	....	

VOIX TRANSITIVE.

FORME INCIDENTE.

		1	2	3	4	5	6
		le	les	le à lui	les à lui	le à eux	les à eux
il		beitzian	beitzutian	beitzéyon	beitzéitzon	beitzéyen	beitzéitzen
ils		beitzién	beitzutién	beitzéyoen	beitzéitzoen	beitzéyien	beitzéitzeyen
tu	*mas. et fém.*	behian	behutian	behéyon	behéitzon	behéyen	behéitzen
tu	*respectueux*	beitzunian	beitzuntian	beitzenéyon	beitzenéitzon	beitzenéyen	beitzenéitzen
vous	*plur.*	beitzunién	beitzuntién	beitzenéyoen	beitzenéitzoen	beitzenéyien	beitzenéitzien
je		benian	benutian	benéyon	benéitzon	benéyen	benéitzen
nous		beikunian	beikuntian	beikenéyon	beikenéitzon	beikenéyen	beikenéitzen

INDICATIF. — PASSÉ.

VOIX TRANSITIVE.

FORME INCIDENTE. (Suite.)

INDICATIF. — PASSÉ.

		7 le à toi	8 les à toi	9 le à vous	10 les à vous	11 le à moi	12 les à moi
il	*masculin* / *féminin* / *respectueux*	beitzeyán / beitzeñán / beitzéizun	beitzeitzayán / beitzeitzañan / beitzéitzun	beitzeizién	beitzeitzién	beitzéitan	beitzéiztan
ils	*masculin* / *féminin* / *respectueux*	beitzeyián / beitzeyeñán / beitzéizien	beitzeitzeyán / beitzeitzeñán / beitzéitzien	beitzeizién	beitzeitzién	beitzéitaden	beitzéiztaden
tu	*mas. et fém.*	....	....	....	....	behéitan	behéiztan
	respect.	....	....	....	....	beitzenéitan	beitzenéiztan
vous	*plur.*	....	....	....	....	beitzenéitaden	beitzenéiziaden
je	*masculin* / *féminin* / *respectueux*	beneyán / beneñán / benéizun	beneitzayán / beneitzañán / benéitzun	benéizien	benéitzien	....	....
nous	*masculin* / *féminin* / *respectueux*	beikeneyán / beikeneñán / beikenéizun	beikeneitzán / beikeneitzañán / beikenéitzun	beikenéizien	beikenéitzien	....	....

VOIX TRANSITIVE.

FORME INCIDENTE. (Suite.)

		13	14	15	16	17	18
		le à nous	les à nous	te	vous	me	nous
il		beitzéikun	beitzéizkun	(behundian / beitzuntian	beitzuntién	benundian	beikuntian
ils		beitzéikuyen	beitzéizkuyen	(behundién / beitzuntien	beitzuntién	benundién	beikuntién
tu	(mas. et fém.	behéikun	behéizkun	....	....	m. benunduyán / f. benunduñán / r. benundúzun	beikuntuyán / beikuntuñán / beikuntúzun
vous	(respectueux / plur.	beitzenéikun / beitzenéikuyen	beitzenéizkun / beitzenéizkuyen	....	....	benunduzién	beikuntuzién
je		....	....	(behundúdan / beitzuntúdan	beitzuntiédan	....	....
nous		....	....	(behundúgun / beitzuntúgun	beitzuntiégun	....	....

INDICATIF. — PASSÉ.

INDICATIF. — PASSÉ.

FORMES COMPOSÉES.

1. **Forme adjective** : *zén-a, zén-az, zén-ari; hintzán-a, az; nintzáña, zián-a, zunién-a; ari, aren*, etc. : *hében sárthu zéna,* celui qui entra ici ; à celui qui partait, *joáiten zénari; erósi zuniánaren,* de celui que vous aviez acheté.
2. **Lorsque, quand** — *zén-ian, néyon-ian, zéïtan-ian* : lorsqu'il partit, *jóan zénian;* lorsqu'il vous donna, *éman zéizun-ian;* lorsqu'il s'approchait de nous, *hullántzen zéikunian.*
3. **Tant que** — *zén-o, nintzán-o,* etc. : tant qu'il demeura sage, *zúhur égon zéno;* tant que je te donnais, *emáiten néyano, néizuno;* tant qu'il nous voyait, *ikhoústen guntiáno.*
4. **Pour le temps auquel** (*pour quand*) — *zén-éko, nintzan-éko, hintzan-éko,* etc. : pour le temps auquel je partais (*pour mon départ*), *joáiten nintzanéko;* pour son arrivée (mot à mot : *pour quand il arrivait*), *héltzen zéneko;* pour le moment auquel je commençais le travail, *lána hásten niáneko.*
5. **Si**, entre deux verbes (*an utrum*) ; *zén-ez, zián-ez, nintzán-ez, nián-ez* : *jákin hezázu joán zén-ez,* sachez s'il était parti ; *éman zéyonez,* s'il lui avait donné ; s'il vous voyait, *ikhoústen zuntiénez.*
6. **Tandis que** — *zéla-rik, ziála-rik, nintzalá-rik, guniála-rik,* etc. : tandis qu'il arrivait, *héltzen zélarik;* tandis que je parlais, *mintzátzen nintzalárik;* (on dira plutôt : *mintzo nintzalárik; mintzo* est un terme adverbial qui correspond au gérondif pour la signification : *mintzo da,* il parle, *est loquendo.* Il y a dans la langue basque quelques termes qui s'emploient ainsi ; tel sont *lo, so : lo da,* il dort ; *so zen,* il regardait ; *lo nintzalárik,* pendant que je dormais ; *so zélarik,* pendant qu'il regardait.)
7. **Parce que** — *zéla-koz, nintzalá-koz, zuniála-koz, ginéla-koz, zéyola-koz,* etc. : parce qu'il était sorti, *élkhi zélakoz;* parce que je l'aimais, *máite niálakoz* (mot à mot : *parce que je l'avais cher*); parce que nous vous l'avions envoyé, *igórri genézielakoz.*
8. **Sous prétexte que** — *zéla-koan, nintzála-koan, ginéla-koan,* etc. : sous prétexte qu'il était envoyé, *igorrírik zéla-koan;* sous prétexte que j'étais son parent, *háren askázi nintzálakoan :* *joáiten zélakoan,* sous prétexte qu'il allait, ou faisant semblant d'aller.
9. **Forme interrogative** : *zéna, nintzána,* etc. ; elle s'exprime en ajoutant toujours *a* à la forme simple : *joán zéna,* était-il parti ? *éman héyona,* le lui avais-tu donné ?

3ᵐᵉ FORME. — FUTUR.

DATE, DUKE ; — DATIALA, DUKIALA ; — DATIAN, DUKIAN ; — BÉITATE, BEITUKE.

Signification propre : *Dáte,* il sera ; *dúke,* il aura ; *dátiala,* qu'il sera ; *dukiála,* qu'il aura ; *dátian,* il sera ; *dukian,* il aura ; *beitáte,* il sera, parce qu'il sera ; *beituke,* il aura, parce qu'il aura.

I. Combinaisons de la forme intransitive DATE, NIZATE, etc. Elle s'emploie :

1° Seule, avec un adjectif, un substantif ou un adverbe, pour exprimer le futur du verbe *être* : *éder dáte,* il sera beau ; *hében nizáte,* je serai ici ; *guizón bat hizáte,* tu seras un homme ;

2° Précédée de la particule affirmative *ba*, pour rendre les locutions françaises *il y aura, il y en aura,* et *ils seront, nous serons,* suivies d'un nom de nombre : *ba-dáte,* il y en aura ; *ba-diráte hánitz,* ils seront beaucoup ; *ba-giráte bost,* nous serons cinq ;

3° Avec le cas positif indéfini des substantifs verbaux des deux natures, pour exprimer qu'il sera en train d'agir ou de se faire quelque chose : *jíten dáte,* il sera en marche pour venir ; *egóiten dáte,* il restera ; *ukhúzten dáte,* il sera à se laver ; *eskéntzen dáte,* il s'offrira (il sera en offre) ;

4° Avec le nominatif indéfini des adjectifs verbaux, pour exprimer le futur parfait : *jóan dáte,* il sera allé ; *eskéntu dáte,* il se sera offert ;

5° Avec l'infinitif des adjectifs verbaux, pour exprimer le futur parfait passif ou absolu : *joánik dáte,* il sera parti ; *eskentúrik dáte,* il sera offert ;

6° Avec le même infinitif suivi de *izan, été,* pour exprimer le futur antérieur absolu : *joánik izan dáte,* il aura été parti ; *eskentúrik izan dáte,* il aura été offert ; on dit aussi : *jóan izan dáte,* il y aura été, il sera parti.

II. Combinaisons de la forme transitive DUKE, DUKET, etc. Elle s'emploie :

1° Avec le nominatif indéfini d'un grand nombre d'adjectifs et de substantifs : *máite dúke*, il l'aimera (il l'aura cher) ; *oúste dúke*, il croira (il aura îdée) ; *górde dúke*, il l'aura caché ; *ésker dúke*, il saura gré (il aura de la reconnaissance) ; *xor dúke*, il devra ; *béhar dúke*, il aura besoin, etc. ;

2° Précédée de la particule affirmative *ba*, pour exprimer le futur simple du verbe *avoir : badúke zerbáit*, il aura quelque chose ;

3° Avec le positif indéfini du substantif verbal transitif, pour exprimer qu'on sera en action de faire quelque chose : *begirátzen dúke*, il gardera ; *emáiten dúke*, il donnera (il sera en action de donner) ; *igórten dúke*, il l'enverra (il l'aura en action d'envoyer, il l'aura en envoi).

4° Avec le nominatif indéfini des adjectifs verbaux transitifs, pour exprimer le futur passé ou la probabilité d'une action qui aura été faite : *igórri dúke*, il l'aura envoyé ; *begirátu dúke*, il l'aura gardé ; *éman duket*, je l'aurai donné.

5° Avec l'infinitif des mêmes adjectifs verbaux, pour exprimer que l'action aura été complétement, ou sûrement, ou déjà faite : *igorririk dúke*, il l'aura sûrement envoyé.

6° Avec le même infinitif suivi de *úkhen, eu*, pour exprimer que l'action aura été faite antérieurement : *igorririk úkhen dúke*, il l'aura eu envoyé ; *gáldurik úkhen dúke*, il l'aura eu perdu.

On dit aussi : *gáldu úkhen dúke*, il l'aura eu perdu, et il l'aura perdu.

Les formes régies et d'incidence sont susceptibles des mêmes combinaisons : *oúste dut hon dátiala*, je crois qu'il sera bon ; *ba-dátiala zombáit*, qu'il y en aura quelques-uns ; *jóan dátiala*, qu'il sera parti ; *jiten dátiala*, qu'il sera en route pour venir ; *éman dukiála*, qu'il aura donné ; *ba-dukiála áski*, qu'il en aura assez. — *Jákin hézak norát jóan dátian*, informe-toi où il sera allé ; *nóiz jiten dátian*, quand il viendra (sera en route pour venir) ; *zombát hártu dukian*, combien il en aura pris. — *Nón-ere beitáte*, là où il sera ; *nóiz-ere héltu beitáte*, lorsqu'il sera arrivé ; *zér-ere hártu beitúkek*, ce que tu auras pris ; *zóin jínik beitáte*, lequel sera arrivé.

3ᵐᵉ FORME. — **INDICATIF.** — FUTUR.

VOIX INTRANSITIVE.

FORME PREMIÈRE OU CAPITALE.

Traitement indéfini.

	1	2 à lui	3 à eux	4 à toi	5 à vous	6 à moi	7 à nous
il	date	zaikó	zaiké	zaikezu	zaikezie	zaiket	zaikegu
ils	diráte	zaizkó	zaizké	zaizketzu	zaizketzie	zaizket	zaizkegu
tu respectueux	zirate	zitzaikó	zitzaiké	....	....	zitzáiket	zitzaikegu
vous	ziráteye	zitzáizkoe	zitzáizkeye	....	....	zitzaizkede	zitzáizkegie
je	nizáte	nitzaikó	nitzaiké	nitzaikezu	nitzáikezie	....	....
nous	giráte	gitzaikó	gitzaiké	gitzaikezu	gitzaikezie	....	....

VOIX TRANSITIVE.

FORME PREMIÈRE OU CAPITALE.

		Traitement indéfini.						
		1	2	3	4	5	6	
		le	les	le à lui	les à lui	le à eux	les à eux	
il	....	dúke	dutúke	deikó	deizkó	deikú	deizké	INDICATIF. — FUTUR.
ils	....	dukíe	dutukíe	déikoye	déizkoye	deikeé	deizkeé	
tu	respectueux	dukézu	dutukézu	déikozu	déizkotzu	deikeézu	deizkeézu	
vous	....	dukezie	dutukezíe	déikozie	déizkotzie	deikeézie	deizkeétzie	
je	...i......	dúket	dutúket	deikót	deizkót	deikeét	deizkeét	
nous	....	dukégu	dutukégu	deikógu	deizkógu	deikeégu	deizkeégu	

VOIX TRANSITIVE.

FORME PREMIÈRE OU CAPITALE. (*Suite.*)

		Traitement indéfini.					
		7	8	9	10	11	12
		le à toi	les à toi	le à vous	les à vous	le à moi	les à moi
il	....	déikezu	déizketzu	deikezié	deizketzié	déiket	déizket
ils	....	déikezie	déizketzie	deikezié	deizketzié	déikede	déizkede
tu	*respectueux*	....	....	....	....	déikedazu	déizkedatzu
vous		....	....	....	....	déikedazie	déizkedatzie
je	....	déikezut	déizketzut	déikeziet	déizketziet	....	....
nous	....	déikezugu	déizketzugu	déikeziegu	déizketziegu	....	....

INDICATIF. — FUTUR.

VOIX TRANSITIVE.

FORME PREMIÈRE OU CAPITALE. (Suite.)

		13	14	15	16	17	18	
		le à nous	_les à nous_	_te_	_vous_	_me_	_nous_	
il	....	déikegu	déizkegu	zutúke	zutuké	náike	gutúke	INDICATIF — FUTUR.
ils	....	déikegie	déizkegie	zutukie	zutukeyé	náikoye	gutukeyé	
tu	*respectueux*	déikeguzu	déizkegutzu	....	....	náikezu	gutukézu	
vous	....	déikeguzie	déizkegutzie	....	....	náikezie	gutukezie	
je	....	....	....	zutúket	zutukiét	....	....	
nous	....	....	....	zutukégu	zutukiégu	....	....	

Traitement indéfini.

INDICATIF. — FUTUR.

VOIX INTRANSITIVE.

FORME PREMIÈRE OU CAPITALE.

		1	2 à lui	3 à eux	4 à toi	5 à vous	6 à moi	7 à nous
		Traitements masculins, féminins et respectueux.						
il	*masculin* / *féminin* / *respectueux*	dükek / düken / dukézu	zikók / zikón / zikózu	zikék / zikén / zikézu	zaikek / zaiken / zaikezu	zaikezie	zikédak / zikédan / zikedázu	zikéguk / zikégun / zikegúzu
ils	*masculin* / *féminin* / *respectueux*	dutükek / dutüken / dutukézu	zizkok / zizkón / zizkózu	zizkék / zizkén / ziakézu	zaizkek / zaizken / zaizkezu	ziizketzie	zizkédak / zizkédan / zizkedázu	zizkéguk / zizkégun / zizkegúzu
tu	*mas. et fém.* / *respectueux*	hizite / zirête	hitzaikó / zitzaikó	hitzaiké / zitzaiké			hitzaiket / zitzaiket	hitzaikegu / zitzaikegu
je	*masculin* / *féminin* / *respectueux*	nükek / nüken / nukézu	nitzikók / nitzikón / nitzikózu	nitzikák / nitziken / nitzikézu	nitzaikek / nitzaiken / nitzaikezu	nitzaikezie		
nous	*masculin* / *féminin* / *respectueux*	gutükek / gutüken / gutukézu	gitzikók / gitzikón / gitzikózu	gitzaikek / gitziken / gitzikézu	gitzaikek / gitzaiken / gitzaikezu	gitzaikezie		

VOIX TRANSITIVE.

FORME PREMIÈRE OU CAPITALE.

INDICATIF. — FUTUR.

		Traitements masculins, féminins et respectueux.					
		1 le	2 les	3 le à lui	4 les à lui	5 le à eux	6 les à eux
il	masculin	dikek	ditikek	dikiók	ditikiók	ditikiék	ditikiék
	féminin	diken	ditiken	dikion	ditikion	ditikien	ditikien
	respectueux	dikézu	ditikézu	dikiózu	ditikiózu	ditikiézu	ditikiézu
ils	masculin	dikeyé	ditikeyé	dikióye	ditikióye	dikiéye	ditikiéye
	féminin	dikeñé	ditikeñé	dikiôñe	ditikiôñe	dikiéñe	ditikiéñe
	respectueux	dikezie	ditikezie	dikiózie	ditikiózie	dikiézie	ditikiézie
tu	masculin	ditkak	dutikek	deikók	deizkók	deikeék	deizkeék
	féminin	diiken	ontiken	deikon	deizkon	deikeén	deizkeén
	respectueux	dukézu	dutukézu	deikózu	deizkózu	deikeézu	deizkeézu
je	masculin	dikeyat	ditikeyat	dikióyat	ditikióyat	dikiéyat	ditikiéyat
	féminin	dikeñat	ditikeñat	dikiónat	ditikiónat	dikiéñat	ditikiéñat
	respectueux	dikezut	ditikezut	dikiozut	ditikiozut	dikiezut	ditikiezut
nous	masculin	dikeyagu	ditikeyagu	dikioyagu	ditikioyagu	dikieyagu	ditikieyagu
	féminin	dikeñagu	ditikeñagu	dikiôñagu	ditikiôñagu	dikieñagu	ditikieñagu
	respectueux	dikezugu	ditikezugu	dikiozugu	ditikiozugu	dikiezugu	ditikiezugu

VOIX TRANSITIVE.

FORME PREMIÈRE OU CAPITALE. (*Suite.*)

		Traitements masculins, féminins et respectueux.					
		7	8	9	10	11	12
		le à toi	les à toi	le à vous	les à vous	le à moi	les à moi
il	*masculin* *féminin* *respectueux*	déikek déiken déikezu	déizkek déizken déizketzu	} déikezié	déizketzié	dikedak dikedañ dikedazu	ditikédak ditikédan ditikédazu
ils	*masculin* *féminin* *respectueux*	déikeye déikeñe déikezie-uye	déizkeye déizkeñe déizketzie	} déikezié	déizketzié	dikedie dikedañe dikedazie	dizkedie dizkedañe dizkedatzie
tu	*masculin* *féminin* *respectueux*	....	....	}	....	déikedak déikedan déikedazu	déizkedak déizkedan déizkedatzu
je	*masculin* *féminin* *respectueux*	déikeyat déikeñat déikezut	déizkeyat déizkeñat déizketzut	} déikeziet	déizketziet	}	....
nous	*masculin* *féminin* *respectueux*	déikeyagu déikeñagu déikezugu	déizkeyagu déizkeñagu déizketzugu	} déikeziegu	déizketziegu	}	....

VOIX TRANSITIVE.

FORME PREMIÈRE OU CAPITALE. (*Suite*.)

		13 le à nous	14 les à nous	15 te	16 vous	17 me	18 nous
il	*masculin* *féminin* *respectueux*	dikéguk dikégun dikegúzu	ditikéguk ditikégun ditikegúzu	háike háike zutúke	zutuké	níkek níken níkezu	gitúkek gitíken gitikézu
ils	*masculin* *féminin* *respectueux*	díkegie dikeguñe dikeguzie	dízkegie dízkeguñe dízkegutzie	báikeye háikañe zutukíe	zutukeyé	nikeyá nikeñé nikezié	gitikeyé gitikeñé gitikezié
tu	*masculin* *féminin* *respectueux*	déikeguk déikegun déikeguzu	déizkeguk déizkegun déizkegutzu	....	....	náikek náiken náikezu	gutúkek gutúken gutukézu
je	*masculin* *féminin* *respectueux*	....	....	háiket háiket zutúket	zutukiét	....	....
nous	*masculin* *féminin* *respectueux*	....	....	háikegu háikegu zutukégu	zutukiégu	....	....

VOIX INTRANSITIVE.

FORME RÉGIE POSITIVE.

	1	2	3	4	5	6	7
		à lui	à eux	à toi	à vous	à moi	à nous
qu'il	dátiala	zaikóla	zaikéla	m. záikeyala f. záikeñala r. záikezula	záikeziela	záikedala	záikegula
qu'ils	dirátiala	zaizkóla	zaizkéla	m. záizkeyala f. záizkeñala r. záizketzula	záizketziela	záizkedala	záizkegula
que { m. et f. tu { resp.	hizátiala zirátiala	hitzaikóla zitzaikóla	hitzaikéla zitzaikéla	....	....	hitzáikedala zitzáikedala	hitzáikegula zitzáikegula
que vous ..	ziráteyela	zitzaizkoéla	zitzaizkeyéla	....	....	zitzáizkedela	zitzáizkegiela
que je	nizátiala	nitzaikóla	nitzaikéla	m. nitzáikeyala f. nitzáikeñala r. nitzáikezula	nitzáikeziela	....	....
que nous ..	girátiala	gitzaikóla	gitzaikéla	m. gitzáikeyala f. gitzáikeñala r. gitzáikezula	gitzáikeziela	....	....

INDICATIF. — FUTUR.

VOIX TRANSITIVE.

FORME RÉGIE POSITIVE.

		1	2	3	4	5	6
		le	les	le à lui	les à lui	le à eux	les à eux
qu'il	....	dukiála	dutukiála	délkola	déizkola	déikela	déizkela
qu'ils	....	dukiéla	dutukiéla	déikoyela	déizkoyela	deikeéla	deizkeéla
que tu	masculin	dukeyála	dutukeyála	déikoyala	déizkoyala	deikeéyala	deizkeéyala
	féminin	dukeñála	dutukeñála	délkoñala	déizkoñala	deikeéñala	deizkeéñala
	respectueux	dukezúla	dutukezúla	déikozula	déizkotzula	deikeézula	deizkeétzula
que vous	....	dukeziéla	dutukeziéla	déikozicla	déizkotziela	deikeéziela	deizkeétziela
que je	....	dukedála	dutukedála	déikodala	déizkodala	deikeédala	deizkeédala
que nous	....	dukegúla	dutukegúla	déikogula	délzkogula	deikeégula	deizkeégula

INDICATIF. — FUTUR.

VOIX TRANSITIVE.

FORME RÉGIE POSITIVE. (*Suite.*)

		7 le à toi	8 les à toi	9 le à vous	10 les à vous	11 le à moi	12 les à moi
qu'il	....	déikeyala déikeñala déikezula	déizkeyala déizkeñala déizketzula	déikezula	deizketziéla	déikedala	déizkedala
qu'ils	....	déikeyela déikeñela déikeziela	déizkeyela déizkeñela déizketziela	deikeziéla	deizketziéla	déikedela	déizkedela
que tu	*masculin* *féminin* *respectueux*	....	....	....	....	déikedayala déikedañala déikedazula	déizkedayala déizkedañala déizkedatzula
que vous	*plur.*	....	....	....	....	déikedaziela	déizkedatziela
que je	....	deikeyádala deikeñádala deikezudala	deizkeyádala deizkeñádala deizketzudala	deikeziédala	deizketziédala	....	....
que nous	....	deikeyégula deikeñégula déikezugula	deizkeyégula deizkeñágula déizketzugula	deikeziégula	deizketziégula	....	....

INDICATIF. — FUTUR.

VOIX TRANSITIVE.

FORME RÉGIE POSITIVE. (Suite.)

		13	14	15	16	17	18
		le à nous	les à nous	te	vous	me	nous
qu'il		déikegula	déizkegula	m. háikela f. r. zutukiála	zutukiéla	náikiala	gutukiála
qu'ils		déikegiela	déizkegiela	m. háikeyela f. háikeyela r. zutukéla	zutukeyéla	náikeyela	gutukeyéla
que tu	masculin féminin respectueux	déikeguyala déikeguñala déikeguzula	déizkeguyala déizkeguñala déizkegutzula	....	....	náikeyala náikeñala náikezula	gutukeyála gutukeñála gutukezúla
que vous	plur.	déikeguziela	déizkegutziela	....	....	náikeziela	gutukeziéla
que je		....	....	m. háikedala f. háikedala r. zutukedála	zutukiédala	....	....
que nous		....	....	m. háikegula f. háikegula r. zutukegúla	zutukiégula	....	....

VOIX INTRANSITIVE.

FORME RÉGIE EXQUISITIVE.

		1	2	3	4	5	6	7
			à lui	à eux	à toi	à vous	à moi	à nous
il		dátian	zaikón	zaikén	m. záikeyan f. záikeñan r. záikezun	záikezien	záikedan	záikegun
ils		dirátian	zaizkón	zaizkén	m. záizkeyan f. záizkeñan r. záizketsun	záizketzien	záizkedan	záizkegun
tu	m. et f.	hizátian	hitzaikón	hitzaikén	....	....	hitzáikedan	hitzáikegun
	resp.	zirátian	zitzaikón	zitzaikén	....	....	zitzáikedan	zitzáikegun
vous plur.		zitzteyen	zitzaizkoén	zitzaizkeyén	....	....	zitzaizkeden	zitzáizkegien
je		nizátian	nitzaikón	nitzaikén	m. nitzáikeyan f. nitzáikeñan r. nitzáikezun	nitzáikezien	....	....
nous		girátian	gitzaikón	gitzaikén	m. gitzáikeyan f. gitzáikeñan r. gitzáikezun	gitzáikezien	....	....

INDICATIF — FUTUR.

VOIX TRANSITIVE.

FORME RÉGIE EXQUISITIVE.

		1 le	2 les	3 le à lui	4 les à lui	5 le à eux	6 les à eux
il	....	dukian	dutukian	deikón	deizkón	deikén	deizkén
ils	....	dukién	dutukién	deikoyén	deizkoyén	deikeén	deizkeén
tu	mas. et fém.	dukeyán	dutukeyán	deikoyán	deizkoyán	deikeéyan	deizkeéyan
		dukeñén	dutukeñán	deikoñán	deizkoñán	deikeéñan	deizkeéñan
	respectueux	dukézun	dutukézun	deikozun	deizkótzun	deikeézun	deizkeétzun
vous	plur.	dukezien	dutukezien	deikozien	deizkotzien	deikeézien	deizkeétzien
je	....	dukédan	dutukédan	deikodan	deizkodan	deikeédan	deizkeédan
nous	....	dukégun	dutukégun	deikogun	deizkogun	deikeégun	deizkeégun

INDICATIF. — FUTUR.

VOIX TRANSITIVE.

FORME RÉGIE EXQUISITIVE. (Suite.)

		7 le à toi	8 les à toi	9 le à vous	10 les à vous	11 le à moi	12 les à moi
il		déikeyan déikeñan déikezun	m. déizkeyan f. déizkeñan r. déizketzun	deikezién	deizketzién	déikedan	déizkedan
ils		déikeyen déikeñen déikezien	m. déizkeyen f. déizkeñen r. déizketzien	deikezién	deizketzién	déikeden	déizkeden
tu	masculin féminin respectueux	....	....	....	....	déikedayan déikedañan déikedazun	déizkedayan déizkedañan déizkedatzun
vous						déikedazien	déizkedatzien
je		déikeyadan déikeñadan déikezudan	m. déizkeyadan f. deizkeñadan r. déizketzudan	deikeziédan	deizketziédan	....	....
nous		déikeyagun déikeñagun déikezugun	m. déizkeyagun f. déizkeñagun r. déizketzugun	deikeziégun	deizketziégun	....	....

INDICATIF. — FUTUR.

VOIX TRANSITIVE.

FORME RÉGIE EXQUISITIVE. (Suite.)

		13	14	15	16	17	18
		le à nous	les à nous	te	vous	me	nous
il	....	déikegun	déizkegun	m. háikian f. háikian r. zutukian	zutukién	náikian	gutukian
ils	....	déikegien	déizkegien	m. háikeyen f. háikeyen r. zutukeyén	zutukiéyen	naïkeyén	gutukeyén
tu	masculin féminin respectueux	déikeguyan déikeguñan déikeguzun	déizkeguyan déizkeguñan déizkegutzun	....	....	naikeyán naïkeñán náikezun	gutukeyán gutukeñán gutukézun
vous	plur.	déikeguzien	déizkegutzien	....	....	náikezien	gutukezien
je		....	....	m. háikedan f. háikedan r. zutukédan	zutukiédan	....	....
nous		....	....	m. háikegun f. háikegun r. zutukégun	zutukiégun	....	....

INDICATIF. — FUTUR.

VOIX INTRANSITIVE.

FORME INCIDENTE.

		1	2	3	4	5	6	7
			à lui	à eux	à toi	à vous	à moi	à nous
il		....	beitáte	beitzaikó	beitzaiké	(m. beitzáikek f. beitzáiken r. beitzáikezu	beitzáikezie	beitzáiket	beitzáikegu
ils		....	beitiráte	beitzaizkó	beitzaizké	(m. beitzáizkek f. beitzáizken r. beikráizkezu	beitzáizketzie	beitzáizket	beitzáizkegu
tu	(mas. et fém.)	behizáte	behitzaikó	behitzaiké	....	....	behitzáiket	behitzáikegu
	(respectueux)	beitziráte	beitzitzaikó	beitzitzaiké	....	....	beitzitzáiket	beitzitzáikegu
vous		....	beitziráteye	beitzitzaizkoé	beitzitzaizkeyé	....	....	beitzitzáizkede	beitzitzáizkegie
je		......., ...	benizáte	benitzaikó	benitzaiké	(m. benitzáikek f. benitzáiken r. benitzáikezu	benitzáikezie	....	....
nous		....	beikiráte	beikitzaikó	bekitzaiké	(m. beikitzáikek f. beikitzáiken r. beikitzáikezu	beikitzáikezie	....	....

VOIX TRANSITIVE.

FORME INCIDENTE.

INDICATIF. — FUTUR.

		1 le	2 les	3 le à lui	4 les à lui	5 le à eux	6 les à eux
il	.....	beituke	beitutuke	beiteiko	beiteizko	beiteiké	beiteizki
ils	.....	beitukie	beitutukie	beiteikoyé	beiteizkoyé	beiteiké	beiteizkeé
tu	masculin féminin respectueux	baitukek baituken beitukézu	beitutukek beitutuken beitutukézu	beiteikók beiteikón beiteikózu	beiteizkók beiteizkón beiteizkótzu	beiteikeék beiteikeén beiteikeétzu	beiteizkoék beiteizkeén beiteizkeétzu
vous	.....	beitukezie	baitutukezie	beitéikozie	beidéizkozie	beiteikeézie	heiteizkeétzie
je	.....	beituket	beitutuket	beiteikot	beiteizkot	beiteikeet	heiteizkeet
nous	.....	beitukégu	beitutukégu	beiteikégu	beiteizkégu	beitnikegu	beiteizkégu

VOIX TRANSITIVE.

FORME INCIDENTE. (Suite.)

		7 le à toi	8 les à toi	9 le à vous	10 les à vous	11 le à moi	12 les à moi
il	masculin féminin respectueux	beitéikek beitéiken beitéikezu	beitéizkek beitéizken beitéizketzu	beitéikezié	beitéizketzié	beitéiket	beitéizket
ils	masculin féminin respectueux	beitéikeye beitéikeñe beitéikezie	beitéizkeye beitéizkeñe beitéizketzie	beitéikezié	beitéizketzié	beitéikede	beitéizkede
tu		.....	.....	.....	.....	beitéikedak beitéikedan beitéikedazu	beitéizkedak beitéizkedan beitéizkedatzu
vous		.....	.....	.....	.....	beitéikedazie	beitéizkedatzie
je	masculin féminin respectueux	beitéikeyat beitéikeñat beitéikezut	beitéizkeyat beitéizkeñat beitéizketzut	beitéikeziet	beitéizketziet	.....	.....
nous	masculin féminin respectueux	beitéikeyagu beitéikeñagu beitéikezugu	beitéizkeyagu beitéizkeñagu beitéizketzugu	beitéikeziegu	beitéizketziegu	.....	.....

INDICATIF. — FUTUR.

VOIX TRANSITIVE.

FORME INCIDENTE. (Suite.)

		13	14	15	16	17	18
		le à nous	les à nous	te	vous	me	nous
il		beitéikegu	beitéizkegu	m. f. beháike r. beitzutúke	beitzutuké	benáike	beikutúke
ils		beitéikegie	beitéizkegie	m. f. beháikeye r. beitzutukie	beitzutukeyé	benaikeyé	beikutukeyé
tu	masculin féminin respectueux	beitéikeguk beitéikegun beitéikeguzu	beitéizkeguk beitéizkegun beitéizkegutzu	....	....	benáikek benáiken benáikezu	beikutúkek beikutúken beikutukézu
vous		beitéikeguzie	beitéizkegutzie	....	....	benáikezie	beikutnkezie
je		....	....	m. f. beháiket r. beitzutúket	beitzutukiét	....	....
nous		....	....	m. f. beháikegu r. beitzutukégu	beitzutukiégu	....	....

INDICATIF. — FUTUR.

FORMES COMPOSÉES.

1. **Forme adjective** : *Dátian-a* ou *dátekian-a*, *hizátian-a* ou *hizátekian-a; nizátian-a* ou *nizátekian-a*, etc. : *lehénik héltu dátian-a*, celui qui sera arrivé le premier (en premier); *jóan dirátianak*, ceux qui seront partis ; *hártu dukedánaz*, par celui que j'aurai pris ; *lagúntzen dukezúnari*, à celui que tu accompagneras ; *emáiten dukiána*, ce qu'il donnera.

2. **Lorsque, quand.** — *Dátian-ian* ou *dátekian-ian; dukián-ian, hizátekiun-ian, dukeyán-ian*, etc. : *joáiten dátianian*, lorsqu'il partira ; *hártzen dutukegunian*, lorsque nous les prendrons ; *hártu dukeziénian*, lorsque vous l'aurez pris ; *éman déizkegienian*, lorsqu'ils nous les auront donnés.

3. **Tant que.** — *Dátian-o* ou *dátekiano, dukedán-o, dukegún-o, záikedan-o*, etc. : *hében dátiano*, tant qu'il sera ici ; *hau dukedáno*, tant que j'aurai celui-ci ; *egóiten záikedano*, tant qu'il me restera.

4. **Pour le temps auquel** (*pour quand*). — *Dátian-eko* ou *dátekian-eko, dukegun-éko, dukezién-eko, gutukién-eko*, etc. : *jin dátianeko*, pour son arrivée (mot à mot : *pour quand il sera arrivé*; *jan dukeziéneko* (pour quand vous aurez mangé) ; on dira en français : *avant que vous n'ayez fini de manger*. *Chahátu dukiáneko* (pour quand il l'aura lavé).

5. **Si, entre deux verbes**, *utrùm, an.* — *Dátian-ez* ou *dátekian-ez, girátian-ez* ou *girátekian-ez, dukegán-ez*, etc. : dites si vous serez parti, *érran ezázu joánik zirátianez;* si nous serons assez forts, *ázki azkar girátekianez;* si nous aurons du vin, *ardoúik ba-dukegúnez;* je ne sais s'ils ne vous auront pas trompés, *ez-tákit e-tzulukeyénez ingandtú*.

6. **Tandis que, pendant que.** — *Dátekidlarik* ou *dátiala-rik, hizátiala-rik, zitzáikedala-rik, déikedazula-rik;* pendant qu'ils seront endormis, *lo dirátialarik;* pendant que vous viendrez à moi, *jiten zitzáizkedalarik;* pendant que vous donnerez à moi, *emáiten déikedazularik*.

7. **Parce que.** — *Dátiala-koz* ou *dátekiala-koz, girátekiala-koz, dukiála-koz, dukegulákoz*, etc.; *jauregian dátialakóz*, parce qu'il sera au château ; *hirítik jiten girátekialakoz*, parce que nous viendrons de la ville; *hitzéman déikogulakoz*, parce que nous lui aurons promis.

8. **Sous prétexte.** — *Dátiala-koan, dukiála-koan, déikedala-koan, déikegiela-koan, záizkegula-koan; egitékoz bethérik dátialakoan*, sous prétexte qu'il sera accablé d'af-

faires ; *éman déikegielakoan,* sous prétexte qu'ils nous auront donné ; *lehéntu záizketzielakoan,* sous prétexte qu'ils vous auront devancés.

9. **Forme interrogative** (d'après les mêmes règles que le présent). — *Dátia* ou *dátekia, girátekia, dukía, dukiéya, dukeziéya ; héltu dátia,* sera-t-il arrivé? *hon girátia,* serons-nous bons? (la déclinaison indéfinie est plurielle et singulière ; on dit : *hon da,* il est bon ; *hon dira,* ils sont bons ; *bost gizon,* cinq hommes, etc.); *égin dukeziéya,* aurez-vous fait? *jákin-erázi déikoziéya,* lui aurez-vous fait savoir?

4ᵐᵉ FORME. — PRÉSENT DU SUBJONCTIF.

OU FORME RÉGIE OPTATIVE. — PRÉSENT.

DADIN, — DEZAN.

Seule, point de signification.

I. Combinaisons de la forme intransitive DADIN, NADIN, etc. Elle s'emploie :

1° Avec l'adjectif verbal *izan*, pour exprimer le présent du subjonctif du verbe *être*; *izan dádin*, qu'il soit; *izan hádin ónxa*, que tu sois bien;

2° Avec le radical des noms verbaux, pour exprimer le présent du subjonctif neutre ou réfléchi; *jóan dádin*, qu'il aille; *sar dádin*, qu'il entre; *eskent dádin*, qu'il s'offre; *gal dádin*, qu'il se perde.

3° Avec l'infinitif des adjectifs verbaux suivi de *izan*, *été*, pour exprimer le parfait du subjonctif passif ou absolu : *joánik izan dádin*, qu'il soit parti ; *eskentúrik izan dádin*, qu'il soit offert.

II. Combinaisons de la forme transitive DEZAN, DEZADAN, etc. Elle s'emploie :

1° Avec l'adjectif verbal *úkhen*, *eu*, pour exprimer le présent du subjonctif du verbe *avoir* : *úkhen dézan*, qu'il aie;

2° Avec le radical des noms verbaux transitifs, pour exprimer le présent du subjonctif : *hár dézan*, qu'il prenne ; *igor dezádan*, que j'envoie;

3° Avec l'infinitif des adjectifs verbaux transitifs suivi de *úkhen*, *eu*, pour exprimer le parfait absolu du subjonctif : *eginik úkhen dézan*, qu'il l'aie fait; *urhentúrik úkhen dézan*, qu'il l'aie achevé.

VOIX INTRANSITIVE.

SUBJONCTIF OU FORME RÉGIE OPTATIVE. — PRÉSENT.

4ᵐᵉ FORME. — SUBJONCTIF. — PRÉSENT.

		1	2	3	4	5	6	7
			à lui	à eux	à toi	à vous	à moi	à nous
qu'il		dádin	dakión	dakién	m. dakián f. dakiñán r. dakizun	dakizien	dakidan	dakigun
qu'ils		ditian	dakitzón	dakitzén	m. dakitzayán f. dakitzañán r. dakitzázun	dakitzien	dakiztádan	dakízkun
que tu	m. et fém. respectueux	hádin zitian	hakión zakitzón	hakién zakitzén	....	....	hakidan zakiztádan	hakigun zakizkun
que vous		ziteyén	zakitzoén	zakitzeyén	....	....	zakiztadén	zakizkién
que je		nádin	nakión	nakién	m. nakián f. nakiñán r. nakizun	nakizien	....	....
que nous		gitian	gitzakión	gitzakién	m. gitzakeyán f. gitzakeñán r. gitzakézun	gitzekezien	....	....

VOIX TRANSITIVE.

SUBJONCTIF. — PRÉSENT.

		1	2	3	4	5	6
		le	les	le à lui	les à lui	le à eux	les à eux
qu'il	....	dézan	ditzan	dizón	ditzón	dizén	ditzén
qu'ils	....	dezén	ditzén	dizoén	ditzoén	diezén	dietzén
que tu	*masculin*	dezayán	detzayán	dizóyan	ditzóyan	dizéyan	ditzéyan
	féminin	dezañén	detzañán	dizóñan	ditzóñan	dizéñan	ditzéñan
	respectueux	dezézun	detzózaun	dizózun	ditzózun	dizézun	ditzézun
que vous	....	dezazien	detzatzien	dizózien	ditzótzien	dizézien	ditzézien
que je	....	dezádan	detzádan	dizódan	ditzódan	dizédan	ditzédan
que nous	....	dezégun	detzógun	dizógun	ditzógun	dizégun	ditzégun

VOIX TRANSITIVE.

SUBJONCTIF. — PRÉSENT (Suite.)

		7 le à toi	8 les à toi	9 le à vous	10 les à vous	11 le à moi	12 les à moi
qu'il	*masculin* *féminin* *respectueux*	dizayén dizañón dizázun	ditzayán ditzañán ditzátzun	} dizazién	ditzatzién	dizádan	ditzádan
qu'ils	*masculin* *féminin* *respectueux*	dizayén dizañén dizazien	ditzayén ditzañén ditzatzien	} dizazién	ditzatzién	dizadén	ditzadén
que tu		....	....	....	....	dizadayán dizadañán dizadazun	ditzadayán ditzadañón ditzadátzun
que vous						dizadazien	ditzadatzien
que je	*masculin* *féminin* *respectueux*	dizayádan dizañódan dizazúdan	ditzayádan ditzañódan ditzatzúdan	} dizaziédan	ditzatziédan	....	....
que nous	*masculin* *féminin* *respectueux*	dizayágun dizañágun dizazúgun	ditzayágun ditzañágun ditzatzúgun	} dizaziégun	ditzatziégun	....	....

VOIX TRANSITIVE.

SUBJONCTIF. — PRÉSENT. (Suite.)

		13	14	15	16	17	18
		le à nous	les à nous	toi	vous	moi	nous
qu'il	.....	dizágun	ditzágun	(m. f.) hézan / (r.) zitzan	(aitzayén	nézan	gítzan
qu'ils	.....	dizagién	ditzagién	(m. f.) hezén / (r.) zitzen	(zitzeyén	nezén	gitzén
que tu	masculin / féminin / (respectueux)	dizaguyán / dizagunán / dizaguzun	ditzaguyán / ditzagunán / ditzaguzun			nezayán / nezañán / nezázun	gitzayán / gitzañán / gitzáizun
que vous	.....	dizaguzien	ditzaguzien			nezazien	gitzatzien
que je				(m. f.) hezádan / (r.) zitzádan	(zitzédan		
que nous				(m. f.) hezágun / (r.) zitzágun	(zitzégun		

5ᵐᵉ FORME. — SUBJONCTIF. — PASSÉ.

OU FORME RÉGIE OPTATIVE. — PASSÉ.

LÉDIN ou ZEDIN; — LEZAN ou ZEZAN.

Seule, point de signification.

I. Combinaisons de la forme intransitive LÉDIN, NÉNDIN, etc. Elle s'emploie :

1° Avec l'adjectif verbal *izan*, *été*, pour exprimer le prétérit du subjonctif du verbe *être* ; *izan lédin*, qu'il fût ; *izan néndin*, que je fusse ;

2° Avec le radical des noms verbaux, pour exprimer le passé du subjonctif neutre ou réfléchi : *jóan lédin*, qu'il allât ; *igañ lédin*, qu'il montât ; *cháha lédin*, qu'il se nettoyât ; *úkhuz lédin*, qu'il se lavât ; *éman lédin*, qu'il se donnât ;

3° Avec l'infinitif des adjectifs verbaux suivi de *izan*, pour exprimer le passé absolu : *joánik izan lédin*, qu'il fût parti ; *emánik izan lédin*, qu'il fût donné.

☞ *Jóan izan lédin*, qu'il fût allé, et *gáldu izan lédin* ou *zédin*, qu'il se fût perdu, sont peu usités. On dit plutôt : *jóan zátekian*, qu'il fût allé ; *gáldu zátekian*, qu'il se fût perdu. Cette forme, *zátekian*, sert ainsi et pour la forme conditionnelle et pour le passé antérieur du subjonctif, comme dans le latin.

II. Combinaisons de la forme transitive LÉZAN, NÉZAN, etc. Elle s'emploie :

1° Avec l'adjectif verbal *úkhen*, pour exprimer le prétérit du subjonctif du verbe *avoir* : *úkhen lézan*, qu'il eût ;

2° Avec le radical des adjectifs verbaux transitifs, pour exprimer le prétérit du subjonctif : *gal lézan*, qu'il perdît ; *éman lézan*, qu'il donnât ;

3° Avec l'infinitif des adjectifs verbaux transitifs, pour exprimer le passé antérieur absolu : *eginik úkhen lézan*, qu'il l'eût (déjà ou entièrement) fait.

☞ *Egin úkhen lézan*, qu'il eût fait, n'est guère usité ; on dira plutôt : *béldur zen egin hukian*, il craignait que tu eusses fait. *Zukian, hukian, nukian*, se trouve ainsi avoir double emploi, comme son correspondant intransitif *zátekian*.

VOIX INTRANSITIVE.

SUBJONCTIF. — PASSÉ.

3ᵐᵉ FORME. — **SUBJONCTIF.** — PASSÉ.

	1	2 à lui	3 à eux	4 à toi	5 à vous	6 à moi	7 à nous
qu'il	lédin	lekión	lekién	(m.) lekián (f.) lekiñán (r.) lekizun	lekizien	lekidan	lekigun
qu'ils	litían	lekitzón	lekitzen	(m.) lekitzayán (f.) lekitzañán (r.) lekitzaun	lekitzien	lekizian	lekizkun
que {m. et f. tu {resp.	héxdin zíntian zinteyén	henkión zintzakión zintzazkioén	henkión zintzakién zintzazkieyén	....	....	henkidan zíntzakidan zintzazkidén	henkigun zintzakigun zintzazkigién
que vous ...	zinteyén	zintzazkioén	zintzazkieyén	....	....	zintzazkidén	zintzazkigién
que je	néndin	nenkión	nenkién	(m.) nenkiám (f.) nenkiñán (r.) nenkizun	nenkizén	....	....
que nous ...	gíntian	gintzakión	gintzakién	(m.) gintzakián (f.) gintzakiñán (r.) gintzakizun	gintzakizten	....	....

VOIX TRANSITIVE.

SUBJONCTIF. — PASSÉ.

		1 le	2 les	3 le à lui	4 les à lui	5 le à eux	6 les à eux
qu'il	....	lézan	létzan	lizón	litzón	lizén	litzén
qu'ils	....	lezén	letzén	lizoén	litzoén	liezén	lietzén
que tu	(mas. et fém.	hézan	hétzan	hizón	hitzón	hizén	hitzén
	(respectueux	zenézan	zenétzan	zinizón	zinitzón	zinizén	zinitzén
que vous	....	zenezén	zenetzén	zinizoén	zinitzoén	zinizén	zinietzén
que je	....	nézan	nétzan	nizón	nitzón	nizén	nitzén
que nous	....	genézan	genétzan	ginizón	ginitzón	ginizén	ginitzén

VOIX TRANSITIVE.

SUBJONCTIF. — PASSÉ. (Suite.)

		7	8	9	10	11	12
		le à toi	les à toi	le à vous	les à vous	le à moi	les à moi
qu'il	*masculin* *féminin* *respectueux*	lizayán lizañán lizázun	litzayán litzañán litzátzun	lizazién	litzatzién	lizádan	litzádan
qu'ils	*masculin* *féminin* *respectueux*	lizayén lizañén lizazien	litzayén litzañén litzatzien	lizazién	litzatzién	lizadén	litzadén
que tu		....	....	....	....	hizádan zinizádan	hitzádan zinitzádan
que vous		....	....	....	....	zinizadén	zinitzadén
que je	*masculin* *féminin* *respectueux*	nizayán nizañán nizázun	nitzayán nitzañán nitzátzun	nizazien	nitzazien	....	....
que nous	*masculin* *féminin* *respectueux*	ginizayán ginizañán ginizázun	ginitzayán ginitzañán ginitzátzun	ginizazien	ginitzatzien	....	....

VOIX TRANSITIVE.

SUBJONCTIF. — PASSÉ. (Suite.)

		13	14	15	16	17	18
		le à nous	les à nous	toi	vous	moi	nous
qu'il		lizágun	litzágun	(m. f. héntzan (r. zintzan	zintzén	néntzan	géntzan
qu'ils		lizagién	litzagién	(m. f. hentzén (r. zintzén	zintzayén	nentzén	gentzén
que tu	(masc. et fém. respectueux	hizágun zinizágun	hitzágun zinitzágun	....	....	m. nentzayán f. nentzañán r. nentzázun	gintzayán gintzañán gintzátzun
que vous		zinizagién	zinitzagién	....	....	nentzazién	gintzatzién
que je		....	....	(m. f. hentzádan (r. zintzádan	zintzédan	....	....
que nous		....	....	(m. f. hentzégun (r. zintzágun	zintzégun	....	....

6ᵐᵉ FORME. — IMPÉRATIF.

I. Forme intransitive.

1° Les terminatifs en *n*, et *biz*, ont une signification propre : *biz*, soit ; *den*, qu'il soit ; *dirén*, qu'ils soient ; *hízan*, sois ; *girén*, soyons.

2° Les autres formatifs s'unissent à l'adjectif verbal *izan*, pour exprimer l'impératif du verbe *être* ; *izan hádi*, sois ; *izan gitian*, soyons.

3° Ils s'unissent encore au radical des noms verbaux pour exprimer l'impératif neutre ou réfléchi : *jin hádi*, viens ; *ebil hádi*, marche ; *eskent hádi*, offre-toi.

II. Forme transitive.

1° Les terminatifs *diála, diéla, duyála, duñála, duzúla, duziéla* s'emploient seuls, pour l'impératif du verbe *avoir*.

2° Les autres formatifs s'unissent avec *ûkhen* pour l'impératif du même verbe *avoir* : *ûkhen ézak* ou *dezayála*, aie, que tu aies ;

3° Et au radical des noms verbaux transitifs, pour exprimer l'impératif actif : *éman ézak*, donne ; *jo béza*, qu'il frappe, etc.

NOTA. Pour la défense, on emploie les terminatifs en *la* précédés de la négation *ez* ou *e* ; *eztezayála éman*, ne donne pas ; *ehadila jóan*, ne va pas. La première personne plurielle n'ayant pas de terminatifs en *la*, la négation se joint à *gitian, dezágun*, etc. ; *ezkitian jóan*, n'allons pas ; *eztezágun har*, ne prenons pas.

VOIX INTRANSITIVE.
IMPÉRATIF.

		1	2	3	4	5	6	7
			à lui	à eux	à toi	à vous	à moi	à nous
3ᵉ per. sing.	1ʳᵉ MANIÈRE	biz et bédi et den	bekió	békié	m. békik f. békin r. békizu	bekizíe	békit	bekigu
	2ᵉ MANIÈRE	dadila	dakióla	dakiéla	m. dakióla f. dakiñúla r. dakizúla	dakiziéla	dakidála	dakigúla
3ᵉ per. plur.	1ʳᵉ MANIÈRE	bite et dirén	bekitzó	bekitzé	m. bekítzak f. bekítzan r. békitzu	bekitzíe	bekítzat	bekízku et bekitzagu
	2ᵉ MANIÈRE	ditiéla	dakitzóla	dakitzéla	m. dakitzayála f. dakitzañála r. dakitzúla	dakitziéla	dakitzadála	dakitzagúla
2ᵉ per. sing.	1ʳᵉ MANIÈRE	m. f. hádi, hiz et hízan r. zite	hakió	hakié			hákit	hakigu
			zakitzó	zakitzé			zakitzat	zakízku
	2ᵉ MANIÈRE	m. f. hadíla r. zitiúla	hakióla zakitzóla	hakiéla zakitzéla			hakidóla zakitzadála	hakigúla zakizkúla
2ᵉ per. plur.	1ʳᵉ MANIÈRE	ziteyé zirayén	zakitzoé	zakitzeyé			zakitzadé	zakizkuyé et zakitzagié
	2ᵉ MANIÈRE	ziteyéla	zakitzoéla	zakitzeyéla			zakitzadéla	zakitzagiéla
1ʳᵉ pers. plur.		gítian et girén	gitzakión	gitzakién	gitzakéyan gitzakónan gitzakézun	gitzakézien		

VOIX TRANSITIVE.

IMPÉRATIF.

		1 le	2 les	3 le à lui	4 les à lui	5 le à eux	6 les à eux
3e personne singulier	1re MANIÈRE	béza	bitza	bizó	bitzó	bizé	bitzé
	2e MANIÈRE	dezala	ditzala	dizóla	ditzóla	dizéla	ditzéla
3e personne pluriel	1re MANIÈRE	bezé	bitzé	bizoé	bitzoé	bizeyé	bitzeyé
	2e MANIÈRE	dezela	ditzela	dizoela	ditzoela	dizeyéla	ditzeyéla
2e personne singulier	1re MANIÈRE	m. ézak / f. ézan / ezázu	ézak / ézun / ezaïtzu	izák / izón / izózu	itzók / itzón / itzótzu	izék / izén / izézu	itzék / itzén / itzétzu
	2e MANIÈRE	m. dezayála / f. dezañála / dezazóla	ditzayála / ditzañála / ditzatzaïla	dizóyala / dizóñala / dizótzula	ditzóyala / ditzóñala / ditzótzula	dizéyala / dizéñala / dizéazula	ditzéyala / ditzéñala / ditzéazula
2e personne pluriel	1re MANIÈRE	ezazié	atzatzie	izózie	itzótzie	izézie	itzétzie
	2e MANIÈRE	dezaziéla	ditzatziéla	dizóziela	diitzóziela	dizéziela	ditzéziela
1re pers. pluriel		diégun et dezágun	dutigun et ditzégun	dizógun	dizaógun	dizégun	ditzégun

On dit aussi : *diéla*, qu'il aie, pour *ukhen béza*; *diéla*, qu'ils aient, pour *ukhen bezé*, ou *ukhen dezalas*; *dezyéla*, *dyñala*, *dutzéla*, aie, que tu aies, pour *ukhen dzak*, *ézan*, etc. ; *dzaléla*, ayez, que vous ayez, pour *ukhen ezazíe*, ou *dezaziéla*.

VOIX TRANSITIVE.

IMPÉRATIF. (Suite.)

		7 le à toi	8 les à toi	9 le à vous	10 les à vous	11 le à moi	12 les à moi
3ᵉ personne singulier.	1ʳᵉ MANIÈRE.	*m.* bizak *f.* bizan *r.* bizázu	bitzak bitzan bitzátzu	bizazié	bitzatzié	bizat	bitzat
	2ᵉ MANIÈRE.	*m.* dizayóla *f.* dizayála *r.* dizazúla	ditzayála ditzañála ditzatzúla	dizaziéla	ditzatziéla	dizadála	ditzadála
3ᵉ personne pluriel.	1ʳᵉ MANIÈRE.	*m.* bizayé *f.* bizañé *r.* bizazie	bitzaye bitzañé bitzazie	bizazié	bitzatzié	bizade	bitzade
	2ᵉ MANIÈRE.	*m.* dizayéla *f.* dizañéla *r.* dizazuyéla	ditzayéla ditzañéla ditzatzuyéla	dizaziéla	ditzatziéla	dizadéla	ditzadéla
2ᵉ personne singulier.	1ʳᵉ MANIÈRE.	....	....	....	....	izádak izádan izadázu	itzádak itzádan itzádatzu
	2ᵉ MANIÈRE.	....	....	....	....	dizadayúla dizadañála dizadazúla	ditzadayúla ditzadañála ditzadatzúla
2ᵉ per. plur.	1ʳᵉ MANIÈRE. 2ᵉ MANIÈRE.	....	....	....	....	izadazie dizadaziéla	itzadatzie ditzadatziéla
1ʳᵉ pers. plur.		*m.* dizayágun *f.* dizañágun *r.* dizazúgun	ditzayágun ditzañágun ditzatzúgun	dizaziégun	ditzatziégun	....	....

VOIX TRANSITIVE.

IMPÉRATIF. (Suite.)

		13 le à nous	14 les à nous	15 toi	16 vous	17 moi	18 nous
3e personne singulier.	1re MANIÈRE.	bizágu	bitzágu	....	....	....	....
	2e MANIÈRE.	dizagúla	ditzagúla	m. f. hezála / r. zitzála	zitzéla	nezála	gitzála
3e personne pluriel.	1re MANIÈRE.	bizagié	bitzagié	....	....	....	....
	2e MANIÈRE.	dizagiéla	ditzagiéla	m. f. hezéla / r. zitzéla	zitzayéla	nezéla	gitzéla
2e personne singulier.	1re MANIÈRE.	izáguk / izágun / izagúzu	itzáguk / itzágun / itzagútzu	....	....	nézak / nézan / nezázu	gítzak / gitzan / gitzátzu
	2e MANIÈRE.	dizaguyála / dizaguñála / dizaguzúla	ditzaguyála / ditzaguñála / ditzagutzúla	....	....	nezayála / nezañóla / nezazúla	gitzayóla / gitzañála / gitzatzúla
2e per. plur.	1re MANIÈRE.	izaguzie	itzaguzie	....	....	nezazie	gitzatzie
	2e MANIÈRE.	dizaguziéla	ditzaguziéla	....	....	nezaziéla	gitzatziéla
1re pers. plur.		....	....	hezágun / zitzágun	zitzégun	....	....

7ᵐᵉ FORME. — FUTUR DU SUPPOSITIF.

BALÉDI, — BALÉZA.

Point de signification propre.

La forme intransitive *balédi* se combine avec le radical des noms verbaux pour exprimer le futur conditionnel neutre et réfléchi : s'il allait, *jóan balédi;* s'il se perdait, *gal balédi*.

La forme transitive *baléza* se combine avec le radical des noms verbaux transitifs pour exprimer le futur conditionnel actif : *éman baléza,* s'il donnait ; *gal baléza,* s'il perdait.

Exemples qui serviront à connaitre la valeur de cette forme :

Náusia jin balédi bihar, jóan gintáke, si le maître venait demain, nous partirions ; *si le maître venait demain* exprime ici un futur et se rend par *balédi*. — *Náusia jiten ba-zèn, thes egiten zién,* si le maître venait, ils prenaient la fuite ; *si le maître venait* exprime ici un passé et se rend par *ba-zèn*. — *Egin baléza bihárko, botz nintzáte,* s'il le faisait pour demain, je serais content ; *s'il le faisait* exprime ici un futur et se rend par *baléza*. — *Egiten ba-zian, khèchu zen, ezpa-zian ere bai,* s'il le faisait, il était fâché, s'il ne le faisait pas aussi ; *faisait*, dans cette phrase, exprime le passé et se rend par *ba-zian*. Le Basque, dans le langage, ne confond jamais cette forme avec l'imparfait du passé.

VOIX INTRANSITIVE.

FORME UNIQUE.

		1	2	3	4	5	6	7
			à lui	à eux	à toi	à vous	à moi	à nous
s'il		balédi	balekió	balekié	m. balékik f. balékin r. balekizu	balékizie	balékit	balékigu
s'ils		balite	bafezkió et balitzikó	balezkié et balitziké	m. balézkik f. balézkin r. balézkitzu	balézkitzie	balézkit	balézkigu
si tu	*mas. et fém.*	bahéndi	bahenkió	bahenkié			bahénkit	bahénkigu
	respectueux	bazinte	bazenénkio	bazenénkie			bazenénkit	bazenénkigu
si vous		bazinteyé	bazenénkioye	bazenénkieye			bezenénkidet	bazenénkigie
si je		banéndi	banénkio	banénkie	m. banénkik f. banénkin r. banénkizu	banénkizie		
si nous		baginte	bagenénkio	bagenénkie	m. bagenénkik f. bagenénkin r. bagenénkizu	bagenénkizie		

VOIX TRANSITIVE.

FORME UNIQUE.

	1 le	2 les	3 le à lui	4 les à lui	5 le à eux	6 les à eux
il	baléza	balitza	balizò	balizò	balizé	balitzé
ils	baleaé	balitzé	balizoé	balitzoé	balizeyé	balitzeyé
tu (mas. et fém.)	bahéza	bahitza	bahizò	bahitzò	balizé	bahitzé
vous (respectueux)	bazeneza	bazintzaé	bazinizò	bazinitzoé	bazinizeyé	bazinitzeyé
je	banéza	banitza	banizò	banitzò	banizé	banitzé
nous	bagonéza	bagintza	baginizò	baginitzoé	baginizé	baginitzé

VOIX TRANSITIVE.

FORME UNIQUE. (Suite.)

		7	8	9	10	11	12
		le à toi	les à toi	le à vous	les à vous	le à moi	les à moi
s'il	*masculin* *féminin* *respectueux*	balizak balizan balizázu	balitzak balitzan balitzátzu	balizazié	balitzatzié	balizat	balitzat
s'ils	*masculin* *féminin* *respectueux*	balizaye balizañe balizázuye	balitzaye balitzañe balitzátzuye	balizazió	balitzatzió	balizatét	balitzatét
si tu	*mas. et fém.*	....	....	....	....	bahizat	bahitzat
	respectueux	....	....	....	....	bazinizat	bazinitzat
si vous		....	....	....	....	bazinizadé	bazinitzadé
si je	*masculin* *féminin* *respectueux*	banizak banizan banizázu	banitzak banitzan banitzatzu	banizazié	banitzatzié	....	....
si nous	*masculin* *féminin* *respectueux*	baginizak baginizan baginizázu	baginitzak baginitzan baginitzátzu	baginizazié	baginitzatzié	....	....

SUPPOSITIF. — FUTUR.

VOIX TRANSITIVE.

FORME UNIQUE. (*Suite.*)

		13	14	15	16	17	18
		le à nous	les à nous	te	vous	me	nous
s'il		balizágu	balitzágu	*m. f.* bahéntza *r.* bazíntza	haxintzé	banéntza	bagintza
s'ils		balizagié	balitzagié	*m. f.* bahentzé *r.* bazintzé	bazintzayé et beizintzé	banentzé	bagintzé
si tu	*masc. et fém.* *respectueux*	bahizágu bazinizágu	bahitzágu bazinitzágu	....	....	*m.* banéntzak *f.* banéntzan *r.* banentzázu	bagintzak bagintzan bagintzázu
si vous		bazinizagié	bazinitzagié	....	....	banentzazié	bagintzazié
si je		....	....	*m. f.* bahéntzat *r.* bazíntzat	bazintzét	....	....
si nous		....	....	*m. f.* bahentzágu *r.* bazintzágu	bazintzagié	....	....

SUPPOSITIF. — FUTUR.

8ᵐᵉ FORME. — PRÉSENT DU SUPPOSITIF.

BALITZ, BALU.

Signification propre : *bálitz*, s'il était (actuellement) ; *bálu*, s'il avait (actuellement).

I. Combinaisons de la forme intransitive BALITZ, BANINTZ, etc. Elle s'emploie :

1° Seule avec le nominatif indéfini d'un substantif ou d'un adjectif ordinaire : *hon bálitz*, s'il était bon ; *gizon báhintz*, si tu étais homme ;

2° Avec le positif des substantifs verbaux, pour exprimer le suppositif présent : *joaiten bálitz*, s'il allait (à présent) ; *gáltzen bálitz*, s'il se perdait ;

3° Avec le nominatif indéfini des adjectifs verbaux, pour exprimer le parfait actuel : *joán bálitz*, s'il était allé (actuellement) ; *ediren bálitz*, s'il s'était trouvé ;

4° Avec l'infinitif des adjectifs verbaux intransitifs et transitifs, pour exprimer le parfait absolu ou passif : *joánik bálitz*, s'il était parti ; *gáldurik bálitz*, s'il était perdu ;

5° Avec l'infinitif des mêmes adjectifs suivi de *izan*, été, pour exprimer le plus-que-parfait passif : *joánik izan bálitz*, s'il avait été parti ; *hoúnkirik izan bálitz*, s'il avait été touché.

II. Combinaisons de la forme transitive BALU. Elle s'emploie :

1° Seule, avec un substantif, un adjectif, ou un pronom : *bálu zerbáit*, s'il avait quelque chose ; *bálu adina*, s'il avait l'âge ; *bálu diháru*, s'il avait de l'argent ; *máite bálu*, s'il l'aimait (actuellement) ; *oúste bálu*, s'il croyait ; *behar bálu*, s'il avait besoin ;

2° Avec le cas positif des substantifs verbaux transitifs : *zinez etchekitzen bálu*, s'il le tenait fort ; *ónxa égiten bálu*, s'il le faisait bien ;

3° Avec le nominatif indéfini des adjectifs verbaux transitifs, pour exprimer le parfait : *éman bálu*, s'il l'avait donné ; *gáldu bálu*, s'il l'avait perdu ;

4° Avec l'infinitif des mêmes adjectifs, pour exprimer le parfait absolu : *eginik bánu*, si je l'avais (entièrement) fait ; *hásirik bálu*, s'il l'avait (déjà) commencé.

PRÉSENT DU SUPPOSITIF.

Exemples qui serviront à connaître la valeur de cette forme :

Har hezáke hon bálitz, tu le prendrais s'il était bon ; *était*, ici, exprime un temps présent et se rend par *bálitz*. Dans cette autre phrase : *hon ba-zén, zértako e-hian hártzen ?* s'il était bon, pourquoi ne le prenais-tu pas ? *s'il était* indique un temps passé et se rend par *ba-zén*. — *Héltu bálitz, zer boztarióa nukian !* s'il était arrivé, quel plaisir j'aurais ! ici, *s'il était arrivé* exprime un présent et se rend par *bálitz*. — *Héltu ba-zén lehenágo, báthuren nundian*, s'il était arrivé plus tôt, il m'aurait rencontré ; ici, *s'il était arrivé* exprime un temps passé et se rend par *ba-zén*. — *Jinik bálitz, ikhous genezáke*, s'il était arrivé, nous le verrions. — *Hoúnkirik izan bálitz, kólpia agéri lizáte*, s'il avait été touché, le coup paraîtrait (mot à mot : *s'il était ayant été touché*). — *Máite bálu, hobéki begira lezáke*, s'il l'aimait, il le garderait avec plus de soin ; ici, *s'il l'aimait* exprime un présent et se rend par *bálu*. — *Máite ba-zian, béhar zukian begirátu*, s'il l'aimait, il aurait dû le garder ; ici, *s'il l'aimait* exprime un passé et se rend par *ba-zian*. — *Aitak hártu bálu, e-náke anxiárik*, si papa l'avait pris, je n'aurais pas d'inquiétude ; *hik báhu, botz nunduékek*, si tu l'avais toi, je serais content ; ici, *si papa l'avait pris, si tu l'avais* expriment des actions présentement faites. Dans ces autres : *aitak hártu ba-zian, emánen zéitadan*, si papa l'avait pris, il me l'aurait donné ; *hik ba-hian, béhar hukian éman*, si tu l'avais, tu aurais dû le donner ; *si papa l'avait pris, si tu l'avais* expriment des temps passés qui se rendent par *ba-zian, ba-hian*. — *Egínik bánu, éman néikek*, si je l'avais fait, je te le donnerais ; ici, *si je l'avais fait* exprime un présent parfait et se rend par *bánu*. — *Egin ba-nian, gáizturen zinén*, si je l'avais fait, vous vous seriez fâché ; ici, *si je l'avais fait* exprime un temps passé et se rend par *ba-nian*.

VOIX INTRANSITIVE.

FORME UNIQUE.

	1	2	3	4	5	6	7
		à lui	à eux	à toi	à vous	à moi	à nous
s'il	bálitz	balitzéyo	balitzéye	m. balitzéik f. balitzéiñ r. balitzéizu	balizéizie	balitzéit	balitzéiku
s'ils	balira	balitzéitzo	balitzéitze	m. balitzéitzak f. balitzéitzañ r. balitzéitzu	balitzeitzié	balitzéizt ou balitzéitzat	balitzéizku
si tu { m. et f. resp.	búhintz bazína	bahintzéyo bazintzéyo	bahintzéye bazintzéye	....	....	bahintzéit bazintzéit	bahintzéiku bazintzéiku
si vous	bazínie	bazintzéyoe	bazintzóyïe	....	....	bazintzéiztaye	bazintzéizkuyé
si je	banintz	banintzéyo	banintzéye	m. banintzéik f. banintzéiñ r. banintzéizu	banintzéizie	....	....
si nous	bagina	bagintzéyo	bagintzéye	m. bagintzéik f. bagintzéiñ r. bagintzéizu	bagintzéizie	....	....

SUPPOSITIF. — PRÉSENT.

VOIX TRANSITIVE.

FORME UNIQUE.

		1 le	2 les	3 le à lui	4 les à lui	5 le à eux	6 les à eux
s'il	....	baĭn	bahĭn	baléyo	baléitzo	baléye	baléitze
s'ils	....	bolie	bahutie	baléyoe	baléitzœ	baléyie	baléitzœye
si tu	(mas. et fém.)	baĭna	bahŭin	bahéyo	bahéitzo	bahéye	bahéitze
si vous	(respectueux)	bazinu	bazinti̇e	bazenéyo	bazeneĭzo	bazenéye	bazenéitze
si je	....	bazunie	bazunti̇e	bazenótzie	bazenótzie	bazenézie	bazenétzie
si nous	....	bĭnu	bamŭn	banéyo	banéitzo	banéye	banéitze
	....	bagŭitu	bagŭintu	bagenéyo	bagenéitze	bagenéye	bagenéitze

VOIX TRANSITIVE.

FORME UNIQUE. (Suite.)

		7 le à toi	8 les à toi	9 le à vous	10 les à vous	11 le à moi	12 les à moi
s'il	*masculin* *féminin* *respectueux*	baléik baléiñ baléizu	baléitzak baléitzan baléitzu	}baleizié	ba'aitzié	baléit	baléizt
s'ils	*masculin* *féminin* *respectueux*	baleiyé baleiñé baléizie	baléitzaye baléitzañe baléitzúe	}baleizié	baleitzié	baléitaye	baléiztaye
si tu		....	....	....	....	bahéit	bahéizt
si vous		....	....	....	....	bazenéit bazenéitaye	bazenéizt bazenéiztaye
si je	*masculin* *féminin* *respectueux*	banéik banéiñ banéizu	banéitzak banéitzan banéitzu	}banéizie	banéitzie	....	....
si nous	*masculin* *féminin* *respectueux*	bagenéik bagenéiñ bagenéizu	bagenéitzak bagenéitzan bagenéitzu	}bagenéizie	bagenéitzie	....	....

VOIX TRANSITIVE.

FORME UNIQUE. *(Suite.)*

		13	14	15	16	17	18
		le à nous	les à nous	te	vous	me	nous
s'il		baléiku	baléizku	(m. f. bahúndu) (r. bazúntu)	bazuntié	banúndu	bagúntu
s'ils		baléikuye	baléizkuye	(m. f. bahundie) (r. bazuntie)	bazuntié	banundie	baguntie
si tu	(mas. et fém.)	bahéiku	bahéizku	....	....	(m. banúnduk) (f. banúndun) (r. banundúzu)	bagúntuk bagúntun baguntúzu
si vous	(respectueux)	bazenéiku bazenéikuye	bazenéizku bazenéizkuye	....	....	banunduzie	baguntuzie
si je		....	....	(m. f. bahúndut) (r. bazúntot)	bazuntiét	....	....
si nous		....	....	(mf bahundúgu) (r. bazuntúgu)	bazuntiégu	....	....

SUPPOSITIF. — PRÉSENT.

9ᵐᵉ FORME. — VOTIF. — FUTUR.

AILÉDI ! — AILÉZA ! — PLUT A DIEU QU'IL.....

Cette forme se place avant le radical des noms verbaux : *ailédi jóan,* plût à Dieu qu'il partît ! *ailéza atzáman,* plût à Dieu qu'il l'attrapât ! *ainéza ikhous,* plût à Dieu que je le visse ! *aihéntzat atzáman,* plût à Dieu que je t'attrapasse ! *ailízak éman,* plût à Dieu qu'il te donnât.

10ᵐᵉ FORME. — VOTIF. — PRÉSENT.

AILITZ ! AILU ! — PLUT A DIEU QU'IL FUT ! — PLUT A DIEU QU'IL EUT !

Cette forme se place avant les substantifs, adjectifs ou adverbes qui l'accompagnent : *ailitz errégue !* plût à Dieu qu'il fût roi ! *ailitz hében,* plût à Dieu qu'il fût ici ! *ailu jakitáte haboroche !* plût à Dieu qu'il eût un peu plus de science ! *ainu ikhoúsi,* plût à Dieu que je l'eusse vu !

Cette forme prend toutes les combinaisons de la forme *bálitz* et *bálu.*

VOIX INTRANSITIVE.

VOTIF. — FUTUR.

		1	2	3	4	5	6	7
			à lui	à eux	à toi	à vous	à moi	à nous
puisse-t-il		ailédi	ailékio	ailékie	m. ailékik f. ailékin r. ailékizu	ailékizie	ailékit	ailékigu
puissent-ils		ailite	ailezkió	ailezkié	m. ailézkik f. ailézkin r. ailézkitzu	ailézkitzie	ailézkit	ailézkigu
puisses-tu	m. et f.	aihéndi	ahekió	akekié			aihénkit	aihénkigu
	respect.	aitzinte	aitzénzkio	aitzénzkie			aitzénzkit	aitzénzkigu
puissiez-vous		aitzinteye	aitzénzkioye	aitzénzkioye			aitzénzkitet	aitzénzkigie
puissé-je		ainéndi	ainénkio	ainénkie	m. ainénkik f. ainénkin r. ainénkizu	ainénkozie		
puissions-nous		aiginte	aigenzkió	aigenzkié	m. aigénzkik f. aigénzkin r. aigénzkitzu	aigénzkitzie		

9me FORME. — **VOTIF**. — FUTUR.

VOIX TRANSITIVE.

VOTIF. — FUTUR.

		1 le	2 les	3 le à lui	4 les à lui	5 le à eux	6 les à eux
puisse-t-il	....	ailéza	ailitza	ailizó	ailitzó	ailizé	ailitzó
puissent-ils	....	ailezé	ailitzé	ailizoé	ailitzoé	ailizéye	ailitzéye
puisses-tu	m. et fém.	aihéza	ahitza	ahitzó	ahitzó	ahizé	ahitzé
	respect.	aitzenéza	aitzintza	aitzinizó	aitzinitzó	aitzinizé	aitzinitzé
puissiez-vous	....	aitzenezé	aitzintzé	aitzinizoé	aitzinitzoé	aitzinizeyé	aitzinitzeyé
puissé-je	....	ainéza	ainitza	ainizó	ainitzó	ainizé	ainitzé
puissions-nous	....	aikenéza	aikintza	aikinizó	aikinitzó	aikinizé	aikinitzé

VOIX TRANSITIVE.

VOTIF. — FUTUR. (Suite.)

		7	8	9	10	11	12
		le à toi	les à toi	le à vous	les à vous	le à moi	les à moi
puisse-t-il	*masculin* *féminin* *respect.*	ailizak ailizan ailizázu	ailitzak ailitzan ailitzátzu	ailizazié	ailitzatzié	ailizat	ailitzat
puissent-ils	*masculin* *féminin* *respect.*	ailizayá ailizañé ailizazie	ailitzayá ailitzañé ailitzatzie	ailizazié	ailitzatzié	ailizatét	ailitzatét
puisses-tu		....	....	....	....	ahizat	ahitzat
puissiez-vous		....	....	....	....	aitzinizat aitzinizadé	aitzinitzat aitzinitzadé
puissé-je	*masculin* *féminin* *respect.*	ainizak ainizan ainizázu	ainitzak ainitzan ainitzatzu	ainizazié	ainitzatzié	....	....
puissions-nous	*masculin* *féminin* *respect.*	aikinizak aikinizan aikinizázu	aikinitzak aikinitzan aikinitzázu	aikinizazié	aikinitzatzié	....	....

VOIX TRANSITIVE.

VOTIF. — FUTUR. (Suite.)

		13 le à nous	14 les à nous	15 te	16 vous	17 me	18 nous
puisse-t-il		ailizágu	ailitzágu	*m. f.* ahéntza / *r.* aitzintza	aitzintzé	ainéntza	aikintza
puissent-t-ils		ailizagié	ailitzagié	*m. f.* ahentzé / *r.* aitzintzé	aitzintzayé et aitzintzè	ainentzé	aikintzé
puisses-tu	*mas.* et *fém.*	ahizágu	ahitzágu			*m.* ainéntzak / *f.* ainéntzan	aikíntzak aikintzan
puissiez-vous	*respectueux*	aitzinizágu	aitzinitzágu			ainentzázu	akintzótzu
		aitzinizagiá	aitzinitzagié			aimentzazié	aikintzatzié
puissé-je				*m. f.* ahéntzat / *r.* aitzintzat	aitzintzét		
puissions-nous				*m. f.* ahentzágu / *r.* aitzintzágu	aitzintzagié		

VOIX INTRANSITIVE.

VOTIF. — PRÉSENT.

		1	2	3	4	5	6	7
			à lui	à eux	à toi	à vous	à moi	à nous
qu'il		ailítz	ailitzéyo	ailitzáye	m. ailitzéik f. ailitzéiñ r. ailitzéizu	ailitzéizie	ailitzéit	ailitzéiku
qu'ils		ailíte	ailitzéitzo	ailitzéitze	m. ailitzéitzak f. ailitzéitzan r. ailitzéitzau	ailitzóitzie	ailitzéizt et ailitzéitzat	ailitzéizkn
que tu	(mas. et fém.)	ahíntz	ahintzéyo	ahintzóye	....	....	ahintzéit	ahintzéiku
	(respectueux)	aitzína	aitzintzéyo	aitzintzóye	....	....	aitzintzéit	aitzintzéiku
que vous		aitziníe	aitzintzéyoe	aitzintzéyie	....	....	aitzintzéiztade	aitzintzéizkuye
que je		áinintz	ainintzéyo	ainintzóye	m. ainintzéik f. ainintzéiñ r. ainintzéizu	ainintzéizie	....	....
que nous		aikína	aikintzéyo	aikintzéye	m. aikintzéik f. aikintzéiñ r. aikintzéizu	aikintzéizie	....	....

10ᵐᵉ FORME. — VOTIF. — PRÉSENT.

VOIX TRANSITIVE.

VOTIF. — PRÉSENT.

		1 le	2 les	3 le à lui	4 les à lui	5 le à eux	6 les à eux
qu'il	....	ailu	ailútn	ailéyo	ailéitzo	ailéye	ailéitze
qu'ils	....	ailie	ailutie	ailéyoe	ailéitzoe	ailéyie	ailéitzeye
que tu	m. et fém.	áihu	aihútu	ahéyo	ahéitzo	ahéye	ahéitze
	respectueux	aitzúnu	aitzúntu	aitzenéyo	aitzenéitzo	aitzenéye	aitzenéitze
que vous	....	aitzunie	aitzuntie	aitzenózie	aitzenótzie	aitzenézie	aitzenétzie
que je	....	áinu	ainútu	ainéyo	ainéitzo	ainéye	ainéitze
que nous	....	aikúnu	aikúntu	aikenéyo	aikenéitzo	aikenéye	aikenéitze

VOIX TRANSITIVE.

VOTIF. —PRÉSENT. (Suite.)

		7 le à toi	8 les à toi	9 le à vous	10 les à vous	11 le à moi	12 les à moi
qu'il	masculin féminin respectueux	ailéik ailéiñ ailéizu	ailéitzak ailéitzan ailéitzu	ailéizié	aileitzié	ailéit	ailéizt
qu'ils	masculin féminin respectueux	alléye ailéñe ailéizie	ailéitzaye ailéitzañe ailéitzie	ailéizié	aileitzié	ailéitade	ailéiztade
que tu	mas. et fém. respectueux	....	....	....	....	ahéit aitzenéit	ahéizt aitzenéizt
que vous		....	....	....	....	aitzenéitade	aitzenéiztade
que je	masculin féminin respectueux	ainéik ainéiñ ainéizu	ainéitzak ainéitzan ainéitzu	ainéizie	ainéitzie	....	....
que nous	masculin féminin respectueux	aikenéik aikenéiñ aikenéizu	aikenéitzak aikenéitzan aikenéitzu	aikenéizie	aikenéitzie	....	....

VOIX TRANSITIVE.

VOTIF. — PRÉSENT. (Suite.)

		13	14	15	16	17	18
		le à nous	les à nous	te	vous	me	nous
qu'il		ailéiku	ailéizku	m. f. ahúndu / r. aitzúntu	aitzuntié	ainúndu	aikúntu
qu'ils		ailéikuye	ailéizkuye	m. f. ahundie / r. aitzuntie	aitzuntié	ainundie	aikuntie
que tu	mas. et fém.	ahéiku	ahéizku			m. ainúnduk / f. ainúndun	aikúntuk / aikúntun
	respectueux	aitzenéiku	aitzenéizku			ainundúzu	aikuntúzu
que vous		aitzenéikuye	aitzenéizkuye			ainunduzie	aikuntuzie
que je				m. f. ahúndat / r. aitzúntut	aitzuntiét		
que nous				m. f ahundúgu / r. aitzuntúgu	aitzuntiégu		

11ᵐᵉ FORME. — CONDITIONNEL PRÉSENT.

LIZATE, LUKE; — LIZATIALA, LUKIALA; — LIZATIAN, LUKIAN;
— BELIZATE, BELUKE.

Signification propre : *Lizáte*, il serait; *lúke*, il aurait (actuellement); *ba-lizáte*, il y aurait; *ba-núke*, j'aurais.

I. Combinaisons de la forme intransitive LIZATE, NINZATE, etc. Elle s'emploie :

1° Seule avec un substantif, un adjectif ou un adverbe : *gizón bat hintzáte*, tu serais un homme; *hûrrun lizáte*, il serait loin; *éder lizáte*, il serait beau.
2° Avec le cas positif des substantifs verbaux : *sártzen lizáte*, il entrerait (il serait en entrer); *áski egóiten lizáte*, il resterait (bien) assez.
3° Avec le nominatif des adjectifs verbaux, pour exprimer le conditionnel parfait : *egun jin lizáte, dioyenaz*, il serait venu aujourd'hui, d'après ce que l'on dit; *hében bi oúrthez egon lizáte*, il serait resté ici deux ans; *gáldu lizáte, diála hilabéte*, il se serait perdu il y a un mois.
4° Avec l'infinitif des mêmes adjectifs, pour exprimer le conditionnel parfait absolu ou passif : *órai joánik lizáte*, à présent il serait parti; *lána oráikoz eginik lizáte*, le travail serait fait pour à présent.
Nota. *Il serait allé, il serait resté, il se serait perdu*, dans le sens du passé, s'expriment par la forme du passé *zátekian*.

II. Combinaisons de la forme transitive LUKE, NUKE. Elle s'emploie :

1° Seule, avec la particule affirmative *ba*, pour exprimer *j'aurais, tu aurais* : *banúke nahia*, j'aurais le désir.
2° Avec le positif des substantifs verbaux transitifs : *áski ardúra éntzuten lúke*, il l'entendrait assez souvent; *bérhain áski eskéntzen leikó*, cependant il lui offrirait assez.

3° Avec le nominatif indéfini des adjectifs verbaux transitifs, pour exprimer le conditionnel parfait : *gáldu láke, dioyénaz, mila libéra*, il aurait perdu, dit-on, mille francs.

4° Avec l'infinitif des mêmes adjectifs suivi de *úkhen*, pour exprimer le parfait antérieur : *gáldurik úkhen láke*, il l'aurait eu perdu.

Toutes les phrases précédentes expriment un temps présent par le sens, quoique le verbe français indique un passé. Lorsque les mêmes temps français indiquent véritablement le passé, on les rend en basque par la forme *zukian*.

Exemples des formes régies et de la forme incidente :

Je lui ai dit que je serais ici jusqu'à demain, *errán dégot hében nintzátiala bihar artino*; j'ai su qu'il t'aurait bien promis plus d'une fois, mais qu'il t'aurait toujours trompé, *jakin dut behin béno haborótan kitzémen léikeyala, béna béthi inganátu hundukiálu*.

Je voudrais savoir où il serait allé, *náki náke jákin norát jóan lizátian*; jusqu'où il l'aurait accompagné, *nóra artino lagúntu lukian;* où tu l'aurais laissé, *non útzi lukian*.

La brebis qu'il aurait, dit-on, volée, *ardia, zóin, dioyénaz, ebáxi belúke*. — *Norát ere joánik belizáte*, là où il serait allé ; *nóra-ere lagúntu benundáke*, là où il m'aurait accompagné ; *nóla béhar benúke ikhoúsi*, comme j'aurais besoin de le voir.

VOIX INTRANSITIVE.

FORME SIMPLE OU CAPITALE.

		1	2	3	4	5	6	7
			à lui	à eux	à toi	à vous	à moi	à nous
il	....	lizáte	litzéiko	litzéike	litzéikezu	litzéikezie	litzéiket	litzéikegu
ils	....	liráte	litzéizko	litzéizke	litzéizketzu	litzéizketzie	litzéizket	litzéizkegu
tu	*respectueux*	zinâte	zintzéiko	zintzéike	....	....	zintzéiket	zintzéikegu
vous	....	zináteye	zintzéizkoe	zintzéizkeye	....	....	zintzéizkede	zintzéizkegie
je	....	nintzáte	nintzéiko	nintzéike	nintzéikezu	nintzéikezie	....	....
nous	....	gináte	gintzéiko	gintzéike	gintzéikezu	gintzéikezie	....	....

CONDITIONNEL PRÉSENT.

VOIX TRANSITIVE.

FORME SIMPLE OU CAPITALE.

		1	2	3	4	5	6	
		le	les	le à lui	les à lui	le à eux	les à eux	
il	....	lúke	lutúke	leikó	leizkó	leiké	leizké	CONDITIONNEL PRÉSENT.
ils	....	lukeyé	lutukeyé	leikoyé	leizkoyé	leikeyé	leizkeyé	
tu	respectueux	zunúke	zuntúke	zeneiké	zeneizkó	zeneiké	zeneizké	
vous	....	zunukeyé	zuntukeyé	zeneikoyé	zeneizkoyé	zeneikeyé	zeneizkoyé	
je	....	núke	nutúke	neikó	neizkó	neiké	neizké	
nous	....	gunúke	guntúke	geneikó	geneizkó	geneiké	geneizké	

VOIX TRANSITIVE.

FORME SIMPLE OU CAPITALE. (Suite.)

		Traitement indéfini.					
		7	8	9	10	11	12
		le à toi	les à toi	le à vous	les à vous	le à moi	les à moi
il	....	léikezu	léizketzu	leikezié	leizketzié	léiket	léizket
ils	....	léikezie	léizketzie	leíkezié	leizketzié	léikede	léizkede
tu	respectueux	....	....	....	....	zenéiket	zenéizket
vous	....	....	....	....	....	zenéikede	zenéizkede
je	....	néikezu	néizketzu	néikezie	néizketzie	....	....
nous	....	genéikezu	genéizketzu	genéikezie	genéizketzie	....	....

CONDITIONNEL PRÉSENT.

CONDITIONNEL PRÉSENT.

VOIX TRANSITIVE.
FORME SIMPLE OU CAPITALE. (Suite.)

Traitement indéfini.

	13 le à nous	14 les à nous	15 te	16 vous	17 me	18 nous
il	léikegu	léizkegu	zuntuke	zuntuké	nunduke	guntuke
ils	léikegie	léizkegie	zuntukie	zuntukeyé	nundukeyé	guntukeyé
tu *respectueux*	zenéikegu	zenéizkegu			nundukézu	guntukézu
vous	zenéikegie	zenéizkegie			nundukezie	guntukezie
je			hunduket	zuntukét		
nous			hundukegu	zuntukégu		

VOIX INTRANSITIVE.

CONDITIONNEL PRÉSENT.

FORME SIMPLE OU CAPITALE.

Traitement masculin, féminin et respectueux.

		1	2 à lui	3 à eux	4 à toi	5 à vous	6 à moi	7 à nous
il	masculin	lūkek	litzaikōk	litzaikék	litzaikét		litzaikédak	litzaikéguk
	féminin	lūken	litzaikōn	litzaikén	litzaikén	litzaikezie	litzaikédan	litzaikégun
	respect.	lūkézu	litzaikōzu	litzaikézu	litzaikézu		litzaikédazu	litzaikégutzu
ils	masculin	lutūkek	litzaizkōk	litzaizkék	litzaizkék		litzaizkédak	litzaizkéguk
	féminin	lutūken	litzaizkōn	litzaizkén	litzaizkén	litzaizketzie	litzaizkédan	litzaizkégun
	respect.	lutukézu	litzaizkōtzu	litzaizkétzu	litzaizketzu		litzaizkédatzu	litzaizkégutzu
tu	m. et fém.	hintzaite	hintzeiko	hintzeiké			hintzeiket	hintzeikegu
	respect.	zinate	zintzeiko	zintzeike			zintzeiket	zintzeikegu
je	masculin	nundūkek	nintzaikōk	nintzaikék	nintzeikek	nintzeikezie		
	féminin	nundūken	nintzaikōn	nintzaikén	nintzeiken			
	respect.	nundukézu	nintzaikézu	nintzaikézu	nintzeikezu			
nous	masculin	guntūkek	gintzaikōk	gintzaikék	gintzeiket			
	féminin	gintūken	gintzaikōn	gintzaikén	gintzeiken	gintzeikezie		
	respect.	guntukézu	gintzaikōzu	gintzaikózu	gintzeikezie			

CONDITIONNEL PRÉSENT.

VOIX TRANSITIVE.
FORME SIMPLE OU CAPITALE.

		1 le	2 les	3 le à lui	4 les à lui	5 le à eux	6 les à eux
il	masculin	likek	litikek	likók	litzikók	likék	litzikék
	féminin	liken	litiken	likón	litzikón	liken	litziken
	respect.	likézu	litikézu	likózu	litzikózu	likézu	litzikézu
ils	masculin	likeye	litikeye	likóye	litzikóye	likéye	litzikéye
	féminin	likeñe	litikeñe	likóñe	litzikóñe	likeñe	litzikeñe
	respect.	likezie	litikezie	likózie	litzikózie	likezie	litzikézie
tu	(mas. et fém.)	hüke	hutuke	heikó	heizko	héike	héizke
	respect.	zunuke	zuntuke	zeneiko	zeneizako	zenéike	zenéizake
je	masculin	nikek	nitikek	nikók	nitzikók	nikék	nitzikék
	féminin	niken	nitiken	nikón	nitzikón	niken	nitziken
	respect.	nikézu	nitikézu	nikózu	nitzikózu	nikézu	nitzikézu
nous	masculin	ginikek	gintikek	ginikók	gintzikók	ginikék	gintzikék
	féminin	giniken	gintiken	ginikón	gintzikón	giniken	gintziken
	respect.	ginikézu	gintikézu	ginikózu	gintzikózu	ginikézu	gintzikézu

Traitement masculin, féminin et respectueux.

VOIX TRANSITIVE.

FORME SIMPLE OU CAPITALE (Suite.)

Traitement masculin, féminin et respectueux.

		7 le à toi	8 les à toi	9 le à vous	10 les à vous	11 le à moi	12 les à moi
il	*masculin* *féminin* *respectueux*	léikek léiken léikezu	léizkek léizken léizketzu	leikezié	leizketzié	likédak likédan likedázu	lizkédak lizkédan lizkedátzu
ils	*masculin* *féminin* *respectueux*	léikeye léikeñe léikezie	léizkeye léizkeñe léizketzie	leikezié	leizketzié	likedayé likedañé likedazié	lizkedayé lizkedañé lizkedazie
tu	*mas. et fém.* *respectueux*	....	....	....	....	héiket zenéiket	héizket zenéizket
je	*masculin* *féminin* *respectueux*	néikek néiken néikezu	néizkek néizken néizketzu	néikezie	néizketzie	....	....
nous	*masculin* *féminin* *respectueux*	genéikek genéiken genéikezu	genéizkek genéizken genéizketzu	genéikezie	genéizketzie	....	....

CONDITIONNEL PRÉSENT.

VOIX TRANSITIVE.

FORME SIMPLE OU CAPITALE. (Suite.)

Traitement masculin, féminin et respectueux.

		13 le à nous	14 les à nous	15 te	16 vous	17 me	18 nous
il	(masculin / féminin / respect.	lizkéguk / lizkégun / lizkegützu	lizkéguk / lizkégun / lizkegützu	hundike / hundike / zuntuke	zuntuke	(nindikek / nindiken / nindikezu	gintikek / gintiken / gintikézu
ils	(masculin / féminin / respect.	lizkegié / likeguñé / likeguzie	lizkegié / lizkeguñé / lizkeguzie	hundikie / hundiakie / zuntukie	zuntukeyé	(nindikeye / nindikene / nindikezie	gintikeyé / gintikené / gintikezie
tu	(mas. et fém. / respectueux	héizkegu / zenéizkegu	héizkegu / zenéizkegu			m. nundikek f. nundiken / nundykézu	guntikek / gintiken / guntukézu
je	(masculin / féminin / respect.			hundiket / hundiket / zuntuket	zuntukét		
nous	(masculin / féminin / respect.			hundikégu / hundukégu / zuntukégu	zuntukiégu		

VOIX INTRANSITIVE.

FORME RÉGIE POSITIVE.

		1	2	3	4	5	6	7
			à lui	à eux	à toi	à vous	à moi	à nous
qu'il	....	lizátiala ou lizátekiala	litzéikola	litzéikela	(m.) litzéikeyala (f.) litzéikeñala (r.) litzéikezula	litzéikeziela	litzéikedala	litzéikegula
qu'ils	....	lirátiala	litzéizkola	litzéizkela	(m.) litzéizkeyala (f.) litzéizkeñala (r.) litzéizketzula	litzéizketziela	litzéizkedala	litzéizkegula
que tu	(m. et fém.)	hintzátiala	hintzéikola	hintzéikela	....	....	hintzéikedala	hintzéikegula
	(respect.)	zinátiala	zintzéikola	zintzéikela	....	....	zintzéikedala	zintzéikegula
que vous	....	zinátéyela	zintzéizkoela	zintzéizkeyela	....	....	zintzéikedela	zintzéizkegiela
que je	....	nintzátiala	nintzéikola	nintzéikela	(m.) nintzéikeyala (f.) nintzéikeñala (r.) nintzéikezula	nintzéikeziela	....	....
que nous	....	gintzátiala	gintzéikola	gintzéikela	(m.) gintzéikeyala (f.) gintzéikeñala (r.) gintzéikezula	gintzéikeziela	....	....

VOIX TRANSITIVE.

FORME RÉGIE POSITIVE.

		1	2	3	4	5	6	
		le	les	le à lui	les à lui	le à eux	les à eux	
qu'il	....	lukiála	lutukiála	léikola	léizkola	léikela	léizkela	CONDITIONNEL PRÉSENT.
qu'ils	....	lukeyéla	lutukeyéla	léikoyela	léizkoyela	léikeyela	léizkeyela	
que tu	m. et fém.	hukiála	hutukiála	héikola	héizkola	héikela	héizkela	
	respectueux	zunukiála	zuntukiála	zenéikola	zenéizkola	zenéikela	zenéizkela	
que vous	....	zunukeyéla	zuntukeyéla	zenéikoyela	zenéizkoyela	zenéikeyela	zenéizkeyela	
que je	....	nukiála	nutukiála	néikola	néizkola	néikela	néizkela	
que nous	....	gunukiála	guntukiála	genéikola	genéizkola	genéikela	genéizkela	

VOIX TRANSITIVE.

CONDITIONNEL PRÉSENT.

FORME RÉGIE POSITIVE. (Suite.)

		7 le à toi	8 les à toi	9 le à vous	10 les à vous	11 le à moi	12 les à moi
qu'il	*masculin* *féminin* *respectueux*	léikeyala léikeñala léikeaula	léizkeyala léizkeñala léizketzula	} leikeziela	} leizketziela		
qu'ils	*masculin* *féminin* *respectueux*	léikeyela léikeñela léikeziela	léizkeyela léizkeñela léizketziela	} leikeziela	} leizketziela	léikedala	léizkedala
que tu						léikedela	léizkedela
que vous						heikedala	heizkedala
que je	*masculin* *féminin* *respectueux*	néikeyala néikeñala néikeaula	néizkeyala néizkeñala neizketzula	} néikeziela	néizketziela	zenéikedala	zenéizkedala
que nous	*masculin* *féminin* *respectueux*	genéikeyala genéikeñala genéikezula	genéizkeyala genéizkeñala genéizketzula	} genéikeziela	genéizketziela	zenéikedela	zenéizkedela

VOIX TRANSITIVE.

FORME RÉGIE POSITIVE. (Suite.)

		13	14	15	16	17	18
		le à nous	les à nous	te	vous	me	nous
qu'il	....	léikegula	léizkegula	(m. f. hundukiéla) (r. zuntukiéla) zuntukéla		nundukiála	guntukiála
qu'ils	....	léikegiela	léizkegiela	(m. f. hundukiéla) (r. zuntukiéla) zuntukeyéla		nundukiéla	guntukiéla
que tu	(masc. et fém.) (respectueux)	héikegula zenéikegula	heizkegula zenéizkegula	....	....	(m. nundukeyála) (f. nundukeñála) nundukezúla	guntukeyála guntukeñála guntukezúla
que vous	....	zenéikegiela	zenéizkegiela	....	....	nundukeziéla	guntukeziéla
que je	....	....	....	(m. f. hundukedála) (r. zuntukedála) zuntukiédala		....	....
que nous	....	....	....	(m. f. hundukegúla) (r. zuntukegúla) zuntukiégula		....	....

CONDITIONNEL PRÉSENT.

VOIX INTRANSITIVE.

FORME RÉGIE EXQUISITIVE.

		1	2	3	4	5	6	7
			à lui	à eux	à toi	à vous	à moi	à nous
il		lizátian	litzéikon	litzéiken	*m.* litzéikeyan *f.* litzéikeñan *r.* litzéikezun	litzéikezien	litzéikedan	litzéikegun
ils		lirátian	litzéizkon	litzéizken	*m.* litzéizkeyan *f.* litzéizkeñan *r.* litzéizketzun	litzéizketzien	litzéizkedan	litzéizkegun
tu	*m. et f.*	hintzátian	hintzéikon	hintzéiken			hintzéikedan	hintzéikegun
	resp.	zínátian	zintzéikon	zintzéiken			zintzéikedan	zintzéikegun
vous		zináteyen	zintzéizkoen	zintzéizkeyen			zintzéizkeden	zintzéizkegien
je		nintzátian	nintzéikon	nintzéiken	*m.* nintzéikeyan *f.* nintzéikeñan *r.* nintzéikezun	nintzéikezien		
nous		ginátian	gintzéikon	gintzéiken	*m.* gintzéikeyan *f.* gintzéikeñan *r.* gintzéikezun	gintzéikezien		

CONDITIONNEL PRÉSENT.

VOIX TRANSITIVE.

FORME RÉGIE EXQUISITIVE.

CONDITIONNEL PRÉSENT.

	1 le	2 les	3 le à lui	4 les à lui	5 le à eux	6 les à eux
il	..........lukian	lutukian	léikon	léizkon	léiken	léizken
ils	..........lukeyén	lutukeyén	léikoyen	léizkoyen	léikeyen	léizkeyen
tu (mas. et fém.) (respect.)	..........hukian	hutukian	héikon	héizkon	héiken	héizken
vous	..........zumukian	zumutukian	zenéikon	zenéizkon	zenéiken	zenéizken
je	..........zumukeyén	zumutukeyén	zenéikoyen	zenéizkoyen	zenéikeyen	zenéizkeyen
nous	..........nukian	nutukian	néikon	néizkon	néiken	néizken
	..........gunukian	guntukian	genéikon	genéizkon	genéiken	genéizken

VOIX TRANSITIVE.

FORME RÉGIE EXQUISITIVE. (*Suite.*)

		7	8	9	10	11	12
		le à toi	les à toi	le à vous	les à vous	le à moi	les à moi
il	*masculin* *féminin* *respectueux*	léikeyán léikeñán léikezun	léizkeyán léizkeñán léizketzun	léikezién	leizketzién	léikedan	léizkedan
ils	*masculin* *féminin* *respectueux*	léikeyen léikeñen léikezien	léizkeyen léizkeñen léizketzien	léikezién	leizketzièn	léikedén	léizkedén
tu	*mas. et fém.*	....	....	....	....	héikedan	héizkedan
	respectueux	....	....	....	....	zenéikedan	zenéizkedan
vous		....	....	....	....	zenéikedén	zenéizkedén
je	*masculin* *féminin* *respectueux*	néikeyán néikeñán néikezun	néizkeyán néizkeñán néizketzun	néikezien	néizketzien	....	....
nous	*masculin* *féminin* *respectueux*	genéikeyán genéikeñán genéikezun	genéizkeyán genéizkeñán genéizketzun	genéikezien	genéizketzien	....	....

CONDITIONNEL PRÉSENT.

VOIX TRANSITIVE.

FORME RÉGIE EXQUISITIVE. (Suite.)

CONDITIONNEL PRÉSENT.

	13 le à nous	14 les à nous	15 te	16 vous	17 me	18 nous
il	léikegun	léizkegun	(*m. f.* hundukian) (*r.* zuntukian)	zuntukén	nundukian	guntukian
ils	leikegién	leizkegién	(*m. f.* hundukién) (*r.* zuntukién)	zuntukeyén	nundukién *ou* nundukeyén	guntukién
tu (*mas. et fem.*) (*respectueux*)	héikegun zenéikegun zenéikegién	héizkegun zenéizkegun zenéizkegién			(*m.* nundukéyan) (*f.* nundukéñan)	guntukéyan guntukéñan
vous					nundukézun	guntukézun
je			(*m. f.* hundukédan) (*r.* zuntukédan)	zuntukiédan	nundukezién	guntukezién
nous			(*m. f.* hundukégun) (*r.* zuntukégun)	zuntukiégun		

VOIX INTRANSITIVE.

FORME INCIDENTE.

CONDITIONNEL PRÉSENT.

		1	2	3	4	5	6	7
			à lui	à eux	à toi	à vous	à moi	à nous
il	....	belizáte	belitzéiko	belitzéike	m. belitzéikek / f. belitzéiken / r. belitzéikezu	belitzéikezie	belitzéiket	belitzéikegu
ils	....	beliráte	belitzéizko	belitzéizke	m. belitzéizkek / f. belitzéizken / r. belitzéizketzu	belitzéizketzie	belitzéizket	belitzéizkegu
tu	m. et f.	behintzáte	behintzéiko	behintzéike			behintzéiket	behintzéikegu
	respect.	beitzinóte	beitzintzéiko	beitzintzéike			beitzintzéiket	beitzintzéikegu
vous	....	beitzinatié	beitzintzéizkoà	beitzintzéikeya			beitzintzéizkede	beitzintzéizkegie
je	....	benintzáte	benintzéiko	benintzéike	m. benintzéikek / f. benintzéiken / r. benintzéikezu	benintzéikezie		
nous	....	beikináte	beikintzéiko	beikintzéike	m. beikintzéikek / f. beikintzéiken / r. beikintzéikezu	beikintzéikezie		

CONDITIONNEL PRÉSENT.

VOIX TRANSITIVE.

FORME INCIDENTE.

	1 le	2 les	3 le à lui	4 les à lui	5 le à eux	6 les à eux
il	belūke	belutūke	beléiko	beléizko	beléike	beléizke
ils	belukeyé	belutukeyé	beléikoye	beléizkoye	beléikeye	beléizkeye
tu (*mus. et fem.* *respectueux*)	behūke	belutūke	beléiko	beléizko	beléike	beléizke
vous	beitzunūke	beitzuntūke	beitzenéiko	beitzenéizko	beitzenéike	beitzenéizke
je	henūke	benutike	benéiko	henéizko	benéike	beneizke
nous	beikunūke	beikuntūke	beikenéiko	beikenéizko	beikenéike	beikenéizke

133

VOIX TRANSITIVE.

FORME INCIDENTE. (Suite.)

		7 le à toi	8 les à toi	9 le à vous	10 les à vous	11 le à moi	12 les à moi
il	*masculin* *féminin* *respectueux*	beléikek beléiken beléikezu	beléizkek beléizken beléizketzu	beleikezié	beleizketzié	beléiket	beléizket
ils	*masculin* *féminin* *respectueux*	beléikeye beléikeñe beléikezie	beléizkeye beléizkeñe beléizketzie	beleikezié	beleizketzié	beléikede	beléizkede
tu	*mas. et fém.*	....	....	....	....	behéiket	behéizket
	respectueux	....	....	....	....	beitzenéiket	beitzenéizket
vous		....	....	....	....	beitzenéikede	beitzenéizkede
je	*masculin* *féminin* *respectueux*	benéikek benéiken benéikezu	benéizkek benéizken benéizketzu	benéikezie	benéizketzie	....	....
nous	*masculin* *féminin* *respectueux*	beikenéikek beikenéiken beikenéikezu	beikenéizkek beikenéizken beikenéizketzu	beikenéikezie	beikenéizketzie	....	....

CONDITIONNEL PRÉSENT.

VOIX TRANSITIVE.

FORME INCIDENTE. *(Suite.)*

		13	14	15	16	17	18
		le à nous	les à nous	te	vous	me	nous
il		beléikegu	beléizkegu	(*m. f.* behundúke) (*r.* beitzuntúke)	beitzuntuké	benundúke	beikuntúke
ils		beléikegie	beléizkegie	(*m f.* behundukie) (*r.* beitzuntukie)	beitzuntukeyé	benundukeyé	beikuntukeyé
tu	(*masc. et fém.*	behéikegu	beléizkegu	....	....	(*m.* benundúkek (*f.* benundúken	beikuntúkek beikuntúken
	respectueux)	beitzenéikegu	beitzenéizkegu	....	....	benundukézu	beikuntukézu
vous		beitzenéikegie	beitzenéizkegie	....	....	benundukezie	beikuntukezie
je		....	....	(*m f.* behundúket) (*r.* beitzuntúket)	beitzuntúket	....	....
nous		....	....	(*m f* behundukégu) (*r.* beitzuntukégu)	beitzuntukégu	....	....

CONDITIONNEL PRÉSENT.

CONDITIONNEL PRÉSENT.

FORMES COMPOSÉES.

1. **Forme adjective déclinée** : *Lizátian-a*, ou *lizátekiána, lukián-a, lirátekianak, gintzátekianak: hobénik lizátiana*, celui qui serait le meilleur; *héltu lirátekianak*, ceux qui seraient arrivés; *zerbáit lukiáná*, celui qui aurait quelque chose.

2. **Lorsque, quand.** — *Nintzátian-ian*, ou *nintzátekian-ian, zunukián-ian, lukián-ian*, etc. : *jóan lizátianian*, lorsqu'il serait parti ; *éman lukiánian*, lorsqu'il aurait donné ; *hártu zenéikozienian*, lorsque vous le lui auriez pris.

3. **Tant que.** — *Lizátian-o, lukián-o, gunukián-o, hintzátian-o, zinátekeyen-o, zunukeyén-o: hében lizátiano*, tant qu'il serait ici; *egóiten zináteyeno*, tant que vous demeureriez; *etchekitzen hukiáno*, tant que tu le tiendrais; *begirátu gunukiáno*, tant que nous l'aurions gardé.

4. **Pour le temps auquel, pour quand.** — *Lizátian-eko, nukián-eko, lukián-eko, genéikon-eko: handitu lizátianeko*, pour l'époque à laquelle il aurait grandi (pour quand il aurait grandi); *bizar lukiáneko*, pour le temps auquel il aurait de la barbe.

5. **Si**, entre deux verbes, *an, utrùm*.— *Lizátian-ez, lukián-ez, hukián-ez, zunukián-ez, lukién-ez*, etc. : *dezágun ikhous hon hintzátianez*, voyons si tu serais bon; si tu le devancerais, *lehent hintzéikoyanez*; s'il me le donnerait, *éman léikedanez*.

6. **Tandis que, pendant que.** — *Lizátiala-rik, nintzátialarik, lukiála-rik, hukiálarik; lukiéla-rik: etchen lizátialarik*, pendant qu'il serait à la maison ; *hullántzen nintzátekiolarik*, pendant que je m'approcherais de lui.

7. **Parce que.** — *Lizátiala-koz, ginátekiala-koz, zinátekeyela-koz, gunukiála-koz, lukiéla-koz: háren askázi lizátialakoz*, parce qu'il serait son parent ; *aurhide ginátialakoz*, parce que nous serions frères et sœurs ou enfants du même lit; *hitzéman léikolakoz*, parce qu'il lui aurait promis.

8. **Sous prétexte que.** — *Lizátekiala-koan, lukiála-koan, zunukiála-koan, gintzátekiala-koan*, etc. : *sobéra gintzátekialakoan*, sous prétexte que nous serions trop nombreux; *góithu guntuziélakoan*, sous prétexte que vous aviez eu le dessus sur nous, que vous nous aviez vaincus; *irabázi zenéikuziélakoan*, sous prétexte que vous aviez gagné à nous.

9. **Forme interrogative.** — *Lizátia, ginátia, hintzátia, lirátia, lukia, lukiéya, zunukiéya: hon lizátia*, serait-il bon? *ségur hintzátia*, serais-tu assuré? *onxa ginátia*, serions-nous bien? *jóan lirátia*, seraient-ils partis? *hartu lukiéya*, auraient-ils pris?

12ᵐᵉ FORME. — CONDITIONNEL PASSÉ.

ZATEKIAN, ZUKIAN ; — ZATEKIALA, ZUKIALA ; — BEITZATEKIAN, BEITZUKIAN.

Signification propre : *zátekian*, il aurait été, il serait (dans le passé), il devait être ; *zukian*, il aurait eu, il devait avoir ; *zátekiela*, qu'il aurait été ; *zukiála*, qu'il aurait eu ; *beitzátekian*, il aurait été, parce qu'il aurait été ; *beitzukian*, il aurait eu, parce qu'il aurait eu.

I. Combinaisons de la forme intransitive ZATEKIAN. Elle s'emploie :

1° Avec un substantif, un adjectif ou un adverbe, pour exprimer *il aurait été* : *aphéz zátekian*, il aurait été prêtre ; *hében zátekian*, il aurait été ici ; elle signifie aussi *il devait être* : *gáisto zátekian*, il devait être mauvais ; *Español zátekian*, il devait être Español ; *Bayónan nintzátekian*, j'aurais été à Bayonne et je devais être à Bayonne, dans le sens de *j'étais sans doute à Bayonne*.

2° Avec le positif des substantifs verbaux : *heltzen zátekian*, il aurait été à même d'arriver, il devait être sur le point d'arriver ; *belhar ephaiten zátekian*, il devait être à faucher du foin ; *ógui ereiten zátekian*, il devait être à semer du froment ; *barazkáltzen zátekian*, il devait être à dîner.

3° Avec le nominatif défini des adjectifs verbaux, pour exprimer *il serait* dans le passé ou *il devait être* : *joan zátekian*, il serait allé et il devait être allé ; *eskéntu zátekian*, il se serait offert et il devait s'être offert.

4° Avec l'infinitif des mêmes adjectifs, pour exprimer le conditionnel passé absolu ou passif : *joánik zátekian*, il aurait été parti, il devait être parti ; *gáldurik zátekian*, il devait être perdu et il aurait été perdu.

5° Avec le même infinitif suivi de *izan*, et elle exprime un passé antérieur : *gáldurik izan zátekian*, il aurait été (précédemment) perdu.

II. Combinaisons de la forme transitive ZUKIAN. Elle s'emploie :

1° Précédée de la particule affirmative *ba*, pour exprimer le conditionnel passé du verbe *avoir* : *bazukian zértzaz éros*, il aurait eu de quoi acheter ; *banukian ogia eta atherbia*, j'aurais eu le pain et l'abri ; suivie de *úkhen*, elle signifie *j'aurais obtenu* : *úkhen nukian nahi niána*, j'aurais obtenu ce que je voulais.

2ª Avec le positif des substantifs verbaux transitifs : *gáltzen zukian*, il devait perdre.

3° Avec le nominatif des adjectifs verbaux transitifs, pour exprimer le conditionnel passé : *gáldu zukian*, il l'aurait perdu.

4° Avec l'infinitif des mêmes adjectifs, pour le même conditionnel absolu : *gáldurik zukian*, il l'aurait eu perdu et il devait l'avoir perdu (précédemment).

5° Avec le même infinitif suivi de *úkhen*, pour exprimer le même conditionnel antérieur : *gáldurik úkhen zukian*, il l'aurait eu perdu.

Les formes régies et incidentes sont susceptibles des mêmes combinaisons. Exemples :

Il a dit qu'il *serait* (aurait été) ici à deux heures et il n'est pas venu , *errán du hében zátekiala bi orenétan, eta ézta jin* ; *jóan zátekiala*, qu'il serait parti ; *igórri zukiala*, qu'il aurait envoyé ; *zóin jóan beitzátekian*, lequel serait parti ; *nón-ere behintzátekian*, là où tu aurais été ; *nón-ere báthu benundukeyán*, là où tu m'aurais rencontré ; *nór-ere igárten beitzukian*, quel que fût celui qu'il enverrait (*aurait en envoi*) *quemcumque misisset*.— *Ouste ntan oráikoz jinik zirálekielá*, je croyais qu'ils seraient déjà arrivés.

VOIX INTRANSITIVE.

FORME PREMIÈRE OU CAPITALE.

		1	2	3	4	5	6	7
			à lui	à eux	à toi	à vous	à moi	à nous
il	....	zátekian	zitzéikon	zitzéiken	zitzéikezun	zitzéikezien	zitzéikedan	zitzéikegun
ils	....	zirátekian	zitzéizkon	zitzéizken	zitzéizketzun	zitzéizketzien	zitzéizkedan	zitzéizkegun
tu	*respectueux*	zinátekian	zintzéikon	zintzéiken	....	....	zintzéikedan	zintzéikegun
vous	....	zinátekién	zintzéizkoen	zintzéizkeyen	....	....	zintzéizkeden	zintzéizkegien
je	....	nintzátekian	nintzéikon	nintzéiken	nintzéikezun	nintzéikezien	....	....
nous	....	gintzátekian	gintzéikon	gintzéiken	gintzéikezun	gintzéikezien	....	....

Traitements masculins, féminins et respectueux.

		1	2	3	4	5	6	7
il	*masculin*	zukeyán	zitzikióyan	zitzikiéyan	zitzéikeyan	zitzéikezien	zitzikedán	zitzikegián
	féminin	zukeñán	zitzikióñan	zitzikiéñan	zitzéikeñan		zitzikedañán	zitzikeguñán
	respectueux	zukézun	zitzikiózun	zitzikiézun	zitzéikezun		zitzikedázun	zitzikegúzun
ils	*masculin*	zutukeyán	zitzizkióyan	zitzizkiéyan	zitzéizkeyan	zitzéizketzién	zitzizkedán	zitzizkegián
	féminin	zutukeñán	zitzizkióñan	zitzizkiéñan	zitzéizkeñan		zitzizkedañán	zitzizkeguñán
	respectueux	zutukézun	zitzizkiózun	zitzizkiétzun	zitzéizketzun		zitzizkedátzun	zitzizkegútzun
tu	*mas. et fém.*	hintzátekian	hintzéikon	hintzéiken	....	....	hintzéikedan	hintzéikegun
	respectueux	zinátekian	zintzéikon	zintzéiken			zintzéikedan	zintzéikegun
je	*masculin*	nundukeyán	nintzikióyan	nintzikiéyan	nintzéikeyan	nintzéikezien	....	....
	féminin	nundukeñán	nintzikióñan	nintzikiéñan	nintzéikeñan			
	respectueux	nundukézun	nintzikiózun	nintzikiézun	nintzéikezun			
nous	*masculin*	guntukeyán	gintzikióyan	gintzikiéyan	gintzéikeyan	gintzéikezien	....	....
	féminin	guntukeñán	gintzikióñan	gintzikiéñan	gintzéikeñan			
	respectueux	guntukézun	gintzikiózun	gintzikiézun	gintzéikezun			

VOIX TRANSITIVE.

CONDITIONNEL PASSÉ.

FORME PREMIÈRE OU CAPITALE.

Traitement indéfini.

		1 le	2 les	3 le à lui	4 les à lui	5 le à eux	6 les à eux
il	....	zukian	zutukian	zéikon	zéizkon	zéiken	zéizken
ils	....	zukién	zutukién	zéikoyen	zéizkoyen	zéikeyen	zéizkeyen
tu	respectueux	zunukian	zuntukian	zenéikon	zenéizkon	zenéiken	zenéizken
vous	....	zunukeyén	zuntukeyén	zenéikoen	zenéizkoen	zenéikeyen	zenéizkeyen
je	....	nukian	notukian	néikon	néizkon	néiken	néizken
nous	....	gunukian	guntukian	genéikon	genéizkon	genéiken	genéizken

Traitement masculin, féminin et respectueux.

		1 le	2 les	3 le à lui	4 les à lui	5 le à eux	6 les à eux
il	masculin	zikeyán	zitikeyán	zikioyan	zitikioyan	zikéyan	zitikéyan
	féminin	zikeñán	zitikeñán	zikiohán	zitikiohán	zikéñan	zitikéñan
	respectueuse	zikézun	zitikézun	zikiózun	zitikiózun	zikézun	zitikézun
ils	masculin	zikiéyan	zitikióyan	zikioéyan	zitikioéyan	zikeéyan	zitikeéyan
	féminin	zikiéñan	zitikiéhan	zikioéñan	zitikioéñan	zikeéñan	zitikeéñan
	respectueux	zikezién	zitikezién	zikiozién	zitikiozien	zikeézien	zitikeéñen
tu	m. et fém.	hukian	hutukian	héikon	héizkon	héiken	héizken
	respectueux	zunukian	zuntukian	zenéikon	zenéizkon	zenéiken	zenéizken
je	masculin	nikeyán	nitikeyán	nikiôyan	nitikiôyan	nikéyan	nitikéyan
	féminin	nikeñín	nitikeñán	nikiohan	nitikiohan	nikéñan	nitikéñan
	respectueux	nikézun	nitikézun	nikiôzun	nitikiôzun	nikézun	nitikézun
nous	masculin	ginikeyón	gintikeyón	ginikióyan	gintikióyan	ginikéyan	gintikéyan
	féminin	ginikeñán	gintikeñán	ginikiéhan	gintikiôñan	ginikéñan	gintikéñan
	respectueux	ginikézun	gintikézun	ginikiôzun	gintikiôzun	ginikézun	gintikézun

VOIX TRANSITIVE.

FORME PREMIÈRE OU CAPITALE. *(Suite.)*

Traitement indéfini.

		7	8	9	10	11	12
		le à toi	les à toi	le à vous	les à vous	le à moi	les à moi
il		zéikezun	zéizketzun	zeikezién	zaizketzién	zéikedan	zéizkedan
ils		zéikezien	zéizketzien	zeikezién	zeizketzién	zéikeden	zéizkeden
tu	*respectueux*	....	....	....	....	zenéikedan	zenéizkedan
vous		....	....	....	....	zenéikeden	zenéizkeden
je		néikezun	néizketzun	néikezién	néizketzién	....	....
nous		genéikezun	genéizketzun	genéikezién	genéizketzien	....	....

Traitements masculins, féminins et respectueux.

		7	8	9	10	11	12
il	*masculin*	zéikeyan	zéizkeyan	zeikezién	zeizketzién	zikedán	zitikedán
	féminin	zéikeñan	zéizkeñan			zikedañán	zitikédañán
	respectueux	zéikezun	zéizketzun			zikedúzun	zitikedúzun
ils	*masculin*	zéikieyan	zéizkieyan	zeikezién	zeizketzién	zikediéyan	zitikediéyan
	féminin	zeikieñan	zéizkieñan			zikediéñan	zitikediéñan
	mas. et fém	zéikezién	zéizketzien			zikedazién	zitikedazién
tu	*respectueux*	....	....	....	....	héikedan	héizkedan
						zenéikedan	zenéizkedan
je	*masculin*	néikeyan	néizkeyan	néikezién	néizketzién	....	....
	féminin	néikeñan	néizkeñan			....	....
	respectueux	néikezun	néizketzun			....	....
nous	*masculin*	genéikeyan	genéikeyan	genéikezien	genéizketzien	....	....
	féminin	genéikeñan	genéikeñan			....	....
	respectueux	genéikezun	genéizketzun			....	....

VOIX TRANSITIVE.

FORME PREMIÈRE OU CAPITALE. (*Suite.*)

		Traitement indéfini.					
		13	14	15	16	17	18
		le à nous	les à nous	te	vous	me	nous
il	....	zéikegun	zéizkegun	zuntukian	zuntukén	nundukian	guntukian
ils	....	zéikegien	zéizkegien	zuntukien	zuntukeyén	nundukien	guntukeyén
tu	*respectueux*	zenéikegun	zenéizkegun	....	....	nundukézun	guntukézun
vous	....	zenéikegien	zenéizkegien	....	....	nundukezien	guntukezién
je		....	....	zuntukédan	zuntukiédan	....	....
nous		....	....	zuntukégun	zuntukiégun	....	....
		Traitements masculins, féminins et respectueux.					
il	*masculin* *féminin* *respectueux*	zikegién zikeguñán zikegúzun	zitikegián zitikéguñán zitikegúzun	hundukian hundukían zuntukian	} zuntukén	nindikeyán nindikeñán nindikézun	gintikeyán gintikeñán gintikézun
ils	*masculin* *féminin* *respectueux*	zikegiéyan zikegiéñan zikeguzien	zitikegiéyan zitikegiéñan zitikeguzien	hundukeyen hundukeyen zuntukien	} zuntukeyen	nindikiéyan nindikiéñan nindikezien	gintikiéyan gintikiéñan gintikezien
tu	*mas. et fém.* *respectueux*	héikegun zenéikegun	héizkegun zenéizkegun	....	....	*m.* nundukeyáu *f.* nundukéñun nundukézun	guntukeyán guntukeñán guntukézun
je	*masculin* *féminin* *respectueux*	....	....	hundokédan hundukédan zuntukédan	} zuntukiédan	....	....
nous	*masculin* *féminin* *respectueux*	....	....	hundukégun hundukégun zuntukégun	} zuntukiégun	....	....

VOIX INTRANSITIVE.

FORME RÉGIE POSITIVE.

		1	2 à lui	3 à eux	4 à toi	5 à vous	6 à moi	7 à nous
qu'il		zátekiala	zitzéikola et zéikola	zitzéikela et zéikela	m. zitzéikeyala f. zitzéikeñala r. zitzéikezula	zitzéikeziela et zéikeziela	zitzéikedala et zéikedala	zitzéikegula et zéikegula
qu'ils		zirátekiala	zitzéizkola et zéizkola	zitzéizkela et zéizkela	m. zitzéizkeyala f. zitzéizkeñala r. zitzéizketzula	zitzéizkeziela et zéizkeziela	zitzéizkedala et zéizkedala	zitzéizkegula et zéizkegula
que tu	m. et fém.	hintzátekiala	hintzéikola	hintzéikela	....	....	hintzéikedala	hintzéikegula
	respect.	zinátekiala	zintzéikola	zintzéikela	....	....	zintzéikedala	zintzéikegula
que vous		zinátekiela	zintzéizkoela	zintzéizkeyela	....	....	zintzéizkedela	zintzéizkegiela
que je		nintzátekiala	nintzéikola	nintzéikela	m. nintzéikeyala f. nintzéikeñala r. nintzéikezula	nintzéikeziela	....	....
que nous		gintzátekiala	gintzéikola	gintzéikela	m. gintzéikeyala f. gintzéikeñala r. gintzéikezula	gintzéikeziela	....	....

CONDITIONNEL PASSÉ.

VOIX TRANSITIVE.

FORME RÉGIE POSITIVE.

		1	2	3	4	5	6
		le	les	le lui	les à lui	le à eux	les à eux
qu'il	....	zukiála	zutukiála	zéikola	zéizkola	zéikela	zéizkela
qu'ils	....	zukiéla	zutukiéla	zéikoyela	zéizkoyela	zéikeyela	zéizkeyela
que tu	m. et fém.	hukiála	hutukiála	héikola	héizkola	héikela	héizkela
	respectueux	zunukiála	zuntukiála	zenéikola	zenéizkola	zenéikela	zenéizkela
que vous	....	zunukeyéla	zuntukeyéla	zenéikoela	zenéizkoela	zenéikeyela	zenéizkeyela
que je	....	nukiála	nutukiála	néikola	néizkola	néikela	néizkela
que nous	....	gunukiála	guntukiála	genéikola	genéizkola	genéikela	genéizkela

CONDITIONNEL PASSÉ.

VOIX TRANSITIVE.

FORME PREMIÈRE OU CAPITALE. (*Suite.*)

		7 le à toi	8 les à toi	9 le à vous	10 les à vous	11 le à moi	12 les à moi
qu'il	*masculin* *féminin* *respectueux*	zéikeyala zéikeñala zéikezula	zéizkeyala zéizkeñala zéizketzula	zeikeziéla	zéizketziéla	zéikedala	zéizkedala
qu'ils	*masculin* *féminin* *respectueux*	zéikieyala zéikieñala zéikeziela	zéizkieyala zéizkieñala zéizketziela	zeikeziéla	zeizketziéla	zéikedela	zéizkedela
que tu	*mas. et fém.* *respectueux*	....	....	....	....	héikedala zenéikedala	héizkedala zenéizkedala
que vous		....	....	....	....	zenéikedela	zenéizkedela
que je	*masculin* *féminin* *respectueux*	néikeyala néikeñala néikezula	néizkeyala néizkeñala néizketzula	néikeziela	néizketziela	....	....
que nous	*masculin* *féminin* *respectueux*	genéikeyala genéikeñala genéikezula	genéizkeyala genéizkeñala genéizketzula	genéikeziela	genéizketziela	....	....

CONDITIONNEL, PASSÉ.

VOIX TRANSITIVE.

FORME PREMIÈRE OU CAPITALE. (Suite.)

		13	14	15	16	17	18
		le à nous	les à nous	te	vous	me	nous
qu'il	....	zéikegula	zéizkegula	(m. huntukiéla f. huntukiála r. zuntukiála	zuntukéla	nundukiála	guntukiála
qu'ils	....	zéikegiela	zéizkegiela	(m. f. hundukiéla r. zuntukiéla	zuntukeyéla	nundukeyéla	guntukeyéla
que tu	masc. et fém. respectueux	héikegula zenéikegula	héizkegula zenéizkegula	....	....	m. nundukeyála f. nundukenála r. nundukezúla	guntukeyála guntukenála guntukezála
que vous	....	zenéikegiela	zenéizkegiela	....	....	nundukeziéla	guntukeziéla
que je	....	....	....	(m. f. hundukedála r. zuntukedála	zuntukiédála	....	....
que nous	....	....	....	(m f. hundukegúla r. zuntukegúla	zuntukiégula	....	....

CONDITIONNEL PASSÉ.

VOIX INTRANSITIVE.

FORME D'INCIDENCE.

	1	2	3	4	5	6	7
		à lui	à eux	à toi	à vous	à moi	à nous
il ..	beitzátekian	beitzitzéikon	beitzitzéiken	(m. beitzitzéikeyan / f. beitzitzéikeñan / r. beitzitzéikezun)	beitzitzéikezien	beitzitzéikedan	beitzitzéikeguu
ils ..	beitzirátekian	beitzitzéizkon	beitzitzéizken	(m. beitzitzéizkeyan / f. beitzitzéizkeñan / r. beitzitzéizketzun)	beitzitzéizketzien	beitzitzéizkedan	beitzitzéizkegun
tu {m. / f. / r.}	behintzátekian / beitzinátekian	behintzéikon / beitzintzéikon	behintzéiken / beitzintzéiken			behintzéikedan / beitzintzéikedan	behintzéikegun / beitzintzéikegun
vous.	beitzinátekien	beitzintzéizkoun	beitzintzéizkeyen			beitzintzéizkeden	beitzintzéizkegien
je ..	benintzátekian	benintzéikon	benintzéiken	(m. benintzéikeyan / f. benintzéikeñan / r. benintzéikezun)	benintzéikezien		
nous.	beikintzátekian	beikintzéikon	beikintzéiken	(m. beikintzéikeyan / f. beikintzéikeñan / r. beikintzéikezun)	beikintzéikezien		

CONDITIONNEL PASSÉ.

VOIX TRANSITIVE.

FORME D'INCIDENCE.

		1 le	2 les	3 le à lui	4 les à lui	5 le à eux	6 les à eux
il	....	beitzukian	beitzulukian	beitzéikon	beitzéizkon	beitzéiken	beitzéizken
ils	....	beitzukién	beitzutukién	beitzéikoyen	beitzéizkoyen	beitzéikeyen	beitzéizkeyen
tu	(mas. et fém.	behukian	behutukian	behéikon	behéizkon	behéiken	behéizken
	respect.)	beitzunukian	beitzuntukian	beitzenéikon	beitzenéizkon	beitzenéiken	beitzenéizken
vous	....	beitzunukién	beitzuntukién	beitzenéikoen	beitzenéizkoen	beitzenéikeyen	beitzenéizkeyen
je	....	benukian	benutukian	benéikon	benéizkon	benéiken	benéizken
nous	....	beikunukian	beikuntukian	beikenéikon	beikenéizkon	beikenéiken	beikenéizken

CONDITIONNEL PASSÉ.

VOIX TRANSITIVE.

FORME D'INCIDENCE. (Suite.)

		7 le à toi	8 les à toi	9 le à vous	10 les à vous	11 le à moi	12 les à moi
il	*masculin* *féminin* *respectueux*	beitzéikeyan beitzéikeñan beitzéikezun	beitzéizkeyan beitzéizkeñan beitzéizkezun	beitzeikezien	beitzeizketzien	beitzéikedan	beitzéizkedan
ils	*masculin* *féminin* *respectueux*	beitzéikieyan beitzéikieñan beitzéikezien	beitzéizkieyan beitzéizkieñan beitzéizketzien	beitzeikezien	beitzeizketzien	beitzéikeden	beitzéizkeden
tu	*mas. et fém.* *respectueux*	....	....	....	....	behéikedan beitzenéikedan	behéizkedan beitzenéizkedan
vous		....	....	....	....	beitzenéikeden	beitzenéizkeden
je	*masculin* *féminin* *respectueux*	benéikeyan benéikeñan benéikezun	benéizkeyan benéizkeñan benéizketzun	benéikezien	benéizketzien	....	....
nous	*masculin* *féminin* *respectueux*	beikenéikeyan beikenéikeñan beikenéikezun	beikenéizkeyan beikenéizkeñan beikenéizketzun	beikenéikezien	beikenéizketzien	....	....

CONDITIONNEL PASSÉ.

VOIX TRANSITIVE.

FORME D'INCIDENCE. *(Suite.)*

		13	14	15	16	17	18
		le à nous	les à nous	te	vous	me	nous
il		beitzéikegun	beitzéizkegun	m. f. behundukian r. beitzuntukian	beitzuntukén	benundukian	beikuntukian
ils		beitzéikegien	beitzéizkegien	m. f. behundukien r. beitzuntukien	beitzuntukeyén	benundukién	beikuntukién
tu	*mas. et fém.*	behéikegun	behéizkegun	....	....	m benundukeyán f benundukeñán	beikuntukeyón beikuntukeñán
	respectueux	beitzenéikegun	beitzenéizkegun	....	....	benundukézun	beikuntukézun
vous		beitzenéikegien	beitzenéizkegien	....	....	benundukezién	beikuntukezién
je		....	....	m f. behundukédan r. beitzuntukédan	beitzuntukiédan	....	....
nous		....	....	m f. behundukégun r. beitzuntukégun	beitzuntukiégun	....	....

CONDITIONNEL PASSÉ.

CONDITIONNEL PASSÉ.

FORMES COMPOSÉES.

1. **Forme adjective.** — *Zátekiana, zátekiánaz, aren, ari,* etc. ; *zirátekienak; zukián-a, nukián-a, ak, aren,* etc. : *héltu zátekianari,* à celui qui serait arrivé ; *jo zuntukiánari,* à celui qui vous aurait frappé ; *hártu zukiánaz,* par celui qu'il aurait pris ; *éman zéikegienaren,* de celui qu'ils nous auraient donné.

2. **Lorsque, quand.** — *Zátekian-ian, nintzátekian-ian, hintzéikedan-ian ; zukián-ian, nundukeyén-ian,* etc. : *jin zátekian-ian,* lorsqu'il serait venu ; *hullántu zintzéikedanian,* lorsque tu (vous) te serais approché de moi ; *égin zunukeyénian,* lorsque vous l'auriez fait ; *igórri zenéikegienian,* lorsque vous nous l'auriez envoyé.

3. **Tant que.** — *Zátekian-o, zukiá-no, zitzéikedan-o, ginátekian-o, zuntukeyéno, zutukeyéno,* etc. : *húrrun zátekiano,* tant qu'il serait loin ; *áita zukiáno,* tant qu'il aurait son père ; *gordátzen zitzéikedano,* tant qu'il se cacherait à moi ; *emáiten neikezuno,* tant que je vous le donnerais.

4. **Pour le temps auquel, pour quand.** — *Zátekian-eko, zinátekien-eko, néikezieneko, zéikeden-eko, zéikezien-eko,* etc. : *jóan zátekianeko* (pour quand il serait parti), pour après son départ ; *hási zukiáneko,* pour quand il l'aurait commencé ; *sáldu genéikezieneko,* pour quand nous vous l'aurions vendu.

5. **Si, entre deux verbes** (*an, utrûm*). — *Zátekian-ez, ginátekian-ez, gintzéikon-ez, gunukián-ez, zunukián-ez,* etc. : *jin zátekian-ez,* s'il serait venu ; *jin zitzéikegunez,* s'il nous serait venu ; *éman zéikegienez,* s'ils nous l'auraient donné ; *hártu genéikonez,* si nous le lui aurions pris.

6. **Tandis que, pendant que.** — *Zátekiala-rik, zitzéikezula-rik, nintzéikela-rik, zukiála-rik, genéikezula-rik,* etc. : *jóan zátekiala-rik,* tandis qu'il serait parti ; *hullántu nintzéikeziela-rik,* tandis que ou pendant que je me serais approché de vous ; *igórri zunukeyélarik,* tandis que ou pendant que vous l'auriez envoyé.

7. **Parce que.** — *Zátekiala-koz, zukiála-koz, zitzéikola-koz, zéikedalu-koz, néikezielakoz,* etc. : *utzúli zátekialakoz;* parce qu'il serait revenu ; *buhértu zitzéikegulakoz,* parce qu'il se serait opposé à nous ; *ekhárri néikezulakoz,* parce que je vous l'aurais porté ; *hounki zuntukiédalakoz,* parce que je vous aurais touchés.

8. **Sous prétexte ou faisant semblant.** — *Zátekiala-koan, ginátekiala-koan; gunukiála-koan, zukiéla-koan : eri zátekiala-koan,* sous prétexte qu'il serait malade ; *gáldurik zinátekeyelakoan,* sous prétexte que vous seriez perdus ; *éman zéizkegielakoan,* sous prétexte qu'ils nous les auraient donnés.

9. **Forme interrogative.** — *Zátekiana, ginátekiana, zinátekeyena ; hukiána, guntukeyána, hundukiána,* etc. : *hon zátekiana?* aurait-il été bon? *jóan zinatekeyena?* seriez-vous partis? *lagúntu guntukeziéna?* nous auriez-vous accompagnés ou aidés?

13ᵐᵉ FORME. — CONDITIONNEL FUTUR ET POTENTIEL CONDITIONNEL.

LÉITE, LEZAKE ; LÉITIALA, LEZAKIALA ; LEITIAN, LEZAKIAN ;
BELÉITE, BELEZAKE.

Seul, point de signification propre.

I. **Combinaisons de la forme intransitive LÉITE et de ses composés.** Elle s'emploie :

1° Avec *izan*, pour exprimer le conditionnel futur ou potentiel *il serait, il pourrait être* : *hében izan léite eguerdiko*, il serait ici pour midi ; *izan léite den béno hóbe*, il pourrait être meilleur qu'il ne l'est ;

2° Avec le radical des noms verbaux, pour exprimer le conditionnel futur et potentiel, neutre ou réfléchi : *jóan léite*, il irait et il pourrait aller ; *égin léite*, il se ferait et il pourrait se faire ;

3° Avec l'infinitif des adjectifs verbaux suivi de *izan*, pour exprimer le même conditionnel absolu ou passif : *joánik izan léite*, il serait ou pourrait être parti ; *eginik izan léite*, il serait ou il pourrait être fait.

II. **Combinaisons de la forme transitive LEZAKE et de ses composés.** Elle s'emploie :

1° Avec *úkhen*, pour exprimer le conditionnel *il aurait* (dans l'avenir), ou *il pourrait avoir* : *náhi bálu úkhen lezáke hontárzun handi bat*, s'il le voulait, il aurait ou il pourrait avoir une grande fortune ;

2° Avec le radical des noms verbaux transitifs : *gal lezáke, oúste dian béno habóro*, il perdrait ou il pourrait perdre plus qu'il ne pense ;

3° Avec l'infinitif des adjectifs verbaux transitifs, pour exprimer le futur antérieur absolu : *ordúko eginik úkhen lezáke*, pour lors il l'aurait ou il pourrait l'avoir fait.

Exemples pour les formes régies et pour la forme incidente :

Je crois qu'il disparaîtrait vite, *oúste dut ezába léitiala láster* ; qu'il m'arriverait promptement, *hel léikidala zálhe*. — Je sais où il irait volontiers, *badákit norát jóan léitian gógo hónez* ; qui m'aiderait au besoin, *nórk lágunt nentzakian beharordian*. — Lequel me devancerait bientôt, *zóin léhent beléikit bértan* ; qui te vendrait à bon marché, *zóiñek sal behentzáke aphárrentaco* ; ce que je te donnerais, *zer-ere emau benizákek* ; comme il pourrait arriver lorsque nous y penserions le moins, *nóla jin beléite, guttíenik oúste gunukiénian*.

VOIX INTRANSITIVE.
FORME PREMIÈRE OU CAPITALE.

Toute cette forme a deux manières; on les trouvera à la conjugaison.

		1	2	3	4	5	6	7
			à lui	à eux	à toi	à vous	à moi	à nous
		Traitement indéfini.						
il	....	léite et léitéke	léikio	léikie	léikizu	léikizie	léikit	léikigu
ils	....	lite et litáke	léizkio	léizkie	léizkitzu	léizkitzie	léizkit	léizkigu
tu	respectueux	zinte et zintáke	zenéinkio	zenéinkie	....	....	zenéinkit	zenéinkigu
vous	....	zintakeyé	zenéinkoye	zenéinkeye	....	....	zenéinkide	zenéinkigie
je	....	nélnte	néinkio	néinkie	néinkizu	néinkizie	....	....
nous	....	ginte et gintáke	genéinkio	genéinkie	genéinkizu	genéinkizie	....	....
		Traitements masculins, féminins et respectueux.						
il	masculin / féminin / respectueux	litek / liten / litézu	likiók / likión / likiózu	likiék / likién / likiézu	léikik / léikin / léikizu	léikizie	likidak / likidan / likidázu	likiguk / likigun / likigúza
ils	masculin / féminin / respectueux	litákek / litáken / litakézu	litakiók / litakión / litakiózu	litakiék / litakién / litakiézu	litákik / litákin / litakitzu	litakitzie / et léizkitzie	litikidak / litikidan, / ñitikidátzu	litikiguk / litikigun / litikigútzu
tu	mas. et fém. / respectueux	bintáke / zintáke	hintakió / zintakió	hintakié / zintakié	....	....	hintákit / zintákit	hintakigú / zintakigu
je	masculin / féminin / respectueux	nintek / ninten / nintézu	nintakiók / nintakión / nintakiózu	nintakién / nintakién / nintakiézu	níntákik / nintákin / nintakizu	nintakizie / et néinkizie	....	....
nous	masculin / féminin / respectueux	gintákek / gintáken / gintakézu	gintakiók / gintakión / gintakiózu	gintakién / gintakién / gintakiézu	gintákik / gintákin / gintákizu	gintakizie / et genéinkizie	....	....

VOIX TRANSITIVE.
FORME PREMIÈRE OU CAPITALE.

Elle a aussi deux manières, on les trouvera à la conjugaison.

Traitement indéfini.

		1 le	2 les	3 le à lui	4 les à lui	5 le à eux	6 les à eux
il	....	lezake	letzake	lizakió	litzakió	lizakié	litzakié
ils	....	lezakeyé	letzakeyé	lizakióye	litzakióye	lizakiéye	litzakiéye
tu	*respectueux*	zenezáke	zenetzake	zinizakió	zinitzakió	zinizakié	zinitzakié
vous	....	zenezakeyé	zenetzakeyé	zinizakióye	zinitzakióye	zinizakiéye	zinitzakiéye
je	....	nezáke	netzáke	nizakió	nitzakió	nizakié	nitzakié
nous	....	genezáke	genetzake	ginizakió	ginitzakió	ginizakié	ginitzakié

Traitements masculins, féminins et respectueux.

		1	2	3	4	5	6
il	*masculin*	lezákek	letzakek	lizakiók	litzakiók	lizakiék	litzakiék
	féminin	lezáken	letzaken	lizakión	litzakión	lizakién	litzakién
	respectueux	lezakézu	letzakétzu	lizakiózu	litzakiótzu	lizakiézu	litzakiétzu
ils	*masculin*	lezakeyé	letzakeyé	lizakióye	litzakióye	lizakiéye	litzakiéye
	féminin	lezakené	letzakené	lizakióne	litzakióne	lizakiéne	litzakiéne
	respectueux	lezakezie	letzakotzie	lizakiózie	litzakiótzie	lizakiézie	litzakiétzie
tu	*m. et fém.*	hezáke	hetzake	hizakió	hitzakió	hizakié	hitzakié
	respectueux	zenezáke	zenetzake	zinizakió	zinitzakió	zinizakié	zinitzakié
je	*masculin*	nezákek	netzákek	nizakiók	nitzakiók	nizakiék	nitzakiék
	féminin	nezáken	netzáken	nizakión	nitzakión	nizakién	nitzakién
	respectueux	nezakézu	netzakézu	nizakiózu	nitzakiózu	nizakiézu	nitzakiétzu
nous	*masculin*	genezákek	genetzákek	ginizakiók	ginitzakiók	ginizakiék	ginitzakiék
	féminin	genezáken	genetzaken	ginizakión	ginitzakión	ginizakién	ginitzakién
	respectueux	genezákezn	genetzaketzn	ginizakiótzu	ginitzakiótzu	ginizakiétzu	ginitzakiótzu

VOIX TRANSITIVE.

FORME PREMIÈRE OU CAPITALE. (Suite.)

Traitement indéfini.

		7 le à toi	8 les à toi	9 le à vous	10 les à vous	11 le à moi	12 les à moi
il	....	lizakézu	litzakétzu	lizakezié	litzaketzié	lizakédat	litzakédat
ils	....	lizakezie	litzaketzie	lizakezié	litzaketzié	lizakedé	litzakedé
tu	respectueux	....	....	....	....	zinizakédat	zinitzakédat
vous	....	....	....	....	....	zinizakedé	zinitzakedé
je	....	nizakézu	nitzakétzu	nizakezie	nitzaketzie	....	....
nous	....	ginizakézu	ginitzakétzu	ginizakezie	ginitzaketzie	....	....

Traitements masculins, féminins et respectueux.

		7 le à toi	8 les à toi	9 le à vous	10 les à vous	11 le à moi	12 les à moi
il	masculin	lizákek	litzákek	lizakezié et leikezié	litzaketzié et leizketzié	lizakédak	litzakédak
	féminin	lizáken	litzáken			lizakédan	litzakédan
	respectueux	lizakézu	litzaketzu			lizakedázu	litzakédatzu
ils	masculin	lizakéye	litzakéye	lizakezié et leikezié	litzaketzié et leizketzié	lizakedayé	litzakedayé
	féminin	lizakéñe	litzakéñe			lizakedañé	litzakedañé
	respectueux	lizakezie	litzaketzie			lizakeduzié	litzakedatzié
tu	mas. et fém.	....	....	....	....	hizakédat	hitzakédat
	respectueux	....	....	....	....	zinizakédat	zinitzakédat
je	masculin	nizákek	nitzákek	nizakezie	nitzaketzie	....	....
	féminin	nizáken	nitzáken				
	respectueux	nizakézu	nitzakétzu				
nous	masculin	ginizákek	ginitzákek	ginizakezie et ginéikezie	ginitzakezie et ginéizketzie	....	....
	féminin	ginizáken	ginitzáken				
	respectueux	ginizakézu	ginitzakétzu				

VOIX TRANSITIVE.

FORME PREMIÈRE OU CAPITALE. (Suite.)

		13 le à nous	14 les à nous	15 te	16 vous	17 me	18 nous
		Traitement indéfini.					
il	....	lizakégu	litzakégu	zentzáke	zentzakó	nentzáke	gentzáke
ils	....	lizakegié	litzakegié	zentzakeyé	zentzakeyé	nentzakeyé	gentzakeyé
tu	*respectueux*	zinizakégu	zinitzakégu	....	....	nentzakézu	gentzakézu
vous	....	zinizakegié	zinitzakegié	....	....	nentzakezie	gentzakezie
je		....	....	zentzáket	zentzakeyét	....	....
nous		....	....	zentzakégu	zentzakiégu	....	....
		Traitements masculins, féminins et respectueux.					
il	*masculin*	lizakéguk	litzakéguk	(hentzáke) *m. et f.*	zintzaké *et* zintioé	(nintzákek	gintzákek
	féminin	lizakégun	litzakégun	*et hindio*		nintzáken	gintzáken
	respectueux	lizakegúzu	litzakegútzu	zentzáke		nintzákezu	gintzákezu
ils	*masculin*	lizakeguyé	litzakeguyé	(hentzakeyé) *m. et f.*	zentzakeyé	(nintzakeyó	gintzakeyó
	féminin	lizakeguñé	litzakeguñé	*et hindioyé*		nintzakeñé	gintzakeñé
	respectueux	lizakeguzié	litzakegutzié	zintzakié		nintzakezie	gintzakezie
tu	*mas. et fém.*	bizakégu	bitzakégu	....	....	*m.* nentzákek	gentzákek
	respectueux	zinizakégu	zinitzakégu	....	....	*f.* nentzáken	gentzáken
						nentzakézu	gentzakézu
je	*mas. et fém.*	....	....	(hentzáket *et* hindiot	zentzakeyét	....	....
	respectueux	....	....	zentzáket		....	....
nous	*mas. et fém.*	....	....	(hentzakégu *et* hintiógu	zentzakiégu	....	....
	respectueux	....	....	zinitzakégu		....	....

VOIX INTRANSITIVE.

FORME RÉGIE POSITIVE.

		1	2 à lui	3 à eux	4 à toi	5 à vous	6 à moi	7 à nous
il		léitekiala	léitekiola	léitekiela	m. léitekiyala f. léitekiñala r. léitekizula	leitekiziéla	léitekidula	léitekigula
ils		litakiála	litakióla	litakiéla	m. litakiyála f. litakiñála r. litakitzúla	litakitziéla	litakidála	litakigúla
tu	m. et fém.	hintakiǎla	bintakiola	hintakiéla	....	....	hintakidála	hintakigúla
	respect.	zintakiála	zintakĭóla	zintakiéla			zintakidála	zintakigúla
vous		zintakeyéle	zintakióyela	zintakiéyela	....	....	zintakidayéla	zintakigiéla
je		nintakiǎla	nintakióla	nintakiéla	m. nintakiyála f. nintakiñála r. nintakizúla	nintakiziéla	....	....
nous		gintakiála	gintakióla	gintakiéla	m. gintakiyála f. gintakiñála r. gintakizúla	gintkaiziéla	....	....

CONDITIONNEL. FUTUR.

VOIX TRANSITIVE.

FORME RÉGIE POSITIVE.

		1	2	3	4	5	6
		le	les	le à lui	les à lui	le à eux	les à eux
il	....	lezakiála	letzakiála	lizakióla	litzakióla	lizakiéla	litzakiéla
ils	....	lezakeyéla	letzakeyéla	lizakióyela	litzakióyela	lizakiéyela	litzakiéyela
tu	*m. et fém.*	hezakiála	hetzakiála	hizakióla	hitzakióla	hizakiéla	hitzakiéla
	respectueux	zenezakiála	zenetzakiála	zinizakióla	zinitzakióla	zinizakiéla	zinitzakiéla
vous	....	zenezákeyela	zenetzákeyela	zinizakióyela	zinitzakióyela	zinizakiéyela	zinitzakiéyela
je	....	nezakiála	netzakiála	nizakióla	nitzakióla	nizakiéla	nitzakiéla
nous	....	genezakiála	genetzakiála	ginizakióla	ginitzakióla	ginizakiéla	ginitzakiéla

CONDITIONNEL FUTUR.

VOIX TRANSITIVE.

FORME RÉGIE POSITIVE. (*Suite.*)

		7	8	9	10	11	12
		le à toi	les à toi	le à vous	les à vous	le à moi	les à moi
il	*masculin* *féminin* *respectueux*	lizakeyála lizakeñála lizakezúla	litzakeyála litzakeñála litzaketzúla	lizakeziéla	litzaketziéla	lizakedala	litzakedala
ils	*masculin* *féminin* *respectueux*	lizakeyéla lizakeñéla lizakéziela	litzakeyéla litzakeñéla litzaketziéla	lizakeziéla	litzaketziéla	lizakedéla	litzakedéla
tu	*mas. et fém.* *respectueux*	....	....	....	....	hizakedála zinizakedála	hitzakedála zinitzakedála
vous		....	....	....	....	zinizakedéla	zinitzakedéla
je	*masculin* *féminin* *respectueux*	nizakeyála nizakeñála nizakezúla	nitzakeyála nitzakeñála nitzaketzúla	nizakeziéla	nitzaketziéla	....	....
nous	*masculin* *féminin* *respectueux*	ginizakeyála ginizakeñála ginizakezúla	ginitzakeyála ginitzakeñála ginitzaketzúla	ginizakeziéla	ginitzaketziéla	....	....

CONDITIONNEL. FUTUR.

VOIX TRANSITIVE.

FORME RÉGIE POSITIVE. (Suite.)

		13	14	15	16	17	18
		le à nous	les à nous	te	vous	me	nous
il		lizakegúla	litzakegúla	m. f. hentzakiála r. zentzakiála	zentzakéla	nentzakiála	gentzakiála
ils		lizakegiéla	litzakegiéla	m. f. hentzakeyéla r. zentzakiéla	zentzakeyéla	nentzakeyéla	gentzakeyéla
tu	(mas. et fém.	hizakegúla	hitzakegúla			m nentzakeyúla f nentzakeñála	gentzakeyúla gentzakeñála
	(respectueux	zinizakegúla	zinitzakegúla			nentzakezúla	gentzakegúla
vous		zinizakegiéla	zinitzakegiéla			nentzakeziéla	gentzakeziéla
je				m f. hénzakedala r. zèntzakedala	zentzakiédala		
nous				m f. hentzakegúla r. zentzakegúla	zentzakiégula		

CONDITIONNEL FUTUR.

VOIX INTRANSITIVE.

FORME RÉGIE EXQUISITIVE.

	1	2	3	4	5	6	7
		à lui	à eux	à toi	à vous	à moi	à nous
il	léitekian	léitekion	léitekien	m. léitekiyan f. léitekiñan r. léitekizun	léitekizien	léitekidan	léitekigun
ils ...	litakian	litakiŏn	litakién	m. litakiyán f. litakiñán r. litakizun	litakitzien	litakidan	litakigun
tu {m. f. {r.	hintakían zintakian	hintakión zintakiŏn	hintakién zintakién	....	....	hintakidan zintakidan	hintakigun zintakigun
vous...	zintakeyén	zintakióyen	zintakióyen	....	....	zintakidayén	zintakigién
je	nintakían	nintakión	nintakién	m. nintakiyán f. nintakiñán r. nintakizun	nintakizien	....	....
nous...	gintakían	gintakión	gintakién	m. gintakiyán f. gintakiñán r. gintakizun	gintakizien	....	....

CONDITIONNEL FUTUR.

VOIX TRANSITIVE.

FORME RÉGIE EXQUISITIVE.

CONDITIONNEL FUTUR.

	1 le	2 les	3 le à lui	4 les à lui	5 le à eux	6 les à eux
il	lezakian	letzakian	lizakión	litzakión	lizakién	litzakién
ils	lezakeyén	letzakeyén	lizakióyen	litzakióyen	lizakióyen	litzakióyen
tu (mas. et fém.) hezakian	hetzakian	hizakión	hitzakión	hizakién	hitzakién
vous (respect.) zenezakian	zenetzakian	zinizakión	zinitzakión	zinizakién	zinitzakién
je	zenezakeyén	zenetzakeyén	zinizakióyen	zinitzakióyen	zinizakiéyen	zinitzakiéyen
nous	nezakian	netzakian	nizakión	nitzakión	nizakién	nitzakién
	genezakian	gintzakian	gínizakión	ginitzakión	ginizakién	ginitzakién

VOIX TRANSITIVE.

FORME RÉGIE EXQUISITIVE. (Suite.)

		7 le à toi	8 les à toi	9 le à vous	10 les à vous	11 le à moi	12 les à moi
il	masculin féminin respectueux	lizakéyan lizakénan lizakézun	litzakéyan litzakénan litzakétzun	lizakezién	litzaketzién	lizakédan	litzakédan
ils	masculin féminin respectueux	lizakéyen lizakénen lizakezien	litzakéyen litzakénen litzaketzien	lizakezién	litzaketzién	lizakedén	litzakedén
tu	mas. et fém. respectueux	....	....	....	....	hizakédan zinizakédan	hitzakédan zinitzakédan
vous		......	......	......	......	zinizakedén	zinitzakedén
je	masculin féminin respectueux	nizakéyan nizakénan nizakézun	nitzakéyan nitzakénan nitzakétzun	nizakezien	nitzaketzien	......	......
nous	masculin féminin respectueux	ginizakéyan ginizakénan ginizakézun	ginitzakéyan ginitzakénan ginitzakétzun	ginizakezien	ginitzaketzien	......	......

CONDITIONNEL FUTUR.

VOIX TRANSITIVE.

FORME RÉGIE EXQUISITIVE. (Suite.)

CONDITIONNEL FUTUR.

	13 le à nous	14 les à nous	15 te	16 vous	17 me	18 nous
il	lizakégun	litzakégun	m. f. {hentzakian / et hindiñan} {r. zentzakian}	{hentzakian / zentzakén}	nintzakian	gentzakian
ils	lizakégien	litzakégien	m. f. {hentzakeyén / et hindioyén} {r. zenzakién}	{hentzakeyén / zentzakeyén}	nentzakeyén	gentzakeyén
tu	{masc. et fém. hizakégun / respectueux zinizakégun}	bitzakégun	....	....	m. nentzakeyán / f. nentzakeñán / r. nentzakézun	gentzakeyán / gentzakeñán / gentzakézun
vous	zinizakégien	zinitzakégien	....	....	nentzakezien	gentzakezien
je	....	....	m. f. hentzakiédan / r. zentzakédan	zentzakiédan	....	....
nous	....	....	m. f. hentzakiégun / r. zentzakégun	zentzakiégun	....	....

VOIX INTRANSITIVE.

FORME INCIDENTE.

		1	2	3	4	5	6	7
			à lui	à eux	à toi	à vous	à moi	à nous
il		beléiteke	beleitekió	beléitekie	(m.) beléitekik (f.) beléitekin (r.) beléitekizu	beléitekizie	beléitekit	beléitekigu
ils		belitáke	belitakió	belitakié	(m.) belitákik (f.) belitákin (r.) belitákizu	bélitakizie	belitákit	belitakigu
tu	m. et fém.	behintáke	behintakió	behintakié	....	....	behintákit	behintakigu
	respect.	beitzintáke	beitzintakió	beitzintakié	....	....	beitzintákit	beitzintakigu
vous		beitzintakeyé	beitzintakióyo	beitzintakiéyo	....	....	beitzintakidé	beitzintakigié
je		benintáke	benintakió	benintakié	(m.) benintákik (f.) benintákin (r.) benintákizu	benintakizie	....	....
nous		beikintáke	beikintakió	beikintakié	(m.) beikintákik (f.) beikintákin (r.) beikintakizu	beikintakizie	....	....

VOIX TRANSITIVE.

FORME INCIDENTE.

		1 le	2 les	3 le à lui	4 les à lui	5 le à eux	6 les à eux
il		belezáke	beletzáke	belizakió	belitzakió	belizakié	belitzakié
ils		belezakeyé	beletzakeyé	belizakióye	belitzakióye	belizakiéye	belitzakiéye
tu	(mas. et fém.)	behezáke	behetzáke	behizakió	behitzakió	behizakié	behitzakié
	(respectueux)	beitzenezáke	beitzenetzáke	beitzinizakió	beitzinitzakió	beitzinizakié	beitzinitzakié
vous		beitzenezakeyé	beitzenetzakeyé	beitzinizakióye	beitzinitzakióye	beitzinizakiéye	beitzinitzakiéye
je		benezáke	benetzáke	benizakió	benitzakió	benizakié	benitzakié
nous		beikenezáke	beikenetzáke	beikinizakió	beikinitzakió	beikinizakié	beikinitzakié

CONDITIONNEL FUTUR.

VOIX TRANSITIVE.

FORME INCIDENTE. (Suite.)

		7	8	9	10	11	12
		le à toi	les à toi	le à vous	les à vous	le à moi	les à moi
il	masculin / féminin / respect.	belizákek / belizáken / belizakézu	belitzákek / belitzáken / belitzakétzu	belizakezié	belitzaketzié	belizakédat	belitzakédat
ils	masculin / féminin / respect.	belizakeyé / belizakené / belizakezié	belitzakeyé / belitzakené / belitzaketzié	belizakeziú	belitzaketzié	belizakedé	belitzakedé
tu	mas. et fém.	....	....	....	....	behizakédat	behitzakédat
	respect.	....	....	....	....	beitzinizakédat	beitzinizakédat
vous		....	....	....	....	beitzinizakedé	beitzinitzakedé
je	masculin / féminin / respect.	benizákek / benizáken / benizakézu	benitzákek / benitzáken / benitzákétzu	benizakezie	benitzaketzie	....	....
nous	masculin / féminin / respect.	beikinizákek / beikinizáken / beikinizakézu	beikinitzákek / beikinitzáken / beikinitzakétzu	beikinizakezie	beikinitzaketzie	....	....

CONDITIONNEL FUTUR.

VOIX TRANSITIVE.

FORME INCIDENTE. (Suite.)

CONDITIONNEL FUTUR.

	13 le à nous	14 les à nous	15 te	16 vous	17 me	18 nous
il	belizakégu	belizakégu	behentzake / beitzintzake	beitzintzaké	benentzake	beikentzake
ils	belizakegié	bélizakegié	behentzakeyé / beitzintzakie	beitzintzakeyé	benentzakeyé	beikentzakeyé
tu (*mas. et fém. / respectueux*)	behizakégu / beitzinizakégu	behizakégu / beitzinizakégu			(m. benentzákek / f. benentzáken)	beikentzákek / beikentzáken
vous	beitzinizakegié	beitzinizakegié			benentzakézu	beikentzakézu
je			behentzáket / beitzintzaket	beitzintzakéyet		beikentzakezie
nous			behentzakégu / beitzintzakiégu	beitzintzakiégu		

FORMES COMPOSÉES.

1. **Forme adjective.** — *Léitian* ou *léitekian*, *léitian-a*, *néintian-a; lezakian, lezakián-a, giniókiana, az, ari* : *jóan léitianari*, à celui qui irait ; *hel litakiénak*, ceux qui arriveraient ; *lan hau égin lezakiánari*, à celui qui ferait ce travail ; *eman giniókiana*, ce que nous donnerions.

2. **Lorsque, quand.** — *Léitian-ian, néintian-ian, litakián-ian, lezakián-ian, nezakián-ian*, etc. Ces termes seuls signifient ordinairement : lorsqu'il pourrait, lorsque je pourrais, lorsqu'ils pourraient, etc. : *jóan léitianian*, lorsqu'il sortirait ou lorsqu'il pourrait partir ; *éman lezakiántan*, lorsqu'il pourrait donner ou donnerait.

3. **Tant que.** — *Léitian-o, néintian-o; litakián-o, lezakián-o, genezákian-o, zenezakián-o*, etc. : *egon léitiano*, tant qu'il demeurerait ; *étchek gintzakeyéno*, tant qu'ils nous tiendraient.

4. **Pour le temps auquel** (*pour quand*). — *Léitian-eko, gintakian-eko, héikegun-eko, zenéikeguzien-eko, genéikezien-eko; hel léitianeko eginik nuke*, je l'aurais tout fait (*pour quand il viendrait*) pour son arrivée ; *elkharri zenéikeguzieneko jóanik ginâte*, nous serions partis *pour lorsque* vous nous l'auriez porté.

5. **Si, entre deux verbes**, *an utrum*. — *Léitian-ez, héintian-ez, zintakián-ez, nezakián-ez, zintzakegun-ez*, etc. : *jin léitianez*, s'il viendrait ; *ausárt zintakiánez*, si vous oseriez ; *igor nezakiánez*, si je l'enverrais, si je pourrais l'envoyer ; *éman zenéikeguzienez*, si vous le donneriez à nous.

6. **Tandis que.** — *Léitiala-rik, niókiala-rik, héintekiala-rik, gintakiála-rik, genezákelarik*, etc. ; *jóan léitialarik*, tandis qu'il pourrait aller, ou qu'il irait ; *hel zintakeyelarik*, tandis que vous pourriez arriver ; *éman zenéikedazielarik*, tandis que vous pourriez donner à moi, ou vous donneriez.

7. **Parce que.** — *Léitiala-koz, néintekiala-koz, gintakiála-koz, liókiala-koz, liókeyela-koz*, etc. ; *sar léitialakoz*, parce qu'il entrerait, ou pourrait entrer ; *léhent gintzéikezielakoz*, parce que nous vous devancerions ; *góga ziniókeyelakoz*, parce que vous le gagneriez.

8. **Sous prétexte.** — *Léitiala-koan, liókiala-koan, gintakiála-koan, zenezákeyela-koan; utzul léitiala-koan*, sous prétexte qu'il reviendrait ; *hel nintzéikezielakoan*, sous prétexte que je pourrais arriver à vous ; *igor zenéikedazielakoan*, sous prétexte, ou faisant semblant que vous enverriez à moi, ou que vous pourriez envoyer à moi.

9. **Forme interrogative.** — *Léitia; zintakia, gintakia, zéintekia, niókia, nezakia, giniókia*, etc.; *jóan léitia*, irait-il, et pourrait-il aller ? *hel hitzéikegia*, arriverais-tu à nous ? *ezágut gintzakia*, nous reconnaîtrait-il ? *ezágut hiókia* ou *hezakia*, le reconnaîtrais-tu ?

14ᵐᵉ FORME. — POTENTIEL. — PRÉSENT ET FUTUR.

DAITE, DEZAKE; — DAITIALA, DEZAKIALA; — DAITIAN, DEZAKIAN; BEITAITE, BEITEZAKE.

Signification propre : *badáite*, il se peut ; *dezáke*, il peut, et il pourra.

I. **Combinaisons de la forme intransitive DAITE, NAITE, etc. Elle s'emploie :**

1° Avec le radical de tous les noms verbaux, pour exprimer le présent ou futur potentiel : *jóan dáite égun, bihar*, il peut aller aujourd'hui, demain, ou il pourra aller ; *gal dáite*, il peut ou il pourra se perdre ; *izan dáite*, il peut ou il pourra être ;

2° Avec le nominatif indéfini des adjectifs verbaux suivi de *izan*, été, pour exprimer le parfait : *jóan izan dáite*, il peut être allé ; *gáldu izan dáite*, il peut s'être perdu, ou il se peut qu'il soit perdu (mot à mot : *il se peut été allé, il se peut été perdu*) ;

3° Avec l'infinitif des mêmes adjectifs suivi de *izan*, pour exprimer le parfait absolu ou passif : *joánik izan dáite*, il peut être parti ; *gáldurik izan dáite*, il peut être perdu (mot à mot : *il se peut été de perdu*) ;

II. **Combinaisons de la forme transitive DEZAKE, DEZAKET, etc. Elle s'emploie :**

1° Avec le radical des noms verbaux transitifs, pour exprimer le présent et le futur potentiel : *úkhen dezáke*, il peut ou il pourra avoir, obtenir ; *gal dezáke*, il peut perdre ou il pourra perdre ;

2° Avec le nominatif indéfini des adjectifs verbaux transitifs suivi de *úkhen*, pour exprimer le parfait : *gáldu úkhen dezáke*, il peut avoir perdu (mot à mot : *il le peut eu perdu*) ;

3° Avec l'infinitif des mêmes adjectifs suivi de *úkhen*, pour exprimer le même parfait d'une manière absolue : *eginik úkhen dezáke*, il peut l'avoir fait.

Exemples pour les formes régies et pour la forme incidente :

Croyez-vous que je peux rester toujours ici ? *ouste duzia égon náitiala béthi hében ?* — qu'il peut ou pourra vous le donner ? *éman dizakeziéla ?*

Dites-moi à qui je peux m'adresser, *érran hezadázu nóri hérsa náitian ;* — à qui je peux vous adresser, *nóri hérsa zitzakédan ;* — quand vous pourrez venir, *nóiz jin zitakeyén.*

Ce que je peux faire, *zér-ere égin beitezáket.* — Comme je puis aller tous les jours, *nóla jóan benáite égun oroz.* — Quand il peut le lui donner, *nóiz-ere éman beitizakío.* — On peut dire encore, avec le cas positif de la forme déclinée : *éman dizakiónian.*

VOIX INTRANSITIVE.

FORME PREMIÈRE OU CAPITALE.

Traitement indéfini.

		1	2 à lui	3 à eux	4 à toi	5 à vous	6 à moi	7 à nous
il		....	daite et daiteke	daitekió	daitekié	ditakizu		ditakidat	ditakigu
ils		ditake	ditake	ditakizó	ditakizé	ditakitzu		ditakidat	ditakisku
tu	respectueux.	zaite et zitóke	zitakió	zitakié			zitakió	zitakigu
vous	....	zitakeyé	zitakióye	zitakiéye	nitakizu	nitakizié		zitakigié
je	....	naite et nitake	nitakió	nitakié				
nous	....	gite et gitóke	gitakió	gitakié	gitakizu	gitakizie		

Traitements masculins, féminins et respectueux.

		1	2 à lui	3 à eux	4 à toi	5 à vous	6 à moi	7 à nous
il	masculin	ditek	ditakiók	ditakiék	ditakik		ditakidak	ditakigak
	féminin	dileu	ditakión	ditakién	ditakin	ditakizie	ditakidan	ditakigun
	respectueux	ditéæu	ditakiózu	ditakiézu	ditakizu		ditakidizu	ditakigúzu
ils	masculin	ditekek	ditakitzók	ditakitzék	ditakizak		ditakizak	ditakizkat
	féminin	ditaken	ditakitzón	ditakitzén	ditakitzan	ditakizié	ditakizan	ditakizten
	respectueux	ditakézu	ditakitzézu	ditakitzézu	ditakitzu		ditakiztazu	ditakizkutzu
tu	mas. et fém.	haite et hitake	hitakió	hitakié			hitakit	hitakigu
tu	respectueux	zaite et zitake	zitakió	zitakié			zitakit	zitakigu
je	masculin	nitek	nitakiók	nitakiék	nitakik	nitakizie		
	féminin	nilen	nitakión	nitakién	nitakin			
	respectueux	nitézu	nitakiózu	nitakiézu	nitakizu			
nous	masculin	gitek	gitakiók	gitakiék	gitakik	gitakizie		
	féminin	giten	gitakión	gitakién	gitakin			
	respectueux	gitézu	gitakiózu	gitakiézu	gitakizu			

172   POTENTIEL.

VOIX TRANSITIVE.

FORME PREMIÈRE OU CAPITALE.

Traitement indéfini.

		1	2	3	4	5	6
		le	les	le à lui	les à lui	le à eux	les à eux
il	....	dezake et dióke	dezake et ditzake	dizakio	ditzakio	dizakie	ditzakie
ils	....	dezakeye	detzakeye	dizakióye	ditzakióye	dizakieye	ditzakieye
tu	respectueux	dezakézu	detzakétzu	dizakiézu	ditzakiótzu	dizakeézu	ditzakeézu
vous	....	dezakezte	detznketzie	dizakiozie	ditzakiotzie	dizakeetzie	ditzakeetzie
je	....	dezaket	detzaket	dizakiót	ditzakiót	dizakiét	ditzakiét
nous	....	dezakegu	detzakégu	dizakiógu	ditzakiógu	dizakiégu	ditzakiégu

Traitements masculins, féminins et respectueux.

		1	2	3	4	5	6
il	masculin	dióok	ditzókek	dizakiok	ditzakiok	dizakiek	ditzakiek
	féminin	dióken	ditzóken	dizakion	ditzakion	dizakien	ditzakien
	respectueux	diókezu	ditzóketzu	dizakiózu	ditzakiótzu	dizakiézu	ditzakiétzu
ils	masculin	diókeye	ditzókeye	dizakióye	ditzakióye	dizakieye	ditzakieye
	féminin	diókeñe	ditzókeñe	dizakióñe	ditzakióñe	dizakiéñe	ditzakiéñe
	respectueux	diókezie	ditzóketzie	dizakiózie	ditzakiotzie	dizakiézie	ditzakiézie
tu	m. et fém.	dezakek	detzakek	dizakeok	ditzakeok	dizakeek	ditzakeek
		dezaken	detzaken	dizakeón	ditzakeón	dizakeén	ditzakeén
	respectueux	dezakézu	detznkétzu	dizakeózu	ditzakeózu	dizakeézu	ditzakeézu
je	masculin	dezakeyát	detzakeyát	dizakióyat	ditzakióyat	dizakiéyat	ditzakiéyat
	féminin	dezakeñát	detzakeñát	dizakióñat	ditzakióñat	dizakiéñat	ditzakiéñat
	respectueux	dezakézut	detzakézut	dizakiózut	ditzakiózut	dizakiézut	ditzakiétzut
nous	masculin	dezakeyágu	detzakeyágu	dizakióyagu	ditzakióyagu	dizakiéyagu	ditzakiéyagu
	féminin	dezakeñágu	detzakeñágu	dizakióñagu	ditzakióñagu	dizakiéñagu	ditzakiéñagu
	respectueux	dezakézgu	detzakézgu	dizakióżugu	ditzakióżugu	dizakiézgu	ditzakiétzugu

VOIX TRANSITIVE.

FORME PREMIÈRE OU CAPITALE. (Suite.)

		7 le à toi	8 les à toi	9 le à vous	10 les à vous	11 le à moi	12 les à moi
	Traitement indéfini.						
il		dizakézu	ditzakézu	dizakezié	ditzaketzié	dizakédat	ditzakédat
ils		dizakézie	ditzakétzie	dizakezié	ditzaketzié	dizakedé	ditzakedé
tu	*respectueux*	....	....	....	....	dizakedázu	ditzakedátzu
vous		....	....	....	....	dizakedazie	ditzakedatzie
je		dizakézut	ditzakézut	dizakéziet	ditzakétziet	....	....
nous		dizakezúgu	ditzakézúgu	dizakeziégu	ditzaketziégu	....	....
	Traitements masculins, féminins et respectueux.						
il	*masculin* / *féminin* / *respectueux*	dizákek / dizáken / dizakézu	ditzákek / ditzáken / ditzakétzu	} dizakezié	ditzaketzié	dizakedak / dizakedan / dizakedazu	ditzakedak / ditzakedan / ditzakedatzu
ils	*masculin* / *féminin* / *respectueux*	dizákeye / dizákeñe / dizakézie	ditzákeye / ditzákeñe / ditzaketzie	} dizakezié	ditzaketzié	dizakedayé / dizakedañé / dizakedazié	ditzakedayé / ditzakedañé / ditzakedatzie
tu	*mas. et fém* / *respectueux*	....	....	....	....	dizakédak / dizakédan / dizakedázu	ditzakédak / ditzakédan / ditzakedátzu
je	*masculin* / *féminin* / *respectueux*	dizakeyót / dizakeñát / dizakézut	ditzakeyát / ditzakeñát / ditzakétzut	} dizakéziet	ditzakétziet	....	....
nous	*masculin* / *féminin* / *respectueux*	dizakeyégu / dizakeñágu / dizakezúgu	ditzakeyágu / ditzakéñagu / ditzakétzugu	} dizakéziegu	ditzakétziegu	....	....

VOIX TRANSITIVE.

FORME PREMIÈRE OU CAPITALE. (*Suite.*)

		13	14	15	16	17	18
		le à nous	les à nous	te	vous	me	nous
	Traitement indéfini.						
il	....	dizakegu	ditzakegu	zitzáke	zitzaké	nitzáke	gitzáke
ils	....	dizakegié	ditzakègié	zitzakie	zitzakeyé	nitzakeyé	gitzakeyé
tu	respectueux	dizakegúzu	ditzakegútzu	....	....	netzakézu	getzakézu
vous	....	dizakéguzie	ditzakegutzie	....	....	netzakezie	getzakezie
je	....	....	....	zitzáket	zitzákiét	....	....
nous	....	....	....	zitzakégu	zitzakiégu	....	....
	Traitements masculins, féminins et respectueux.						
il	*masculin*	dizakeguk	ditzakeguk	hitzáke	zitzaké	nitzákek	gitzákek
	féminin	dizakegun	ditzakegun	hitzáke		nitzáken	gitzáken
	respectueux	dizakeguzu	ditzakegutzu	zitzáke		nitzakézu	gitzakézu
ils	*masculin*	dizakeguyé	ditzakeguñé	hitzakeyé	zitzakeyé	nitzakeyé	gitzakeyé
	féminin	dizakeguñé	ditzakeguñé	hitzakeyé		nitzakeñé	gitzakeñé
	respectueux	dizakeguzié	ditzakegutzie	zitzakie		nitzakezié	gitzakezie
tu	*masculin*	dizakéguk	ditzakégun	....	....	netzákek	getzákek
	féminin	dizakégun	ditzakégun	....	....	netzáken	getzáken
	respectueux	dizakéguzu	ditzakégutzu	....	....	netzakézu	getzakézu
je	*masculin*	....	....	hitzáket	zitzákiet	....	....
	féminin	....	....	hitzáket		....	....
	respectueux	....	....	zitzáket		....	....
nous	*masculin*	....	....	hitzákegu	zitzakiégu	....	....
	féminin	....	....	hitzákegu		....	....
	respectueux	....	....	zitzákegu		....	....

VOIX INTRANSITIVE.

FORME RÉGIE POSITIVE.

		1	2	3	4	5	6	7
			à lui	à eux	à toi	à vous	à moi	à nous
qu'il		dáitiala *et* dáitekiála	ditakióla	ditakiéla	*m.* ditakiyála *f.* ditakiñála *r.* ditakitzúla	ditakiziéla	ditakidála	ditakigúla
qu'ils		ditakiála	ditakitzóla	ditakitzéla	*m.* ditakitzayála *r.* ditakitzañála *f.* ditakitzúla	ditakitziéla	ditakiztadála	ditakizkúla
que tu	*m. et fém.*	háitiala	hitakióla	hitakiéla	....	....	hitakidála	hitakigúla
	respect.	záitiala	zitakióla	zitakiéla	....	....	zitakidála	zitakigúla
que vous		záiteyela	zitakioéla	zitakiéyela	....	....	zitakidayéla	zitakiguyéla
que je		náitiala	nitakióla	nitakiéla	*m.* nitakiyála *f.* nitakiñála *r.* nitakizúla	nitakiziéla	....	....
que nous		gitiála *et* gitakiála	gitakióla	gitakióla	*m.* gitakiyála *f.* gitakiñála *r.* gitakizúla	gitakiziéla	....	....

PRÉSENT ET FUTUR.

VOIX TRANSITIVE.

FORME RÉGIE POSITIVE.

		1 le	2 les	3 le à lui	4 les à lui	5 le à eux	6 les à eux
qu'il	....	dezakiéla	detzakiéla	dizakióla	ditzakióla	dizakiéla	ditzakiéla
qu'ils	....	dezakeyéla	detzakeyéla	dizakióyela	ditzakióyela	dizakióyela	ditzakióyela
que tu	*masculin*	dezakeyála	detzakeyála	dizakeóyala	ditzakeóyala	dizakeéyala	ditzakeéyala
	féminin	dezakeñála	detzakeñála	dizakeóñala	ditzakeóñala	dizakeéñala	ditzakeéñala
	respectueux	dezakezúla	detzaketzúla	dizakeózula	ditzakeótzula	dizakeézula	ditzakeétzula
que vous	....	dezakeziéla	detzaketziéla	dizakeóziela	ditzakeótziela	dizakeéziela	ditzakeétziela
que je	....	dezakedála	detzakedála	dizakiódala	ditzakiódala	dizakiédala	ditzakiédala
que nous	....	dezakegúla	detzakegúla	dizakiógula	ditzakiógula	dizakiégula	ditzakiégula

POTENTIEL.

VOIX TRANSITIVE.

FORME RÉGIE POSITIVE. (Suite.)

		7 le à toi	8 les à toi	9 le à vous	10 les à vous	11 le à moi	12 les à moi
qu'il	masculin féminin respectueux	dizakeyála dizakeñála dizakezúla	ditzakeyála ditzakeñála ditzaketzúla	dizakeziéla	ditzaketziéla	dizakedála	ditzakedála
qu'ils	masculin féminin respectueux	dizakeyéla dizakeñéla dizakeziela	ditzakeyéla ditzakeñéla ditzaketziela	dizakeziéla	ditzaketziéla	dizakedéla	ditzakedéla
que tu	masculin féminin respectueux	....	....	....	....	dizakedayála dizakedañála dizakedazúla	ditzakedayála ditzakedañála ditzakedatzúla
que vous		....	....	....	....	dizakedaziéla	ditzakedatziéla
que je	masculin féminin respectueux	dizakeyadála dizakeñadála dizakezudála	ditzakeyadála ditzakeñadála ditzaketzudála	dizakeziédala	ditzaketziédala	....	....
que nous	masculin féminin respectueux	dizakeyagúla dizakeñagúla dizakezugúla	ditzakeyagúla ditzakeñagúla ditzaketzugúla	dizakeziégula	ditzakteziégula	....	....

PRÉSENT ET FUTUR.

VOIX TRANSITIVE.

FORME RÉGIE POSITIVE. (Suite.)

		13	14	15	16	17	18
		le à nous	les à nous	te	vous	me	nous
qu'il		dizakegula	ditzakegula	(m. f. hitzakiála / r. zitzakiála	zitzakéla	nitzakiála	gitzakiála
qu'ils		dizakegiéla	ditzakegiéla	(m. f. hitzakeyéla / r. zitzakiéla	zitzakeyéla	nitzakeyéla	gitzakeyéla
que tu	masculin / féminin / respectueux	dizakeguyála / dizakegunála / dizakeguzúla	ditzakeguyála / ditzakegunála / ditzakegutzúla			netzakeyála / netzakeñéla / netzakezúla	gitzakeyála / gitzakeñála / gitzakezúla
que vous		dizakeguziéla	ditzakegutziéla			netzakeziéla	gitzakeziéla
que je				(m f. hitzakedála / r. zitzakedála	zitzakiédala		
que nous				(m f. hitzakegúla / r. zitzakegúla	zitzakiégula		

POTENTIEL.

VOIX INTRANSITIVE.

FORME RÉGIE EXQUISITIVE.

	1	2	3	4	5	6	7
		à lui	à eux	à toi	à vous	à moi	à nous
il	dàitian	ditakión	ditakién	*m* ditakiyán *f.* ditakiñán *r.* ditakizun	ditakizien	ditakidan	ditakigun
ils	ditakian	ditakitzón	ditakitzén	*m* ditakitzayán *f.* ditakitzañán *r.* ditakitzun	ditakitzien	ditakiztadan	ditakizkun
tu {*m. f.* {*r.*	háitian záitian	hitakión zitakión	hitakién zitakién	....	....	hitakidan zitakidan	hitakigun zitakigun
vous...	záiteyen	zitakioén	zitakiéyen	....	....	zitakidayén	zitakiguyén
je	náitian	nitakión	nitakién	*m* nitakiyán *f.* nitakiñán *r.* nitakizun	nitakizien	....	....
nous...	gitian	gitakión	gitakién	*m.* gitakiyán *f.* gitakiñán *r.* gitakizun	gitakizien	....	....

PRÉSENT ET FUTUR.

VOIX TRANSITIVE.

FORME RÉGIE EXQUISITIVE.

		1	2	3	4	5	6
		le	les	le à lui	les à lui	le à eux	les à eux
il		dezakían	detzakían	dizakión	ditzakión	dizakién	ditzakién
ils		dezakeyén	detzakeyén	dizakióyen	ditzakióyen	dizakiéyen	ditzakiéyen
tu	*masculin*	dezakeyán	detzakeyán	dizakeóyan	ditzakeóyan	dizakeéyan	ditzakeéyan
	féminin	dezakeñán	detzakeñán	dizakeóñan	ditzakeóñan	dizakeéñan	ditzakeéñan
	respectueux	dezakézun	detzakétzun	dizakeózun	ditzakeótzun	dizakeézun	ditzakeétzun
vous		dezakezien	detzaketzien	dizakeózien	ditzakeótzien	dizakeézien	ditzakeétzien
je		dezakédan	detzakédan	dizakiódan	ditzakiódan	dizakiédan	ditzakiédan
nous		dezakégun	detzakégun	dizakiógun	ditzakiógun	dizakiégun	ditzakiégun

POTENTIEL.

VOIX TRANSITIVE.

FORME RÉGIE EXQUISITIVE. (*Suite.*)

		7	8	9	10	11	12	
		le à toi	les à toi	le à vous	les à vous	le à moi	les à moi	
il	*masculin* *féminin* *respect.*	dizakeyán dizakeñán dizakézun	ditzakeyán ditzakeñán ditzakézun	} dizakezién	ditzaketzien	dizakédan	ditzakédan	PRÉSENT ET FUTUR.
ils	*masculin* *féminin* *respect.*	dizakeyén dizakeñén dizakézien	ditzakeyén ditzakeñén ditzakétzien	} dizakezién	ditzaketzién	dizakedén	ditzakedén	
tu	*masculin* *féminin* *respect.*	....	....	....	....	dizakedayán dizakedañán dizakedézun	ditzakedayán ditzakedañán ditzakedatzun	
vous		....	....	....	....	dizakedazien	ditzakedatzien	
je	*masculin* *féminin* *respect.*	dizakeyádan dizakeñádan dizakezúdan	ditzakeyádan ditzakeñádan ditzaketzúdan	} ditzakeziédan	ditzaketziédan	....	....	
nous	*masculin* *féminin* *respect.*	dizakeyágun dizakeñágun dizakezúgun	ditzakeyágun ditzakeñágun ditzaketzúgun	} dizakeziégun	ditzaketziégun	....	....	

VOIX TRANSITIVE.

FORME RÉGIE EXQUISITIVE. (Suite.)

		13	14	15	16	17	18
		le à nous	les à nous	te	vous	me	nous
il		dizakegun	ditzakegun	(m. f. hitzakian) (r. zitzakian)	zitzakén	nitzakian	gitzakian
ils		dizakegién	ditzakegién	(m. f. hitzakeyén) (r. zitzakién)	zitzakeyén	nitzakeyén	gitzakeyén
tu	(masculin féminin respectueux)	dizakeguyáu dizakeguñán dizakegúzun	ditzakeguyén ditzakeguñán ditzakegútzun	....	....	netzakeyán netzakeñén netzakézun	gitzakeyán gitzakeñén gitzakézun
vous		dizakeguzien	ditzakegutzien	....	....	netzakezien	gitzakezien
je		....	....	(m. f. hitzakédan) (r. zitzakédan)	zitzakiédan	....	....
nous		....	....	(m. f. hitzakégun) (r. zitzakégun)	zitzakiégun	....	....

POTENTIEL.

VOIX INTRANSITIVE.

FORME D'INCIDENCE.

		1	2	3	4	5	6	7
			à lui	à eux	à toi	à vous	à moi	à nous
il		....	beitáite	beitaitekió	beitaitekié	(m. beititákik f. beititákin r. beititakízu)	beititakizie	beititakidat	beititakigu
ils		....	beitítáke	beititakitzó	beititakitzé	(m. beititakitzak f. beititakitzan r. beititakitzu)	beititakitzie	beititakitzat	beititakitzku
tu	(m. et fém. respect.	behâite	behitakió	behitakié	....	....	behitákit	behitakigu
		beitzitáke	beitzitakió	beititakié	....	....	beitzitákit	beitzitakigu
vous		....	beitzitakeyé	beitzitakióye	beitzitakiéye	....	....	beitzitakidé	beitzitakigié
je		....	benáite	benitakió	benitakié	(m. benitákik f. benitákin r. benitakizu)	benitakizie	....	....
nous		....	beikitáke	beikitakió	beikitakié	(m. beikitákik f. beikitákin r. beikitakizu)	beikitakizie	....	....

PRÉSENT ET FUTUR.

VOIX TRANSITIVE.

FORME D'INCIDENCE.

		1 le	2 les	3 le à lui	4 les à lui	5 le à eux	6 les à eux
il	....	beitezúke	beitetzáke	beitizakió	beititzakió	beitizakié	beititzakié
ils	....	beitezakeyé	beitetzakeyé	beitizakióye	beititzakióye	beitizakiéye	beititzakiéye
tu	(masculin féminin respect.	beitezákek beitezáken beitezakézu	beitetzúkek beitetzáken beitetzakétzu	beitizakiók beitizakión beitizakiózu	beititzakiók beititzakión beititzakiótzu	beitizakeék beitizakeén beitizakeézu	beititzakeék beititzakeén beititzakeétzu
vous	....	beitezakezie	beitetzaketzie	beitizakiózie	beititzakiotzie	beitizakeézie	beititzakeétzie
je	....	beitezáket	beitetzáket	beitizakiót	beititzakiót	beitizakiét	beititzakiét
nous	....	beitezakégu	beitetzakégu	beitizakiógu	beititzakiógu	beitizakiégu	beititzakiégu

POTENTIEL.

VOIX TRANSITIVE.

FORME INCIDENTE. (Suite.)

		7	8	9	10	11	12
		le à toi	les à toi	la à vous	les à vous	le à moi	les à moi
il	*masculin* *féminin* *respectueux*	beitizákek beitizákeñ beïtizakézu	beïtizákek beitizákeñ beïtizakétzu	}beitizakezié	beitizaketzié	beïtizakédat	beïtizakédat
ils	*masculin* *féminin* *respectueux*	beitizakeyé beitizakené beitizakezie	beïtizakeyé beïtizakeñá beïtizaketzie	}beitizakezié	beitizaketzié	beïtizakedé	beïtizakedé
tu	*masculin* *féminin* *respectueux*	....	....	....	....	beïtizakédak beitizakédan beitizakedázu	beïtizakédak beitizakédan beïtizakedátzu
vous		....	....	....	....	beïtizakedazie	beïtizakedatzie
je	*masculin* *féminin* *respectueux*	beitizakeyát beitizakeñát beitizakézut	beïtizakeyát beïtizakeñát beïtizakétzut	}beitizakeziét	beitizaketziét	....	....
nous	*masculin* *féminin* *respectueux*	beitizakeyágu beitizakeñégu beïtizakezúgu	beïtizakeyágu beïtizakeñágu beïtizaketzúgu	}beitizakeziégu	beitizaketziégu	....	....

PRÉSENT ET FUTUR.

VOIX TRANSITIVE.

FORME D'INCIDENCE. (Suite.)

		13 le à nous	14 les à nous	15 te	16 vous	17 me	18 nous
il		.... beitizakégu	beititzakégu	(m f. behitzáke) (r. beitzitzáke) beitzitzaké	benitzáke	beikitzáke
ils		.... beitizakegié	beitîtzakegié	(m f. behitzakié) (r. beitzitzakié) beitzitzakeyé	benitzakeyé	beikitzakeyé
tu	(mas. et fém. respectueux	beitizakégnk beitizakégun beitizakegúzu	beititzakéguk beititzakégun beititzakegútzu	....	....	benetzákek benetzáken benetzakézu	beiketzákek beiketzáken beiketzakézu
vous		.... beitizakeguzie	beititzakégutzie	....	....	benetzakézu	beiketzakezie
je		....	....	(m f behitzáket) (r. beitzitzáket) beitzitzakiét	....	....
nous		....	....	(m f behitzakégu) (r. beitzitzakégu) beititznkiégu	....	....

POTENTIEL.

FORMES COMPOSÉES.

1. **Forme adjective.** — *Daitian, dáitian-a, ditakián-ak, gitakián-ak, dezakián-a* ou *diókian-a, dezakedán-a*, etc. : *jin dáitiana*, celui qui peut venir ; *jóan gitakiának*, ceux qui pouvons partir ; *egin dezakegúna*, ce que nous pouvons faire ; *dezakeziéna*, ce que vous pouvez.

2. **Lorsque, quand.** — *Dáitian-ian* ou *dáitekian-ian, gitakián-ian, dezakédan-ian, dezakegun-ian*, etc. : *dáitian-ian, jiten da*, il vient quand il peut ; *joánen gira, gitakiánian*, nous irons lorsque nous pourrons ; *dezakédanian egilen dut*, je le fais quand je puis ; *dezakégunian eginen dúgu*, nous le ferons quand nous le pourrons.

3. **Tant que.** — *Dáitian-o* et *dáitekian-o, dezakián-o, dezakedán-o, náitian-o, gitakián-o*, etc. : *dáitiano égon nahi da*, il veut rester tant qu'il peut ; *egónen niz náitekiano*, je resterai tant que je pourrai ; *begira béza dezakiáno*, qu'il le garde tant qu'il peut.

4. **Pour le temps auquel** (*pour quand*). — *Dáitian-eko* ou *dáitekian-eko, zitakián-eko, dezáken-eko*, etc. : *jin dáitekianeko*, pour le temps auquel il pourra venir ; *jóan gitakián-eko*, pour le temps auquel nous pourrons aller ; *egin dezakeziéneko*, pour le temps auquel vous pourrez le faire.

5. **Si,** entre deux verbes, *an, utrum.* — *Dáitian-ez* ou *dáitekian-ez, háitekián-ez, gitakián-ez*, etc. : *galtha hezázu jin dáitekianez*, demandez s'il peut venir ou s'il pourra venir ; *sar gitakiánez*, si nous pouvons entrer ; *ikhous dezakedánez*, si je puis le voir ; *eman dizakiógunez*, si nous pouvons le lui donner.

6. **Tandis que.** — *Dáitiala-rik* ou *dáitekialarik, gitakiálarik, dezakédala-rik, dezakégula-rik, dizakédala-rik* : *joán dáitekialarik*, tandis qu'il peut aller ; *górda ditakélarik*, tandis qu'ils peuvent se cacher ; tandis que nous pouvons le donner, *eman dezakégularik ;* tandis qu'il peut nous le donner, *eman dizakégularik.*

7. **Parce que.** — *Dáitekiala-koz, zitakeyéla-koz, gitakiála-koz, dezakédala-koz, dezakiála-koz, dizakégula-koz*, etc. : *sar dáitekialakoz*, parce qu'il peut entrer ; *lehia zitakeyélakoz*, parce que vous pouvez vous hâter ; *eman dezakédalakoz*, parce que je peux donner ; *eroan dizakédaziélakoz*, parce que vous pouvez me l'emporter.

8. **Sous prétexte, faisant semblant.** — *Dáitekiala-koan, dezakedála-koan, ditakiála-koan, dizakegiéla-koan*, etc. : *ez-táitekialakoan ebil*, sous prétexte qu'il ne peut pas marcher ; *laguni detzakégulakoan*, sous prétexte que nous pouvons les aider ; *eman ditzakegúlakoan*, sous prétexte qu'il peut nous les donner.

9. **Forme interrogative.** — *Dáitia* et *dáitekia, ditakia, gitakia, hitakia, nitakia, dezakia, dezaketa, dezakegia*, etc. : *sar daitekia?* peut-il entrer ? *jin gitakia?* pouvons-nous venir ? *egin dezakia?* peut-il faire ? *igor hezaketa?* puis-je l'envoyer ? *borthca nezakiéya?* peuvent-ils m'obliger ?

15ᵐᵉ FORME. — POTENTIEL. — PASSÉ.

ZAITEKIAN, — ZEZAKIAN ; — ZAITEKIALA , ZEZAKIALA ; — BEITZAITEKIAN, BEITZEZAKIAN.

Signification propre : il se pouvait, il pouvait, et il aurait pu.

I. **Combinaisons de la forme intransitive ZAITEKIAN, NINTAKIAN, etc. Elle s'emploie :**

1° Avec le radical des noms verbaux, pour exprimer le passé imparfait : *jóan záitekian*, il pouvait aller; *gal záitekian*, il pouvait se perdre ; *izan záitekian*, il pouvait être;

2° Avec le nominatif indéfini des adjectifs verbaux suivi de *izan*, pour exprimer l'imparfait antérieur : *jóan izan záitekian*, il aurait pu aller, ou il aurait pu être allé ; *gáldu izan záitekian*, il aurait pu se perdre, et il pouvait s'être perdu ;

3° Avec l'infinitif des mêmes adjectifs verbaux, pour exprimer l'imparfait passif : *joánik izan záitekian*, il pouvait être parti; *gáldurik izan záitekian*, il pouvait être perdu.

II. **Combinaisons de la forme transitive ZEZAKIAN, HEZAKIAN, NEZAKIAN, etc. Elle s'emploie :**

1° Avec le radical des noms verbaux transitifs, pour exprimer le passé imparfait : *gal zezakian*, il pouvait perdre ; *ukhen zezakian*, il pouvait avoir;

2° Avec le nominatif défini des adjectifs verbaux transitifs, pour exprimer l'imparfait antérieur : *gáldu ukhen zezakian*, il pouvait avoir perdu ;

3° Avec l'infinitif des mêmes adjectifs, pour le même imparfait absolu : *gáldurik ukhen zezakian*, il pouvait l'avoir perdu.

Exemples pour les formes régies et pour la forme incidente :

Je sais qu'il pouvait venir ou qu'il aurait pu venir, *badákit jin záitekiala;*—qu'il pouvait me le donner, *éman zezakedála.*

Je lui ai demandé si ou quand il pouvait me payer, *galthátu déyot eyá edo nóiz sarista nentzakian.*

Lui qui aurait pu te soulager si facilement, *zoñek urgaitz behintzakian háiñ ehiki.*

Ce qu'il pourrait donner, *zer-ere éman beitzezakian.* — Comme il pouvait me voir tous les jours, *nóla égun óroz ikhous benentzakian.*

VOIX INTRANSITIVE.

FORME PREMIÈRE OU CAPITALE.

POTENTIEL. — PASSÉ.

Traitement indéfini.

		1	2 à lui	3 à eux	4 à toi	5 à vous	6 à moi	7 à nous
il	·······	zéitekian	zitakion	zitakién	zitakéizun	zitakéizien	zitakédan	zital kgun
ils	·······	zitakén	zitazkien	zitazkién	zitazkéitzun	zitazkéitzien	zitazkédan	zitazkégan
tu	respectueux	zintakian	zintakiōn	zintakién		nintakéizien	zintakédan	zintakégun
vous	·······	zintakén	zintakiōyen	zintakiéyen	nintakéizun	··········	zintakéizu	zintakegién
je	·······	nintakian	nintakion	nintakién	nintakéizun	nintakéizien	··········	··········
nous	·······	gintakian	gintakion	gintakién	gintakéizun	gintakéizien	··········	··········

Traitemens masculins, féminins et respectueux.

		1	2 à lui	3 à eux	4 à toi	5 à vous	6 à moi	7 à nous
il	masculin	zitakeyan	zitakiōyan	zitakiéyan	zitakéiyen	zitakéizien	zitakedán	zitakégnan
	féminin	zitakeñan	zitakiōñan	zitakiéñan	zitakéiñan		zitakedañan	zitakegnñan
	respectueux	zitakezun	zitakiōzun	zitakiézun	zitakéizun		zitakediázun	zitakegnizun
ils	masculin	zitakéyan	zitazkiōyan	zitazkiéyan	zitazkéiyen	zitazkéizien	zitazkedañan	zitazkegnñan
	féminin	zitakéñan	zitazkiōñan	zitazkiéñan	zitazkéiñan		zitazkedañan	zitazkegitrzun
	respectueux	zitakéizun	zitazkiōzun	zitazkiézun	zitazkéitzun		zitazkeiñizun	
tu	mas. et fém.	hintakian	hintakion	hintakien			hintakédan	hintakégun
tu	respectueux	zintakian	zintakion	zintakien			zintakédan	zintakégun
je	masculin	nintakeyân	nintakiōyan	nintakiéyan	nintakéiyan	nintakéizien		
	féminin	nintakeñán	nintakiōñan	nintakiéñan	nintakéiñan			
	respectueux	nintakézun	nintakiōzun	nintakiézun	nintakéizun			
nous	masculin	gintakiōyan	gintakiōyan	gintakiéyan	gintakéiyan	gintakéizien		
	féminin	gintakiōñan	gintakiōñan	gintakiéñan	gintakéiñan			
	respectueux	gintakiōzun	gintakiōzun	gintakiézun	gintakéizun			

VOIX TRANSITIVE.

FORME PREMIÈRE OU CAPITALE.

POTENTIEL. — PASSÉ.

Traitement indéfini.

		1 le	2 les	3 le à lui	4 les à lui	5 le à eux	6 les à eux
il	....	zezakian	zezakian	zezakión	zetzakión	zezakién	zetzakién
ils	....	zezakieyén	zezakieyén	zezakióyen	zetzakióyen	zezakieyén	zetzakieyén
tu	respectueux	zenezakian	zenezakian	zenezakión	zenetzakión	zenezakién	zenetzakién
vous	....	zenezakieyén	zenezakieyén	zenezakióyen	zenetzakióyen	zenezakieyén	zenetzakieyén
je	....	nezakian	nezakian	nezakión	netzakión	nezakién	netzakién
nous	....	genezakian	genezakian	genezakión	genetzakión	genezakién	genetzakién

Traitements masculin, féminin et respectueux.

		1 le	2 les	3 le à lui	4 les à lui	5 le à eux	6 les à eux
il	*masculin*	zezakieyan	zezakieyan	zezakióyan	zetzakióyan	zezakieyan	zetzakieyan
	féminin	zezakieñan	zezakieñan	zezakióñan	zetzakióñan	zezakieñan	zetzakieñan
	respectueux	zezakézun	zezakétzun	zezakiózun	zetzakiózun	zezakiézun	zetzakiézun
ils	*masculin*	zezakieyan	zezakieyan	zezakioéyan	zetzakioéyan	zezakieyan	zetzakieéyan
	féminin	zezakieñan	zezakieñan	zezakioéñan	zetzakioéñan	zezakieéñan	zetzakieéñan
	respectueux	zezakezien	zetzakezien	zezakiézien	zetzakiózien	zezakiézien	zetzakiézien
tu	*m. et fém.*	hezakian	hezakian	hezakión	hetzakión	hezakión	hetzakión
	respectueux	zenezakian	zenezakian	zenezakión	zenetzakión	zenezakión	zenetzakién
je	*masculin*	nezakieyan	nezakieyan	nezakióyan	netzakióyan	nezakieyan	netzakieyan
	féminin	nezakieñan	nezakieñan	nezakióñan	netzakióñan	nezakieñan	netzakieñan
	respectueux	nezakézun	nezakétzun	nezakiózun	netzakiózun	nezakiézun	netzakiézun
nous	*masculin*	genezakieyan	genezakieyan	genezakióyan	genetzakióyan	genezakieyan	genetzakieyan
	féminin	genezakieñan	genezakieñan	genezakióñan	genetzakióñan	genezakieñan	genetzakieñan
	respectueux	genezakézun	genezakétzun	genezakiézun	genetzakiézun	genezakiézun	genetzakiézun

VOIX TRANSITIVE.

FORME PREMIÈRE OU CAPITALE. (*Suite.*)

		7	8	9	10	11	12
		le à toi	les à toi	le à vous	les à vous	le à moi	les à moi
				Traitement indéfini.			
il		zizakézun	zitzakétzun	zizakezién	zitzaketzién	zizakédan	zitzakédan
ils		zizakézien	zitzakétzien	zizakezién	zitzakezién	zizakedén	zitzakedén
tu	*respectueux*	....	....	....	....	zizakedán	zinitzakédan
vous		....	....	....	....	zinizakedén	zinitzakedén
je		nizakézun	nitzakétzun	nizakézien	nitzakétzien	....	....
nous		ginizakézun	ginitzakétzun	ginizakézien	ginitzakétzien	....	....
				Traitements masculins, féminins et respectueux.			
il	*masculin* / *féminin* / *respectueux*	zizakéyan / zizakéñan / zizakézun	zitzakéyan / zitzakñan / zitzakétzun	zizakezién	zitzaketzién	zizakedán / zizakedañán / zizakedázun	zitzakedán / zitzakedañán / zitzakedátzun
ils	*masculin* / *féminin* / *respectueux*	zizakeéyan / zizakeéñan / zizakeézien	zitzakeéyan / zitzakeéñan / zitzakeézien	zizakeézien	zitzakeótzien	zizakedéyan / zizakedéñan / zizakedazien	zitzakedéyan / zitzakedéñan / zitzakedatzien
tu	*mas. et fém* / *respectueux*	....	....	....	....	hizakedán / zinizakedán	hitzakédan / zinitzakédan
je	*masculin* / *féminin* / *respectueux*	nizakéyan / nizakéñan / nizakézun	nitzakéyan / nitzakéñan / nitzakétzun	nizakézien	nitzakétzien	....	....
nous	*masculin* / *féminin* / *respectueux*	ginizakéyan / ginizakéñan / ginizakézun	ginitzakéyan / ginitzakéñan / ginitzakétzun	ginizakézien	ginitzakétzien	....	....

VOIX TRANSITIVE.

FORME PREMIÈRE OU CAPITALE. (Suite.)

		13 le à nous	14 les à nous	15 te	16 vous	17 me	18 nous
	Traitement indéfini.						
il	....	zizakégun	zitzakégun	zentzakían	zentzakén	nentzakían	gentzakían
ils	....	zizakegión	zitzakegién	zentzakién	zentzakeyén	nentzakeyón	gentzakeyén
tu	respectueux	zinizakégun	zinitzakégun	....	....	nentzakézun	gentzakézun
vous	....	zinizakégien	zinitzakégien	....	....	nentzakezién	gentzakezién
je	....	....	....	zentzakédan	zentzakiédan	....	....
nous	....	....	....	zentzakégun	zentzakiégun	....	....
	Traitements masculins, féminins et respectueux.						
il	(masculin / féminin / respectueux)	zizakegián / zizakeguñán / zizakegúzun	zitzakegián / zitzakeguñán / zitzakegútzun	hentzakían et hindiókian zentzakían	zentzakén	(nentzakián / nentzakeñán / nentzakézun	gentzakián / gentzakeñán / gentzakézun
ils	(masculin / féminin / respectueux)	zizakegiéyan / zizakegiéñan / zizakeguzién	zitzakegiéyan / zitzakegiéñan / zitzakegutzién	hentzakién et hindiókien zentzakién	zentzakeyén	(nentzakéyan / nentzakéñan / nentzakezién	gentzakiéyan / gentzakiéñan / gentzakezién
tu	(masculin / féminin / respectueux)	hizakégun / / zinizakégun	hitzakégun / / zinitzakégun	....	....	nentzakeñán / nentzakézun	gentzakeñán / gentzakézun
je	(mas. et fém. / respectueux)	....	....	hentzakédan et hindiókedan zentzakédan	zentzakiédan	....	....
nous	(mas. et fém. / respectueux)	....	....	hentzakégun et hindiókegun zentzakégun	zentzakiégun	....	....

POTENTIEL. — PASSÉ.

VOIX INTRANSITIVE. — FORME RÉGIE POSITIVE.

		1	2	3	4	5	6	7
			à lui	à eux	à toi	à vous	à moi	à nous
qu'il		zaitekiála	zitakióla	zitakiéla	*m.* zitakéiyala / *f.* zitakéiñala / *r.* zitakéizula	zitakéiziela	zitakedála	zitakegúla
qu'ils		zitakéla	zitazkióla	zitazkiéla	*m.* zitazkéiyala / *f.* zitazkéiñala / *r.* zitazkéitzula	zitazkéitziela	zitazkedála	zitazkegúla
que tu	*m. et fém.*	hintakiála	hintakióla	hitakiéla	....	....	hintakedála	hintakegúla
que vous	*respect.*	zintakiála	zintakióla	zintakiéla	....	....	zintakedála	zintakegúla
		zintakéla	zintakiéyela	zintakiéyela			zintakedéla	zintakegiéla
que je		nintakiála	nintakióla	nintakiéla	*m.* nintakéiyala / *f.* nintakéiñala / *r.* nintakéizula	nintakéiziela	....	....
que nous		gintakiála	gintakióla	gintakiéla	*m.* gintakéiyala / *f.* gintakéiñala / *r.* gintakéizula	gintakéiziela	....	....

FORME INCIDENTE.

		1	2	3	4	5	6	7
il		beitzaitekian	beitzitakión	beitzitakién	*m.* beitzitakéiyan / *f.* beitzitakéiñan / *r.* beitzitakéizun	beitzitakéizen	beitzitakédan	beitzitakégun
ils		beitzitakén	beitzitazkión	beitzitazkién	*m.* beitzitazkéiyan / *f.* beitzitazkéiñan / *r.* beitzitazkéitzun	beitzitazkéitzien	beitzitazkédan	beitzitazkégun
tu	*m. et fém.*	behintakian	behintakión	behintakién	....	....	behintakédan	behintakégun
		beitzintakian	beitzintakión	beitzintakién			beitzintakédan	beitzintakégun
vous	*respect.*	beitzintakén	beitzintakiéyen	beitzintakiéyen	....	....	beitzintakedén	beitzintakegién
je		benintakian	benintakión	benintakién	*m.* benintakéiyan / *f.* benintakéiñan / *r.* benintakéizun	benintakéizen	....	....
nous		beikintakian	beikintakión	beikintakién	*m.* beikintakéiyan / *f.* beikintakéiñan / *r.* beikintakéizun	beikintakéizien	....	....

POTENTIEL. — PASSÉ.

VOIX TRANSITIVE. — FORME RÉGIE EXQUISITIVE.

		1 le	2 les	3 le à lui	4 les à lui	5 le à eux	6 les à eux
qu'il		zezakiála	zetzakiála	zezakióla	zetzakióla	zezakiéla	zetzakiéla
qu'ils		zezakeyóla	zetzakeyéla	zezakióyela	zetzakióyela	zezakiéyela	zetzakiéyela
que tu	*mas. et fém.*	hezakiála	hetzakiála	hezakióla	hetzakióla	hezakiéla	hetzakiéla
	respectueux	zenezakiála	zenetzakiála	zenezakióla	zenetzakióla	zenezakiéla	zenetzakiéla
que vous		zenezakeyóla	zenetzakeyéla	zenezakióyela	zenetzakióyela	zenezakiéyela	zenetzakiéyela
que je		nezakiála	netzakiála	nezakióla	netzakióla	nezakiéla	netzakiéla
que nous		genezakiéla	genetzakiála	genezakióla	genetzakióla	genezakiéla	genetzakiéla

FORME INCIDENTE.

		1	2	3	4	5	6
il		beitzezakian	beitzetzakian	beitzezakión	beitzetzakión	beitzezakién	beitzetzakién
ils		beitzezakeyén	beitzetzakeyén	beitzezakioyén	beitzetzakioyén	beitzezakiéyen	beitzetzakiéyen
tu	*mas. et fém.*	behezakian	behetzakian	behezakión	behetzakión	behezakién	behetzakién
	respectueux	beitzenezakian	beitzenetzakian	beitzenezakión	beitzenetzakión	beitzenezakién	beitzenetzakién
vous		beitzenezakeyén	beitzenetzakeyén	beitzenezakioyén	beitzenetzakioyén	beitzenezakiéyen	beitzenetzakiéyen
je		benezakian	benetzakian	benezakión	benetzakión	benezakién	benetzakién
nous		beikenezakian	beikenetzakian	beikenezakión	beikenetzakión	beikenezakién	beikenetzakién

POTENTIEL. — PASSÉ.

VOIX TRANSITIVE. — FORME RÉGIE POSITIVE. (Suite.)

		7 le à toi	8 les à toi	9 le à vous	10 les à vous	11 le à moi	12 les à moi
qu'il	*masculin* *féminin* *respectueux*	zizakeyála zizakeñála zizakezúla	zitzakeyála zitzakeñála zitzaketzúla	zizakezléla	zitzaketziéla	zizakedála	zitzakedála
qu'ils	*masculin* *féminin* *respectueux*	zizakeyéla zizakeñéla zizakezuyéla	zitzakeyéla zitzakeñéla zitzaketzuyéla	zitzaketziéla	zitzaketziéla	zizakedéla	zitzakedéla
que tu	*mas. et fém.* *respectueux*	....	....	....	....	hizakedála zinizakedála	hitzakedála zinitzakedála
que vous		....	....	....	....	zinizakedéla	zinitzakedéla
que je	*masculin* *féminin* *respectueux*	nizakeyála nizakeñála nizakezúla	nitzakeyála nitzakeñála nitzaketzúla	nizakezléla	nitzaketziéla	....	....
que nous	*masculin* *féminin* *respectueux*	ginizakeyála ginizakeñála ginizakezúla	ginitzakeyála ginitzakeñála ginitzaketzúla	ginizakezléla	ginitzakeitziéla	....	....
FORME INCIDENTE.						
il	*masculin* *féminin* *respectueux*	beitzizakeyán beitzizakeñán beitzizakezun	beitzitzakeyán beitzitzakeñán beitzitzakétzun	beitzizakezien	beitzitzaketzién	beitzizakédan	beitzitzakédan
ils	*masculin* *féminin* *respectueux*	beitzizakeéyan beitzizakeéñan beitzizakézien	beitzitzakeéyan beitzitzakeéñan beitzitzakétzien	beitzizakézién	beitzitzakétzién	beitzizakedén	beitzitzakedén
tu	*mas. et fém.* *respectueux*	....	....	....	....	bebizakédan beitzinizakédan	behitzakédan beitzinitzakédan
vous		....	....	....	....	beitzinizakedén	beitzinitzakedén
je	*masculin* *féminin* *respectueux*	benizakeyán benizakeñán benizakézun	benitzakeyán benitzakeñán benitzakétzun	benizakezién	benitzaketzién	....	....
nous	*masculin* *féminin* *respectueux*	beikinizakéyan beikinizakéñan beikinizakezún	beikinitzakeyán beikinitzakeñan beikinitzakétzun	beikinizakezién	beikinitzaketzién	....	....

VOIX TRANSITIVE. — FORME RÉGIE POSITIVE. (Suite.)

		13 le à nous	14 les à nous	15 te	16 vous	17 me	18 nous
qu'il		zizakegúla	zitzakegúla	m. f. hentzakiála et hindiokiéla r. zentzakiála	zentzakéla	nentzakiála	gentzakiála
qu'ils		zizakegiéla	zitzakegiéla	m. f. hentzakiéla et hindiokiéla r. zentzakiéla	zentzakeyéla	nentzakeyéla	gentzakeyéla
que tu	*masculin* *féminin*	hizakegúla zinizakegúla	hitzakegúla zinitzakegúla	....	....	m. nentzakeyála f. nentzakeñóla r. nentzakezúla	gentzakeyála gentzakeñóla gentzakezúla
que vous	*respectueux*	zinizakegiéla	zinitzakegiéla	....	....	nentzakeziéla	gentzakeziéla
que je		....	....	m f. hentzakedála et hindiokedála r. zentzakedála	zentzakiédala	....	....
que nous		....	....	m f. hentzakegúla et hindiokegúla r. zentzakegúla	zentzakiégula	....	....

FORME INCIDENTE.

		13	14	15	16	17	18
il		beitzizakégun	beitzitzakégun	m f. behentzakián r. beitzentzakián	beitzentzakién	benentzakián	beikentzakián
ils		beitzizakégién	beitzitzakégién	beitzentzakién	beitzentzakeyén	benentzakeyén	beikentzakeyén
tu	*mas. et fém.* *respectueux*	behizakégun beitzinizakégun	behitzakégun beitzinitzakégun	....	....	m. benentzakeyán f. benentzakeñán benentzakézun	beikentzakeyán beikentzakeñán beikentzakézun
vous		beitzinizakégién	beitzinitzakégién	....	....	benentzakezién	beikentzakezién
je		....	....	m f. behentzakédan r. beitzentzakédan	beitzentzakédan	....	....
nous		....	....	m f. behentzakégun r. beitzentzakégun	beitzentzakégun	....	....

POTENTIEL. — PASSÉ.

FORMES COMPOSÉES.

1. **Forme adjective.** — *Záitekian, záitekiana, záitekianari, gintakiának, zintakiénak, zintakiéner,* etc.; *zezakián-a, nezakián-a, genezakián-a,* etc. : *záitekiana jóan lédin,* que celui qui le pouvait y allât ; *zezakiának emun lezan,* que celui qui le pouvait le donnât ; *emáiten nian nezakiána,* je donnais ce que je pouvais ; *hezakiána,* ce que tu pouvais.

2. **Lorsque, quand.** — *Záitekian-ian, gintakián-ian, zezakián-ian, zenezakeyén-ian, genezakián-ian : zaitekiánian, joáiten zen,* il allait quand il pouvait ; *itzour záitekian-ian,* quand il pouvait s'échapper ; *górda zezakián-ian,* quand il pouvait cacher ; *ikhous nezakiánian,* lorsque je pouvais le voir.

3. **Tant que.** — *Záitekian-o, zitakeyen-o, gintakian-o, nezakián-o, genezakián-o,* etc. : *éyon záitekiano,* tant qu'il pouvait demeurer ; *élchek nezakiáno,* tant que je pouvais ou pourrais le garder ; *éman genezakiéno,* tant que nous pouvions leur donner.

4. **Pour le temps auquel** (*pour quand*). — *Záitekian-eko, zezakián-eko, zintakián-eko, zezakián-eko, genezakián-eko,* etc. : *jóan záitekianeko,* pour le temps auquel il pourrait aller ; *éman genezakiáneko,* pour le temps auquel nous pourrions le leur donner.

5. **Si,** entre deux verbes, *an utrùm.* — *Záitekian-ez, zezakián-ez, gintakián-ez, genezakián-ez, hintakián-ez,* etc. : *ébil záitekiánez,* s'il pouvait marcher ; *sar gintakiánez,* si nous pouvions ou pourrions entrer ; *eráman genezakiánez,* si nous pouvions l'emmener.

6. **Tandis que, pendant que.** — *Záitekiala-rik, zitakiála-rik, genezakiála-rik,* etc. : *égon záitekialárik,* tandis qu'il pouvait rester ; *jóan gintakiálarik,* tandis que nous pouvions aller (et aurions pu aller) : *éman zezakiélarik,* tandis qu'ils pouvaient donner ou auraient pu donner ; *igor gentzakeziélarik,* tandis que vous pouviez nous envoyer.

7. **Parce que.** — *Záitekiala-koz, zezakiála-koz, zintakiála-koz, zenezakeyéla-koz,* etc. : *begira genezakeyélakos,* parce que vous pouviez le garder ; *jóan zitakiélakoz,* parce qu'ils pouvaient aller ; *éman netzakiálakoz,* parce que je pouvais les lui donner.

8. **Sous prétexte que.** — *Záitekiala-koan, zezakiála-koan, zintakiéla-koan, gintakiála-koan,* etc. : *hel gintakiálakoan,* sous prétexte ou alléguant que nous pouvions arriver ; *jin nintakeiziélakoan,* sous prétexte que je pouvais venir à vous ; *igor nitzaketziélakoan,* sous prétexte que je pouvais vous les envoyer.

9. **Forme interrogative.** — *Záitekian-a, zezakián-a, genezakián-a, gintakiána,* etc. : *jóan zaitekiána?* pouvait-il aller ? *igañ gintakiána?* pouvions-nous ou aurions-nous pu monter ? *ekhar zezakiápa?* pouvait-il l'apporter ? *égar nezakiána?* pouvais-je, ou aurais-je pu le supporter?

CONJUGAISON DES FORMES DU VERBE

COMBINEES AVEC LES NOMS VERBAUX.

CONJUGAISON DES FORMES DU VERBE

COMBINÉES AVEC LES NOMS VERBAUX.

VOIX TRANSITIVE.

INDICATIF. — PRÉSENT.

Forme à complément non défini OU A COMPLÉMENT DIRECT SINGULIER.	Forme à complément direct pluriel.
J'offre ou je l'offre.	*Je les offre.*
indéf. eskéntzen dut,	*indéf.* eskéntzen dútut,
masc. eskéntzen diát,	*masc.* eskéntzen ditiát,
fém. eskéntzen diñát,	*fém.* eskéntzen ditiñát,
resp. eskéntzen dizut *et* dit.	*resp.* eskéntzen ditizut *et* ditit.
Tu offres ou l'offres.	*Tu les offres.*
masc. eskéntzen duk,	*masc.* eskéntzen dútuk,
fém. eskéntzen dun,	*fém.* eskéntzen dútun,
resp. eskéntzen dúzu,	*resp.* eskéntzen dutúzu,
Il offre ou il l'offre.	*Il les offre.*
indéf. eskéntzen du,	*indéf.* eskéntzen dútu,
masc. eskéntzen dik,	*masc.* eskéntzen ditik,
fém. eskéntzen din,	*fém.* eskéntzen ditin,
resp. eskéntzen dizu.	*resp.* eskéntzen ditizu.
Nous offrons ou nous l'offrons.	*Nous les offrons.*
indéf. eskéntzen dúgu,	*indéf.* eskéntzen dutúgu,
masc. eskéntzen diágu,	*masc.* eskéntzen ditiágu,
fém. eskéntzen diñágu,	*fém.* eskéntzen ditiñágu,
resp. eskéntzen dizúgu.	*resp.* eskéntzen ditizúgu.
Vous offrez ou vous l'offrez.	*Vous les offrez.*
indéf. eskéntzen duzie.	*indéf.* eskéntzen dutuzie.

VOIX TRANSITIVE.

Ils offrent ou ils l'offrent.

indéf. eskéntzen die,
masc. eskéntzen dié,
fém. eskéntzen diñé,
resp. eskéntzen dizie.

Ils les offrent.

indéf. eskéntzen dutie,
masc. eskéntzen ditié,
fém. eskéntzen ditiñe,
resp. eskéntzen ditizie.

Relations indirectes.

Je l'offre à toi ou j'offre à toi.

masc. eskéntzen déyat ou déiyat,
fém. eskéntzen déñat ou déiñat,
resp. eskéntzen déizut.

Je les offre à toi.

masc. eskéntzen déitzat,
fém. eskéntzen déitzañat,
resp. eskéntzen déitzut.

Je l'offre à lui.

indéf. eskéntzen déyot et derót et dériot,
masc. eskéntzen dióyat,
fém. eskéntzen dioñat,
resp. eskéntzen diózut et diót.

Je les offre à lui.

indéf. eskéntzen déitzot,
masc. eskéntzen diótzat,
fém. eskéntzen diótzañat,
resp. eskéntzen diótzut et ditzót.

Je l'offre à vous.

indéf. eskéntzen déiziet.

Je les offre à vous.

indéf. eskéntzen déitziet.

Je l'offre à eux.

indéf. eskéntzen déyet et dériet,
masc. eskéntzen diéyat,
fém. eskéntzen diéñat,
resp. eskéntzen diézut et diét.

Je les offre à eux.

indéf. eskéntzen déitzet,
masc. eskéntzen ditzéyat,
fém. eskéntzen dizéñat,
resp. eskéntzen ditzézut et ditzét.

Tu l'offres à moi.

masc. eskéntzen déitak et déitadak,
fém. eskéntzen déitan et déitadan,
resp. eskéntzen déitazu et déitadazu.

Tu les offres à moi.

masc. eskéntzen déiztak et déiztadak,
fém. eskéntzen déiztan et déiztadan,
resp. eskéntzen déiztatzu et déiztadatzu

Tu l'offres à lui.

masc. eskéntzen déyok et deók et dériok,
fém. eskéntzen déyon et deón,
resp. eskéntzen déyozu et deózu.

Tu les offres à lui.

masc. eskéntzen déitzok,
fém. eskéntzen déitzon,
resp. eskéntzen déitzozu et déitzotzu.

Tu l'offres à nous.

masc. eskéntzen déikuk,
fém. eskéntzen déikun,
resp. eskéntzen déikuzu.

Tu les offres à nous.

masc. eskéntzen déizkuk,
fém. eskéntzen déizkun,
resp. eskéntzen déizkutzu.

Tu l'offres à eux.

masc. eskéntzen dáyek,
fém. eskéntzen déyeñ,
resp. eskéntzen déyezu.

Tu les offres à eux.

masc. eskéntzen déitzek,
fém. eskéntzen déitzen,
resp. eskéntzen déitzezu.

INDICATIF. — PRÉSENT.

	Il l'offre à moi.		*Il les offre à moi.*
indéf.	eskéntzen déit,	*indéf.*	eskéntzen déizt *et* déitzat,
masc.	eskéntzen ditak,	*masc.*	eskéntzen diztak,
fém.	eskéntzen ditan,	*fém.*	eskéntzen diztan,
resp.	eskéntzen ditazu.	*resp.*	eskéntzen diztatzu.

	Il l'offre à toi.		*Il les offre à toi.*
masc.	eskéntzen déik,	*masc.*	eskéntzen déitzak,
fém.	eskéntzen déin,	*fém.*	eskéntzen déitzan,
resp.	eskéntzen déizu.	*resp.*	eskéntzen déitzu.

	Il l'offre à lui.		*Il les offre à lui.*
indéf.	eskéntzen déyo,	*indéf.*	eskéntzen déitzo,
masc.	eskéntzen diok,	*masc.*	eskéntzen ditzók,
fém.	eskéntzen dión,	*fém.*	eskéntzen ditzón,
resp.	eskéntzen diózu.	*resp.*	eskéntzen ditzózu *et* ditzótzu.

	Il l'offre à nous.		*Il les offre à nous.*
indéf.	eskéntzen déiku,	*indéf.*	eskéntzen déizku,
masc.	eskéntzen dikuk,	*masc.*	eskéntzen dizkuk,
fém.	eskéntzen dikun,	*fém.*	eskéntzen dizkun,
resp.	eskéntzen dikuzu.	*resp.*	eskéntzen dizkutzu.

	Il l'offre à vous.		*Il les offre à vous.*
indéf.	eskéntzen deizié.	*indéf.*	eskéntzen deitzié.

	Il l'offre à eux.		*Il les offre à eux.*
indéf.	eskéntzen déye,	*indéf.*	eskéntzen déitze,
masc.	eskéntzen diek,	*masc.*	eskéntzen ditzék,
fém.	eskéntzen dién,	*fém.*	eskéntzen ditzén,
resp.	eskéntzen diézu.	*resp.*	eskéntzen ditzézu *et* ditzétzu.

	Nous l'offrons à toi.		*Nous les offrons à toi.*
masc.	eskéntzen déyagu,	*masc.*	eskéntzen déitzagu,
fém.	eskéntzen déñagu,	*fém.*	eskéntzen déitzañagu,
resp.	eskéntzen déizugu.	*resp.*	eskéntzen déitzugu.

	Nous l'offrons à lui.		*Nous les offrons à lui.*
indéf.	eskéntzen déyogu,	*indéf.*	eskéntzen déitzogu,
masc.	eskéntzen dióyagu,	*masc.*	eskéntzen ditzóyagu,
fém.	eskéntzen dióñagu,	*fém.*	eskéntzen ditzóñagu,
resp.	eskéntzen diózugu.	*resp.*	eskéntzen ditzózugu *et* diótzugu.

	Nous l'offrons à vous.		*Nous les offrons à vous.*
indéf.	eskéntzen déiziegu.	*indéf.*	eskéntzen déitziegu.

	Nous l'offrons à eux.		*Nous les offrons à eux.*
indéf.	eskéntzen déyegu,	*indéf.*	eskéntzen déitzegu,
masc.	eskéntzen diéyagu,	*masc.*	eskéntzen ditzéyagu,
fém.	eskéntzen diéñagu,	*fém.*	eskéntzen ditzéñagu,
resp.	eskéntzen diézugu.	*resp.*	eskéntzen ditzézugu *et* diétzugu.

VOIX TRANSITIVE.

  Vous l'offrez à moi.   *Vous les offrez à moi.*
indéf.   eskéntzen déitazie.   *indéf.*   eskéntzen déiztatzie.

  Vous l'offrez à lui.   *Vous les offrez à lui.*
indéf.   eskéntzen déyozie *et* deózie.   *indéf.*   eskéntzen déitzozie.

  Vous l'offrez à nous.   *Vous les offrez à nous.*
indéf.   eskéntzen déikuzie.   *indéf.*   eskéntzen déizkutzie.

  Vous l'offrez à eux.   *Vous les offrez à eux.*
indéf.   eskéntzen déyezie *et* deézie.   *indéf.*   eskéntzen déitzezie *et* deétzie.

  Ils l'offrent à moi.   *Ils les offrent à moi.*
indéf.   eskéntzen déitaye *et* déitade,   *indéf.*   eskéntzen déiztaye *et* déiztade,
masc.   eskéntzen ditaye,   *masc.*   eskéntzen diztaye,
fém.   eskéntzen ditañe,   *fém.*   eskéntzen distañe,
resp.   eskéntzen ditazie.   *resp.*   eskéntzen diztatzie.

  Ils l'offrent à toi.   *Ils les offrent à toi.*
masc.   eskéntzen déiye,   *masc.*   eskéntzen déitzaye,
fém.   eskéntzen déiñe,   *fém.*   eskéntzen déitzañe,
resp.   eskéntzen déizie *et* déizuye.   *resp.*   eskéntzen déitzie.

  Ils l'offrent à lui.   *Ils les offrent à lui.*
indéf.   eskéntzen déyoe,   *indéf.*   eskéntzen déitzoe,
masc.   eskéntzen dióye,   *masc.*   eskéntzen ditzóye,
fém.   eskéntzen dióñe,   *fém.*   eskéntzen ditzóñe,
resp.   eskéntzen diózie.   *resp.*   eskéntzen ditzózie.

  Ils l'offrent à nous.   *Ils les offrent à nous.*
indéf.   eskéntzen déikuye,   *indéf.*   eskéntzen déizkuye,
masc.   eskéntzen dikuye,   *masc.*   eskéntzen dizkuye,
fém.   eskéntzen dikuñe,   *fém.*   eskéntzen dizkuñe,
resp.   eskéntzen dikuzie.   *resp.*   eskéntzen dizkutzie.

  Ils l'offrent à vous.   *Ils les offrent à vous.*
indéf.   eskéntzen déizié.   *indéf.*   eskéntzen déitzié.

  Ils l'offrent à eux.   *Ils les offrent à eux.*
indéf.   eskéntzen déyie,   *indéf.*   eskéntzen déitzeye,
masc.   eskéntzen diéye,   *masc.*   eskéntzen ditzéye,
fém.   eskéntzen diéñe,   *fém.*   eskéntzen ditzéñe,
resp.   eskéntzen diézie.   *resp.*   eskéntzen ditzézie.

Relations personnelles directes.

  Je t'offre (j'offre toi).   *Je vous offre.*
masc. et fém.   eskéntzen háit,   *indéf.*   eskéntzen zutiét.
resp.   eskéntzen zútut.

INDICATIF. — PRÉSENT.

Tu m'offres (tu offres moi).

masc.	eskéntzen náik,
fém.	eskéntzen náiñ,
resp.	eskéntzen náizu.

Il m'offre.

indéf.	eskéntzen nái,
masc.	eskéntzen nik,
fém.	eskéntzen nin,
resp.	eskéntzen nizu.

Il t'offre.

masc. et *fém.*	eskéntzen hái,
resp.	eskéntzen zútu.

Nous t'offrons.

masc. et *fém.*	eskéntzen háigu,
resp.	eskéntzen zutúgu.

Vous m'offrez.

indéf.	eskéntzen náizie.

Ils m'offrent.

indéf.	eskéntzen náye,
masc.	eskéntzen nié,
fém.	eskéntzen niñé,
resp.	eskéntzen nízie.

Ils t'offrent.

masc. et *fém.*	eskéntzen háye,
resp.	eskéntzen zutíe.

Tu nous offres.

masc.	eskéntzen gútuk,
fém.	eskéntzen gútun,
resp.	eskéntzen gutúzu.

Il nous offre.

indéf.	eskéntzen gútu,
masc.	eskéntzen gitík,
fém.	eskéntzen gitín,
resp.	eskéntzen gitúzu.

Il vous offre.

indéf.	eskéntzen zutié.

Nous vous offrons.

indéf.	eskéntzen zutiégu.

Vous nous offrez.

indéf.	eskéntzen gutuzíe.

Ils nous offrent.

indéf.	eskéntzen gutíe,
masc.	eskéntzen gitié,
fém.	eskéntzen gitiñé,
resp.	eskéntzen gitúzie.

Ils vous offrent.

indéf.	eskéntzen zutié.

Aucun dialecte ne possède de relations indirectes pour les formatifs qui expriment la première et la deuxième personne comme régime direct. D'après le système de composition des régimes indirects, il semble qu'on aurait pu dire : je t'offre à lui, *eskéntzen háyol;* tu m'offres à lui, *eskéntzen náyok, náyon, náyozu;* il m'offre à lui, *eskéntzen náyo, niók*, etc., mais ces sortes de locutions n'existent pas.

Pour rendre l'action réfléchie : je m'offre, tu t'offres, il s'offre, on doit combiner *eskéntzen* avec le présent de la forme intransitive comme on verra plus loin : *eskéntzen niz, eskéntzen hiz, eskéntzen da.*

INDICATIF. — PARFAIT.

Forme à complément non défini
OU A COMPLÉMENT DIRECT SINGULIER.

J'ai offert et je l'ai offert.

indéf.	eskéntu dut,
masc.	eskéntu diát,
fém.	eskéntu diñát,
resp.	eskéntu dizut.

Tu l'as offert.

masc.	eskéntu duk,
fém.	eskéntu dun,
resp.	eskéntu duzu.

Il l'a offert.

indéf.	eskéntu du,
masc.	eskéntu dik,
fém.	eskéntu din,
resp.	eskéntu dizu.

Nous l'avons offert.

indéf.	eskéntu dúgu,
masc.	eskéntu diágu,
fém.	eskéntu diñágu,
resp.	eskéntu dizúgu.

Vous l'avez offert.

indéf.	eskéntu duzie.

Ils l'ont offert.

indéf.	eskéntu díe,
masc.	eskéntu dié,
fém.	eskéntu diñé,
resp.	eskéntu dizie.

Forme à complément direct pluriel.

Je les ai offerts.

indéf.	eskéntu dútut,
masc.	eskéntu ditiát,
fém.	eskéntu ditiñát,
resp.	eskéntu ditizut.

Tu les as offerts.

masc.	eskéntu dútuk,
fém.	eskéntu dútun,
resp.	eskéntu dutúzu.

Il les a offerts.

indéf.	eskéntu dúta,
masc.	eskéntu ditik,
fém.	eskéntu ditin,
resp.	eskéntu ditizu.

Nous les avons offerts.

indéf.	eskéntu dutúgu,
masc.	eskéntu ditiágu,
fém.	eskéntu ditiñágu,
resp.	eskéntu ditizúgu.

Vous les avez offerts.

indéf.	eskéntu dutuzie.

Ils les ont offerts.

indéf.	eskéntu dutie,
masc.	eskéntu ditié,
fém.	eskéntu ditiñé,
resp.	eskéntu ditizie.

Relations indirectes.

Je l'ai offert à toi ou j'offre à toi.

masc.	eskéntu déyat ou déiyat,
fém.	eskéntu déiñat,
resp.	eskéntu déizut.

Je les ai offerts à toi.

masc.	eskéntu déitzat,
fém.	eskéntu déitzañat,
resp.	eskéntu déitzut.

INDICATIF. — PARFAIT.   207

Je l'ai offert à lui.

indéf. eskéntu déyot *et* dériot,
masc. eskéntu dióyat,
fém. eskéntu dióñat,
resp. eskéntu diózut *et* diót.

Je les ai offerts à lui.

indéf. eskéntu déitzot,
masc. eskéntu ditzóyat,
fém. eskéntu ditzóñat,
resp. eskéntu ditzózut *et* ditzól.

Je l'ai offert à vous.

indéf. eskéntu déiziet.

Je les ai offerts à vous.

indéf. eskéntu déitziet.

Je l'ai offert à eux.

indéf. eskéntu déyet *et* dériet,
masc. eskéntu diéyat,
fém. eskéntu diéñat,
resp. eskéntu diézut *et* diét.

Je les ai offerts à eux.

indéf. eskéntu déitzet,
masc. eskéntu ditzéyat,
fém. eskéntu ditzéñat,
resp. eskéntu ditzézut *et* ditzét.

Tu l'as offert à moi.

masc. eskéntu déitak,
fém. eskéntu déitan,
resp. eskéntu déitazu.

Tu les as offerts à moi.

masc. eskéntu déiztak,
fém. eskéntu déiztan,
resp. eskéntu déiztatzu.

Tu l'as offert à lui.

masc. eskéntu déyok *et* dériok,
fém. eskéntu déyon,
resp. eskéntu déyozu.

Tu les as offerts à lui.

masc. eskéntu déitzok,
fém. eskéntu déitzon,
resp. eskéntu déitzozu.

Tu l'as offert à nous.

masc. eskéntu déikuk,
fém. eskéntu déikun,
resp. eskéntu déikuzu.

Tu les as offerts à nous.

masc. eskéntu déizkuk,
fém. eskéntu déizkun,
resp. eskéntu déizkutzu.

Tu l'as offert à eux.

masc. eskéntu déyek *et* dériek,
fém. eskéntu déyen,
resp. eskéntu déyezu.

Tu les as offerts à eux.

masc. eskéntu déitzek,
fém. eskéntu déitzen,
resp. eskéntu déitzezu.

Il l'a offert à moi.

indéf. eskéntu déit,
masc. eskéntu ditak,
fém. eskéntu ditan,
resp. eskéntu ditazu.

Il les a offerts à moi.

indéf. eskéntu déizi *et* déitzat,
masc. eskéntu diztak,
fém. eskéntu diztan,
resp. eskéntu diztatzu.

Il l'a offert à toi.

masc. eskéntu déik,
fém. eskéntu déiñ,
resp. eskéntu déizu.

Il les a offerts à toi.

masc. eskéntu déizak,
fém. eskéntu déizan,
resp. eskéntu déizu.

Il l'a offert à lui.

indéf. eskéntu déyo *et* dério,
masc. eskéntu diók,
fém. eskéntu dión,
resp. eskéntu diózu.

Il les a offerts à lui.

indéf. eskéntu déitzo,
masc. eskéntu ditzók,
fém. eskéntu ditzón,
resp. eskéntu ditzózu.

VOIX TRANSITIVE.

Il l'a offert à nous.
indéf. eskéntu déiku,
masc. eskéntu dikuk,
fém. eskéntu dikun,
resp. eskéntu dikuzu.

Il l'a offert à vous.
indéf. eskéntu deizié.

Il l'a offert à eux.
indéf. eskéntu déye et dèrie,
masc. eskéntu diék,
fém. eskentu dién,
resp. eskéntu diézu.

Nous l'avons offert à toi.
masc. eskéntu déyagu et dériagu,
fém. eskéntu déñagu,
resp. eskéntu déizugu.

Nous l'avons offert à lui.
indéf. eskéntu déyogu et dériogu,
masc. eskéntu dióyagu,
fém. eskéntu dioñagu,
resp. eskéntu diózugu.

Nous l'avons offert à vous.
indéf. eskéntu déiziegu.

Nous l'avons offert à eux.
indéf. eskéntu déyegu et dériegu,
masc. eskéntu dieyagu,
fém. eskéntu diéñagu,
resp. eskéntu diézugu.

Vous l'avez offert à moi.
indéf. eskéntu déitazie.

Vous l'avez offert à lui.
indéf. eskéntu déyozie et deriózie.

Vous l'avez offert à nous.
indéf. eskéntu déikuzie.

Vous l'avez offert à eux.
indéf. eskéntu déyezie et dériezie.

Ils l'ont offert à moi.
indéf. eskéntu déitayé et déitade,
masc. eskéntu ditaye,
fém. eskéntu ditañe,
resp. eskéntu ditazie.

Il les a offerts à nous.
indéf. eskéntu déizku,
masc. eskéntu dizkuk,
fém. eskéntu dizkun,
resp. eskéntu dizkuzu.

Il les a offerts à vous.
indéf. eskéntu deitzié.

Il les a offerts à eux.
indéf. eskéntu déitze,
masc. eskéntu ditzék,
fém. eskéntu ditzén,
resp. eskéntu ditzézu.

Nous les avons offerts à toi.
masc. eskéntu déitzagu,
fém. eskéntu déitzañagu,
resp. eskéntu déitzugu.

Nous les avons offerts à lui.
indéf. eskéntu déitzogu,
masc. eskéntu ditzóyagu,
fém. eskéntu ditzoñagu,
resp. eskéntu ditzózugu et diótzugu.

Nous les avons offerts à vous.
indéf. eskéntu déitziegu.

Nous les avons offerts à eux.
indéf. eskéntu déitzegu,
masc. eskéntu ditzéyagu,
fém. eskéntu ditzéñagu,
resp. eskéntu ditzézugu et diétzugu.

Vous les avez offerts à moi.
indéf. eskéntu déiztatzie.

Vous les avez offerts à lui.
indéf. eskéntu déitzozie.

Vous les avez offerts à nous.
indéf. eskéntu déizkutzie.

Vous les avez offerts à eux.
indéf. eskéntu déitzezie.

Ils les ont offerts à moi.
indéf. eskéntu déiztaye et déiztade,
masc. eskéntu diztaye,
fém. eskéntu diztañe,
resp. eskéntu diztatzie.

INDICATIF. — PARFAIT.

Ils l'ont offert à toi.

masc.	eskéntu déye *ou* déiye,
fém.	eskéntu déñe *ou* déiñe,
resp.	eskéntu déizie.

Ils l'ont offert à lui.

indéf.	eskéntu déyoe,
masc.	eskéntu dióye,
fém.	eskéntu dióñe,
resp.	eskéntu diózie.

Ils l'ont offert à nous.

indéf.	eskéntu déikuye,
masc.	eskéntu díkuye,
fém.	eskéntu dikuñe,
resp.	eskéntu dikuzie,

Ils l'ont offert à vous.

indéf.	eskéntu deizié.

Ils l'ont offert à eux.

indéf.	eskéntu déyie *et* dérie,
masc.	eskéntu diéye,
fém.	eskéntu diéñe,
resp.	eskéntu diezié.

Ils les ont offerts à toi.

masc.	eskéntu déitzaye,
fém.	eskéntu déitzañe,
resp.	eskéntu déitzie.

Il les ont offerts à lui.

indéf.	eskéntu déitzoe,
masc.	eskéntu ditzóye,
fém.	eskéntu ditzóñe,
resp.	eskéntu ditzózie *et* diótzie.

Ils les ont offerts à nous.

indéf.	eskéntu déizkuye,
masc.	eskéntu dizkuye,
fém.	eskéntu dizkuñe,
resp.	eskéntu dizkutzie.

Ils les ont offerts à vous.

indéf.	eskéntu deitzié.

Ils les ont offerts à eux.

indéf.	eskéntu déitzeye,
masc.	eskéntu ditzéye,
fém.	eskéntu ditzéñe,
resp.	eskéntu ditzézie.

Relations personnelles directes.

Je t'ai offert (j'ai offert toi).

masc. et fém.	eskéntu háit,
resp.	eskéntu zútut.

Tu m'as offert (tu as offert moi).

masc.	eskéntu náik,
fém.	eskéntu naiñ,
resp.	eskéntu náizu.

Il m'a offert.

indéf.	eskéntu nái,
masc.	eskéntu ník,
fém.	eskéntu nin,
resp.	eskéntu nizu.

Il t'a offert.

masc. et fém.	eskéntu hái,
resp.	eskéntu zútu.

Nous t'avons offert.

masc. et fém.	eskéntu háigu,
resp.	eskéntu zutúgu.

Je vous ai offerts.

indéf.	eskéntu zutiét.

Tu nous a offerts.

masc.	eskéntu gútuk,
fém.	eskéntu gútun,
resp.	eskéntu gutúzu.

Il nous a offerts.

indéf.	eskéntu gútu,
masc.	eskéntu gítik,
fém.	eskéntu gítin,
resp.	eskéntu gitízu.

Il vous a offerts.

indéf.	eskéntu zutié.

Nous vous avons offerts.

indéf.	eskéntu zutiégu.

VOIX TRANSITIVE.

Vous m'avez offert.

indéf. eskéntu náizie.

Vous nous avez offerts.

indéf. eskéntu gutuzie.

Ils m'ont offert.

indéf. eskéntu náye,
masc. eskéntu nié,
fém. eskéntu niñé,
resp. eskéntu nizié.

Ils nous ont offerts.

indéf. eskéntu gutie,
masc. eskéntu gitié,
fém. eskéntu gitiñé,
resp. eskéntu gitizié.

Ils t'ont offert.

masc. et fém. eskéntu háye,
resp. eskéntu zutie.

Ils vous ont offerts.

indéf. eskéntu zutié.

On conjugue avec les mêmes formatifs et les mêmes combinaisons *eskéntu ukhen du*, il l'a offert ; *eskentúrik du*, il l'a déjà offert ; *eskentúrik ukhén du*, il l'a eu offert. *Je me suis offert, tu t'es offert*, etc., s'expriment en combinant *eskéntu* avec la forme intransitive *niz, hiz, da*, etc.

INDICATIF. — PRÉSENT PROPOSITIF OU FUTUR.

Forme à complément non défini ou à complément direct singulier.

J'offrirai, je l'offrirai (he de ofrecer).

indéf. eskentúren *ou* eskéntuko dut,
masc. eskentúren diát,
fém. eskentúren diñat,
resp. eskentúren dizut *et* dit.

Tu l'offriras.

masc. eskentúren duk,
fém. eskentúren dun,
resp. eskentúren duzu.

Il l'offrira.

indéf. eskentúren du,
masc. eskentúren dik,
fém. eskentúren din,
resp. eskentúren dizu.

Forme à complément direct pluriel.

Je les offrirai.

indéf. eskentúren *ou* eskéntuko dútut,
masc. eskentúren ditiát,
fém. eskentúren ditiñát,
resp. eskentúren ditizut *et* ditit.

Tu les offriras.

masc. eskentúren dutuk,
fém. eskentúren dutun,
resp. eskentúren dutúzu.

Il les offrira.

indéf. eskentúren dútu,
masc. eskentúren ditik,
fém. eskentúren ditin,
resp. eskentúren ditizu.

INDICATIF. — PRÉSENT PROPOSITIF OU FUTUR.

<table>
<tr><td colspan="2">Nous l'offrirons.</td><td colspan="2">Nous les offrirons.</td></tr>
<tr><td>indéf.</td><td>eskentúren dúgu,</td><td>indéf.</td><td>eskentúren dutúgu,</td></tr>
<tr><td>masc.</td><td>eskentúren diágu,</td><td>masc.</td><td>eskentúren ditiágu,</td></tr>
<tr><td>fém.</td><td>eskentúren diñágu,</td><td>fém.</td><td>eskentúren ditiñágu,</td></tr>
<tr><td>resp.</td><td>eskentúren dizúgu,</td><td>resp.</td><td>eskentúren ditizúgu.</td></tr>
<tr><td colspan="2">Vous l'offrirez.</td><td colspan="2">Vous les offrirez.</td></tr>
<tr><td>indéf.</td><td>eskentúren dúzie.</td><td>indéf.</td><td>eskentúren dutuzie.</td></tr>
<tr><td colspan="2">Ils l'offriront.</td><td colspan="2">Ils les offriront.</td></tr>
<tr><td>indéf.</td><td>eskentúren die,</td><td>indéf.</td><td>eskentúren dutie,</td></tr>
<tr><td>masc.</td><td>eskentúren dié,</td><td>masc.</td><td>eskentúren ditié,</td></tr>
<tr><td>fém.</td><td>eskentúren diñé,</td><td>fém.</td><td>eskentúren ditiñé,</td></tr>
<tr><td>resp.</td><td>eskentúren dizie.</td><td>resp.</td><td>eskentúren ditizie.</td></tr>
</table>

Relations indirectes.

<table>
<tr><td colspan="2">Je l'offrirai à toi.</td><td colspan="2">Je te les offrirai.</td></tr>
<tr><td>masc.</td><td>eskentúren déyat ou déiyat,</td><td>masc.</td><td>eskentúren déitzat et déitzayat,</td></tr>
<tr><td>fém.</td><td>eskentúren déñat ou déiñat,</td><td>fém.</td><td>eskentúren déitzañat,</td></tr>
<tr><td>resp.</td><td>eskentúren déízut.</td><td>resp.</td><td>eskentúren déítzut.</td></tr>
<tr><td colspan="2">Je l'offrirai à lui.</td><td colspan="2">Je les offrirai à lui.</td></tr>
<tr><td>indéf.</td><td>eskentúren déyot,</td><td>indéf.</td><td>eskentúren déitzot,</td></tr>
<tr><td>masc.</td><td>eskentúren dioyat,</td><td>masc.</td><td>eskentúren ditzóyat,</td></tr>
<tr><td>fém.</td><td>eskentúren dióñat,</td><td>fém.</td><td>eskentúren ditzóñat,</td></tr>
<tr><td>resp.</td><td>eskentúren diózut et diót.</td><td>resp.</td><td>eskentúren ditzózut et ditzót.</td></tr>
<tr><td colspan="2">Je l'offrirai à vous.</td><td colspan="2">Je les offrirai à vous.</td></tr>
<tr><td>indéf.</td><td>eskentúren déiziet.</td><td>indéf.</td><td>eskentúren déitziet.</td></tr>
<tr><td colspan="2">Je l'offrirai à eux.</td><td colspan="2">Je les offrirai à eux.</td></tr>
<tr><td>indéf.</td><td>eskentúren déyet,</td><td>indéf.</td><td>eskentúren déitzet,</td></tr>
<tr><td>masc.</td><td>eskentúren diéyat,</td><td>masc.</td><td>eskentúren ditzéyat,</td></tr>
<tr><td>fém.</td><td>eskentúren diéñat,</td><td>fém.</td><td>eskentúren dizéñat,</td></tr>
<tr><td>resp.</td><td>eskentúren diézut et diét.</td><td>resp.</td><td>eskentúren ditzézut et ditzét.</td></tr>
<tr><td colspan="2">Tu l'offriras à moi.</td><td colspan="2">Tu les offriras à moi.</td></tr>
<tr><td>masc.</td><td>eskentúren déitak,</td><td>masc.</td><td>eskentúren déiztak,</td></tr>
<tr><td>fém.</td><td>eskentúren déitan,</td><td>fém.</td><td>eskentúren déiztan,</td></tr>
<tr><td>resp.</td><td>eskentúren déitazu.</td><td>resp.</td><td>eskentúren déiztatzu.</td></tr>
<tr><td colspan="2">Tu l'offriras à lui.</td><td colspan="2">Tu les offriras à lui.</td></tr>
<tr><td>masc.</td><td>eskentúren déyok,</td><td>masc.</td><td>eskentúren déitzok,</td></tr>
<tr><td>fém.</td><td>eskentúren déyon,</td><td>fém.</td><td>eskentúren déitzon,</td></tr>
<tr><td>resp.</td><td>eskentúren déyozu.</td><td>resp.</td><td>eskentúren déitzozu.</td></tr>
<tr><td colspan="2">Tu l'offriras à nous.</td><td colspan="2">Tu les offriras à nous.</td></tr>
<tr><td>masc.</td><td>eskentúren déikuk,</td><td>masc.</td><td>ezkentúren déizkuk,</td></tr>
<tr><td>fém.</td><td>eskentúren déikun,</td><td>fém.</td><td>eskentúren déizkun,</td></tr>
<tr><td>resp.</td><td>eskentúren déikuzu.</td><td>resp.</td><td>eskentúren déizkutzu.</td></tr>
</table>

VOIX TRANSITIVE.

Tu l'offriras à eux.

masc.	eskentúren déyek,
fém.	eskentúren déyen,
resp.	eskentúren déyezu.

Tu les offriras à eux.

masc.	eskentúren déitzek,
fém.	eskentúren déitzen,
resp.	eskentúren déitzezu.

Il l'offrira à moi.

indéf.	eskentúren déit,
masc.	eskentúren dítak,
fém.	eskentúren ditan,
resp.	eskentúren dítazu.

Il les offrira à moi.

indéf.	eskentúren déizt *et* déitzat,
masc.	eskentúren diztak,
fém.	eskentúren díztan,
resp.	eskentúren diztatzu.

Il l'offrira à toi.

masc.	eskentúren déik,
fém.	eskentúren déin,
resp.	eskentúren déizu.

Il les offrira à toi.

masc.	eskentúren déitzak,
fém.	eskentúrén déitzan,
resp.	eskentúren déitzu.

Il l'offrira à lui.

indéf.	eskentúren déyo,
masc.	eskentúren diok,
fém.	eskentúren dión,
resp.	eskentúren diózu.

Il les offrira à lui.

indéf.	eskentúren déitzo,
masc.	eskentúren ditzók,
fém.	eskentúren ditzón,
resp.	eskentúren ditzózu.

Il l'offrira à nous.

indéf.	eskentúren déiku,
masc.	eskentúren díkuk,
fém.	eskentúren dikun,
resp.	eskentúren dikúzu.

Il les offrira à nous.

indéf.	eskentúren déizku,
masc.	eskentúren dizkuk,
fém.	eskentúren dizkun,
resp.	eskentúren dizkutzu.

Il l'offrira à vous.

indéf.	eskentúren deizié.

Il les offrira à vous.

indéf.	eskentúren deitzié.

Il l'offrira à eux.

indéf.	eskentúren déye,
masc.	eskentúren diék,
fém.	eskentúren dién,
resp.	eskentúren diézu.

Il les offrira à eux.

indéf.	eskentúren déitze,
masc.	eskentúren ditzék,
fém.	eskentúren ditzén,
resp.	eskentúren ditzézu.

Nous l'offrirons à toi.

masc.	eskentúren déyagu,
fém.	eskentúren dénagu,
resp.	eskentúren déizugu.

Nous les offrirons à toi.

masc.	eskentúren déitzagu,
fém.	eskentúren déitzañagu,
resp.	eskentúren déitzugu.

Nous l'offrirons à lui.

indéf.	eskentúren déyogu,
masc.	eskentúren dióyagu,
fém.	eskentúren dióñagu,
resp.	eskentúren diózugu.

Nous les offrirons à lui.

indéf.	eskentúren déitzogu,
masc.	eskentúren ditzóyagu,
fém.	eskentúren ditzóñagu,
resp.	eskentúren diótzugu *et* ditzózugu

Nous l'offrirons à vous.

indéf.	eskentúren déiziegu.

Nous les offrirons à vous.

indéf.	eskentúren déitziegu.

INDICATIF. — PRÉSENT PROPOSITIF OU FUTUR.

	Nous l'offrirons à eux.		*Nous les offrirons à eux.*
indéf.	eskentúren déyegu,	*indéf.*	eskentúren déitzegu,
masc.	eskentúren diéyagu,	*masc.*	eskentúren ditzéyagu,
fém.	eskentúren diéñagu,	*fém.*	eskentúren ditzéñagu,
resp.	eskentúren diézugu.	*resp.*	eskentúren ditzézugu et diétzugu.

	Vous l'offrirez à moi.		*Vous les offrirez à moi.*
indéf.	eskentúren déitazie.	*indéf.*	eskentúren déiztatzie.

	Vous l'offrirez à lui.		*Vous les offrirez à lui.*
indéf.	eskentúren déyozie.	*indéf.*	eskentúren déitzozie.

	Vous l'offrirez à nous.		*Vous les offrirez à nous.*
indéf.	eskentúren déikuzie.	*indéf.*	eskentúren déizkutzie.

	Vous l'offrirez à eux.		*Vous les offrirez à eux.*
indéf.	eskentúren déyezie.	*indéf.*	eskentúren déitzezie.

	Ils l'offriront à moi.		*Ils les offriront à moi.*
indéf.	eskentúren déitaye et déitade,	*indéf.*	eskentúren déiztaye et déiztade,
masc.	eskentúren ditaye,	*masc.*	eskentúren diztaye,
fém.	eskentúren ditañe,	*fém.*	eskentúren diztañe,
resp.	eskentúren ditazie.	*resp.*	eskentúren diztatzie.

	Ils l'offriront à toi.		*Ils les offriront à toi.*
masc.	eskentúren déiye,	*masc.*	eskentúren déitzaye,
fém.	eskentúren déiñe,	*fém.*	eskentúren déitzañe,
resp.	eskentúren déizie.	*resp.*	eskentúren déitzie.

	Ils l'offriront à lui.		*Ils les offriront à lui.*
indéf.	eskentúren déyoe,	*indéf.*	eskentúren déitzoe,
masc.	eskentúren dioye,	*masc.*	eskentúren ditzóye,
fém.	eskentúren dioñe,	*fém.*	eskentúren ditzóñe,
resp.	eskentúren diózie,	*resp.*	eskentúren ditzózie et diótzie.

	Ils l'offriront à nous.		*Ils les offriront à nous.*
indéf.	eskentúren déikuye,	*indéf.*	eskentúren déizkuye,
masc.	eskentúren dikuye,	*masc.*	eskentúren dizkuye,
fém.	eskentúren dikuñe,	*fém.*	eskentúren dizkuñe,
resp.	eskentúren dikuzie.	*resp.*	eskentúren dizkutzie.

	Ils l'offriront à vous.		*Ils les offriront à vous.*
indéf.	eskentúren deizié.	*indéf.*	eskentúren deitzié.

	Ils l'offriront à eux.		*Ils les offriront à eux.*
indéf.	eskentúren déyie et deéye,	*indéf.*	eskentúren déitzeye,
masc.	eskentúren dieye,	*masc.*	eskentúren ditzéye,
fém.	eskentúren dieñe,	*fém.*	eskentúren ditzéñe,
resp.	eskentúren diézie.	*resp.*	eskentúren ditzézie.

VOIX TRANSITIVE.

Relations personnelles directes.

Je t'offrirai (j'offrirai toi).
masc. et fém. eskentúren háit,
resp. eskentúren zútut.

Je vous offrirai (j'offrirai vous).
indéf. eskentúren zutiét.

Tu m'offriras (tu offriras moi).
masc. eskentúren náik,
fém. eskentúren náiñ,
resp. eskentúren náizu.

Tu nous offriras (tu offriras nous).
masc. eskentúren gútuk,
fém. eskentúren gútun,
resp. eskentúren gutúzu.

Il m'offrira.
indéf. eskentúren nái,
masc. eskentúrenník,
fém. eskentúren nín,
resp. eskentúren nízu.

Il nous offrira.
indéf. eskentúren gútu,
masc. eskentúren gitík,
fém. eskentúren gitín,
resp. eskentúren gitízu.

Il t'offrira.
masc. et fém. eskentúren hái,
resp. eskentúren zútu.

Il vous offrira.
indéf. eskentúren zutié.

Nous t'offrirons.
masc. et fém. eskentúren háigu,
resp. eskentúren zutúgu.

Nous vous offrirons.
indéf. eskentúren zutiégu.

Vous m'offrirez.
indéf. eskentúren náizie.

Vous nous offrirez.
indéf. eskentúren gutuzie.

Ils m'offriront.
indéf. eskentúren náye,
masc. eskentúren nié,
fém. eskentúren niñé,
resp. eskentúren nizié.

Ils nous offriront.
indéf. eskentúren gutie,
masc. eskentúren gitié,
fém. eskentúren gitiñé,
resp. eskentúren gitizié.

Ils t'offriront.
masc. et fém. eskentúren háye,
resp. eskentúren zutie.

Ils vous offriront.
indéf. eskentúren zutié.

VOIX TRANSITIVE.

INDICATIF. — PRÉSENT.

FORME RÉGIE POSITIVE.
(Je dis — erráiten dut.)

Que j'offre.
indéf. eskéntzen dudála.

Que tu l'offres.
masc. eskéntzen duyála,
fém. eskéntzen duñála,
resp. eskéntzen duzúla.

Qu'il l'offre.
indéf. eskéntzen diála.

Que nous l'offrons.
indéf. eskéntzen dugúla.

Que vous l'offrez.
indéf. eskéntzen duziéla.

Qu'ils l'offrent.
indéf. eskéntzen diéla.

Que je les offre.
indéf. eskéntzen dutudála.

Que tu les offres.
masc. eskéntzen dutuyála,
fém. eskéntzen dutuñála,
resp. eskéntzen dutuzúla.

Qu'il les offre.
indéf. eskéntzen dutiála.

Que nous les offrons.
indéf. eskéntzen dutugúla.

Que vous les offrez.
indéf. eskéntzen dutuziéla.

Qu'ils les offrent.
indéf. eskéntzen dutiéla.

Relations indirectes.

Que je te l'offre.
masc. eskéntzen déyadala,
fém. eskéntzen déñadala.
resp. eskéntzen déizudala.

Que je le lui offre.
indéf. eskéntzen déyodala.

Que je vous l'offre.
indéf. eskéntzen déiziedala.

Que je le leur offre.
indéf. eskéntzen déyedala.

Que tu me l'offres.
masc. eskéntzen déitayala et déitadayala,
fém. eskéntzen déitañala et déitadañala,
resp. eskéntzen déitazula et déitadazula.

Que je te les offre.
masc. eskéntzen déitzadala et deitzayádala
fém. eskéntzen déitzañadala,
resp. eskéntzen déitzudala.

Que je les lui offre.
indéf. eskéntzen déitzodala.

Que je vous les offre.
indéf. eskéntzen déitziedala.

Que je les leur offre.
indéf. eskéntzen déitzedala.

Que tu me les offres.
masc. eskéntzen déiztayala et déiztadayala,
fém. eskéntzen déiztañala et déiztadañala,
resp. eskéntzen déiztatzula et déiztadatzula.

VOIX TRANSITIVE.

Que tu le lui offres.

masc.	eskéntzen déyala et deóyala,	
fém.	eskéntzen déyoñala et deoñala,	
resp.	eskéntzen déyozula et deózula.	

Que tu nous l'offres.

masc.	eskéntzen déikuyala,
fém.	eskéntzen déikuñala,
resp.	eskéntzen déikuzula.

Que tu le leur offres.

masc.	eskéntzen deéyala et déyeala,
fém.	eskéntzen deéñala et déyeñala,
resp.	eskéntzen deézula et déyezula.

Qu'il me l'offre.

indéf. eskéntzen déitala et déitadala.

Qu'il te l'offre.

masc.	eskéntzen déiyala ou déyala,
fém.	eskéntzen déiñala,
resp.	eskéntzen déizula.

Qu'il le lui offre.

indéf. eskéntzen déyola.

Qu'il nous l'offre.

indéf. eskéntzen déikula.

Qu'il vous l'offre.

indéf. eskéntzen deiziéla.

Qu'il le leur offre.

indéf. eskéntzen déyela.

Que nous te l'offrons.

masc.	eskéntzen déyagula,
fém.	eskéntzen déñagula,
resp.	eskéntzen déizugula.

Que nous le lui offrons.

indéf. eskéntzen déyogula.

Que nous vous l'offrons.

indéf. eskéntzen déiziegula.

Que nous le leur offrons.

indéf. eskéntzen déyegula.

Que vous me l'offrez.

indéf. eskéntzen déitaziela.

Que tu les lui offres.

masc.	eskéntzen déitzoyala,
fém.	eskéntzen déitzoñala,
resp.	eskéntzen déitzozula.

Que tu nous les offres.

masc.	eskéntzen déizkuyala,
fém.	eskéntzen déizkuñala,
resp.	eskéntzen déizkutzula.

Que tu les leur offres.

masc.	eskéntzen déitzeyala,
fém.	eskéntzen déitzeñala,
resp.	eskéntzen déitzezula.

Qu'il me les offre.

indéf. eskéntzen déiztala et déiztadala.

Qu'il te les offre.

masc.	eskéntzen déitzayala,
fém.	eskéntzen déitzañala,
resp.	eskéntzen déitzula.

Qu'il les lui offre.

indéf. eskéntzen déitzola.

Qu'il nous les offre.

indéf. eskéntzen déizkula.

Qu'il vous les offre.

indéf. eskéntzen deitziéla.

Qu'il les leur offre.

indéf. eskéntzen déitzela.

Que nous te les offrons.

masc.	eskéntzen déitzagula et deitzayágula,
fém.	eskéntzen deitzañagula,
resp.	eskéntzen déitzugula.

Que nous les lui offrons.

indéf. eskéntzen déitzogula.

Que nous vous les offrons.

indéf. eskéntzen déitziegula.

Que nous les leur offrons.

indéf. eskéntzen déitzegula.

Que vous me les offrez.

indéf. eskéntzen déiztatziela.

INDICATIF. — PRÉSENT.

Que vous le lui offrez.
indéf. eskéntzen déyoziela.

Que vous nous l'offrez.
indéf. eskéntzen déikuziela.

Que vous le leur offrez.
indéf. eskéntzen déyeziela.

Qu'ils me l'offrent.
indéf. eskéntzen déitadela.

Qu'ils te l'offrent.
masc. eskéntzen déyayela,
fém. eskéntzen déyañela,
resp. eskéntzen déiziela *ou* déizuyela.

Qu'ils le lui offrent.
indéf. eskéntzen déyoela.

Qu'ils nous l'offrent.
indéf. eskéntzen déikuyela.

Qu'ils vous l'offrent.
indéf. eskéntzen deiziéla.

Qu'ils le leur offrent.
indéf. eskéntzen déyiela.

Que vous les lui offrez.
indéf. eskéntzen déitzoziela.

Que vous nous les offrez.
indéf. eskéntzen déizkutziela.

Que vous les leur offrez.
indéf. eskéntzen déitzeziela.

Qu'ils me les offrent.
indéf. eskéntzen déiztadela.

Qu'ils te les offrent.
masc. eskéntzen déitzayela,
fém. eskéntzen déitzañela,
resp. eskéntzen déitziela.

Qu'ils les lui offrent.
indéf. eskéntzen déitzoela.

Qu'ils nous les offrent.
indéf. eskéntzen déizkuyela.

Qu'ils vous les offrent.
indéf. eskéntzen deitziéla.

Qu'ils les leur offrent.
indéf. eskéntzen déitzoyela.

Relations personnelles directes.

Que je t'offre.
masc. et *fém.* eskéntzen háidala,
resp. eskéntzen zutudála.

Que tu m'offres.
masc. eskéntzen naiyála *et* náikala,
fém. eskéntzen naiñala,
resp. eskéntzen náizula.

Qu'il m'offre.
indéf. eskéntzen náyala.

Qu'il t'offre.
masc. et *fém.* eskéntzen háyala,
resp. eskéntzen zutiála.

Que nous t'offrons.
masc. et *fém.* eskéntzen háigula,
resp. eskéntzen zutugúla.

Que je vous offre.
indéf. eskéntzen zutiédala.

Que tu nous offres.
masc. eskéntzen gutuyála *et* gutiála,
fém. eskéntzen gutuñála.
resp. eskéntzen gutuzúla.

Qu'il nous offre.
indéf. eskéntzen gutiála.

Qu'il vous offre.
indéf. eskéntzen zutiéla.

Que nous vous offrons.
indéf. eskéntzen zutiégula.

VOIX TRANSITIVE.

Que vous m'offrez.
indéf. eskéntzen náiziela.

Qu'ils m'offrent.
indéf. eskéntzen náyela.

Qu'ils t'offrent.
masc. et fém. eskéntzen háyela,
resp. eskéntzen zutiéla.

Que vous nous offrez.
indéf. eskéntzen gutuziéla.

Qu'ils nous offrent.
indéf. eskéntzen gutiéla.

Qu'ils vous offrent.
indéf. eskéntzen zutiéla.

PARFAIT.

Que je l'ai offert.
indéf. eskéntu dudála.

Que tu l'as offert.
masc. eskéntu duyála,
fém. eskéntu dunála,
resp. eskéntu duzúla.

Qu'il l'a offert.
indéf. eskéntu diála.

Que nous l'avons offert.
indéf. eskéntu dugúla.

Que vous l'avez offert.
indéf. eskéntu duziéla.

Qu'ils l'ont offert.
indéf. eskéntu diéla.

Que je les ai offerts.
indéf. eskéntu dutudála.

Que tu les as offerts.
masc. eskéntu dutuyála,
fém. eskéntu dutuñála,
resp. eskéntu dutuzúla.

Qu'il les a offerts.
indéf. eskéntu dutiála.

Que nous les avons offerts.
indéf. eskéntu dutugúla.

Que vous les avez offerts.
indéf. eskéntu dutuziéla.

Qu'ils les ont offerts.
indéf. eskéntu dutiéla.

Relations indirectes.

Que je l'ai offert à toi.
masc. eskéntu déyadala,
fém. eskéntu déñadala,
resp. eskéntu déizudala.

Que je l'ai offert à lui.
indéf. eskéntu déyodala.

Que je les ai offerts à toi.
masc. eskéntu déitzadala et deitzadúlala,
fém. eskéntu déitzadañadala,
resp. eskéntu déitzudala.

Que je les ai offerts à lui.
indéf. eskéntu déitzodala.

Et le reste comme au temps précédent, en changeant *eskéntzen* en *eskéntu*.

PRÉSENT PROPOSITIF OU FUTUR.

Que je l'offrirai.
indéf.   eskentúren dudála.

Que tu l'offriras.
masc.   eskentúren duyála,
fém.   eskentúren duñala,
resp.   eskentúren duzúla.

Qu'il l'offrira.
indéf.   eskentúren diála.

Que nous l'offrirons.
indéf.   eskentúren dugúla.

Que vous l'offrirez.
indéf.   eskentúren duziéla.

Qu'ils l'offriront.
indéf.   eskentúren diéla.

Que je les offrirai.
indéf.   eskentúren dutudála.

Que tu les offriras.
masc.   eskentúren dutuyála,
fém.   eskentúren dutuñala,
resp.   eskentúren dutuzúla.

Qu'il les offrira.
indéf.   eskentúren dutiála.

Que nous les offrirons.
indéf.   eskentúren dutugúla.

Que vous les offrirez.
indéf.   eskentúren dutuziéla.

Qu'ils les offriront.
indéf.   eskentúren dutiéla.

Relations indirectes.

Que je l'offrirai à toi.
masc.   eskentúren déyadala,
fém.   eskentúren déñadala,
resp.   eskentúren déizudala.

Que je les offrirai à toi.
masc.   eskentúren déitzadala,
fém.   eskentúren déitzañadala,
resp.   eskentúren déitzudala.

Et le reste comme au présent, en changeant *eskéntzen* en *eskentúren*.

VOIX TRANSITIVE.

INDICATIF. — PRÉSENT.

FORME RÉGIE EXQUISITIVE.

Il a su à qui.... pourquoi — *jakín du nóri...., zéren....*

	J'offre.		*Je les offre.*
indéf.	eskéntzen dúdan.	*indéf.*	eskéntzen dutúdan.
	Tu offres.		*Tu les offres.*
masc.	eskéntzen duyán *et* dián,	*masc.*	eskéntzen dutuyán *et* dutián,
fém.	eskéntzen duñán,	*fém.*	eskéntzen dutuñán,
resp.	eskéntzen dúzun.	*resp.*	eskéntzen dutúzun.
	Il l'offre.		*Il les offre.*
indéf.	eskéntzen dian.	*indéf.*	eskéntzen dutian.
	Nous offrons.		*Nous les offrons.*
indéf.	eskéntzen dúgun.	*indéf.*	eskéntzen dutúgun.
	Vous offrez.		*Vous les offrez.*
indéf.	eskéntzen dúzien.	*indéf.*	eskéntzen dutuzién.
	Ils offrent.		*Ils les offrent.*
indéf.	eskéntzen díen.	*indéf.*	eskéntzen dutién.

Relations indirectes.

	J'offre à toi.		*Je les offre à toi.*
masc.	eskéntzen déyadan,	*masc.*	eskéntzen deitzadán *et* deitzayádan
fém.	eskéntzen déñadan,	*fém.*	eskéntzen deitzañádan,
resp.	eskéntzen déizudan.	*resp.*	eskéntzen déitzudan.
	J'offre à lui.		*Je les offre à lui.*
indéf.	eskéntzen déyodan.	*indéf.*	eskéntzen déitzodan.
	J'offre à vous.		*Je les offre à vous.*
indéf.	eskéntzen déiziedan.	*indéf.*	eskéntzen déitziedan.
	J'offre à eux.		*Je les offre à eux.*
indéf.	eskéntzen déyedan.	*indéf.*	eskéntzen déitzedan.

INDICATIF. — PRÉSENT.

Tu offres à moi.

		Tu les offres à moi.	
masc.	eskéntzen déitayan *et* déitadayan,	*masc.*	eskéntzen déiztayan *et* déiztadayan,
fém.	eskéntzen déitañan *et* déitadañan,	*fém.*	eskéntzen déiztañan *et* déiztadañan,
resp.	eskéntzen déitazun *et* déitadazun.	*resp.*	eskéntzen déiztatzun *et* déiztadatzun.

Tu offres à lui. *Tu les offres à lui.*

masc.	eskéntzen déyoan *et* deóyan,	*masc.*	eskentzen déitzoyan,
fém.	eskéntzen déyoñan *et* deóñan,	*fém.*	eskentzen déitzoñan,
resp.	eskéntzen déyozun *et* deózun.	*resp.*	eskentzen déitzozun.

Tu offres à nous. *Tu les offres à nous.*

masc.	eskéntzen déikuyan,	*masc.*	eskéntzen déizkuyan,
fém.	eskéntzen déikuñan,	*fém.*	eskéntzen déizkuñan,
resp.	eskéntzen déikuzun.	*resp.*	eskéntzen déizkutzun.

Tu offres à eux. *Tu les offres à eux.*

masc.	eskéntzen deéyan,	*masc.*	eskéntzen déitzeyan,
fém.	eskéntzen deéñan,	*fém.*	eskéntzen déitzeñan,
resp.	eskéntzen deézun.	*resp.*	eskéntzen déitzezun.

Il l'offre à moi. *Il les offre à moi.*

indéf.	eskéntzen déitan *et* déitadan.	*indéf.*	eskéntzen déiztan *et* déiztadan.

Il l'offre à toi. *Il les offre à toi.*

masc.	eskéntzen déiyan,	*masc.*	eskéntzen déitzayan,
fém.	eskéntzen déiñan,	*fém.*	eskéntzen déitzañan,
resp.	eskéntzen déizun.	*resp.*	eskéntzen déitzun.

Il offre à lui. *Il les offre à lui.*

indéf.	eskéntzen déyon.	*indéf.*	eskéntzen déitzon.

Il offre à nous. *Il les offre à nous.*

indéf.	eskéntzen déikun.	*indéf.*	eskéntzen déikun.

Il offre à vous. *Il les offre à vous.*

indéf.	eskéntzen deizién.	*indéf.*	eskéntzen deitzién.

Il offre à eux. *Il les offre à eux.*

indéf.	eskéntzen déyen.	*indéf.*	eskéntzen déitzen.

Nous offrons à toi. *Nous les offrons à toi.*

masc.	eskéntzen déyagun,	*indéf.*	eskéntzen déitzagun *et* deitzayagun
fém.	eskéntzen déñagun,	*masc.*	eskéntzen déitzañagun,
resp.	eskéntzen déizugun.	*fém.*	eskéntzen déitzugun.

Nous offrons à lui. *Nous les offrons à lui.*

indéf.	eskéntzen déyogun.	*indéf.*	eskéntzen déitzogun.

Nous offrons à vous. *Nous les offrons à vous.*

indéf.	eskéntzen déiziegun.	*indéf.*	eskéntzen déitziegun.

VOIX TRANSITIVE.

Nous offrons à eux.
indéf. eskéntzen déyegun.

Nous les offrons à eux.
indéf. eskéntzen déitzegun.

Vous offrez à moi.
indéf. eskéntzen déitazien.

Vous les offrez à moi.
indéf. eskéntzen déiztatzien.

Vous offrez à lui.
indéf. eskéntzen déyozien.

Vous les offrez à lui.
indéf. eskéntzen déitzozien.

Vous offrez à nous.
indéf. eskéntzen déikuzien.

Vous les offrez à nous.
indéf. eskéntzen déizkutzien.

Vous offrez à eux.
indéf. eskéntzen déyezien.

Vous les offrez à eux.
indéf. eskéntzen déitzezien.

Ils offrent à moi.
indéf. eskéntzen déitaden.

Ils les offrent à moi.
indéf. eskéntzen déiztaden.

Ils offrent à toi.
masc. eskéntzen déyayen *ou* déyaen,
fém. eskéntzen déyañen;
resp. eskéntzen déizien.

Ils les offrent à toi.
masc. eskéntzen déitzayen,
fém. eskéntzen déitzañen,
resp. eskéntzen déitzien.

Ils offrent à lui.
indéf. eskéntzen déyoen.

Ils les offrent à lui.
indéf. eskéntzen déitzoen.

Ils offrent à nous.
indéf. eskéntzen déikuyen.

Ils les offrent à nous.
indéf. eskéntzen déizkuyen.

Ils offrent à vous.
indéf. eskéntzen deizién.

Ils les offrent à vous.
indéf. eskéntzen deitzién.

Ils offrent à eux.
indéf. eskéntzen déyien.

Ils les offrent à eux.
indéf. eskéntzen déitzeyen.

Relations personnelles directes.

Je t'offre.
masc. et fém. eskéntzen háidan,
resp. eskéntzen zutúdan.

Je vous offre.
indéf. eskéntzen zutiédan.

Tu m'offres.
masc. eskéntzen naiyán *et* náikan,
fém. eskéntzen naiñán,
resp. eskéntzen náizun.

Tu nous offres.
masc. eskéntzen gutián *et* gutuyán,
fém. eskéntzen gutuñán,
resp. eskéntzen gutúzun.

Il m'offre.
indéf. eskéntzen náyan.

Il nous offre.
indéf. eskéntzen gutían.

INDICATIF. — PARFAIT.

Il t'offre.
masc. et fém. eskéntzen háyan,
resp. eskéntzen zutián.

Il vous offre.
indéf. eskéntzen zutién.

Nous t'offrons.
masc. et fém. eskéntzen háigun,
resp. eskéntzen zutúgun.

Nous vous offrons.
indéf. eskéntzen zutiégun.

Vous m'offrez.
indéf. eskéntzen náizien.

Vous nous offrez.
indéf. eskéntzen gútuzién.

Ils m'offrent.
indéf. eskéntzen náyen.

Ils nous offrent.
indéf. eskéntzen gutién.

Ils t'offrent.
masc. et fém. eskéntzen háyen,
resp. eskéntzen zutien.

Ils vous offrent.
indéf. eskéntzen zutién.

PARFAIT.

Erran beza nóiz...... nóla, etc. — qu'il dise quand.... comment....

J'ai offert.
indéf. eskéntu dúdan.

Je les ai offerts.
indéf. eskéntu dutúdan.

Tu as offert.
masc. eskéntu duyán *et* dián,
fém. eskéntu duñán,
resp. eskéntu dúzun.

Tu les as offerts.
masc. eskéntu dutuyán *et* dutián,
fém. eskéntu dutuñán,
resp. eskéntu dutúzun.

Il a offert.
indéf. eskéntu dian.

Il les a offerts.
indéf. eskéntu dutian.

Nous avons offert.
indéf. eskéntu dúgun.

Nous les avons offerts.
indéf. eskéntu dutúgun.

Vous avez offert.
indéf. eskéntu duzién.

Vous les avez offerts.
indéf. eskéntu dutuzien.

Ils ont offert.
indéf. eskéntu dién.

Ils les ont offerts.
indéf. eskéntu dutién.

Changez ainsi *eskéntzen* de la forme précédente en *eskéntu*, et vous aurez tous les terminatifs du parfait.

PRÉSENT PROPOSITIF OU FUTUR.

Il m'a demandé ce que...., quand, — pourquoi, — *gálthatu déit zer.... nóiz — zéreu.*

J'offrirai.

indéf. eskentúren dúdan.

Tu offriras.

masc. eskentúren duyán *et* díán,
fém. eskentúren duñán,
resp. eskentúren dúzun.

Il offrira.

indéf. eskentúren dían.

Nous offrirons.

indéf. eskentúren dúgun.

Vous offrirez.

indéf. eskentúren duzién.

Ils offriront.

indéf. eskentúren dién.

Je les offrirai.

indéf. eskentúren dutúdan.

Tu les offriras.

masc. eskentúren dutuyán *et* dutian,
fém. eskentúren dutunán,
resp. eskentúren dutúzun.

Il les offrira.

indéf. eskentúren dutían.

Nous les offrirons.

indéf. eskentúren dutúgun.

Vous les offrirez.

indéf. eskentúren dutuzién.

Ils les offriront.

indéf. eskentúren dutién.

Ainsi de suite des autres relations, en changeant *eskéntzen* du *présent* en *eskentúren.*

INDICATIF. — PRÉSENT.

FORME D'INCIDENCE.

Comme...., quand...., auquel.... — *nóla.... nóiz-ere.... zóini....*

J'offre ou je l'offre.

indéf. eskéntzen béitut.

Tu offres.

masc. eskéntzen béituk,
fém. eskéntzen béitun,
resp. eskéntzen beitúzu.

Je les offre.

indéf. eskéntzen beitútut.

Tu les offres.

masc. eskéntzen beitútuk,
fém. eskéntzen beitútun,
resp. eskéntzen beitutúzu

INDICATIF. — PRÉSENT.

	Il offre.		*Il les offre.*
indéf.	eskéntzen béitu.	*indéf.*	eskéntzen beitútu.

Nous offrons. — *Nous les offrons.*

| *indéf.* | eskéntzen beitúgu. | *indéf.* | eskéntzen beitutúgu. |

Vous offrez. — *Vous les offrez.*

| *indéf.* | eskéntzen beituzie. | *indéf.* | eskéntzen beitutuzie. |

Ils offrent. — *Ils les offrent.*

| *indéf.* | eskéntzen beitie. | *indéf.* | eskéntzen beitutie. |

Relations indirectes.

J'offre à toi. — *Je les offre à toi.*

masc.	eskéntzen beitéyat *ou* beitéiyat	*masc.*	eskéntzen beitéitzat,
fém.	eskéntzen beiténat *ou* beitéinat	*fém.*	eskéntzen beitéitzañat,
resp.	eskéntzen beitéizut.	*resp.*	eskéntzen beitéitzut.

J'offre à lui. — *Je les offre à lui.*

| *indéf.* | eskéntzen beitéyot. | *indéf.* | eskéntzen beitéitzot. |

J'offre à vous. — *Je les offre à vous.*

| *indéf.* | eskéntzen beitéiziet. | *indéf.* | eskéntzen beitéitziet. |

J'offre à eux. — *Je les offre à eux.*

| *indéf.* | eskéntzen beitéyet. | *indéf.* | eskéntzen beitéitzet. |

Tu offres à moi. — *Tu les offres à moi.*

masc.	eskéntzen beitéitak *et* beitéitadak,	*masc.*	eskéntzen beitéiztak *et* beitéiztadak
fém.	eskéntzen beitéitan *et* beitéitadan,	*fém.*	eskéntzen beitéiztan,
resp.	eskéntzen beitéitazu *et* beitéitadazu	*resp.*	eskéntzen beitéiztatzu.

Tu offres à lui. — *Tu les offres à lui.*

masc.	eskéntzen beitéyok,	*masc.*	eskéntzen beitéitzok,
fém.	eskéntzen beitéyon,	*fém.*	eskéntzen beitéitzon,
resp.	eskéntzen beitéyozu.	*resp.*	eskéntzen beitéitzotzu.

Tu offres à nous. — *Tu les offres à nous.*

masc.	eskéntzen beitéikuk,	*masc.*	eskéntzen beitéizkuk,
fém.	eskéntzen beitéikun,	*fém.*	eskéntzen beitéizkun,
resp.	eskéntzen beitéikuzu.	*resp.*	eskéntzen beitéizkutzu.

Tu offres à eux. — *Tu les offres à eux.*

masc.	eskéntzen beitéyek,	*masc.*	eskéntzen beitéitzek,
fém.	eskéntzen beitéyen,	*fém.*	eskéntzen beitéitzen,
resp.	eskéntzen beitéyezu.	*resp.*	eskéntzen beitéitzetzu.

Il offre à moi. — *Il les offre à moi.*

| *indéf.* | eskéntzen beitéit. | *indéf.* | eskéntzen beitéizt *et* beitéitzat. |

VOIX TRANSITIVE.

Il l'offre à toi.

masc.	eskéntzen beitéik,		*masc.*	eskéntzen beitéitzaak,
fém.	eskéntzen beitéiñ,		*fém.*	eskéntzen beitéitzan,
resp.	eskéntzen beitéizu.		*resp.*	eskéntzen beitéitzu.

Il l'offre à lui.   *Il les offre à lui.*

indéf. eskéntzen beitéyo.   *indéf.* eskéntzen beitéitzo.

Il l'offre à nous.   *Il les offre à nous.*

indéf. eskéntzen beitéiku.   *indéf.* eskéntzen beitéizku.

Il l'offre à vous.   *Il les offre à vous.*

indéf. eskéntzen beiteizié.   *indéf.* eskéntzen beiteitzié.

Il l'offre à eux.   *Il les offre à eux.*

indéf. eskéntzen beitéye.   *indéf.* eskéntzen beitéitze.

Nous l'offrons à toi.   *Nous les offrons à toi.*

masc.	eskéntzen beitéyagu,		*masc.*	eskéntzen beitéitzagu,
fém.	eskéntzen beiténagu,		*fém.*	eskéntzen beitéitzañagu,
resp.	eskéntzen beitéizugu.		*resp.*	eskéntzen beitéitzugu.

Nous l'offrons à lui.   *Nous les offrons à lui.*

indéf. eskéntzen beitéyogu.   *indéf.* eskéntzen beitéitzogu.

Nous l'offrons à vous.   *Nous les offrons à vous.*

indéf. eskéntzen beiteiziégu.   *indéf.* eskéntzen beiteitziégu.

Nous l'offrons à eux.   *Nous les offrons à eux.*

indéf. eskéntzen beitéyegu.   *indéf.* eskéntzen beitéitzegu.

Vous l'offrez à moi.   *Vous les offrez à moi.*

indéf. eskéntzen beitéitazie.   *indéf.* eskéntzen beitéiztatzie.

Vous l'offrez à lui.   *Vous les offrez à lui.*

indéf. eskéntzen beitéyozie *et* beiteózie.   *indéf.* eskéntzen beitéitzotzié *et* beiteótzie.

Vous l'offrez à nous.   *Vous les offrez à nous.*

indéf. eskéntzen beitéikuzie.   *indéf.* eskéntzen beitéizkutzie.

Vous l'offrez à eux.   *Vous les offrez à eux.*

indéf. eskéntzen beiteézie.   *indéf.* eskéntzen beiteétzie.

Ils l'offrent à moi.   *Ils les offrent à moi.*

indéf. eskéntzen beitéitade.   *indéf.* eskéntzen beitéiztade.

Ils l'offrent à toi.   *Ils les offrent à toi.*

masc.	eskéntzen beitéiye,		*masc.*	eskéntzen beitéitzaye,
fém.	eskéntzen beitéiñe,		*fém.*	eskéntzen beitéitzañe,
resp.	eskéntzen beitéizie.		*resp.*	eskéntzen beitéitzie.

INDICATIF. — PARFAIT.

Ils l'offrent à lui.
indéf. eskéntzen beitéyoe.

Ils les offrent à lui.
indéf. eskéntzen beitéitzoe.

Ils l'offrent à nous.
indéf. eskéntzen beitéikuye.

Ils les offrent à nous.
indéf. eskéntzen beitéizkuye.

Ils l'offrent à vous.
indéf. eskéntzen beiteizié.

Ils les offrent à vous.
indéf. eskéntzen beiteitzié.

Ils l'offrent à eux.
indéf. eskéntzen beitéyie.

Ils les offrent à eux.
indéf. eskéntzen beitéitzeye.

Relations personnelles directes.

Je t'offre.
masc. et fém. eskéntzen beháit,
resp. eskéntzen beitzútut.

Je vous offre.
indéf. eskéntzen beitzutiét.

Tu m'offres.
masc. eskéntzen benáik,
fém. eskéntzen benáiñ,
resp. eskéntzen benáizu.

Tu nous offres.
masc. eskéntzen beikútuk,
fém. eskéntzen beikútun,
resp. eskéntzen beikutúzu.

Il m'offre.
indéf. eskéntzen benái.

Il nous offre.
indéf. eskéntzen beikútu.

Il t'offre.
masc. et fém. eskéntzen behái,
resp. eskéntzen beitzútu.

Il vous offre.
indéf. eskéntzen beitzutie.

Nous t'offrons.
masc. et fém. eskéntzen beháigu,
resp. eskéntzen beitzutúgu.

Nous vous offrons.
masc. et fém. eskéntzen beitzutiégu.

Vous m'offrez.
indéf. eskéntzen benáizie.

Vous nous offrez.
indéf. eskéntzen beikutuzie.

Ils m'offrent.
indéf. eskéntzen beikntié.

Ils nous offrent.
indéf. eskéntzen benáye.

Ils t'offrent.
masc. et fém. eskéntzen beháye,
resp. eskéntzen beitzutié.

Ils vous offrent.
indéf. eskéntzen beitzutié.

PARFAIT.

Comme... ce que... à qui... lorsque... par qui... — *nóla... zér-ere... nóri-ere... nóiz ere... zóintzaz...*

J'ai offert.
indéf. eskéntu béitut.

Je les ai offerts.
indéf. eskéntu beitútut.

VOIX TRANSITIVE.

Tu as offert.

masc.	eskéntu béituk,		masc.	eskéntu beitútuk,
fém.	eskéntu béitun,		fém.	eskéntu beitútun,
resp.	eskéntu beitúzu.		resp.	eskéntu beitutúzu.

Tu les as offerts.

Il a offert.

indéf. eskéntu béitu. *indéf.* eskéntu beitútu.

Il les a offerts.

Nous avons offert.

indéf. eskéntu beitúgu. *indéf.* eskéntu beitutúgu.

Nous les avons offerts.

Vous avez offert.

indéf. eskéntu beituzie. *indéf.* eskéntu beitutuzie.

Vous les avez offerts.

Ils ont offert.

indéf. eskéntu beitie. *indéf.* eskéntu beitutie.

Ils les ont offerts.

La suite comme dans le temps précédent, en changeant *eskéntzen* en *eskéntu*.

PRÉSENT PROPOSITIF OU FUTUR.

Nóla..., zóin...., nór-ere...., non... nóntik — comme.... qui.... lequel.... où.... d'où....

J'offrirai.

indéf. eskentúren béitut. *indéf.* eskentúren beitútut.

Je les offrirai.

Tu offriras.

masc.	eskentúren béituk,		masc.	eskentúren beitútuk,
fém.	eskentúren béitun,		fém.	eskentúren beitútun,
resp.	eskentúren beitúzu.		resp.	eskentúren beitutúzu.

Tu les offriras.

Il offrira.

indéf. eskentúren béitu. *indéf.* eskentúren beitútu.

Ils les offrira.

Nous offrirons.

indéf. eskentúren beitúgu. *indéf.* eskentúren beitutúgu.

Nous les offrirons.

Vous offrirez.

indéf. eskentúren beituzie. *indéf.* eskentúren beitutuzie.

Vous les offrirez.

Ils offriront.

indéf. eskentúren beitie. *indéf.* eskentúren beitutie.

Ils les offriront.

En changeant ainsi *eskéntzen* en *eskentúren*, on aura la suite de la conjugaison de ce temps dans la conjugaison du présent.

Cette forme est commune aux dialectes souletin, labourdin et navarrais; et on ne manque jamais d'en faire usage ni dans le langage, ni dans l'écriture. Le Guipuzcoan et le Biscayen ne la connaissent pas; ils emploient à la place la forme simple ou capitale.

VOIX TRANSITIVE.

PASSÉ IMPARFAIT.

FORME CAPITALE.

	Forme à complément indéfini ou à complément direct singulier.		Forme à complément direct pluriel.
	J'offrais ou je l'offrais.		*Je les offrais.*
indéf.	eskéntzen nían,	*indéf.*	eskéntzen nutian,
masc.	eskéntzen nián *ou* niyán,	*masc.*	eskéntzen nitián *ou* nitiyán,
fém.	eskéntzen niñán,	*fém.*	eskéntzen nitiñán,
resp.	eskéntzen nizun.	*resp.*	eskéntzen nitizun.
	Tu offrais ou tu l'offrais.		*Tu les offrais.*
masc. et *fém.*	eskéntzen hían,	*masc.* et *fém.*	eskéntzen hutian,
resp.	eskéntzen zunían.	*resp.*	eskéntzen zuntian.
	Il offrait ou il l'offrait.		*Il les offrait.*
indéf.	eskéntzen zian,	*indéf.*	eskéntzen zutian,
masc.	eskéntzen zián *et* ziyán,	*masc.*	eskéntzen zitián,
fém.	eskéntzen ziñán,	*fém.*	eskéntzen zitiñán,
resp.	eskéntzen zizun.	*resp.*	eskéntzen zitizun.
	Nous offrions ou nous l'offrions.		*Nous les offrions.*
indéf.	eskéntzen gunian,	*indéf.*	eskéntzen guntian,
masc.	eskéntzen ginián,	*masc.*	eskéntzen gintián *et* ginitián,
fém.	eskéntzen giniñán,	*fém.*	eskéntzen gintiñán *et* ginitiñán,
resp.	eskéntzen ginizun.	*resp.*	eskéntzen gintizun *et* ginitizun.
	Vous offriez ou vous l'offriez.		*Vous les offriez.*
indéf.	eskéntzen zunién.	*indéf.*	eskéntzen zuntién.
	Ils offraient ou ils l'offraient.		*Ils les offraient.*
indéf.	eskéntzen zién,	*indéf.*	eskéntzen zutién,
masc.	eskéntzen ziéyan,	*masc.*	eskéntzen zitiéyan,
fém.	eskéntzen ziéñan,	*fém.*	eskéntzen zitiéñan,
resp.	eskéntzen zizién.	*resp.*	eskéntzen zitizién.

Relations indirectes.

	J'offrais à toi.		*Je les offrais à toi.*
masc.	eskéntzen néyan *ou* néiyan,	*masc.*	eskéntzen neitzán *et* néitzayan,
fém.	eskéntzen néñan *ou* néiñan,	*fém.*	eskéntzen néitzañan,
resp.	eskéntzen néizun.	*resp.*	eskéntzen néitzun.

VOIX TRANSITIVE.

J'offrais à lui.

indéf. eskéntzen néyon,
masc. eskéntzen nióyan,
fém. eskéntzen nióñan,
resp. eskéntzen niózun.

Je les offrais à lui.

indéf. eskéntzen néitzon,
masc. eskéntzen nitzóyan,
fém. eskéntzen nitzóñan,
resp. eskéntzen nitzózun *et* niòtzun.

J'offrais à vous.

indéf. eskéntzen néizien.

Je les offrais à vous.

indéf. eskéntzen néitzien.

J'offrais à eux.

indéf. eskéntzen néyen,
masc. eskéntzen niéyan,
fém. eskéntzen niéñan,
resp. eskéntzen niézun.

Je les offrais à eux.

indéf. eskéntzen néitzen,
masc. eskéntzen nitzéyan,
fém. eskéntzen nitzéñan,
resp. eskéntzen nitzézun *et* niétzun.

Tu l'offrais à moi.

masc. et fém. eskéntzen héitan *et* héitadan,
resp. eskéntzen zenéitan *et* zenéitadan

Tu les offrais à moi.

masc. et fém. eskéntzen héiztan *et* héiztadan
resp. eskéntzen zenéiztan.

Tu l'offrais à lui.

masc. et fém. eskéntzen héyon,
resp. eskéntzen zenéyon.

Tu les offrais à lui.

masc. et fém. eskéntzen héitzon,
resp. eskéntzen zenéitzon.

Tu l'offrais à nous.

masc. et fém. eskéntzen héikun,
resp. eskéntzen zenéikun.

Tu les offrais à nous.

masc. et fém. eskéntzen héizkun,
resp. eskéntzen zenéizkun.

Tu l'offrais à eux.

masc. et fém. eskéntzen héyen,
resp. eskéntzen zenéyen.

Tu les offrais à eux.

masc. et fém. eskéntzen héitzen,
resp. eskéntzen zenéitzen.

Il l'offrait à moi.

indéf. eskéntzen zéitan *et* zéitadan,
masc. eskéntzen zitayan *et* zitadayan,
fém. eskéntzen zitañan *et* zitadañan,
resp. eskéntzen zitazun *et* zitadazun.

Il les offrait à moi.

indéf. eskéntzen zéiztan *et* zéiztadan,
masc. eskéntzen zíztayan *et* ziztadayan
fém. eskéntzen ziztañan *et* ziztadañan
resp. eskéntzen ziztatzun *et* ziztadatzun

Il l'offrait à toi.

masc. eskéntzen zéyan,
fém. eskéntzen zéñan,
resp. eskéntzen zéizun.

Il les offrait à toi.

masc. eskéntzen zeitzán *et* zéitzayan,
fém. eskéntzen zéitzañan,
resp. eskéntzen zéitzun.

Il l'offrait à lui.

indéf. eskéntzen zéyon,
masc. eskéntzen zióyan,
fém. eskéntzen zióñan,
resp. eskéntzen ziózun.

Il les offrait à lui.

indéf. eskéntzen zéitzon,
masc. eskéntzen zitzóyan,
fém. eskéntzen zitzóñan,
resp. eskéntzen zitzózun.

Il l'offrait à nous.

indéf. eskéntzen zéikun,
masc. eskéntzen zíkuyan,
fém. eskéntzen zikuñan,
resp. eskéntzen zíkuzun.

Il les offrait à nous.

indéf. eskéntzen zéizkun,
masc. eskéntzen zízkuyan,
fém. eskéntzen zizkuñan,
resp. eskéntzen zizkutzun.

INDICATIF. — PASSÉ IMPARFAIT.

Il l'offrait à vous.

indéf.	eskéntzen zeizién.

Il l'offrait à eux.

indéf.	eskéntzen zéyen,
masc.	eskéntzen ziéyan,
fém.	eskéntzen ziéñan,
resp.	eskéntzen ziézun.

Nous l'offrions à toi.

masc.	eskéntzen genéyan,
fém.	eskéntzen genéñan,
resp.	eskéntzen genéizun.

Nous l'offrions à lui.

indéf.	eskéntzen genéyon,
masc.	eskentzen ginióyan,
fém.	eskéntzen giniòñan,
resp.	eskéntzen giniózun.

Nous l'offrions à vous.

dét. g.	eskéntzen genéizien.

Nous l'offrions à eux.

indéf.	eskéntzen genéyen,
masc.	eskéntzen ginieyan,
masc.	eskéntzen giniéñan,
fém.	eskéntzen giniézun.

Vous l'offriez à moi.

indéf. eskéntzen zenéitayen *et* zenéitazien.

Vous l'offriez à lui.

indéf. eskéntzen zenéyoen *et* zenózien.

Vous l'offriez à nous.

indéf. eskéntzen zenéikuyen *et* zenéikuzien.

Vous l'offriez à eux.

indéf.	eskéntzen zenéyen *et* zenézien.

Ils l'offraient à moi.

indéf.	eskéntzen zéitayen *et* zéitaden,
masc.	eskéntzen zitadiéyan,
fém.	eskéntzen zitadiéñan,
resp.	eskéntzen zitadazién *et* zitazien.

Ils l'offraient à toi.

masc.	eskéntzen zéyean *ou* zéyian,
fém.	eskéntzen zéyeñan,
resp.	eskéntzen zéizuyen *et* zéizien.

Il les offrait à vous.

indéf.	eskéntzen zeitzién.

Il les offrait à eux.

indéf.	eskéntzen zéitzen,
masc.	eskéntzen zitzéyan,
fém.	eskéntzen zitzéñan,
resp.	eskéntzen zitzézun.

Nous les offrions à toi.

masc.	ezkéntzen geneitzán *et* genéitzayan
fém.	eskéntzen genéitzañan,
resp.	eskéntzen genéitzun.

Nous les offrions à lui.

indéf.	eskéntzen genéitzon,
masc.	eskéntzen gintzóyan,
fém.	eskéntzen gintzóñan,
resp.	eskéntzen gintzózun.

Nous les offrions à vous.

dét. g.	eskéntzen genéitzien.

Nous les offrions à eux.

indéf.	eskéntzen genéitzen,
masc.	eskéntzen ginitzéyan,
fém.	eskéntzen ginitzéñan,
resp.	eskéntzen ginitzézun.

Vous les offriez à moi.

indéf. eskéntzen zenéiztayen *et* zenéiztatzien

Vous les offriez à lui.

indéf. eskéntzen zenéitzoen *et* zenótzien.

Vous les offriez à nous.

indéf. eskéntzen zenéizkuyen *et* zenéizkutzien

Vous les offriez à eux.

indéf.	eskéntzen zenéitzen *et* zenétzien.

Ils les offraient à moi.

indéf.	eskéntzen zéiztayen *et* zéiztaden,
masc.	eskéntzen ziztadiéyan,
fém.	eskéntzen ziztadiéñan,
resp.	eskéntzen ziztatzien *et* ziztadatzién

Ils les offraient à toi.

masc.	eskéntzen zéitzeyan,
fém.	eskéntzen zéitzeñan,
resp.	eskéntzen zéitzuyen *et* zéitzien.

VOIX TRANSITIVE.

Ils l'offraient à lui.

indéf. eskéntzen zéyoen,
masc. eskéntzen zioéyan,
fém. eskéntzen zioéñan,
resp. eskéntzen ziózien.

Ils les offraient à lui.

indéf. eskéntzen zéitzoen,
masc. eskéntzen zitzoéyan *et* ziotzéyan,
fém. eskéntzen zitzoéñan *et* ziotzéñan
resp. eskéntzen zitzózien *et* ziótzien.

Ils l'offraient à nous.

indéf. eskéntzen zéikuyen,
masc. eskéntzen zikiéyan,
fém. eskéntzen zikiéñan,
resp. eskéntzen zikuzien.

Ils les offraient à nous.

indéf. eskéntzen zéizkuyen,
masc. eskéntzen zizkiéyan,
fém. eskéntzen zizkiéñan,
resp. eskéntzen zizkútzien.

Ils l'offraient à vous.

indéf. eskéntzen zeizién.

Ils les offraient à vous.

indéf. eskéntzen zeitzién.

Ils l'offraient à eux.

indéf. eskéntzen zéyien *et* zéyeen,
masc. eskéntzen zieéyan,
fém. eskéntzen zieéñan,
resp. eskéntzen zieézien *et* ziézien.

Ils les offraient à eux.

indéf. eskéntzen zéitzeyen,
masc. eskéntzen zietzéyan *et* zitzéyan,
fém. eskéntzen zietzéñan *et* zitzéñan,
resp. eskéntzen zietzézien *et* zitzézien

Relations personnelles.

Je t'offrais (j'offrais toi).

masc. et fém. eskéntzen hundúdan,
resp. eskéntzen zuntúdan.

Je vous offrais.

indéf. eskéntzen zuntiédan.

Tu m'offrais.

masc. eskéntzen nunduyón *et* nundián,
fém. eskéntzen nunduñán,
resp. eskéntzen nundúzun.

Tu nous offrais.

masc. eskéntzen guntuyán *et* guntian,
fém. eskéntzen guntuñán,
resp. eskéntzen guntúzun.

Il m'offrait.

indéf. eskéntzen nundian,
masc. eskéntzen nindián,
fém. eskéntzen nindiñán,
resp. eskéntzen nindízun.

Il nous offrait.

indéf. eskéntzen guntian,
masc. eskéntzen gintián,
fém. eskéntzen gintiñán,
resp. eskéntzen gintízun.

Il t'offrait.

masc. et fém. eskéntzen hundian,
resp. eskéntzen zuntian.

Il vous offrait.

indéf. eskéntzen zuntien.

Nous t'offrions.

masc. et fém. eskéntzen hundúgun,
resp. eskéntzen zuntúgun.

Nous vous offrions.

indéf. eskéntzen zuntiégun.

Vous m'offriez.

indéf. eskéntzen nunduzien.

Vous nous offriez.

indéf. eskéntzen guntuzien.

INDICATIF. — PASSÉ PARFAIT.

Ils m'offraient.

indéf.	eskéntzen nundién,
masc.	eskéntzen nindiéyan,
fém.	eskéntzen nindiéñan,
resp.	eskéntzen nindizién.

Ils t'offraient.

masc. et *fém.*	eskéntzen hundién,
resp.	eskéntzen zuntién.

Ils nous offraient.

indéf.	eskéntzen guntién,
masc.	eskéntzen gintiéyan,
fém.	eskéntzen gintiéñan,
resp.	eskéntzen gintizién.

Ils vous offraient.

indéf.	eskéntzen zuntién.

PASSÉ PARFAIT.

Forme à complément direct singulier.

J'offris ou je l'offris.

indéf.	eskéntu nian,
masc.	eskéntu nián ou niyan,
fém.	eskéntu niñán,
resp.	eskéntu nizun.

Tu offris et tu l'offris.

masc. et *fém.*	eskéntu hian,
resp.	eskéntu zunian.

Il offrit.

indéf.	eskéntu zian,
masc.	eskéntu zián ou ziyán,
fém.	eskéntu ziñán,
resp.	eskéntu zizun.

Nous offrîmes.

indéf.	eskéntu gunian,
masc.	eskéntu ginián,
fém.	eskéntu giniñán,
resp.	eskéntu ginizun.

Vous offrîtes.

indéf.	eskéntu zuntién.

Ils offrirent.

indéf.	eskéntu zién,
masc.	eskéntu ziéyan,
fém.	eskéntu ziéñan,
resp.	eskéntu zizién.

Forme à complément direct pluriel.

Je les offris.

indéf.	eskéntu nutian,
masc.	eskéntu nitián ou nitiyán,
fém.	eskéntu nitiñán,
resp.	eskéntu nitizun.

Tu les offris.

masc. et *fém.*	eskéntu hutian,
resp.	eskéntu zuntian.

Il les offrit.

indéf.	eskéntu zutian,
masc.	eskéntu zitián ou zitiyán,
fém.	eskéntu zitiñán,
resp.	eskéntu zitizun.

Nous les offrîmes.

indéf.	eskéntu guntian,
masc.	eskéntu gintián,
fém.	eskéntu gintiñán,
resp.	eskéntu gintizun.

Vous les offrîtes.

indéf.	eskéntu zuntién.

Ils les offrirent.

indéf.	eskéntu zutién,
masc.	eskéntu zitiéyan,
fém.	eskéntu zitiéñan,
resp.	eskéntu zitizién.

Relations indirectes.

	J'offris à toi.		*Je les offris à toi.*
masc.	eskéntu néyan *ou* néiyan,	*masc.*	eskéntu néitzan *et* néitzayan,
fém.	eskéntu nénan *ou* néiñan,	*fém.*	eskéntu néitzañan,
resp.	eskéntu néizun.	*resp.*	eskéntu néitzun.

	Je l'offris à lui.		*Je les offris à lui.*
indéf.	eskéntu néyon,	*indéf.*	eskéntu néitzon,
masc.	eskéntu nióyan,	*masc.*	eskéntu nitzóyan,
fém.	eskéntu niónan,	*fém.*	eskéntu nitzóñan,
resp.	eskéntu niózun.	*resp.*	eskéntu nitzózun *et* niótzun.

Et le reste comme au temps précédent, en changeant *eskéntzen* en *eskéntu*.
On conjugue de même, en modifiant l'adjectif verbal :
Eskéntu úken zian qui ajoute une idée d'antériorité au temps précédent ;
Eskentúrik zian, il l'avait offert ; *eskentúrik zutian*, ils les avaient offerts ;
Eskentúrik úkhen zian, il l'avait eu offert.

PASSÉ PROPOSITIF OU CONDITIONNEL.

Forme à complément direct singulier.		**Forme à complément direct pluriel.**	
Je l'aurais offert (habia de ofrecer).		*Je les aurais offerts.*	
indéf.	eskentúren nian (1),	*indéf.*	eskentúren nutian,
masc.	eskentúren nián,	*masc.*	eskentúren nitián,
fém.	eskentúren niñán,	*fém.*	eskentúren nitiñán,
resp.	eskentúren nizun.	*resp.*	eskentúren nitizun.
Tu l'aurais offert.		*Tu les aurais offerts.*	
masc. et fém.	eskentúren hian,	*masc. et fém.*	eskentúren hutian,
resp.	eskentúren zunian.	*resp.*	eskentúren zuntian.
Il l'aurait offert.		*Il les aurait offerts.*	
indéf.	eskentúren zian,	*indéf.*	eskentúren zutian,
masc.	eskentúren zián,	*masc.*	eskentúren zitián,
fém.	eskentúren ziñán,	*fém.*	eskentúren zitiñán,
resp.	eskentúren zizun.	*resp.*	eskentúren zitizun.

---

(1) Ce temps s'exprime plus élégamment par le conditionnel passé simple : *eskéntu nukian*, *eskéntu hukian*, etc.

INDICATIF PASSÉ. — FORMES RÉGIES.

Nous l'aurions offert.   *Nous les aurions offerts.*

indéf.	eskentúren gunián,		*indéf.*	eskentúren guntian,
masc.	eskentúren giniáu,		*masc.*	eskentúren gintián,
fém.	eskentúren giniñán,		*fém.*	eskentúren gintiñán,
resp.	eskentúren ginízun,		*resp.*	eskentúren gintízun.

Vous l'auriez offert.   *Vous les auriez offerts.*

indéf. eskentúren zunién.   *indéf.* eskentúren zuntién.

Ils l'auraient offert.   *Ils les auraient offerts.*

indéf.	eskentúren zién,		*indéf.*	eskentúren zutién,
masc.	eskentúren ziéyan,		*masc.*	eskentúren zitiéyan,
fém.	eskentúren ziéñan,		*fém.*	eskentúren zitiéñan,
resp.	eskentúren zizién.		*resp.*	eskentúren zitizién.

Relations indirectes.

Je l'aurais offert à toi.   *Je les aurais offerts à toi.*

masc.	eskentúren néyan,		*masc.*	eskentúren néitzan,
fém.	eskentúren néñan,		*fém.*	eskentúren néitzañan,
resp.	eskentúren néizun.		*resp.*	eskentúren néitzun.

Et le reste comme dans le passé imparfait, en changeant *eskéntzen* en *eskentúren*.

INDICATIF PASSÉ.

FORME RÉGIE POSITIVE.

PASSÉ IMPARFAIT.

Que je l'offrais.   *Que je les offrais.*

indéf. eskéntzen niála.   *indéf.* eskéntzen nutiála.

Que tu l'offrais.   *Que tu les offrais.*

masc. et *fém.*	eskéntzen hiála,		*masc.* et *fém.*	eskéntzen hutiála,
resp.	eskéntzen zuniála.		*resp.*	eskéntzen zuniála.

Qu'il l'offrait.   *Qu'il les offrait.*

indéf. eskéntzen ziála.   *indéf.* eskéntzen zutiála.

VOIX TRANSITIVE.

	Que nous l'offrions.		*Que nous les offrions.*
indéf.	eskéntzen guniála.	*indéf.*	eskéntzen guntiála.
	Que vous l'offriez.		*Que vous les offriez.*
indéf.	eskéntzen zuniéla.	*indéf.*	eskéntzen zuntiéla.
	Qu'ils l'offraient.		*Qu'ils les offraient.*
indéf.	eskéntzen ziéla.	*indéf.*	eskéntzen zutiéla.

Relations indirectes.

	Que j'offrais à toi.		*Que je les offrais à toi.*
masc.	eskéntzen néyala *ou* néiyala,	*masc.*	eskéntzen néitzayala,
fém.	eskéntzen néñala *ou* nčiñala,	*fém.*	eskéntzen néitzañala,
resp.	eskéntzen néizula.	*resp.*	eskéntzen néitzula.
	Que j'offrais à lui.		*Que je les offrais à lui.*
indéf.	eskéntzen néyola.	*indéf.*	eskéntzen néitzola.
	Que j'offrais à vous.		*Que je les offrais à vous.*
indéf.	eskéntzen néiziela.	*indéf.*	eskéntzen néitziela.
	Que j'offrais à eux.		*Que je les offrais à eux.*
indéf.	eskéntzen néyela.	*indéf.*	eskéntzen néitzela.
	Que tu l'offrais à moi.		*Que tu les offrais à moi.*
m. et f.	eskéntzen héitala *et* héitadala,	*m. et f.*	eskéntzen héiztala *et* héiztadala.
resp.	eskéntzen zenéitala *et* zenéitadala.	*resp.*	eskéntzen zenéiztala *et* zenéiztadala.
	Que tu l'offrais à lui.		*Que tu les offrais à lui.*
masc. et fém.	eskéntzen héyola,	*masc. et fém.*	eskéntzen héitzola,
resp.	eskéntzen zenéyola.	*resp.*	eskéntzen zenéitzola.
	Que tu l'offrais à nous.		*Que tu les offrais à nous.*
masc. et fém.	eskéntzen héikula,	*masc. et fém.*	eskéntzen héizkula,
resp.	eskéntzen zenéikula.	*resp.*	eskéntzen zenéizkula.
	Que tu l'offrais à eux.		*Que tu les offrais à eux.*
masc. et fém.	eskéntzen héyela,	*masc. et fém.*	eskéntzen héitzela,
resp.	eskéntzen zenéyela.	*resp.*	eskéntzen zenéitzela.
	Qu'il l'offrait à moi.		*Qu'il les offrait à moi.*
indéf.	eskéntzen zéitala *et* zéitadala.	*indéf.*	eskéntzen zéiztala *et* zéiztadala.
	Qu'il l'offrait à toi.		*Qu'il les offrait à toi.*
masc.	eskéntzen zéiyala,	*masc.*	eskéntzen zéitzala,
fém.	eskéntzen zéiñala,	*fém.*	eskéntzen zéitzañala,
resp.	eskéntzen zéizula.	*resp.*	eskéntzen zéitzula.
	Qu'il l'offrait à lui.		*Qu'il les offrait à lui.*
indéf.	eskéntzen zéyola.	*indéf.*	eskéntzen zéitzola.

INDICATIF PASSÉ. — FORMES RÉGIES.

Qu'il l'offrait à nous.
indéf. eskéntzen zéikula.
Qu'il l'offrait à vous.
indéf. eskéntzen zéiziela.
Qu'il l'offrait à eux.
indéf. eskéntzen zéyela.
Que nous l'offrions à toi.
masc. eskéntzen genéyala *ou* genéiyala
fém. eskéntzen genéñala *ou* genéinala
resp. eskéntzen genéizula.
Que nous l'offrions à lui.
indéf. eskéntzen genéyola.
Que nous l'offrions à vous.
indéf. eskéntzen genéiziela.
Que nous l'offrions à eux.
indéf. eskéntzen genéyela.
Que vous l'offriez à moi.
indéf. eskéntzen zenéitadela *et* zenéitaziela.
Que vous l'offriez à lui.
indéf. eskéntzen zenéyoela *et* zenóziela.
Que vous l'offriez à nous.
indéf. eskéntzen zenéikuyela *et* zenéikuziela.
Que vous l'offriez à eux.
indéf. eskéntzen zenéyela *et* zenéziela.
Qu'ils l'offraient à moi.
indéf. eskéntzen zéitadela *ou* zéitayela.
Qu'ils l'offraient à toi.
masc. eskéntzen zéyiala *ou* zéyeala,
fém. eskéntzen zéyeñala,
resp. eskéntzen zéiziela.
Qu'ils l'offraient à lui.
indéf. eskéntzen zéyoela.
Qu'ils l'offraient à nous.
indéf. eskéntzen zéikuyela.
Qu'ils l'offraient à vous.
indéf. eskéntzen zéiziela.

Qu'il les offrait à nous.
indéf. eskéntzen zéizkula.
Qu'il les offrait à vous.
indéf. eskéntzen zéitziela.
Qu'il les offrait à eux.
indéf. eskéntzen zéitzela.
Que nous les offrions à toi.
masc. eskéntzen genéitzayala,
fém. eskéntzen genéitzañala,
resp. eskéntzen genéitzula.
Que nous les offrions à lui.
indéf. eskéntzen genéitzola.
Que nous les offrions à vous.
indéf. eskéntzen genéitziela.
Que nous les offrions à eux.
indéf. eskéntzen genéitzela.
Que vous les offriez à moi.
indéf. eskéntzen zenéiztadela *et* zenéiztatziela
Que vous les offriez à lui.
indéf. eskéntzen zenéitzoela *et* zenótziela.
Que vous les offriez à nous.
ind. eskéntzen zenéizkuyela *et* zenéizkutziela
Que vous les offriez à eux.
indéf. eskéntzen zenéitzela *et* zenétziela.
Qu'ils les offraient à moi.
indéf. eskéntzen zéiztadela *ou* zéiztayela.
Qu'ils les offraient à toi.
masc. eskéntzen zéitzeyala,
fém. eskéntzen zéitzeñala,
resp. eskéntzen zéitziela.
Qu'ils les offraient à lui.
indéf. eskéntzen zéitzoela.
Qu'ils les offraient à nous.
indéf. eskéntzen zéizkuyela.
Qu'ils les offraient à vous.
indéf. eskéntzen zéitziela.

VOIX TRANSITIVE.

Qu'ils l'offraient à eux.   *Qu'ils les offraient à eux.*
indéf. eskéntzen zéyiela *ou* zéyeela.   *indéf.* eskéntzen zéitzeyela.

Relations personnelles directes.

Que je t'offrais (*que j'offrais toi*).   *Que je vous offrais.*
masc. et *fém.* eskéntzen hundudála,   *indéf.* eskéntzen zuntiédala.
resp. eskéntzen zuntudála.

Que tu m'offrais.   *Que tu nous offrais.*
masc. eskéntzen nunduyála,   *masc.* eskéntzen guntuyála,
fém. eskéntzen nundúñala,   *fém.* eskéntzen guntuñála,
resp. eskéntzen nunduzúla.   *resp.* eskéntzen guntuzúla.

Qu'il m'offrait.   *Qu'il nous offrait.*
indéf. eskéntzen nundiála.   *indéf.* eskéntzen guntiála.

Qu'il t'offrait.   *Qu'il vous offrait.*
masc. et *fém.* eskéntzen hundiála,   *indéf.* eskéntzen zuntiéla.
resp. eskéntzen zuntiála.

Que nous t'offrions.   *Que nous vous offrions.*
masc. et *fém.* eskéntzen hundugúla,   *indéf.* eskéntzen zuntiégula.
resp. eskéntzen zuntugúla.

Que vous m'offriez.   *Que vous nous offriez.*
indéf. eskéntzen nunduziéla.   *indéf.* eskéntzen guntuziéla.

Qu'ils m'offraient.   *Qu'ils nous offraient.*
indéf. eskéntzen nundiéla.   *indéf.* eskéntzen guntiéla.

Qu'ils t'offraient.   *Qu'ils vous offraient.*
masc. et *fém.* eskéntzen hundiéla,   *indéf.* eskéntzen zuntiéla.
resp. eskéntzen zuntiéla.

PASSÉ PARFAIT.

Que j'offris ou *que j'avais offert.*   *Que je les offris* ou *que je les avais offerts.*
indéf. eskéntu niála.   *indéf.* eskéntu nutiála.

Que tu l'avais offert.   *Que tu les avais offerts.*
masc. et *fém.* eskéntu hiála,   *masc.* et *fém.* eskéntu hutiála,
resp. eskéntu zuniála.   *resp.* eskéntu zuntiála.

Qu'il l'avait offert.   *Qu'il les avait offerts.*
indéf. eskéntu ziála.   *indéf.* eskéntu zutiála.

PASSÉ. — PROPOSITIF OU CONDITIONNEL.

Que nous l'avions offert.
indéf. eskéntu guniúla.

Que vous l'aviez offert.
indéf. eskéntu zuniéla.

Qu'ils l'avaient offert.
indéf. eskéntu ziéla.

Que nous les avions offerts.
indéf. eskéntu guntiála.

Que vous les aviez offerts.
indéf. eskéntu zuntiéla.

Qu'ils les avaient offerts.
indéf. eskéntu zutiéla.

Relations indirectes.

Que je l'offris ou avais offert à toi.
masc. eskéntu néyala,
fém. eskéntu néñala,
resp. eskéntu néizula.

Que je les offris ou avais offerts à toi.
masc. eskéntu néitzayala,
fém. eskéntu néitzañala,
resp. eskéntu néitzula.

Et le reste comme dans le temps précédent, en changeant *eskéntzen* en *eskéntu*.

PASSÉ. — PROPOSITIF OU CONDITIONNEL.

Que je l'aurais offert.
indéf. eskentúren niála.

Que tu l'aurais offert.
masc. et fém. eskentúren hiála,
resp. eskentúren zuniála.

Qu'il l'aurait offert.
indéf. eskentúren ziála.

Que nous l'aurions offert.
indéf. eskentúren guniála.

Que vous l'auriez offert.
indéf. eskentúren zuniéla.

Qu'ils l'auraient offert.
indéf. eskentúren ziéla.

Que je les aurais offerts.
indéf. eskentúren nutiála.

Que tu les aurais offerts.
masc. et fém. eskentúren hutiála,
resp. eskentúren zuntiála.

Qu'il les aurait offerts.
indéf. eskentúren zutiála.

Que nous les aurions offerts.
indéf. eskentúren guntiála.

Que vous les auriez offerts.
indéf. eskentúren zuntiéla.

Qu'ils les auraient offerts.
indéf. eskentúren zutiéla.

Relations indirectes.

Que je l'aurais offert à toi.
masc. eskentúren néyala,
fém. eskentúren néñala,
resp. eskentúren néizula.

Que je les aurais offerts à toi.
masc. eskentúren nóitzayala,
fém. eskentúren néitzañala,
resp. eskentúren néitzula.

Que je l'aurais offert à lui.	*Que je les aurais offerts à lui.*
indéf. eskentúren néyola.	*indéf.* eskentúren néitzola.

Et le reste comme au présent, en changeant *eskéntzen* en *eskentúren*.

FORME RÉGIE EXQUISITIVE.

Nous nous abstiendrons de la donner ici, parce qu'elle ne diffère de la forme capitale qu'en ce qu'elle n'admet pas la variété des traitements lorsque la 2ᵐᵉ personne n'est ni sujet ni régime.

FORME INCIDENTE.

PASSÉ IMPARFAIT.

Comme..... lequel.... ce que.... où.... quand.... *nóla... zóin... zér-ere.... nón... nóiz-ere.*

J'offrais.		*Je les offrais.*	
indéf. eskéntzen benían *et* beinian.		*indéf.* eskéntzen benutían *et* beinutían.	
Tu offrais.		*Tu les offrais.*	
masc. et fém.	eskéntzen behian,	*masc. et fém.*	eskéntzen behutian,
resp.	eskéntzen beitzunian.	*resp.*	eskéntzen beitzuntian.
Il offrait.		*Il les offrait.*	
indéf. eskéntzen beitzian.		*indéf.* eskéntzen beitzutian.	
Nous offrions.		*Nous les offrions.*	
indéf. eskéntzen beikunian.		*indéf.* eskéntzen beikuntian.	
Vous offriez.		*Vous les offriez.*	
indéf. eskéntzen beitzuniën.		*indéf.* eskéntzen beitzuntién.	
Ils offraient.		*Ils les offraient.*	
indéf. eskéntzen beitzién.		*indéf.* eskéntzen beitzutién.	

Relations indirectes.

J'offrais à toi.		*Je les offrais à toi.*	
masc.	eskéntzen benéyan *ou* benéïyan,	*masc.*	eskéntzen benéitzayan,
fém.	eskéntzen benénan *ou* benéïñan,	*fém.*	eskéntzen benéitzañan,
resp.	eskéntzen benéizun.	*resp.*	eskéntzen benéitzun.

INDICATIF PASSÉ. — FORME D'INCIDENCE.

J'offais à lui.
- *indéf.* eskéntzen benéyon.

J'offrais à vous.
- *indéf.* eskéntzen benéizien.

J'offrais à eux.
- *indéf.* eskéntzen benéyen.

Tu offrais à moi.
- *masc.* et *fém.* eskéntzen behéitan,
- *resp.* eskéntzen beïtzenéitan.

Tu offrais à lui.
- *masc.* et *fém.* eskéntzen behéyon,
- *resp.* eskéntzen beïtzenéyon.

Tu offrais à nous.
- *masc.* et *fém.* eskéntzen behéikun,
- *resp.* eskéntzen beitzenéikun.

Tu offrais à eux.
- *masc.* et *fém.* eskéntzen behéyen,
- *resp.* eskéntzen beitzenéyen.

Il offrait à moi.
- *indéf.* eskéntzen beïtzéitan *et* beitzéitadan.

Il offrait à toi.
- *masc.* eskéntzen beitzéyan,
- *fém.* eskéntzen beïtzeñan,
- *resp.* eskéntzen beïtzéizun.

Il offrait à lui.
- *indéf.* eskéntzen beitzéyon.

Il offrait à nous.
- *indéf.* eskéntzen beitzéikun.

Il offrait à vous.
- *indéf.* eskéntzen beïtzeizién.

Il offrait à eux.
- *indéf.* eskéntzen beitzéyen.

Nous offrions à toi.
- *masc.* eskéntzen beïkenéyan,
- *fém.* eskéntzen beïkenéñan,
- *resp.* eskéntzen beïkenéizun.

Je les offrais à lui.
- *indéf.* eskéntzen benéitzon.

Je les offrais à vous.
- *indéf.* eskéntzen benéitzien.

Je les offrais à eux.
- *indéf.* eskéntzen benéitzen.

Tu les offrais à moi.
- *masc.* et *fém.* eskéntzen behéiztan,
- *resp.* eskéntzen beïtzenéiztan.

Tu les offrais à lui.
- *masc.* et *fém.* eskéntzen behéitzon,
- *resp.* eskéntzen beïtzenéitzon.

Tu les offrais à nous.
- *masc.* et *fém.* eskéntzen behéizkun,
- *resp.* eskéntzen beïtzenéizkun.

Tu les offrais à eux.
- *masc.* et *fém.* eskéntzen behéitzen,
- *resp.* eskéntzen beïtzenéitzen.

Il les offrait à moi.
- *indéf.* eskéntzen beïtzéiztan *et* beïtzéiztadan.

Il les offrait à toi.
- *masc.* eskéntzen beïtzéitzayan *et* beïtzeitzán,
- *fém.* eskéntzen beïtzéitzañan,
- *resp.* eskéntzen beïtzéitzun.

Il les offrait à lui.
- *indéf.* eskéntzen beitzéitzon.

Il les offrait à nous.
- *indéf.* eskéntzen beitzéizkun.

Il les offrait à vous.
- *indéf.* eskéntzen beitzeitzién.

Il les offrait à eux.
- *indéf.* eskéntzen beitzéitzen.

Nous les offrions à toi.
- *m.* eskéntzen beïkenéitzayan *et* beïkenéitzán,
- *f.* eskéntzen beïkenéitzañan,
- *r.* eskéntzen beïkenéitzun.

	Nous offrions à lui.		*Nous les offrions à lui.*
indéf.	eskéntzen beikenéyon.	*indéf.*	eskéntzen beikenéitzon.
	Nous offrions à vous.		*Nous les offrions à vous.*
indéf.	eskéntzen beikenéizien.	*indéf.*	eskéntzen beikenéitzien.
	Nous offrions à eux.		*Nous les offrions à eux.*
indéf.	eskéntzen beikenéyen.	*indéf.*	eskéntzen beikenéitzen.
	Vous offriez à moi.		*Vous les offriez à moi.*
indéf.	eskéntzen beitzenéitaden *et* beitzenéitazien.	*indéf.*	eskéntzen beitzenéiztaden *et* beitzenéiztatzien.
	Vous offriez à lui.		*Vous les offriez à lui.*
indéf.	eskéntzen beitzenéyoen *et* beitzenózien.	*indéf.*	eskéntzen beitzenéitzoen *et* beizenótzien.
	Vous offriez à nous.		*Vous les offriez à nous.*
indéf.	eskéntzen beitzenéikuyen *et* beitzenéikuzien.	*indéf.*	eskéntzen beitzenéizkuyen *et* beizenéizkutzien.
	Vous offriez à eux.		*Vous les offriez à eux.*
indéf.	eskéntzen beitzenéyen *et* beitzenézien.	*indéf.*	eskéntzen beitzenéitzen *et* beitzenétzieu.
	Ils offraient à moi.		*Ils les offraient à moi.*
indéf.	eskéntzen beitzéitayen *ou*... den.	*indéf.*	eskéntzen beitzéiztayen *ou*... den.
	Ils offraient à toi.		*Ils les offraient à toi.*
masc.	eskéntzen beitzéyean,	*masc.*	eskéntzen beitzéitzeyan,
fém.	eskéntzen beitzéyeñan,	*fém.*	eskéntzen beitzéitzeñan,
resp.	eskéntzen beitzéizien.	*resp.*	eskéntzen beitzéitzien.
	Ils offraient à lui.		*Ils les offraient à lui.*
indéf.	eskéntzen beitzéyoen.	*indéf.*	eskéntzen beitzéitzoen.
	Ils offraient à nous.		*Ils les offraient à nous.*
indéf.	eskéntzen beitzéikuyen.	*indéf.*	eskéntzen beitzéizkuyen.
	Ils offraient à vous.		*Ils les offraient à vous.*
indéf.	eskéntzen beitzeizien.	*indéf.*	eskéntzen beitzeitzien.
	Ils offraient à eux.		*Ils les offraient à eux.*
indéf.	eskéntzen beitzéyeen *ou* beitzéyien.	*indéf.*	eskéntzen beitzéitzeen *et* beitzéitzeyen

Relations personnelles.

	Je t'offrais.		*Je vous offrais.*
masc. et fém.	eskéntzen behundúdan,	*indéf.*	eskéntzen beitzuntiédan.
resp.	eskéntzen beitzuntúdan.		

INDICATIF PASSÉ. — FORME D'INCIDENCE.

Tu m'offrais.
masc. eskéntzen henunduyán *et* henundión,
fém. eskéntzen henunduñán,
resp. eskéntzen henundúzun.

Il m'offrait.
indéf. eskéntzen henundian.

Il t'offrait.
masc. et fém. eskéntzen behundian,
resp. eskéntzen beitzuntian.

Nous t'offrions.
masc. et fém. eskéntzen behundúgun,
resp. eskéntzen beitzuntúgun.

Vous m'offrez.
indéf. eskéntzen henunduzien.

Ils m'offraient.
indéf. eskéntzen henundien.

Ils t'offraient.
masc. et fém. eskéntzen behundien,
resp. eskéntzen beitzuntien.

Tu nous offrais.
masc. eskéntzen beikuntuyán *et* beikuntián,
fém. eskéntzen beikuntuñán,
resp. eskéntzen beikuntúzun.

Il nous offrait.
indéf. eskéntzen beikuntian.

Il vous offrait.
indéf. eskéntzen beitzuntién.

Nous vous offrions.
indéf. eskéntzen beitzuntiégun.

Vous nous offrez.
indéf. eskéntzen beikuntuzien.

Ils nous offraient.
indéf. eskéntzen beikuntién.

Ils vous offraient.
indéf. eskéntzen beitzuntién.

PARFAIT.

J'offris ou j'avais offert.
indéf. eskéntu benian.

Tu offris ou tu avais offert.
masc. et fém. eskéntu behian,
resp. eskéntu beitzunian.

Il offrit ou il avait offert.
indéf. eskéntu beitzian.

Nous offrîmes ou nous avions offert.
indéf. eskéntu beikunian.

Vous offrîtes ou vous aviez offert.
indéf. eskéntu beitzunién.

Ils offrirent ou ils avaient offert.
indéf. eskéntu beitzién.

Je les offris ou je les avais offerts.
indéf. eskéntu benutián.

Tu les offris.
masc. et fém. eskéntu behutian,
resp. eskéntu beitzuntian.

Il les offrit.
indéf. eskéntu beitzutian.

Nous les offrîmes.
indéf. eskéntu beikuntian.

Vous les offrîtes.
indéf. eskéntu beitzuntien.

Ils les offrirent.
indéf. eskéntu beitzutién.

En substituant *eskéntu* à *eskéntzen*, on aura dans le temps précédent les autres terminaisons.

VOIX TRANSITIVE.

PASSÉ PROPOSITIF OU CONDITIONNEL.

J'aurais offert.
indéf. eskentúren benian *et* beinian.

Tu aurais offert.
masc. et *fém.* eskentúren behian,
resp. eskentúren beitzunian

Il aurait offert.
indéf. eskentúren beitzian.

Nous aurions offert.
indéf. eskentúren beikunian.

Vous auriez offert.
indéf. eskentúren beitzunién.

Ils auraient offert.
indéf. eskentúren beitzién.

Je les aurais offerts.
indéf. eskentúren benutian.

Tu les aurais offerts.
masc. et *fém.* eskentúren behutian,
resp. eskentúren beitzuntian.

Il les aurait offerts.
indéf. eskentúren beitzutian.

Nous les aurions offerts.
indéf. eskentúren beikuntian.

Vous les auriez offerts.
indéf. eskentúren beitzuntién.

Ils les auraient offerts.
indéf. eskentúren beitzutién.

En changeant *eskéntzen* en *eskentúren*, on aura dans la conjugaison du présent les autres terminatifs de ce temps.

INDICATIF.

FORME CAPITALE.

FUTUR. — PARFAIT.

Forme indéfinie ou à complément direct singulier.

Je l'aurai offert ou j'aurai offert.

indéf.	eskéntu dúket,
masc.	eskéntu dikeyát,
fém.	eskéntu dikeñát,
resp.	eskéntu dikézut *et* diket.

Tu l'auras offert.

masc.	eskéntu dúkek,
fém.	eskéntu dúken,
resp.	eskéntu dukèzu.

Il l'aura offert.

indéf.	eskéntu dúke,
masc.	eskéntu díkek,
fém.	eskéntu díken,
resp.	eskéntu dikézu.

Nous l'aurons offert.

indéf.	eskéntu dukégu,
masc.	eskéntu dikeyágu,
fém.	eskéntu dikeñágu,
resp.	eskéntu dikezúgu.

Vous l'aurez offert.

indéf.	eskéntu dukezie.

Ils l'auront offert.

indéf.	eskéntu dukeyé *et* dukie,
masc.	eskéntu dikeyé,
fém.	eskéntu dikeñé,
resp.	eskéntu dikezie.

Forme à complément direct pluriel.

Je les aurai offerts.

indéf.	eskéntu dutúket,
masc.	eskéntu ditikeyát,
fém.	eskéntu ditikeñát,
resp.	eskéntu ditikézut *et* ditiket.

Tu les auras offerts.

masc.	eskéntu dutúkek,
fém.	eskéntu dutúken,
resp.	eskéntu dutukézu.

Il les aura offerts.

indéf.	eskéntu dutúke,
masc.	eskéntu ditíkek,
fém.	eskéntu ditíken,
resp.	eskéntu ditikézu.

Nous les aurons offerts.

indéf.	eskéntu dutukégu,
masc.	eskéntu ditikeyágu,
fém.	eskéntu ditikeñágu,
resp.	eskéntu ditikezúgu.

Vous les aurez offerts.

indéf.	eskéntu dutukezie.

Ils les auront offerts.

indéf.	eskéntu dutukeyé *et* dutukie,
masc.	eskéntu ditikeyé,
fém.	eskéntu ditikeñé,
resp.	eskéntu ditikezie.

VOIX TRANSITIVE.

Relations indirectes.

Je l'aurai offert à toi.

masc.	eskéntu déikeyat,
fém.	eskéntu déikeñat,
resp.	eskéntu déikezut.

Je l'aurai offert à lui.

indéf.	eskéntu déikot,
masc.	eskéntu dikióyat,
fém.	eskéntu dikióñat,
resp.	eskéntu dikiózut *et* dikiót.

Je l'aurai offert à vous.

indéf.	eskéntu déikeziet.

Je l'aurai offert à eux.

indéf.	eskéntu deikét *et* déikeet,
masc.	eskéntu dikiéyat,
fém.	eskéntu dikiéñat,
resp.	eskéntu dikiézut *et* dikiét.

Tu l'auras offert à moi.

masc.	eskéntu déikedak,
fém.	eskéntu déikedan,
resp.	eskéntu déikedazu.

Tu l'auras offert à lui.

masc.	eskéntu deikók,
fém.	eskéntu deikón,
resp.	eskéntu deikózu.

Tu l'auras offert à nous.

masc.	eskéntu déikeguk,
fém.	eskéntu déikegun,
resp.	eskéntu déikegutzu.

Tu l'auras offert à eux.

masc.	eskéntu deikék *ou* déikeek,
fém.	eskéntu deikéñ *ou* déikeen,
resp.	eskéntu deikézu *ou* déikeezu.

Il l'aura offert à moi.

indéf.	eskéntu déiket,
masc.	eskéntu dikedak,
fém.	eskéntu dikedan,
resp.	eskéntu dikedazu.

Il l'aura offert à toi.

masc.	eskéntu déikek,
fém.	eskéntu déiken,
resp.	eskéntu déikezu.

Je les aurai offerts à toi.

masc.	eskéntu déizkeyat,
fém.	eskéntu déizkeñat,
resp.	eskéntu déizketzut.

Je les aurai offerts à lui.

indéf.	eskéntu déizkot,
masc.	eskéntu ditikióyat,
fém.	eskéntu ditikióñat,
resp.	eskéntu ditikiózut *et* ditikiót.

Je les aurai offerts à vous.

indéf.	eskéntu déizketziet.

Je les aurai offerts à eux.

indéf.	eskéntu deizkét *et* déizkeet,
masc.	eskéntu ditikiéyat,
fém.	eskéntu ditikiéñat,
resp.	eskéntu ditikiézut *et* ditikiét.

Tu les auras offerts à moi.

masc.	eskéntu déizkedak,
fém.	eskéntu déizkedan,
resp.	eskéntu déizkedatzu.

Tu les auras offerts à lui.

masc.	eskéntu deizkók,
fém.	eskéntu deizkón,
resp.	eskéntu deizkótzu.

Tu les auras offerts à nous.

masc.	eskéntu déizkeguk,
fém.	eskéntu déizkegun,
resp.	eskéntu déizkegutzu.

Tu les auras offerts à eux.

masc.	eskéntu deizkék *ou* déizkeek,
fém.	eskéntu deizkéñ,
resp.	eskéntu deizkétzu.

Il les aura offerts à moi.

indéf.	eskéntu déizket,
masc.	eskéntu dizkedak *et* ditikédak,
fém.	eskéntu dizkedan *et* ditikédan,
resp.	eskéntu dizkedatzu *et* ditikedátzu

Il les aura offerts à toi.

masc.	eskéntu déizkek,
fém.	eskéntu déizken,
resp.	eskéntu déizketzu.

INDICATIF. — FUTUR.

Il l'aura offert à lui.

indéf.	eskéntu deikó,
masc.	eskéntu dikiók,
fém.	eskéntu dikión,
resp.	eskéntu dikiózu.

Il les aura offerts à lui.

indéf.	eskéntu déizko,
masc.	eskéntu dizkiók et ditikiók,
fém.	eskéntu dizkión et ditikión,
resp.	eskéntu dizkiótzu et ditikiótzu.

Il l'aura offert à nous.

indéf.	eskéntu déikegu,
masc.	eskéntu dikéguk,
fém.	eskéntu dikégun,
resp.	eskéntu dikegúzu.

Il les aura offerts à nous.

indéf.	eskéntu déizkegu,
masc.	eskéntu dizkeguk et ditikéguk,
fém.	eskéntu dizkegun et ditikégun,
resp.	eskéntu dizkegútzu et ditikegútzu

Il l'aura offert à vous.

indéf.	eskéntu déikezie.

Il les aura offerts à vous.

indéf.	eskéntu déizketzie.

Il l'aura offert à eux.

indéf.	eskéntu deiké,
masc.	eskéntu dikiék,
fém.	eskéntu dikién,
resp.	eskéntu dikiézu,

Il les aura offerts à eux.

indéf.	eskéntu deizké,
masc.	eskéntu ditikiék et dizkiék,
fém.	eskéntu ditikién et dizkién,
resp.	eskéntu ditikiézu et dizkiétzu.

Nous l'aurons offert à toi.

masc.	eskéntu déikeyagu,
fém.	eskéntu déikeñagu,
resp.	eskéntu déikezugu.

Nous les aurons offerts à toi.

masc.	eskéntu déizkeyagu,
fém.	eskéntu déizkeñagu,
resp.	eskéntu déizketzugu.

Nous l'aurons offert à lui.

indéf.	eskéntu déikogu et déikeogu,
masc.	eskéntu dikióyagu,
fém.	eskéntu dikióñagu,
resp.	eskéntu dikiózugu.

Nous les aurons offerts à lui.

indéf.	eskéntu déizkogu,
masc.	eskéntu ditikióyagu et dizkióyagu,
fém.	eskéntu ditikióñagu et dizkióñagu,
resp.	eskéntu ditikiózugu et dizkiótzugu

Nous l'aurons offert à vous.

indéf.	eskéntu déikeziegu.

Nous les aurons offerts à vous.

indéf.	eskéntu déizketziegu.

Nous l'aurons offert à eux.

indéf.	eskéntu deikégu ou deikeégu,
masc.	eskéntu dikiéyagu,
fém.	eskéntu dikiéñagu,
resp.	eskéntu dikiézugu.

Nous les aurons offerts à eux.

indéf.	eskéntu deizkégu ou deizkeégu,
masc.	eskéntu ditikiéyagu,
fém.	eskéntu ditikiéñagu,
resp.	eskéntu ditikiózugu.

Vous l'aurez offert à moi.

indéf.	eskéntu déikedazie.

Vous les aurez offerts à moi.

indéf.	eskéntu déizkedatzie.

Vous l'aurez offert à lui.

indéf.	eskéntu déikozie et déikeozie.

Vous les aurez offerts à lui.

indéf.	eskéntu déizketzie.

Vous l'aurez offert à nous.

indéf.	eskéntu déikeguzie.

Vous les aurez offerts à nous.

indéf.	eskéntu déizkegutzie.

VOIX TRANSITIVE.

Vous l'aurez offert à eux.

indéf. eskéntu deikeézie.

Ils l'auront offert à moi.

indéf. eskéntu déikede,
masc. eskéntu díkedie,
fém. eskéntu díkedañe,
resp. eskéntu dikedazie.

Ils l'auront offert à toi.

masc. eskéntu déikeye,
fém. eskéntu déikeñe,
resp. eskéntu déikezie.

Ils l'auront offert à lui.

indéf. eskéntu déikoye et déikoe,
masc. eskéntu dikióye,
fém. eskéntu dikióñe,
resp. eskéntu dikiózie.

Ils l'auront offert à nous.

indéf. eskéntu deikegié,
masc. eskéntu dikegió,
fém. eskéntu dikeguñé,
resp. eskéntu dikeguzie.

Ils l'auront offert à vous.

indéf. eskéntu deikezié et deikeézie.

Ils l'auront offert à eux.

indéf. eskéntu deikeyé et deikeéye,
masc. eskéntu dikièye,
fém. eskéntu dikiéñe,
resp. eskéntu dikièzie.

Vous les aurez offerts à eux.

indéf. eskéntu deizkeétzie.

Ils les auront offerts à moi.

indéf. eskéntu déizkede,
masc. eskéntu dizkedie,
fém. eskéntu dizkedañe,
resp. eskéntu dizkedatzie.

Ils les auront offerts à toi.

masc. eskéntu déizkeye,
fém. eskéntu déizkeñe,
resp. eskéntu déizketzie.

Ils les auront offerts à lui.

indéf. eskéntu déizkoye et déizkoe,
masc. eskéntu ditikióye,
fém. eskéntu ditikióñe,
resp. eskéntu ditikiózie.

Ils les auront offerts à nous.

indéf. eskéntu deizkegié,
masc. eskéntu dizkegié,
fém. eskéntu dizkeguñé,
resp. eskéntu dizkegutzie.

Ils les auront offerts à vous.

indéf. eskéntu deizketzié et deizkeétzie.

Ils les auront offerts à eux.

indéf. eskéntu deizkeyé et deizkeéye,
masc. eskéntu ditikiéye et dizkièye,
fém. eskéntu ditikiéñe et dizkiéñe,
resp. eskéntu ditikièzie et dizkiétzie.

Relations personnelles.

Je t'aurai offert (j'aurai offert toi).

masc. et *fém.* eskéntu háiket,
resp. eskéntu zutúket.

Tu m'auras offert.

masc. eskéntu náikek,
fém. eskéntu náiken,
resp. eskéntu náikezu.

Je vous aurai offerts.

indéf. eskéntu zutukiét.

Tu nous auras offerts.

masc. eskéntu gutúkek,
fém. eskéntu gutúken,
resp. eskéntu gutukézu.

INDICATIF. — FUTUR.

Il m'aura offert.

indéf.	eskéntu náike,
masc.	eskéntu nikek,
fém.	eskéntu niken,
resp.	eskéntu nikézu.

Il t'aura offert.

masc. et fém.	eskéntu háike,
resp.	eskéntu zutúke.

Nous t'aurons offert.

masc. et fém.	eskéntu háikegu,
resp.	eskéntu zutukégu.

Vous m'aurez offert.

indéf.	eskéntu náikezie.

Ils m'auront offert.

indéf.	eskéntu náikeye,
masc.	eskéntu nikeyé,
fém.	eskéntu nikené,
resp.	eskéntu nikezie.

Ils t'auront offert.

masc. et fém.	eskéntu haikeyé,
resp.	eskéntu zutukeyé.

Il nous aura offerts.

indéf.	eskéntu gutúke,
masc.	eskéntu gitikek,
fém.	eskéntu gitiken,
resp.	eskéntu gitikézu.

Il vous aura offerts.

indéf.	eskéntu zutukíe *et* zutuké.

Nous vous aurons offerts.

indéf.	eskéntu zutukiégu.

Vous nous aurez offerts.

indéf.	eskéntu gutukezie.

Ils nous auront offerts.

indéf.	eskéntu gutukeyé,
masc.	eskéntu gitikeyé,
fém.	eskéntu gitikené,
resp.	eskéntu gitikezie.

Ils vous auront offerts.

indéf.	eskéntu zutukiéye *et* zutukeyè.

On conjugue de même, en changeant l'adjectif verbal :
Eskentúrik dúke, il l'aura (déjà) offert ;
Eskentúrik úkhen dúke, il l'aura eu offert.

FUTUR PRÉSENT OU EN ACTION.

Forme à complément direct singulier.

Je l'offrirai (1) (je l'aurai en offre).

indéf.	eskéntzen dúket,
masc.	eskéntzen dikeyát,
fém.	eskéntzen dikenát,
resp.	eskéntzen dikéyut *ou* díket.

Forme à complément direct pluriel.

Je les offrirai.

indéf.	eskéntzen dutúket,
masc.	eskéntzen ditikeyát,
fém.	eskéntzen ditikenát,
resp.	eskéntzen ditikézut *ou* ditíket.

---

(1) *Je l'offrirai*, dans le sens de *je suis devant offrir*, s'exprime par le présent combiné avec le génitif de l'adjectif verbal : *eskentúren dut*. — Cette forme : *eskéntzen dúket*, mot à mot : *je l'aurai en offre*, signifie : *je serai en action d'offrir, en train d'offrir, je serai offrant.*

VOIX TRANSITIVE.

Tu l'offriras.

masc.	eskéntzen dúkek,		masc.	eskéntzen dutúkek,
fém.	eskéntzen dúken,		fém.	eskéntzen dutúken,
resp.	eskéntzen dukézu.		resp.	eskéntzen dutukézu.

Tu les offriras.

Il l'offrira.

indéf.	eskéntzen dúke,		indéf.	eskéntzen dutúke,
masc.	eskéntzen díkek,		masc.	eskéntzen ditíkek,
fém.	eskéntzen diken,		fém.	eskéntzen ditiken,
resp.	eskéntzen dikézu.		resp.	eskéntzen ditikézu.

Il les offrira.

Nous l'offrirons.

indéf.	eskéntzen dukégu,		indéf.	eskéntzen dutukégu,
masc.	eskéntzen dikeyágu,		masc.	eskéntzen ditikeyágu,
fém.	eskéntzen dikeñágu,		fém.	eskéntzen ditikeñágu,
resp.	eskéntzen dikezúgu.		resp.	eskéntzen ditikezúgu.

Nous les offrirons.

Vous l'offrirez.

indéf.	eskéntzen dukezie.		indéf.	eskéntzen dutukezie.

Vous les offrirez.

Ils l'offriront.

indéf.	eskéntzen dukeyé et dukie,		indéf.	eskéntzen dutukeyé et dutukie,
masc.	eskéntzen dikeyé,		masc.	eskéntzen ditikeyé,
fém.	eskéntzen dikeñé,		fém.	eskéntzen ditikeñé,
resp.	eskéntzen dikezie.		resp.	eskéntzen ditikezie.

Ils les offriront.

Relations indirectes.

Je l'offrirai à toi.

masc.	eskéntzen déikeyat,		masc.	eskéntzen déizkeyat,
fém.	eskéntzen déikeñat,		fém.	eskéntzen déizkeñat,
resp.	eskéntzen déikezut.		resp.	eskéntzen déizketzut.

Je les offrirai à toi.

Et le reste comme au temps précédent, en changeant *eskéntu* en *eskéntzen.*

FUTUR. — PARFAIT.

FORME RÉGIE POSITIVE.

—

Que je l'aurai offert.

indéf.	eskéntu dukedála.

Que je les aurai offerts.

indéf.	eskéntu dutukedála.

Que tu l'auras offert.

masc.	eskéntu dukeyála,
fém.	eskéntu dukeñála,
resp.	eskéntu dukezúla.

Que tu les auras offerts.

masc.	eskéntu dutukeyála,
fém.	eskéntu dutukeñála,
resp.	eskéntu dutukezúla.

INDICATIF. — FUTUR.

Qu'il l'aura offert.
indéf. eskéntu dukiála.

Que nous l'aurons offert.
indéf. eskéntu dukégula.

Que vous l'aurez offert.
indéf. eskéntu dukeziéla.

Qu'ils l'auront offert.
indéf. eskéntu dukiéla *et* dukeyéla.

Qu'il les aura offerts.
indéf. eskéntu dutukiála.

Que nous les aurons offerts.
indéf. eskéntu dutukegúla.

Que vous les aurez offerts.
indéf. eskéntu dutukeziéla.

Qu'ils les auront offerts.
indéf. eskéntu dutukiéla et dutukeyéla.

Relations indirectes.

Que je l'aurai offert à toi.

masc. eskéntu déikeyadala,
fém. eskéntu déikeñadala,
resp. eskéntu déikezudala.

Que je les aurai offerts à toi.

masc. eskéntu déizkeyadala,
fém. eskéntu déizkeñadala,
resp. eskéntu déizketzudala.

Que je l'aurai offert à lui.
indéf. eskéntu déikodala *et* deikeódala

Que je les aurai offerts à lui.
indéf. eskéntu déizkodala *et* deizkeódala

Que je l'aurai offert à vous.
indéf. eskéntu déikeziedala.

Que je les aurai offerts à vous.
indéf. eskéntu déizketziedala.

Que je l'aurai offert à eux.
indéf. eskéntu deikeédala.

Que je les aurai offerts à eux.
indéf. eskéntu deizkeédala.

Que tu l'auras offert à moi.

masc. eskéntu déikedayala,
fém. eskéntu déikedañala,
resp. eskéntu déikedazula.

Que tu les auras offerts à moi.

masc. eskéntu déizkedayala,
fém. eskéntu déizkedañala,
resp. eskéntu déizkedatzula.

Que tu l'auras offert à lui.

masc. eskéntu déikoyala *et* deikeóyala,
fém. eskéntu déikoñala,
resp. eskéntu déikozula.

Que tu les auras offerts à lui.

masc. eskéntu déizkoyala *et* deizkeóyala
fém. eskéntu déizkoñala,
resp. eskéntu déizkotzula.

Que tu l'auras offert à nous.

masc. eskéntu déikeguyala,
fém. eskéntu déikeguñala,
resp. eskéntu déikeguzula.

Que tu les auras offerts à nous.

masc. eskéntu déizkeguyala,
fém. eskéntu déizkeguñala,
resp. eskéntu déizkegutzula.

Que tu l'auras offert à eux.

masc. eskéntu deikeéyala,
fém. eskéntu deikeéñala,
resp. eskéntu deikeézula.

Que tu les auras offerts à eux.

masc. eskéntu deizkeéyala,
fém. eskéntu deizkeéñala,
resp. eskéntu deizkeétzula.

Qu'il l'aura offert à moi.
indéf. eskéntu déikedala.

Qu'il les aura offerts à moi.
indéf. eskéntu déizkedala.

Qu'il l'aura offert à toi.

masc. eskéntu déikeyala,
fém. eskéntu déikeñala,
resp. eskéntu déikezula.

Qu'il l'aura offert à lui.

indéf. eskéntu déikola.

Qu'il l'aura offert à nous.

indéf. eskéntu déikegula.

Qu'il l'aura offert à vous.

indéf. eskéntu déikeziela.

Qu'il l'aura offert à eux.

indéf. eskéntu déikela.

Que nous l'aurons offert à toi.

masc. eskéntu déikeyagula,
fém. eskéntu déikeñagula,
resp. eskéntu déikezugula.

Que nous l'aurons offert à lui.

indéf. eskéntu déikogula *et* deikeógula.

Que nous l'aurons offert à vous.

indéf. eskéntu deikeziégula.

Que nous l'aurons offert à eux.

indéf. eskéntu deikeégula.

Que vous l'aurez offert à moi.

indéf. eskéntu déikedaziela.

Que vous l'aurez offert à lui.

indéf. eskéntu déikoziela *et* deikeóziela.

Que vous l'aurez offert à nous.

indéf. eskéntu déikeguziela.

Que vous l'aurez offert à eux.

indéf. eskéntu deikeéziela.

Qu'ils l'auront offert à moi.

indéf. eskéntu déikedela.

Qu'ils l'auront offert à toi.

masc. eskéntu déikeyela,
fém. eskéntu déikeñela,
resp. eskéntu déikeziela.

Qu'il les aura offerts à toi.

masc. eskéntu déizkeyala,
fém. eskéntu déizkeñala,
resp. eskéntu déizketzula.

Qu'il les aura offerts à lui.

indéf. eskéntu déizkola.

Qu'il les aura offerts à nous.

indéf. eskéntu déizkegula.

Qu'il les aura offerts à vous.

indéf. eskéntu déizketziela.

Qu'il les aura offerts à eux.

indéf. eskéntu déizkela.

Que nous les aurons offerts à toi.

masc. eskéntu déizkeyagula,
fém. eskéntu déizkeñagula,
resp. eskéntu déizketzugula.

Que nous les aurons offerts à lui.

indéf. eskéntu déizkogula *et* deizkeógula

Que nous les aurons offerts à vous.

indéf. eskéntu deizketziégula.

Que nous les aurons offerts à eux.

indéf. eskéntu deizkeégula.

Que vous les aurez offerts à moi.

indéf. eskéntu déizkedatziela.

Que vous les aurez offerts à lui.

ind. eskéntu déizkotziela *et* deizkeótziela

Que vous les aurez offerts à nous.

indéf. eskéntu déizkegutziela.

Que vous les aurez offerts à eux.

indéf. eskéntu deizkeétziela.

Qu'ils les auront offerts à moi.

indéf. eskéntu déizkedela.

Qu'ils les auront offerts à toi.

masc. eskéntu déizkeyela,
fém. eskéntu déizkeñela,
resp. eskéntu déizketziela.

INDICATIF. — FUTUR.

Qu'ils l'auront offert à lui.
indéf. eskéntu déikoyela *et* déikoela.

Qu'ils les auront offerts à lui.
indéf. eskéntu déizkoyela *et* déizkoela.

Qu'ils l'auront offert à nous.
indéf. eskéntu déikegiela.

Qu'ils les auront offerts à nous.
indéf. eskéntu déizkegiela.

Qu'ils l'auront offert à vous.
indéf. eskéntu déikeziela.

Qu'ils les auront offerts à vous.
indéf. eskéntu déizketziela.

Qu'ils l'auront offert à eux.
indéf. eskéntu déikeela.

Qu'ils les auront offerts à eux.
indéf. eskéntu déïzkeela.

Relations personnelles.

Que je t'aurai offert.
masc. et *fém.* eskéntu háikedala,
resp. eskéntu zutukedála.

Que je vous aurai offerts.
indéf. eskéntu zutukiédala.

Que tu m'auras offert.
masc. eskéntu náikeyala,
fém. eskéntu náikenala,
resp. eskéntu náikezula.

Que tu nous auras offerts.
masc. eskéntu gutukeyála,
fém. eskéntu gutukeñála,
resp. eskéntu gutukezúla.

Qu'il m'aura offert.
indéf. eskéntu náikiala *et* náikela.

Qu'il nous aura offerts.
indéf. eskéntu gutukiála.

Qu'il t'aura offert.
masc. et *fém.* eskéntu háikiala *et* háikela,
resp. eskéntu zutukiála.

Qu'il vous aura offerts.
indéf. eskéntu zutukiéla.

Que nous t'aurons offert.
masc. et *fém.* eskéntu háikegula,
resp. eskéntu zutukegúla.

Que nous vous aurons offerts.
indéf. eskéntu zutukiégula.

Que vous m'aurez offert.
indéf. eskéntu náikeziela.

Que vous nous aurez offerts.
indéf. eskéntu gutukeziéla.

Qu'ils m'auront offert.
indéf. eskéntu náikeyela.

Qu'ils nous auront offerts.
indéf. eskéntu gutukeyéla.

Qu'ils t'auront offert.
masc. et *fém.* eskéntu háikeyela,
resp. eskéntu zutukeyéla.

Qu'ils vous auront offerts.
indéf. eskéntu zutukiéyéla *et* zutukeyéla

VOIX TRANSITIVE.

FUTUR. — PRÉSENT.

Que je l'offrirai (que je serai en action d'offrir) (1)
mot à mot : *que je l'aurai en offre.*

   indéf.   eskéntzen dukedála.

Que tu l'offriras (que tu l'auras en offre).

   masc. eskéntzen dukeyála,
   fém.   eskéntzen dukeñála,
   resp. eskéntzen dukezúla.

      Qu'il l'offrira.

   indéf.   eskéntzen dukióla.

      Que nous l'offrirons.

   indéf.   eskéntzen dukegúla.

      Que vous l'offrirez.

   indéf.   eskéntzen dukeziéla.

      Qu'ils l'offriront.

   indéf.   eskéntzen dukeyéla *et* dukiéla.

Que je les offrirai
mot à mot : *que je les aurai en offre.*

   indéf.   eskéntzen dutukedála.

Que tu les offriras.

   masc. eskéntzen dutukeyála,
   fém.   eskéntzen dutukeñála,
   resp. eskéntzen dutukezúla.

      Qu'il les offrira.

   indéf.   eskéntzen dutukiála.

      Que nous les offrirons.

   indéf.   eskéntzen dutukegúla.

      Que vous les offrirez.

   indéf.   eskéntzen dutukeziéla.

      Qu'ils les offriront.

   indéf.   eskéntzen dutukeyéla *et* dutukiéla.

Les relations indirectes comme dans la conjugaison précédente du futur parfait, en changeant le nom verbal *eskéntu* en *eskéntzen*.

---

(1) Nous avons observé, en conjuguant la forme capitale, que le futur, *j'offrirai*, dans le sens de *je suis devant offrir*, s'exprime par le présent combiné avec le génitif de l'adjectif verbal, *eskentiren dut* ; et *j'offrirai*, dans le sens de *je serai en action d'offrir*, s'exprime par le futur combiné avec le cas positif du substantif verbal *eskéntzen duket*, je l'aurai en offre.

INDICATIF. — FUTUR.

FUTUR. — PARFAIT.

FORME RÉGIE EXQUISITIVE.

Il veut savoir à qui.... quand.... comment.... *Nahi du jăkin nóri.... nóiz.... nóla....*

	J'aurai offert.		Je les aurai offerts.
indéf.	eskéntu dukédan.	*indéf.*	eskéntu dutukédan.
	Tu auras offert.		Tu les auras offerts.
masc.	eskéntu dukeyán,	*masc.*	eskéntu dutukeyán,
fém.	eskéntu dukeñán,	*fém.*	eskéntu dutukeñán,
resp.	eskéntu dukézun.	*resp.*	eskéntu dutukézun.
	Il aura offert.		Il les aura offerts.
indéf.	eskéntu dukian.	*indéf.*	eskéntu dutukian.
	Nous aurons offert.		Nous les aurons offerts.
indéf.	eskéntu dukégun.	*indéf.*	eskéntu dutukégun.
	Vous aurez offert.		Vous les aurez offerts.
indéf.	eskéntu dukezien.	*indéf.*	eskéntu dutukezien.
	Ils auront offert.		Ils les auront offerts.
indéf.	eskéntu dukién *et* dukeyén.	*indéf.*	eskéntu dutukién *et* dutukeyén.

Relations indirectes.

	Je l'aurai offert à toi.		Je les aurai offerts à toi.
masc.	eskéntu déikeyadan,	*masc.*	eskéntu déizkeyadan,
fém.	eskéntu déikeñadan,	*fém.*	eskéntu déizkeñadan,
resp.	eskéntu déikezudan.	*resp.*	eskéntu déizketzudan.
	Je l'aurai offert à lui.		Je les aurai offerts à lui.
indéf.	eskéntu déikodan.	*indéf.*	eskéntu déizkodan.
	Je l'aurai offert à vous.		Je les aurai offerts à vous.
indéf.	eskéntu déikeziedan.	*indéf.*	eskéntu déizketziedan.
	Je l'aurai offert à eux.		Je les aurai offerts à eux.
indéf.	eskéntu déikeedan.	*indéf.*	eskéntu déizkeedan.

VOIX TRANSITIVE.

Tu auras offert à moi.

masc. eskéntu déikedayan,
fém. eskéntu déikedañan,
resp. eskéntu déikedazun.

Tu auras offert à lui.

masc. eskéntu déikoyan,
fém. eskéntu déikoñan,
resp. eskéntu déikozun.

Tu auras offert à nous.

masc. eskéntu déikeguyan,
fém. eskéntu déikeguñan,
resp. eskéntu déikeguzun.

Tu auras offert à eux.

masc. eskéntu déikeéyan,
fém. eskéntu déikeéñan,
resp. eskéntu déikeézun.

Il aura offert à moi.

indéf. eskéntu déikedan.

Il aura offert à toi.

masc. eskéntu déikeyan,
fém. eskéntu déikeñan,
resp. eskéntu déikezun.

Il aura offert à lui.

indéf. eskéntu deikón.

Il aura offert à nous.

indéf. eskéntu déikegun.

Il aura offert à vous.

indéf. eskéntu déikezien.

Il aura offert à eux.

indéf. eskéntu deikén.

Nous aurons offert à toi.

masc. eskéntu déikeyagun,
fém. eskéntu déikeñagun,
resp. eskéntu déikezugun.

Nous aurons offert à lui.

indéf. eskéntu déikogun et déikeogun.

Nous aurons offert à vous.

indéf. eskéntu déikeziegun.

Tu les auras offerts à moi.

masc. eskéntu déizkedayan,
fém. eskéntu déizkedañan,
resp. eskéntu déizkedatzun.

Tu les auras offerts à lui.

masc. eskéntu déizkoyan,
fém. eskéntu déizkoñan,
resp. eskéntu déizkotzun.

Tu les auras offerts à nous.

masc. eskéntu déizkeguyan,
fém. eskéntu déizkeguñan,
resp. eskéntu déizkegutzun.

Tu les auras offerts à eux.

masc. eskéntu déizkeéyan,
fém. eskéntu déizkeéñan,
resp. eskéntu déizkeétzun.

Il les aura offerts à moi.

indéf. eskéntu déizkedala.

Il les aura offerts à toi.

masc. eskéntu déizkeyan,
fém. eskéntu déizkeñan,
resp. eskéntu déizketzun.

Il les aura offerts à lui.

indéf. eskéntu deizkón.

Il les aura offerts à nous.

indéf. eskéntu déizkegun.

Il les aura offerts à vous.

indéf. eskéntu déizketzien.

Il les aura offerts à eux.

indéf. eskéntu deizkén.

Nous les aurons offerts à toi.

masc. eskéntu déizkeyagun,
fém. eskéntu déizkeñagun,
resp. eskéntu déizketzugun.

Nous les aurons offerts à lui.

indéf. eskéntu déizkogun et déizkeogun

Nous les aurons offerts à vous.

indéf. eskéntu déizketziegun.

INDICATIF. — FUTUR.

Nous aurons offert à eux.
indéf. eskéntu deikeégun.

Vous aurez offert à moi.
indéf. eskéntu déikedazien.

Vous aurez offert à lui.
ndéf. eskéntu déikozien.

Vous aurez offert à nous.
indéf. eskéntu déikeguzien.

Vous aurez offert à eux.
indéf. eskéntu deikeézien.

Ils auront offert à moi.
indéf. eskéntu déikeden.

Ils auront offert à toi.
masc. eskéntu déikeyen,
fém. eskéntu déikeñen,
resp. eskéntu déikezien.

Ils auront offert à lui.
indéf. eskéntu déikoyen.

Ils auront offert à nous.
indéf. eskéntu déikegien.

Ils auront offert à vous.
indéf. eskéntu déikezien.

Ils auront offert à eux.
indéf. eskéntu déikeen.

Nous les aurons offerts à eux.
indéf. eskéntu deizkeégun.

Vous les aurez offerts à moi.
indéf. eskéntu déizkedatzien.

Vous les aurez offerts à lui.
indéf. eskéntu déizkotzien.

Vous les aurez offerts à nous.
indéf. eskéntu déizkegutzien.

Vous les aurez offerts à eux.
indéf. eskéntu deizkeétzien.

Ils les auront offerts à moi.
indéf. eskéntu déizkeden.

Ils les auront offerts à toi.
masc. eskéntu déizkeyen,
fém. eskéntu déizkeñen,
resp. eskéntu déizketzien.

Ils les auront offerts à lui.
indéf. eskéntu déizkoyen.

Ils les auront offerts à nous.
indéf. eskéntu déizkegien.

Ils les auront offerts à vous.
indéf. eskéntu déizketzien.

Ils les auront offerts à eux.
indéf. eskéntu déizkeen.

Relations personnelles.

Je t'aurai offert.
masc. et fém. eskéntu háikedan,
resp. eskéntu zutukédan.

Tu m'auras offert.
masc. eskéntu náikeyán,
fém. eskéntu náikeñán,
resp. eskéntu náikezun.

Il m'aura offert.
indéf. eskéntu náikian.

Je vous aurai offerts.
indéf. eskéntu zutukiédán.

Tu nous auras offerts.
masc. eskéntu gutukeyán,
fém. eskéntu gutukeñán,
resp. eskéntu gutukézun.

Il nous aura offerts.
indéf. eskéntu gutukian.

VOIX TRANSITIVE.

Il t'aura offert.

masc. et fém. eskéntu háikian,
resp.   eskéntu zutukían.

Nous t'aurons offert.

masc. et fém. eskéntu háikegun,
resp.   eskéntu zutukégun.

Vous m'aurez offert.

indéf. eskéntu náikezien.

Ils m'auront offert.

indéf. eskéntu náikeyen.

Ils t'auront offert.

masc. et fém. eskéntu háikeyen,
resp.   eskéntu zutukeyén.

Il vous aura offerts.

indéf. eskéntu zutukién.

Nous vous aurons offerts.

indéf. eskéntu zutukiégun.

Vous nous aurez offerts.

indéf. eskéntu gutukezíen.

Ils nous auront offerts.

indéf. eskéntu gutukeyén.

Ils vous auront offerts.

indéf. eskéntu zutukeyén *et* zutukiéyen

FUTUR EN ACTION.

J'offrirai (mot à mot : *je l'aurai en offre,
je serai offrant*).

indéf. eskéntzen dukédan.

Tu offriras.

masc. eskéntzen dukeyán,
fém.   eskéntzen dukeñán,
resp. eskéntzen dukézun.

Il offrira.

indéf. eskéntzen dukían.

Nous offrirons.

indéf. eskéntzen dukégun.

Vous offrirez.

indéf. eskéntzen dukezien.

Ils offriront.

indéf. eskéntzen dukién *et* dukeyén.

Je les offrirai.

indéf. eskéntzen dutukédan.

Tu les offriras.

masc. eskéntzen dutukeyán,
fém.   eskéntzen dutukeñán,
resp. eskéntzen dutukézun.

Il les offrira.

indéf. eskéntzen dutukian.

Nous les offrirons.

indéf. eskéntzen dutukégun.

Vous les offrirez.

indéf. eskéntzen dutukezien.

Ils les offriront.

indéf. eskéntzen dutukién *et* dutukeyén

On obtiendra les autres relations de ce temps en changeant *eskéntu*, du temps précédent, en *eskentúren*.

INDICATIF. — FUTUR.

FORME INCIDENTE.

FUTUR. — PARFAIT.

Lorsque.... celui à qui.... parce que.... — *Nóiz-ere.... nóri-ere....*

	J'aurai offert.		*Je les aurai offerts.*
indéf.	eskéntu beitúket.	*indéf.*	eskéntu beitutúket.
	Tu auras offert.		*Tu les auras offerts.*
masc.	eskéntu beitúkek,	*masc.*	eskéntu beitutúkek,
fém.	eskéntu beitúken,	*fém.*	eskéntu beitutúken,
resp.	eskéntu beitukézu.	*resp.*	eskéntu beitutukézu.
	Il aura offert.		*Il les aura offerts.*
indéf.	eskéntu beitúke.	*indéf.*	eskéntu beitutúke.
	Nous aurons offert.		*Nous les aurons offerts.*
indéf.	eskéntu beitukégu.	*indéf.*	eskéntu beitutukégu.
	Vous aurez offert.		*Vous les aurez offerts.*
indéf.	eskéntu beitukezie.	*indéf.*	eskéntu beitutukézie.
	Ils auront offert.		*Ils les auront offerts.*
indéf.	eskéntu beitukíe *et* beitukeyé.	*indéf.*	eskéntu beitutukie *et* beitutukeyé

Relations indirectes.

	J'aurai offert à toi.		*Je les aurai offerts à toi.*
masc.	eskéntu beitéikeyat,	*masc.*	eskéntu beitéizkeyat,
fém.	eskéntu beitéikeñat,	*fém.*	eskéntu beitéizkeñat,
resp.	eskéntu beitéikezut.	*resp.*	eskéntu beitéizketzut.
	J'aurai offert à lui.		*Je les aurai offerts à lui.*
indéf.	eskéntu beitéikot.	*indéf.*	eskéntu beitéizkot.
	J'aurai offert à vous.		*Je les aurai offerts à vous.*
indéf.	eskéntu beitéikeziet.	*indéf.*	eskéntu beitéizketziet.
	J'aurai offert à eux.		*Je les aurai offerts à eux.*
ind.	eskéntu beiteikét *et* beitéikeet.	*indéf.*	eskéntu beitéizkét *et* beitéizkeet

VOIX TRANSITIVE.

Tu auras offert à moi.

masc. eskéntu beitéikedak,
fém. eskéntu beitéikedan,
resp. eskéntu beitéikedazu.

Tu auras offert à lui.

masc. eskéntu beiteikók,
fém. eskéntu beiteikón,
resp. eskéntu beiteikózu.

Tu auras offert à nous.

masc. eskéntu beitéikeguk,
fém. eskéntu beitéikegun,
resp. eskéntu beitéikeguzu.

Tu auras offert à eux.

masc. eskéntu beiteikék *ou* beitéikeek,
fém. eskéntu beiteikén *ou* beitéikeen,
resp. eskéntu beiteikézu *ou* beitéikeezu

Il aura offert à moi.

indéf. eskéntu beitéiket.

Il aura offert à toi.

masc. eskéntu beitéikek,
fém. eskéntu beitéiken,
resp. eskéntu beitéikezu.

Il aura offert à lui.

indéf. eskéntu beiteikó.

Il aura offert à nous.

indéf. eskéntu beitéikegu.

Il aura offert à vous.

indéf. eskéntu beitéikezie.

Il aura offert à eux.

indéf. eskéntu beitéiké.

Nous aurons offert à toi.

masc. eskéntu beitéikeyagu,
fém. eskéntu beitéikeñagu,
resp. eskéntu beitéikezugu.

Nous aurons offert à lui.

indéf. eskéntu beitéikogu *et* beitéikeogu.

Nous aurons offert à vous.

indéf. eskéntu beitéikeziegu.

Tu les auras offerts à moi.

masc. eskéntu beitéizkedak,
fém. eskéntu beitéizkedan,
resp. eskéntu beitéizkedatzu.

Tu les auras offerts à lui.

masc. eskéntu beiteizkók,
fém. eskéntu beiteizkón,
resp. eskéntu beiteizkótzu.

Tu les auras offerts à nous.

masc. eskéntu beitéizkeguk,
fém. eskéntu beitéizkegun,
resp. eskéntu beitéizkegutzu.

Tu les auras offerts à eux.

masc. eskéntu beiteizkék *ou* beitéizkeek,
fém. eskéntu beiteizkén *ou* beitéizkeen,
resp. eskéntu beiteizkétzu *ou* beitéizkeetzu.

Il les aura offerts à moi.

indéf. eskéntu beitéizket.

Il les aura offerts à toi.

masc. eskéntu beitéizkek,
fém. eskéntu beitéizken,
resp. eskéntu beitéizketzu.

Il les aura offerts à lui.

indéf. eskéntu beiteizkó.

Il les aura offerts à nous.

indéf. eskéntu beitéizkegu.

Il les aura offerts à vous.

indéf. eskéntu beitéizketzie.

Il les aura offerts à eux.

indéf. eskéntu beitéizké.

Nous les aurons offerts à toi.

masc. eskéntu beitéizkeyagu,
fém. eskéntu beitéizkeñagu,
resp. eskéntu beitéizketzugu.

Nous les aurons offerts à lui.

indéf. eskéntu beitéizkogu *et* beitéizkeogu

Nous les aurons offerts à vous.

indéf. eskéntu beitéizketziegu.

INDICATIF. — FUTUR.

Nous aurons offert à eux.
indéf. eskéntu beiteikégu *et* beitéikeegu.

Vous aurez offert à moi.
indéf. eskéntu beitéikedazie.

Vous aurez offert à lui.
indéf. eskéntu beitéikozie *et* beitéikeozie.

Vous aurez offert à nous.
indéf. eskéntu beitéikuzie.

Vous aurez offert à eux.
indéf. eskéntu beiteikeézie.

Ils auront offert à moi.
indéf. eskéntu beitéikede.

Ils auront offert à toi.
masc. eskéntu beiteikeyé,
fém. eskéntu beiteikené,
resp. eskéntu beiteikezié.

Ils auront offert à lui.
indéf. eskéntu beitéikoye *et* beitéikoe.

Ils auront offert à nous.
indéf. eskéntu beitéikegie.

Ils auront offert à vous.
indéf. eskéntu beiteikezié *et* beiteikeézie

Ils auront offert à eux.
indéf. eskéntu beiteikeyé *et* beiteikeéye

Nous les aurons offerts à eux.
indéf. eskéntu beiteizkégu *et* beitéizkeegu.

Vous les aurez offerts à moi.
indéf. eskéntu beitéizkedatzie.

Vous les aurez offerts à lui.
indéf. eskéntu beitéizkotzie.

Vous les aurez offerts à nous.
indéf. eskéntu beitéizkutzie.

Vous les aurez offerts à eux.
indéf. eskéntu beiteizkeétzie.

Ils les auront offerts à moi.
indéf. eskéntu beitéizkede.

Ils les auront offerts à toi.
masc. eskéntu beiteizkeyé,
fém. eskéntu beiteizkené,
resp. eskéntu beiteizketzie.

Ils les auront offerts à lui.
indéf. eskéntu beitéizkoye *et* beitéizkoe

Ils les auront offerts à nous.
indéf. eskéntu beitéizkegie.

Ils les auront offerts à vous.
indéf. eskéntu beiteizketzié *et* beiteizkeétzie

Ils les auront offerts à eux.
indéf. eskéntu beiteizkeyé *et* beiteizkeéye.

Relations personnelles.

Je t'aurai offert (j'aurai offert toi).
masc. et *fém.* eskéntu beháiket,
resp. eskéntu beitzutúket.

Tu m'auras offert.
masc. eskéntu benáikek,
fém. eskéntu benáiken,
resp. eskéntu benáikezu.

Il m'aura offert.
indéf. eskéntu benáike.

Je vous aurai offerts.
indéf. eskéntu beitzutukiét.

Tu nous auras offerts.
masc. eskéntu beikutúkek,
fém. eskéntu beikutúken,
resp. eskéntu beikutukézu.

Il nous aura offerts.
indéf. eskéntu beikutúke.

Il t'aura offert.

masc. et fém. eskéntu beháike,
resp. eskéntu beitzutúke.

Nous t'aurons offert.

masc. et fém. eskéntu beháikegu,
resp. eskéntu beitzutukégu.

Vous m'aurez offert.

indéf. eskéntu benáikezie.

Ils m'auront offert.

indéf. eskéntu benáikeye.

Ils t'auront offert.

masc. et fém. eskéntu beháikeye,
resp. eskéntu beitzutukeyé.

Il vous aura offerts.

indéf. eskéntu beitzutukié
  et beitzutuké.

Nous vous aurons offerts.

indéf. eskéntu beitzutukiégu.

Vous nous aurez offerts.

indéf. eskéntu beikutukezie.

Ils nous auront offerts.

indéf. eskéntu beikutúkeye.

Ils vous auront offerts.

indéf. eskéntu beitzutukiéye *et* beitzutukeyé

FUTUR PRÉSENT.

Quand.... comme.... parce que.... — *Nóiz-ere.... nóla....*

J'offrirai (je serai offrant).

indéf. eskéntzen beitúket.

Tu offriras.

masc. eskéntzen beitúkek,
fém. eskéntzen beitúken,
resp. eskéntzen beitukézu.

Il offrira.

indéf. eskéntzen beitúke.

Nous offrirons.

indéf. eskéntzen beitukégu.

Vous offrirez.

indéf. eskéntzen beitukezie.

Ils offriront.

indéf. eskéntzen beitukie.

Je les offrirai.

indéf. eskéntzen beitutúket.

Tu les offriras.

masc. eskéntzen beitutúkek,
fém. eskéntzen beitutúken,
resp. eskéntzen beitutukézu.

Il les offrira.

indéf. eskéntzen beitutúke.

Nous les offrirons.

indéf. eskéntzen beitutukégu.

Vous les offrirez.

indéf. eskéntzen beitutukezie.

Ils les offriront.

indéf. eskéntzen beitutukie.

En changeant de même *eskéntu* du temps précédent en *eskéntzen,* on aura les autres relations du futur présent.

Pour le futur parfait absolu *eskentúrik dúke,* il n'y a non plus qu'à changer *eskéntu* en *eskentúrik.*

IMPÉRATIF.

	Offre-le.		Offre-les.
masc.	éskent ézak *et* dezayúla,	*masc.*	éskent étzak *et* ítzak,
fém.	éskent ézan *et* dezañála,	*fém.*	éskent étzan *et* ítzan,
resp.	éskent ezázu *et* dezazúla.	*resp.*	éskent etzátzu *et* ítzátzu.

	Qu'il l'offre.		Qu'il les offre.
indéf.	éskent béza *et* dezála.	*indéf.*	éskent bítza, detzála *et* ditzúla.

	Offrons-le.		Offrons-les.
indéf.	dúgun éskent *et* dezágun.	*indéf.*	dutúgun esként, detzágun *et* ditzágun

	Offrez-le.		Offrez-les.
indéf.	éskent ezazié *et* dezaziéla.	*indéf.*	éskent etzatzié *et* detzatziéla.

	Qu'ils l'offrent.		Qu'ils les offrent.
indéf.	éskent bezé *et* dezéla.	*indéf.*	éskent bitzé, detzéla *et* ditzéla.

Relations indirectes.

	Offre-le à moi.		Offre-les à moi.
masc.	éskent izádak *et* dizadayála,	*masc.*	éskent itzádak *et* ditzadayála,
fém.	éskent izádan *et* dizadañála,	*fém.*	éskent itzádan *et* ditzadañála,
resp.	éskent izadázu *et* dizadazúla.	*resp.*	éskent itzadátzu *et* ditzadatzúla.

	Offre-le à lui.		Offre-les à lui.
masc.	éskent izók *et* dizoyála,	*masc.*	éskent itzók *et* ditzoyála,
fém.	éskent izón *et* dizoñála,	*fém.*	éskent itzón *et* ditzoñála,
resp.	éskent izózu *et* dezozúla.	*resp.*	éskent itzótzu *et* ditzotzúla.

	Offre-le à nous.		Offre-les à nous.
masc.	éskent izáguk *et* dizaguyúla,	*masc.*	éskent itzáguk *et* ditzaguyúla,
fém.	éskent izágun *et* dizaguñála,	*fém.*	éskent itzágun *et* ditzagnñála,
resp.	éskent izagúzu *et* dizaguzúla.	*resp.*	éskent itzágutzu *et* ditzagutzúla.

	Offre-le à eux.		Offre-les à eux.
masc.	éskent izék *et* dizéyala,	*masc.*	éskent itzék *et* ditzéyala,
fém.	éskent izén *et* dizéñala,	*fém.*	éskent itzén *et* ditzéñala,
resp.	éskent izézu *et* dizéziéla.	*resp.*	éskent itzétzu *et* ditzétzula.

	Qu'il l'offre à moi.		Qu'il les offre à moi.
indéf.	éskent bizat *et* dizadála.	*indéf.*	éskent bitzat *et* ditzadála.

	Qu'il l'offre à toi.		Qu'il les offre à toi.
masc.	éskent bizak *et* dizayúla,	*masc.*	éskent bitzak *et* ditzayúla,
fém.	éskent bizan *et* dizañála,	*fém.*	éskent bitzan *et* ditzañála,
resp.	éskent bizázu *et* dizazúla.	*resp.*	éskent bitzátzu *et* ditzatzúla.

VOIX TRANSITIVE.

Qu'il l'offre à lui.
indéf. éskent bizó *et* dizóla.

Qu'il l'offre à nous.
indéf. éskent bizágu *et* dizagúla.

Qu'il l'offre à vous.
indéf. éskent bizazíe *et* dizaziéla.

Qu'il l'offre à eux.
indéf. éskent bizé *et* dizéla.

Offrons-le à toi.
masc. éskent dizayágun,
fém. éskent dizañágun,
resp. éskent dizazúgun.

Offrons-le à lui.
indéf. éskent dizógun *ou* dizógun éskent.

Offrons-le à vous.
indéf. éskent dizaziégun *et* dizaziégun éskent.

Offrons-le à eux.
indéf. éskent dizégun *et* dizègun éskent

Offrez-le à moi.
indéf. éskent izadazie *et* dizadaziéla.

Offrez-le à lui.
indéf. éskent izózie *et* dizóziela.

Offrez-le à nous.
indéf. éskent izaguzie *et* dizaguziéla.

Offrez-le à eux.
indéf. éskent izézie *et* dizéziela.

Qu'ils l'offrent à moi.
indéf. éskent bizade *et* dizadéla.

Qu'ils l'offrent à toi.
masc. éskent bizaye *et* dizayéla,
fém. éskent bizañe *et* dizañéla,
resp. éskent bizazie *et* dizaziéla.

Qu'ils l'offrent à lui.
indéf. éskent bizoé *et* dizoéla.

Qu'il les offre à lui.
indéf. éskent bitzó *et* ditzóla.

Qu'il les offre à nous.
indéf. éskent bitzágu *et* ditzagúla.

Qu'il les offre à vous.
indéf. éskent bitzatzie *et* ditzatziéla.

Qu'il les offre à eux.
indéf. éskent bitzé *et* ditzéla.

Offrons-les à toi.
masc. éskent ditzayágun,
fém. éskent ditzañágun,
resp. éskent ditzatzúgun.

Offrons-les à lui.
indéf. éskent ditzógun *ou* ditzógun éskent

Offrons-les à vous.
indéf. éskent ditzatziégun.

Offrons-les à eux.
indéf. éskent ditzégun.

Offrez-les à moi.
indéf. éskent itzadatzie *et* ditzadatziéla

Offrez-les à lui.
indéf. éskent itzótzie *et* ditzótziela.

Offrez-les à nous.
indéf. éskent itzagutzie *et* ditzagutziéla.

Offrez-les à eux.
indéf. éskent itzétzie *et* ditzétziela.

Qu'ils les offrent à moi.
indéf. éskent bitzade *et* ditzadéla.

Qu'ils les offrent à toi.
masc. éskent bitzaye *et* ditzayéla,
fém. éskent bitzañe *et* ditzañéla,
resp. éskent bitzatzie *et* ditzatziéla.

Qu'ils les offrent à lui.
indéf. éskent bitzoé *et* ditzoéla.

IMPÉRATIF.

Qu'ils l'offrent à nous.
indéf. éskent bizagié *et* dizagiéla.
Qu'ils l'offrent à vous.
indéf. éskent bizazié *et* dizaziéla.
Qu'ils l'offrent à eux.
indéf. éskent bizeyé *et* dizeyéla.

Qu'ils les offrent à nous.
indéf. éskent bitzagié *et* ditzagiéla.
Qu'ils les offrent à vous.
indéf. éskent bitzatzié *et* ditzatziéla.
Qu'ils les offrent à eux.
indéf. éskent bitzeyé *et* ditzeyéla.

Relations personnelles directes.

Offre-moi.
masc. éskent nézak *et* nezayála,
fém. éskent nézan *et* nezañála,
resp. éskent nézázu *et* nezazúla.

Qu'il m'offre.
indéf. éskent nezála.

Qu'il t'offre.
masc. et fém. éskent hezála,
resp. éskent zitzála.

Que nous t'offrions.
masc. et fém. éskent hezágun,
resp. éskent zitzágun.

Offrez-moi.
indéf. éskent nezazie.

Qu'ils m'offrent.
indéf. éskent nezéla.

Qu'ils t'offrent.
masc. et fém. éskent hezéla,
resp. éskent zitzéla.

Offre-nous.
masc. éskent gítzak *et* gitzayála,
fém. éskent gítzan *et* gitzañála,
resp. éskent gitzátzu *et* gitzatzúla.

Qu'il nous offre.
indéf. éskent gitzála.

Qu'il vous offre.
indéf. éskent zitzéla.

Que nous vous offrions.
indéf. éskent zitzégun.

Offrez-nous.
indéf. éskent gitzatzie.

Qu'ils nous offrent.
indéf. éskent gitzéla.

Qu'ils vous offrent.
indéf. éskent zitzayéla.

VOIX TRANSITIVE.

SUBJONCTIF OU FORME RÉGIE OPTATIVE.

PRÉSENT.

      Que j'offre, que je l'offre.   *Que je les offre.*
indéf. éskent dezúdan.   *indéf.* éskent detzádan.

      Que tu offres, que tu l'offres.   *Que tu les offres.*
masc. éskent dezayán,   *masc.* éskent detzayán,
fém. éskent dezañán,   *fém.* éskent detzañán,
resp. éskent dezázun.   *resp.* éskent detzútzun.

      Qu'il l'offre.   *Qu'il les offre.*
indéf. éskent dézan.   *indéf.* éskent détzan *et* ditzan.

      Que nous l'offrions.   *Que nous les offrions.*
indéf. éskent dezágun.   *indéf.* éskent detzágun.

      Que vous l'offriez.   *Que vous les offriez.*
indéf. éskent dezazién.   *indéf.* éskent detzatzién.

      Qu'ils l'offrent.   *Qu'ils les offrent.*
indéf. éskent dezén.   *indéf.* éskent detzén *et* ditzén.

Relations indirectes.

      Que je l'offre à toi.   *Que je les offre à toi.*
masc. éskent dizayádan,   *masc.* éskent ditzayádan,
fém. éskent dizañádan,   *fém.* éskent ditzañádan,
resp. éskent dizazúdan.   *resp.* éskent ditzatzúdan.

      Que je l'offre à lui.   *Que je les offre à lui.*
indéf. éskent dizódan.   *indéf.* éskent ditzódan.

      Que je l'offre à vous.   *Que je les offre à vous.*
indéf. éskent dizazièdan.   *indéf.* éskent ditzatzièdan.

      Que je l'offre à eux.   *Que je les offre à eux.*
indéf. éskent dizédan.   *indéf.* éskent ditzédan.

      Que tu l'offres à moi.   *Que tu les offres à moi.*
masc. éskent dizadayán,   *masc.* éskent ditzadayán,
fém. éskent dizadañán,   *fém.* éskent ditzadañán,
resp. éskent dizadázun.   *resp.* éskent ditzadátzun.

SUBJONCTIF. — PRÉSENT.

Que tu l'offres à lui.

masc.	éskent dizóyan,
fém.	éskent dizóñan,
resp.	éskent dizózun.

Que tu les offres à lui.

masc.	éskent ditzóyan,
fém.	éskent ditzóñan,
resp.	éskent ditzótzun.

Que tu l'offres à nous.

masc.	éskent dizaguyán,
fém.	éskent dizaguñán,
resp.	éskent dizagúzun.

Que tu les offres à nous.

masc.	éskent ditzaguyán,
fém.	éskent ditzaguñán,
resp.	éskent ditzagutzún.

Que tu l'offres à eux.

masc.	éskent dizéyan,
fém.	éskent dizéñan,
resp.	éskent dizézun.

Que tu les offres à eux.

masc.	éskent ditzéyan,
fém.	éskent ditzéñan,
resp.	éskent ditzétzun.

Qu'il l'offre à moi.

| indéf. | éskent dizádan. |

Qu'il les offre à moi.

| indéf. | éskent ditzádan. |

Qu'il l'offre à toi.

masc.	éskent dizayán,
fém.	éskent dizañán,
resp.	éskent dizázun.

Qu'il les offre à toi.

masc.	éskent ditzayán,
fém.	éskent ditzañán,
resp.	éskent ditzátzun.

Qu'il l'offre à lui.

| indéf. | éskent dizón. |

Qu'il les offre à lui.

| indéf. | éskent ditzón. |

Qu'il l'offre à nous.

| indéf. | éskent dizógun. |

Qu'il les offre à nous.

| indéf. | éskent ditzágun. |

Qu'il l'offre à vous.

| indéf. | éskent dizazién. |

Qu'il les offre à vous.

| indéf. | éskent ditzatzién. |

Qu'il l'offre à eux.

| indéf. | éskent dizén. |

Qu'il les offre à eux.

| indéf. | éskent ditzén. |

Que nous l'offrions à toi.

masc.	éskent dizayágun,
fém.	éskent dizañágun,
resp.	éskent dizazúgun.

Que nous les offrions à toi.

masc.	éskent ditzayágun,
fém.	éskent ditzañágun,
resp.	éskent ditzatzúgun,

Que nous l'offrions à lui.

| indéf. | éskent dizógun. |

Que nous les offrions à lui.

| indéf. | éskent ditzógun. |

Que nous l'offrions à vous.

| indéf. | éskent dizaziégun. |

Que nous les offrions à vous.

| indéf. | éskent ditzatziégun. |

Que nous l'offrions à eux.

| indéf. | éskent dizégun. |

Que nous les offrions à eux.

| indéf. | éskent ditzégun. |

VOIX TRANSITIVE.

  Que vous l'offriez à moi.   *Que vous les offriez à moi.*
indéf.   éskent dizadazién.   *indéf.*   éskent ditzadatzién.
  Que vous l'offriez à lui.   *Que vous les offriez à lui.*
indéf.   éskent dizózien.   *indéf.*   éskent ditzótzien.
  Que vous l'offriez à nous.   *Que vous les offriez à nous.*
indéf.   éskent dizaguzién.   *indéf.*   éskent ditzagutzién.
  Que vous l'offriez à eux.   *Que vous les offriez à eux.*
indéf.   éskent dizézien.   *indéf.*   éskent ditzétzien.
  Qu'ils l'offrent à moi.   *Qu'ils les offrent à moi.*
indéf.   éskent dizadén *et* dizadédan.   *indéf.*   éskent ditzadén *et* ditzadédan.
  Qu'ils l'offrent à toi.   *Qu'ils les offrent à toi.*
masc.   éskent dizayén,   *masc.*   éskent ditzayén,
fém.   éskent dizañén,   *fém.*   éskent ditzañén,
resp.   éskent dizazien *et* dizazuyén.   *resp.*   éskent ditzatzien *et* ditzatzuyén.
  Qu'ils l'offrent à lui.   *Qu'ils les offrent à lui.*
indéf.   éskent dizoén.   *indéf.*   éskent ditzoén.
  Qu'ils l'offrent à nous.   *Qu'ils les offrent à nous.*
indéf.   éskent dizagién.   *indéf.*   éskent ditzagién.
  Qu'ils l'offrent à vous.   *Qu'ils les offrent à vous.*
indéf.   éskent dizatzién.   *indéf.*   éskent ditzatzién.
  Qu'ils l'offrent à eux.   *Qu'ils les offrent à eux.*
indéf.   éskent diezen.   *indéf.*   éskent dietzen.

Relations personnelles directes.

  Que je t'offre.   *Que je vous offre.*
masc. et fém.   éskent hezádan,   *indéf.*   éskent zitzédan.
resp.   éskent zitzádan.
  Que tu m'offres.   *Que tu nous offres.*
masc.   éskent nezayán,   *masc.*   éskent gitzayán,
fém.   éskent nezañán,   *fém.*   éskent gitzañán,
resp.   éskent nezázun.   *resp.*   éskent gitzátzun.
  Qu'il m'offre.   *Qu'il nous offre.*
indéf.   éskent nézan.   *indéf.*   éskent gitzan.
  Qu'il t'offre.   *Qu'il vous offre.*
masc. et fém.   éskent hézañ,   *indéf.*   éskent zitzén.
resp.   éskent zítzan.

SUBJONCTIF. — PASSÉ.

Que nous l'offrions.
masc. et fém. éskent hezágun,
resp. éskent zitzágun,

Que vous m'offriez.
indéf. éskent nezazién.

Qu'ils m'offrent.
indéf. éskent nezén.

Qu'ils t'offrent.
masc. et fém. éskent hezén,
resp. éskent zitzén *et* zitzayén.

Que nous vous offrions.
indéf. éskent zitzégun.

Que vous nous offriez.
indéf. éskent gitzatzién.

Qu'ils nous offrent.
indéf. éskent gitzén.

Qu'ils vous offrent.
indéf. éskent zitzeén *et* zitzeyén.

SUBJONCTIF OU FORME RÉGIE OPTATIVE.

PASSÉ.

Que j'offrisse, que je l'offrisse.
indéf. éskent nézan.

Que tu offrisses.
masc. et fém. éskent hézan,
resp. éskent zenézan.

Qu'il offrit.
indéf. éskent lézan *et* zézán.

Que nous l'offrissions.
indéf. éskent genézan.

Que vous l'offrissiez.
indéf. éskent zenezén.

Qu'ils l'offrissent.
indéf. éskent lezén *et* zezén.

Que je les offrisse.
indéf. éskent nétzan *et* nítzan.

Que tu les offrisses.
masc. et fém. éskent hétzan *et* hitzan,
resp. éskent zenétzan *et* zintzan.

Qu'il les offrit.
indéf. éskent létzan *et* litzán, *et* zétzan.

Que nous les offrissions.
indéf. éskent genétzan *et* gintzan.

Que vous les offrissiez.
indéf. éskent zenetzén *et* zinitzén.

Qu'ils les offrissent.
indéf. éskent litzén *et* zetzén.

Relations indirectes.

Que je l'offrisse à toi.
masc. éskent nizayán,
fém. éskent nizañán,
resp. éskent nizázun.

Que je les offrisse à toi.
masc. éskent nitzayán,
fém. éskent nitzañán,
resp. éskent nitzátzun.

Que je l'offrisse à lui.

indéf. éskent nizón.

Que je l'offrisse à vous.

indéf. éskent nizazién.

Que je l'offrisse à eux.

indéf. éskent nizén *et* niezén.

Que tu l'offrisses à moi.

masc. et *fém.* éskent hizádan,
resp. éskent zinizádan.

Que tu l'offrisses à lui.

masc. et *fém.* éskent hizón,
resp. éskent zinizón.

Que tu l'offrisses à nous.

masc. et *fém.* éskent hizágun,
resp. éskent zinizágun.

Que tu l'offrisses à eux.

masc. et *fém.* éskent hizén,
resp. éskent zinizén.

Qu'il l'offrît à moi.

indéf. éskent lizádan *et* zizádan.

Qu'il l'offrît à toi.

masc. éskent lizayán *et* zizayán,
fém. éskent lizañán,
resp. éskent lizázun.

Qu'il l'offrît à lui.

indéf. éskent lizón *et* zizón.

Qu'il l'offrît à nous.

indéf. éskent lizágun.

Qu'il l'offrît à vous.

indéf. éskent lizazién.

Qu'il l'offrît à eux.

indéf. éskent lizén *et* zizén.

Que nous l'offrissions à toi.

masc. éskent ginizayán,
fém. éskent ginizañán,
resp. éskent ginizázun.

Que je les offrisse à lui.

indéf. éskent nitzón.

Que je les offrisse à vous.

indéf. éskent nitzatzién.

Que je les offrisse à eux.

indéf. éskent nitzén *et* nietzén.

Que tu les offrisses à moi.

masc. et *fém.* éskent hitzádan,
resp. éskent zinitzádan.

Que tu les offrisses à lui.

masc. et *fém.* éskent hitzón,
resp. éskent zinitzón.

Que tu les offrisses à nous.

masc. et *fém.* éskent hitzágun,
resp. éskent zinitzágun.

Que tu les offrisses à eux.

masc. et *fém.* éskent hitzén,
resp. éskent zinitzén.

Qu'il les offrît à moi.

indéf. éskent litzádan *et* zitzádan.

Qu'il les offrît à toi.

masc. éskent litzayán *et* zitzayán,
fém. éskent litzañán,
resp. éskent litzátzun.

Qu'il les offrît à lui.

indéf. éskent litzón *et* zitzón.

Qu'il les offrît à nous.

indéf. éskent litzágun.

Qu'il les offrît à vous.

indéf. éskent litzatzién.

Qu'il les offrît à eux.

indéf. éskent litzén *et* zitzén.

Que nous les offrissions à toi.

masc. éskent ginitzayán,
fém. éskent ginitzañán,
resp. éskent ginitzátzun.

SUBJONCTIF. — PASSÉ.

Que nous l'offrissions à lui.
indéf. éskent ginizón.

Que nous l'offrissions à vous.
indéf. éskent ginizazién.

Que nous l'offrissions à eux.
indéf. éskent ginizén *et* giniézen.

Que vous l'offrissiez à moi.
indéf. éskent zinizadén.

Que vous l'offrissiez à lui.
indéf. éskent zinizoén.

Que vous l'offrissiez à nous.
indéf. éskent zinizagién.

Que vous l'offrissiez à eux.
indéf. éskent ziniezén *et* zinizeyén.

Qu'ils l'offrissent à moi.
indéf. éskent lizadén.

Qu'ils l'offrissent à toi.
masc. éskent lizayén,
fém. éskent lizañén,
resp. éskent lizazién *et* lizazuyén.

Qu'ils l'offrissent à lui.
indéf. éskent lizoén.

Qu'ils l'offrissent à nous.
indéf. éskent lizagién.

Qu'ils l'offrissent à vous.
indéf. éskent lizazién.

Qu'ils l'offrissent à eux.
indéf. éskent liezén *et* lizeyén.

Que nous les offrissions à lui.
indéf. éskent ginitzón.

Que nous les offrissions à vous.
indéf. éskent ginitzatzién.

Que nous les offrissions à eux.
indéf. éskent ginitzén *et* giniétzen.

Que vous les offrissiez à moi.
indéf. éskent zinitzadén.

Que vous les offrissiez à lui.
indéf. éskent zinitzoén.

Que vous les offrissiez à nous.
indéf. éskent zinitzagién.

Que vous les offrissiez à eux.
indéf. éskent zinietzén *et* zinitzeyén.

Qu'ils les offrissent à moi.
indéf. éskent litzáden.

Qu'ils les offrissent à toi.
masc. éskent litzayén,
fém. éskent litzañén,
resp. éskent litzatzién *et* litzatzuyén.

Qu'ils les offrissent à lui.
indéf. éskent litzoén.

Qu'ils les offrissent à nous.
indéf. éskent litzagién.

Qu'ils les offrissent à vous.
indéf. éskent litzatzién.

Qu'ils les offrissent à eux.
indéf. éskent lietzén *et* litzeyén.

Relations personnelles directes.

Que je t'offrisse (que j'offrisse toi).
masc. et fém. éskent hentzádan,
resp. éskent zintzádan.

Que je vous offrisse.
indéf. éskent zintzédan.

Que tu m'offrisses.

masc.	éskent nentzayán,
fém.	éskent nentzanán,
resp.	éskent nentzázun.

Qu'il m'offrît.

indéf. éskent néntzan.

Qu'il l'offrît.

masc. et fém.	éskent héntzan,
resp.	éskent zíntzan.

Que nous l'offrissions.

masc. et fém.	éskent hentzágun,
resp.	éskent zintzágun.

Que vous m'offrissiez.

indéf. éskent nentzazién.

Qu'ils m'offrissent.

indéf. éskent nentzén.

Qu'ils t'offrissent.

masc. et fém.	éskent hentzén,
resp.	éskent zintzén.

Que tu nous offrisses.

masc.	éskent gintzayán,
fém.	éskent gintzanán,
resp.	éskent gintzázun.

Qu'il nous offrît.

indéf. éskent gintzan.

Qu'il vous offrît.

indéf. éskent zintzén.

Que nous vous offrissions.

indéf. éskent zintzégun.

Que vous nous offrissiez.

indéf. éskent gintzazién.

Qu'ils nous offrissent.

indéf. éskent gintzén.

Qu'ils vous offrissent.

indéf. éskent zintzayén, ou zintzeyén et zintzén.

SUBJONCTIF OU FORME RÉGIE OPTATIVE.

PLUSQUE-PARFAIT.

Que j'eusse offert.

indéf. eskéntu nukian. (1)

Que tu eusses offert.

masc. et fém.	eskéntu hukian,
resp.	eskéntu zunukian.

Qu'il eût offert.

indéf. eskéntu zukian.

Que je les eusse offerts.

indéf. eskéntu nutukian.

Que tu les eusses offerts.

masc. et fém.	eskéntu hutukian,
resp.	eskéntu zuntukian.

Qu'il les eût offerts.

indéf. eskéntu zutukian.

---

(1) Cette forme est la même que le conditionnel passé parfait, avec cette différence qu'employée comme forme régie optative, elle n'a de traitement masculin, féminin et respectueux que lorsque la deuxième personne est sujet ou régime.

SUBJONCTIF. — PASSÉ.

Que nous eussions offert.
indéf.   eskéntu gunukian.

Que nous les eussions offerts.
indéf.   eskéntu guntukian.

Que vous eussiez offert.
indéf.   eskéntu zunukeyén.

Que vous les eussiez offerts.
indéf.   eskéntu zuntukeyén.

Qu'ils eussent offert.
indéf.   eskéntu zukien.

Qu'ils les eussent offerts.
indéf.   eskéntu zutukeyén.

Relations indirectes.

Que je te l'eusse offert.
masc.   eskéntu néikeyan,
fém.   eskéntu néikeñan,
resp.   eskéntu néikezun.

Que je te les eusse offerts.
masc.   eskéntu néizkeyan,
fém.   eskéntu néizkeñan,
resp.   eskéntu néizketzun.

On trouvera les autres terminatifs au conditionnel passé parfait.

SUPPOSITIF OU CONDITIONNÉ.

FUTUR.

Si j'offrais (dans l'avenir).
indéf. éskent banéza.

Si tu l'offrais.
masc. et fém. éskent bahéza,
resp. éskent bazenéza.

S'il l'offrait.
indéf. éskent baléza.

Si nous l'offrions.
indéf. éskent bagenéza.

Si vous l'offriez.
indéf. éskent bazenezé.

S'ils l'offraient.
indéf. éskent balezé.

Si je les offrais.
indéf. éskent banitza.

Si tu les offrais.
masc. et fém. éskent bahitza,
resp. éskent bazintza.

S'il les offrait.
indéf. éskent balitza.

Si nous les offrions.
indéf. éskent bagintza.

Si vous les offriez.
indéf. éskent bazintzé et bazenetzé.

S'ils les offraient.
indéf. éskent balitzó.

Relations indirectes.

Si j'offrais à toi.
masc. éskent banizak,
fém. éskent banizan,
resp. éskent banizázu.

Si j'offrais à lui.
indéf. éskent banizó.

Si je l'offrais à vous.
indéf. éskent banizazie.

Si je l'offrais à eux.
indéf. éskent banizé.

Si tu l'offrais à moi.
masc. et fém. éskent bahizat,
resp. éskent bazinizat.

Si tu l'offrais à lui.
masc. et fém. éskent bahizó,
resp. éskent bazinizó.

Si je les offrais à toi.
masc. éskent banitzak,
fém. éskent banitzan,
resp. éskent banitzátzu.

Si je les offrais à lui.
indéf. éskent banitzó.

Si je les offrais à vous.
indéf. éskent banitzatzie.

Si je les offrais à eux.
indéf. éskent banitzé.

Si tu les offrais à moi.
masc. et fém. éskent bahitzat,
resp. éskent bazinitzat.

Si tu les offrais à lui.
masc. et fém. éskent bahitzó,
resp. éskent bazinitzó.

SUPPOSITIF. — FUTUR.

Si tu l'offrais à nous.

masc. et *fém.*	éskent bahizágu,
resp.	éskent bazinizágu.

Si tu l'offrais à eux.

masc. et *fém.*	éskent bahizé,
resp.	éskent bazinizé.

S'il l'offrait à moi.

indéf. éskent balizat.

S'il l'offrait à toi.

masc.	éskent balizak,
fém.	éskent balizan,
resp.	éskent balizázu.

S'il l'offrait à lui.

indéf. éskent balizó.

S'il l'offrait à nous.

indéf. éskent balizágu.

S'il l'offrait à vous.

indéf. éskent balizazie.

S'il l'offrait à eux.

indéf. éskent balizé.

Si nous l'offrions à toi.

masc.	éskent baginizak,
fém.	éskent baginizan,
resp.	éskent baginizázu.

Si nous l'offrions à lui.

indéf. éskent baginizó.

Si nous l'offrions à vous.

indéf. éskent baginizazie.

Si nous l'offrions à eux.

indéf. éskent baginizé.

Si vous l'offriez à moi.

indéf. éskent bazinizade.

Si vous l'offriez à lui.

indéf. éskent bazinizoe.

Si tu les offrais à nous.

masc. et *fém.*	éskent bahitzágu,
resp.	éskent bazinitzágu.

Si tu les offrais à eux.

masc. et *fém.*	éskent bahitzé,
resp.	éskent bazinitzé.

S'il les offrait à moi.

indéf. éskent balitzat.

S'il les offrait à toi.

masc.	éskent balitzak,
fém.	éskent balitzan,
resp.	éskent balitzátzu.

S'il les offrait à lui.

indéf. éskent balitzó.

S'il les offrait à nous.

indéf. éskent balitzágu.

S'il les offrait à vous.

indéf. éskent balitzatzie.

S'il les offrait à eux.

indéf. éskent balitzé.

Si nous les offrions à toi.

masc.	éskent baginitzak,
fém.	éskent baginitzan,
resp.	éskent baginitzátzu.

Si nous les offrions à lui.

indéf. éskent baginitzó.

Si nous les offrions à vous.

indéf. éskent baginitzatzie.

Si nous les offrions à eux.

indéf. éskent baginitzé.

Si vous les offriez à moi.

indéf. éskent bazinitzade.

Si vous les offriez à lui.

indéf. éskent bazinitzoe.

VOIX TRANSITIVE.

Si vous l'offriez à nous.
indéf. éskent bazinizagie.

Si vous l'offriez à eux.
indéf. éskent bazinizé et bazinizéye.

S'ils l'offraient à moi.
indéf. éskent balizade.

S'ils l'offraient à toi.
masc. éskent balizaye,
fém. éskent balizañe,
resp. éskent balizázuye et balizazie.

S'ils l'offraient à lui.
indéf. éskent balizoé.

S'ils l'offraient à nous.
indéf. éskent balizagie.

S'ils l'offraient à vous.
indéf. éskent balizazié.

S'ils l'offraient à eux.
indéf. éskent balizéye.

Si vous les offriez à nous.
indéf. éskent bazinitzagie.

Si vous les offriez à eux.
indéf. éskent bazinitzé et bazinitzéye.

S'ils les offraient à moi.
indéf. éskent balitzade.

S'ils les offraient à toi.
masc. éskent balitzaye,
fém. éskent balitzañe,
resp. éskent balitzátzuye et balitzatzie.

S'ils les offraient à lui.
indéf. éskent balitzoe.

S'ils les offraient à nous.
indéf. éskent balitzagie.

S'ils les offraient à vous.
indéf. éskent balitzazié.

S'ils les offraient à eux.
indéf. éskent balitzéye.

Relations personnelles directes.

Si je t'offrais (si j'offrais toi).
masc. et fém. éskent bahéntzat,
resp. éskent bazintzat.

Si tu m'offrais.
masc. éskent banéntzak,
fém. éskent banéntzan,
resp. éskent banentzázu.

S'il m'offrait.
indéf. éskent banéntza.

S'il t'offrait.
masc. et fém. éskent bahéntza,
resp. éskent bazintza.

Si nous t'offrions.
masc. et fém. éskent bahentzágu,
resp. éskent bazintzágu.

Si je vous offrais.
indéf. éskent bazintzét.

Si tu nous offrais.
masc. éskent bagintzak,
fém. éskent bagintzan,
resp. éskent bagintzázu.

S'il nous offrait.
indéf. éskent bagintza.

S'il vous offrait.
indéf. éskent bazintzé.

Si nous vous offrions.
indéf. éskent bazintzégu.

SUPPOSITIF. — PARFAIT.

	Si vous m'offriez.		Si vous nous offriez.
indéf.	éskent banentzazie.	*indéf.*	éskent bagintzazie.
	S'ils m'offraient.		S'ils nous offraient.
indéf.	éskent banentzé.	*indéf.*	éskent bagintzé.
	S'ils l'offraient.		S'ils vous offraient.
masc. et fém. resp.	éskent bahentzé, éskent bazintzé.	*indéf.*	éskent bazintzayé *et* bazintzé.

SUPPOSITIF OU CONDITIONNÉ.

PARFAIT.

	Si j'avais offert (pour ce moment).		Si je les avais offerts.
indéf.	eskéntu bánu.	*indéf.*	eskéntu banútu.
	Si tu l'avais offert.		Si tu les avais offerts.
masc. et fém. resp.	eskéntu báhu, eskéntu bazúnu.	*masc. et fém. resp.*	eskéntu bahútu, eskéntu bazútu.
	S'il l'avait offert.		S'il les avait offerts.
indéf.	eskéntu bálu.	*indéf.*	eskéntu balútu.
	Si nous l'avions offert.		Si nous les avions offerts.
indéf.	eskéntu bagúnu.	*indéf.*	eskéntu bagúntu.
	Si vous l'aviez offert.		Si vous les aviez offerts.
indéf.	eskéntu bazunie.	*indéf.*	eskéntu bazuntie.
	S'ils l'avaient offert.		S'ils les avaient offerts.
indéf.	eskéntu bálie.	*indéf.*	eskéntu balutie.

Relations indirectes.

	Si je l'avais offert à toi.		Si je les avais offerts à toi.
masc. fém. resp.	eskéntu banéik, eskéntu banéiñ, eskéntu banéizu.	*masc. fém. resp.*	eskéntu banéitzak, eskéntu banéitzañ, eskéntu banéitzu.
	Si je l'avais offert à lui.		Si je les avais offerts à lui.
indéf.	eskéntu banéyo.	*indéf.*	eskéntu banéitzo.

VOIX TRANSITIVE.

Si je l'avais offert à vous.
indéf.   eskéntu banéizie.

Si je l'avais offert à eux.
indéf.   eskéntu banéye.

Si tu l'avais offert à moi.
masc. et fém.   eskéntu bahéit,
resp.   eskéntu bazenéit.

Si tu l'avais offert à lui.
masc. et fém.   eskéntu bahéyo,
resp.   eskéntu bazenéyo.

Si tu l'avais offert à nous.
masc. et fém.   eskéntu bahéiku,
resp.   eskéntu bazenéiku.

Si tu l'avais offert à eux.
masc. et fém.   eskéntu bahéye,
resp.   eskéntu bazenéye.

S'il l'avait offert à moi.
indéf.   eskéntu baléit.

S'il l'avait offert à toi.
masc.   eskéntu baléik,
fém.   eskéntu baléiñ,
resp.   eskéntu baléizu.

S'il l'avait offert à lui.
indéf.   eskéntu baléyo.

S'il l'avait offert à nous.
indéf.   eskéntu baléiku.

S'il l'avait offert à vous.
indéf.   eskéntu baleizié.

S'il l'avait offert à eux.
indéf.   eskéntu baléye.

Si nous l'avions offert à toi.
masc.   eskéntu bagenéik,
fém.   eskéntu bagenéiñ,
resp.   eskéntu bagenéizu.

Si nous l'avions offert à lui.
indéf.   eskéntu bagenéyo.

Si je les avais offerts à vous.
indéf.   eskéntu banéitzie.

Si je les avais offerts à eux.
indéf.   eskéntu banéitze.

Si tu les avais offerts à moi.
masc. et fém.   eskéntu bahéizt et bahéitzat,
resp.   eskéntu bazenéizt et bazenéitzat.

Si tu les avais offerts à lui.
masc. et fém.   eskéntu bahéitzo,
resp.   eskéntu hazenéitzo.

Si tu les avais offerts à nous.
masc. et fém.   eskéntu bahéizku,
resp.   eskéntu bazenéizku.

Si tu les avais offerts à eux.
masc. et fém.   eskéntu bahéitze,
resp.   eskéntu bazenéitze.

S'il les avait offerts à moi.
indéf.   eskéntu baléizt et baléitzat.

S'il les avait offerts à toi.
masc.   eskéntu baléitzak,
fém.   eskéntu baléitzan,
resp.   eskéntu baléitzu.

S'il les avait offerts à lui.
indéf.   eskéntu baléitzo.

S'il les avait offerts à nous.
indéf.   eskéntu baléizku.

S'il les avait offerts à vous.
indéf.   eskéntu baléitzié.

S'il les avait offerts à eux.
indéf.   eskéntu baléitze.

Si nous les avions offerts à toi.
masc.   eskéntu bagenéitzak,
fém.   eskéntu bagenéitzan,
resp.   eskéntu bagenéitzu.

Si nous les avions offerts à lui.
indéf.   eskéntu bagenéitzo.

SUPPOSITIF. — PARFAIT.

Si nous l'avions offert à vous.
indéf. eskéntu bagenéizie.
Si nous l'avions offert à eux.
indéf. eskéntu bagenéye.
Si vous l'aviez offert à moi.
indéf. eskéntu bazenéitaye *et* bazenéitade.
Si vous l'aviez offert à lui.
indéf. eskéntu bazenózie.
Si vous l'aviez offert à nous.
indéf. eskéntu bazenéikuye.
Si vous l'aviez offert à eux.
indéf. eskéntu bazenézie.
S'ils l'avaient offert à moi.
indéf. eskéntu baléitaye *et* baléitade.
S'ils l'avaient offert à toi.
masc. eskéntu baléiye,
fém. eskéntu baléine,
resp. eskéntu baléizie.
S'ils l'avaient offert à lui.
indéf. eskéntu baléyoe.
S'ils l'avaient offert à nous.
indéf. eskéntu baléikuye.
S'ils l'avaient offert à vous.
indéf. eskéntu baleizie.
S'ils l'avaient offert à eux.
indéf. eskéntu baleyie *ou* baléyee.

Si nous les avions offerts à vous.
indéf. eskéntu bagenéitzie.
Si nous les avions offerts à eux.
indéf. eskéntu bagenéitze.
Si vous les aviez offerts à moi.
indéf. eskéntu bazenéiztaye *et* bazenéiztade.
Si vous les aviez offerts à lui.
indéf. eskéntu bazenótzie.
Si vous les aviez offerts à nous.
indéf. eskéntu bazenéizkuye.
Si vous les aviez offerts à eux.
indéf. eskéntu bazenétzie.
S'ils les avaient offerts à moi.
indéf. eskéntu baléiztaye *et* baléiztade.
S'ils les avaient offerts à toi.
masc. eskéntu baléitzaye,
fém. eskéntu baléitzane,
resp. eskéntu baléitzie.
S'ils les avaient offerts à lui.
indéf. eskéntu baléitzoe.
S'ils les avaient offerts à nous.
indéf. eskéntu baléizkuye.
S'ils les avaient offerts à vous.
indéf. eskéntu baleitzie.
S'ils les avaient offerts à eux.
indéf. eskéntu baléitzeye.

Relations personnelles directes.

Si je t'avais offert (si j'avais offert toi).
masc. et fém. eskéntu bahúndut,
resp. eskéntu bazúntut.
Si tu m'avais offert.
masc. eskéntu banúnduk,
fém. eskéntu banúndun,
resp. eskéntu banundúzu.

Si je vous avais offerts (si j'avais offert vous).
indéf. eskéntu bazuntiet.
Si tu nous avais offerts.
masc. eskéntu baguntuk,
fém. eskéntu baguntun,
resp. eskéntu baguntúzu.

VOIX TRANSITIVE.

S'il m'avait offert.
indéf.   eskéntu banúndu.

S'il t'avait offert.
masc. et fém.   eskéntu bahúndu,
resp.   eskéntu bazúntu.

Si nous t'avions offert.
masc. et fém.   eskéntu bahundùgu,
resp.   eskéntu bazuntúgu.

Si vous m'aviez offert.
indéf.   eskéntu banunduzie.

S'ils m'avaient offert.
indéf.   eskéntu bánundie.

S'ils t'avaient offert.
masc. et fém.   eskéntu bahundie,
resp.   eskéntu bazuntie.

S'il nous avait offerts.
indéf.   eskéntu bagúntu.

S'il vous avait offerts.
indéf.   eskéntu bazuntie.

Si nous vous avions offerts.
indéf.   eskéntu bazuntiégu.

Si vous nous aviez offerts.
indéf.   eskéntu baguntuzie

S'ils nous avaient offerts.
indéf.   eskéntu baguntie.

S'il vous avaient offerts.
indéf.   eskéntu bazuntié.

SUPPOSITIF OU CONDITIONNÉ.

PRÉSENT.

Si je l'offrais (en ce moment), *si je l'avais en offre.*
indéf.   eskéntzen bánu.

Si tu l'offrais.
masc. et fém.   eskéntzen báhu,
resp.   eskéntzen bazúnu.

S'il l'offrait.
indéf.   eskéntzen bálu.

Si nous l'offrions.
indéf.   eskéntzen bagúnu.

Si vous l'offriez.
indéf.   eskéntzen bazunie.

S'ils l'offraient.
indéf.   eskéntzen balie.

Si je les offrais (en ce moment).
indéf.   eskéntzen banútu.

Si tu les offrais.
masc. et fém.   eskéntzen bahútu,
resp.   eskéntzen bazúntu.

S'il les offrait.
indéf.   eskéntzen balútu.

Si nous les offrions.
indéf.   eskéntzen bagúntu.

Si vous les offriez.
indéf.   eskéntzen bazuntie.

S'ils les offraient.
indéf.   eskéntzen balutie.

SUPPOSITIF. — PARFAIT.

Relations indirectes.

Si je l'offrais à toi.

masc.	eskéntzen banéik,
fém.	eskéntzen banéiñ,
resp.	eskéntzen banéizu.

Si je l'offrais à lui.

indéf.	eskéntzen banéyo.

Si je les offrais à toi.

masc.	eskéntzen banéitzak,
fém.	eskéntzen banéitzan,
resp.	eskéntzen banéitzu.

Si je les offrais à lui.

indéf.	eskéntzen banéitzo.

Et le reste comme au temps précédent, en changeant *eskéntu* en *eskéntzen*.

VOTIF.

FUTUR.

Puissé-je l'offrir ! ou plût à Dieu que je l'offrisse !
indéf. ainéza éskent.

Puisses-tu l'offrir.
masc. et *fém.* ahéza éskent,
resp. aitzenéza éskent.

Puisse-t-il l'offrir.
indéf. ailéza éskent.

Puissions-nous l'offrir.
indéf. aikenéza éskent.

Puissiez-vous l'offrir.
indéf. aitzenezé éskent.

Puissent-ils l'offrir.
indéf. ailezé éskent.

Puissé-je les offrir ! et pussé-je....
indéf. ainitza éskent.

Puisses-tu les offrir.
masc. et *fém.* ahitza éskent,
resp. aitzenétza éskent.

Puisse-t-il les offrir.
indéf. ailitza éskent.

Puissions-nous les offrir.
indéf. aikintza éskent.

Puissiez-vous les offrir.
indéf. aitzintzé éskent et aitzenetzé éskent.

Puissent-ils les offrir.
indéf. ailitzé éskent.

Relations indirectes.

Puissé-je te l'offrir ! plût à Dieu que je te l'offrisse !
masc. ainizak éskent,
fém. ainizan éskent,
resp. ainizázu éskent.

Puissé-je le lui offrir.
indéf. ainizó éskent.

Puissé-je vous l'offrir.
indéf. ainizazié éskent.

Puissé-je le leur offrir.
indéf. ainizé éskent.

Puisses-tu me l'offrir.
masc. et *fém.* ahizat éskent,
resp. aitzinizat éskent.

Puissé-je te les offrir ! et pussé je....
masc. ainitzak éskent,
fém. ainitzan éskent,
resp. ainitzátzu éskent.

Puissé-je les lui offrir.
indéf. ainitzó éskent.

Puissé-je vous les offrir.
indéf. ainitzatzie éskent.

Puissé-je les leur offrir.
indéf. ainitzé éskent.

Puisses-tu me les offrir.
masc. et *fém.* ahitzat éskent,
resp. aitzinitzat éskent.

VOTIF. — FUTUR.

Puisses-tu le lui offrir!
masc. et fém.   ahizó éskent,
resp.   aitzinizó éskent.

Puisses-tu nous l'offrir.
masc. et fém.   ahizágu éskent,
resp.   aitzinizágu éskent.

Puisses-tu le leur offrir.
masc. et fém.   ahizé éskent,
resp.   aitzinizé éskent.

Puisse-t-il me l'offrir, plût à Dieu qu'il me l'offrît.
indéf.   ailizat éskent.

Puisse-t-il te l'offrir.
masc.   ailizak éskent,
fém.   ailizan éskent,
resp.   ailizázu éskent.

Puisse-t-il l'offrir à lui.
indéf.   ailizó éskent.

Puisse-t-il l'offrir à nous.
indéf.   ailizágu éskent.

Puisse-t-il vous l'offrir.
indéf.   ailizazie éskent.

Puisse-t-il le leur offrir.
indéf.   ailizé éskent.

Puissions-nous te l'offrir et puissions-nous....
masc.   aikinizak éskent,
fém.   aikinizan éskent,
resp.   aikinizázu éskent.

Puissions-nous le lui offrir.
indéf.   aikinizó éskent.

Puissions-nous l'offrir à vous.
indéf.   aikinizazie éskent.

Puissions-nous le leur offrir.
indéf.   aikinizé éskent.

Puissiez-vous me l'offrir.
indéf.   aitzinizade éskent.

Puisses-tu les lui offrir!
masc. et fém.   ahitzó éskent,
resp.   aitzinitzó éskent.

Puisses-tu nous les offrir.
masc. et fém.   ahitzágu éskent,
resp.   aitzinitzágu éskent.

Puisses-tu les leur offrir.
masc. et fém.   ahitzé éskent,
resp.   aitzinitzé éskent.

Puisse-t-il me les offrir.
indéf.   ailitzat éskent.

Puisse-t-il te les offrir.
masc.   ailitzak éskent,
fém.   ailitzán éskent,
resp.   ailitzátzu éskent.

Puisse-t-il les offrir à lui.
indéf.   ailitzó éskent.

Puisse-t-il les offrir à nous.
indéf.   ailitzágu éskent.

Puisse-t-il vous les offrir.
indéf.   ailitzatzie éskent.

Puisse-t-il les leur offrir.
indéf.   ailitzé éskent.

Puissions-nous te les offrir.
indéf.   aikinitzak éskent,
indéf.   aikinitzan éskent,
indéf.   aikinitzátzu éskent.

Puissions-nous les lui offrir.
indéf.   aikinitzó éskent.

Puissions-nous vous les offrir.
indéf.   aikinitzatzie éskent.

Puissions-nous les leur offrir.
indéf.   aikinitzé éskent.

Puissiez-vous me les offrir.
indéf.   aitzinitzade éskent.

Puissiez-vous le lui offrir!
indéf. aitzinizoe éskent.

Puissiez-vous les lui offrir!
indéf. aitzinitzoe éskent.

Puissiez-vous nous l'offrir.
indéf. aitzinizagie éskent.

Puissiez-vous nous les offrir.
indéf. aitzinitzagie éskent.

Puissiez-vous le leur offrir.
indéf. aitzinizé éskent.

Puissiez-vous les leur offrir.
indéf. aitzinitzé éskent.

Puissent-ils me l'offrir.
indéf. ailizadé éskent.

Puissent-ils me les offrir.
indéf. ailizadé éskent.

Puissent-ils te l'offrir.
masc. ailizaye éskent,
fém. ailizañe éskent,
resp. ailizazie éskent.

Puissent-ils te les offrir.
masc. ailitzaye éskent.
fém. ailitzañe éskent,
resp. ailitzatzie éskent.

Puissent-ils le lui offrir.
indéf. ailizoe éskent.

Puissent-ils les lui offrir.
indéf. ailitzoe éskent.

Puissent-ils nous l'offrir.
indéf. ailizagie éskent.

Puissent-ils nous les offrir.
indéf. ailitzagie éskent.

Puissent-ils vous l'offrir.
indéf. ailizazié éskent.

Puissent-ils vous les offrir.
indéf. ailitzatzié éskent.

Puissent-ils le leur offrir.
indéf. ailizéye éskent.

Puissent-ils les leur offrir.
indéf. ailitzéye éskent.

Relations personnelles directes.

Puissé-je t'offrir (offrir toi) et *pussé-je t'offrir!*
masc. et *fém.* ahéntzat éskent,
resp. aitzintzat éskent.

Puissé-je vous offrir!
indéf. aitzintzét éskent.

Puisses-tu m'offrir.
masc. ainéntzak éskent,
fém. ainéntzan éskent,
resp. ainentzázu éskent.

Puisses-tu nous offrir.
masc. aikintzak éskent,
fém. aikintzan éskent,
resp. aikintzázu éskent.

Puisse-t-il m'offrir.
indéf. ainéntza éskent.

Puisse-t-il nous offrir.
indéf. ainéntza éskent.

Puisse-t-il t'offrir.
masc. et *fém.* ahéntza éskent,
resp. aitzintza éskent.

Puisse-t-il vous offrir.
indéf. aitzintzé éskent.

Puissions-nous t'offrir et *pussions-nous....*
masc. et *fém.* ahentzágu éskent,
resp. aitzintzágu éskent.

Puissions-nous vous offrir.
indéf. aitzintzégu éskent.

VOTIF. — PASSÉ.

Puissiez-vous m'offrir! et *puissiez-vous..*   *Puissiez-vous nous offrir!*
- *indéf.*   ainentzazie éskent.   *indéf.*   aikintzazie éskent.

Puissent-ils m'offrir.   *Puissent-ils nous offrir.*
- *indéf.*   ainentzé éskent.   *indéf.*   aikintzé éskent.

Puissent-ils t'offrir.   *Puissent-ils vous offrir.*
- *masc.* et *fém.*   ahentzé éskent,   *indéf.*   aitzintzé *ou* aitzintzayé éskent.
- *resp.*   aitzintzé éskent.

VOTIF. — PASSÉ.

Eussé-je offert, plût à Dieu que j'eusse offert.   *Les eussé-je offerts, plût à Dieu que je les eusse offerts!*
- *indéf.*   ainu eskéntu.   *indéf.*   ainùtu eskéntu.

L'eusses-tu offert!   *Plût à Dieu que tu les eussés offerts.*
- *masc.* et *fém.*   aihu eskéntu (*ou* ahu),   *masc.* et *fém.*   aihútu eskéntu (*ou* ahutu),
- *resp.*   aitzùnu eskéntu.   *resp.*   aitzùntu eskéntu.

Plût à Dieu qu'il l'eût offert.   *Plût à Dieu qu'il les eût offerts.*
- *indéf.*   ailu eskéntu.   *indéf.*   ailútu eskéntu.

Plût à Dieu que nous l'eussions offert.   *Plût à Dieu que nous les eussions offerts.*
- *indéf.*   aikunu eskéntu.   *indéf.*   aikúntu eskéntu.

Plût à Dieu que vous l'eussiez offert.   *Plût à Dieu que vous les eussiez offerts.*
- *indéf.*   aitzunie eskéntu.   *indéf.*   aitzuntie eskéntu.

Plût à Dieu qu'ils l'eussent offert.   *Plût à Dieu qu'ils les eussent offerts.*
- *indéf.*   ailie eskéntu.   *indéf.*   ailutie eskéntu.

Relations indirectes.

Plût à Dieu que je te l'eusse offert.   *Plût à Dieu que je te les eusse offerts.*
- *masc.*   ainéik eskéntu,   *masc.*   ainéitzak eskéntu,
- *fém.*   ainéiñ eskéntu,   *fém.*   ainéitzan eskéntu,
- *resp.*   ainéizu eskéntu.   *resp.*   ainéitzu eskéntu.

Plût à Dieu que je le lui eusse offert.   *Plût à Dieu que je les lui eusse offerts.*
- *indéf.*   ainéyo eskéntu.   *indéf.*   ainéitzo eskéntu.

Plût à Dieu que je vous l'eusse offert.   *Plût à Dieu que je vous les eusse offerts.*
- *indéf.*   ainéizie eskéntu.   *indéf.*   ainéitzie eskéntu.

VOIX TRANSITIVE.

Plût à Dieu que je le leur eusse offert !

   indéf. ainéye eskéntu.

Plût à Dieu que tu me l'eusses offert.

   masc. et fém. ahéit eskéntu,
   resp.   aitzenéit eskéntu.

Plût à Dieu que tu le lui eusses offert.

   masc. et fém. ahéyo eskéntu,
   resp.   aitzenéyo eskéntu.

Plût à Dieu que tu nous l'eusses offert.

   masc. et fém. ahéiku eskéntu,
   resp.   aitzenéiku eskéntu.

Plût à Dieu que tu le leur eusses offert.

   masc. et fém. ahéye eskéntu,
   resp.   aitzenéye eskéntu.

Plût à Dieu qu'il me l'eût offert.

   indéf. ailéit eskéntu (*ou* aléit).

Plût à Dieu qu'il te l'eût offert.

   masc. ailéik eskéntu (*ou* aléik),
   fém.   ailéin eskéntu,
   resp. ailéizu eskéntu.

Plût à Dieu qu'il le lui eût offert.

   indéf. ailéyo eskéntu.

Plût à Dieu qu'il nous l'eût offert.

   indéf. ailéiku eskéntu.

Plût à Dieu qu'il vous l'eût offert.

   indéf. ailéizie eskéntu.

Plût à Dieu qu'il le leur eût offert.

   indéf. ailéye eskéntu.

Plût à Dieu que nous te l'eussions offert.

   masc. aikenéik eskéntu,
   fém.   aikenéin eskéntu,
   resp. aikenéizu eskéntu.

Plût à Dieu que nous le lui eussions offert.

   indéf. aikenéyo eskéntu.

Plût à Dieu que nous vous l'eussions offert.

   indéf. aikenéizie eskéntu.

Plût à Dieu que je les leur eusse offerts !

   indéf. ainéitze eskéntu.

Plût à Dieu que tu me les eusses offerts.

   masc. et fém. ahéitzat eskéntu,
   resp.   aitzenéitzat eskéntu.

Plût à Dieu que tu les lui eusses offerts.

   masc. et fém. ahéitzo eskéntu,
   resp.   aitzenéitzo eskéntu.

Plût à Dieu que tu nous les eusses offerts.

   masc. et fém. ahéizku eskéntu,
   resp.   aitzenéizku eskéntu.

Plût à Dieu que tu les leur eusses offerts.

   masc. et fém. ahéitze eskéntu,
   resp.   aitzenéitze eskéntu.

Plût à Dieu qu'il me les eût offerts.

   indéf. ailéitzat eskéntu (*ou* aléitzat).

Plût à Dieu qu'il te les eût offerts.

   masc. ailéitzak eskéntu (*ou* aléitzak),
   fém.   ailéitzan eskéntu,
   resp. ailéitzu eskéntu.

Plût à Dieu qu'il les lui eût offerts.

   indéf. ailéitzo eskéntu.

Plût à Dieu qu'il nous les eût offerts.

   indéf. ailéizku eskéntu.

Plût à Dieu qu'il vous les eût offerts.

   indéf. ailéitzie eskéntu.

Plût à Dieu qu'il les leur eût offerts.

   indéf. ailéitze eskéntu.

Plût à Dieu que nous te les eussions offerts.

   masc. aikenéitzak eskéntu,
   fém.   aikenéitzan eskéntu,
   resp. aikenéitzu eskéntu.

Plût à Dieu que nous les lui eussions offerts.

   indéf. aikenéitzo eskéntu.

Plût à Dieu que nous vous les eussions offerts.

   indéf. aikenéitzie eskéntu.

VOTIF. — PASSÉ.

Plût à Dieu que nous le leur eussions offert!
   indéf. aikenéye eskéntu.

Plût à Dieu que vous me l'eussiez offert.
   indéf. aitzenéitade eskéntu.

Plût à Dieu que vous le lui eussiez offert.
   indéf. aitzenózie eskéntu.

Plût à Dieu que vous nous l'eussiez offert.
   indéf. aitzenéikuye eskéntu.

Plût à Dieu que vous le leur eussiez offert.
   indéf. aitzenézie eskéntu.

Plût à Dieu qu'ils me l'eussent offert.
   indéf. ailéitade *ou* aléitaye eskéntu.

Plût à Dieu qu'ils le l'eussent offert.
   masc. ailéiye eskéntu,
   fém. ailéine eskéntu,
   resp. ailéizie eskéntu.

Plût à Dieu qu'ils le lui eussent offert.
   indéf. ailéyoe eskéntu.

Plût à Dieu qu'ils nous l'eussent offert.
   indéf. ailéikuye eskéntu.

Plût à Dieu qu'ils vous l'eussent offert.
   indéf. ailéizie eskéntu.

Plût à Dieu qu'ils le leur eussent offert.
   indéf. aileyie eskéntu.

Plût à Dieu que nous les leur eussions offerts!
   indéf. aikenéitze eskéntu.

Plût à Dieu que vous me les eussiez offerts.
   indéf. aitzenéiztade eskéntu.

Plût à Dieu que vous les lui eussiez offerts.
   indéf. aitzenótzie eskéntu.

Plût à Dieu que vous nous les eussiez offerts.
   indéf. aitzenéizkuye eskéntu.

Plût à Dieu que vous les leur eussiez offerts.
   indéf. aitzenétzie eskéntu.

Plût à Dieu qu'ils me les eussent offerts.
   indéf. ailéiztade *ou* ailéiztaye eskéntu.

Plût à Dieu qu'ils te les eussent offerts.
   masc. ailéitzaye eskéntu,
   fém. ailéitzane eskéntu,
   resp. ailéitzie eskéntu.

Plût à Dieu qu'ils les lui eussent offerts.
   indéf. ailéitzoe eskéntu.

Plût à Dieu qu'ils nous les eussent offerts.
   indéf. ailéizkuye eskéntu.

Plût à Dieu qu'ils vous les eussent offerts.
   indéf. ailéitzie eskéntu.

Plût à Dieu qu'ils les leur eussent offerts.
   indéf. ailéitzeye eskéntu.

Relations directes personnelles.

Plût à Dieu que j'eusse offert toi!
   masc. et fém. aihúndut eskéntu (*ou* ahundút),
   resp. aitzúntut eskéntu.

Plût à Dieu que tu m'eusses offert.
   masc. ainúnduk eskéntu,
   fém. ainúndun eskéntu,
   resp. ainundúzu eskéntu.

Plût à Dieu qu'il m'eût offert.
   indéf. ainundú eskéntu.

Plût à Dieu que je vous eusse offerts!
   indéf. aitzuntiét eskéntu.

Plût à Dieu que tu nous eusses offerts.
   masc. aikúntuk eskéntu,
   fém. aikúntun eskéntu,
   resp. aikuntúzu eskéntu.

Plût à Dieu qu'il nous eût offerts.
   indéf. aikúntu eskéntu.

Plût à Dieu qu'il t'eût offert!
masc. et fém. aihúndu eskéntu (*ou* ahúndu),
resp. aitzúntu eskéntu.

Plût à Dieu que nous t'eussions offert.
m. et fém. aihundúgu eskéntu (*ou* ahundúgu),
resp. aitzúntugu eskéntu.

Plût à Dieu que vous m'eussiez offert.
indéf. ainunduzie eskéntu.

Plût à Dieu qu'ils m'eussent offert.
indéf. ainundie eskéntu.

Plût à Dieu qu'ils t'eussent offert.
m. et fém. aihundie eskéntu (*ou* ahundie),
resp. aitzuntie eskéntu.

Plût à Dieu qu'il vous eût offerts!
indéf. aitzuntié eskéntu.

Plût à Dieu que nous vous eussions offerts.
indéf. aitzuntiégu eskéntu.

Plût à Dieu que vous nous eussiez offerts.
indéf. aikuntuzie eskéntu.

Plût à Dieu qu'ils nous eussent offerts.
indéf. aikuntie eskéntu.

Plût à Dieu qu'ils vous eussent offerts.
indéf. aitzuntié eskéntu.

CONDITIONNEL.

PRÉSENT.

Forme à complément direct singulier.

Je l'offrirais (je l'aurais en offre à présent).

indéf. eskéntzen núke (1),
masc. eskéntzen nikek,
fém. eskéntzen niken,
resp. eskéntzen nikézu.

Tu l'offrirais (bien).

masc. et fém. eskéntzen húke,
resp. eskéntzen zunúke.

Il l'offrirait.

indéf. eskéntzen lúke,
masc. eskéntzen likek,
fém. eskéntzen liken,
resp. eskéntzen likézu.

Nous l'offririons.

indéf. eskéntzen gunúke,
masc. eskéntzen ginikek,
fém. eskéntzen giniken,
resp. eskéntzen ginikézu.

Vous l'offririez (bien).

indéf. eskéntzen zunukeyé.

Ils l'offriraient.

indéf. eskéntzen lukeyé *et* lukié,
masc. eskéntzen likeyé,
fém. eskéntzen likeñé,
resp. eskéntzen likezie.

Forme à complément direct pluriel.

Je les offrirais (bien).

indéf. eskéntzen nutúke,
masc. eskéntzen nitikek,
fém. eskéntzen nitiken,
resp. eskéntzen nitikézu.

Tu les offrirais (bien).

masc. et fém. eskéntzen hutúke,
resp. eskéntzen zuntúke.

Il les offrirait.

indéf. eskéntzen lutúke,
masc. eskéntzen litikek,
fém. eskéntzen litiken,
resp. eskéntzen litikézu.

Nous les offririons.

indéf. eskéntzen gunutúke,
masc. eskéntzen gintikek,
fém. eskéntzen gintiken,
resp. eskéntzen gintikézu.

Vous les offririez.

indéf. eskéntzen zuntukeyé,

Ils les offriraient.

indéf. eskéntzen lutukeyé *et* lutukié,
masc. eskéntzen litikeyé,
fém. eskéntzen litikeñé,
resp. eskéntzen litikezie.

---

(1) Cette forme, combinée avec le cas positif, exprime l'action qui serait présentement faite : *góyo hónez eskéntzen núke*, je l'offrirais volontiers (actuellement) ; *áski ardúra éntzuten lúke*, il l'entendrait assez souvent. — La forme *nezáke*, avec le radical du nom verbal, exprime l'action que l'on ferait dans le futur : *éskent nezáke*, j'offrirais (dans l'avenir).

Relations indirectes.

Je l'offrirais à toi.

masc.	eskéntzen néikek,	
fém.	eskéntzen néiken,	
resp.	eskéntzen néikezu.	

Je les offrirais à toi.

masc.	eskéntzen néizkek,
fém.	eskéntzen néizken,
resp.	eskéntzen néizketzu.

Je l'offrirais à lui.

indéf.	eskéntzen neikó,
masc.	eskéntzen nikók,
fém.	eskéntzen nikón,
resp.	eskéntzen nikózu.

Je les offrirais à lui.

indéf.	eskéntzen neizkó et nitzikó,
masc.	eskéntzen nizkók et nitzikók,
fém.	eskéntzen nizkón et nitzikón,
resp.	eskéntzen nizkótzu et nitzikótzu.

Je l'offrirais à vous.

indéf.	eskéntzen néikezie.

Je les offrirais à vous.

indéf.	eskéntzen néizketzie.

Je l'offrirais à eux.

indéf.	eskéntzen neiké,
masc.	eskéntzen nikék,
fém.	eskéntzen nikén,
resp.	eskéntzen nikézu.

Je les offrirais à eux.

indéf.	eskéntzen neizké et nitziké,
masc.	eskéntzen nizkék et nitzikék,
fém.	eskéntzen nizkén et nitzikén,
resp.	eskéntzen nizkétzu et nitzikétzu.

Tu l'offrirais à moi.

masc. et *fém.*	eskéntzen héiket,
resp.	eskéntzen zenéiket.

Tu les offrirais à moi.

masc. et *fém.*	eskéntzen héizket,
resp.	eskéntzen zenéizket.

Tu l'offrirais à lui.

masc. et *fém.*	eskéntzen heikó,
resp.	eskéntzen zeneikó.

Tu les offrirais à lui.

masc. et *fém.*	eskéntzen heizkó,
resp.	eskéntzen zeneizkó.

Tu l'offrirais à nous.

masc. et *fém.*	eskéntzen héikegu,
resp.	eskéntzen zenéikegu.

Tu les offrirais à nous.

masc. et *fém.*	eskéntzen héizkegu,
resp.	eskéntzen zenéizkegu.

Tu l'offrirais à eux.

masc. et *fém.*	eskéntzen heiké,
resp.	eskéntzen zeneiké.

Tu les offrirais à eux.

masc. et *fém.*	eskéntzen heizké,
resp.	eskéntzen zeneizké.

Il l'offrirait à moi.

indéf.	eskéntzen léiket,
masc.	eskéntzen likédak,
fém.	eskéntzen likédan,
resp.	eskéntzen likedázu.

Il les offrirait à moi.

indéf.	eskéntzen léizket,
masc.	eskéntzen lizkédak et litikédak,
fém.	eskéntzen lizkédan et litikédan,
resp.	eskéntzen lizkedátzu et litikedátzu.

Il l'offrirait à toi.

masc.	eskéntzen léikek,
fém.	eskéntzen léiken,
resp.	eskéntzen léikezu.

Il les offrirait à toi.

masc.	eskéntzen léizkek,
fém.	eskéntzen léizken,
resp.	eskéntzen léizketzu.

CONDITIONNEL. — PRÉSENT.

	Il l'offrirait à lui.		*Il les offrirait à lui.*
indéf.	eskéntzen leikó,	*indéf.*	eskéntzen leizkó,
masc.	eskéntzen likók,	*masc.*	eskéntzen litzikók *ou* litikók *et* lizkók,
fém.	eskéntzen likón,	*fém.*	eskéntzen litzikón,
resp.	eskéntzen likózu.	*resp.*	eskéntzen litzikótzu.

	Il l'offrirait à nous.		*Il les offrirait à nous.*
indéf.	eskéntzen léikegu,	*indéf.*	eskéntzen léizkegu,
masc.	eskéntzen likéguk,	*masc.*	eskéntzen lizkéguk *et* litikéguk,
fém.	eskéntzen likégun,	*fém.*	eskéntzen lizkégun *et* litikégun,
resp.	eskéntzen likegúzu.	*resp.*	eskéntzen lizkegútzu *et* litikegútzu.

	Il l'offrirait à vous.		*Il les offrirait à vous.*
indéf.	eskéntzen léikezie.	*indéf.*	eskéntzen léizketzie.

	Il l'offrirait à eux.		*Il les offrirait à eux.*
indéf.	eskéntzen leiké,	*indéf.*	eskéntzen leizké,
masc.	eskéntzen likék,	*masc.*	eskéntzen litzikék *et* lizkék,
fém.	eskéntzen likén,	*fém.*	eskéntzen litzikén *et* lizkén,
resp.	eskéntzen likézu.	*resp.*	eskéntzen litzikétzu *et* lizkétzu.

	Nous l'offririons à toi.		*Nous les offririons à toi.*
masc.	eskéntzen genéikek,	*masc.*	eskéntzen genéizkek,
fém.	eskéntzen genéiken,	*fém.*	eskéntzen genéizken,
resp.	eskéntzen genéikezu.	*resp.*	eskéntzen genéizketzu.

	Nous l'offririons à lui.		*Nous les offririons à lui.*
indéf.	eskéntzen geneikó,	*indéf.*	eskéntzen geneizkó,
masc.	eskéntzen ginikók,	*masc.*	eskéntzen gintzikók *et* ginizkók.
fém.	eskéntzen ginikón,	*fém.*	eskéntzen gintzikón *et* ginizkón,
resp.	eskéntzen ginikózu.	*resp.*	eskéntzen gintzikótzu *et* ginizkótzu.

	Nous l'offririons à vous.		*Nous les offririons à vous.*
indéf.	eskéntzen geneikezie.	*indéf.*	eskéntzen genéizketzie.

	Nous l'offririons à eux.		*Nous les offririons à eux.*
indéf.	eskéntzen geneiké,	*indéf.*	eskéntzen geneizké,
masc.	eskéntzen ginikék,	*masc.*	eskéntzen gintzikék *et* ginizkék,
fém.	eskéntzen ginikén,	*fém.*	eskéntzen gintzikén *et* ginizkén,
resp.	eskéntzen ginikézu.	*resp.*	eskéntzen gintzikétzu *et* ginizkétzu.

	Vous l'offririez à moi.		*Vous les offririez à moi.*
indéf.	eskéntzen zenéikede *et* zenéikedazie.	*indéf.*	eskéntzen zenéizkede *et* zenéizkedatzie

	Vous l'offririez à lui.		*Vous les offririez à lui.*
indéf.	eskéntzen zenéikoye *et* zenéikozie.	*indéf.*	eskéntzen zenéizkoye *et* zenéizkotzie

	Vous l'offririez à nous.		*Vous les offririez à nous.*
indéf.	eskéntzen zenéikegie *et* zenéikeguzie	*indéf.*	eskéntzen zenéizkegie *et* zenéizkegutzie

VOIX TRANSITIVE.

Vous l'offririez à eux.

indéf. eskéntzen zenéikeye *et* zenéikezie.

Vous les offririez à eux.

indéf. eskéntzen zenéizkeye.

Ils l'offriraient à moi.

indéf.	eskéntzen léikede,
masc.	eskéntzen likedaye,
fém.	eskéntzen likedañe,
resp.	eskéntzen likedazie.

Ils les offriraient à moi.

indéf.	eskéntzen léizkede,
masc.	eskéntzen lizkedaye *et* litzikédaye
fém.	eskéntzen lizkedañe,
resp.	eskéntzen lizkedatzie.

Ils l'offriraient à toi.

masc.	eskéntzen léikeye,
fém.	eskéntzen léikeñe,
resp.	eskéntzen léikezie *ou* léikeznye.

Ils les offriraient à toi.

masc.	eskéntzen léizkeye,
fém.	eskéntzen léizkeñe,
resp.	eskéntzen léizketzie *et* léizketzuye

Ils l'offriraient à lui.

indéf.	eskéntzen léikoye,
masc.	eskéntzen likoye *et* likióye (1),
fém.	eskéntzen likoñé *et* likióñe,
resp.	eskéntzen likozié *et* likiózié.

Ils les offriraient à lui.

indéf.	eskéntzen léizkoye,
masc.	eskéntzen litzikoyé,
fém.	eskéntzen litzikoñé,
resp.	eskéntzen litzikotzie.

Ils l'offriraient à nous.

indéf.	eskéntzen leikegié,
masc.	eskéntzen likegié,
fém.	eskéntzen likeguñé,
resp.	eskéntzen likeguzie.

Ils les offriraient à nous.

indéf.	eskéntzen leizkegié,
masc.	eskéntzen lizkegié *et* litzikegié,
fém.	eskéntzen lizkeguñé,
resp.	eskéntzen lizkegutzie.

Ils l'offriraient à vous.

indéf. eskéntzen leikezié.

Ils les offriraient à vous.

indéf. eskéntzen leizketzié.

Ils l'offriraient à eux.

indéf.	eskéntzen leizkeyé,
masc.	eskéntzen likéye,
fém.	eskéntzen likéñe,
resp.	eskénzen likézie.

Ils les offriraient à eux.

indéf.	eskéntzen leizkeyé,
masc.	eskéntzen litzikéye,
fém.	eskéntzen litzikéñe,
resp.	eskéntzen litzikétzie.

Relations personnelles directes.

Je l'offrirais (je t'aurais en offre).

masc. et fém.	eskéntzen hundúket,
resp.	eskéntzen zuntúket.

Je vous offrirais.

indéf. eskéntzen zuntukét *et* zuntukeyét.

---

(1) Nous pensons que ces seconds terminatifs sont employés à tort pour cette forme ; ils appartiennent à la forme *lezáke, lióke*.

CONDITIONNEL — PRÉSENT.

Tu m'offrirais.

masc.	eskéntzen nundúkek,			
fém.	eskéntzen nundúken,			
resp.	eskéntzen nundukézu.			

Tu nous offrirais.

masc.	eskéntzen guntúkek,
fém.	eskéntzen guntúken,
resp.	eskéntzen guntukézu.

Il m'offrirait.

indéf.	eskéntzen nundúke,
masc.	eskéntzen nindíkek,
fém.	eskéntzen nindíken,
resp.	eskéntzen nindikézu.

Il nous offrirait.

indéf.	eskéntzen guntúke,
masc.	eskéntzen gintikek,
fém.	eskéntzen gintiken,
resp.	eskéntzen gintikézu.

Il t'offrirait.

masc. et *fém.*	eskéntzen hundúke,
resp.	eskéntzen zuntúke.

Il vous offrirait.

indéf.	eskéntzen zuntukié.

Nous t'offririons.

masc. et *fém.*	eskéntzen hundukégu,
resp.	eskéntzen zuntukégu.

Nous vous offririons.

indéf.	eskéntzen zuntukiégu.

Vous m'offririez.

indéf.	eskéntzen nundukezie.

Vous nous offririez.

indéf.	eskéntzen guntukezie.

Ils m'offriraient.

indéf.	eskéntzen nundukeyé,
masc.	eskéntzen nindikeyé,
fém.	eskéntzen nindikeñé,
resp.	eskéntzen nindikezie.

Ils nous offriraient.

indéf.	eskéntzen guntukeyé,
masc.	eskéntzen gintikeyé,
fém.	eskéntzen gintikeñé,
resp.	eskéntzen gintikezie.

Ils t'offriraient.

masc. et *fém.*	eskéntzen huntukie,
resp.	eskéntzen zuntukie.

Ils vous offriraient.

indéf.	eskéntzen zuntukeyé.

CONDITIONNEL. — PARFAIT.

Forme à complément direct singulier.

Je l'aurais offert (je l'aurais (je l'ai) déjà offert)

indéf.	eskéntu núke (1),
masc.	eskéntu níkek,
fém.	eskéntu níken,
resp.	eskéntu nikézu.

Tu l'aurais (bien) *offert.*

masc. et fém.	eskéntu húke,
resp.	eskéntu zunúke.

Il l'aurait (bien) *offert.*

indéf.	eskéntu lúke,
masc.	eskéntu líkek,
fém.	eskéntu líken,
resp.	eskéntu likézu.

Nous l'aurions offert.

indéf.	eskéntu gunúke,
masc.	eskéntu ginikek,
fém.	eskéntu giniken,
resp.	eskéntu ginikézu.

Vous l'auriez offert.

indéf.	eskéntu zunukeyé.

Ils l'auraient offert.

indéf.	eskéntu lukeyé et lukié,
masc.	eskéntu likeyé,
fém.	eskéntu likeñé,
resp.	eskéntu likezie.

Forme à complément direct pluriel.

Je les aurais offerts (je les aurais (bien) offerts)

indéf.	eskéntu nutúke,
masc.	eskéntu nitikek,
fém.	eskéntu nitiken,
resp.	eskéntu nitikézu.

Tu les aurais offerts.

masc. et fém.	eskéntu hutúke,
resp.	eskéntu zuntúke.

Il les aurait offerts.

indéf.	eskéntu lutúke,
masc.	eskéntu litikek,
fém.	eskéntu litiken,
resp.	eskéntu litikézu.

Nous les aurions offerts.

indéf.	eskéntu guntúke,
masc.	eskéntu gintikek,
fém.	eskéntu gintiken,
resp.	eskéntu gintikézu.

Vous les auriez offerts.

indéf.	eskéntu zuntukeyé.

Ils les auraient offerts.

indéf.	eskéntu lutukeyé et lutukié,
masc.	eskéntu litikeyé,
fém.	eskéntu litikeñé,
resp.	eskéntu litikezie.

---

(1) *J'aurais offert mille francs;* cette phrase est amphibologique en français, et le contexte seul peut en déterminer le véritable sens; il peut dire : j'aurais offert mille francs (dans le passé), mais je ne l'ai pas fait ; et il peut dire : j'ai offert mille francs, j'aurais offert mille francs, mais je ne sais si d'autres offriront davantage. En basque, *j'aurais offert* (dans le passé, mais je ne l'ai pas fait) s'exprime par la forme *nukian, eskéntu nukian;* et *j'aurais offert*, dans le sens de l'action réellement faite, s'exprime par *núke; eskéntu núke. Núke* a le sens de *j'aurais actuellement: ba-núke bi zamári,* j'aurais deux chevaux; *uste núke,* je croirais; *behar núke,* j'aurais besoin; *nahi núke,* je voudrais.

Relations indirectes.

Je l'aurais offert à toi.

masc. eskéntu néikek,
fém. eskéntu néiken,
resp. eskéntu néikezu.

Je les aurais offerts à toi.

masc. eskéntu néizkek,
fém. eskéntu néizken,
resp. eskéntu néizketzu.

Et les autres relations comme au temps précédent, en changeant *eskéntzen* en *eskéntu*.

Cette forme s'emploie le plus souvent avec l'affixe *ba* pour exprimer *j'aurais* ; *ba-núke gogóa, bana háin ónxa indárra*, j'aurais l'idée, si j'avais aussi bien la force ; avec *oúste*, croyance, opinion ; avec *behar*, besoin ; avec *náhi*, volonté ou voulu ; *máite*, cher, aimé : *oúste núke*, je croirais ; *behar núke*, j'aurais besoin ; *náhi núke*, je voudrais ; *máite núke*, je l'aimerais. Elle s'emploie aussi, souvent, avec l'infinitif de l'adjectif verbal : *hásirik lúke*, il l'aurait bien commencé ; *igorririk lúke aspaldían*, il l'aurait envoyé depuis longtemps. Pour conjuguer *núke* avec ces combinaisons, il n'y a qu'à changer l'adjectif verbal ou le substantif.

VOIX TRANSITIVE.

CONDITIONNEL. — PARFAIT.

FORME RÉGIE POSITIVE.

Que je l'aurais offert.
indéf. eskéntu nukiála *et* nukéla.

Que tu l'aurais offert.
masc. et fém. eskéntu bukiála *et* bukéla,
resp. eskéntu zunukiála *et* zunukéla

Qu'il l'aurait offert.
indéf. eskéntu lukiála *et* lukéla.

Que nous l'aurions offert.
indéf. eskéntu gunukiála *et* gunukéla.

Que vous l'auriez offert.
indéf. eskéntu zunukeyéla.

Qu'ils l'auraient offert.
indéf. eskéntu lukeyéla.

Que je les aurais offerts.
indéf. eskéntu nutukiála *et* nutukéla.

Que tu les aurais offerts.
masc. et fém. eskéntu hutukiála *et* hutukéla,
resp. eskéntu zuntukiála *et* zuntukéla

Qu'il les aurait offerts.
indéf. eskéntu lutukiála *et* lutukéla.

Que nous les aurions offerts.
indéf. eskéntu guntukiála *et* guntukéla.

Que vous les auriez offerts.
indéf. eskéntu zuntukeyéla.

Qu'ils les auraient offerts.
indéf. eskéntu lutukeyéla.

Relations indirectes.

Que je l'aurais offert à toi.
masc. eskéntu néikeyala,
fém. eskéntu néikeñala,
resp. eskéntu néikezula.

Que je l'aurais offert à lui.
indéf. eskéntu néikola.

Que je l'aurais offert à vous.
indéf. eskéntu néikeziela.

Que je l'aurais offert à eux.
indéf. eskéntu néikela.

Que tu l'aurais offert à moi.
m. et f. eskéntu héikedala,
resp. eskéntu zenéikedala.

Que je les aurais offerts à toi.
masc. eskéntu néizkeyala,
fém. eskéntu néizkeñala,
resp. eskéntu néizketzula.

Que je les aurais offerts à lui.
indéf. eskéntu néizkola.

Que je les aurais offerts à vous.
indéf. eskéntu néizketziela.

Que je les aurais offerts à eux.
indéf. eskéntu néizkela.

Que tu les aurais offerts à moi.
m. et f. eskéntu héizkedala,
resp. eskéntu zenéizkedala.

CONDITIONNEL. — PARFAIT.   297

   Que tu l'aurais offert à lui.

masc. et fém. eskéntu héikola,
resp.   eskéntu zenéikola.

   Que tu l'aurais offert à nous.

masc. et fém. eskéntu héikegula,
resp.   eskéntu zenéikegula.

   Que tu l'aurais offert à eux.

masc. et fém. eskéntu héikela,
resp.   eskéntu zenéikela.

   Qu'il l'aurait offert à moi.

indéf. eskéntu léikedala.

   Qu'il l'aurait offert à toi.

masc. eskéntu léikeyala,
fém.   eskéntu léikeñala,
resp. eskéntu léikezula.

   Qu'il l'aurait offert à lui.

indéf. eskéntu léikola.

   Qu'il l'aurait offert à nous.

indéf. eskéntu léikegula.

   Qu'il l'aurait offert à vous.

indéf. eskéntu leikeziéla.

   Qu'il l'aurait offert à eux.

indéf. eskéntu léikela.

   Que nous l'aurions offert à toi.

masc. eskéntu genéikeyala,
fém.   eskéntu genéikeñala,
resp. eskéntu genéikezula.

   Que nous l'aurions offert à lui.

indéf. eskéntu genéikola.

   Que nous l'aurions offert à vous.

indéf. eskéntu genéikeziéla.

   Que nous l'aurions offert à eux.

indéf. eskéntu genéikela.

   Que vous l'auriez offert à moi.

indéf. eskéntu zenéikedala *et* zenéikedaziéla

   Que vous l'auriez offert à lui.

indéf. eskéntu zenéikoyela *et* zenéikoziéla.

   Que tu les aurais offerts à lui.

masc. et fém. eskéntu héizkola,
resp.   eskéntu zenéizkola.

   Que tu les aurais offerts à nous.

masc. et fém. eskéntu héizkegula,
resp.   eskéntu zenéizkegula.

   Que tu les aurais offerts à eux.

masc. et fém. eskéntu héizkela,
resp.   eskéntu zenéizkela.

   Qu'il les aurait offerts à moi.

indéf. eskéntu léizkedala.

   Qu'il les aurait offerts à toi.

masc. eskéntu léizkeyala,
fém.   eskéntu léizkeñala,
resp. eskéntu léizketzula.

   Qu'il les aurait offerts à lui.

indéf. eskéntu léizkola.

   Qu'il les aurait offerts à nous.

indéf. eskéntu léizkegula.

   Qu'il les aurait offerts à vous.

indéf. eskéntu leizketziéla.

   Qu'il les aurait offerts à eux.

indéf. eskéntu léizkela.

   Que nous les aurions offerts à toi.

masc. eskéntu genéizkeyala,
fém.   eskéntu genéizkeñala,
resp. eskéntu genéizketzula.

   Que nous les aurions offerts à lui.

indéf. eskéntu genéizkola.

   Que nous les aurions offerts à vous.

indéf. eskéntu genéizketziéla.

   Que nous les aurions offerts à eux.

indéf. eskéntu genéizkela.

   Que vous les auriez offerts à moi.

indéf. eskéntu zenéizkedala.

   Que vous les auriez offerts à lui.

indéf. eskéntu zenéizkoyela.

VOIX TRANSITIVE.

Que vous l'auriez offert à nous.
indéf. eskéntu zenéikegiela *et* zenéikuziela

Que vous l'auriez offert à eux.
indéf. eskéntu zenéikeyela *et* zenéikeziela.

Qu'ils l'auraient offert à moi.
indéf. eskéntu léikedela.

Qu'ils l'auraient offert à toi.
masc. eskéntu léikeyela,
fém. eskéntu léikeñela,
resp. eskéntu léikeziela.

Qu'ils l'auraient offert à lui.
indéf. eskéntu léikoyela.

Qu'ils l'auraient offert à nous.
indéf. eskéntu léikegiela.

Qu'ils l'auraient offert à vous.
indéf. eskéntu leikeziéla.

Qu'ils l'auraient offert à eux.
indéf. eskéntu léikeyela.

Que vous les auriez offerts à nous.
indéf. eskéntu zenéizkegiela *et* zenéizkutziela

Que vous les auriez offerts à eux.
indéf. eskéntu zenéizkeyela.

Qu'ils les auraient offerts à moi.
indéf. eskéntu léizkedela.

Qu'ils les auraient offerts à toi.
masc. eskéntu léizkeyela,
fém. eskéntu léizkeñela,
resp. eskéntu léizketziela.

Qu'ils les auraient offerts à lui.
indéf. eskéntu léizkoyela.

Qu'ils les auraient offerts à nous.
indéf. eskéntu léizkegiela.

Qu'ils les auraient offerts à vous.
indéf. eskéntu leizketziéla.

Qu'ils les auraient offerts à eux.
indéf. eskéntu léizkeyela.

Relations personnelles directes.

Que je t'aurais offert.
masc. et *fém.* eskéntu hundúkedala,
resp. eskéntu zuntúkedala.

Que tu m'aurais offert.
masc. eskéntu nundukeyála,
fém. eskéntu nundukeñála,
resp. eskéntu nundukezúla.

Qu'il m'aurait offert.
indéf. eskéntu nundukiála.

Qu'il t'aurait offert.
masc. et *fém.* eskéntu hundukiála,
resp. eskéntu zuntukiála.

Que nous t'aurions offert.
masc. et *fém.* eskéntu hundukegúla,
resp. eskéntu zuntukegúla.

Que vous m'auriez offert.
indéf. eskéntu nundukeziéla.

Que je vous aurais offerts.
indéf. eskéntu zuntukeyédala.

Que tu nous aurais offerts.
masc. eskéntu guntukeyála,
fém. eskéntu guntukeñála,
resp. eskéntu guntukezúla.

Qu'il nous aurait offerts.
indéf. eskéntu guntukiála.

Qu'il vous aurait offerts.
indéf. eskéntu zuntukiéla.

Que nous vous aurions offerts.
indéf. eskéntu zuntukiégula.

Que vous nous auriez offerts.
indéf. eskéntu guntukeziéla.

CONDITIONNEL. — PARFAIT.   299

Qu'ils m'auraient offert.   *Qu'ils nous auraient offerts.*
indéf. eskéntu nundukeyéla.   *indéf.* eskéntu guntukeyéla.
Qu'ils t'auraient offert.   *Qu'ils vous auraient offerts.*
masc. et fém. eskéntu huntukiéla,   *indéf.* eskéntu zuntukeyéla.
resp.   eskéntu zuntukiéla.

PRÉSENT.

Que je l'offrirais (que je l'aurais présente-   *Que je les offrirais.*
   ment en offre).
indéf. eskéntzen nukiála.   *indéf.* eskéntzen nutukiála.
Que tu l'offrirais.   *Que tu les offrirais.*
masc. et fém. eskéntzen hukiála,   *masc. et fém.* eskéntzen hutukiála,
resp.   eskéntzen zunukiála.   *resp.*   eskéntzen zuntukiála.
Qu'il l'offrirait.   *Qu'il les offrirait.*
indéf. eskéntzen lukiála.   *indéf.* eskéntzen lutukiála.
Que nous l'offririons.   *Que nous les offririons.*
indéf. eskéntzen gunukiála.   *indéf.* eskéntzen guntukiála.
Que vous l'offririez.   *Que vous les offririez.*
indéf. eskéntzen zunukeyéla.   *indéf.* eskéntzen zuntukeyéla.
Qu'ils l'offriraient.   *Qu'ils les offriraient.*
indéf. eskéntzen lukeyéla.   *indéf.* eskéntzen lutukeyéla.

Et le reste comme dans le temps précédent, en changeant *eskéntu* en *eskéntzen*. (Voir, pour la valeur et l'emploi de ce temps, la note de la forme capitale, page 289.)

FORME RÉGIE EXQUISITIVE.

PARFAIT.

Il saurait bien ce que.... à qui.... combien.... — *Balakike zer.... nóri.... zombát.*

J'aurais offert.   *Je les aurais offerts.*
indéf. eskéntu nukian.   *indéf.* eskéntu nutukian.

Tu aurais offert.

masc. et fém. eskéntu hukían,
resp. eskéntu zunukían.

Il aurait offert.

indéf. eskéntu lukían.

Nous aurions offert.

indéf. eskéntu gunukían.

Vous auriez offert.

indéf. eskéntu zunukeyén.

Ils auraient offert.

indéf. eskéntu lukeyén.

Tu les aurais offerts.

masc. et fém. eskéntu hutukían,
resp. eskéntu zuntukían.

Il les aurait offerts.

indéf. eskéntu lutukían.

Nous les aurions offerts.

indéf. eskéntu guntukían.

Vous les auriez offerts.

indéf. eskéntu zuntukeyén.

Ils les auraient offerts.

indéf. eskéntu lutukeyén.

On trouvera les autres terminatifs dans les tableaux, ou on les obtiendra en changeant la terminaison *ia*, de la forme précédente, en *n*.

On conjugue de même *eskéntzen nukían*, j'offrirais.

FORME D'INCIDENCE.

PRÉSENT.

Comme.... parce que.... ce que.... auquel.... — *Nóla...., zéren...., zér-ere...., zóiņi....*

J'offrirais (présentement).

indéf. eskéntzen benúke *ou* beinúke.

Tu offrirais.

masc. et fém. eskéntzen behúke,
resp. eskéntzen beitzunúke.

Il offrirait.

indéf. eskéntzen beilúke *ou* belúke.

Nous offririons.

indéf. eskéntzen beikunúke.

Vous offririez.

indéf. eskéntzen beitzunukeyé.

Je les offrirais.

indéf. eskéntzen benutúke *ou* beinutúke

Tu les offrirais.

masc. et fém. eskéntzen behúke,
resp. eskéntzen beitzunúke.

Il les offrirait.

indéf. eskéntzen beilutúke *ou* belutúke.

Nous les offririons.

indéf. eskéntzen beikuntúke.

Vous les offririez.

indéf. eskéntzen beitzuntukeyé.

CONDITIONNEL FUTUR ET POTENTIEL CONDITIONNEL.

Ils offriraient.   *Ils les offriraient.*

indéf. eskéntzen belukeyé *ou* beilukeyé.   *indéf.* eskéntzen belutukeyé *ou* beilutukeyé

Relations indirectes.

J'offrirais à toi.   *Je les offrirais à toi.*

masc.	eskéntzen benéikek,		*masc.*	eskéntzen benéizkek,
fém.	eskéntzen benéiken,		*fém.*	eskéntzen benéizken,
resp.	eskéntzen benéikezu.		*resp.*	eskéntzen benéizketzu.

J'offrirais à lui.   *Je les offrirais à lui.*

indéf. eskéntzen benéiko.   *indéf.* eskéntzen benéizko.

On trouvera les autres terminatifs aux tableaux, [ou on les formera facilement avec la forme capitale et l'affixe *bei* unis, suivant la règle indiquée à la page 6.

On conjugue de même le parfait *eskéntu benúke.*

CONDITIONNEL FUTUR ET POTENTIEL CONDITIONNEL.

Forme à complément direct singulier.   **Forme à complément direct pluriel.**

J'offrirais et je pourrais offrir.   *Je les offrirais et je pourrais les offrir.*

indéf.	éskent nezáke, *et* nióke *et* niro,		*indéf.*	éskent netzáke *et* nitióke,
masc.	éskent nezákek *et* niókek,		*masc.*	éskent netzákek *et* nitiókek,
fém.	éskent nezáken *et* nióken,		*fém.*	éskent netzáken *et* nitióken,
resp.	éskent nezakézu *et* niókezu.		*resp.*	éskent netzakétzu *et* nitióketzu.

Tu l'offrirais.   *Tu les offrirais.*

masc. et fém.	éskent hezáke *et* hióke,		*masc. et fém.*	éskent hetzáke *et* hitióke,
resp.	éskent zenezáke *et* zinióke.		*resp.*	éskent zenetzáke *et* zintióke

Il l'offrirait.   *Il les offrirait.*

indéf.	éskent lezáke *et* lióke *et* liro,		*indéf.*	éskent letzáke *et* litióke,
masc.	éskent lezákek *et* liókek,		*masc.*	éskent letzákek *et* litiókek,
fém.	éskent lezáken *et* lióken,		*fém.*	éskent letzáken *et* litióken,
resp.	éskent lezakézu *et* liókezu.		*resp.*	éskent letzakétzu *et* litióketzu.

Nous l'offririons.   *Nous les offririons.*

indéf.	éskent genezáke *et* giniòke *et* giniro		*indéf.*	éskent genetzáke *et* gintióke,
masc.	éskent genezákek *et* giniókek,		*masc.*	éskent genetzákek *et* gintiókek,
fém.	éskent genezáken *et* ginióken,		*fém.*	éskent genetzáken *et* gintióken,
resp.	éskent genezakézu *et* giniókezu.		*resp.*	éskent genetzakétzu *et* gintióketzu

Vous l'offririez.

indéf. éskent zenezakeyé *et* ziniókeye.

Vous les offririez.

indéf. éskent zenetzakeyé *et* zintiókeye

Ils l'offriraient.

indéf. éskent lezakíe *et* liókeye *et* liroé,
masc. éskent lezakeyé *et* liókeye,
fém. éskent lezákeñe *et* liókeñe,
resp. éskent lezakezíe *et* liókezie.

Ils les offriraient.

indéf. éskent letzakie *et* litiókeye,
masc. éskent letzakeyé *et* litiókeye,
fém. éskent letzákeñe *et* litiókeñe,
resp. éskent letzaketzie *et* litióketzie.

Relations indirectes.

Je l'offrirais à toi et je pourrais l'offrir à toi.

masc. éskent nizákek *et* nizakéik,
fém. éskent nizáken *et* nizakéiñ,
resp. éskent nizakézu *et* nizakóizu.

Je les offrirais à toi.

masc. éskent nitzákek *et* nitzakéik,
fém. éskent nitzáken *et* nitzakéiñ,
resp. éskent nitzakétzu *et* nitzakéitzu.

Je l'offrirais à lui.

indéf. éskent nizakíó,
masc. éskent nizakiók,
fém. éskent nizakióñ,
resp. éskent nizakiózu.

Je les offrirais à lui.

indéf. éskent nitzakió,
masc. éskent nitzakiók,
fém. éskent nitzakióñ,
resp. éskent nitzakiótzu.

Je l'offrirais à vous.

indéf. éskent nizakezié.

Je les offrirais à vous.

indéf. éskent nitzaketzié.

Je l'offrirais à eux.

indéf. éskent nizakié,
masc. éskent nizakiék,
fém. éskent nizakiéñ,
resp. éskent nizakiézu.

Je les offrirais à eux.

indéf. éskent nitzakié,
masc. éskent nitzakiék,
fém. éskent nitzakiéñ,
resp. éskent nitzakiétzu.

Tu l'offrirais à moi.

masc. et *fém.* éskent hizakédat,
resp. éskent zinizakédat.

Tu les offrirais à moi.

masc. et *fém.* éskent hitzakédat,
resp. éskent zinitzakédat.

Tu l'offrirais à lui.

masc. et *fém.* éskent hizakió,
resp. éskent zinizakió.

Tu les offrirais à lui.

masc. et *fém.* éskent hitzakió,
resp. éskent zinitzakió.

Tu l'offrirais à nous.

masc. et *fém.* éskent hizakégu,
resp. éskent zinizakégu.

Tu les offrirais à nous.

masc. et *fém.* éskent hitzakégu,
resp. éskent zinitzakégu.

Tu l'offrirais à eux.

masc. et *fém.* éskent hizakié,
resp. éskent zinizakié.

Tu les offrirais à eux.

masc. et *fém.* éskent hitzakié,
resp. éskent zinitzakié.

CONDITIONNEL FUTUR ET POTENTIEL CONDITIONNEL.

Il l'offrirait à moi.

indéf. éskent lizakédat *et* léiket,
masc. éskent lizakédak,
fém. éskent lizakédan,
resp. éskent lizakedázu.

Il les offrirait à moi.

indéf. éskent litzakédat *et* léizket,
masc. éskent litzakédak,
fém. éskent litzakédan,
resp. éskent litzakedátzu.

Il l'offrirait à toi.

masc. éskent lizákek *et* likéik (*on dit aussi* léikek,
fém. éskent lizáken *et* likéiñ   léiken,
resp. éskent lizakézu *et* likéizu   léíkezu).

Il les offrirait à toi.

masc. éskent litzákek *et* lizkéik (*on dit souvent* léizkek,
fém. éskent litzáken *et* lizkéin   léizken;
resp. éskent litzakétzu *et* lizkéitzu léizketzu)

Il l'offrirait à lui.

indéf. éskent lizakió *et* likió,
masc. éskent lizakiók *et* likiók,
fém. éskent lizakión *et* likión,
resp. éskent lizakiózu *et* likiózu.

Il les offrirait à lui.

indéf. éskent litzakió *et* litikió,
masc. éskent litzakiók *et* litikiók,
fém. éskent litzakión *et* litikión,
resp. éskent litzakiótzu *et* litikiótzu.

Il l'offrirait à nous.

indéf. éskent lizakégu,
masc. éskent lizakéguk,
fém. éskent lizakégun,
resp. éskent lizakegúzu.

Il les offrirait à nous.

indéf. éskent litzakégu,
masc. éskent litzakéguk,
fém. éskent litzakégun,
resp. éskent litzakegútzu.

Il l'offrirait à vous.

indéf. éskent lizakezié.

Il les offrirait à vous.

indéf. éskent litzaketzié.

Il l'offrirait à eux.

indéf. éskent lizakié,
masc. éskent lizakiék,
fém. éskent lizakién,
resp. éskent lizakiézu.

Il les offrirait à eux.

indéf. éskent litzakié,
masc. éskent litzakiék,
fém. éskent litzakién,
resp. éskent litzakiétzu.

Nous l'offririons à toi.

masc. éskent ginizákek (*on dit souv*[t] genéikek,
fém. éskent ginizáken   genéiken
resp. éskent ginizakézu (1) genéikezu).

Nous les offririons à toi.

m. éskent ginitzákek (*on dit souv*[t] genéizkek
fém. éskent ginitzáken   genéizken
resp. éskent ginitzakétzu   genéizketzu).

Nous l'offririons à lui.

indéf. éskent ginitzakío *et* ginikio,
masc. éskent ginizakiók *et* ginikiók,
fém. éskent ginizakión *et* ginikiőn,
resp. éskent ginizakiózu *et* ginikiózu.

Nous les offririons à lui.

indéf. éskent ginitzakió *et* gintikio,
masc. éskent ginitzakiók *et* gintikiók,
fém. éskent ginitzakión *et* gintikión,
resp. éskent ginitzakiátzu *et* gintikiótzu

Nous l'offririons à vous.

indéf. éskent ginizakezie *et* geneikezie.

Nous les offririons à vous.

indéf. éskent ginitzaketzie *et* geneizketzie.

---

(1) Ces formatifs, *genéikeh, genéikezu*, comme aussi *léiket, léikek*, etc., appartiennent au conditionnel passé : *lūke, nūke, gunüke, eskéntzen genéikek, eskéntu genéikek, léikezu*, etc. ; nous pensons que c'est à tort qu'on en fait usage dans cette forme.

VOIX TRANSITIVE.

Nous l'offririons à eux.

- *indéf.* éskent ginizakié *et* ginikié,
- *masc.* éskent ginizakiék *et* ginikiék,
- *fém.* éskent ginizakién *et* ginikién,
- *resp.* éskent ginizakiézu *et* ginikiézu.

Nous les offririons à eux.

- *indéf.* éskent ginitzakié *et* gintikié,
- *masc.* éskent ginitzakiék *et* gintikiék,
- *fém.* éskent ginitzakién *et* gintikién,
- *resp.* éskent ginitzakiétzu *et* gintikiétzu

Vous l'offririez à moi.

- *indéf.* éskent zinizakedé *et* zinikede.

Vous les offririez à moi.

- *indéf.* éskent zinitzakedé *et* zintikede.

Vous l'offririez à lui.

- *indéf.* éskent zinizakióye *et* zinikióye.

Vous les offririez à lui.

- *indéf.* éskent zinitzakióye *et* zintikióye

Vous l'offririez à nous.

- *indéf.* éskent zinizakegié *et* zinikegié.

Vous les offririez à nous.

- *indéf.* éskent zinitzakegié *et* zintikegié.

Vous l'offririez à eux.

- *indéf.* éskent zinizakiéye *et* zinikiéye.

Vous les offririez à eux.

- *indéf.* éskent zinitzakiéye *et* zintikiéye.

Ils l'offriraient à moi.

- *indéf.* éskent lizakedayé (*et* leikedé
- *masc.* éskent lizakedayé, [*à tort.*)
- *fém.* éskent lizakedañé,
- *resp.* éskent lizakedazié.

Ils les offriraient à moi.

- *indéf.* éskent litzakedayé (*et* leizkedé
- *masc.* éskent litzakedayé, [*à tort.*)
- *fém.* éskent litzakedañé,
- *resp.* éskent litzakedatzié.

Ils l'offriraient à toi.

- *masc.* éskent lizakéye,
- *fém.* éskent lizakéñe,
- *resp.* éskent lizakézuye *et* lizakézie.

Ils les offriraient à toi.

- *masc.* éskent litzakéye,
- *fém.* éskent litzakéñe,
- *resp.* éskent litzakétzie.

Ils l'offriraient à lui.

- *indéf.* éskent lizakióye,
- *masc.* éskent lizakióye,
- *fém.* éskent lizakióñe,
- *resp.* éskent lizakiózie.

Ils les offriraient à lui.

- *indéf.* éskent litzakióye,
- *masc.* éskent litzakióye,
- *fém.* éskent litzakióñe,
- *resp.* éskent litzakiótzie.

Ils l'offriraient à nous.

- *indéf.* éskent lizakegie (*on dit* léikegie, *mais*
- *masc.* éskent lizakegié, [*c'est à tort.*)
- *fém.* éskent lizakeguñé,
- *resp.* éskent lizakeguzie.

Ils les offriraient à nous.

- *indéf.* éskent litzakegié,
- *masc.* éskent litzakegié,
- *fém.* éskent litzakeguñé,
- *resp.* éskent litzakegutzie.

Ils l'offriraient à vous.

- *indéf.* éskent lizakezie (*on dit aussi* léi-
 [kezié, *mais à tort.*)

Ils les offriraient à vous.

- *indéf.* éskent litzaketzié.

Ils l'offriraient à eux.

- *indéf.* éskent lizakiéye *et* likiéye,
- *masc.* éskent lizakiéye *et* likiéye,
- *fém.* éskent lizakiéñe *et* likiéñe,
- *resp.* éskent lizakiézie *et* likiézie.

Ils les offriraient à eux.

- *indéf.* éskent litzakiéye *et* litikiéye,
- *masc.* éskent litzakiéye *et* litikiéye,
- *fém.* éskent litzakiéñe *et* litikiéñe,
- *resp.* éskent litzakiétzie *et* litikiétzie.

CONDITIONNEL FUTUR ET POTENTIEL CONDITIONNEL.

Je t'offrirais (dans l'avenir), *et je pourrais vous offrir.*

masc. et fém.	éskent hentzáket *et* hindiókét
resp.	éskent zentzáket *et* zintiókét.

Tu m'offrirais.

masc.	éskent nentzákek,
fém.	éskent nentzáken,
resp.	éskent nentzakézu.

Il m'offrirait.

indéf.	éskent nentzáke *et* nintió, nintióke,
masc.	éskent nintzákek *et* nintiók, nintiókek,
fém.	éskent nintzáken *et* nintión, nintióken
resp.	éskent nintzakézu *et* nintiózu, nintiókezu.

Il t'offrirait.

m. et f.	éskent hentzáke *et* hintió, hintióke,
resp.	éskent zintzáke *et* zintió, zintióke.

Nous t'offririons.

m. et f.	éskent hentzakégu *et* hintiókegu,
resp.	éskent zentzakégu *et* zintiókegu.

Vous m'offririez.

indéf.	éskent nentzakezie.

Ils m'offriraient.

indéf.	éskent nentzakeyé *et* nintiókeye
masc.	éskent nintzakeyé *et* nintiókeyé,
fém.	éskent nintzakené *et* nintiókené,
resp.	éskent nintakezie *et* nintiokezie

Ils t'offriraient.

m. et f.	éskent hentzakeyé *et* hintiókeye,
resp.	éskent zintzakie *ou* zintzaké *et* zintiókeye.

Je vous offrirais et je pourrais vous offrir.

indéf.	éskent zentzakeyét *et* zintzakét.

Tu nous offrirais.

masc.	éskent gentzákek,
fém.	éskent gentzáken,
resp.	éskent gentzakézu.

Il nous offrirait.

indéf.	éskent gentzáke *et* gintióke,
masc.	éskent gintzákek *et* gintiókek,
fém.	éskent gintzáken *et* gintióken,
resp.	éskent gintzakézu *et* gintiókezu.

Il vous offrirait.

indéf.	éskent zentzaké *et* zintióé, zintiokeyé.

Nous vous offririons.

indéf.	éskent zentzakiégu *et* zintiókegu.

Vous nous offririez.

indéf.	éskent gentzakezié.

Ils nous offriraient.

indéf.	éskent gentzákeye *et* gintiókeye
masc.	éskent gintzakeyé *et* gintiókeyé,
fém.	éskent gintzakené *et* gintiókené,
resp.	éskent gintakezié *et* gintiokezié.

Ils vous offriraient.

indéf.	éskent zintzakeyé *et* zintiokeyé.

FORME RÉGIE POSITIVE.

Je crois.... *Oúste dut....*

Que j'offrirais et que je pourrais offrir.

indéf.	éskent nezakiála *et* niókiala.

Que je les offrirais et que je pourrais les offrir.

indéf.	éskent netzakiála *et* nitiókiala.

39

VOIX TRANSITIVE.

Que tu l'offrirais et que tu pourrais l'offrir.　　　*Que tu les offrirais.*

masc. et *fém.*　éskent hezakiála *et* hiókiala,　　*m.* et *f.*　éskent hetzakiála *et* hitiókiala,
resp.　　　éskent zenezakiála *et* ziniókiala.　*resp.*　éskent zenetzakiála *et* zintiókiala.

　　　Qu'il l'offrirait.　　　　　　　　　*Qu'il les offrirait.*

indéf.　éskent lezakiála *et* liókiala.　　　*indéf.*　éskent letzakiála *et* litiókiala.

　　　Que nous l'offririons.　　　　　　　*Que nous les offririons.*

indéf.　éskent genezakiála *et* giniókiala.　　*indéf.*　éskent genetzakiála *et* gintiókiala

　　　Que vous l'offririez.　　　　　　　　*Que vous les offririez.*

indéf.　éskent zenezakeyéla *et* ziniókeyela.　*indéf.*　éskent zenetzakeyéla *et* zintiókeyela.

　　　Qu'ils l'offriraient.　　　　　　　　*Qu'ils les offriraient.*

indéf.　éskent lezakiéla *et* liókeyela.　　　*indéf.*　éskent letzakiéla *et* litiókeyela.

Relations indirectes.

Que je l'offrirais et pourrais offrir à toi.　　*Que je les offrirais et pourrais les offrir à toi.*

masc.　éskent nizakeyála,　　　　　　　*masc.*　éskent nitzakeyála,
fém.　éskent nizakeñála,　　　　　　　*fém.*　éskent nitzakeñála,
resp.　éskent nizakezúla.　　　　　　　*resp.*　éskent nitzaketzúla.

　　　Que je l'offrirais à lui.　　　　　　*Que je les offrirais à lui.*

indéf.　éskent nizakióla.　　　　　　　*indéf.*　éskent nitzakióla.

　　　Que je l'offrirais à vous.　　　　　*Que je les offrirais à vous.*

indéf.　éskent nizakeziéla.　　　　　　*indéf.*　éskent nitzaketziéla.

　　　Que je l'offrirais à eux.　　　　　　*Que je les offrirais à eux.*

indéf.　éskent nizakiéla.　　　　　　　*indéf.*　éskent nitzakiéla.

　　　Que tu l'offrirais à moi.　　　　　　*Que tu les offrirais à moi.*

masc. et *fém.*　éskent hizakedála,　　　*masc.* et *fém.*　éskent hitzakedála,
resp.　　　éskent zinizakedála,　　　　*resp.*　　　éskent zinitzakedála.

　　　Que tu l'offrirais à lui.　　　　　　*Que tu les offrirais à lui.*

masc. et *fém.*　éskent hizakióla,　　　　*masc.* et *fém.*　éskent hitzakióla,
resp.　　　éskent zinizakióla.　　　　　*resp.*　　　éskent zinitzakióla.

　　　Que tu l'offrirais à nous.　　　　　*Que tu les offrirais à nous.*

masc. et *fém.*　éskent hizakegúla,　　　*masc.* et *fém.*　éskent hitzakegúla,
resp.　　　éskent zinizakegúla.　　　　*resp.*　　　éskent zinitzakegúla.

　　　Que tu l'offrirais à eux.　　　　　　*Que tu les offrirais à eux.*

masc. et *fém.*　éskent hizakiéla,　　　　*masc.* et *fém.*　éskent hitzakiéla,
resp.　　　éskent zinizakiéla.　　　　　*resp.*　　　éskent zinitzakiéla.

CONDITIONNEL FUTUR ET POTENTIEL CONDITIONNEL. 307

	Qu'il l'offrirait à moi.		*Qu'il les offrirait à moi.*
indéf.	éskent lizakedála *et* likedála.	*indéf.*	éskent litzakedála *et* lizkedála.

Qu'il l'offrirait à toi. / *Qu'il les offrirait à toi.*

masc.	éskent lizakeyála *et* likeyála,	*masc.*	éskent litzakeyála,
fém.	éskent lizakeñála *et* likeñála,	*fém.*	éskent litzakeñala,
resp.	éskent lizakezúla *et* likezúla.	*resp.*	éskent litzaketzúla.

Qu'il l'offrirait à lui. / *Qu'il les offrirait à lui.*

| *indéf.*| éskent lizakióla. | *indéf.*| éskent litzakióla. |

Qu'il l'offrirait à nous et qu'il pourrait. / *Qu'il les offrirait à nous et qu'il pourrait.*

| *indéf.*| éskent lizakegúla. | *indéf.*| éskent litzakegúla. |

Qu'il l'offrirait à vous. / *Qu'il les offrirait à vous.*

| *indéf.*| éskent lizakeziéla. | *indéf.*| éskent litzaketziéla. |

Qu'il l'offrirait à eux. / *Qu'il les offrirait à eux.*

| *indéf.*| éskent lizakiéla. | *indéf.*| éskent litzakiéla. |

Que nous l'offririons à toi. / *Que nous les offririons à toi.*

masc.	éskent ginizakeyála *et* ginikeyála,	*masc.*	éskent ginitzakeyála *et* ginizkeyála,
fém.	éskent ginizakeñála *et* ginikeñála,	*fém.*	éskent ginitzakeñála *et* ginizkeñála,
resp.	éskent ginizakezúla *et* ginikezúla.	*resp.*	éskent ginitzaketzúla *et* ginizketzúla.

Que nous l'offririons à lui. / *Que nous les offririons à lui.*

| *indéf.*| éskent ginizakióla *et* ginikióla. | *indéf.*| éskent ginitzakióla *et* gintikióla. |

Que nous l'offririons à vous. / *Que nous les offririons à vous.*

| *indéf.*| éskent ginizakeziéla *et* giniokeziéla. | *indéf.*| éskent ginitzaketziéla. |

Que nous l'offririons à eux. / *Que nous les offririons à eux.*

| *indéf.*| éskent ginizakiéla *et* ginikiéla. | *indéf.*| éskent ginitzakiéla. |

Que vous l'offririez à moi. / *Que vous les offririez à moi.*

| *indéf.*| éskent zinizakedéla. | *indéf.*| éskent zinitzakedéla. |

Que vous l'offririez à lui. / *Que vous les offririez à lui.*

| *indéf.*| éskent zinizakióyela. | *indéf.*| éskent zinitzakióyela. |

Que vous l'offririez à nous. / *Que vous les offririez à nous.*

| *indéf.*| éskent zinizakegiéla. | *indéf.*| éskent zinitzakegiéla. |

Que vous l'offririez à eux. / *Que vous les offririez à eux.*

| *indéf.*| éskent zinizakiéyela. | *indéf.*| éskent zinitzakiéyela. |

Qu'ils l'offriraient à moi. / *Qu'ils les offriraient à moi.*

| *indéf.*| éskent lizakedayéla. | *indéf.*| éskent litzakedayéla. |

VOIX TRANSITIVE.

Qu'ils l'offriraient à toi.

masc. éskent lizakeyela,
fém. éskent lizakeñela,
resp. éskent lizakeziela.

Qu'ils l'offriraient à lui.

indéf. éskent lizakióyela.

Qu'ils l'offriraient à nous.

indéf. éskent lizakegiéla.

Qu'ils l'offriraient à vous.

indéf. éskent lizakeziéla.

Qu'ils l'offriraient à eux.

indéf. éskent lizakiéyela.

Qu'ils les offriraient à toi.

masc. éskent litzakeyela,
fém. éskent litzakeñela,
resp. éskent litzakeziela.

Qu'ils les offriraient à lui.

indéf. éskent litzakióyela.

Qu'ils les offriraient à nous.

indéf. éskent litzakegiéla.

Qu'ils les offriraient à vous.

indéf. éskent litzakeziéla.

Qu'ils les offriraient à eux.

indéf. éskent litzakiéyela.

Relations personnelles directes.

Que je t'offrirais et que je pourrais....

m. et f. éskent hentzakedála et hindiókedala
resp. éskent zentzakedála et zintiókedala.

Que tu m'offrirais.

masc. éskent nentzakeyála,
fém. éskent nentzakeñála,
resp. éskent nentzakezúla.

Qu'il m'offrirait et qu'il pourrait m'offrir.

indéf. éskent nentzakiála et nintiókiala.

Qu'il t'offrirait.

m. et f. éskent hentzakiála et hintiókiala
resp. éskent zintzakiála et zintiókiala.

Que nous t'offririons.

m. et f. éskent hentzakegúla et hintiókegula,
resp. éskent zentzakegúla et zintiókegula.

Que vous m'offririez.

indéf. éskent nentzakeziéla et nintiókeziela.

Qu'ils m'offriraient.

indéf. éskent nentzakeyéla et nintiókeyela.

Qu'ils t'offriraient.

m. et f. éskent hentzakeyéla et hintiókeyela,
resp. éskent zentzakiéla et zintiókeyela.

Que je vous offrirais.

indéf. éskent zentzakeyédala.

Que tu nous offrirais.

masc. éskent gentzakeyála,
fém. éskent gentzakeñála,
resp. éskent gentzakezúla.

Qu'il nous offrirait, qu'il pourrait nous offrir

indéf. éskent gentzakiála et gintiókiala.

Qu'il vous offrirait.

indéf. éskent zentzakéla et zintiokéla.

Que nous vous offririons.

indéf. éskent zentzakiégula et zintiokiégula.

Que vous nous offririez.

indéf. éskent gintzakeziéla et gintiókeziela.

Qu'ils nous offriraient.

indéf. éskent gentzakeyéla et gintiókeyela

Qu'ils vous offriraient.

indéf. éskent zentzakeyéla et zintiokeyéla.

FORME RÉGIE EXQUISITIVE DU MÊME MODE.

Il sait ce que... pourquoi... quand... à qui... — *Badáki*.... *zer*.... *zéren*.... *nóiz*.... *nóri*....

J'offrirais, je pourrais offrir.
indéf. éskent nezakian *et* niókian.
Tu offrirais et tu pourrais offrir.
m. et f. éskent hezakian *et* hiókian,
resp. éskent zenezakian *et* ziniókian.
Il l'offrirait.
indéf. éskent lezakian *et* liókian.
Nous l'offririons.
indéf. éskent genezakian *et* giniókian.
Vous l'offririez.
indéf. éskent zenezakeyén *et* ziniókeyen
Ils l'offriraient.
indéf. éskent lezakién *et* liókeyen.

Je les offrirais et je pourrais les offrir.
indéf. éskent netzakian *et* nitiókian.
Tu les offrirais.
masc. et fém. éskent hetzakian *et* hitiókian,
resp. éskent zenetzakian *et* zintiókian
Il les offrirait.
indéf. éskent letzakian *et* litiókian.
Nous les offririons.
indéf. éskent genetzakian *et* gintiókian.
Vous les offririez.
indéf. éskent zenetzakeyén *et* zintiókeyen
Ils les offriraient.
indéf. éskent letzakién *et* litiókeyen.

Nous nous abstenons de conjuguer les terminatifs des relations indirectes : on les trouvera aux tableaux, et on pourra facilement les composer à l'aide de la conjugaison de la forme régie positive : il ne faut que changer le *la* final en *n* à tous les formatifs.

FORME D'INCIDENCE.

Lorsque.... auquel.... là où.... parce que.... — *Nóiz-ere*.... *zóini*.... *nón-ere*....

J'offrirais ou je pourrais offrir.
indéf. éskent benezáke *et* benióke.
Tu offrirais, tu pourrais offrir.
m. et f. éskent behezáke *et* behióke,
resp. éskent beitzenezáke *et* beitzinióke.

Je les offrirais ou je pourrais les offrir.
indéf. éskent benetzáke *et* benitióke.
Tu les offrirais et tu pourrais les offrir.
m. et f. éskent behetzáke *et* behitióke,
resp. éskent beitzenetzáke *et* beitzintióke.

Il offrirait, il pourrait offrir.
indéf. éskent belezáke *et* belióke.

Il les offrirait, il pourrait les offrir.
indéf. éskent beletzáke *et* belitióke.

Nous offririons, nous pourrions offrir.
indéf. éskent beikenezáke *et* belkinióke.

Nous les offririons, nous pourrions les offrir.
indéf. éskent beikenetzáke *et* beikintióke.

Vous offririez, vous pourriez offrir.
indéf. éskent beitzenezakeyé *et* beitziniókeye

Vous les offririez, vous pourriez les offrir.
ind. éskent beitzeneitzakeyé *et* beitzintiókeyé

Ils offriraient, ils pourraient offrir.
indéf. éskent belezakíe *et* beliókeye.

Ils les offriraient, ils pourraient les offrir.
indéf. éskent beletzakie *et* belitiókeye.

Relations indirectes.

J'offrirais à toi, je pourrais offrir à toi.
masc. éskent benizákek,
fém. éskent benizáken,
resp. éskent benizakézu.

Je les offrirais à toi ou pourrais les offrir à toi.
masc. éskent benitzákek,
fém. éskent benitzáken,
resp. éskent benitzakétzu.

J'offrirais à lui.
indéf. éskent benizakio.

Je les offrirais à lui.
indéf. éskent benitzakio.

On trouvera les autres terminatifs aux tableaux, ou bien on pourra facilement les composer avec la forme capitale, à l'aide de la règle donnée à la page 6.

CONDITIONNEL. — PASSÉ PARFAIT.

Je l'aurais offert ou j'aurais offert.
indéf. eskéntu nukian,
masc. eskéntu nikeyán,
fém. eskéntu nikeñán,
resp. eskéntu nikézun.

Je les aurais offerts.
indéf. eskéntu nutukian,
masc. eskéntu nitikeyán,
fém. eskéntu nitikeñán,
resp. eskéntu nitikézun.

Tu l'aurais offert.
masc. et *fém.* eskéntu hukian,
resp. eskéntu zunukian.

Tu les aurais offerts.
masc. et *fém.* eskéntu hutukian,
resp. eskéntu zuntukian.

Il l'aurait offert.
indéf. eskéntu zukian,
masc. eskéntu zikeyán,
fém. eskéntu zikeñán,
resp. eskéntu zikézun.

Il les aurait offerts.
indéf. eskéntu zutukian,
masc. eskéntu zitikeyán,
fém. eskéntu zitikeñán,
resp. eskéntu zitikézun.

Nous l'aurions offert.
indéf. eskéntu gunukian,
masc. eskéntu ginikeyán,
fém. eskéntu ginikeñán,
resp. eskéntu ginikézun.

Nous les aurions offerts.
indéf. eskéntu guntukian,
masc. eskéntu gintikeyán,
fém. eskéntu gintikeñán,
resp. eskéntu gintikézun.

CONDITIONNEL. — PASSÉ PARFAIT.   311

Vous l'auriez offert.
indéf. eskéntu zunukeyén.

Ils l'auraient offert.
indéf. eskéntu zukién,
masc. eskéntu zikiéyan,
fém. eskéntu zikiéñan,
resp. eskéntu zikezién.

Vous les auriez offerts.
indéf. eskéntu zuntukeyén.

Ils les auraient offerts.
indéf. eskéntu zutukién,
masc. eskéntu zitikiéyan,
fém. eskéntu zitikiéñan,
resp. eskéntu zitikezién.

Relations indirectes.

Je l'aurais offert à toi.
masc. eskéntu neikeyán,
fém. eskéntu neikeñán,
resp. eskéntu néikezun.

Je les aurais offerts à toi.
masc. eskéntu neizkeyán,
fém. eskéntu neizkeñán,
resp. eskéntu néizketzun.

Je l'aurais offert à lui.
indéf. eskéntu neikón,
masc. eskéntu nikióyan,
fém. eskéntu nikióñan,
resp. eskéntu nikiózun.

Je les aurais offerts à lui.
indéf. eskéntu neizkón,
masc. eskéntu nitikióyan,
fém. eskéntu nitikióñan,
resp. eskéntu nitikiózun.

Je l'aurais offert à vous.
indéf. eskéntu neikezién.

Je les aurais offerts à vous.
indéf. eskéntu neizketzién.

Je l'aurais offert à eux.
indéf. eskéntu neikén et neikeén,
masc. eskéntu nikéyan et nikeéyan,
fém. eskéntu nikéñan et nikeéñan,
resp. eskéntu nikézun et nikeézun.

Je les aurais offerts à eux.
indéf. eskéntu neizkén et neizkeén,
masc. eskéntu nitikéyan et nitikeéyan,
fém. eskéntu nitikéñan et nitikeéñan,
resp. eskéntu nitikézun et nitikeézun.

Tu l'aurais offert à moi.
masc. et fém. eskéntu héikedan,
resp. eskéntu zenéikedan.

Tu les aurais offerts à moi.
masc. et fém. eskéntu héizkedan,
resp. eskéntu zenéizkedan.

Tu l'aurais offert à lui.
masc. et fém. eskéntu héikon,
resp. eskéntu zenéikon.

Tu les aurais offerts à lui.
masc. et fém. eskéntu héizkon,
resp. eskéntu zenéizkon.

Tu l'aurais offert à nous.
masc. et fém. eskéntu héikegun,
resp. eskéntu zenéikegun.

Tu les aurais offerts à nous.
masc. et fém. eskéntu héizkegun,
resp. eskéntu zenéizkegun.

Tu l'aurais offert à eux.
masc. et fém. eskéntu heikén,
resp. eskéntu zeneikén.

Tu les aurais offerts à eux.
masc. et fém. eskéntu heizkén,
resp. eskéntu zeneizkén.

Il l'aurait offert à moi.
indéf. eskéntu zéikedan,
masc. eskéntu zikedán,
fém. eskéntu zikedañan,
resp. eskéntu zikedázun.

Il les aurait offerts à moi.
indéf. eskéntu zéizkedan,
masc. eskéntu zitikedán et zizkedán,
fém. eskéntu zitikedañan,
resp. eskéntu zitikedázun.

VOIX TRANSITIVE.

Il l'aurait offert à lui.

indéf.	eskéntu zéikon,
masc.	eskéntu zikióyan,
fém.	eskéntu zikióñan,
resp.	eskéntu zikióżun.

Il l'aurait offert à nous.

indéf.	eskéntu zéikegun,
masc.	eskéntu zikegián,
fém.	eskéntu zikeguñán,
resp.	eskéntu zikegúzun.

Il l'aurait offert à vous.

indéf. eskéntu zeikezién.

Il l'aurait offert à eux.

indéf.	eskéntu zéiken,
masc.	eskéntu zikeéyan *et* zikéyan,
fém.	eskéntu zikeéñan *et* zikéñan,
resp.	eskéntu zikeézun *et* zikézun.

Nous l'aurions offert à toi.

masc.	eskéntu genéikeyan,
fém.	eskéntu genéikeñan,
resp.	eskéntu genéikezun.

Nous l'aurions offert à lui.

indéf.	eskéntu genéikon,
masc.	eskéntu ginikióyan,
fém.	eskéntu ginikióñan,
resp.	eskéntu ginikiózun.

Nous l'aurions offert à vous.

indéf. eskéntu genéikezien.

Nous l'aurions offert à eux.

indéf.	eskéntu genéiken,
masc.	eskéntu ginikeéyan *et* ginikéyan,
fém.	eskéntu ginikeéñan *et* ginikéñan,
resp.	eskéntu ginikeézun *et* ginikézun.

Vous l'auriez offert à moi.

indéf. eskéntu zenéikeden.

Vous l'auriez offert à lui.

indéf. eskéntu zenéikoen *et* zenéikozien.

Vous l'auriez offert à nous.

indéf. eskéntu zenéikegien.

Vous l'auriez offert à eux.

indéf. eskéntu zenéikeyen.

Il les aurait offerts à lui.

indéf.	eskéntu zéizkon,
masc.	eskéntu zitikióyan *et* zizkioyan,
fém.	eskéntu zitikióñan,
resp.	eskéntu zitikiózun.

Il les aurait offerts à nous.

indéf.	eskéntu zéizkegun,
masc.	eskéntu zizkegián *et* zitikegián,
fém.	eskéntu zizkeguñán,
resp.	eskéntu zizkegúzun.

Il les aurait offerts à vous.

indéf. eskéntu zeizkezién.

Il les aurait offerts à eux.

indéf.	eskéntu zéizken,
masc.	eskéntu zitikeéyan *et* zitikéyan,
fém.	eskéntu zitikeéñan *et* zitikéñan,
resp.	eskéntu zitikeézun *et* zitikézun.

Nous les aurions offerts à toi.

masc.	eskéntu genéizkeyan,
fém.	eskéntu genéizkeñan,
resp.	eskéntu genéizketzun.

Nous les aurions offerts à lui.

indéf.	eskéntu genéizkon,
masc.	eskéntu gintikióyan,
fém.	eskéntu gintikióñan,
resp.	eskéntu gintikiózun.

Nous les aurions offerts à vous.

indéf. eskéntu genéizketzien.

Nous les aurions offerts à eux.

indéf.	eskéntu genéizken,
masc.	eskéntu gintikeéyan *et* gintikéyan,
fém.	eskéntu gintikeéñan *et* gintikéñan,
resp.	eskéntu gintikeézun *et* gintikézun.

Vous les auriez offerts à moi.

indéf. eskéntu zenéizkeden.

Vous les auriez offerts à lui.

indéf. eskéntu zenéizkoen *et* zenéizkotzien.

Vous les auriez offerts à nous.

indéf. eskéntu zenéizkegien.

Vous les auriez offerts à eux.

indéf. eskéntu zenéizkeyen.

CONDITIONNEL. — PASSÉ PARFAIT.

Ils l'auraient offert à moi.

indéf. eskéntu zeikedén,
masc. eskéntu zikediéyan,
fém. eskéntu zikediéñan,
resp. eskéntu zikedazién.

Ils l'auraient offert à toi.

masc. eskéntu zéikieyan,
fém. eskéntu zéikieñan,
resp. eskéntu zéikezuyen *et* zéikezien.

Ils l'auraient offert à lui.

indéf. eskéntu zéikoyen,
masc. eskéntu zikoéyan,
fém. eskéntu zikoéñan,
resp. eskéntu zikózien.

Ils l'auraient offert à nous.

indéf. eskéntu zéikegien,
masc. eskéntu zikegiéyan,
fém. eskéntu zikegiéñan,
resp. eskéntu zikeguzién.

Ils l'auraient offert à vous.

indéf. eskéntu zeikezién.

Ils l'auraient offert à eux.

indéf. eskéntu zéikeyen,
masc. eskéntu zikeéyan *et* zikéyan,
fém. eskéntu zikeéñan *et* zikéñan,
resp. eskéntu zikeézien *et* zikézien.

Ils les auraient offerts à moi.

indéf. eskéntu zéizkeden,
masc. eskéntu zitikediéyan *et* zizkediéyan
fém. eskéntu zitikediéñan,
resp. eskéntu zitikedazién.

Ils les auraient offerts à toi.

masc. eskéntu zéizkieyan,
fém. eskéntu zéizkieñan,
resp. eskéntu zéizketzien *ou* zéizketzuyen

Ils les auraient offerts à lui.

indéf. eskéntu zéizkoyen,
masc. eskéntu zitikoéyan *ou* zizkoéyan,
fém. eskéntu zitikoéñan *ou* zizkoéñan,
resp. eskéntu zitikózien *ou* zizkótzien.

Ils les auraient offerts à nous.

indéf. eskéntu zéizkegien,
masc. eskéntu zitikegiéyan *et* zizkegiéyan,
fém. eskéntu zitikegiéñan *et* zizkegiéñan,
resp. eskéntu zitikeguzién *et* zizkegutzién.

Ils les auraient offerts à vous.

indéf. eskéntu zeizketzién.

Ils les auraient offerts à eux.

indéf. eskéntu zéizkeyen,
masc. eskéntu zitikeéyan *et* zitikéyan,
fém. eskéntu zitikeéñan *et* zitikéñan,
resp. eskéntu zitikeézien *et* zitikézien.

Relations personnelles directes.

Je t'aurais offert.

masc. et fém. eskéntu hundukédan,
resp. eskéntu zuntukédan.

Tu m'aurais offert.

masc. eskéntu nundukeyán,
fém. eskéntu nundukeñán,
resp. eskéntu nundukézun.

Il m'aurait offert.

indéf. eskéntu nundukian,
masc. eskéntu nindikeyán,
fém. eskéntu nindikeñán,
resp. eskéntu nindikézun.

Je vous aurais offerts.

indéf. eskéntu zuntukiédan.

Tu nous aurais offerts.

masc. eskéntu gunínkeyán,
fém. eskéntu guntukeñán,
resp. eskéntu guntukézun.

Il nous aurait offerts.

indéf. eskéntu guntukian,
masc. eskéntu gintikeyán,
fém. eskéntu gintikeñán,
resp. eskéntu gintikézun.

VOIX TRANSITIVE.

Il t'aurait offert.

masc. et *fém.* eskéntu hundukian,
resp. eskéntu zuntukían.

Il vous aurait offerts.

indéf. eskéntu zuntukén.

Nous t'aurions offert.

masc. et *fém.* eskéntu hundukégun,
resp. eskéntu zuntukégun.

Nous vous aurions offerts.

indéf. eskéntu zuntukiégun.

Vous m'auriez offert.

indéf. eskéntu nundukezien.

Vous nous auriez offerts.

indéf. eskéntu guntukezien.

Ils m'auraient offert.

indéf. eskéntu nundukién,
masc. eskéntu nindikiéyan,
fém. eskéntu nindikiénan,
resp. eskéntu nindikezien.

Ils nous auraient offerts.

indéf. eskéntu guntukién,
masc. eskéntu gintikiéyan,
fém. eskéntu gintikiénan,
resp. eskéntu gintikezien.

Ils t'auraient offert.

m. et *f.* eskéntu hundukeyén *et* hundukién,
resp. eskéntu zuntukien.

Ils vous auraient offerts.

indéf. eskéntu zuntukeéyen *et* zuntukeyén.

FORME RÉGIE POSITIVE.

Il croyait.... *Oúste zían.*

Que j'aurais offert.

indéf. eskéntu nukiála.

Que je les aurais offerts.

indéf. eskéntu nutukiála.

Que tu aurais offert.

masc. et *fém.* eskéntu hukiála,
resp. eskéntu zunukiála.

Que tu les aurais offerts.

masc. et *fém.* eskéntu hutukiála,
resp. eskéntu zuntukiála.

Qu'il aurait offert.

indéf. eskéntu zukiála.

Qu'il les aurait offerts.

indéf. eskéntu zutukiála.

Que nous aurions offert.

indéf. eskéntu gunukiála.

Que nous les aurions offerts.

indéf. eskéntu guntukiála.

Que vous auriez offert.

indéf. eskéntu zunukeyéla.

Que vous les auriez offerts.

indéf. eskéntu zuntukeyéla.

Qu'ils auraient offert.

indéf. eskéntu zukeyéla *et* zukiéla.

Qu'ils les auraient offerts.

indéf. eskéntu zutukiéla *et* zutukeyéla.

On trouvera les autres terminatifs aux tableaux, ou on les formera sans peine en changeant le *n* final de la forme capitale en *la.*

CONDITIONNEL. — PASSÉ PARFAIT.

FORME D'INCIDENCE.

Lorsque.... à qui...., parce que.... *Nótz-ere.... nóri-ere....*

J'aurais offert,
indéf: eskéntu benukían *et* beinukían.

Tu aurais offert.
masc. et fém. eskéntu behukían,
resp. eskéntu beitzunukían.

Il aurait offert.
indéf. eskéntu beitzukían.

Nous aurions offert.
indéf. eskéntu beikunukían.

Vous auriez offert.
indéf. eskéntu beitzunukeyén *et* beitzunukién.

Ils auraient offert.
indéf. eskéntu beitzukién.

Je les aurais offerts.
indéf. eskéntu beinutukían.

Tu les aurais offerts.
masc. et fém. eskéntu behutukían,
resp. eskéntu beitzuntukían.

Il les aurait offerts.
indéf. eskéntu beitzutukían.

Nous les aurions offerts.
indéf. eskéntu beikuntukían.

Vous les auriez offerts.
indéf. eskéntu beitzuntukeyén *et* beitzuntukién.

Ils les auraient offerts.
indéf. eskéntu beitzutukién.

Relations indirectes.

J'aurais offert à toi.
masc. eskéntu benéikeyan,
fém. eskéntu benéikeñan,
resp. eskéntu benéikezun.

Je les aurais offerts à-toi.
masc. eskéntu benéizkeyan,
fém. eskéntu benéizkeñan,
resp. eskéntu benéizketzun.

On trouvera les autres terminatifs aux tableaux, ou on les composera facilement avec la forme capitale à l'aide de la règle donnée à la page 6.

VOIX TRANSITIVE.

POTENTIEL.

PRÉSENT ET FUTUR.

Je peux offrir et je pourrai offrir.   *Je peux les offrir.*

indéf. éskent dezáket *et* dirot, diókel,   *indéf.* éskent detzáket *et* ditzirot *et* ditiókel,
masc. éskent dezakeyát *et* diókeyat,   *masc.* éskent detzakeyát *et* ditiókeyat,
fém.   éskent dezakeñát *et* diókeñat,   *fém.*   éskent detzakeñát *et* ditiókeñat,
resp. éskent dezakézut *et* diokézut.   *resp.* éskent detzakézut *et* ditiokézut.

Tu peux offrir ou l'offrir.   *Tu peux les offrir.*

masc. éskent dezákek *et* diókek,   *masc.* éskent detzákek *et* ditiókek,
fém.   éskent dezáken *et* dióken,   *fém.*   éskent detzáken *et* ditióken,
resp. éskent dezakézu *et* diokézu.   *resp.* éskent detzakézu *et* ditiokézu.

Il peut l'offrir.   *Il peut les offrir.*

indéf. éskent dezáke *et* diro, dioke,   *indéf.* éskent detzáke *et* ditziro, ditioke,
masc.   éskent dizákek, *on dit aussi* diókek, *masc.* éskent ditzákek, *on dit aussi* ditiókek
fém.   éskent dizáken,   dióken, *fém.*   éskent ditzáken,   ditióken,
resp.   éskent dizakézu,   diókezu. *resp.*   éskent ditzakézu,   ditiokézu.

Nous pouvons l'offrir.   *Nous pouvons les offrir.*

indéf. éskent dezakégu *et* dirógu, diokégu *indéf.* éskent detzakégu *et* ditzirógu,
masc.   éskent dezakeyágu *et* diókeyagu,   *masc.* éskent detzakeyágu *et* ditiókeyagu,
fém.   éskent dezakeñágu,   *fém.*   éskent detzakeñágu,
resp.   éskent dezakezúgu.   *resp.* éskent detzakezúgu.

Vous pouvez l'offrir.   *Vous pouvez les offrir.*

indéf. éskent dezakezie *et* dirozie.   *indéf.* éskent detzakezie *et* ditzirozie.

Ils peuvent l'offrir.   *Ils peuvent les offrir.*

indéf. éskent dezakeyé *et* diroé, diókeye   *indéf.* éskent detzakeyé *et* ditiókeye,
masc.   éskent dizakeyé *et* diókeye,   *masc.* éskent ditzakeyé,
fém.   éskent dizakeñé,   *fém.*   éskent ditzakeñé,
resp.   éskent dizakezie.   *resp.* éskent ditzakezie.

Relations indirectes.

Je peux l'offrir à toi.   *Je peux les offrir à toi.*

masc. éskent dizakeyát,   *masc.* éskent ditzakeyát,
fém.   éskent dizakeñát,   *fém.*   éskent ditzakeñát,
resp. éskent dizakézut.   *resp.* éskent ditzakézut.

POTENTIEL. — PRÉSENT ET FUTUR. 317

Je peux l'offrir à lui.

indéf.	éskent dizakiot *et* dizakeyot,
masc.	éskent dizakióyat,
fém.	éskent dizakióñat,
resp.	éskent dizakiózut.

Je peux l'offrir à vous.

indéf. éskent dizakeziét.

Je peux l'offrir à eux.

indéf.	éskent dizakiet *et* dizakeyet,
masc.	éskent dizakiéyat,
fém.	éskent dizakiéñat,
resp.	éskent dizakiézut.

Tu peux l'offrir à moi.

masc.	éskent dizakédak,
fém.	éskent dizakédau,
resp.	éskent dizakedázu.

Tu peux l'offrir à lui.

masc.	éskent dizakók,
fém.	éskent dizakón,
resp.	éskent dizakózu.

Tu peux l'offrir à nous.

masc.	éskent dizakéguk,
fém.	éskent dizakégun,
resp.	éskent dizakegúzu.

Tu peux l'offrir à eux.

masc.	éskent dizakék *ou* dizakeék,
fém.	éskent dizakén *ou* dizakeén,
resp.	éskent dizakézu *ou* dizakeézu.

Il peut l'offrir à moi.

indéf.	éskent dizakédat *et* dizaket,
masc.	éskent dizakédak,
fém.	éskent dizakédan,
resp.	éskent dizakedázu.

Il peut l'offrir à toi.

masc.	éskent dizákek,
fém.	éskent dizáken,
resp.	éskent dizakézu.

Il peut l'offrir à lui.

indéf.	éskent dizakío,
masc.	éskent dizakiok,
fém.	éskent dizakion,
resp.	éskent dizakiózu.

Je peux les offrir à lui.

indéf.	éskent ditzakiot *et* ditzakeyot,
masc.	éskent ditzakióyat,
fém.	éskent ditzakióñat,
resp.	éskent ditzakiózut.

Je peux les offrir à vous.

indéf. éskent ditzaketziét.

Je peux les offrir à eux.

indéf.	éskent ditzakiet,
masc.	éskent ditzakiéyat,
fém.	éskent ditzakiéñat,
resp.	éskent ditzakiézut.

Tu peux les offrir à moi.

masc.	éskent ditzakédak,
fém.	éskent ditzakédan,
resp.	éskent ditzakedátzu.

Tu peux les offrir à lui.

masc.	éskent ditzakók,
fém.	éskent ditzakón,
resp.	éskent ditzakótzu.

Tu peux les offrir à nous.

masc.	éskent ditzakéguk,
fém.	éskent ditzakégun,
resp.	éskent ditzakegútzu.

Tu peux les offrir à eux.

masc.	éskent ditzakék *ou* ditzakeék,
fém.	éskent ditzakén *ou* ditzakeén,
resp.	éskent ditzakétzu *ou* ditzakeétzu

Il peut les offrir à moi.

indéf.	éskent ditzakédat *et* ditzaket,
masc.	éskent ditzakédak,
fém.	éskent ditzakédan,
resp.	éskent ditzakedátzu.

Il peut les offrir à toi.

masc.	éskent ditzákek,
fém.	éskent ditzáken,
resp.	éskent ditzakétzu.

Il peut les offrir à lui.

indéf.	éskent ditzakío,
masc.	éskent ditzakiok,
fém.	éskent ditzakion,
resp.	éskent ditzakiótzu.

VOIX TRANSITIVE.

Il peut l'offrir à nous.

indéf.	éskent dizakégu,
masc.	éskent dizakéguk,
fém.	éskent dizakégun,
resp.	éskent dizakegúzu.

Il peut l'offrir à vous.

indéf. éskent dizakezié.

Il peut l'offrir à eux.

indéf.	éskent dizakíe,
masc.	éskent dizakíek,
fém.	éskent dizakíen,
resp.	éskent dizakiézu.

Nous pouvons l'offrir à toi.

masc.	éskent dizakeyágu,
fém.	éskent dizakeñágu,
resp.	éskent dizakezúgu.

Nous pouvons l'offrir à lui.

indéf.	éskent dizakiógu,
masc.	éskent dizakióyagu,
fém.	éskent dizakióñagu,
resp.	éskent dizakiózugu.

Nous pouvons l'offrir à vous.

indéf. éskent dizakeziégu.

Nous pouvons l'offrir à eux.

indéf.	éskent dizakiégu,
masc.	éskent dizakiéyagu,
fém.	éskent dizakiéñagu,
resp.	éskent dizakiézugu.

Vous pouvez l'offrir à moi.

indéf. éskent dizakedazie.

Vous pouvez l'offrir à lui.

indéf. éskent dizakeózie et dizakózie.

Vous pouvez l'offrir à nous.

indéf. éskent dizakeguzie.

Vous pouvez l'offrir à eux.

indéf. éskent dizakeézie et dizakézie.

Ils peuvent l'offrir à moi.

indéf.	éskent dizakedé,
masc.	éskent dizakedayé,
fém.	éskent dizakedañé,
resp.	éskent dizakedazié.

Il peut les offrir à nous.

indéf.	éskent ditzakégu,
masc.	éskent ditzakéguk,
fém.	éskent ditzakégun,
resp.	éskent ditzakegútzu.

Il peut les offrir à vous.

indéf. éskent ditzaketzié.

Il peut les offrir à eux.

indéf.	éskent ditzakíe,
masc.	éskent ditzakíek,
fém.	éskent ditzakíen,
resp.	éskent ditzakiétzu.

Nous pouvons les offrir à toi.

masc.	éskent ditzakeyágu,
fém.	éskent ditzakeñágu,
resp.	éskent ditzaketzugu.

Nous pouvons les offrir à lui.

indéf.	éskent ditzakiógu,
masc.	éskent ditzakióyagu,
fém.	éskent ditzakióñagu,
resp.	éskent ditzakiótzugu.

Nous pouvons les offrir à vous.

indéf. éskent ditzaketziégu.

Nous pouvons les offrir à eux.

indéf.	éskent ditzakiégu,
masc.	éskent ditzakiéyagu,
fém.	éskent ditzakiéñagu,
resp.	éskent ditzakiétzugu.

Vous pouvez les offrir à moi.

indéf. éskent ditzakedatzie.

Vous pouvez les offrir à lui.

indéf. éskent ditzakeótzie et ditzakótzie.

Vous pouvez les offrir à nous.

indéf. éskent ditzakegutzie.

Vous pouvez les offrir à eux.

indéf. éskent dizakeétzie et dizakétzie.

Ils peuvent les offrir à moi.

indéf.	éskent ditzakedé,
masc.	éskent ditzakedayé,
fém.	éskent ditzakedañé,
resp.	éskent ditzakedatzié.

POTENTIEL. — PRÉSENT ET FUTUR.

Ils peuvent l'offrir à toi.

masc. éskent dizakeyé,
fém. éskent dizakeñé,
resp. éskent dizakezie.

Ils peuvent les offrir à toi.

masc. éskent ditzakeyé,
fém. éskent ditzakeñé,
resp. éskent ditzaketzie.

Ils peuvent l'offrir à lui.

indéf. éskent dizakióye,
masc. éskent dizakióye,
fém. éskent dizakióñe,
resp. éskent dizakiózie.

Ils peuvent les offrir à lui.

indéf. éskent ditzakióye,
masc. éskent ditzakióye,
fém. éskent ditzakióñe,
resp. éskent ditzakiótzie.

Ils peuvent l'offrir à nous.

indéf. éskent dizakegié,
masc. éskent dizakeguyé,
fém. éskent dizakeguñé,
resp. éskent dizakeguzié.

Ils peuvent les offrir à nous.

indéf. éskent ditzakegié,
masc. éskent ditzakeguyé,
fém. éskent ditzakeguñé,
resp. éskent ditzakegutzié.

Ils peuvent l'offrir à vous.

indéf. éskent dizakezié.

Ils peuvent les offrir à vous.

indéf. éskent ditzaketzié.

Ils peuvent l'offrir à eux.

indéf. éskent dizakiéye,
masc. éskent dizakiéye,
fém. éskent dizakiéñe,
resp. éskent dizakiézie.

Ils peuvent les offrir à eux.

indéf. éskent ditzakiéye,
masc. éskent ditzakiéye,
fém. éskent ditzakiéñe,
resp. éskent ditzakiétzie.

Relations personnelles directes.

Je peux t'offrir.

masc. et fém. éskent hezáket ou hitzáket,
resp. éskent zitzáket.

Je peux vous offrir.

indéf. éskent zitzakiét et zetzakiét.

Tu peux m'offrir.

masc. éskent nezákek et netzákek,
fém. éskent nezáken,
resp. éskent nezakézu.

Tu peux nous offrir.

masc. éskent gezákek et getzákek,
fém. éskent gezáken et getzáken,
resp. éskent gezakézu et getzakézu.

Il peut m'offrir.

indéf. éskent nitzáké et nezáke,
masc. éskent nitzákek,
fém. éskent nitzáken,
resp. éskent nitzakézu.

Il peut nous offrir.

indéf. éskent gitzáke et getzáke,
masc. éskent gitzákek,
fém. éskent gitzáken,
resp. éskent gitzakétzu.

Il peut t'offrir.

masc. et fém. éskent hetzáke ou hitzáke,
resp. éskent zetzáke et zitzáke.

Il peut vous offrir.

indéf. éskent zetzaké et zitzaké.

Nous pouvons l'offrir.

masc. et fém. éskent hetzákegu et hitzakégu
resp. éskent zetzákegu et zitzákegu

Nous pouvons vous offrir.

indéf. éskent zetzakiégu et zitzakiégu.

Vous pouvez m'offrir.

indéf. éskent netzákezie et nezakezie.

Vous pouvez nous offrir.

indéf. éskent gitzaketzie.

VOIX TRANSITIVE.

Ils peuvent m'offrir.

indéf. éskent netzakíe ou nitzakeyé,
masc. éskent nitzakeyé,
fém. éskent nitzakené,
resp. éskent nitzakezie.

Ils peuvent t'offrir.

masc. et fém. éskent hetzakeyé et hitzakeyé,
resp. éskent zitzakié.

Ils peuvent nous offrir.

indéf. éskent getzakie et gitzakie ou keye
masc. éskent gitzakeyé,
fém. éskent gitzakené,
resp. éskent gitzakezie.

Ils peuvent vous offrir.

indéf. éskent zetzakié et zitzakié.

FORME RÉGIE POSITIVE.

Que je peux offrir et que je pourrai offrir.

indéf. éskent dezakedála et diókedala.

Que tu peux offrir ou l'offrir.

masc. éskent dezakeyála et diókeyala,
fém. éskent dezakeñála et diókeñala,
resp. éskent dezakezúla et diókezúla.

Qu'il peut l'offrir.

indéf. éskent dezakiála et diókiala.

Que nous pouvons l'offrir.

indéf. éskent dezakegúla et diókegula.

Que vous pouvez l'offrir.

indéf. éskent dezakeziéla et diókeziela.

Qu'ils peuvent l'offrir.

indéf. éskent dezakeyéla et diókeyela.

Que je peux les offrir.

indéf. éskent detzakedála et ditiókedala

Que tu peux les offrir.

masc. éskent detzakeyála et ditiókeyala,
fém. éskent detzakeñála et ditiókeñala,
resp. éskent detzaketzúla et ditioketzúla.

Qu'il peut les offrir.

indéf. éskent detzakiála et ditiókiala.

Que nous pouvons les offrir.

indéf. éskent detzakegúla et ditiókegula.

Que vous pouvez les offrir.

indéf. éskent detzaketziéla et ditióketziela.

Qu'ils peuvent les offrir.

indéf. éskent detzakeyéla et ditiókeyela.

Relations indirectes.

Que je peux offrir à toi.

masc. éskent dizakéyadala,
fém. éskent dizakéñadala,
resp. éskent dizakézudala.

Que je peux offrir à lui.

indéf. éskent dizakéyodala.

Que je peux offrir à vous.

indéf. éskent dizakeziédala.

Que je peux les offrir à toi.

masc. éskent ditzakéyadala,
fém. éskent ditzakéñadala,
resp. éskent ditzakétzudala.

Que je peux les offrir à lui.

indéf. éskent ditzakéyodala.

Que je peux les offrir à vous.

indéf. éskent ditzaketziédala.

POTENTIEL. — PRÉSENT ET FUTUR.

Que je peux offrir à eux.
indéf. éskent dizakiédala.

Que tu peux l'offrir à moi.
masc. éskent dizakédayala,
fém. éskent dizakédañala,
resp. éskent dizakédazúla.

Que tu peux l'offrir à lui.
masc. éskent dizakoyála,
fém. éskent dizakoñala,
resp. éskent dizakozúla.

Que tu peux l'offrir à nous.
masc. éskent dizakéguyala,
fém. éskent dizakéguñala,
resp. éskent dizakéguzula.

Que tu peux l'offrir à eux.
masc. éskent dizakeéyala,
fém. éskent dizakeéñala,
resp. éskent dizakeézula.

Qu'il peut l'offrir à moi.
indéf. éskent dizakedala.

Qu'il peut l'offrir à toi.
masc. éskent dizakeyála,
fém. éskent dizakeñala,
resp. éskent dizakezúla.

Qu'il peut l'offrir à lui.
indéf. éskent dizakióla.

Qu'il peut l'offrir à nous.
indéf. éskent dizakegúla.

Qu'il peut l'offrir à vous.
indéf. éskent dizakeziéla.

Qu'il peut l'offrir à eux.
indéf. éskent dizakiéla.

Que nous pouvons l'offrir à toi.
masc. éskent dizakeyágula,
fém. éskent dizakeñágula,
resp. éskent dizakézugula.

Que nous pouvons l'offrir à lui.
indéf. éskent dizakiógula.

Que je peux les offrir à eux.
indéf. éskent ditzakiédala.

Que tu peux les offrir à moi.
masc. éskent ditzakódayala,
fém. éskent ditzakédañala,
resp. éskent ditzakedatzúla.

Que tu peux les offrir à lui.
masc. éskent ditzakoyála,
fém. éskent ditzakoñala,
resp. éskent ditzakotzúla.

Que tu peux les offrir à nous.
masc. éskent ditzakéguyala,
fém. éskent ditzakéguñala,
resp. éskent ditzakégutzula.

Que tu peux les offrir à eux.
masc. éskent ditzakeéyala,
fém. éskent ditzakeéñala,
resp. éskent ditzakeétzula.

Qu'il peut les offrir à moi.
indéf. éskent ditzakedála.

Qu'il peut les offrir à toi.
masc. éskent ditzakeyála,
fém. éskent ditzakeñala,
resp. éskent ditzaketzúla.

Qu'il peut les offrir à lui.
indéf. éskent ditzakióla.

Qu'il peut les offrir à nous.
indéf. éskent ditzakegúla.

Qu'il peut les offrir à vous.
indéf. éskent ditzaketziéla.

Qu'il peut les offrir à eux.
indéf. éskent ditzakiéla.

Que nous pouvons les offrir à toi.
masc. éskent ditzakeyágula,
fém. éskent ditzakeñágula,
resp. éskent ditzakétzugula.

Que nous pouvons les offrir à lui.
indéf. éskent ditzakiógula.

VOIX TRANSITIVE.

Que nous pouvons l'offrir à vous.
indéf. éskent dizakeziégula.

Que nous pouvons l'offrir à eux.
indéf. éskent dizakiégula.

Que vous pouvez l'offrir à moi.
indéf. éskent dizakédaziela.

Que vous pouvez l'offrir à lui.
indéf. éskent dizakeóziela.

Que vous pouvez l'offrir à nous.
indéf. éskent dizakéguziela.

Que vous pouvez l'offrir à eux.
indéf. éskent dizakeéziela.

Qu'ils peuvent l'offrir à moi.
indéf. éskent dizakedéla.

Qu'ils peuvent l'offrir à toi.
masc. éskent dizakeyéla,
fém. éskent dizakeñéla,
resp. éskent dizakeziéla.

Qu'ils peuvent l'offrir à lui.
indéf. éskent dizakióyela.

Qu'ils peuvent l'offrir à nous.
indéf. eskent dizakégiela.

Qu'ils peuvent l'offrir à vous.
indéf. éskent dizakeziéla.

Qu'ils peuvent l'offrir à eux.
indéf. éskent dizakiéyela.

Que nous pouvons les offrir à vous.
indéf. éskent ditzaketziégula.

Que vous pouvons les offrir à eux.
indéf. éskent ditzakiégula.

Que vous pouvez les offrir à moi.
indéf. éskent ditzakédatziela.

Que vous pouvez les offrir à lui.
indéf. éskent ditzakeótziela.

Que vous pouvez les offrir à nous.
indéf. éskent ditzakégutziela.

Que vous pouvez les offrir à eux.
indéf. éskent ditzakeétziela.

Qu'ils peuvent les offrir à moi.
indéf. éskent ditzakedéla.

Qu'ils peuvent les offrir à toi.
masc. éskent ditzakeyéla,
fém. éskent ditzakeñéla,
resp. éskent ditzaketziéla.

Qu'ils peuvent les offrir à lui.
indéf. éskent ditzakióyela.

Qu'ils peuvent les offrir à nous.
indéf. éskent ditzakégiela.

Qu'ils peuvent les offrir à vous.
indéf. éskent ditzaketziéla.

Qu'ils peuvent les offrir à eux.
indéf. éskent ditzakiéyela.

Relations personnelles directes.

Que je peux l'offrir.
m. et f. éskent hezakedála *et* hitzakedála
resp. éskent zitzakedála.

Que tu peux m'offrir.
masc. éskent nezakeyála *et* nitzakeyála,
fém. éskent nezakeñála *et* nitzakeñála,
resp. éskent nezakezúla *et* nitzakezúla.

Qu'il peut m'offrir.
indéf. éskent nezakiála *et* nitzakiála.

Que je peux vous offrir.
indéf. éskent zetzakiédala *et* zitzakiédala.

Que tu peux nous offrir.
masc. éskent getzakeyála *et* gitzakeyála,
fém. éskent getzakeñála *et* gitzakeñála,
resp. éskent getzakezúla *et* gitzakezúla.

Qu'il peut nous offrir.
indéf. éskent getzakiála *et* gitzakiála.

POTENTIEL. — PRÉSENT ET FUTUR.

Qu'il peut l'offrir.

masc. et *fém.* éskent hezakiála *et* hitzakiála,
resp. éskent zetzakiála *et* zitzakiála.

Que nous pouvons l'offrir.

m. et *f.* éskent hezakegúla *et* hitzakegúla,
resp. éskent zetzakegúla *et* zitzakegúla.

Que vous pouvez m'offrir.

indéf. éskent nezakeziéla *et* nîtzakeziéla

Qu'ils peuvent m'offrir.

indéf. éskent nezakiéla *et* nitzakeyéla.

Qu'ils peuvent l'offrir.

m. et *f.* éskent hezakeyéla *et* hitzakeyéla,
resp. éskent zetzakiéla *et* zitzakiéla.

Qu'il peut vous offrir.

indéf. éskent zetzakéla *et* zitzakéla.

Que nous pouvons vous offrir.

indéf. éskent zitzakiégula.

Que vous pouvez nous offrir.

indéf. éskent getzakeziéla *et* gitzakeziéla

Qu'ils peuvent nous offrir.

indéf. éskent getzakiéla *et* gitzakeyéla.

Qu'ils peuvent vous offrir.

indéf. éskent zetzakeyéla *et* zitzakeyéla

FORME RÉGIE EXQUISITIVE DU POTENTIEL PRÉSENT.

Vous voulez savoir quand.... *Náhi duzu jakin noiz....*

Je peux l'offrir.

indéf. éskent dezakédan *et* diókedan

Tu peux l'offrir.

masc. éskent dezakeyán *et* diókeyan,
fém. éskent dezakeñán *et* diókeñan,
resp. éskent dezakézun *et* diókezun.

Il peut l'offrir.

indéf. éskent dezakian *et* diókian.

Nous pouvons l'offrir.

indéf. éskent dezakégun *et* diókegun.

Vous pouvez l'offrir.

indéf. éskent dezakezien *et* diókezien.

Ils peuvent l'offrir.

indéf. éskent dezakeyén *et* diókeyen.

Je peux les offrir.

indéf. éskent detzakédan *et* ditiókedan

Tu peux les offrir.

masc. éskent detzakeyán *et* ditiókeyan,
fém. éskent detzakeñán *et* ditiókeñan,
resp. éskent detzakétzun *et* ditióketzun

Il peut les offrir.

indéf. éskent detzakian *et* ditiókian.

Nous pouvons les offrir.

indéf. éskent detzakégun *et* ditiókegun

Vous pouvez les offrir.

indéf. éskent detzaketzien *et* ditióketzien

Ils peuvent les offrir.

indéf. éskent detzakeyén *et* ditiókeyen.

Pour les relations indirectes voir le tableau. On les obtiendra encore en changeant en *n* le *la* final de la forme précédente.

VOIX TRANSITIVE.

FORME D'INCIDENCE.

Nóla...., nór-ere...., zer-ere, etc. — Comme.... quel que soit celui que, etc.

	Je peux offrir.		*Je peux les offrir.*
indéf.	éskent beitezáket *et* beitióket.	*indéf.*	éskent beitetzóket *et* beititióket.
	Tu peux offrir.		*Tu peux les offrir.*
masc.	éskent beitezákek *et* beitiókek,	*masc.*	éskent beitetzákek *et* beititiókek
fém.	éskent beitezáken *et* beitióken,	*fém.*	éskent beitetzáken *et* beititióken,
resp.	éskent beitezakézu *et* beitiókezu	*resp.*	éskent beitetzakétzu *et* beititióketzu
	Il peut offrir.		*Il peut les offrir.*
indéf.	éskent beitezáke *et* beitióke.	*indéf.*	éskent beitetzáke *et* beititióke.
	Nous pouvons offrir.		*Nous pouvons les offrir.*
indéf.	éskent beitezakégu *et* beitiókegu	*indéf.*	éskent beitetzakégu *et* beititiókegu.
	Vous pouvez offrir.		*Vous pouvez les offrir.*
indéf.	éskent beitezakezie *et* beitiókezie	*indéf.*	éskent beitetzaketzie *et* beititióketzie.
	Ils peuvent offrir.		*Ils peuvent les offrir.*
indéf.	éskent beitezakeyé *et* beitiókeye	*indéf.*	éskent beitetzakeyé *et* beititiókeye

Pour les relations indirectes voir le tableau, page 184.

POTENTIEL.

SUPPOSITIF OU CONDITIONNEL.

	Je pourrais offrir.		*Je pourrais les offrir.*
indéf.	éskent nezáke, etc.	*indéf.*	éskent netzáke, etc.

Cette forme est la même que le conditionnel simple, *éskent nezáke,* j'offrirais, déjà conjugué ci-devant, page 301.

POTENTIEL.

PASSÉ.

Je pouvais et j'aurais pu offrir.

indéf.	éskent nezakian *et* niókian,
masc.	éskent nezakeyán *et* niókeyan,
fém.	éskent nezakeñán *et* niókeñan,
resp.	éskent nezakézun *et* niókezun.

Tu pouvais offrir et tu aurais pu offrir.

masc. et *fém.*	éskent hezakían *et* hiókian,
resp.	éskent zenezakian *et* ziniókian

Il pouvait l'offrir ou il aurait pu l'offrir.

indéf.	éskent zezakian *et* ziókian,
masc.	éskent zezakeyán *et* ziókeyan,
fém.	éskent zezakeñán *et* ziókeñan,
resp.	éskent zezakézun *et* ziókezun.

Nous pouvions l'offrir.

indéf.	éskent genezakian *et* giniókian,
masc.	éskent genezakeyán *et* giniókeyan,
fém.	éskent genezakeñán *et* giniókeñan
resp.	éskent genezakézun *et* giniókezun.

Vous pouviez l'offrir.

indéf.	éskent zenezakeyén *et* ziniókeyen

Ils pouvaient l'offrir.

indéf.	éskent zezakeyén *et* ziókeyen,
masc.	éskent zezakiéyan *et* ziókieyan,
fém.	éskent zezakiéñan *et* ziókieñan,
resp.	éskent zezakezien *et* ziókezien.

Je pouvais les offrir et j'aurais pu les offrir.

indéf.	éskent netzakian *et* nitiókian,
masc.	éskent netzakeyán *et* nitiókeyan
fém.	éskent netzakeñán *et* nitiókeñan
resp.	éskent netzakétzun *et* nitióketzun

Tu pouvais les offrir.

masc. et *fém.*	éskent hetzakían *et* hitiókian,
resp.	éskent zenetzakian *et* zintiókian

Il pouvait les offrir.

indéf.	éskent zetzakian *et* zitiókian,
masc.	éskent zetzakeyán *et* zitiókeyan,
fém.	éskent zetzakeñán *et* zitiókeñan,
resp.	éskent zetzakétzun *et* zitióketzun

Nous pouvions les offrir.

indéf.	éskent genetzakian *et* gintiókian,
masc.	éskent genetzakeyán *et* gintiókeyan
fém.	éskent genetzakeñán *et* gintiókeñan
resp.	éskent genetzakétzun *et* gintióketzun

Vous pouviez les offrir.

indéf.	éskent zenetzakeyén *et* zintiókeyen.

Ils pouvaient les offrir.

indéf.	éskent zetzakeyén *et* zitiókeyen,
masc.	éskent zetzakiéyan *et* zitiókieyan,
fém.	éskent zetzakiéñan *et* zitiókieñan,
resp.	éskent zetzaketzién *et* zitióketzien.

Relations indirectes.

Je pouvais l'offrir à toi.

masc.	éskent nezakéiyan *et* nizakeyán
fém.	éskent nezakéiñan *et* nizakeñán
resp.	éskent nezakéizun *et* nizakézun.

Je pouvais l'offrir à lui.

indéf.	éskent nezakión *et* nizakión,
masc.	éskent nizakióyan,
fém.	éskent nizakióñan,
resp.	éskent nizakiózun.

Je pouvais les offrir à toi.

masc.	éskent netzakéiyan *et* nitzakeyán
fém.	éskent netzakéiñan *et* nitzakeñán
resp.	éskent netzakéizun *et* nitzakétzun

Je pouvais les offrir à lui.

indéf.	éskent netzakión *et* nitzakión.
masc.	éskent nitzakióyan,
fém.	éskent nitzakióñan,
resp.	éskent nitzakiótzun.

VOIX TRANSITIVE.

Je pouvais l'offrir à vous.

indéf. éskent nezakéizien et nizakezien.

Je pouvais l'offrir à eux.

indéf.	éskent nezakién et nizakién,
masc.	éskent nizakiéyan,
fém.	éskent nizakiéñan,
resp.	éskent nizakiézun.

Tu pouvais l'offrir à moi.

masc. et fém.	éskent hizakédan,
resp.	éskent zinizakédan.

Tu pouvais l'offrir à lui.

masc. et fém.	éskent hizakión,
resp.	éskent zinizakión.

Tu pouvais l'offrir à nous.

masc. et fém.	éskent hizakégun,
resp.	éskent zinizakégun.

Tu pouvais l'offrir à eux.

m. et f.	éskent hezakién ou hizakién,
resp.	éskent zenezakién ou zinizakién.

Il pouvait l'offrir à moi.

indéf.	éskent zizakédan,
masc.	éskent zizakédan et zizakedayán,
fém.	éskent zizakedañán,
resp.	éskent zizakedázun.

Il pouvait l'offrir à toi.

masc.	éskent zezakéiyan et zizakeyán,
fém.	éskent zezakéiñan et zizakeñán,
resp.	éskent zezakéizun et zizakézun.

Il pouvait l'offrir à lui.

indéf.	éskent zezakión et zizakión,
masc.	éskent zezakióyan et zizakióyan,
fém.	éskent zezakióñan,
resp.	éskent zezakiózun.

Il pouvait l'offrir à nous.

indéf.	éskent zizakégun,
masc.	éskent zizakegián,
fém.	éskent zizakeguñán,
resp.	éskent zizakegúzun.

Il pouvait l'offrir à vous.

indéf. éskent zizakéizien ou zizakezién.

Je pouvais les offrir à vous.

indéf. éskent netzakéitzien et nitzaketzien

Je pouvais les offrir à eux.

indéf.	éskent netzakién et nitzakién,
masc.	éskent nitzakiéyan,
fém.	éskent nitzakiéñan,
resp.	éskent nitzakiétzun.

Tu pouvais les offrir à moi.

masc. et fém.	éskent hitzakédan,
resp.	éskent zinitzakédan.

Tu pouvais les offrir à lui.

masc. et fém.	éskent hitzakión,
resp.	éskent zinitzakión.

Tu pouvais les offrir à nous.

masc. et fém.	éskent hitzakégun,
resp.	éskent zinitzakégun.

Tu pouvais les offrir à eux.

m. et f.	éskent hetzakién ou hitzakién,
resp.	éskent zenetzakién ou zinitzakién

Il pouvait les offrir à moi.

indéf.	éskent zitzakédan,
masc.	éskent zitzakedán et zitzakedayán,
fém.	éskent zitzakedañán,
resp.	éskent zitzakedázun.

Il pouvait les offrir à toi.

masc.	éskent zetzakéiyan et zitzakeyán,
fém.	éskent zetzakéiñan et zitzakeñán,
resp.	éskent zetzakéitzan et zitzakétzun.

Il pouvait les offrir à lui.

indéf.	éskent zetzakión et zitzakión,
masc.	éskent zetzakióyan et zitzakíoyan,
fém.	éskent zetzakióñan,
resp.	éskent zetzakíotzun.

Il pouvait les offrir à nous.

indéf.	éskent zitzakégun,
masc.	éskent zitzakegián,
fém.	éskent zitzakeguñán,
resp.	éskent zitzakegútzun.

Il pouvait les offrir à vous.

indéf. éskent zetzakéitzien ou zitzaketzién

POTENTIEL. — PASSÉ. 327

Il pouvait l'offrir à eux.

indéf.	éskent zezakién *et* zizakién,
masc.	éskent zizakiéyan,
fém.	éskent zizakiéñan,
resp.	éskent zizakiézun.

Il pouvait les offrir à eux.

indéf.	éskent zetzakién *et* zitzakién,
masc.	éskent zitzakiéyan,
fém.	éskent zitzakiéñan,
resp.	éskent zitzakiétzun.

Nous pouvions l'offrir à toi.

masc.	éskent genezakéiyan *et* ginizakeyán,
fém.	éskent genezakéiñan *et* ginizakeñán,
resp.	éskent genezakéizun *et* ginizakézun.

Nous pouvions les offrir à toi.

masc.	éskent genetzakéiyan *et* ginitzakeyán,
fém.	éskent genetzakéiñan *et* ginitzakeñán,
resp.	éskent genetzakéitzun *et* ginitzakétzun

Nous pouvions l'offrir à lui.

indéf.	éskent genezakión *et* ginizakión
masc.	éskent ginizakióyañ,
fém.	éskent ginizakioñan,
resp.	éskent ginizakiózun.

Nous pouvions les offrir à lui.

indéf.	éskent genetzakión *et* ginitzakión
masc.	éskent ginitzakióyan,
fém.	éskent ginitzakióñan,
resp.	éskent ginitzakiótzun.

Nous pouvions l'offrir à vous.

indéf.	éskent ginizakezién.

Nous pouvions les offrir à vous.

indéf.	éskent ginitzaketzién.

Nous pouvions l'offrir à eux.

indéf.	éskent genezakién *et* ginizakién
masc.	éskent ginizakiéyan,
fém.	éskent ginizakiéñan,
resp.	éskent ginizakiézun.

Nous pouvions les offrir à eux.

indéf.	éskent genetzakién *et* ginitzakién
masc.	éskent ginitzakiéyan,
fém.	éskent ginitzakiéñan,
rsep.	éskent ginitzakiézun.

Vous pouviez l'offrir à moi.

indéf.	éskent zinizakedén.

Vous pouviez les offrir à moi.

indéf.	éskent zinitzakedén.

Vous pouviez l'offrir à lui.

indéf.	éskent zinizakióyen.

Vous pouviez les offrir à lui.

indéf.	éskent zinitzakióyen.

Vous pouviez l'offrir à nous.

indéf.	éskent zinizakegién.

Vous pouviez les offrir à nous.

indéf.	éskent zinitzakegién.

Vous pouviez l'offrir à eux.

indéf.	éskent zinizakiéyen.

Vous pouviez les offrir à eux.

indéf.	éskent zinitzakiéyen.

Ils pouvaient l'offrir à moi.

indéf.	éskent zizakedén,
masc.	éskent zizakedéyan,
fém.	éskent zizakedéñan,
resp	éskent zizakedazién.

Ils pouvaient les offrir à moi.

indéf.	éskent zitzakedén,
masc.	éskent zitzakedéyan,
fém.	éskent zitzakedéñan,
resp.	éskent zitzakedatzién,

Ils pouvaient l'offrir à toi.

masc.	éskent zizakióyan,
fém.	éskent zizakiéñan,
resp.	éskent zizakiézien.

Ils pouvaient les offrir à toi.

masc.	éskent zitzakiéyan,
fém.	éskent zitzakiéñan,
resp.	éskent zitzakiétzien.

VOIX TRANSITIVE.

Ils pouvaient l'offrir à lui.

indéf. éskent zezakióyen *et* zizakióyen
masc. éskent zizakioéyan,
fém. éskent zizakioéñan,
resp. éskent zizakiozién.

Ils pouvaient les offrir à lui.

indéf. éskent zetzakióyen *et* zitzakióyen
masc. éskent zitzakioéyan,
fém. éskent zitzakioéñan,
resp. éskent zitzakiotzién.

Ils pouvaient l'offrir à nous.

indéf. éskent zizakegién,
masc. éskent zizakegiéyan,
fém. éskent zizakegiéñan,
resp. éskent zizakeguzién.

Ils pouvaient les offrir à nous.

indéf. éskent zitzakegién,
masc. éskent zitzakegiéyan,
fém. éskent zitzakegiéñan,
resp. éskent zitzakegutzién.

Ils pouvaient l'offrir à vous.

indéf. éskent zizakeézien *et* zizakeziéyen.

Ils pouvaient les offrir à vous.

indéf. éskent zitzakeétzien *et* zitzaketziéyen.

Ils pouvaient l'offrir à eux.

indéf. éskent zezakiéyen *et* zizakiéyan,
masc. éskent zezakieéyan *et* zizakiéyan,
fém. éskent zezakieéñan *et* zizakiéñan,
resp. éskent zezakiézien *et* zizaklézien.

Ils pouvaient les offrir à eux.

indéf. éskent zetzakiéyen *et* zitzakiéyen,
masc. éskent zetzakieéyan *et* zitzakiéyan,
fém. éskent zetzakieéñan *et* zitzakiéñan,
resp. éskent zetzakiétzien *et* zitzakiétzien.

Relations directes personnelles.

Je pouvais l'offrir.

masc. et f. éskent hentzakédan *et* hintiókedan
resp. éskent zentzakédan *et* zintiókedan

Je pouvais vous offrir.

indéf. éskent zentzakiédan *et* zintiókédan

Tu pouvais m'offrir.

masc. éskent nentzakeyán *et* nindiókeyan,
fém. éskent nentzakeñán *et* nindiókeñan,
resp. éskent nentzakézun *et* nindiókezun.

Tu pouvais nous offrir.

masc. éskent gentzakeyán *et* gintiókeyan,
fém. éskent gentzakeñán *et* gintiókeñan,
resp. éskent gentzakézun *et* gintiókezun.

Il pouvait m'offrir.

indéf. éskent nentzakian *et* nindiókian,
masc. éskent nentzakián *et* nindiókeyan,
fém. éskent nentzakeñán *et* nindiókeñan,
resp. éskent nentzakézun *et* nindiókezun

Il pouvait nous offrir.

indéf. éskent gentzakian *et* gintiókian,
masc. éskent gintzakián,
fém. éskent gintzakeñán,
resp. éskent gintzakézun.

Il pouvait l'offrir.

masc. et f. éskent hentzakian *et* hindiókian,
resp. éskent zintzakian *et* zintiókian.

Il pouvait vous offrir.

indéf. éskent zintzakén *et* zintióken.

Nous pouvions l'offrir.

m. et f. éskent hentzakégun *et* hindiókegun,
resp. éskent zentzakégun *et* zintiókegun.

Nous pouvions vous offrir.

indéf. éskent zentzakiégun *et* zintiokègun.

Vous pouviez m'offrir.

indéf. éskent nentzakezién *et* nindiokezién

Vous pouviez nous offrir.

indéf. éskent gentzakezién *et* gintiokezién

POTENTIEL. — PASSÉ.

Ils pouvaient m'offrir.

indéf.	éskent nentzakeyén	*et* nindiókeyen
masc.	éskent nentzakléyan	*et* nindiokéyan
fém.	éskent nentzakiéñan	*et* nindiokéñan
resp.	éskent nentzakezien	*et* nindiokezien

Ils pouvaient l'offrir.

masc. et *fém.* éskent hentzakién *et* hindiókien,
resp. éskent zentzakién *et* zintiókien.

Ils pouvaient nous offrir.

indéf.	éskent gentzakeyén	*et* gintiókeyen,
masc.	éskent gentzakiéyan	*et* gintiokéyan
fém.	éskent gentzakiéñan	*et* gintiokéñan
resp.	éskent gentzakezien	*et* gintiokezien

Ils pouvaient vous offrir.

indéf. éskent zentzakeyén *et* zintiókeyen.

FORME RÉGIE POSITIVE.

Que je pouvais et *que j'aurais pu offrir.*
   indéf. éskent nezakiála *et* niókiala.

Que tu pouvais ou *aurais pu offrir.*
  m. et *f.* éskent hezakiála *et* hiókiala,
  resp. éskent zenezakióla *et* ziniókiala.

Qu'il pouvait ou *aurait pu offrir.*
  indéf. éskent zezakiála *et* ziókiala.

Que nous pouvions ou *aurions pu offrir.*
  indéf. éskent genezakiála *et* giniókiala.

Que vous pouviez ou *auriez pu offrir.*
  indéf. éskent zenezakiéla et ziniókeyela.

Qu'ils pouvaient ou *auraient pu offrir.*
  indéf. éskent zezakeyéla *et* ziókeyela.

Que je pouvais et *que j'aurais pu les offrir.*
  indéf. éskent netzakiála *et* nitiókiala.

Que tu pouvais ou *aurais pu les offrir.*
  m. et *f.* éskent hetzakiála *et* hitiókiala,
  resp. éskent zeuetzakiála *et* zintiókiala.

Qu'il pouvait ou *aurait pu les offrir.*
  indéf. éskent zetzakiála *et* zitiókiala.

Que nous pouvions ou *aurions pu les offrir.*
  indéf. éskent genetzakiála *et* gintiókiala

Que vous pouviez ou *auriez pu les offrir.*
  indéf. éskent zenetzakéyéla *et* zintiókeyela

Qu'ils pouvaient ou *auraient pu les offrir.*
  indéf. éskent zetzakeyéla *et* zitiókeyela.

Relations indirectes.

Que je pouvais ou *aurais pu l'offrir à toi.*
  masc. éskent nizakeyála,
  fém. éskent nizakeñála,
  resp. éskent nizakezúla.

Que je pouvais l'offrir à lui.
  indéf. éskent nizakióla.

Que je pouvais offrir à vous.
  indéf. éskent nizakeziéla.

Que je pouvais les offrir à toi.
  masc. éskent nitzakeyála,
  fém. éskent nitzakeñála,
  resp. éskent nitzaketzúla.

Que je pouvais les offrir à lui.
  indéf. éskent nitzakióla.

Que je pouvais les offrir à vous.
  indéf. éskent nitzaketziéla.

VOIX TRANSITIVE.

Que je pouvais offrir à eux.
indéf.   éskent nizakiéla.

Que tu pouvais offrir à moi.
masc. et fém.   éskent hizakedála,
resp.   éskent zinizakedála.

Que tu pouvais l'offrir à lui.
masc. et fém.   éskent hizakióla,
resp.   éskent zinizakióla.

Que tu pouvais l'offrir à nous.
masc. et fém.   éskent hizakegúla,
resp.   éskent zinizakegúla.

Que tu pouvais l'offrir à eux.
masc. et fém.   éskent hizakiéla,
resp.   éskent zinizakiéla.

Qu'il pouvait offrir à moi.
indéf.   éskent zizakedála.

Qu'il pouvait l'offrir à toi.
masc.   éskent zizakeyála,
fém.   éskent zizakeñála,
resp.   éskent zizakezúla.

Qu'il pouvait l'offrir à lui.
indéf.   éskent zizakióla.

Qu'il pouvait l'offrir à nous.
indéf.   éskent zizakegúla.

Qu'il pouvait l'offrir à vous.
indéf.   éskent zizakeziéla.

Qu'il pouvait l'offrir à eux.
indéf.   éskent zizakiéla.

Que nous pouvions l'offrir à toi.
masc.   éskent ginizakeyála,
fém.   éskent ginizakeñála,
resp.   éskent ginizakezúla.

Que nous pouvions l'offrir à lui.
indéf.   éskent ginizakióla.

Que nous pouvions l'offrir à vous.
indéf.   éskent ginizakeziéla.

Que je pouvais les offrir à eux.
indéf.   éskent nitzakiéla.

Que tu pouvais les offrir à moi.
masc. et fém.   éskent hitzakedála,
resp.   éskent zinitzakedála.

Que tu pouvais les offrir à lui.
masc. et fém.   éskent hitzakióla,
resp.   éskent zinitzakióla.

Que tu pouvais les offrir à nous.
masc. et fém.   éskent hitzakegúla,
resp.   éskent zinitzakegúla.

Que tu pouvais les offrir à eux.
masc. et fém.   éskent hitzakiéla,
resp.   éskent zinitzakiéla.

Qu'il pouvait les offrir à moi.
indéf.   éskent zitzakedála.

Qu'il pouvait les offrir à toi.
masc.   éskent zitzakeyála,
fém.   éskent zitzakeñála,
resp.   éskent zitzaketzúla.

Qu'il pouvait les offrir à lui.
indéf.   éskent zitzakióla.

Qu'il pouvait les offrir à nous.
indéf.   éskent zitzakegúla.

Qu'il pouvait les offrir à vous.
indéf.   éskent zitzaketziéla.

Qu'il pouvait les offrir à eux.
indéf.   éskent zitzakiéla.

Que nous pouvions les offrir à toi.
masc.   éskent ginitzakeyála,
fém.   éskent ginitzakeñála,
resp.   éskent ginitzaketzúla.

Que nous pouvions les offrir à lui.
indéf.   éskent ginitzakióla.

Que nous pouvions les offrir à vous.
indéf.   éskent ginitzaketziéla.

POTENTIEL. — PASSÉ.

Que nous pouvions l'offrir à eux.
indéf. éskent ginizakiéla.

Que vous pouviez l'offrir à moi.
indéf. éskent zinizakedéla.

Que vous pouviez l'offrir à lui.
indéf. éskent zinizakióyela.

Que vous pouviez l'offrir à nous.
indéf. éskent zinizakegiéla.

Que vous pouviez l'offrir à eux.
indéf. éskent zinizakiéyela.

Qu'ils pouvaient l'offrir à moi.
indéf. éskent zizakedéla.

Qu'ils pouvaient l'offrir à toi.
masc. éskent zizakeéyala,
fém. éskent zizakeéñala,
resp. éskent zizakeézula.

Qu'ils pouvaient l'offrir à lui.
indéf. éskent zizakióyela.

Qu'ils pouvaient l'offrir à nous.
indéf. éskent zizakegiéla.

Qu'ils pouvaient l'offrir à vous.
indéf. éskent zizakeéziela.

Qu'ils pouvaient l'offrir à eux.
indéf. éskent zizakiéyela.

Que nous pouvions les offrir à eux.
indéf. éskent ginitzakiéla.

Que vous pouviez les offrir à moi.
indéf. éskent zinitzakedéla.

Que vous pouviez les offrir à lui.
indéf. éskent zinitzakióyela.

Que vous pouviez les offrir à nous.
indéf. éskent zinitzakegiéla.

Que vous pouviez les offrir à eux.
indéf. éskent zinitzakiéyela.

Qu'ils pouvaient les offrir à moi.
indéf. éskent zitzakedéla.

Qu'ils pouvaient les offrir à toi.
masc. éskent zitzakeéyala,
fém. éskent zitzakeéñala,
resp. éskent zitzakeétzula.

Qu'ils pouvaient les offrir à lui.
indéf. éskent zitzakióyela.

Qu'ils pouvaient les offrir à nous.
indéf. éskent zitzakegiéla.

Qu'ils pouvaient les offrir à vous.
indéf. éskent zitzakeétziela.

Qu'ils pouvaient les offrir à eux.
indéf. éskent zitzakiéyela.

Relations personnelles directes.

Que je pouvais t'offrir.
m. et f. éskent hentzakedála et hintiókedala,
resp. éskent zentzakedála et zintiókedala.

Que tu pouvais m'offrir.
masc. éskent nentzakeyála et nindiókeyala,
fém. éskent nentzakeñála et nindiókeñala,
resp. éskent nentzakezúla et nindiókezula.

Qu'il pouvait m'offrir.
indéf. éskent nentzakiála et nindiókiala

Que je pouvais vous offrir.
indéf. éskent zentzakiédala.

Que tu pouvais nous offrir.
masc. éskent gentzakeyála et gintiókeyala,
fém. éskent gentzakeñála et gintiókeñala,
resp. éskent gentzakezúla et gintiókezula.

Qu'il pouvait nous offrir.
indéf. éskent gentzakiála et gintiókiala.

VOIX TRANSITIVE.

Qu'il pouvait t'offrir.
m. et f. éskent hentzakiála et hindiókiala,
resp. éskent zentzakiála et zintiókiala.

Que nous pouvions t'offrir.
m. et f. éskent hentzakegúla et hindiókegula
resp. éskent zentzakegúla et zintiókegula.

Que vous pouviez m'offrir.
indéf. éskent nentzakeziéla et nindiókeziela

Qu'ils pouvaient m'offrir.
indéf. éskent nentzakeyéla et nindiókeyela

Qu'ils pouvaient t'offrir.
m. et f. éskent hentzakiéla et hindiókiela,
resp. éskent zentzakiéla et zintiókiela.

Qu'il pouvait vous offrir.
indéf. éskent zentzakéla et zintiókela

Que nous pouvions vous offrir.
indéf. éskent zentzakiégula.

Que vous pouviez nous offrir.
indéf. éskent gentzakeziéla et gintiókeziela

Qu'ils pouvaient nous offrir.
indéf. éskent gentzakeyéla et gintiókeyela

Qu'ils pouvaient vous offrir.
indéf. éskent zentzakeyéla et zintiókeyela

FORME D'INCIDENCE.

Comme je pouvais... à qui je pouvais.... par qui je pouvais..... *Nóla.... zóini.... zóintzaz....*

Je pouvais ou j'aurais pu offrir.
indéf. éskent benézakian et beniókian.

Tu pouvais ou aurais pu offrir.
m. et f. éskent behézakian et behiókian,
resp. éskent beitzenézakian, beitziniókian

Il pouvait ou aurait pu offrir.
indéf. éskent beitzézakian et beitziókian.

Nous pouvions ou aurions pu offrir.
indéf. éskent beikenézakian et beikiniókian

Vous pouviez offrir.
indéf. éskent beitzenézakién et beitziniókeyen

Ils pouvaient offrir.
indéf. éskent beitzezakéyén et beitziókeyen.

Je pouvais ou aurais pu les offrir.
indéf. éskent benétzakian et benitiókian

Tu pouvais ou aurais pu les offrir,
m. et f. éskent behétzakian et behitiókian,
resp. éskent beitzenétzakian et beitzintiókian.

Il pouvait ou aurait pu les offrir.
indéf. éskent beitzétzakian et beitzitiókian.

Nous pouvions les offrir.
indéf. éskent beikenétzakian et beikintiókian

Vous pouviez les offrir.
indéf. éskent beitzenétzakeyen et beitzintiókeyen.

Ils pouvaient les offrir.
indéf. éskent beitzetzakéyen et beitzitiókeyen

Pour les relations indirectes voir les tableaux.

VOIX INTRANSITIVE.

INDICATIF. — PRÉSENT EN ACTION.

Neutre.

J'arrive (je suis en arrivée).

indéf.	héltzen niz,
masc.	héltzen nuk,
fém.	héltzen nun,
resp.	héltzen núzu.

Tu arrives.

masc. et *fém.*	héltzen hiz (1),
resp.	héltzen zira.

Il arrive.

indéf.	héltzen da,
masc.	héltzen duk,
fém.	héltzen dun,
resp.	héltzen dúzu.

Nous arrivons.

indéf.	héltzen gira,
masc.	héltzen gútuk,
fém.	héltzen gútun,
resp.	héltzen gutúzu.

Vous arrivez.

indéf.	héltzen zirayé.

Ils arrivent.

indéf.	héltzen dira,
masc.	héltzen dútuk,
fém.	héltzen dútun,
resp.	héltzen dutúzu.

Réfléchi.

Je m'offre.

indéf.	eskéntzen niz,
masc.	eskéntzen nuk,
fém.	eskéntzen nun,
resp.	eskéntzen núzu.

Tu t'offres.

masc. et *fém.*	eskéntzen hiz,
resp.	eskéntzen zira.

Il s'offre.

indéf.	eskéntzen da,
masc.	eskéntzen duk,
fém.	eskéntzen dun,
resp.	eskéntzen dúzu.

Nous nous offrons.

indéf.	eskéntzen gira,
masc.	eskéntzen gútuk,
fém.	eskéntzen gútun,
resp.	eskéntzen gutúzu.

Vous vous offrez.

indéf.	eskéntzen zirayé.

Ils s'offrent.

indéf.	eskéntzen dira,
masc.	eskéntzen dútuk,
fém.	eskéntzen dútun,
resp.	eskéntzen dutúzu.

---

(1) On remarquera, dans la conjugaison, que lorsque le pronom *hi*, toi, qui est des deux genres, entre dans la composition de la forme, il n'y a pas de terminaisons distinctes pour le masculin et le féminin.

VOIX INTRANSITIVE.

Relations indirectes.

J'arrive à toi.

masc. héltzen nitzáik,
fém. héltzen nitzáiñ,
resp. héltzen nitzáizu.

J'arrive à lui.

masc. héltzen nitzáyo,
fém. héltzen nitzók,
resp. héltzen nitzón,
indéf. héltzen nitzózu.

J'arrive à vous.

indéf. héltzen nitzáizïe.

J'arrive à eux.

indéf. héltzen nitzáye,
masc. héltzen nitzék,
fém. héltzen nitzén,
resp. héltzen nitzézu.

Tu arrives à moi.

masc. et *fém.* héltzen hitzáit,
resp. héltzen zitzáit.

Tu arrives à lui.

m. et *fém.* héltzen hitzáyo,
resp. héltzen zitzáyo.

Tu arrives à nous.

m. et *fém.* héltzen hitzáiku,
resp. héltzen zitzáiku.

Tu arrives à eux.

m. et *fém.* héltzen hitzáye,
resp. héltzen zitzáye.

Il arrive à moi.

indéf. héltzen záit,
masc. héltzen zítak,
fém. héltzen zítan,
resp. héltzen zítazu.

Il arrive à toi.

masc. héltzen záik,
fém. héltzen záiñ,
resp. héltzen záizu.

Je m'offre à toi.

masc. eskéntzen nitzáik,
fém. eskéntzen nitzáiñ,
resp. eskéntzen nitzáizu.

Je m'offre à lui.

indéf. eskéntzen nitzáyo,
masc. eskéntzen nitzók,
fém. eskéntzen nitzón,
resp. eskéntzen nitzózu.

Je m'offre à vous.

indéf. eskéntzen nitzáizïe.

Je m'offre à eux.

indéf. eskéntzen nitzáye,
masc eskéntzen nitzék,
fém. eskéntzen nitzén,
resp. eskéntzen nitzézu.

Tu t'offres à moi.

masc. et *fém.* eskéntzen hitzáit,
resp. eskéntzen zitzáit.

Tu t'offres à lui.

m. et *fém.* eskéntzen hitzáyo,
resp. eskéntzen zitzáyo.

Tu t'offres à nous.

m. et *fém.* eskéntzen hitzáiku,
resp. eskéntzen zitzáiku.

Tu t'offres à eux.

m. et *fém.* eskéntzen hitzáye,
resp. eskéntzen zitzáye.

Il s'offre à moi.

indéf. eskéntzen záit,
masc. eskéntzen zítak,
fém. eskéntzen zítan,
resp. eskéntzen zítazu.

Il s'offre à toi.

masc. eskéntzen záik,
fém. eskéntzen záiñ,
resp. eskéntzen záizu.

INDICATIF. — PRÉSENT EN ACTION.

Il arrive à lui.   *Il s'offre à lui.*

indéf. héltzen záyo,   *indéf.* eskéntzen záyo,
masc. héltzen ziók,   *masc.* eskéntzen ziók,
fém. héltzen zién,   *fém.* eskéntzen zión,
resp. héltzen ziózu.   *resp.* eskéntzen ziózu.

Il arrive à nous.   *Il s'offre à nous.*

indéf. héltzen záiku,   *indéf.* eskéntzen záiku,
masc. héltzen zíkuk,   *masc.* eskéntzen zíkuk,
fém. héltzen zíkun,   *fém.* eskéntzen zíkun,
resp. héltzen zikuzu.   *resp* eskéntzen zikuzu.

Il arrive à vous.   *Il s'offre à vous.*

indéf. héltzen záizie.   *indéf.* eskéntzen záizie.

Il arrive à eux.   *Il s'offre à eux.*

indéf. héltzen záye,   *indéf.* eskéntzen záye,
masc. héltzen ziék,   *masc.* eskéntzen ziék,
fém. héltzen zién,   *fém.* eskéntzen zién,
resp. héltzen ziézu.   *resp.* eskéntzen ziézu.

Nous arrivons à toi.   *Nous nous offrons à toi.*

masc. héltzen gitzáik,   *masc.* eskéntzen gitzáik,
fém. héltzen gitzáiñ,   *fém.* eskéntzen gitzáiñ,
resp. héltzen gitzáizu *et* gitzáitzu.   *resp.* eskéntzen gitzáizu.

Nous arrivons à lui.   *Nous nous offrons à lui.*

indéf. héltzen gitzáyo,   *indéf.* eskéntzen gitzáyo,
masc. héltzen gitzók,   *masc.* eskéntzen gitzók,
fém. héltzen gitzón,   *fém.* eskéntzen gitzón,
resp. héltzen gitzózu *et* gitzótzu.   *resp.* eskéntzen gitzózu.

Nous arrivons à vous.   *Nous nous offrons à vous.*

indéf. héltzen gitzáizie *et* gitzáitzie.   *indéf.* eskéntzen gitzáizie.

Nous arrivons à eux.   *Nous nous offrons à eux.*

indéf. héltzen gitzáye,   *indéf.* eskéntzen gitzáye,
masc. héltzen gitzék,   *masc.* eskéntzen gitzék,
fém. héltzen gitzén,   *fém.* eskéntzen gitzén,
resp. héltzen gitzézu *et* gitzétzu.   *resp.* eskéntzen gitzézu.

Vous arrivez à moi.   *Vous vous offrez à moi.*

indéf. héltzen zitzáiztaye *et* zitzáiztade.   *indéf.* eskéntzen zitzáiztaye *et* zitzáiztade

Vous arrivez à lui.   *Vous vous offrez à lui.*

indéf. héltzen zitzáyoe *et* zitzáitzoe.   *indéf.* eskéntzen zitzáyoe.

Vous arrivez à nous.   *Vous vous offrez à nous.*

indéf. héltzen zitzáizkuye.   *indéf.* eskéntzen zitzáizkuye.

VOIX INTRANSITIVE.

Vous arrivez à eux.

indéf. héltzen zitzayié *et* zitzayé.

Vous vous offrez à eux.

indéf. eskéntzen zitzayié *et* zitzayé.

Ils arrivent à moi.

indéf. héltzen záizt *et* záitzat,
masc. héltzen zíztak,
fém. héltzen zíztan,
resp. héltzen ziztatzu.

Ils s'offrent à moi.

indéf. eskéntzen záizt *et* záitzat,
masc. eskéntzen zíztak,
fém. eskéntzen zíztan,
resp. eskéntzen ziztatzu.

Ils arrivent à toi.

masc. héltzen záitzak,
fém. héltzen záitzan,
resp. héltzen záitzu.

Ils s'offrent à toi.

masc. eskéntzen záitzak,
fém. eskéntzen záitzàn,
resp. eskéntzen záitzu.

Ils arrivent à lui.

indéf. héltzen zaitzó,
masc. héltzen zitzók,
fém. héltzen zitzón,
resp. héltzen zitzótzu *et* zitzózu.

Ils s'offrent à lui.

indéf. eskéntzen zaitzó,
masc. eskéntzen zitzók,
fém. eskéntzen zitzón,
resp. eskéntzen zitzótzu *et* zitzózu.

Ils arrivent à nous.

indéf. héltzen záizku,
masc. héltzen zizkuk,
fém. héltzen zízkun,
resp. héltzen zízkutzu.

Ils s'offrent à nous.

indéf. eskéntzen záizku,
masc. eskéntzen zizkuk,
fém. eskéntzen zizkun,
resp. eskéntzen zizkutzu.

Ils arrivent à vous.

indéf. héltzen záitzie.

Ils s'offrent à vous.

indéf. eskéntzen záitzie.

Ils arrivent à eux.

indéf héltzen zaitzé,
masc. héltzen zitzék,
fém. héltzen zitzén,
resp. héltzen zitzétzu *et* zitzézu.

Ils s'offrent à eux.

indéf. eskéntzen zaitzé,
masc. eskéntzen zitzék,
fém. eskéntzen zitzén,
resp. eskéntzen zitzétzu *et* zitzézu.

PRÉSENT PARFAIT.

Neutre.

Je suis arrivé.

indéf. héltu niz,
masc. héltu nuk,
fém. héltu nun,
resp. héltu nûzu.

Réfléchi.

Je me suis offert.

indéf. eskéntu niz,
masc. eskéntu nuk,
fém. eskéntu nun,
resp. eskéntu nûzu.

Tu es arrivé.

masc. et *fém.* héltu hiz,
resp. héltu zira.

Tu t'es offert.

masc. et *fém.* eskéntu hiz,
resp. eskéntu zira.

INDICATIF. — PRÉSENT.

Il est arrivé.

indéf.	héltu da,
masc.	héltu duk,
fém.	héltu dun,
resp.	héltu dúzu.

Il s'est offert.

indéf.	eskéntu da,
masc.	eskéntu duk,
fém.	eskéntu dun,
resp.	eskéntu dúzu.

Nous sommes arrivés.

indéf.	héltu gíra,
masc.	héltu gútuk,
fém.	héltu gútun,
resp.	héltu gutúzu.

Nous nous sommes offerts.

indéf.	eskéntu gíra,
masc.	eskéntu gútuk,
fém.	eskéntu gútun,
resp.	eskéntu gutúzu.

Vous êtes arrivés.

indéf.	héltu ziráyê.

Vous vous êtes offerts.

indéf.	eskéntu ziráyé.

Ils sont arrivés.

indéf.	héltu díra,
masc.	héltu dútuk,
fém.	héltu dútun,
resp.	héltu dutúzu.

Ils se sont offerts.

indéf.	eskéntu díra,
masc.	eskéntu dútuk,
fém.	eskéntu dútun,
resp.	eskéntu dutúzu.

Relations indirectes.

Je suis arrivé à toi.

masc.	héltu nitzáïk,
fém.	héltu nitzáiñ,
resp.	héltu nitzáizu.

Je me suis offert à toi.

masc.	eskéntu nitzáik,
fém.	eskéntu nitzáiñ,
resp.	eskéntu nitzáizu.

Je suis arrivé à lui.

indéf.	héltu nitzáyo,
masc.	héltu nitzók,
fém.	héltu nitzón,
resp.	héltu nitzózu.

Je me suis offert à lui.

indéf.	eskéntu nitzáyo,
masc.	eskéntu nitzók,
fém.	eskéntu nitzón,
resp.	eskéntu nitzózu.

Et le reste comme au présent, en changeant *eskéntzen* en *eskéntu*, et *héltzen* en *héltu*.

Le parfait antérieur *héltu izán da*, *eskéntu izán da*, donne à l'esprit une idée d'antériorité que n'a pas le parfait simple; on ne peut le rendre en français que par le parfait : *il est arrivé, il s'est offert*, et même en basque il arrive souvent que l'on emploie ces formes indifféremment. Le passé parfait *il arriva* s'exprime avec la forme du passé *héltu zen*.

VOIX INTRANSITIVE.

PARFAIT ABSOLU.

Neutre.
Je suis (tout à fait) arrivé.

indéf.	hélturik niz (lab. héltua náiz),
masc.	hélturik nuk,
fém.	hélturik nun,
resp.	hélturik núzu.

Tu es arrivé.

masc. et *fém.*	hélturik hiz,
resp.	hélturik zíra.

Il est arrivé.

indéf.	hélturik da,
masc.	hélturik duk,
fém.	hélturik dun,
resp.	hélturik dúzu.

Nous sommes arrivés.

indéf.	hélturik gíra,
masc.	hélturik gútuk,
fém.	hélturik gútun,
resp.	hélturik gutúzu.

Vous êtes arrivés.

indéf.	hélturik zirayé.

Ils sont arrivés.

indéf.	hélturik díra,
masc.	hélturik dútuk,
fém.	hélturik dútun,
resp.	hélturik dutúzu.

Passif.
Je suis offert.

indéf.	eskentúrik níz (lab. eskéntua),
masc.	eskentúrik nuk,
fém.	eskentúrik nun,
resp.	eskentúrik núzu.

Tu es offert.

masc. et *fém.*	eskentúrik hiz,
resp.	eskentúrik zíra.

Il est offert.

indéf.	eskentúrik da,
masc.	eskentúrik duk,
fém.	eskentúrik dun,
resp.	eskentúrik dúzu.

Nous sommes offerts.

indéf.	eskentúrik gíra,
masc.	eskentúrik gútuk,
fém.	eskentúrik gútun,
resp.	eskentúrik gutúzu.

Vous êtes offerts.

indéf.	eskentúrik zirayé.

Ils sont offerts.

indéf.	eskentúrik díra,
masc.	eskentúrik dútuk,
fém.	eskentúrik dútun,
resp.	eskentúrik dutúzu.

Cette forme n'admet pas les terminatifs des relations indirectes. L'usage ne permet pas de dire *eskentúrik* ou *eskéntua nitzáyo* pour rendre *je lui suis offert*, il faut dire : *eskentúrik niz hári* ou *hoúni*.

PARFAIT ANTÉRIEUR ABSOLU.

J'ai été arrivé (avant lui).

indéf. hélturik izán niz.

J'ai été offert.

indéf. eskentúrik izán niz.

Et les autres terminatifs comme à la conjugaison du présent de l'indicatif, en changeant le nom verbal.

PRÉSENT PROPOSITIF OU FUTUR.

Neutre.

J'arriverai (je suis d'arrivé, devant arriver, he de llegar).

indéf. hélturen ou héltuko niz,
masc. hélturen nuk,
fém. hélturen nun,
resp. hélturen núzu.

Tu arriveras.

masc. et fém. hélturen hiz,
resp. hélturen zira.

Il arrivera.

indéf. hélturen da,
masc. hélturen duk,
fém. hélturen dun,
resp. hélturen dúzu.

Nous arriverons.

indéf. hélturen gira,
masc. hélturen gútuk,
fém. hélturen gútun,
resp. hélturen gutúzu.

Vous arriverez.

indéf. hélturen zirayé.

Ils arriveront.

indéf. hélturen dira,
masc. hélturen dútuk,
fém. hélturen dútun,
resp. hélturen dutúzu.

J'arriverai à toi.

masc. hélturen nitzáik,
fém. hélturen nitzáiñ,
resp. hélturen nitzáizu.

Réfléchi.

Je m'offrirai.

indéf. eskentúren ou eskentúko niz,
masc. eskentúren nuk,
fém. eskentúren nun,
resp. eskentúren núzu.

Tu t'offriras.

masc. et fém. eskentúren hiz,
resp. eskentúren zira.

Il s'offrira.

indéf. eskentúren da,
masc. eskentúren duk,
fém. eskentúren dun,
resp. eskentúren dúzu.

Nous nous offrirons.

indéf. eskentúren gira,
masc. eskentúren gútuk,
fém. eskentúren gútun,
resp. eskentúren gutúzu.

Vous vous offrirez.

indéf. eskentúren zirayé.

Ils s'offriront.

indéf. eskentúren díra,
masc. eskentúren dútuk,
fém. eskentúren dútun,
resp. eskentúren dutúzu.

Je m'offrirai à toi.

masc. eskentúren nitzáik,
fém. eskentúren nitzáiñ,
resp. eskentúren nitzáizu.

Et le reste comme au présent en action, en changeant *héltzen* en *hélturen*, et *eskéntzen* en *eskentúren*.

PRÉSENT PROPOSITIF OU FUTUR ABSOLU.

Je serai arrivé (je suis devant être arrivé).   *Je serai offert.*

indéf. hélturik izánen niz,   *indéf.* eskentúrik izánen niz,
masc. hélturik izánen nuk,   *masc.* eskentúrik izánen nuk,
fém. hélturik izánen nun,   *fém.* eskentúrik izánen nun,
resp. hélturik izánen núzu.   *resp.* eskentúrik izánen núzu.

Et le reste comme au présent en action, en changeant *héltzen* et *eskéntzen* en *hélturik izánen* et *eskentúrik izánen.*

FORME RÉGIE POSITIVE.

PRÉSENT EN ACTION.

Il a dit.... *Errán du....*

Neutre.		Réfléchi.	
Que j'arrive.		*Que je m'offre.*	
indéf.	héltzen nizála.	*indéf.*	eskéntzen nizála.
Que tu arrives.		*Que tu t'offres.*	
masc. et *fém.*	héltzen hizála,	*masc.* et *fém.*	eskéntzen hizála,
resp.	héltzen ziréla.	*resp.*	eskéntzen ziréla.
Qu'il arrive.		*Qu'il s'offre.*	
indéf.	héltzen déla.	*indéf.*	eskéntzen déla.
Que nous arrivons.		*Que nous nous offrons.*	
indéf.	héltzen giréla.	*indéf.*	eskéntzen giréla.
Que vous arrivez.		*Que vous vous offrez.*	
indéf.	héltzen zirayéla.	*indéf.*	eskéntzen zirayéla.
Qu'ils arrivent.		*Qu'ils s'offrent.*	
indéf.	héltzen diréla.	*indéf.*	eskéntzen diréla.

Relations indirectes.

Que j'arrive à toi.		*Que je m'offre à toi.*	
masc.	héltzen nitzáyala,	*masc.*	eskéntzen nitzáyala,
fém.	héltzen nitzáñala,	*fém.*	eskéntzen nitzáñala,
resp.	héltzen nitzáizula.	*resp.*	eskéntzen nitzáizula.

INDICATIF. — PRÉSENT.

	Que j'arrive à lui.		*Que je m'offre à lui.*
indéf.	héltzen nitzáyola.	*indéf.*	eskéntzen nitzáyola.

	Que j'arrive à vous.		*Que je m'offre à vous.*
indéf.	héltzen nitzáiziela.	*indéf.*	eskéntzen nitzáiziela.

	Que j'arrive à eux.		*Que je m'offre à eux.*
indéf.	héltzen nitzáyela.	*indéf.*	eskéntzen nitzáyela.

	Que tu arrives à moi.		*Que tu t'offres à moi.*
masc. et *fém.*	héltzen hitzáitala,	*masc.* et *fém.*	eskéntzen hitzáitala,
resp.	héltzen zitzáitala.	*resp.*	eskéntzen zitzáitala.

	Que tu arrives à lui.		*Que tu t'offres à lui.*
masc. et *fém.*	héltzen hitzáyola,	*masc.* et *fém.*	eskéntzen hitzáyola,
resp.	héltzen zitzáyola.	*resp.*	eskéntzen zitzáyola.

	Que tu arrives à nous.		*Que tu t'offres à nous.*
masc. et *fém.*	héltzen hitzáikula,	*masc.* et *fém.*	eskéntzen hitzáikula,
resp.	héltzen zitzáikula.	*resp.*	eskéntzen zitzáikula.

	Que tu arrives à eux.		*Que tu t'offres à eux.*
masc. et *fém.*	héltzen hitzáyela,	*masc.* et *fém.*	eskéntzen hitzáyela,
resp.	héltzen zitzáyela.	*resp.*	eskéntzen zitzáyela.

	Qu'il arrive à moi.		*Qu'il s'offre à moi.*
indéf.	héltzen záitala.	*indéf.*	eskéntzen záitala.

	Qu'il arrive à toi.		*Qu'il s'offre à toi.*
masc.	héltzen záiyala,	*masc.*	eskéntzen záiyala,
fém.	héltzen xáiñala,	*fém.*	eskéntzen záiñala,
resp.	héltzen záizula.	*resp.*	eskéntzen záizula.

	Qu'il arrive à lui.		*Qu'il s'offre à lui.*
indéf.	héltzen záyola.	*indéf.*	eskéntzen záyola.

	Qu'il arrive à nous.		*Qu'il s'offre à nous.*
indéf.	héltzen záikula.	*indéf.*	eskéntzen záikula.

	Qu'il arrive à vous.		*Qu'il s'offre à vous.*
indéf.	héltzen záiziela.	*indéf.*	eskéntzen záiziela.

	Qu'il arrive à eux.		*Qu'il s'offre à eux.*
indéf.	héltzen záyela.	*indéf.*	eskéntzen záyela.

	Que nous arrivons à toi.		*Que nous nous offrons à toi.*
mas.	héltzen gitzáiyala,	*masc.*	eskéntzen gitzáiyala,
fém.	héltzen gitzáiñala,	*fém.*	eskéntzen gitzáiñala,
resp.	héltzen gitzáizula.	*resp.*	eskéntzen gitzáizula.

VOIX INTRANSITIVE.

 Que nous arrivons à lui.
indéf. héltzen gitzáyola.
 Que nous arrivons à vous.
indéf. héltzen gitzáiziela.
 Que nous arrivons à eux.
indéf. héltzen gitzáyela.
 Que vous arrivez à moi.
indéf. héltzen zitzáiztadela.
 Que vous arrivez à lui.
indéf. héltzen zitzáyoela *et* zitzáitzoela.
 Que vous arrivez à nous.
indéf. héltzen zitzáizkuyela.
 Que vous arrivez à eux.
indéf. héltzen zitzáyiela *et* zitzáitzeela.
 Qu'ils arrivent à moi.
indéf. héltzen záiztala.
 Qu'ils arrivent à toi.
masc. héltzen záitzayala,
fém. héltzen záitzañala,
resp. héltzen záitzula.
 Qu'ils arrivent à lui.
indéf. héltzen záitzola.
 Qu'ils arrivent à nous.
indéf. héltzen záizkula.
 Qu'ils arrivent à vous.
indéf. héltzen záitziela.
 Qu'ils arrivent à eux.
indéf. héltzen zaitzéla *ou* zaitzeéla.

 Que nous nous offrons à lui.
indéf. eskéntzen gitzáyola.
 Que nous nous offrons à vous.
indéf. eskéntzen gitzáiziela.
 Que nous nous offrons à eux.
indéf. eskéntzen gitzáyela.
 Que vous vous offrez à moi.
indéf. eskéntzen zitzáiztadela.
 Que vous vous offrez à lui.
indéf. eskéntzen zitzáyoela.
 Que vous vous offrez à nous.
indéf. eskéntzen zitzáizkuyela.
 Que vous vous offrez à eux.
indéf. eskéntzen zitzáyiela.
 Qu'ils s'offrent à moi.
indéf. eskéntzen záiztala.
 Qu'ils s'offrent à toi.
masc. eskéntzen záitzayala,
fém. eskéntzen záitzañala,
resp. eskéntzen záitzula.
 Qu'ils s'offrent à lui.
indéf. eskéntzen záitzola.
 Qu'ils s'offrent à nous.
indéf. eskéntzen záizkula.
 Qu'ils s'offrent à vous.
indéf. eskéntzen záitziela.
 Qu'ils s'offrent à eux.
indéf. eskéntzen zaitzéla *ou* zaitzeéla.

On conjugue de même :
Héltu nizála, que je suis arrivé ; *eskéntu nizála,* que je me suis offert ;
Hélturik nizála, que je suis (déjà) arrivé ; *eskentúrik nizála,* que je suis offert ;
Hélturen nizála, que j'arriverai ; *eskentúren nizála,* que je m'offrirai.

INDICATIF. — PRÉSENT.

FORME RÉGIE EXQUISITIVE.

INDICATIF. — PRÉSENT.

Il veut savoir, il demande quand... comment... d'où... qui... de la part de qui, etc. — *Nahí du jàkin, gallhâtzen du... nóiz... nóla... nóntik.... nor.... nóren mézaz*, etc.

Neutre.

J'arrive.
indéf. héltzen nizan.

Tu arrives.
masc. et *fém.* héltzen hizan,
resp. héltzen zirén.

Il arrive.
indéf. héltzen den.

Nous arrivons.
indéf. héltzen girén.

Vous arrivez.
indéf. héltzen zirayén.

Ils arrivent.
indéf. héltzen dirén.

Réfléchi.

Je m'offre.
indéf. eskéntzen nizan.

Tu t'offres.
masc. et *fém.* eskéntzen hizan,
resp. eskéntzen zirén.

Il s'offre.
indéf. eskéntzen den.

Nous nous offrons.
indéf. eskéntzen girén.

Vous vous offrez.
indéf. eskéntzen zirayén.

Ils s'offrent.
indéf. eskéntzen dirén.

Relations indirectes.

J'arrive à toi.
masc. héltzen nitzáyan,
fém. héltzen nitzáñan,
resp. héltzen nitzáizun.

J'arrive à lui.
indéf. héltzen nitzáyon.

J'arrive à vous.
indéf. héltzen nitzáizien.

Je m'offre à toi.
masc. eskéntzen nitzáyan,
fém. eskéntzen nitzáñan,
resp. eskéntzen nitzáizun.

Je m'offre à lui.
indéf. eskéntzen nitzáyon.

Je m'offre à vous.
indéf. eskéntzen nitzáizien.

VOIX INTRANSITIVE.

J'arrive à eux.

indéf. héltzen nitzáyen.

Tu arrives à moi.

masc. et fém. héltzen hitzáitan,
resp. héltzen zitzáitan.

Tu arrives à lui.

m. et fém. héltzen hitzáyon,
resp. héltzen zitzáyon.

Tu arrives à nous.

masc. et fém. héltzen hitzáikun,
resp. héltzen zitzáikun.

Tu arrives à eux.

m. et fém. héltzen hitzáyen,
resp. héltzen zitzáyen.

Il arrive à moi.

indéf. héltzen záitan.

Il arrive à toi.

masc. héltzen záiyan,
fém. héltzen záinan,
resp. héltzen záizun.

Il arrive à lui.

indéf. héltzen záyon.

Il arrive à nous.

indéf. héltzen záikun.

Il arrive à vous.

indéf. héltzen záizien.

Il arrive à eux.

indéf. héltzen záyen.

Nous arrivons à toi.

masc. héltzen gitzáiyan,
fém. héltzen gitzáinan,
resp. héltzen gitzáizun.

Nous arrivons à lui.

indéf. héltzen gitzáyon.

Nous arrivons à vous.

indéf. héltzen gitzáizien.

Je m'offre à eux.

indéf. eskéntzen nitzáyen.

Tu t'offres à moi.

masc. et fém. eskéntzen hitzáitan,
resp. eskéntzen zitzáitan.

Tu t'offres à lui.

m. et fém. eskéntzen hitzáyon,
resp. eskéntzen zitzáyon.

Tu t'offres à nous.

masc. et fém. eskéntzen hitzáikun,
resp. eskéntzen zitzáikun.

Tu t'offres à eux.

masc. et fém. eskéntzen hitzáyen,
resp. eskéntzen zitzáyen.

Il s'offre à moi.

indéf. eskéntzen záitan.

Il s'offre à toi.

masc. eskéntzen záiyan,
fém. eskéntzen záinan,
resp. eskéntzen záizun.

Il s'offre à lui.

indéf. eskéntzen záyon.

Il s'offre à nous.

indéf. eskéntzen záikun.

Il s'offre à vous.

indéf. eskéntzen záizien.

Il s'offre à eux.

indéf. eskéntzen záyen.

Nous nous offrons à toi.

masc. eskéntzen gitzáiyan,
fém. eskéntzen gitzáinan,
resp. eskéntzen gitzáizun.

Nous nous offrons à lui.

indéf. eskéntzen gitzáyon.

Nous nous offrons à vous.

indéf. eskéntzen gitzáizien.

INDICATIF. — PRÉSENT.

	Nous arrivons à eux.		*Nous nous offrons à eux.*
indéf.	héltzen gitzáyen.	*indéf.*	eskéntzen gitzáyen.
	Vous arrivez à moi.		*Vous vous offrez à moi.*
indéf.	héltzen zitzáiztaden.	*indéf.*	eskéntzen zitzáiztaden.
	Vous arrivez à lui.		*Vous vous offrez à lui.*
indéf.	héltzen zitzáyoen *et* zitzáitzoen.	*indéf.*	eskéntzen zitzáyoen.
	Vous arrivez à nous.		*Vous vous offrez à nous.*
indéf.	héltzen zitzáizkuyen.	*indéf.*	eskéntzen zitzáizkuyen.
	Vous arrivez à eux.		*Vous vous offrez à eux.*
indéf.	héltzen zitzáyien *et* zitzáitzeen.	*indéf.*	eskéntzen zitzáyien.
	Ils arrivent à moi.		*Ils s'offrent à moi.*
indéf.	héltzen záiztan.	*indéf.*	eskéntzen záiztan.
	Ils arrivent à toi.		*Ils s'offrent à toi.*
masc.	héltzen záitzayan,	*masc.*	eskéntzen záitzayan,
fém.	héltzen záitzañan,	*fém.*	eskéntzen záitzañan,
resp.	héltzen záitzun.	*resp.*	eskéntzen záitzun.
	Ils arrivent à lui.		*Ils s'offrent à lui.*
indéf.	héltzen zaitzón.	*indéf.*	eskéntzen zaitzón.
	Ils arrivent à nous.		*Ils s'offrent à nous.*
indéf.	héltzen záizkun.	*indéf.*	eskéntzen záizkun.
	Ils arrivent à vous.		*Ils s'offrent à vous.*
indéf.	héltzen záitzien.	*indéf.*	eskéntzen záitzien.
	Ils arrivent à eux.		*Ils s'offrent à eux.*
indéf.	héltzen zaitzén *ou* zaitzeén.	*indéf.*	eskéntzen zaitzén *ou* zaitzeén.

On conjugue de même :

Nóiz héltu nizan..... quand je suis arrivé; *eskéntu nizan*, je me suis offert ;
Nóiz hélturen nizan..... quand j'arriverai ; *eskentúren nizañ*, je m'offrirai.

Ainsi que nous l'avons déjà fait observer, tous les terminatifs de la forme régie exquisitive se déclinent et prennent le sens nominal relatif : *héltu dén-a*, celui qui est arrivé ; *héltu dénaren*, de celui qui est arrivé ; *eskéntu ziréneri*, à vous qui vous êtes offert ; *eskéntzen dénareki*, avec celui qui s'offre.

VOIX INTRANSITIVE.

INDICATIF. — PRÉSENT.

FORME D'INCIDENCE.

Comme,... quand,... à qui.... où.... parce que.... *Nóla*.,... *nóiz-ere*.... *zóini*... *nóra-ere*.

	J'arrive.		Je m'offre.
indéf.	héltzen béniz *ou* béiniz.	*indéf.*	eskéntzen béniz *ou* béiniz.
	Tu arrives.		Tu t'offres.
masc. et *fém.*	héltzen béhiz,	*masc.* et *fém.*	eskéntzen béhiz,
resp.	héltzen beitzira.	*resp.*	eskéntzen beitzira.
	Il arrive.		Il s'offre.
indéf.	héltzen béita.	*indéf.*	eskéntzen béita.
	Nous arrivons.		Nous nous offrons.
indéf.	héltzen beikira.	*indéf.*	eskéntzen beikira.
	Vous arrivez.		Vous vous offrez.
indéf.	héltzen beitzirayé.	*indéf.*	eskéntzen beitzirayé.
	Ils arrivent.		Ils s'offrent.
indéf.	héltzen beitira.	*indéf.*	eskéntzen beitira.

Relations indirectes.

	J'arrive à toi.		Je m'offre à toi.
masc.	héltzen benitzáik,	*masc.*	eskéntzen benitzáik,
fém.	héltzen benitzáin,	*fém.*	eskéntzen benitzáin,
resp.	héltzen benitzáizu.	*resp.*	eskéntzen benitzáizu.
	J'arrive à lui.		Je m'offre à lui.
indéf.	héltzen benitzáyo.	*indéf.*	eskéntzen benitzáyo.
	J'arrive à vous.		Je m'offre à vous.
indéf.	héltzen benitzáizie.	*indéf.*	eskéntzen benitzáizie.
	J'arrive à eux.		Je m'offre à eux.
indéf.	héltzen benitzáye.	*indéf.*	eskéntzen benitzáye.

INDICATIF. — PRÉSENT. 347

  Tu arrives à moi.
masc. et *fém.*   héltzen behitzáit,
resp.   héltzen beitzitzáit.
  Tu arrives à lui.
masc. et *fém.*   héltzen behitzáyo,
resp.   héltzen beitzitzáyo.
  Tu arrives à nous.
masc. et *fém.*   héltzen behitzáiku,
resp.   héltzen beitzitzáiku.
  Tu arrives à eux.
masc. et *fém.*   héltzen behitzáye,
resp.   héltzen beitzitzáye.
  Il arrive à moi.
indéf.   héltzen beitzait.
  Il arrive à toi.
masc.   héltzen beitzáik,
fém.   héltzen beitzáiñ,
resp.   héltzen beitzáizu.
  Il arrive à lui.
indéf.   héltzen beitzáyo.
  Il arrive à nous.
indéf.   héltzen beitzáiku.
  Il arrive à vous.
indéf.   héltzen beitzáizie.
  Il arrive à eux.
indéf.   héltzen beitzáye.
  Nous arrivons à toi.
masc.   héltzen beikitzáik,
fém.   héltzen beikitzáiñ,
resp.   héltzen beikitzáizu.
  Nous arrivons à lui.
indéf.   héltzen beikitzáyo.
  Nous arrivons à vous.
indéf.   héltzen beikitzáizie.
  Nous arrivons à eux.
indéf.   héltzen beikitzáye.
  Vous arrivez à moi.
indéf.   héltzen beitzitzáiztaye.

  Tu t'offres à moi.
masc. et *fém.*   eskéntzen behitzáit,
resp.   eskéntzen beitzitzáit.
  Tu t'offres à lui.
masc. et *fém.*   eskéntzen behitzáyo,
resp.   eskéntzen beitzitzáyo.
  Tu t'offres à nous.
masc. et *fém.*   eskéntzen behitzáiku,
resp.   eskéntzen beitzitzáiku.
  Tu t'offres à eux.
masc. et *fém.*   eskéntzen behitzáye,
resp.   eskéntzen beitzitzáye.
  Il s'offre à moi.
indéf.   eskéntzen beitzáit.
  Il s'offre à toi.
masc.   eskéntzen beitzáik,
fém.   eskéntzen beitzáiñ,
resp.   eskéntzen beitzáizu.
  Il s'offre à lui.
indéf.   eskéntzen beitzáyo.
  Il s'offre à nous.
indéf.   eskéntzen beitzáiku.
  Il s'offre à vous.
indéf.   eskéntzen beitzáizie.
  Il s'offre à eux.
indéf.   eskéntzen beitzáye.
  Nous nous offrons à toi.
masc.   eskéntzen beikitzáik,
fém.   eskéntzen beikitzáiñ,
resp.   eskéntzen beikitzáizu.
  Nous nous offrons à lui.
indéf.   eskéntzen beikitzáyo.
  Nous nous offrons à vous.
indéf.   eskéntzen beikitzáizie.
  Nous nous offrons à eux.
indéf.   eskéntzen beikitzáye.
  Vous vous offrez à moi.
indéf.   eskéntzen beitzitzáiztaye.

Vous arrivez à lui.
indéf. héltzen beitzitzáyoe *et* beitzitzáitzoe

Vous arrivez à nous.
indéf. héltzen beitzitzáizkuye.

Vous arrivez à eux.
indéf. héltzen beitzitzáyie *et* beitzitzáitzé.

Ils arrivent à moi.
indéf. héltzen beitzáizt *et* beitzáitzat.

Ils arrivent à toi.
masc. héltzen beitzáitzak,
fém. héltzen beitzáitzan,
resp. héltzen beitzáitzu.

Ils arrivent à lui.
indéf. héltzen beitzáitzo.

Ils arrivent à nous.
indéf. héltzen beitzáizku.

Ils arrivent à vous.
indéf. héltzen beitzáitzie.

Ils arrivent à eux.
indéf. héltzen beitzaitzé.

Vous vous offrez à lui.
indéf. eskéntzen beitzitzáyoe.

Vous vous offrez à nous.
indéf. eskéntzen beitzitzáizkuye.

Vous vous offrez à eux.
indéf. eskéntzen beitzitzáyie.

Ils s'offrent à moi.
indéf. eskéntzen beitzáizt *et* beitzáitzat

Ils s'offrent à toi.
masc. eskéntzen beitzáitzak,
fém. eskéntzen beitzáitzan,
resp. eskéntzen beitzáitzu.

Ils s'offrent à lui.
indéf. eskéntzen beitzáitzo.

Ils s'offrent à nous.
indéf. eskéntzen beitzáizku.

Ils s'offrent à vous.
indéf. eskéntzen beitzáitzie.

Ils s'offrent à eux.
indéf. eskéntzen beitzáitzé.

On conjugue de même :

Nóla héltu béniz, comme je suis arrivé; *eskéntu béniz*, je me suis offert ;
Nóla kéllurik béniz, comme je suis (tout à fait) arrivé ; *eskénturik béniz*, je suis offert ;
Nóla hélturen béniz, comme j'arriverai ; *eskénturen béniz*, je m'offrirai.

INDICATIF.

PASSÉ EN ACTION OU IMPARFAIT.

J'arrivais.

indéf.	héltzen nintzan,
masc.	héltzen nunduán *et* nunduyán,
fém.	héltzen nunduñán,
resp.	héltzen nundúzun.

Je m'offrais.

indéf.	eskéntzen nintzan,
masc.	eskéntzen nunduán *et* nunduyán,
fém.	eskéntzen nunduñán,
resp.	eskéntzen nundúzun.

Tu arrivais.

masc. et *fém.*	héltzen hintzan,
resp.	héltzen zinén.

Tu t'offrais.

masc. et *fém.*	eskéntzen hintzan,
resp.	eskéntzen zinén.

Il arrivait.

indéf.	héltzen zen,
masc.	héltzen zián *et* zuyán,
fém.	héltzen zuñán,
resp.	héltzen zúzun.

Il t'offrait.

indéf.	eskéntzen zen,
masc.	eskéntzen zián *et* zuyán,
fém.	eskéntzen zuñán,
resp.	eskéntzen zúzun.

Nous arrivions.

indéf.	héltzen ginén,
masc.	héltzen guntián *et* guntuyán,
fém.	héltzen guntuñán,
resp.	héltzen guntúzun.

Nous nous offrions.

indéf.	eskéntzen ginén,
masc.	eskéntzen guntián,
fém.	eskéntzen guntuñán,
resp.	eskéntzen guntúzun.

Vous arriviez.

indéf.	héltzen zinién.

Vous vous offriez.

indéf.	eskéntzen zinién.

Ils arrivaient.

indéf.	héltzen zirén,
masc.	héltzen zutián *et* zutuyán,
fém.	héltzen zutuñán,
resp.	héltzen zutúzun.

Ils s'offraient.

indéf.	eskéntzen zirén,
masc.	eskéntzen zutián,
fém.	eskéntzen zutuñán,
resp.	eskéntzen zutúzun.

Relations indirectes.

J'arrivais à toi.

masc.	héltzen nintzéiyan,
fém.	héltzen nintzéiñan,
resp.	héltzen nintzéizun.

Je m'offrais à toi.

masc.	eskéntzen nintzéiyan,
fém.	eskéntzen nintzéiñan,
resp.	eskéntzen nintzéizun.

J'arrivais à lui.

indéf.	héltzen nintzóyon,
masc.	héltzen nintzóyan,
fém.	héltzen nintzóñan,
resp.	héltzen nintzózun.

Je m'offrais à lui.

indéf.	eskéntzen nintzóyon,
masc.	eskéntzen nintzóyan,
fém.	eskéntzen nintzóñan,
resp.	eskéntzen nintzózun.

VOIX INTRANSITIVE.

J'arrivais à vous.
indéf. héltzen nintzéizien.

J'arrivais à eux.
indéf. héltzen nintzéyen,
masc. héltzen nintzéyan,
fém. héltzen nintzéñan,
resp. héltzen nintzézun.

Tu arrivais à moi.
masc. et *fém.* héltzen hintzéitan,
resp. héltzen zintzéitan.

Tu arrivais à lui.
masc. et *fém.* héltzen hintzéyon,
resp. héltzen zintzéyon.

Tu arrivais à nous.
masc. et *fém.* héltzen hintzéikun,
resp. héltzen zintzéikun.

Tu arrivais à eux.
masc. et *fém.* héltzen hintzéyen,
resp. héltzen zintzéyen.

Il arrivait à moi.
indéf. héltzen zéitan et zitzéitan,
masc. héltzen zitayan,
fém. héltzen zitañan,
resp. héltzen zitazun.

Il arrivait à toi.
masc. héltzen zéiyan et zitzéiyan,
fém. héltzen zéiñan et zitzéiñan,
resp. héltzen zéizun et zitzéizun.

Il arrivait à lui.
indéf. héltzen zéyon et zitzéyon,
masc. héltzen zióyan,
fém. héltzen zióñan,
resp. héltzen ziózun.

Il arrivait à nous.
indéf. héltzen zéikun et zitzéikun,
masc. héltzen zikuyan,
fém. héltzen zikuñan,
resp. héltzen zikuzun.

Il arrivait à vous.
indéf. héltzen zéizien et zitzéizien.

Il arrivait à eux.
indéf. héltzen zéyen et zitzéyen,
masc. héltzen ziéyan et zitzéyan,
fém. héltzen ziéñan et zitzéñan,
resp. héltzen ziézun et zitzézun.

Je m'offrais à vous.
indéf. eskéntzen nintzéizien.

Je m'offrais à eux.
indéf. eskéntzen nintzéyen,
masc. eskéntzen nintzéyan,
fém. eskéntzen nintzéñan,
resp. eskéntzen nintzézun.

Tu t'offrais à moi.
masc. et *fém.* eskéntzen hintzéitan,
resp. eskéntzen zintzéitan.

Tu t'offrais à lui.
masc. et *fém.* eskéntzen hintzéyon,
resp. eskéntzen zintzéyon.

Tu t'offrais à nous.
masc. et *fém.* eskéntzen hintzéikun,
resp. eskéntzen zintzéikun.

Tu t'offrais à eux.
masc. et *fém.* eskéntzen hintzéyen,
resp. eskéntzen zintzéyen.

Il s'offrait à moi.
indéf. eskéntzen zéitan et zitzéitan,
masc. eskéntzen zitayan,
fém. eskéntzen zitañan,
resp. eskéntzen zitazun.

Il s'offrait à toi.
masc. eskéntzen zéiyan et zitzéiyan,
fém. eskéntzen zéiñan et zitzéiñan,
resp. eskéntzen zéizun et zitzéizun.

Il s'offrait à lui.
indéf. eskéntzen zéyon et zitzéyon,
masc. eskéntzen zióyan,
fém. eskéntzen zióñan,
resp. eskéntzen ziózun.

Il s'offrait à nous.
indéf. eskéntzen zéikun et zitzéikun,
masc. eskéntzen zikuyan,
fém. eskéntzen zikuñan,
resp. eskéntzen zikuzun.

Il s'offrait à vous.
indéf. eskéntzen zéizien et zitzéizien.

Il s'offrait à eux.
indéf. eskéntzen zéyen et zitzéyen,
masc. eskéntzen ziéyan,
fém. eskéntzen ziéñan,
resp. eskéntzen ziézun.

INDICATIF. — PASSÉ.

Nous arrivions à toi.

masc.	héltzen gintzéiyan,
fém.	héltzen gintzéinan,
resp.	héltzen gintzéizun.

Nous arrivions à lui.

indéf.	héltzen gintzéyon,
masc.	héltzen gintzóyan,
fém.	héltzen gintzónan,
resp.	héltzen gintzózun.

Nous arrivions à vous.

indéf.	héltzen gintzéizien.

Nous arrivions à eux.

indéf.	héltzen gintzéyen,
masc.	héltzen gintzéyan,
fém.	héltzen gintzénan,
resp.	héltzen gintzézun.

Vous arriviez à moi.

indéf.	héltzen zintzéiztaden ou yen.

Vous arriviez à lui.

indéf.	héltzen zintzéyoen

Vous arriviez à nous.

indéf.	héltzen zintzéizkuyen.

Vous arriviez à eux.

indéf.	héltzen zintzéyien.

Ils arrivaient à moi.

indéf.	héltzen zéiztan et zitzéiztan,
masc.	héltzen ziztayan,
fém.	héltzen ziztanan,
resp.	héltzen ziztatzun.

Ils arrivaient à toi.

masc.	héltzen zeitzan et zéitzayan,
fém.	héltzen zéitzanan,
resp.	héltzen zéitzun.

Ils arrivaient à lui.

indéf.	héltzen zeitzón et zitzeitzón,
masc.	héltzen zitzóyan,
fém.	héltzen zitzónan,
resp.	héltzen zitzótzun.

Ils arrivaient à nous.

indéf.	héltzen zéizkun et zitzéizkun,
masc.	héltzen zizkuyan,
fém.	héltzen zizkunan,
resp.	héltzen zizkutzun.

Nous nous offrions à toi.

masc.	eskéntzen gintzéiyan,
fém.	eskéntzen gintzéinan,
resp.	eskéntzen gintzéizun.

Nous nous offrions à lui.

indéf.	eskéntzen gintzéyon,
masc.	eskéntzen gintzóyan,
fém.	eskéntzen gintzónan,
resp.	eskéntzen gintzózun.

Nous nous offrions à vous.

indéf.	eskéntzen gintzéizien.

Nous nous offrions à eux.

indéf.	eskéntzen gintzéyen,
masc.	eskéntzen gintzéyan,
fém.	eskéntzen gintzénan,
resp.	eskéntzen gintzézun.

Vous vous offriez à moi.

indéf.	eskéntzen zintzéiztaden ou yen.

Vous vous offriez à lui.

indéf.	eskéntzen zintzéyoen.

Vous vous offriez à nous.

indéf.	eskéntzen zintzéizkuyen.

Vous vous offriez à eux.

indéf.	eskéntzen zintzéyien.

Ils s'offraient à moi.

indéf.	eskéntzen zéiztan et zitzéiztan,
masc.	eskéntzen ziztayan,
fém.	eskéntzen ziztanan,
resp.	eskéntzen ziztatzun.

Ils s'offraient à toi.

masc.	eskéntzen zeitzan et zéitzayan,
fém.	eskéntzen zéitzanan,
resp.	eskéntzen zéitzun.

Ils s'offraient à lui.

indéf.	eskéntzen zeitzón et zitzeitzón,
masc.	eskéntzen zitzóyan,
fém.	eskéntzen zitzónan,
resp.	eskéntzen zitzótzun.

Ils s'offraient à nous.

indéf.	eskéntzen zéizkun et zitzéizkun,
masc.	eskéntzen zizkuyan,
fém.	eskéntzen zizkunan,
resp.	eskéntzen zizkutzun.

Ils arrivaient à vous.

indéf. héltzen zéitzien *et* zitzéitzien.

Ils arrivaient à eux.

indéf. héltzen zéitzen *et* zitzéitzen,
masc. héltzen zitzéyan,
fém. héltzen zitzéñan,
resp. héltzen zitzétzun.

Ils s'offraient à vous.

indéf. eskéntzen zéitzien *et* zitzéitzien.

Ils s'offraient à eux.

indéf. eskéntzen zéitzen *et* zitzéitzen.
masc. eskéntzen zitzéyan,
fém. eskéntzen zitzéñan,
resp. eskéntzen zitzétzun.

PASSÉ PARFAIT.

J'arrivai et j'étais arrivé.

indéf. héltu nintzan,
masc. héltu nundián *et* nunduyán,
fém. héltu nunduñan,
resp. héltu nundúzun.

Tu arrivas.

masc. et fém. héltu hintzan,
resp. héltu zinén.

Il arriva.

indéf. héltu zen,
masc. héltu zián *et* zuyán,
fém. héltu zuñán,
resp. héltu zúzun.

Nous arrivâmes.

indéf. héltu ginén,
masc. héltu guntián *et* guntuyán,
fém. héltu guntuñán,
resp. héltu guntúzun.

Vous arrivâtes.

indéf. héltu zinién.

Ils arrivèrent.

indéf. héltu zirén,
masc. héltu zutián *et* zutuyán,
fém. héltu zutuñán,
resp. héltu zutúzun.

Je m'offris.

indéf. eskéntu nintzan,
masc. eskéntu nundián,
fém. eskéntu nunduñán,
resp. eskéntu nundúzun.

Tu t'offris.

masc. et fém. eskéntu hintzan,
resp. eskéntu zinén.

Il s'offrit.

indéf. eskéntu zen,
masc. eskéntu zián,
fém. eskéntu zuñán,
resp. eskéntu zúzun.

Nous nous offrîmes.

indéf. eskéntu ginén,
masc. eskéntu guntián,
fém. eskéntu guntuñán,
resp. eskéntu guntúzun.

Vous vous offrîtes.

indéf. eskéntu zinién.

Ils s'offrirent.

indéf. eskéntu zirén,
masc. eskéntu zutián,
fém. eskéntu zutuñán,
resp. eskéntu zutúzun.

Et le reste comme au passé en action, en changeant *héltzen* et *eskéntzen* en *héltu* et *eskéntu*.

On conjugue de même le parfait absolu :

J'étais arrivé (tout à fait).

indéf. hélturik níntzan.

J'étais offert.

indéf. eskentúrik nintzan.

Le parfait antérieur absolu ou passif :

J'avais été arrivé.

indéf. hélturik izan níntzan.

J'avais été offert.

indéf. eskentúrik izan nintzan.

PASSÉ PROPOSITIF OU CONDITIONNEL.

Neutre.

Je serais arrivé.

indéf.	hélturen ou héltuko nintzan,
masc.	hélturen nundián et nunduyán,
fém.	hélturen nunduñán,
resp.	hélturen nundúzun.

Tu serais arrivé.

masc. et fém.	hélturen hintzan,
resp.	hélturen zinén.

Il serait arrivé.

indéf.	hélturen zen,
masc.	hélturen zián et záuyn,
fém.	hélturen zuñán,
resp.	hélturen zúzun.

Nous serions arrivés.

indéf.	hélturen ginén,
masc.	hélturen guntián et guntuyán,
fém.	hélturen guntuñán,
resp.	hélturen guntúzun.

Vous seriez arrivés.

indéf.	hélturen zinién.

Ils seraient arrivés.

indéf.	hélturen zirén,
masc.	hélturen zutián et zutuyán,
fém.	hélturen zutuñán,
resp.	hélturen zutúzun.

Je serais arrivé à toi.

masc.	hélturen nintzéiyan,
fém.	hélturen nintzéiñan,
resp.	hélturen nintzéizun.

Réfléchi.

Je me serais offert.

indéf.	eskentúren ou eskentúko nintzan
masc.	eskentúren nundián,
fém.	eskentúren nunduñán,
resp.	eskentúren nundúzun.

Tu te serais offert.

masc. et fém.	eskentúren hintzan,
resp.	eskentúren zinén.

Il se serait offert.

indéf.	eskentúren zen,
masc.	eskentúren zián,
fém.	eskentúren zuñán,
resp.	eskentúren zúzun.

Nous nous serions offerts.

indéf.	eskentúren ginén,
masc.	eskentúren guntián,
fém.	eskentúren guntuñán,
resp.	eskentúren guntúzun.

Vous vous seriez offerts.

indéf.	eskentúren zinién.

Ils se seraient offerts.

indéf.	eskentúren zirén,
masc.	eskentúren zutián,
fém.	eskentúren zutuñán,
resp.	eskentúren zutúzun.

Je me serais offert à toi.

masc.	eskentúren nintzéiyan,
fém.	eskentúren nintzéiñan,
resp.	eskentúren nintzéizun.

Et les autres terminatifs pour les relations indirectes comme au passé en action.

On conjugue de même le passé propositif ou conditionnel absolu :

J'aurais été arrivé.

indéf.	hélturik izanen nintzan.

J'aurais été offert.

indéf.	eskentúrik izanen nintzan,

VOIX INTRANSITIVE.

FORME RÉGIE POSITIVE.

PASSÉ IMPARFAIT.

Neutre.

Que j'arrivais.
indéf. héltzen nintzála.
Que tu arrivais.
masc. et *fém.* héltzen hintzála,
resp. héltzen zinéla.
Qu'il arrivait.
indéf. héltzen zéla.
Que nous arrivions.
indéf. héltzen ginéla.
Que vous arriviez.
indéf. héltzen ziniéla.
Qu'ils arrivaient.
indéf. héltzen ziréla.

Réfléchi.

Que je m'offrais.
indéf. eskéntzen nintzála.
Que tu t'offrais.
masc. et *fém.* eskéntzen hintzála,
resp. eskéntzen zinéla.
Qu'il s'offrait.
indéf. eskéntzen zéla.
Que nous nous offrions.
indéf. eskéntzen ginéla.
Que vous vous offriez.
indéf. eskéntzen ziniéla.
Qu'ils s'offraient.
indéf. eskéntzen ziréla.

Relations indirectes.

Que j'arrivais à toi.
masc. héltzen nintzéiyala,
fém. héltzen nintzéiñala,
resp. héltzen nintzéizula.
Que j'arrivais à lui.
indéf. héltzen nintzéyola.
Que j'arrivais à vous.
indéf. héltzen nintzéiziela.
Que j'arrivais à eux.
indéf. héltzen nintzéyela.

Que je m'offrais à toi.
masc. eskéntzen nintzéiyala,
fém. eskéntzen nintzéiñala,
resp. eskéntzen nintzéizula.
Que je m'offrais à lui.
indéf. eskéntzen nintzéyola.
Que je m'offrais à vous.
indéf. eskéntzen nintzéiziela.
Que je m'offrais à eux.
indéf. eskéntzen nintzéyela.

INDICATIF. — PASSÉ.

Que tu arrivais à moi.

masc. et *fém.*	héltzen hintzéitala,
resp.	héltzen zintzéitala.

Que tu arrivais à lui.

masc. et *fém.*	héltzen hintzéyola,
resp.	héltzen zintzéyola.

Que tu arrivais à nous.

masc. et *fém.*	héltzen hintzéikula,
resp.	héltzen zintzéikula.

Que tu arrivais à eux.

masc. et *fém.*	héltzen hintzéyela,
resp.	héltzen zintzéyela.

Qu'il arrivait à moi.

indéf. héltzen zéitala *et* zitzéitala.

Qu'il arrivait à toi.

masc.	héltzen zéiyala *et* zitzéiyala,
fém.	héltzen zéiñala *et* zitzéiñala,
resp.	héltzen zéizula *et* zitzéizula.

Qu'il arrivait à lui.

indéf. héltzen zéyola *et* zitzéyola.

Qu'il arrivait à nous.

indéf. héltzen zéikula *et* zitzéikula.

Qu'il arrivait à vous.

indéf. héltzen zéiziela *et* zitzéiziela.

Qu'il arrivait à eux.

indéf. héltzen zéyela *et* zitzéyela.

Que nous arrivions à toi.

masc.	héltzen gintzéiyala,
fém.	héltzen gintzéiñala,
resp.	héltzen gintzéizula.

Que nous arrivions à lui.

indéf. héltzen gintzéyola.

Que nous arrivions à vous.

indéf. héltzen gintzéiziela.

Que nous arrivions à eux.

indéf. héltzen gintzéyela.

Que tu t'offrais à moi.

masc. et *fém.*	eskéntzen hintzéitala,
resp.	eskéntzen zintzéitala.

Que tu t'offrais à lui.

masc. et *fém.*	eskéntzen hintzéyola,
resp.	eskéntzen zintzéyola.

Que tu t'offrais à nous.

masc. et *fém.*	eskéntzen hintzéikula,
resp.	eskéntzen zintzéikula.

Que tu t'offrais à eux.

masc. et *fém.*	eskéntzen hintzéyela,
resp.	eskéntzen zintzéyela.

Qu'il s'offrait à moi.

indéf. héltzen zéitala *et* zitzéitala.

Qu'il s'offrait à toi.

masc.	eskéntzen zéiyala *et* zitzéiyala,
fém.	eskéntzen zéiñala *et* zitzéiñala,
resp.	eskéntzen zéizula *et* zitzéizula.

Qu'il s'offrait à lui.

indéf. eskéntzen zéyola *et* zitzéyola.

Qu'il s'offrait à nous.

indéf. eskéntzen zitzéikula.

Qu'il s'offrait à vous.

indéf. eskéntzen zéiziela *et* zitzéiziela.

Qu'il s'offrait à eux.

indéf. eskéntzen zéyela *et* zitzéyela.

Que nous nous offrions à toi.

masc.	eskéntzen gintzéiyala,
fém.	eskéntzen gintzéiñala,
resp.	eskéntzen gintzéizula.

Que nous nous offrions à lui.

indéf. eskéntzen gintzéyola.

Que nous nous offrions à vous.

indéf. eskéntzen gintzéiziela.

Que nous nous offrions à eux.

indéf. eskéntzen gintzéyela.

VOIX INTRANSITIVE.

Que vous arriviez à moi.
indéf. héltzen zintzéiztadela *ou* zintzéiztayela
Que vous arriviez à lui.
indéf. héltzen zintzéyoela.
Que vous arriviez à nous.
indéf. héltzen zintzéizkuyela.
Que vous arriviez à eux.
indéf. héltzen zintzéyiela.
Qu'ils arrivaient à moi.
indéf. héltzen zéiztala *et* zitzéiztala.
Qu'ils arrivaient à toi.
masc. héltzen zéitzéyala *et* zitzéiyala,
fém. héltzen zéitzañala *et* zitzéiñala,
resp. héltzen zéitzula *et* zitzéitzula.
Qu'ils arrivaient à lui.
indéf. héltzen zéitzola *et* zitzéitzola.
Qu'ils arrivaient à nous.
indéf. héltzen zéizkula *et* zitzéizkula.
Qu'ils arrivaient à vous.
indéf. héltzen zéitziela *et* zitzéitziela.
Qu'ils arrivaient à eux.
indéf. héltzen zéitzela *et* zitzéitzola.

Que vous vous offriez à moi.
indéf. eskéntzen zintzéiztadela.
Que vous vous offriez à lui.
indéf. eskéntzen zintzéyoela.
Que vous vous offriez à nous.
indéf. eskéntzen zintzéizkuyela.
Que vous vous offriez à eux.
indéf. eskéntzen zintzéyiela.
Qu'ils s'offraient à moi.
indéf. eskéntzen zéiztala *et* zitzéiztala.
Qu'ils s'offraient à toi.
masc. eskéntzen zéitzayala,
fém. eskéntzen zéitzañala,
resp. eskéntzen zéitzula.
Qu'ils s'offraient à lui.
indéf. eskéntzen zéitzola.
Qu'ils s'offraient à nous.
indéf. eskéntzen zéizkula.
Qu'ils s'offraient à vous.
indéf. eskéntzen zéitziela.
Qu'ils s'offraient à eux.
indéf. eskéntzen zéitzela *et* zitzéitzela.

On conjugue de même :

Héltu nintzála, que j'étais arrivé ; *eskéntu nintzála,* que je m'étais offert ;
Hélturik nintzála, que j'étais (déjà) arrivé ; *eskentúrik nintzála,* que j'étais offert ;
Hélturen nintzála, que je serais arrivé ; *eskentúren nintzála,* que je me serais offert ;
Hélturik izánen nintzála, que j'aurais été arrivé ; *eskentúrik izánen nintzála,* que j'aurais été offert.

INDICATIF. — PASSÉ.

FORME D'INCIDENCE.

PASSÉ IMPARFAIT.

Comme.... quand.... d'où, etc. *Nóla.... nóiz-ere...., nóntik,* etc.

	J'arrivais.		*Je m'offrais.*
indéf.	héltzen benintzan.	*indéf.*	eskéntzen benintzan.
	Tu arrivais.		*Tu t'offrais.*
masc. et fém.	héltzen behintzan,	*masc. et fém.*	eskéntzen behintzan,
resp.	héltzen beitzinén.	*resp.*	eskéntzen beitzinén.
	Il arrivait.		*Il s'offrait.*
indéf.	héltzen beitzén.	*indéf.*	eskéntzen beitzén.
	Nous arrivions.		*Nous nous offrions.*
indéf.	héltzen beikinén.	*indéf.*	eskéntzen beikinén.
	Vous arriviez.		*Vous vous offriez.*
indéf.	héltzen beitzinién.	*indéf.*	eskéntzen beitzinién.
	Ils arrivaient.		*Ils s'offraient.*
indéf.	héltzen beitzirén.	*indéf.*	eskéntzen beitzirén.

Relations indirectes.

	J'arrivais à toi.		*Je m'offrais à toi.*
masc.	héltzen benintzéiyan,	*masc.*	eskéntzen benintzéiyan,
fém.	héltzen benintzéinan,	*fém.*	eskéntzen benintzéinan,
resp.	héltzen benintzéizun.	*resp.*	eskéntzen benintzéizun.
	J'arrivais à lui.		*Je m'offrais à lui.*
indéf.	héltzen benintzéyon.	*indéf.*	eskéntzen benintzéyon.
	J'arrivais à vous.		*Je m'offrais à vous.*
indéf.	héltzen benintzéizien.	*indéf.*	eskéntzen benintzéizien.
	J'arrivais à eux.		*Je m'offrais à eux.*
indéf.	héltzen benintzéyen.	*indéf.*	eskéntzen benintzéyen.

VOIX INTRANSITIVE.

Tu arrivais à moi.

masc. et fém. héltzen behintzéitan,
resp. héltzen beitzintzéitan.

Tu arrivais à lui.

masc. et fém. héltzen behintzéyon,
resp. héltzen beitzintzéyon.

Tu arrivais à nous.

masc. et fém. héltzen behintzéikun,
resp. héltzen beitzintzéikun.

Tu arrivais à eux.

masc. et fém. héltzen behintzéyen,
resp. héltzen beitzintzéyen.

Il arrivait à moi.

indéf. héltzen beitzéitan *et* beitzitzéitan

Il arrivait à toi.

masc. héltzen beitzéiyan *et* beitzitzéyan
fém. héltzen beitzéinan,
resp. héltzen beitzéizun.

Il arrivait à lui.

indéf. héltzen beitzéyon *et* beitzitzéyon

Il arrivait à nous.

indéf. héltzen beitzéikun.

Il arrivait à vous.

indéf. héltzen beitzéizien.

Il arrivait à eux.

indéf. héltzen beitzéyen.

Nous arrivions à toi.

masc. héltzen beikintzéiyan,
fém. héltzen beikintzéinan,
resp. héltzen beikintzéizun.

Nous arrivions à lui.

indéf. héltzen beikintzéyon.

Nous arrivions à vous.

indéf. héltzen beikintzéizien.

Nous arrivions à eux.

indéf. héltzen beikintzéyen.

Tu t'offrais à moi.

masc. et fém. eskéntzen behintzéitan,
resp. eskéntzen beitzintzéitan.

Tu t'offrais à lui.

masc. et fém. eskéntzen behintzéyon,
resp. eskéntzen beitzintzéyon.

Tu t'offrais à nous.

masc. et fém. eskéntzen behintzéikun
resp. eskéntzen beitzintzéikun

Tu t'offrais à eux.

masc. et fém. eskéntzen behintzéyen,
resp. eskéntzen beitzintzéyen.

Il s'offrait à moi.

indéf. eskéntzen beitzéitan.

Il s'offrait à toi.

masc. eskéntzen beitzéiyan,
fém. eskéntzen beitzéinan,
resp. eskéntzen beitzéizun.

Il s'offrait à lui.

indéf. eskéntzen beitzéyon.

Il s'offrait à nous.

indéf. eskéntzen beitzéikun.

Il s'offrait à vous.

indéf. eskéntzen beitzéizien.

Il s'offrait à eux.

indéf. eskéntzen beitzéyen.

Nous nous offrions à toi.

masc. eskéntzen beikintzéiyan,
fém. eskéntzen beikintzéinan,
resp. eskéntzen beikintzéizun.

Nous nous offrions à lui.

indéf. eskéntzen beikintzéyon.

Nous nous offrions à vous.

indéf. eskéntzen beikintzéizien.

Nous nous offrions à eux.

indéf. eskéntzen beikintzéyen.

INDICATIF. — PASSÉ.

Vous arriviez à moi.
indéf. héltzen beitzintzéiztaden.
Vous arriviez à lui.
indéf. héltzen beitzintzéyoen.
Vous arriviez à nous.
indéf. héltzen beitzintzéizkuyen.
Vous arriviez à eux.
indéf. héltzen beitzintzéyien.
Ils arrivaient à moi.
indéf. héltzen beitzéiztan *et* beitzitzéiztan
Ils arrivaient à toi.
masc. héltzen beitzeitzán *et* beitzéitzayan
fém. héltzen beitzéitzañan,
resp. héltzen beitzéitzun.
Ils arrivaient à lui.
indéf. héltzen beitzeitzón *et* beitzitzéitzon
Ils arrivaient à nous.
indéf. héltzen beitzéizkun.
Ils arrivaient à vous.
indéf. héltzen beitzéitzien.
Ils arrivaient à eux.
indéf. héltzen beitzéitzen *et* beitzitzéitzen

Vous vous offriez à moi.
indéf. eskéntzen beitzintzéiztaden.
Vous vous offriez à lui.
indéf. eskéntzen beitzintzéyoen.
Vous vous offriez à nous.
indéf. eskéntzen beitzintzéizkuyen.
Vous vous offriez à eux.
indéf. eskéntzen beitzintzéyien.
Ils s'offraient à moi.
indéf. eskéntzen beitzéiztan.
Ils s'offraient à toi.
masc. eskéntzen beitzeitzán *et* beitzéitzayan
fém. eskéntzen beitzéitzañan,
resp. eskéntzen beitzéitzun.
Ils s'offraient à lui.
indéf. eskéntzen beitzeitzón.
Ils s'offraient à nous.
indéf. eskéntzen beitzéizkun.
Ils s'offraient à vous.
indéf. eskéntzen beitzéitzien.
Ils s'offraient à eux.
indéf. eskéntzen beitzéitzen *et* beitzitzéitzen.

Conjuguez de même :

Nóla, nóra-ere *héltu benintzan,* comme, là où j'étais arrivé ; *eskéntu benintzan,* je m'étais offert ;

Hélturik benintzan, j'étais (déjà) arrivé ; *eskentúrik benintzan,* j'étais offert ;

Hélturen benintzan, je serais arrivé ; *eskentúren benintzan,* je me serais offert ;

Hélturik izánen benintzan, j'aurais été arrivé ; *eskentúrik izánen benintzan,* j'aurais été offert.

INDICATIF.

FUTUR EN ACTION. (1)

Neutre.

J'arriverai (je serai en action d'arriver.)

indéf.	héltzen nizáte *et* nizáteke,
masc.	héltzen núkek,
fém.	héltzen núken,
resp.	héltzen nukézu.

Tu arriveras.

masc. et fém.	héltzen hizáte *et* hizáteke,
resp.	héltzen zirate *et* zirateke.

Il arrivera.

indéf.	héltzen dáte *et* dáteke,
masc.	héltzen dúkek,
fém.	héltzen dúken,
resp.	héltzen dukézu.

Nous arriverons.

indéf.	héltzen giráte *et* giráteke,
masc.	héltzen gutúkek,
fém.	héltzen gutúken,
resp.	héltzen gutukézu.

Vous arriverez.

indéf.	héltzen ziráteye *et* ziratekeye.

Ils arriveront.

indéf.	héltzen diráte *et* diráteke,
masc.	héltzen dutúkek,
fém.	héltzen dutúken,
resp.	héltzen dutukézu.

Réfléchi.

Je m'offrirai (je serai en offre.)

indéf.	eskéntzen nizáte,
masc.	eskéntzen núkek,
fém.	eskéntzen núken,
resp.	eskéntzen nukézu.

Tu t'offriras.

masc. et fém.	eskéntzen hizáte,
resp.	eskéntzen zirate.

Il s'offrira.

indéf.	eskéntzen dáte,
masc.	eskéntzen dúkek,
fém.	eskéntzen dúken,
resp.	eskéntzen dukézu.

Nous nous offrirons.

indéf.	eskéntzen giráte,
masc.	eskéntzen gutúkek,
fém.	eskéntzen gutúken,
resp.	eskéntzen gutukézu.

Vous vous offrirez.

indéf.	eskéntzen ziráteye.

Ils s'offriront.

indéf.	eskéntzen diráte,
masc.	eskéntzen dutúkek,
fém.	eskéntzen dutúken,
resp.	eskéntzen dutukézu.

---

(1) Ce futur diffère du présent futur qui a été conjugué avec la forme du présent, *niz, da* : *hélturen niz*, j'arriverai, signifie je suis devant arriver ; *héltzen nizáte*, j'arriverai, signifie je serai en action d'arriver, sur le point d'arriver; je viendrai demain, *jínen niz bihar*; j'arriverai avant vous, *zu beno lehen hélturen niz*; pour votre arrivée, moi aussi j'approcherai, moi aussi j'arriverai (c'est-à-dire je serai approchant, je serai arrivant ; *zu héltu ordúko ni ére hullántzen nizáte, ni ére héltzen nizáte*. Dans les premiers exemples, je viendrai demain, j'arriverai avant vous, *jínen niz, hélturen niz*, l'état du sujet est au présent, *niz*, et l'action est au futur, *jínen, hélturen*, de venu, devant venir, devant arriver; dans le second cas, au contraire, l'état du sujet est au futur, *nizáte*, je serai; et l'action au présent, *héltzen*, en action d'arriver.

INDICATIF. — FUTUR.

Relations indirectes.

J'arriverai à toi (je serai arrivant à toi). *Je m'offrirai à toi.*

masc.	héltzen nitzáikek,		*masc.*	eskéntzen nitzáikek,
fém.	héltzen nitzáiken,		*fém.*	eskéntzen nitzáiken,
resp.	héltzen nitzáikezu.		*resp.*	eskéntzen nitzáikezu.

J'arriverai à lui. *Je m'offrirai à lui.*

indéf.	héltzen nitzaikó,		*indéf.*	eskéntzen nitzaikó,
masc.	héltzen nitzikók,		*resp.*	eskéntzen nitzikók,
fém.	héltzen nitzikón,		*fém.*	eskéntzen nitzikón,
resp.	héltzen nitzikózu.		*masc.*	eskéntzen nitzikózu.

J'arriverai à vous. *Je m'offrirai à vous.*

indéf.	héltzen nitzáikezie.		*indéf.*	eskéntzen nitzáikezie.

J'arriverai à eux. *Je m'offrirai à eux.*

indéf.	héltzen nitzaiké,		*indéf.*	eskéntzen nitzaiké,
masc.	héltzen nitzikék,		*masc.*	eskéntzen nitzikék,
fém.	héltzen nitzikén,		*fém.*	eskéntzen nitzikén,
resp.	heltzen nitzikézu.		*resp.*	eskéntzen nitzikézu.

Tu arriveras à moi. *Tu t'offriras à moi.*

masc. et fém.	héltzen hitzáiket,		*masc. et fém.*	eskéntzen hitzáiket,
resp.	héltzen zitzáiket.		*resp.*	eskéntzen zitzáiket.

Tu arriveras à lui. *Tu t'offriras à lui.*

masc. et fém.	héltzen hitzaikó,		*masc. et fém.*	eskéntzen hitzaikó,
resp.	héltzen zitzaikó.		*resp.*	eskéntzen zitzaikó.

Tu arriveras à nous. *Tu t'offriras à nous.*

masc. et fém.	héltzen hitzáikegu,		*masc. et fém.*	eskéntzen hitzáikegu,
resp.	héltzen zilzáikegu.		*resp.*	eskéntzen zitzáikegu.

Tu arriveras à eux. *Tu t'offriras à eux.*

masc. et fém.	héltzen hitzaiké,		*masc. et fém.*	eskéntzen hitzaiké,
resp.	héltzen zitzaiké.		*resp.*	eskéntzen zitzaiké.

Il arrivera à moi. *Il s'offrira à moi.*

indéf.	héltzen záiket,		*indéf.*	eskéntzen záiket,
masc.	héltzen zikedak,		*masc.*	eskéntzen zikedak,
fém.	héltzen zikedan,		*fém.*	eskéntzen zikedan,
resp.	héltzen zikedazu.		*resp.*	eskéntzen zikedazu.

Il arrivera à toi. *Il s'offrira à toi.*

masc.	héltzen záikek,		*masc.*	eskéntzen záikek,
fém.	héltzen záiken,		*fém.*	eskéntzen záiken,
resp.	héltzen záikezu.		*resp.*	eskéntzen záikezu.

VOIX INTRANSITIVE.

Il arrivera à lui.

indéf.	héltzen zaikó,
masc.	héltzen zikók,
fém.	héltzen zikón,
resp.	héltzen zikózu.

Il arrivera à nous.

indéf.	héltzen záikegu,
masc.	héltzen zikéguk,
fém.	héltzen zikégun,
resp.	héltzen zikegúzu.

Il arrivera à vous.

indéf.	héltzen záikezie.

Il arrivera à eux.

indéf.	héltzen zaiké,
masc.	héltzen zikék,
fém.	héltzen zikén,
resp.	héltzen zikézu.

Nous arriverons à toi.

masc.	héltzen gitzáikek,
fém.	héltzen gitzáiken,
resp.	héltzen gitzáikezu.

Nous arriverons à lui.

indéf.	héltzen gitzaikó,
masc.	héltzen gitzikók,
fém.	héltzen gitzikón,
resp.	héltzen gitzikózu.

Nous arriverons à vous.

indéf.	héltzen gitzáikezie.

Nous arriverons à eux.

indéf.	héltzen gitzaiké,
masc.	héltzen gitzikék,
fém.	héltzen gitzikén,
resp.	héltzen gitzikézu.

Vous arriverez à moi.

indéf.	héltzen zitzáizkede.

Vous arriverez à lui.

indéf.	héltzen zitzáizkoe et zetzáizkoye

Vous arriverez à nous.

indéf.	héltzen zitzáizkegie.

Il s'offrira à lui.

indéf.	eskéntzen zaikó,
masc.	eskéntzen zikók,
fém.	eskéntzen zikón,
resp.	eskéntzen zikózu.

Il s'offrira à nous.

indéf.	eskéntzen záikegu,
masc.	eskéntzen zikéguk,
fém.	eskéntzen zikégun,
resp.	eskéntzen zikegúzu.

Il s'offrira à vous.

indéf.	eskéntzen záikezie.

Il s'offrira à eux.

indéf.	eskéntzen zaiké,
masc.	eskéntzen zikék,
fém.	eskéntzen zikén,
resp.	eskéntzen zikézu.

Nous nous offrirons à toi.

masc.	eskéntzen gitzáikek,
fém.	eskéntzen gitzáiken,
resp.	eskéntzen gitzáikezu.

Nous nous offrirons à lui.

indéf.	eskéntzen gitzaikó,
masc.	eskéntzen gitzikók,
fém.	eskéntzen gitzikón,
resp.	eskéntzen gitzikózu.

Nous nous offrirons à vous.

indéf.	eskéntzen gitzáikezie.

Nous nous offrirons à eux.

indéf.	eskéntzen gitzaiké,
masc.	eskéntzen gitzikék,
fém.	eskéntzen gitzikén,
resp.	eskéntzen gitzikézu.

Vous vous offrirez à moi.

indéf.	eskéntzen zitzáizkede.

Vous vous offrirez à lui.

indéf.	eskéntzen zitzáizkoe.

Vous vous offrirez à nous.

indéf.	eskéntzen zitzáizkegie,

INDICATIF. — FUTUR.

	Vous arriverez à eux.		*Vous vous offrirez à eux.*
indéf.	héltzen zitzáizkeye.	*indéf.*	eskéntzen zitzáizkeye.

	Ils arriveront à moi.		*Ils s'offriront à moi.*
indéf.	héltzen záizket,	*indéf.*	eskéntzen záizket,
masc.	héltzen zízkedak,	*masc.*	eskéntzen zizkedak,
fém.	héltzen zizkedan,	*fém.*	eskéntzen zizkedan,
resp.	héltzen zizkedatzu.	*resp.*	eskéntzen zizkedatzu.

	Ils arriveront à toi.		*Ils s'offriront à toi.*
masc.	héltzen záizkek,	*masc.*	eskéntzen záizkek,
fém.	héltzen záizken,	*fém.*	eskéntzen záizken,
resp.	héltzen záizketzu.	*resp.*	eskéntzen záizketzu.

	Ils arriveront à lui.		*Ils s'offriront à lui.*
indéf.	héltzen záizko,	*indéf.*	eskéntzen záizko,
masc.	héltzen zizkók,	*masc.*	eskéntzen zizkók,
fém.	héltzen zizkón,	*fém.*	eskéntzen zizkón,
resp.	héltzen zizkótzu.	*resp.*	eskéntzen zizkótzu.

	Ils arriveront à nous.		*Ils s'offriront à nous.*
indéf.	héltzen záizkegu,	*indéf.*	eskéntzen záizkegu,
masc.	héltzen zizkéguk,	*masc.*	eskéntzen zizkéguk,
fém.	héltzen zizkégun,	*fém.*	eskéntzen zizkégun,
resp.	héltzen zizkegútzu.	*resp.*	eskéntzen zizkegútzu.

	Ils arriveront à vous.		*Ils s'offriront à vous.*
indéf.	héltzen záizketzie.	*indéf.*	eskéntzen záizketzie.

	Ils arriveront à eux.		*Ils s'offriront à eux.*
indéf.	héltzen zaizké,	*indéf.*	eskéntzen zaizké,
masc.	héltzen zizkék,	*masc.*	eskéntzen zizkék,
fém.	héltzen zizkén,	*fém.*	eskéntzen zizkén,
resp.	héltzen zizkétzu.	*resp.*	eskéntzen zizkétzu.

FUTUR PARFAIT.

	Je serai arrivé.		*Je me serai offert.*
indéf.	héltu nizáte et nizáteke,	*indéf.*	eskéntu nizáte,
masc.	héltu núkek,	*masc.*	eskéntu núkek,
fém.	héltu núken,	*fém.*	eskéntu núken,
resp.	héltu nukézu.	*resp.*	eskéntu nukézu.

	Tu seras arrivé.		*Tu te seras offert.*
masc. et fém.	héltu hizáte,	*masc. et fém.*	eskéntu hizáte,
resp.	héltu zizáte.	*resp.*	eskéntu zizáte.

Il sera arrivé. *Il se sera offert.*

indéf.	héltu dóte et dáteke,		*indéf.*	eskéntu dóte,
masc.	héltu dúkek,		*masc.*	eskéntu dúkek,
fém.	héltu dúken,		*fém.*	eskéntu dúken,
resp.	héltu dukézu.		*resp.*	eskéntu dukézu.

Nous serons arrivés. *Nous nous serons offerts.*

indéf.	héltu giráte,		*indéf.*	eskéntu giráte,
masc.	héltu gutúkek,		*masc.*	eskéntu gutúkek,
fém.	héltu gutúken,		*fém.*	eskéntu gutúken,
resp.	héltu gutukézu.		*resp.*	eskéntu gutukézu.

Vous serez arrivés. *Vous vous serez offerts.*

indéf.	héltu ziráteye.		*indéf.*	eskéntu ziráteye.

Ils seront arrivés. *Ils se seront offerts.*

indéf.	héltu diráte,		*indéf.*	eskéntu diráte,
masc.	héltu dutúkek,		*masc.*	eskéntu dutúkek,
fém.	héltu dutúken,		*fém.*	eskéntu dutúken,
resp.	héltu dutukézu.		*resp.*	eskéntu dutukézu.

Relations indirectes.

Je serai arrivé à toi. *Je me serai offert à toi.*

masc.	héltu nitzáikek,		*masc.*	eskéntu nitzáikek,
fém.	héltu nitzáiken,		*fém.*	eskéntu nitzáiken,
resp.	héltu nitzáikezu.		*resp.*	eskéntu nitzáikezu.

Je serai arrivé à lui. *Je me serai offert à lui.*

indéf.	héltu nitzaikó,		*indéf.*	eskéntu nitzaikó,
masc.	héltu nitzikók,		*masc.*	eskéntu nitzikók,
fém.	héltu nitzikón,		*fém.*	eskéntu nitzikón,
resp.	héltu nitzikózu.		*resp.*	eskéntu nitzikózu.

Je serai arrivé à vous. *Je me serai offert à vous.*

indéf.	héltu nitzáikezie.		*indéf.*	eskéntu nitzáikezie.

Et le reste comme au temps précédent, en changeant *héltzen* et *eskéntzen* en *héltu* et *eskéntu.*

FUTUR. — PARFAIT ABSOLU.

Je serai (déjà) arrivé. *Je serai offert.*

indéf.	héltúrik nizáte,		*indéf.*	eskentúrik nizáte,
masc.	héltúrik núkek,		*masc.*	eskentúrik núkek,
fém.	héltúrik núken,		*fém.*	eskentúrik núken,
resp.	héltúrik nukézu.		*resp.*	eskentúrik nukézu.

INDICATIF. — FUTUR.

Tu seras arrivé.
masc. et fém.   hélturik hizáte,
resp.   hélturik ziráte.

Il sera arrivé.
indéf. hélturik dáte,
masc.   hélturik dúkek,
fém.   hélturik dúken,
resp.   hélturik dukézu.

Nous serons arrivés.
indéf. hélturik giráte,
masc.   hélturik gutúkek,
fém.   hélturik gutúken,
resp.   hélturik gutukézu.

Vous serez arrivés.
indéf. hélturik zirâteye.

Ils seront arrivés.
indéf. hélturik diráte,
masc.   hélturik dutúkek,
fém.   hélturik dutúken,
resp.   hélturik dutukézu.

Tu seras offert.
masc. et fém.   eskentúrik hizáte,
resp.   eskentúrik ziráte.

Il sera offert.
indéf. eskentúrik dáte,
masc.   eskentúrik dúkek,
fém.   eskentúrik dúken,
resp.   eskentúrik dukézu.

Nous serons offerts.
indéf. eskentúrik giráte,
masc.   eskentúrik gutúkek,
fém.   eskentúrik gutúken,
resp.   eskentúrik gutukézu.

Vous serez offerts.
indéf. eskentúrik zirateye.

Ils seront offerts.
indéf. eskentúrik diráte,
masc.   eskentúrik dutúkek,
fém.   eskentúrik dutúken,
resp.   eskentúrik dutukézu.

Conjuguez de même le futur parfait antérieur absolu :

J'aurai été arrivé
(je serai ayant été arrivé.)
indéf.   hélturik izan nizáte. (1)

J'aurai été offert
(je serai ayant été offert.)
indéf.   eskentúrik izan nizáte.

FORME RÉGIE POSITIVE.

FUTUR. — PARFAIT.

Que je serai arrivé.
indéf.   héltu nizátiala et nizátekiala.

Que tu seras arrivé.
masc. et fém.   héltu hizátiala et hizátekiala
resp.   héltu zirátiala et zirátekiala.

Que je me serai offert.
indéf.   eskéntu nizátiala.

Que tu te seras offert.
masc. et fém.   eskéntu hizátiala,
resp.   eskéntu zirátiala.

---

(1) Cette combinaison ne s'emploie guère qu'avec les noms verbaux transitifs pour exprimer le futur passé passif ; cependant, même avec les noms verbaux transitifs, la combinaison est regulière, et on dira très-bien : *bi aldiz hélturik izan nizáte, houra beno lêhen*, deux fois j'aurai été arrivé avant lui.

VOIX INTRANSITIVE.

Qu'il sera arrivé.
indéf. héltu dátiala *et* dátekiala.

Qu'il se sera offert.
indéf. eskéntu dátiala.

Que nous serons arrivés.
indéf. héltu girátiala *et* girátckiala.

Que nous nous serons offerts.
indéf. eskéntu girátiala.

Que vous serez arrivés.
indéf. héltu ziráteyela *et* zirátekeyela.

Que vous vous serez offerts.
indéf. eskéntu ziráteyela.

Qu'ils seront arrivés.
indéf. héltu dirátiala *et* dirátekiala.

Qu'ils se seront offerts.
indéf. eskéntu dirátiala *et* dirátekeyela

Relations indirectes.

Que je serai arrivé à toi.
masc. héltu nitzáikeyala,
fém. héltu nitzáikeñala,
resp. héltu nitzáikezula.

Que je me serai offert à toi.
masc. eskéntu nitzáikeyala,
fém. eskéntu nitzáikeñala,
resp. eskéntu nitzáikezula.

Que je serai arrivé à lui.
indéf. héltu nitzáikola.

Que je me serai offert à lui.
indéf. eskéntu nitzáikola.

Que je serai arrivé à vous.
indéf. héltu nitzáikeziela.

Que je me serai offert à vous.
indéf. eskéntu nitzáikeziela.

Que je serai arrivé à eux.
indéf. héltu nitzáikela.

Que je me serai offert à eux.
indéf. eskéntu nitzáikela.

Que tu seras arrivé à moi.
masc. et fém. héltu hitzáikedala,
resp. héltu zitzáikedala.

Que tu te seras offert à moi.
masc. et fém. eskéntu hitzáikedala,
resp. eskéntu zitzáikedala.

Que tu seras arrivé à lui.
masc. et fém. héltu hitzáikola,
resp. héltu zitzáikola.

Que tu te seras offert à lui.
masc. et fém. eskéntu hitzáikola,
resp. eskéntu zitzáikola.

Que tu seras arrivé à nous.
masc. et fém. héltu hitzáikegula,
resp. héltu zitzáikegula.

Que tu te seras offert à nous.
masc. et fém. eskéntu hitzáikegula,
resp. eskéntu zitzáikegula.

Que tu seras arrivé à eux.
masc. et fém. héltu hitzáikela,
resp. héltu zitzáikela.

Que tu te seras offert à eux.
masc. et fém. eskéntu hitzáikela,
resp. eskéntu zitzáikela.

Qu'il sera arrivé à moi.
indéf. héltu záikedala.

Qu'il se sera offert à moi.
indéf. eskéntu záikedala.

Qu'il sera arrivé à toi.
masc. héltu záikeyala,
fém. héltu záikeñala,
resp. heltu záikezula.

Qu'il se sera offert à toi.
masc. eskéntu záikeyala,
fém. eskéntu záikeñala,
resp. eskéntu záikezula.

INDICATIF. — FUTUR.

Qu'il sera arrivé à lui.
indéf. héltu záikola.

Qu'il sera arrivé à nous.
indéf. héltu záikegula.

Qu'il sera arrivé à vous.
indéf. héltu záikeziela.

Qu'il sera arrivé à eux.
indéf. héltu záikela.

Que nous serons arrivés à toi.
masc. héltu gitzáikeyala,
fém. héltu gitzáikeñala,
resp. héltu gitzáikezula.

Que nous serons arrivés à lui.
indéf. héltu gitzáikola.

Que nous serons arrivés à vous.
indéf. héltu gitzáikeziela.

Que nous serons arrivés à eux.
indéf. héltu gitzáikela.

Que vous serez arrivés à moi.
indéf. héltu zitzáizkedela.

Que vous serez arrivés à lui.
indéf. héltu zitzáizkoyela.

Que vous serez arrivés à nous.
indéf. héltu zitzáizkegiela.

Que vous serez arrivés à eux.
indéf. héltu zitzáizkeyela.

Qu'ils seront arrivés à moi.
indéf. héltu záizkedala.

Qu'ils seront arrivés à toi.
masc. héltu záizkeyala,
fém. héltu záizkeñala,
resp. héltu záizketzula.

Qu'ils seront arrivés à lui.
indéf. héltu záizkola.

Qu'ils seront arrivés à nous.
indéf. héltu záizkegula.

Qu'ils seront arrivés à vous.
indéf. héltu záizketziela.

Qu'il se sera offert à lui.
indéf. eskéntu záikola.

Qu'il se sera offert à nous.
indéf. eskéntu záikegula.

Qu'il se sera offert à vous.
indéf. eskéntu záikeziela.

Qu'il se sera offert à eux.
indéf. eskéntu záikela.

Que nous nous serons offerts à toi.
masc. eskéntu gitzáikeyala,
fém. eskéntu gitzáikeñala,
resp. eskéntu gitzáikezula.

Que nous nous serons offerts à lui.
indéf. eskéntu gitzáikola.

Que nous nous serons offerts à vous.
indéf. eskéntu gitzáikeziela.

Que nous nous serons offerts à eux.
indéf. eskéntu gitzáikela.

Que vous vous serez offerts à moi.
indéf. eskéntu zitzáizkedela.

Que vous vous serez offerts à lui.
indéf. eskéntu zitzáizkoyela.

Que vous vous serez offerts à nous.
indéf. eskéntu zitzáizkegiela.

Que vous vous serez offerts à eux.
indéf. eskéntu zitzáizkeyela.

Qu'ils se seront offerts à moi.
indéf. eskéntu záizkedala.

Qu'ils se seront offerts à toi.
masc. eskéntu záizkeyala,
fém. eskéntu záizkeñala,
resp. eskéntu záizketzula.

Qu'ils se seront offerts à lui.
indéf. eskéntu záizkola.

Qu'ils se seront offerts à nous.
indéf. eskéntu záizkegula.

Qu'ils se seront offerts à vous.
indéf. eskéntu záizketziela.

Qu'ils seront arrivés à eux. *Qu'ils se seront offerts à eux.*
indéf. héltu záizkela.   *indéf.* eskéntu záizkela.

Conjuguez de même :

Le futur présent : *héltzen nizátiala*, que j'arriverai ; *eskéntzen nizátiala*, que je m'offrirai ;
Le futur parfait absolu : *héltúrik nizátiala*, que je serai arrivé ; *eskentúrik nizátiala*, que je serai offert, — en modifiant le nom verbal.

FORME RÉGIE EXQUISITIVE.

Il saura quand... où... comment... *Jakinen du... nóiz... nóra... nóla...* etc.

Je serai arrivé.   *Je me serai offert.*
indéf. héltu nizátian *et* nizatekian.   *indéf.* eskéntu nizátian *et* nizátekian.
Tu seras arrivé.   *Tu te seras offert.*
masc. et fém. héltu hizátian *et* hizátekian   *masc. et fém.* eskéntu hizátian *et* hizátekian,
resp.   héltu zirátian *et* zirátekian   *resp.*   eskéntu zirátian *et* zirátekian.
Il sera arrivé.   *Il se sera offert.*
indéf. héltu dátian *et* dátekian.   *indéf.* eskéntu dátian *et* dátekian.
Nous serons arrivés.   *Nous nous serons offerts.*
indéf. héltu girátian *et* girátekian.   *indéf.* eskéntu girátian *et* girátekian.
Vous serez arrivés.   *Vous vous serez offerts.*
indéf. héltu zirátayen *et* zirátekeyen.   *indéf.* eskéntu zirátayen *et* zirátekeyen
Ils seront arrivés.   *Ils se seront offerts.*
indéf. héltu dirátian *et* dirátekian.   *indéf.* eskéntu dirátian *et* dirátekian.

Relations indirectes.

Je serai arrivé à toi.   *Je me serai offert à toi.*
masc. héltu nitzáikeyan,   *masc.* eskéntu nitzáikeyan,
fém. héltu nitzáikenan,   *fém.* eskéntu nitzáikenan,
resp. héltu nitzaikezun.   *resp.* eskéntu nitzáikezun.

En changeant en *n* le *la* final de la forme positive, on aura tous les terminatifs de la forme exquisitive.

On conjugue de même :

Le futur présent : *héltzen nizátian*, j'arriverai (je serai en arrivée) ; *eskéntzen nizátian*, je m'offrirai ;
Le futur parfait absolu : *héltúrik nizátian*, je serai (déjà) arrivé ; *eskentúrik nizátian*, je serai offert.

INDICATIF. — FUTUR.

FORME D'INCIDENCE.

FUTUR. — PARFAIT.

Comme... lorsque... auquel... etc. *Nóla... nóiz-ere... zoñi...* etc.

	Je serai arrivé.		Je me serai offert.
indéf.	héltu benizáte *et* benizáteke.	*indéf.*	eskéntu benizáte.
	Tu seras arrivé.		Tu te seras offert.
masc. et *fém.*	héltu behizáte,	*masc.* et *fém.*	eskéntu behizáte,
resp.	héltu beitziráte.	*resp.*	eskéntu heitziráte.
	Il sera arrivé.		Il se sera offert.
indéf.	héltu beitáte.	*indéf.*	eskéntu beitáte.
	Nous serons arrivés.		Nous nous serons offerts.
indéf.	héltu beikiráte.	*indéf.*	eskéntu beikiráte.
	Vous serez arrivés.		Vous vous serez offerts.
indéf.	héltu beitziráteye.	*indéf.*	eskéntu beitziráteye.
	Ils seront arrivés.		Ils se seront offerts.
indéf.	héltu beitiráte.	*indéf.*	eskéntu beitiráte.

Relations indirectes.

	Je serai arrivé à toi.		Je me serai offert à toi.
masc.	héltu benitzáikek,	*masc.*	eskéntu benitzáikek,
fém.	héltu benitzáiken,	*fém.*	eskéntu benitzáiken,
resp.	héltu benitzáikezu, etc.	*resp.*	eskéntu benitzáikezu, etc.

La forme d'incidence se composera facilement avec le préfixe *bei* et la forme capitale, à l'aide de la règle donnée page 6; ou bien on peut recourir aux tableaux pour trouver les terminatifs tout composés.

On conjugue de même :

Nóiz-ere héltzen benizáte, lorsque j'arriverai ; *eskéntzen benizáte,* je m'offrirai.
Nóiz-ere hélturik benizáte, je serai arrivé ; *eskénturik benizáte,* je serai offert.

IMPÉRATIF.

Neutre.

Arrive.

m. et f.   hel hádí *et* hadíla (e-hadila hel, *n'arrive pas*), (1)
resp.   hel zite *et* zitiála.

Qu'il arrive.

indéf.   hel bédi *et* dadila.

Arrivons.

indéf.   gitian hel *et* hel gitian.

Arrivez.

indéf.   hel ziteyĕ *et* ziteyéla.

Qu'ils arrivent.

indéf.   hel bite *et* ditiéla.

Passif.

Offre-toi.

m. et f.   éskent hádi, hadíla (e-hadila éskent, *ne t'offre pas*),
resp.   éskent zite *et* zitiála.

Qu'il s'offre.

indéf.   éskent bédi *et* dadila.

Offrons-nous.

indéf.   gitian éskent *et* éskent gitian.

Offrez-vous.

indéf.   éskent ziteyĕ *et* ziteyéla.

Qu'ils s'offrent.

indéf.   éskent bite *et* ditiéla.

Relations indirectes.

Arrive à moi.

masc. et fém.   hel hákit *et* hakidála,
resp.   hel zakitzat *et* zakitzat *et* zakitzadála.

Arrive à lui.

masc. et fém.   hel hakió *et* hakióla,
resp.   hel zakitzó *et* zakitzóla.

Arrive à nous.

masc. et fém.   hel hakigu *et* hakigúla,
resp.   hel zakizku *et* zakizkúla.

Arrive à eux.

masc. et fém.   hel hakié *et* hakiéla,
resp.   hel zakitzé *et* zakitzéla.

Offre-toi à moi.

masc. et fém.   éskent hákit *et* hakidála,
resp.   éskent zakitzat *et* zakitzadála.

Offre-toi à lui.

masc. et fém.   éskent hakió *et* hakióla,
resp.   éskent zakitzó *et* zakitzóla.

Offre-toi à nous.

masc. et fém.   éskent hakigu *et* hakigúla,
resp.   éskent zakizku *et* zakizkúla.

Offre-toi à eux.

masc. et fém.   éskent hakié *et* hakiéla,
resp.   éskent zakitzé *et* zakitzéla.

---

(1) La forme terminée en *la* est la plus usitée pour la défense, et la forme simple pour le commandement. Il faut observer que la particule négative *ez* perd le *z* devant *h* aspiré, devant *l*, devant *n* et devant un autre *z*; de plus, elle fait changer les lettres douces qui la suivent en leurs correspondantes rudes, le *d* en *t*, le *g* en *k*, le *z* en *tz*.

IMPÉRATIF. 371

	Qu'il arrive à moi.		*Qu'il s'offre à moi.*
indéf.	hel békit *et* dakidála.	*indéf.*	éskent békit *et* dakidála.
	Qu'il arrive à toi.		*Qu'il s'offre à toi.*
masc.	hel békik *et* dakiála,	*masc.*	éskent békik *et* dakiála,
fém.	hel bikin *et* dakiñála,	*fém.*	éskent békin *et* dakiñála,
resp.	hel bekizu *et* dakizúla.	*resp.*	éskent bekizu *et* dakizúla.
	Qu'il arrive à lui.		*Qu'il s'offre à lui.*
indéf.	hel bekió *et* dakióla.	*indéf.*	éskent bekió *et* dakióla.
	Qu'il arrive à nous.		*Qu'il s'offre à nous.*
indéf.	hel bekígu *et* dakigúla.	*indéf.*	éskent bekigu *et* dakigúla.
	Qu'il arrive à vous.		*Qu'il s'offre à vous.*
indéf.	hel bekizie *et* dakiziéla.	*indéf.*	éskent bekizie *et* dakiziéla.
	Qu'il arrive à eux.		*Qu'il s'offre à eux.*
indéf.	hel bekié *et* dakiéla.	*indéf.*	éskent bekié *et* dakiéla.
	Arrivons à toi.		*Offrons-nous à toi.*
masc.	hel gitzakiyán *ou* gitzakián,	*masc.*	éskent gitzakiyán,
fém.	hel gitzakiñán,	*fém.*	éskent gitzakiñán,
resp.	hel gitzakizun.	*resp.*	éskent gitzakizun.
	Arrivons à lui.		*Offrons-nous à lui.*
indéf.	hel gitzakión.	*indéf.*	éskent gitzakión.
	Arrivons à vous.		*Offrons-nous à vous.*
indéf.	hel gitzakizien.	*indéf.*	éskent gitzakizien.
	Arrivons à eux.		*Offrons-nous à eux.*
indéf.	hel gitzakién.	*indéf.*	éskent gitzakién.
	Arrivez à moi.		*Offrez-vous à moi.*
indéf.	hel zakitzadé *et* zakiztadé *et* zakiztadéla.	*indéf.*	éskent zakiztadé *et* zakitzadé *et* zakiztadéla.
	Arrivez à lui.		*Offrez-vous à lui.*
indéf.	hel zakitzoé *et* zakitzoéla.	*indéf.*	éskent zakitzoé *et* zakitzoéla.
	Arrivez à nous.		*Offrez-vous à nous.*
indéf.	hel zakizkié *et* zakitzagiéla.	*indéf.*	éskent zakizkié *et* zakizkiéla.
	Arrivez à eux.		*Offrez-vous à eux.*
indéf.	hel zakitzeyé *et* zakitzeyéla.	*indéf.*	éskent zakitzeyé *et* zakitzeyéla.
	Qu'ils arrivent à moi.		*Qu'ils s'offrent à moi.*
indéf.	hel bekitzat *et* bekiztat *et* dakitzadála	*indéf.*	éskent bekitzat *et* bekíztat.

Qu'ils arrivent à toi.

masc.   hel bekitzak *et* dakitzayála,
fém.   hel bekitzan *et* dakitzañála,
resp.   hel bekítzu *et* dakitzúla.

Qu'ils arrivent à lui.

indéf.   hel bekitzó *et* dakitzóla.

Qu'ils arrivent à nous.

indéf.   hel bekitzágu *et* bekízku *et* dakitzágula.

Qu'ils arrivent à vous.

indéf.   hel bekítzie *et* dakitziéla.

Qu'ils arrivent à eux.

indéf.   hel bekitzé *et* dakitzéla.

Qu'ils s'offrent à toi.

masc.   éskent bekitzak *et* dakitzañála,
fém.   éskent bekítzan,
resp.   éskent bekítzu.

Qu'ils s'offrent à lui.

indéf.   éskent bekitzó *et* dakitzóla.

Qu'ils s'offrent à nous.

indéf.   éskent bekitzágu *et* bekizku.

Qu'ils s'offrent à vous.

indéf.   éskent bekítzie *et* dakitziéla.

Qu'ils s'offrent à eux.

indéf.   éskent bekitzé *et* dakitzéla.

Autres formes de l'impératif intransitif.

Sois.

m. et f.   hízan *et* hizála, *au lieu de* izan hádi;
resp.   zirén *et* ziréla, *au lieu de* izan zíte.

Qu'il soit.

indéf.   biz *et* den *et* déla, *au lieu de* izan bédi.

Soyons.

indéf.   girén *et* giréla, *au lieu de* izan gítian.

Soyez.

indéf.   zirayén *et* zirayéla, *au lieu de* izan ziteyé.

Qu'ils soient.

indéf.   dirén *et* diréla, *au lieu de* izan dítian.

SUBJONCTIF OU FORME RÉGIE OPTATIVE.

PRÉSENT.

Que j'arrive.
indéf. hel nádin.

Que tu arrives.
masc. et *fém.* hel hádin,
resp. hel zitian.

Qu'il arrive.
indéf. hel dádin.

Que nous arrivions.
indéf. hel gitian.

Que vous arriviez.
indéf. hel ziteyén.

Qu'ils arrivent.
indéf. hel ditián.

Que je m'offre.
indéf. éskent nádin.

Que tu t'offres.
masc. et *fém.* éskent hádin,
resp. éskent zitian.

Qu'il s'offre.
indéf. éskent dádin.

Que nous nous offrions.
indéf. éskent gitian.

Que vous vous offriez.
indéf. éskent ziteyén.

Qu'ils s'offrent.
indéf. éskent ditián.

Relations indirectes.

Que j'arrive à toi.
masc. hel nakián,
fém. hel nakiñán,
resp. hel nakizun.

Que j'arrive à lui.
indéf. hel nakión.

Que j'arrive à vous.
indéf. hel nakizién.

Que j'arrive à eux.
indéf. hel nakién.

Que tu arrives à moi.
masc. et *fém.* hel hakidan,
resp. hel zakiztan *et* zakiztádan.

Que je m'offre à toi.
masc. éskent nakián,
fém. éskent nakiñán,
resp. éskent nakizun.

Que je m'offre à lui.
indéf. éskent nakión.

Que je m'offre à vous.
indéf. éskent nakizién.

Que je m'offre à eux.
indéf. éskent nakién.

Que tu t'offres à moi.
masc. et *fém.* éskent hakidan,
resp. éskent zakiztan *et* zakiztádan

VOIX INTRANSITIVE.

Que tu arrives à lui.

masc. et fém. hel hakión,
resp.   hél zakitzón.

Que tu t'offres à lui.

masc. et fém. esként hakión,
resp.   éskent zakitzón.

Que tu arrives à nous.

masc. et fém. hel hakigun,
resp.   hel zakizkun.

Que tu t'offres à nous.

masc. et fém. éskent hakigun,
resp.   éskent zakizkun.

Que tu arrives à eux.

masc. et fém. hel hakién,
resp.   hel zakitzén.

Que tu t'offres à eux.

masc. et fém. éskent hakién,
resp.   éskent zakitzén.

Qu'il arrive à moi.

indéf. hel dakidan.

Qu'il s'offre à moi.

indéf. éskent dakidan.

Qu'il arrive à toi.

masc.   hel dakián,
fém.   hel dakiñán,
resp.   hel dakizun.

Qu'il s'offre à toi.

masc.   éskent dakián,
fém.   éskent dakiñán,
resp.   éskent dakizun.

Qu'il arrive à lui.

indéf. hel dakión.

Qu'il s'offre à lui.

indéf. éskent dakión.

Qu'il arrive à nous.

indéf. hel dakigun.

Qu'il s'offre à nous.

indéf. éskent dakigun.

Qu'il arrive à vous.

indéf. hel dakizién.

Qu'il s'offre à vous.

indéf. éskent dakizién.

Qu'il arrive à eux.

indéf. hel dakién.

Qu'il s'offre à eux.

indéf. éskent dakién.

Que nous arrivions à toi.

masc.   hel gitzakéyan,
fém.   hel gitzakéñan,
resp.   hel gitzakézun.

Que nous nous offrions à toi.

masc.   éskent gitzakéyan,
fém.   éskent gitzakéñan,
resp.   éskent gitzakézun.

Que nous arrivions à lui.

indéf. hel gitzakión.

Que nous nous offrions à lui.

indéf. éskent gitzakión.

Que nous arrivions à vous.

indéf. hel gitzakezién.

Que nous nous offrions à vous.

indéf. éskent gitzakezién.

Que nous arrivions à eux.

indéf. hel gitzakién.

Que nous nous offrions à eux.

indéf. éskent gitzakién.

Que vous arriviez à moi.

indéf. hel zakiztadén et zakiztayén.

Que vous vous offriez à moi.

indéf. éskent zakiztadén.

SUBJONCTIF. — PASSÉ.

Que vous arriviez à lui.
indéf. hel zakitzoén.

Que vous vous offriez à lui.
indéf. éskent zakitzoén.

Que vous arriviez à nous.
indéf. hel zakizkién.

Que vous vous offriez à nous.
indéf. éskent zakizkién.

Que vous arriviez à eux.
indéf. hel zakitzeyén.

Que vous vous offriez à eux.
indéf. éskent zakitzeyén.

Qu'ils arrivent à moi.
indéf. hel dakiztádan.

Qu'ils s'offrent à moi.
indéf. éskent dakiztádan.

Qu'ils arrivent à toi.
masc. hel dakitzayán,
fém. hel dakitzañán,
resp. hel dakítzuñ et dakitzátzun.

Qu'ils s'offrent à toi.
masc. éskent dakitzayán,
fém. éskent dakitzañán,
resp. éskent dakitzátzun.

Qu'ils arrivent à lui.
indéf. hel dakitzón.

Qu'ils s'offrent à lui.
indéf. éskent dakitzón.

Qu'ils arrivent à nous.
indéf. hel dakizkun.

Qu'ils s'offrent à nous.
indéf. éskent dakizkun.

Qu'ils arrivent à vous.
indéf. hel dakitzien.

Qu'ils s'offrent à vous.
indéf. éskent dakitzien.

Qu'ils arrivent à eux.
indéf. hel dakitzén.

Qu'ils s'offrent à eux.
indéf. éskent dakitzén.

On conjugue ainsi le passif : *hélturik izan nádin*, que je sois arrivé, en changeant l'adjectif verbal ; *eskénturik izan nádin*, que je sois offert. Pour rendre ces sortes de locutions : *je doute qu'il soit arrivé, — j'ai plaisir qu'il se soit offert*, on se sert de la forme régie exquisitive, et on dit : *dúda dut héltu den, axégin dut eskéntu den ; je veux qu'il ait vendu plus que moi, nahi dut sáldu dian nik beno habóra*.

SUBJONCTIF. — PASSÉ.

Que j'arrivasse.
indéf. hel néndin.

Que je m'offrisse.
indéf. éskent néndin.

Que tu arrivasses.
masc. et fém. hel héndin,
resp. hel zintían.

Que tu t'offrisses.
masc. et fém. éskent héndin,
resp. éskent zintían.

VOIX INTRANSITIVE.

Qu'il arrivât.
indéf. hel lédin *et* zèdin.

Que nous arrivassions.
indéf. hel gintian.

Que vous arrivassiez.
indéf. hel zinteyén.

Qu'ils arrivassent.
indéf. hel litian.

Qu'il s'offrît.
indéf. éskent lédin *et* zèdin.

Que nous nous offrissions.
indéf. éskent gintian.

Que vous vous offrissiez.
indéf. éskent zinteyén.

Qu'ils s'offrissent.
indéf. éskent litian.

Relations indirectes.

Que j'arrivasse à toi.
masc. hel nenkián,
fém. hel nenkiñán,
resp. hel nenkizun.

Que j'arrivasse à lui.
indéf. hel nenkión.

Que j'arrivasse à vous.
indéf. hel nenkizién.

Que j'arrivasse à eux.
indéf. hel nenkién.

Que tu arrivasses à moi.
m. et f. hel henkidan,
resp. hel zintzakidan *et* zenénkidan.

Que tu arrivasses à lui.
m. et f. hel henkión.
resp. hel zintzakión *et* zenénkion.

Que tu arrivasses à nous.
m. et f. hel henkigun,
resp. hel zintzakigun *et* zenénkigun.

Que tu arrivasses à eux.
m. et f. hel henkién,
resp. hel zintzakién *et* zenénkien.

Qu'il arrivât à moi.
indéf. hel lekidan *et* zekidan.

Qu'il arrivât à lui.
indéf. hel lekión.

Que je m'offrisse à toi.
masc. éskent nenkián,
fém. éskent nenkiñán,
resp. éskent nenkizun.

Que je m'offrisse à lui.
indéf. éskent nenkión.

Que je m'offrisse à vous.
indéf. éskent nenkizién.

Que je m'offrisse à eux.
indéf. éskent nenkién.

Que tu t'offrisses à moi.
m. et f. éskent henkidan,
resp. éskent zintzakidan.

Que tu t'offrisses à lui.
m. et f. éskent henkión,
resp. éskent zintzakión.

Que tu t'offrisses à nous.
m. et f. éskent henkigun,
resp. éskent zintzakigun.

Que tu t'offrisses à eux.
m. et f. éskent henkién,
resp. éskent zintzakién.

Qu'il s'offrît à moi.
indéf. éskent lekidan.

Qu'il s'offrît à lui.
indéf. éskent lekión.

SUBJONCTIF. — PASSÉ.

Qu'il arrivât à nous.
indéf. hel lekigun.
Qu'il arrivât à vous.
indéf. hel lekizién.
Qu'il arrivât à eux.
indéf. hel lekién.

Que nous arrivassions à toi.
masc. hel gintzakián et génenkián,
fém. hel gintzakiñán et genenkiñán,
resp. hel gintzakízun et genenkízun.

Que nous arrivassions à lui.
indéf. hel gintzakión et génénkion.

Que nous arrivassions à vous.
indéf. hel gintzakizién et genénkizien.

Que nous arrivassions à eux.
indéf. hel gintzakién et genénkien.

Que vous arrivassiez à moi.
indéf. hel zintzakidén et zenénkiden.

Que vous arrivassiez à lui.
indéf. hel zintzakioyén et zenénkioyen.

Que vous arrivassiez à nous.
indéf. hel zintzakigién et zenénkigién.

Que vous arrivassiez à eux.
indéf. hel zintzakiéyen et zenénkieyen.

Qu'ils arrivassent à moi.
indéf. hel lekiztádan et lekitzádan.

Qu'ils arrivassent à toi.
masc. hel lekitzayán et lezkiyán,
fém. hel lekitzañán et lezkiñán,
resp. hel lekitzun et lezkitzun.

Qu'ils arrivassent à lui.
indéf. hel lekitzón et lezkión.

Qu'ils arrivassent à nous.
indéf. hel lezkigun et lekitzágun.

Qu'il s'offrît à nous.
indéf. éskent lekigun.
Qu'il s'offrît à vous.
indéf. éskent lekizién.
Qu'il s'offrît à eux.
indéf. éskent lekién.

Que nous nous offrissions à toi.
masc. éskent gintzakián,
fém. éskent gintzakiñán,
resp. éskent gintzakizun.

Que nous nous offrissions à lui.
indéf. éskent gintzakión.

Que nous nous offrissions à vous.
indéf. eskent gintzakizién.

Que nous nous offrissions à eux.
indéf. éskent gintzakién.

Que vous vous offrissiez à moi.
indéf. éskent zintzakidén.

Que vous vous offrissiez à lui.
indéf. éskent zintzakioyén.

Que vous vous offrissiez à nous.
indéf. éskent zintzakigién.

Que vous vous offrissiez à eux.
indéf. éskent zintzakiéyen.

Qu'ils s'offrissent à moi.
indéf. éskent lekiztádan.

Qu'ils s'offrissent à toi.
masc. éskent lekitzayán,
fém. éskent lekitzañán,
resp. éskent lekitzun.

Qu'ils s'offrissent à lui.
indéf. éskent lekitzón.

Qu'ils s'offrissent à nous.
indéf. éskent lezkigun.

48

VOIX INTRANSITIVE.

 Qu'ils arrivassent à vous.   *Qu'ils s'offrissent à vous.*
indéf. hel lekitzién *et* lezkitzién.   *indéf.* éskent lekitzién.
 Qu'ils arrivassent à eux.   *Qu'ils s'offrissent à eux.*
indéf. hel lekitzén *et* lezkién.   *indéf.* éskent lekitzén.

On conjugue de même *héltu izan lédin*, qu'il fût arrivé ; *eskéntu izan lédin*, qu'il se fût offert ; et le passif *hélturik izan lédin*, qu'il fût arrivé ; *eskentúrik izan lédin*, qu'il fût offert.

SUPPOSITIF.

FUTUR.

 Si j'arrivais (dans le futur).   *Si je m'offrais.*
indéf. hel banéndi.   *indéf.* éskent benéndi.
 Si tu arrivais.   *Si tu t'offrais.*
masc. et *fém.* hel bahéndi,   *masc.* et *fém.* éskent bahéndi,
resp.   hel bazinte.   *resp.*   éskent bazinte.
 S'il arrivait.   *S'il s'offrait.*
indéf. hel balédi.   *indéf.* éskent balédi.
 Si nous arrivions.   *Si nous nous offrions.*
indéf. hel baginte.   *indéf.* éskent baginte.
 Si vous arriviez.   *Si vous vous offriez.*
indéf. hel bazinteyé.   *indéf.* éskent bazinteyé.
 S'ils arrivaient.   *S'ils s'offraient.*
indéf. hel balite.   *indéf.* éskent balite.

Relations indirectes.

 Si j'arrivais à toi.   *Si je m'offrais à toi.*
masc. hel banénkik,   *masc.* éskent banénkik,
fém. hel banénkin,   *fém.* éskent banénkin,
resp. hel banénkizu.   *resp.* éskent banénkizu.
 Si j'arrivais à lui.   *Si je m'offrais à lui.*
indéf. hel banénkio.   *indéf.* éskent banénkio.
 Si j'arrivais à vous.   *Si je m'offrais à vous.*
indéf. hel banénkizie.   *indéf.* éskent banénkizie.

SUPPOSITIF. — FUTUR.

Si j'arrivais à eux.
indéf. hel hanénkie.

Si tu arrivais à moi.
masc. et fém. hel bahénkit,
resp. hel bazenénkit *et* bazintzakit.

Si tu arrivais à lui.
masc. et fém. hel bahénkio,
resp. hel bazenénkio *et* bazintzakió

Si tu arrivais à nous.
m. et f. hel bahénkigu,
resp. hel bazenénkigu *et* bazintzakigu.

Si tu arrivais à eux.
masc. et fém. hel bahénkie,
resp. hel bazenénkie *et* bazintzakié.

S'il arrivait à moi,
indéf. hel balékit.

S'il arrivait à toi.
masc. hel balékik,
fém. hel balékin,
resp. hel balekizu.

S'il arrivait à lui.
indéf. hel ba'ekió.

S'il arrivait à nous.
indéf. hel balekigu.

S'il arrivait à vous.
indéf. hel balekizie.

S'il arrivait à eux.
indéf. hel balekié.

Si nous arrivions à toi.
masc. hel bagenénkik *et* bagintzákik,
fém. hel bagenénkin *et* bagintzákin,
resp. hel bagenénkizu *et* bagintzakizu.

Si nous arrivions à lui.
indéf. hel bagenénkio *et* bagintzakió.

Si nous arrivions à vous.
indéf. hel bagenénkizie *et* bagintzakizie

Si je m'offrais à eux.
indéf. éskent banénkie.

Si tu t'offrais à moi.
masc. et fém. éskent bahénkit,
resp. éskent bazenénkit.

Si tu t'offrais à lui.
masc. et fém. éskent bahénkio,
resp. éskent bazenénkio.

Si tu t'offrais à nous.
masc. et fém. éskent bahénkigu,
resp. éskent bazenénkigu.

Si tu t'offrais à eux.
masc. et fém. éskent bahénkie,
resp. éskent bazenénkie.

S'il s'offrait à moi.
indéf. éskent balékit.

S'il s'offrait à toi,
resp. éskent balékik,
fém. éskent balékin,
masc. éskent balekizu.

S'il s'offrait à lui.
indéf. éskent balekió.

S'il s'offrait à nous.
indéf. éskent balekigu.

S'il s'offrait à vous.
indéf. éskent balekizie.

S'il s'offrait à eux.
indéf. éskent balekié.

Si nous nous offrions à toi.
masc. éskent bagenénkik,
fém. éskent bagenénkin,
resp. éskent bagenénkizu.

Si nous nous offrions à lui.
indéf. éskent bagenénkio.

Si nous nous offrions à vous.
indéf. éskent bagenénkizie.

Si nous arrivions à eux.
indéf. hel bagenénkie *et* bagíntzakié.
Si vous arriviez à moi.
indéf. hel bazenénkidet *et* bazintzakídet.
Si vous arriviez à lui.
indéf. hel bazenénkioye *et* bazíntzakioye.
Si vous arriviez à nous.
indéf. hel bazenénkigie *et* bazintzakigié.
Si vous arriviez à eux.
indéf. hel bazenénkieye *et* bazintzakiéye.
S'ils arrivaient à moi.
indéf. hel balézkit *et* balekitzat.
S'ils arrivaient à toi.
masc. hel balézkik *et* balekítzak,
fém. hel balézkin *et* balekitzan,
resp. hel balézkitzu *et* balekitzú.
S'ils arrivaient à lui.
indéf. hel balézkio *et* balekítzó.
S'ils arrivaient à nous.
indéf. hel balézkigu *et* balekitzágu.
S'ils arrivaient à vous.
indéf. hel balézkitzie *et* balekitzie.
S'ils arrivaient à eux.
indéf. hel balézkie *et* balekitzé.

Si nous nous offrions à eux.
indéf. éskent bagenénkie.
Si vous vous offriez à moi.
indéf. éskent bazenénkidet.
Si vous vous offriez à lui.
indéf. éskent bazenénkioye.
Si vous vous offriez à nous.
indéf. éskent bazenénkigie.
Si vous vous offriez à eux.
indéf. éskent bazenénkieye.
S'ils s'offraient à moi.
indéf. éskent balézLit.
S'ils s'offraient à toi.
masc. éskent balézkik,
fém. éskent balézkin,
resp. éskent balézkitzu.
S'ils s'offraient à lui.
indéf. éskent balézkió.
S'ils s'offraient à nous.
indéf. éskent balézkigu.
S'ils s'offraient à vous.
indéf. éskent balézkitzie.
S'ils s'offraient à eux.
indéf. éskent balézkie.

SUPPOSITIF. — PRÉSENT EN ACTION.

Si j'arrivais
(si j'étais en même d'arriver).
indéf. héltzen bánintz.
Si tu arrivais (à présent).
masc. et fém. héltzen báhintz,
resp. héltzen bazína.

Si je m'offrais
(si j'étais en action de m'offrir).
indéf. eskéntzen bánintz.
Si tu t'offrais (à présent).
masc. et fém. eskéntzen báhintz,
resp. eskéntzen bazína.

SUPPOSITIF. — PRÉSENT EN ACTION.

S'il arrivait (à présent).
indéf. héltzen bálitz.
Si nous arrivions.
indéf. héltzen bagiña.
Si vous arriviez.
indéf. héltzen baziñié.
S'ils arrivaient.
indéf. héltzen balíra.

S'il s'offrait.
indéf. eskéntzen bálitz.
Si nous nous offrions.
indéf. eskéntzen bagiña.
Si vous vous offriez.
indéf. eskéntzen baziñié.
S'ils s'offraient.
indéf. eskéntzen balíra.

Relations indirectes.

Si j'arrivais à toi (à présent).
masc. héltzen baninzéik,
fém. héltzen banintzéiñ,
resp. héltzen baninlzéizu.

Si j'arrivais à lui.
indéf. héltzen banintzéyo.

Si j'arrivais à vous.
indéf. héltzen banintzéizie.

Si j'arrivais à eux.
indéf. héltzen banintzéye.

Si tu arrivais à moi.
masc. et fém. héltzen bahintzéit,
resp. héltzen bazintzéit.

Si tu arrivais à lui.
masc. et fém. héltzen bahintzéyo,
resp. héltzen bazintzéyo et bazint-
  zéitzo.

Si tu arrivais à nous.
masc. et fém. héltzen bahintzéiku,
resp. héltzen bazintzéiku.

Si tu arrivais à eux.
masc. et fém. héltzen bahintzéye,
resp. héltzen bazintzéye et bazint-
  zéitze.

S'il arrivait à moi.
indéf. héltzen balitzéit.

Si je m'offrais à toi.
masc. eskéntzen banintzéik,
fém. eskéntzen banintzéiñ,
resp. eskéntzen banintzéizu.

Si je m'offrais à lui.
indéf. eskéntzen banintzéyo.

Si je m'offrais à vous.
indéf. eskéntzen banintzéizie.

Si je m'offrais à eux.
indéf. eskéntzen banintzéye.

Si tu t'offrais à moi.
masc. et fém. eskéntzen bahintzéit,
resp. eskéntzen bazintzéit.

Si tu t'offrais à lui.
masc. et fém. eskéntzen bahintzéyo,
resp. eskéntzen bazintzéyo.

Si tu t'offrais à nous.
masc. et fém. eskéntzen bahintzéiku,
resp. eskéntzen bazintzéiku.

Si tu t'offrais à eux.
masc. et fém. eskéntzen bahintzéye,
resp. eskéntzen bazintzéye.

S'il s'offrait à moi.
indéf. eskéntzen balitzéit.

S'il arrivait à toi.

masc. héltzen balitzéik,
fém. héltzen balitzéiñ,
resp. héltzen balitzéizu.

S'il arrivait à lui.

indéf. héltzen balitzéyo.

S'il arrivait à nous.

indéf. héltzen balitzéiku.

S'il arrivait à vous.

indéf. héltzen balitzéizie.

S'il arrivait à eux.

indéf. héltzen balitzéye.

Si nous arrivions à toi.

masc. héltzen bagintzéik,
fém. héltzen bagintzéiñ,
resp. héltzen bagintzéizu.

Si nous arrivions à lui.

indéf. héltzen bagintzéyo.

Si nous arrivions à vous.

indéf. héltzen bagintzéizie.

Si nous arrivions à eux.

indéf. héltzen bagintzéye.

Si vous arriviez à moi.

indéf. héltzen bazintzéiztade *ou* ye.

Si vous arriviez à lui.

indéf. héltzen bazintzéyoe *ou* bazintzéitzoe

Si vous arriviez à nous.

indéf. héltzen bazintzéizkuye.

Si vous arriviez à eux.

indéf. héltzen bazintzéyie *et* bazintzéitzeye.

S'ils arrivaient à moi.

indéf. héltzen balitzéizt *et* balitzéitzat.

S'ils arrivaient à toi.

masc. héltzen balitzéitzak *et* balitzéizk,
fém. héltzen balitzéitzan,
resp. héltzen balitzéitzu.

S'il s'offrait à toi.

masc. eskéntzen balitzéik,
fém. eskéntzen balitzéiñ,
resp. eskéntzen balitzéizu.

S'il s'offrait à lui.

indéf. eskéntzen balitzéyo.

S'il s'offrait à nous.

indéf. eskéntzen balitzéiku.

S'il s'offrait à vous.

indéf. eskéntzen balitzéizie.

S'il s'offrait à eux.

indéf. eskéntzen balitzéye.

Si nous nous offrions à toi.

masc. eskéntzen bagintzéik,
fém. eskéntzen bagintzéiñ,
resp. eskéntzen bagintzéizu.

Si nous nous offrions à lui.

indéf. eskéntzen bagintzéyo.

Si nous nous offrions à vous.

indéf. eskéntzen bagintzéizie.

Si nous nous offrions à eux.

indéf. eskéntzen bagintzéye.

Si vous vous offriez à moi.

indéf. eskéntzen bazintzéiztade.

Si vous vous offriez à lui.

indéf. eskéntzen bazintzéyoe.

Si vous vous offriez à nous.

indéf. eskéntzen bazintzéizkuye.

Si vous vous offriez à eux.

indéf. eskéntzen bazintzéyie *et* bazintzéitzeye

S'ils s'offraient à moi.

indéf. eskéntzen balitzéizt *et* balitzéitzat

S'ils s'offraient à toi.

masc. eskéntzen balitzéitzak,
fém. eskéntzen balitzéitzan,
resp. eskéntzen balitzéitzu.

SUPPOSITIF. — PRÉSENT EN ACTION.

S'ils arrivaient à lui.
indéf.   héltzen balitzéitzo.

S'ils arrivaient à nous.
indéf.   héltzen balitzéizku.

S'ils arrivaient à vous.
indéf.   héltzen balitzéitzie.

S'ils arrivaient à eux.
indéf.   héltzen balitzéitze.

S'ils s'offraient à lui.
indéf.   eskéntzen balitzéitzo.

S'ils s'offraient à nous.
indéf.   eskéntzen balitzéizku.

S'ils s'offraient à vous.
indéf.   eskéntzen balitzéitzie.

S'ils s'offraient à eux.
indéf.   eskéntzen balitzéitze.

On conjugue de même :

Héllu bánintz, si j'étais arrivé (à présent) ; *eskéntu bánintz*, si je m'étais offert ;
Héllurik bánintz, si j'étais (déjà) arrivé ; *eskentúrik bánintz*, si j'étais offert ;
Héllurik izan bánintz, si j'avais été arrivé ; *eskeutúrik izan bánintz*, si j'avais été offert.

Nous rappellerons ici ce que nous avons fait observer déjà (page 24 et page 100), que lorsque ces locutions françaises *si j'arrivais, si je m'offrais, si j'étais arrivé, si je m'étais offert*, etc., doivent exprimer un temps passé, elles se rendent en basque par la forme du passé, *ninizan, zen*, etc., précédée de la particule dubitative *ba*.

VOTIF.

FUTUR.

Puissé-je arriver! Plût à Dieu que je pusse arriver!

indéf.   ainéndi hel.

Plût à Dieu que tu arrivasses!

masc. et fém.   aihéndi hel *et* ahéndi hel,
resp.   aizínte hel *et* aïtzínte hel.

Plût à Dieu qu'il arrivât!
indéf.   ailédi hel.

Plût à Dieu que nous arrivassions!
indéf.   aiginte hel.

Plût à Dieu que vous arrivassiez!
indéf.   aizinteyé hel.

Plût à Dieu qu'ils arrivassent!
indéf.   ailite hel.

Puissé-je m'offrir!

indéf.   ainéndi éskent.

Plût à Dieu que tu pusses t'offrir!

masc. et fém.   aihéndi éskent,
resp.   aizinte éskent.

Plût à Dieu qu'il s'offrît!
indéf.   ailédi éskent.

Plût à Dieu que nous nous offrissions!
indéf.   aiginte éskent.

Plût à Dieu que vous vous offrissiez!
indéf.   aizinteyé éskent.

Plût à Dieu qu'ils s'offrissent!
indéf.   ailite éskent.

Voir les relations indirectes au tableau ; on en fait trop rarement usage pour que nous jugions utile de les répéter ici.

VOTIF. — PRÉSENT.

Plût à Dieu que j'arrivasse (que je fusse en arrivée)!
indéf.   áinintz héltzen.

Plût à Dieu que tu arrivasses!
masc. et fém.   áhintz héltzen,
resp..   aítzina héltzen.

Plût à Dieu qu'il arrivât!
indéf.   áilitz héltzen.

Plût à Dieu que je m'offrisse (que je fusse en action de m'offrir)!
indéf.   áinintz eskéntzen.

Plût à Dieu que tu t'offrisses!
masc. et fém.   áhintz eskéntzen,
resp.   aítzina eskéntzen.

Plût à Dieu qu'il s'offrît!
indéf.   áilitz eskéntzen.

VOTIF. — PARFAIT.

Plût à Dieu que nous arrivassions !
indéf. aikína héltzen.

Plût à Dieu que vous arrivassiez !
indéf. aitzinie héltzen.

Plût à Dieu qu'ils arrivassent !
indéf. ailíra héltzen.

Plût à Dieu que nous nous offrissions !
indéf. aikína eskéntzen.

Plût à Dieu que vous vous offrissiez !
indéf. aitzinie eskéntzen.

Plût à Dieu qu'ils s'offrissent !
indéf. ailíra eskéntzen.

VOTIF. — PARFAIT.

Plût à Dieu que je fusse arrivé !
indéf. áinintz héltu.

Plût à Dieu que tu fusses arrivé !
masc. et fém. áhintz héltu,
resp. aitzina héltu.

Plût à Dieu qu'il fût arrivé !
indéf. áilitz héltu.

Plût à Dieu que nous fussions arrivés !
indéf. aikína héltu.

Plût à Dieu que vous fussiez arrivés !
indéf. aitzinie héltu.

Plût à Dieu qu'ils fussent arrivés !
indéf. ailíra héltu.

Plût à Dieu que je me fusse offert !
indéf. áinintz eskéntu.

Plût à Dieu que tu te fusses offert !
masc. et fém. áhintz eskéntu,
resp. aitzina eskéntu.

Plût à Dieu qu'il se fût offert !
indéf. *áilitz eskéntu.

Plût à Dieu que nous nous fussions offerts !
indéf. aikína eskéntu.

Plût à Dieu que vous vous fussiez offerts !
indéf. aitzinie eskéntu.

Plût à Dieu qu'ils se fussent offerts !
indéf. ailíra eskéntu.

On conjugue de même le parfait absolu ou passif :

Plût à Dieu que je fusse déjà arrivé !
indéf. áinintz hélturik.

Plût à Dieu je fusse offert !
indéf. áinintz eskentúrik.

Le parfait antérieur absolu ;

Plût à Dieu que j'eusse été arrivé !
indéf. áinintz izan hélturik.

Plût à Dieu que j'eusse été offert !
indéf. áinintz izan eskentúrik.

On trouvera aux tableaux tous les terminatifs.

CONDITIONNEL.

PRÉSENT.

FORME CAPITALE.

J'arriverais (actuellement), *je serais en arrivée.* (1)

indéf.	héltzen nintzáte *et* nintzáteke,
masc.	héltzen nundúkek,
fém.	héltzen nundúken,
resp.	héltzen nundukézu.

Tu arriverais.

masc. et fém.	héltzen hintzáte *et* hintzáteke
resp.	héltzen zináte *et* zináteke.

Il arriverait.

indéf.	héltzen lizáte *et* lizáteke,
masc.	héltzen lúkek,
fém.	héltzen lúken,
resp.	héltzen lukézu.

Nous arriverions.

indéf.	héltzen gináte *et* ginátеke,
masc.	héltzen guntúkek,
fém.	héltzen guntúken,
resp.	héltzen guntukézu.

Vous arriveriez.

indéf.	héltzen zinátеye *et* zinátеkeye.

Ils arriveraient.

indéf.	héltzen liráte *et* liráteke,
masc.	héltzen lutúkek,
fém.	héltzen lutúken,
resp.	héltzen lutukézu.

Je m'offrirais (actuellement), *je serais en offre*

indéf.	eskéntzen nintzáte,
masc.	eskéntzen nundúkek,
fém.	eskéntzen nundúken,
resp.	eskéntzen nundukézu.

Tu t'offrirais.

masc. et fém.	eskéntzen hintzáte,
resp.	eskéntzen zináte.

Il s'offrirait.

indéf.	eskéntzen lizáte,
masc.	eskéntzen lúkek,
fém.	eskéntzen lúken,
resp.	eskéntzen lukézu.

Nous nous offririons.

indéf.	eskéntzen gináte,
masc.	eskéntzen guntúkek,
fém.	eskéntzen guntúken,
resp.	eskéntzen guntukézu.

Vous vous offririez.

indéf.	eskéntzen zinátеye.

Ils s'offriraient.

indéf.	eskéntzen liráte,
masc.	eskéntzen lutúkek,
fém.	eskéntzen lutúken,
resp.	eskéntzen lutukézu.

---

(1) On a rarement besoin d'user de cette combinaison ; on s'en sert dans ces sortes de locutions : *il arriverait assez tôt, áski sárri héltzen lizáte ; tu irais assez souvent, áski ardára ebilten hintzáte.* Cette forme est le plus souvent employée pour exprimer le conditionnel présent du verbe *être* : *aspaldián hében nintzáte,* je serais ici depuis longtemps ; *hon lizáte,* il serait bon, etc. — *J'arriverais,* dans le sens du futur, s'exprime par la forme *néinte,* etc. ; j'arriverais pour les deux heures, *bi orenétako hel néinte.*

Relations indirectes.

J'arriverais (je serais en arrivée) *à toi.*

masc.	héltzen nintzéikek,
fém.	héltzen nintzéiken,
resp.	héltzen nintzéikezu.

J'arriverais à lui.

indéf.	héltzen nintzéiko,
masc.	héltzen nintzikók,
fém.	héltzen nintzikón,
resp.	héltzen nintzikózu.

J'arriverais à vous.

indéf.	héltzen nintzéikezie.

J'arriverais à eux.

indéf.	héltzen nintzéike,
masc.	héltzen nintzikék,
fém.	héltzen nintzikén,
resp.	héltzen nintzikézu.

Tu arriverais à moi (tu serais en arrivée).

masc. et *fém.*	héltzen hintzéiket,
resp.	héltzen zintzéiket,

Tu arriverais à lui.

masc. et *fém.*	héltzen hintzéiko,
resp.	héltzen zintzéiko.

Tu arriverais à nous.

masc. et *fém.*	héltzen hintzéikegu,
resp.	héltzen zintzéikegu.

Tu arriverais à eux.

masc. et *fém.*	héltzen hintzéike,
resp.	héltzen zintzéike.

Il arriverait à moi.

indéf.	héltzen litzéiket,
masc.	héltzen litzikédak,
fém.	héltzen litzikédan,
resp.	héltzen litzikedázu.

Il arriverait à toi.

masc.	héltzen litzéikek,
fém.	héltzen litzéiken,
resp.	héltzen litzéikezu.

Je m'offrirais à toi (présentement).

masc.	eskéntzen nintzéikek,
fém.	eskéntzen nintzéiken,
resp.	eskéntzen nintzéikezu.

Je m'offrirais à lui.

indéf.	eskéntzen nintzéiko,
masc.	eskéntzen nintzikók,
fém.	eskéntzen nintzikón,
resp.	eskéntzen nintzikózu.

Je m'offrirais à vous.

indéf.	eskéntzen nintzéikezie.

Je m'offrirais à eux.

indéf.	eskéntzen nintzéike,
masc.	eskéntzen nintzikék,
fém.	eskéntzen nintzikén,
resp.	eskéntzen nintzikézu.

Tu t'offrirais à moi.

masc. et *fém.*	eskéntzen hintzéiket,
resp.	eskéntzen zintzéiket.

Tu t'offrirais à lui.

masc. et *fém.*	eskéntzen hintzéiko,
resp.	eskéntzen zintzéiko.

Tu t'offrirais à nous.

masc. et *fém.*	eskéntzen hintzéikegu,
resp.	eskéntzen zintzéikegu.

Tu t'offrirais à eux.

masc. et *fém.*	eskéntzen hintzéike,
resp.	eskéntzen zintzéike.

Il s'offrirait à moi.

indéf.	eskéntzen litzéiket,
masc.	eskéntzen litzikédak,
fém.	eskéntzen litzikédan,
resp.	eskéntzen litzikedázu.

Il s'offrirait à toi.

masc.	eskéntzen litzéikek,
fém.	eskéntzen litzéiken,
resp.	eskéntzen litzéikezu.

VOIX INTRANSITIVE.

Il arriverait à lui.

indéf.	héltzen litzéiko,	*indéf.*	eskéntzen litzéiko,
masc.	héltzen litzikók,	*masc.*	eskéntzen litzikók,
fém.	héltzen litzikón,	*fém.*	eskéntzen litzikón,
resp.	héltzen litzikózu.	*resp.*	eskéntzen litzikózu.

Il arriverait à nous. — *Il s'offrirait à nous.*

indéf.	héltzen litzéikegu,	*indéf.*	eskéntzen litzéikegu,
masc.	héltzen litzikéguk,	*masc.*	eskéntzen litzikéguk,
fém.	héltzen litzikégun,	*fém.*	eskéntzen litzikégun,
resp.	héltzen litzikegúzu.	*resp.*	eskéntzen litzikegúzu.

Il arriverait à vous. — *Il s'offrirait à vous.*

indéf. héltzen litzéikezie.   *indéf.* eskéntzen litzéikezie.

Il arriverait à eux. — *Il s'offrirait à eux.*

indéf.	héltzen litzéike,	*indéf.*	eskéntzen litzéike,
masc.	héltzen litzikék,	*masc.*	eskéntzen litzikék,
fém.	héltzen litzikén,	*fém.*	eskéntzen litzikén,
resp.	héltzen litzikézu.	*resp.*	eskéntzen litzikézu.

Nous arriverions à toi. — *Nous nous offririons à toi.*

masc.	héltzen gintzéikek,	*masc.*	eskéntzen gintzéikek,
fém.	héltzen gintzéiken,	*fém.*	eskéntzen gintzéiken,
resp.	héltzen gintzéikezu.	*resp.*	eskéntzen gintzéikezu.

Nous arriverions à lui. — *Nous nous offririons à lui.*

indéf.	héltzen gintzéiko,	*indéf.*	eskéntzen gintzéiko,
masc.	héltzen gintzikók,	*masc.*	eskéntzen gintzikók,
fém.	héltzen gintzikón,	*fém.*	eskéntzen gintzikón,
resp.	héltzen gintzikózu.	*resp.*	eskéntzen gintzikózu.

Nous arriverions à vous. — *Nous nous offririons à vous.*

indéf. héltzen gintzéikezie.   *indéf.* eskéntzen gintzéikezie.

Nous arriverions à eux. — *Nous nous offririons à eux.*

indéf.	héltzen gintzéike,	*indéf.*	eskéntzen gintzéike,
masc.	héltzen gintzikék,	*masc.*	eskéntzen gintzikék,
fém.	héltzen gintzikén,	*fém.*	eskéntzen gintzikén,
resp.	héltzen gintzikézu.	*resp.*	eskéntzen gintzikézu.

Vous arriveriez à moi. — *Vous vous offririez à moi.*

indéf. héltzen zintzéizkede.   *indéf.* eskéntzen zintzéizkede.

Vous arriveriez à lui. — *Vous vous offririez à lui.*

indéf. héltzen zintzéizkoe ou koye.   *indéf.* eskéntzen zintzéizkoe.

Vous arriveriez à nous. — *Vous vous offririez à nous.*

indéf. héltzen zintzéizkegie.   *indéf.* eskéntzen zintzéizkegie.

	Vous arriveriez à eux.		*Vous vous offririez à eux.*
indéf.	héltzen zintzéizkeye.	*indéf.*	eskéntzen zintzéizkeye.

	Ils arriveraient à moi.		*Ils s'offriraient à moi.*
indéf.	héltzen litzéizket,	*indéf.*	eskéntzen litzéizket,
masc.	héltzen litzizkédak,	*masc.*	eskéntzen litzizkédak,
fém.	héltzen litzizkédan,	*fém.*	eskéntzen litzizkédan,
resp.	héltzen litzizkedátzu.	*resp.*	eskéntzen litzizkedátzu.

	Ils arriveraient à toi.		*Ils s'offriraient à toi.*
masc.	héltzen litzéizkek,	*masc.*	eskéntzen litzéizkek,
fém.	héltzen litzéizken,	*fém.*	eskéntzen litzéizken,
resp.	héltzen litzéizketzu.	*resp.*	eskéntzen litzéizketzu.

	Ils arriveraient à lui.		*Ils s'offriraient à lui.*
indéf.	héltzen litzéizko,	*indéf.*	eskéntzen litzéizko,
masc.	héltzen litzizkók,	*masc.*	eskéntzen litzizkók,
fém.	héltzen litzizkón,	*fém.*	eskéntzen litzizkón,
resp.	héltzen litzizkótzu.	*resp.*	eskéntzen litzizkótzu.

	Ils arriveraient à nous.		*Ils s'offriraient à nous.*
indéf.	héltzen litzéizkegu,	*indéf.*	eskéntzen litzéizkegu,
masc.	héltzen litzizkéguk,	*masc.*	eskéntzen litzizkéguk,
fém.	héltzen litzizkégun,	*fém.*	eskéntzen litzizkégun,
resp.	héltzen litzizkegútzu.	*resp.*	eskéntzen litzizkegútzu.

	Ils arriveraient à vous.		*Ils s'offriraient à vous.*
indéf.	héltzen litzéizketzie.	*indéf.*	eskéntzen litzéizketzie.

	Ils arriveraient à eux.		*Ils s'offriraient à eux.*
indéf.	héltzen litzéizke,	*indéf.*	eskéntzen litzéizke,
masc.	héltzen litzizkék,	*masc.*	eskéntzen litzizkék,
fém.	héltzen litzizkén,	*fém.*	eskéntzen litzizkén,
resp.	héltzen litzizkétzu.	*resp.*	eskéntzen litzizkétzu.

On conjugue de même :

Héltu nintzáte, je serais (bien) arrivé; *eskéntu nintzáte*, je me serais (bien) offert ; *Heltúrik nintzáte*, je serais arrivé ; *eskentúrik nintzáte*, je serais offert.

Le conditionnel parfait, *héltu nintzáte*, *eskéntu nintzáte*, a peu d'emploi, parce que pour exprimer *je serais arrivé, je me serais offert* dans le sens du passé, on se sert du passé *nintzátekian* ; et si on veut exprimer le présent par *je serais arrivé, je serais offert*, on use de la forme absolue *heltúrik nintzáte, eskentúrik nintzáte*. — On s'en sert, par exemple, dans ces sortes de locutions : moi aussi je serais bien arrivé, *ni ére héltu nintzáte;* il se serait bien offert, mais on ne s'en soucie pas, *eskéntu lizáte, bena eztie hártzaz acholik* ; parce que *je serais arrivé* et *il se serait offert* indiquent, dans ces phrases, une action présentement faite.

CONDITIONNEL. — PRÉSENT.

FORME RÉGIE POSITIVE.

Il me semble..... *Udúri záit áski sárri.*

Que j'arriverais (assez tôt), que je serais arrivant. (1)
- *indéf.*   héltzen nintzátiala *et* nintzátekiala.

Que tu arriverais.
- *m. et f.*   héltzen hintzátiala *et* hintzátekiala,
- *resp.*   héltzen zinátiala *et* zinátekiala.

Qu'il arriverait.
- *indéf.*   héltzen lizátiala *et* lizátekiala.

Que nous arriverions.
- *indéf.*   héltzen ginátiala *et* ginátekiala.

Que vous arriveriez.
- *indéf.*   héltzen zinátekeyela *et* zinátekeyela

Qu'ils arriveraient.
- *indéf.*   héltzen lirátiala *et* lirátekiala.

Que je m'offrirais (assez tôt).
- *indéf.*   eskéntzen nintzátiala.

Que tu t'offrirais.
- *m. et f.*   eskéntzen hintzátiala,
- *resp.*   eskéntzen zinátiala.

Qu'il s'offrirait.
- *indéf.*   eskéntzen lizátiala.

Que nous nous offririons.
- *indéf.*   eskéntzen ginátiala.

Que vous vous offririez.
- *indéf.*   eskéntzen zinátekyela.

Qu'ils s'offriraient.
- *indéf.*   eskéntzen lirátiala.

Relations indirectes.

Que j'arriverais à toi, que je serais arrivant.
- *masc.*   héltzen nintzéikeyala,
- *fém.*   héltzen nintzéikenala,
- *resp.*   héltzen nintzéikezula.

Que j'arriverais à lui.
- *indéf.*   héltzen nintzéikola.

Que je m'offrirais à toi.
- *masc.*   eskéntzen nintzéikeyala,
- *fém.*   eskéntzen nintzéikenala,
- *resp.*   eskéntzen nintzéikezula.

Que je m'offrirais à lui.
- *indéf.*   eskéntzen nintzéikola.

---

(1) Les formes secondaires du conditionnel présent, comme la forme capitale, sont plus souvent employées pour exprimer simplement ce temps du verbe *être* : il me semble que je serais bon, que je serais capable, *udúri záit hon níntzátiala, gei níntzátiala.*

CONDITIONNEL. — PRÉSENT.

Que j'arriverais à vous.
indéf. héltzen nintzéikeziela.

Que j'arriverais à eux.
indéf. héltzen nintzéikela.

Que tu arriverais à moi.
masc. et fém. héltzen hintzéikedala,
resp. héltzen zintzéikedala.

Que tu arriverais à lui.
masc. et fém. héltzen hintzéikola,
resp. héltzen zintzéikola.

Que tu arriverais à nous.
masc. et fém. héltzen hintzéikula,
resp. héltzen zintzéikula.

Que tu arriverais à eux.
masc. et fém. héltzen hintzéikela,
resp. héltzen zintzéikela.

Qu'il arriverait à moi.
indéf. héltzen litzéikedala.

Qu'il arriverait à toi.
masc. héltzen litzéikeyala,
fém. héltzen litzéikeñala,
resp. héltzen litzéikezula.

Qu'il arriverait à lui.
indéf. héltzen litzéikola.

Qu'il arriverait à nous.
indéf. héltzen litzéikegula.

Qu'il arriverait à vous.
indéf. héltzen litzéikeziela.

Qu'il arriverait à eux.
indéf. héltzen litzéikela.

Que nous arriverions à toi.
masc. héltzen gintzéikeyala,
fém. héltzen gintzéikeñala,
resp. héltzen gintzéikezula.

Que nous arriverions à lui.
indéf. héltzen gintzéikola.

Que je m'offrirais à vous.
indéf. eskéntzen nintzéikeziela.

Que je m'offrirais à eux.
indéf. eskéntzen nintzéikela.

Que tu t'offrirais à moi.
masc. et fém. eskéntzen hintzéikedala,
resp. eskéntzen zintzéikedala.

Que tu t'offrirais à lui.
masc. et fém. eskéntzen hintzéikola,
resp. eskéntzen zintzéikola.

Que tu t'offrirais à nous.
masc. et fém. eskéntzen hintzéikula,
resp. eskéntzen zintzéikula.

Que tu t'offrirais à eux.
masc. et fém. eskéntzen hintzéikela,
resp. eskéntzen zintzéikela.

Qu'il s'offrirait à moi.
indéf. eskéntzen litzéikedala.

Qu'il s'offrirait à toi.
masc. eskéntzen litzéikeyala,
fém. eskéntzen litzéikeñala,
resp. eskéntzen litzéikezula.

Qu'il s'offrirait à lui.
indéf. eskéntzen litzéikola.

Qu'il s'offrirait à nous.
indéf. eskéntzen litzéikegula.

Qu'il s'offrirait à vous.
indéf. eskéntzen litzéikeziela.

Qu'il s'offrirait à eux.
indéf. eskéntzen litzéikela.

Que nous nous offririons à toi.
masc. eskéntzen gintzéikeyala,
fém. eskéntzen gintzéikeñala,
resp. eskéntzen gintzéikezula.

Que nous nous offririons à lui.
indéf. eskéntzen gintzéikola.

Que nous arriverions à vous.
indéf. héltzen gintzéikeziela.
Que nous arriverions à eux.
indéf. héltzen gintzéikela.
Que vous arriveriez à moi.
indéf. héltzen zintzéizkedela.
Que vous arriveriez à lui.
indéf. héltzen zintzéizkoela.
Que vous arriveriez à nous.
indéf. héltzen zintzéizkegiela.
Que vous arriveriez à eux.
indéf. héltzen zintzéizkeyela.
Qu'ils arriveraient à moi.
indéf. héltzen litzéizkedala.
Qu'ils arriveraient à toi.
masc. héltzen litzéizkeyala,
fém. héltzen litzéizkeñala,
resp. héltzen litzéizketzula.
Qu'ils arriveraient à lui.
indéf. héltzen litzéizkola.
Qu'ils arriveraient à nous.
indéf. héltzen litzéizkegula.
Qu'ils arriveraient à vous.
indéf. héltzen litzéizketziela.
Qu'ils arriveraient à eux.
indéf. héltzen litzéizkela.

Que nous nous offririons à vous.
indéf. eskéntzen gintzéikeziela.
Que nous nous offririons à eux.
indéf. eskéntzen gintzéikela.
Que vous vous offririez à moi.
indéf. eskéntzen zintzéizkedela.
Que vous vous offririez à lui.
indéf. eskéntzen zintzéizkoela.
Que vous vous offririez à nous.
indéf. eskéntzen zintzéizkegiela.
Que vous vous offririez à eux.
indéf. eskéntzen zintzéizkeyela.
Qu'ils s'offriraient à moi.
indéf. eskéntzen litzéizkedala.
Qu'ils s'offriraient à toi.
masc. eskéntzen litzéizkeyala,
fém. eskéntzen litzéizkeñala,
resp. eskéntzen litzéizketzula.
Qu'ils s'offriraient à lui.
indéf. eskéntzen litzéizkola.
Qu'ils s'offriraient à nous.
indéf. eskéntzen litzéizkegula.
Qu'ils s'offriraient à vous.
indéf. eskéntzen litzéizketziela.
Qu'ils s'offriraient à eux.
indéf. eskéntzen litzéizkela.

On conjugue de même :

Le conditionnel parfait : *héltu nintzátiala*, que je serais (présentement) arrivé ; *eskéntu nintzátiala*, que je me serais offert (pour à présent) ;

Le conditionnel parfait absolu : *héliurik nintzátiala*, que je serais (déjà) arrivé ; *eskenturik nintzátiala*, que je serais offert.

CONDITIONNEL. — PRÉSENT.

FORME RÉGIE EXQUISITIVE.

Il était à regarder quand.... *So zágoan nőiz*....

J'arriverais (je serais arrivant, en arrivée).
indéf.   héltzen nintzátian.

Tu arriverais.
masc. et fém.   héltzen hintzátian,
resp.   héltzen zinátian.

Il arriverait.
indéf.   héltzen lizátian.

Nous arriverions.
indéf.   héltzen ginátian.

Vous arriveriez.
indéf.   héltzen zináteyen.

Ils arriveraient.
indéf.   héltzen lirátian.

Je m'offrirais (je serais en offre).
indéf.   eskéntzen nintzátian.

Tu t'offrirais.
masc. et fém.   eskéntzen hintzátian,
resp.   eskéntzen zinátian.

Il s'offrirait.
indéf.   eskéntzen lizátian.

Nous nous offririons.
indéf.   eskéntzen ginátian:

Vous vous offririez.
indéf.   eskéntzen zináteyen.

Ils s'offriraient.
indéf.   eskéntzen lirátian.

On trouvera les terminatifs des relations indirectes au tableau page 128, ou bien on les formera en changeant le *la* final de la forme positive en *n : nintzéikeyala, nintzéikeyan*.

On conjugue de même :

Héltu nintzátian, je serais (effectivement) arrivé ; *eskéntu nintzátian*, je me serais offert ;
Hélturik nintzátian, je serais (déjà) arrivé ; *eskentúrik nintzátian*, je serais offert.

CONDITIONNEL. — PRÉSENT.

FORME D'INCIDENCE.

Lorsque.... comme.... là où.... parce que.... *Nóiz-ere.... nóla.... nóra-ere....*

J'arriverais (je serais en arrivée). *Je m'offrirais.*

indéf. héltzen benintzáte *et* benintzáteke. *indéf.* eskéntzen benintzáte.

Tu arriverais. *Tu t'offrirais.*

m. et *f.* héltzen behintzáte *et* behintzáteké, *m.* et *f.* eskéntzen behintzáte,
resp. héltzen beitzináte *et* beitzináteke. *resp.* eskéntzen beitzináte.

Il arriverait. *Il s'offrirait.*

indéf. héltzen belizáte *et* belizáteke. *indéf.* eskéntzen belizáte.

Nous arriverions. *Nous nous offririons.*

indéf. héltzen beikináte *et* beikináteke *indéf.* eskéntzen beikináte.

Vous arriveriez. *Vous vous offririez.*

indéf. héltzen beitzináteye *et* beitzinátekeye *indéf.* eskéntzen beitzináteye.

Ils arriveraient. *Ils s'offriraient.*

indéf. héltzen beliráte *et* beliráteke. *indéf.* eskéntzen beliráte.

Relations indirectes.

J'arriverais à toi. *Je m'offrirais à toi.*

masc. héltzen benintzéikek, *masc.* eskéntzen benintzéikek,
fém. héltzen benintzéiken, *fém.* eskéntzen benintzéiken,
resp. héltzen benintzéikezu. *resp.* eskéntzen benintzéikezu.

Pour les autres terminatifs, voir le tableau page 132, ou les composer avec la préfixe *bei* et la forme capitale.

On conjugue de même :

Héltu benintzáte, je serais arrivé ; *eskénta benintzáte,* je me serais offert ;
Hélturik benintzáte, je serais (déjà) arrivé ; *eskentúrik benintzáte,* je serais offert.

CONDITIONNEL. — PASSÉ.

Je serais arrivé (précédemment).

indéf.	héltu nintzátekian *et* nintzátian,
masc.	héltu nundúkeyan,
fém.	héltu nundúkeñan,
resp.	héltu nundukézun.

Je me serais offert.

indéf.	eskéntu nintzátekian,
masc.	eskéntu nundúkeyan,
fém.	eskéntu nundúkeñan,
resp.	eskéntu nundukézun.

Tu serais arrivé.

m. et *f.*	héltu hintzátekian *et* hintzátian,
resp.	héltu zinátekian *et* zinátian.

Tu te serais offert.

m. et *f.*	eskéntu hintzátekian,
resp.	eskéntu zinátekian.

Il serait arrivé.

indéf.	héltu zátekian *et* zátian,
masc.	héltu zukeyán,
fém.	héltu zukeñán,
resp.	héltu zukézun.

Il se serait offert.

indéf.	eskéntu zátekian,
masc.	eskéntu zukeyán,
fém.	eskéntu zukeñán,
resp.	eskéntu zukézun.

Nous serions arrivés.

indéf.	héltu gintzátekian *et* ginátekian *et* ginátian,
masc.	héltu guntukeyán,
fém.	héltu guntukeñán,
resp.	héltu guntukézun.

Nous nous serions offerts.

indéf.	eskéntu gintzátekian,
masc.	eskéntu guntukeyán,
fém.	eskéntu guntukeñán,
resp.	eskéntu guntukézun.

Vous seriez arrivés.

indéf.	héltu zinátekien *et* zinátekeyen *et* zinátien.

Vous vous seriez offerts.

indéf.	eskéntu zinátekien.

Ils seraient arrivés.

indéf.	héltu zirátekian *et* zirátien,
masc.	héltu zutukeyán,
fém.	héltu zutukeñán,
resp.	héltu zutukézun.

Ils se seraient offerts.

indéf.	eskéntu zirátekian,
masc.	eskéntu zutukeyán,
fém.	eskéntu zutukeñán,
resp.	eskéntu zutukézun.

Relations indirectes.

Je serais arrivé à toi (précédemment).

masc.	héltu nintzéikeyan,
fém.	héltu nintzéikeñan,
resp.	héltu nintzéikezun.

Je me serais offert à toi.

masc.	eskéntu nintzéikeyan,
fém.	eskéntu nintzéikeñan,
resp.	eskéntu nintzéikezun.

Je serais arrivé à lui.

indéf.	héltu nintzéikon,
masc.	héltu nintzikióyan,
fém.	héltu nintzikióñan,
resp.	héltu nintzikiózun.

Je me serais offert à lui.

indéf.	eskéntu nintzéikon,
masc.	eskéntu nintzikióyan,
fém.	eskéntu nintzikióñan,
resp.	eskéntu nintzikiózun.

Je serais arrivé à vous.   *Je me serais offert à vous.*

dét. et *g.* héltu nintzéikezien.   *dét.* et *g.* eskéntu nintzéikezien.

Je serais arrivé à eux.   *Je me serais offert à eux.*

indéf.	héltu nintzéiken,	*indéf.*	eskéntu nintzéiken,
masc.	héltu nintzikiéyan,	*masc.*	eskéntu nintzikiéyan,
fém.	héltu nintzikiéñan,	*fém.*	eskéntu nintzikiéñan,
resp.	héltu nintzikiézun.	*resp.*	eskéntu nintzikiézun.

Tu serais arrivé à moi.   *Tu te serais offert à moi.*

masc. et *fém.*	héltu hintzéikedan,	*masc.* et *fém.*	eskéntu hintzéikedan,
resp.	héltu zintzéikedan.	*resp.*	eskéntu zintzéikedan.

Tu serais arrivé à lui.   *Tu te serais offert à lui.*

masc. et *fém.*	héltu hintzéikon,	*masc.* et *fém.*	eskéntu hintzéikon,
resp.	héltu zintzéikon.	*resp.*	eskéntu zintzéikon.

Tu serais arrivé à nous.   *Tu te serais offert à nous.*

masc. et *fém.*	héltu hintzéikegun,	*masc.* et *fém.*	eskéntu hintzéikegun,
resp.	héltu zintzéikegun.	*resp.*	eskéntu zintzéikegun.

Tu serais arrivé à eux.   *Tu te serais offert à eux.*

masc. et *fém.*	héltu hintzéiken,	*masc.* et *fém.*	eskéntu hintzéiken,
resp.	héltu zintzéiken.	*resp.*	eskéntu zintzéiken.

Il serait arrivé à moi.   *Il se serait offert à moi.*

indéf.	héltu zitzéikedan *et* zéikedan,	*indéf.*	eskéntu zitzéikedan,
masc.	héltu zitzikedan *et* zikedan,	*masc.*	eskéntu zitzikedan,
fém.	héltu zitzikedañan *et* zikedañan,	*fém.*	eskéntu zitzikedañan,
resp.	héltu zitzikedazun *et* zikedazun.	*resp.*	eskéntu zitzikedazun.

Il serait arrivé à toi.   *Il se serait offert à toi.*

masc.	héltu zitzéikeyan *et* zéikeyan,	*masc.*	eskéntu zitzéikeyan,
fém.	héltu zitzéikeñan *et* zéikeñan,	*fém.*	eskéntu zitzéikeñan,
resp.	héltu zitzéikezun *et* zéikezun.	*resp.*	eskéntu zitzéikezun.

Il serait arrivé à lui.   *Il se serait offert à lui.*

indéf.	héltu zitzéikon *et* zikéyon,	*indéf.*	eskéntu zitzéikon,
masc.	héltu zitzikóyan *et* zikióyan,	*masc.*	eskéntu zikióyan,
fém.	héltu zitzikóñan *et* zikióñan,	*fém.*	eskéntu zikióñan,
resp.	héltu zitzikózun *et* zikiózun.	*resp.*	eskéntu zikiózun.

Il serait arrivé à nous.   *Il se serait offert à nous.*

indéf.	héltu zitzéikegun *et* zéikegun,	*indéf.*	eskéntu zitzéikegun,
masc.	héltu zitzikégian *et* zikégian,	*masc.*	eskéntu zitzikégian,
fém.	héltu zitzikéguñan *et* zikeguñan,	*fém.*	eskéntu zitzikéguñan,
resp.	héltu zitzikegúzun *et* zikegúzun.	*resp.*	eskéntu zitzikegúzun.

Il serait arrivé à vous.   *Il se serait offert à vous.*

dét. g.	héltu zitzéikezien *et* zéikezien.	*dét. g.*	eskéntu zitzéikezien.

CONDITIONNEL. — PASSÉ.

Il serait arrivé à eux.

indéf.	héltu zitzéiken *et* zéiken,
masc.	héltu zitzikéyan *et* zikéyan,
fém.	héltu zitzikéñan *et* zikéñan,
resp.	héltu zitzikézun *et* zikézun.

Nous serions arrivés à toi.

masc.	héltu gintzéikeyan,
fém.	héltu gintzéikeñan,
resp.	héltu gintzéikezun.

Nous serions arrivés à lui.

indéf.	héltu gintzéikon,
masc.	héltu gintzikióyan,
fém.	héltu gintzikióñan,
resp.	héltu gintzikiózun.

Nous serions arrivés à vous.

dét. g.	héltu gintzéikezien.

Nous serions arrivés à eux.

indéf.	héltu gintzéiken,
masc.	héltu gintzikiéyan,
fém.	héltu gintzikiéñan,
resp.	héltu gintzikiézun.

Vous seriez arrivés à moi.

dét. g.	héltu zintzéizkeden *et* zintzéikeden.

Vous seriez arrivés à lui.

dét. g.	héltu zintzéizkoen *et* zintzéikoen

Vous seriez arrivés à nous.

dét. g.	héltu zintzéizkegien *et* zintzéikegien

Vous seriez arrivés à eux.

dét. g.	héltu zintzéizkeyen *et* zintzéikeyen.

Ils seraient arrivés à moi.

indéf.	héltu zitzéizkedan,
masc.	héltu zitzizkedán,
fém.	héltu zitzizkedañan,
resp.	héltu zitzizkedátzun.

Ils seraient arrivés à toi.

masc.	héltu zitzéizkeyan,
fém.	héltu zitzéizkeñan,
resp.	héltu zitzéizketzun.

Il se serait offert à eux.

indéf.	eskéntu zéiken *et* zitzéiken,
masc.	eskéntu zikéyan,
fém.	eskéntu zikéñan,
resp.	eskéntu zikézun.

Nous nous serions offerts à toi.

masc.	eskéntu gintzéikeyan,
fém.	eskéntu gintzéikeñan,
resp.	eskéntu gintzéikezun.

Nous nous serions offerts à lui.

indéf.	eskéntu gintzéikon,
masc.	eskéntu gintzikióyan,
fém.	eskéntu gintzikióñan,
resp.	eskéntu gintzikiózun.

Nous nous serions offerts à vous.

dét. g.	eskéntu gintzéikezien.

Nous nous serions offerts à eux.

indéf.	eskéntu gintzéiken,
masc.	eskéntu gintzikiéyan,
fém.	eskéntu gintzikiéñan,
resp.	eskéntu gintzikiézun.

Vous vous seriez offerts à moi.

dét. g.	eskéntu zintzéizkeden.

Vous vous seriez offerts à lui.

dét. g.	eskéntu zintzéizkoen.

Vous vous seriez offerts à nous.

dét. g.	eskéntu zintzéizkegien.

Vous vous seriez offerts à eux.

dét. g.	eskéntu zintzéizkeyen.

Ils se seraient offerts à moi.

indéf.	eskéntu zitzéizkedan,
masc.	eskéntu zitzizkedán,
fém.	eskéntu zitzizkedañan,
resp.	eskéntu zitzéizkedátzun.

Ils se seraient offerts à toi.

masc.	eskéntu zitzéizkeyan,
fém.	eskéntu zitzéizkeñan,
resp.	eskéntu zitzéizketzun.

VOIX INTRANSITIVE.

Ils seraient arrivés à lui.

indéf.	héltu zitzéizkon,
masc.	héltu zitzizkóyan,
fém.	héltu zitzizkóñan,
resp.	héltu zitzizkótzun.

Ils se seraient offerts à lui.

indéf.	eskéntu zitzéizkon,
masc.	eskéntu zitzizkóyan,
fém.	eskéntu zitzizkóñan,
resp.	eskéntu zitzizkótzun.

Ils seraient arrivés à nous.

indéf.	héltu zitzéizkegun,
masc.	héltu zitzizkegián,
fém.	héltu zitzizkeguñán,
resp.	héltu zitzizkegútzun.

Ils se seraient offerts à nous.

indéf.	eskéntu zitzéizkegun,
masc.	eskéntu zitzizkegián,
fém.	eskéntu zitzizkeguñán,
resp.	eskéntu zitzizkegútzun.

Ils seraient arrivés à vous.

dét. g.	héltu zitzéizketzien.

Ils se seraient offerts à vous.

dét. g.	eskéntu zitzéizketzien.

Ils seraient arrivés à eux.

indéf.	héltu zitzéizken,
masc.	héltu zitzizkéyan,
fém.	héltu zitzizkéñan,
resp.	héltu zitzizkétzun.

Ils se seraient offerts à eux.

indéf.	eskéntu zitzéizken,
masc.	eskéntu zitzizkéyan,
fém.	eskéntu zitzizkéñan,
resp.	eskéntu zitzizkétzun.

On conjugue de même :

Héltzen zátekian, il serait arrivant, sur le point d'arriver ;
Héltúrik zátekian, il devait être arrivé ; *eskentúrik zátekian,* il devait être offert ;
Héltúrik izan zátekian, il devait avoir été arrivé ; *eskentúrik izan zátekian,* il devait avoir été offert, il aurait été offert.

CONDITIONNEL. — PASSÉ.

FORME RÉGIE POSITIVE.

Je crois.... *Oúste dut....*

Que je serais arrivé (alors).

indéf.	héltu nintzátekiala.

Que tu serais arrivé.

masc. et *fém.*	héltu hintzátekiala,
resp.	héltu zinátekiala.

Qu'il serait arrivé.

indéf.	héltu zátekiala.

Que je me serais offert (dans le passé).

indéf.	eskéntu nintzátekiala.

Que tu te serais offert.

masc. et *fém.*	eskéntu hintzátekiala,
resp.	eskéntu zinátekiala.

Qu'il se serait offert.

indéf.	eskéntu zátekiala.

CONDITIONNEL. — PASSÉ.

Que nous serions arrivés.
indéf. héltu gintzátekiala *et* ginátekiala.

Que vous seriez arrivés.
indéf. héltu zinátekiala.

Qu'ils seraient arrivés.
indéf. héltu zirátekiala.

Que nous nous serions offerts.
indéf. eskéntu gintzátekiala *et* ginátekiala.

Que vous vous seriez offerts.
indéf. eskéntu zinátekiala.

Qu'ils se seraient offerts.
indéf. eskéntu zirátekiala.

Relations indirectes.

Que je serais arrivé à toi.
masc. héltu nintzéikeyala,
fém. héltu nintzéikeñala,
resp. héltu nintzéikezula.

Que je me serais offert à toi.
masc. eskéntu nintzéikeyala,
fém. eskéntu nintzéikeñala,
resp. eskéntu nintzéikezula.

En changeant en *la* le *n* final de la forme capitale, on aura tous les terminatifs de cette forme positive.

On conjugue de même :

Héltzen zátekiala, qu'il arriverait (serait en arrivée) ; *eskéntzen zátekiala*, qu'il s'offrirait, qu'il devait être en action de s'offrir ;

Hélturik zátekiala, qu'il devait être arrivé ; *eskentúrik zátekiala*, qu'il serait offert, qu'il devait être offert ;

Hélturik izan zátekiala, qu'il devait avoir été arrivé ; *eskentúrik izan zátekiala* qu'il devait avoir été offert.

CONDITIONNEL. — PASSÉ.

FORME D'INCIDENCE.

Comme... lorsque... à qui... où... parce que... *Nóla... nóiz-ere... zóñi... nóra-ere...*

Je serais arrivé.
indéf. héltu benintzátekian.

Tu serais arrivé.
masc. et fém. héltu behintzátekian,
resp. héltu beitzinátekian.

Je me serais offert.
indéf. eskéntu benintzátekian.

Tu te serais offert.
masc. et fém. eskéntu behintzátekian,
resp. eskéntu beitzinátekian.

VOIX INTRANSITIVE.

	Il serait arrivé.		*Il se serait offert.*
indéf.	héltu beitzátekian.	*indéf.*	eskéntu beitzátekian.
	Nous serions arrivés.		*Nous nous serions offerts.*
indéf.	héltu beikinátekian.	*indéf.*	eskéntu beikinátekian.
	Vous seriez arrivés.		*Vous vous seriez offerts.*
indéf.	héltu beitzinátekien.	*indéf.*	eskéntu beitzinátekien.
	Ils seraient arrivés.		*Ils se seraient offerts.*
indéf.	héltu beitzirátekian.	*indéf.*	eskéntu beitzirátekian.

Relations indirectes.

	Je serais arrivé à toi.		*Je me serais offert à toi.*
masc.	héltu benintzéikeyan,	*masc.*	eskéntu benintzéikeyan,
fém.	héltu benintzéikeñan,	*fém.*	eskéntu benintzéikeñan,
resp.	héltu benintzéikezun.	*resp.*	eskéntu benintzéikezun.
	Je serais arrivé à lui.		*Je me serais offert à lui.*
indéf.	héltu benintzéikon.	*indéf.*	eskéntu benintzéikon.
	Je serais arrivé à vous.		*Je me serais offert à vous.*
indéf.	héltu benintzéikezien.	*indéf.*	eskéntu benintzéikezien.
	Je serais arrivé à eux.		*Je me serais offert à eux.*
indéf.	héltu benintzéiken.	*indéf.*	eskéntu benintzéiken.
	Tu serais arrivé à moi.		*Tu te serais offert à moi.*
masc. et *fém.*	héltu behintzéikedan,	*masc.* et *fém.*	eskéntu behintzéikedan,
resp.	héltu beitzintzéikedan.	*resp.*	eskéntu heitzintzéikedan.
	Que tu serais arrivé à lui.		*Que tu te serais offert à lui.*
masc. et *fém.*	héltu behintzéikon,	*masc.* et *fém.*	eskéntu behintzéikon,
resp.	héltu beitzintzéikon.	*resp.*	eskéntu beitzintzéikon.

On trouvera les terminatifs pour les relations indirectes aux tableaux, page 147.

On conjugue de même :

Héltzen benintzátekian, j'arriverais ; *eskéntzen benintzátekian*, je m'offrirais (je serais en offre de moi) ;

Hélturik benintzátekian, je devais être arrivé ; *eskénturik benintzátekian*, j'aurais été, je devais être offert ;

Hélturikizun benintzátekian, j'aurais été, je devais avoir été offert.

CONDITIONNEL FUTUR ET POTENTIEL CONDITIONNEL.

J'arriverais et *je pourrais arriver.*

indéf.	hel néinte *et* nintáke *et* néinteke
masc.	hel níntek *et* nintákek,
fém.	hel nínten *et* nintáken,
resp.	hel níntézu *et* nintakézu.

Tu arriverais et *tu pourrais arriver.*

masc. et *fém.*	hel héinte *et* hintáke,
resp.	hel zínte *et* zintáke.

Il arriverait et *il pourrait arriver.*

indéf.	hel léite *et* léiteke,
masc.	hel lítek,
fém.	hel líten,
resp.	hel litézu.

Nous arriverions et *pourrions arriver.*

indéf.	hel gínte *et* gintáke,
masc.	hel gíntek *et* gintákek,
fém.	hel gínten *et* gintáken,
resp.	hel gintézu *et* gintakézu.

Vous arriveriez et *pourriez arriver.*

indéf.	hel zínteyé *et* zintakeyé.

Ils arriveraient et *pourraient arriver.*

indéf.	hel lite *et* litáke,
masc.	hel litákek,
fém.	hel litáken,
resp.	hel litakézu.

Je m'offrirais et *je pourrais m'offrir.*

indéf.	éskent néinte *et* nintáke,
masc.	éskent níntek *et* nintákek,
fém.	éskent nínten *et* nintáken,
resp.	éskent nintézu *et* nintakézu.

Tu t'offrirais et *tu pourrais t'offrir.*

masc. et *fém.*	éskent héinte *et* héinteke
resp.	éskent zínte *et* zintáke.

Il s'offrirait et *il pourrait s'offrir.*

indéf.	éskent léite *et* léiteke,
masc.	éskent lítek,
fém.	éskent líten,
resp.	éskent litézu.

Nous nous offririons et *pourrions nous offrir.*

indéf.	éskent gínte *et* gintáke,
masc.	éskent gíntek *et* gintákek,
fém.	éskent gínten *et* gintáken,
resp.	éskent gintézu *et* gintakézu.

Vous vous offririez et *pourriez vous offrir.*

indéf.	éskent zinteyé *et* zintakeyé.

Ils s'offriraient et *pourraient s'offrir.*

indéf.	éskent lite *et* litáke,
masc.	éskent litákek,
fém.	éskent litáken,
resp.	éskent litakézu.

Relations indirectes.

J'arriverais ou *pourrais arriver à toi.*

masc.	hel néinkik *et* nintákik,
fém.	hel néinkin *et* nintákin,
resp.	hel néinkizu *et* nintakizu.

J'arriverais à lui.

indéf.	hel néinkio *et* nintakió,
masc.	hel néinkiok *et* nintakiók,
fém.	hel néinkion *et* nintakion,
resp.	hel néinkiozu *et* nintakiozu.

Je m'offrirais ou *je pourrais m'offrir à toi.*

masc.	éskent néinkik *et* nintákik,
fém.	éskent néinkin *et* nintákin,
resp.	éskent néinkizu *et* nintakizu.

Je m'offrirais à lui.

indéf.	éskent néinkio *et* nintakió,
masc.	éskent néinkiok *et* nintakiók (1),
fém.	éskent néinkion *et* nintakion,
resp.	éskent néinkiozu *et* nintakiozu.

---

(1) On dit aussi : *ninkiók, ninkión, ninkiózu;* — *ninkiék, ninkién,* etc.

VOIX INTRANSITIVE.

J'arriverais à vous.   *Je m'offrirais à vous.*

indéf. hel néinkizie *et* nintakizie.   *indéf.* éskent néinkizie *et* nintakizie.

J'arriverais à eux.   *Je m'offrirais à eux.*

indéf. hel néinkie *et* nintakié,   *indéf.* éskent néinkie *et* nintakié,
masc. hel néinkiek *et* nintakiék,   *masc.* éskent néinkiek *et* nintakiék,
fém. hel néinkien *et* nintakién,   *fém.* éskent néinkien *et* nintakién,
resp. hel néinkiezu *et* nintakiézu.   *resp.* éskent néinkiezu *et* nintakiézu.

Tu arriverais et pourrais arriver à moi.   *Tu t'offrirais et tu pourrais t'offrir à moi.*

m. et f. hel héinkit *et* hintákit *ou* hintakídat   *m. et f.* éskent héinkit *et* hintákit,
resp. hel zenéinkit *et* zintákit *ou* zintakí-dat.   *resp.* éskent zenéinkit *et* zintákit.

Tu arriverais à lui.   *Tu t'offrirais à lui.*

masc. et fém. hel héinkio *et* hintakió,   *masc. et fém.* éskent héinkio *et* zintakió,
resp. hel zenéinkio *et* zintakió   *resp.* éskent zenéinkio *et* zintakió

Tu arriverais à nous.   *Tu t'offrirais à nous.*

masc. et fém. hel héinkigu *et* hintakigu,   *masc. et fém.* éskent héinkigu *et* hintakigu,
resp. hel zenéinkigu *et* zintakigu   *resp.* éskent zenéinkigu *et* zintakigu

Tu arriverais à eux.   *Tu t'offrirais à eux.*

m. et f. hel héinkie *et* hintakié.   *m. et f.* éskent héinkie *et* hintakié.

Il arriverait à moi et il pourrait arriver à moi.   *Il s'offrirait à moi et il pourrait s'offrir à moi.*

indéf. hel léikit *et* léitekit,   *indéf.* éskent léikit *et* léitekit,
masc. hel likidak,   *masc.* éskent likidak,
fém. hel likidan,   *fém.* éskent likidan,
resp. hel likidázu.   *resp.* éskent likidázu.

Il arriverait à toi.   *Il s'offrirait à toi.*

masc. hel léikik *et* léitekik,   *masc.* éskent léikik *et* léitekik,
fém. hel léikin *et* léitekin,   *fém.* éskent léikin,
resp. hel léikizu *et* léitekizu.   *resp.* éskent léikizu.

Il arriverait à lui.   *Il s'offrirait à lui.*

indéf. hel léikio *et* léitekio,   *indéf.* éskent léikio *et* léitekio,
masc. hel likiók *et* léitekiok,   *masc.* éskent likiók,
fém. hel likión *et* léitekion,   *fém.* éskent likión,
resp. hel likiózu *et* léitekiozu.   *resp.* éskent likiózu.

Il arriverait à nous.   *Il s'offrirait à nous.*

indéf. hel léikigu *et* léitekigu,   *indéf.* éskent léikigu *et* léitekigu,
masc. hel likiguk,   *masc.* éskent likiguk,
fém. hel likigun,   *fém.* éskent likigun,
resp. hel likigúzu.   *resp.* éskent likigúzu.

Il arriverait à vous.   *Il s'offrirait à vous.*

indéf. hel léikizie *et* léitekizie.   *indéf.* éskent léikizie *et* léitekizie.

CONDITIONNEL. — FUTUR.

Il arriverait à eux.

indéf.	hel léikie et léitekie,	
masc.	hel likiék et léitekiek,	
fém.	hel likién et léitekien,	
resp.	hel likiézu et léitekiezu.	

Il s'offrirait à eux.

indéf.	éskent léikie et léitekie,	
masc.	éskent likiék et léitekiek,	
fém.	éskent likién et léitekien,	
resp.	éskent likiézu et léitekiezu.	

Nous arriverions à toi et pourrions arriver à toi.

masc.	hel genéinkik et gintákik,
fém.	hel genéinkin et gintákin,
resp.	hel genéinkizu et gintakizu.

Nous nous offririons à toi et pourrions nous offrir à toi.

masc.	éskent genéinkik et gintákik,
fém.	éskent genéinkin et gintákin,
resp.	éskent genéinkizu et gintakizu.

Nous arriverions et pourrions arriver à lui.

indéf.	hel genéinkio et gintakió,
masc.	hel genéinkiok et gintakiók,
fém.	hel genéinkion et gintakión,
resp.	hel genéinkiozu et gintakiózu.

Nous nous offririons à lui.

indéf.	éskent genéinkio et gintakió,
masc.	éskent genéinkiok et gintakiók,
fém.	éskent genéinkion et gintakión,
resp.	éskent genéinkiozu et gintakiózu.

Nous arriverions à vous.

indéf.	hel genéinkizie et gintakizie.

Nous nous offririons à vous.

indéf.	éskent genéinkizie et gintakizie.

Nous arriverions à eux.

indéf.	hel genéinkie et gintakié.

Nous nous offririons à eux.

indéf.	éskent genéinkie et gintakié.

Vous arriveriez à moi et pourriez arriver à moi.

indéf.	hel zenéinkide et zintakidé.

Vous vous offririez à moi.

indéf.	éskent zenéinkide et zintakidé.

Vous arriveriez à lui.

indéf.	hel zenéinkoye et zintakióye.

Vous vous offririez à lui.

indéf.	éskent zenéinkoye et zintakióye.

Vous arriveriez à nous.

indéf.	hel zenéinkigie et zintakigié.

Vous vous offririez à nous.

indéf.	éskent zenéinkigie et zintakigié.

Vous arriveriez à eux.

indéf.	hel zenéinkeye et zintakieyé.

Vous vous offririez à eux.

indéf.	éskent zenéinkeye et zintakieyé.

Ils arriveraient à moi et pourraient arriver à moi.

indéf.	hel léizkit et litákit,
masc.	hel litikidak,
fém.	hel litikidan,
resp.	hel litikidátzu.

Ils s'offriraient à moi.

indéf.	éskent litákit,
masc.	éskent litikidak,
fém.	éskent litikidan,
resp.	éskent litikidátzu.

Ils arriveraient à toi.

masc.	hel léizkik et litákik,
fém.	hel léizkin et litákin,
resp.	hel léizkitzu et litakitzu.

Ils s'offriraient à toi.

masc.	éskent léizkik et litákik,
fém.	éskent léizkin et litákin,
resp.	éskent léizkitzu et litakitzu.

Ils arriveraient à lui.

indéf.	hel léizkio et litakió,
masc.	hel lizkiók et litakiók,
fém.	hel lizkión et litakión,
resp.	hel lizkiótzu et litakiótzu.

Ils s'offriraient à lui.

indéf.	éskent léizkio et litakió,
masc.	éskent lizkiók et litakiók,
fém.	éskent lizkión et litakión,
resp.	éskent lizkiótzu et litakiótzu.

VOIX INTRANSITIVE.

	Ils arriveraient à nous.		*Ils s'offriraient à nous.*
indéf.	hel léizkigu *et* litakigu,	*indéf.*	éskent léizkigu *et* litakigu,
masc.	hel léizkiguk *et* litakiguk,	*masc.*	éskent léizkiguk *et* litakiguk,
fém.	hel léizkigun *et* litakigun,	*fém.*	éskent léizkigun *et* litakigun,
resp.	hel léizkigutzu *et* litakigútzu.	*resp.*	éskent léizkigutzu *et* litakigútzu.

	Ils arriveraient à vous.		*Ils s'offriraient à vous.*
indéf.	hel léizkitzie *et* litakitzie.	*indéf.*	éskent léizkitzie *et* litakitzie

	Ils arriveraient à eux.		*Ils s'offriraient à eux.*
indéf.	hel léizkie *et* litakié,	*indéf.*	éskent léizkie *et* litakié,
masc.	hel lizkiék *et* litakiék,	*masc.*	éskent lizkiék *et* litakiék,
fém.	hel lizkién *et* litakién,	*fém.*	éskent lizkién *et* litakién,
resp.	hel lizkiétzu *et* litakiétzu.	*resp.*	éskent lizkiétzu *et* litakiétzu.

On conjugue de même le passif : il serait offert (dans le futur), *eskènturik izan léite;* il serait arrivé (dans le futur), *hélturik izan léite.* Il serait offert (dans le présent), se dit : *eskentúrik lizáte.*

CONDITIONNEL FUTUR ET POTENTIEL CONDITIONNEL.

FORME RÉGIE POSITIVE.

Je crois..... *Oúste dut....*

Que j'arriverais, que je pourrais arriver.
   indéf.   hel néintiala *et* néintekiala.

Que je m'offrirais, que je pourrais m'offrir.
   indéf.   éskent néintiala *et* nintakiála.

Que tu arriverais, que tu pourrais arriver.
   masc. et *fém.*   hel héintiala *et* héintekiala
   resp.   hel zinfakiála *et* zeñéintiala

Que tu t'offrirais, que tu pourrais t'offrir.
   masc. et *fém.*   éskent héintiala,
   resp.   éskent zintakiála.

Qu'il arriverait, qu'il pourrait arriver.
   indéf.   hel léitiala *et* léitekiala.

Qu'il s'offrirait, qu'il pourrait s'offrir.
   indéf.   éskent léitiala *et* léitekiala.

Que nous arriverions, que nous pourrions arriver.
   indéf.   hel gintiála *et* gintakiála.

Que nous nous offririons, que nous pourrions nous offrir.
   indéf.   éskent gintiála *et* gintakiála.

CONDITIONNEL. — FUTUR.

Que vous arriveriez, que vous pourriez arriver.

indéf. hel zinteyéla *et* zintakeyéla.

Qu'ils arriveraient, qu'ils pourraient arriver.

indéf. hel litakiála.

Que vous vous offririez, que vous pourriez vous offrir.

indéf. éskent zinteyéla *et* zintakeyéla.

Qu'ils s'offriraient, qu'ils pourraient s'offrir.

indéf. éskent litakiála.

Relations indirectes.

Que j'arriverais à toi, que je pourrais arriver à toi.

masc. hel nintakiyála *et* néinkiyala,
fém. hel nintakiñála *et* néinkiñala,
resp. hel nintakizúla *et* néinkizula.

Que j'arriverais à lui, que je pourrais arriver à lui.

indéf. hel nintakióla *et* néinkiola.

Que j'arriverais à vous, que je pourrais arriver à vous.

indéf. hel nintakiziéla *et* néinkiziela.

Que j'arriverais à eux, que je pourrais arriver à eux.

indéf. hel nintakiéla *et* néinkiela.

Que tu arriverais à moi, que tu pourrais arriver à moi.

masc. et fém. hel hintakidála *et* héinkidala,
resp. hel zintakidála *et* zenéinkidala

Que tu arriverais à lui, que tu pourrais arriver à lui.

masc. et fém. hel hintakióla *et* héinkiola,
resp. hel zintakióla *et* zenéinkiola.

Que tu arriverais à nous, que tu pourrais arriver à nous.

masc. et fém. hel hintakigúla *et* héinkigula,
resp. hel zintakigúla *et* zenéinkigula

Que tu arriverais à eux, que tu pourrais arriver à eux.

masc. et fém. hel hintakiéla *et* héinkiela,
resp. hel zintakiéla *et* zenéinkiela.

Qu'il arriverait à moi, qu'il pourrait arriver à moi.

indéf. hel léitekidala *et* léikidala.

Que je m'offrirais à toi, que je pourrais m'offrir à toi.

masc. éskent nintakiyála,
fém. éskent nintakiñála,
resp. éskent nintakizúla.

Que je m'offrirais à lui, que je pourrais m'offrir à lui.

indéf. éskent nintakióla.

Que je m'offrirais à vous, que je pourrais m'offrir à vous.

indéf. éskent nintakiziéla.

Que je m'offrirais à eux, que je pourrais m'offrir à eux.

indéf. éskent nintakiéla.

Que tu t'offrirais à moi, que tu pourrais t'offrir à moi.

masc. et fém. éskent hintakidála,
resp. éskent zintakidála.

Que tu t'offrirais à lui, que tu pourrais t'offrir à lui.

masc. et fém. éskent hintakióla,
resp. éskent zintakióla.

Que tu t'offrirais à nous, que tu pourrais t'offrir à nous.

masc. et fém. éskent hintakigúla,
resp. éskent zintakigúla.

Que tu t'offrirais à eux, que tu pourrais t'offrir à eux.

masc. et fém. éskent hintakiéla,
resp. éskent zintakiéla.

Qu'il s'offrirait à moi, qu'il pourrait s'offrir à moi.

indéf. éskent léitekidala *et* léikidala.

VOIX INTRANSITIVE.

Qu'il arriverait à toi, qu'il pourrait arriver à toi.

masc. hel léitekiyala *et* léikiyala,
fém. hel léitekiñala *et* léikiñala,
resp. hel léitekizula *et* léikizula.

Qu'il arriverait à lui, qu'il pourrait arriver à lui.

indéf. hel léitekiola *et* léikiola.

Qu'il arriverait à nous, qu'il pourrait arriver à nous.

indéf. hel léitekigula *et* léikigula.

Qu'il arriverait à vous, qu'il pourrait arriver à vous.

indéf. hel léitekiziela *et* léikiziela.

Qu'il arriverait à eux, qu'il pourrait arriver à eux.

indéf. hel léitekiela *et* léikiela.

Que nous arriverions à toi, que nous pourrions arriver à toi.

masc. hel gintakiyála *et* genéinkiyala,
fém. hel gintakiñála *et* genéinkiñala,
resp. hel gintakizúla *et* genéinkizula.

Que nous arriverions à lui, que nous pourrions arriver à lui.

indéf. hel gintakióla *et* genéinkiola.

Que nous arriverions à vous, que nous pourrions arriver à vous.

indéf. hel gintakiziéla *et* genéinkiziela.

Que nous arriverions à eux, que nous pourrions arriver à eux.

indéf. hel gintakiéla *et* genéinkiéla.

Que vous arriveriez à moi, que vous pourriez arriver à moi.

indéf. hel zintakidéla *et* zenéinkidela.

Que vous arriveriez à lui, que vous pourriez arriver à lui.

indéf. hel zintakióyela *et* zenéinkoyela.

Que vous arriveriez à nous, que vous pourriez arriver à nous.

indéf. hel zintakigiéla *et* zenéinkigiela.

Qu'il s'offrirait à toi, qu'il pourrait s'offrir à toi.

masc. éskent léitekiyala,
fém. éskent léitekiñala,
resp. éskent léitekizula.

Qu'il s'offrirait à lui, qu'il pourrait s'offrir à lui.

indéf. éskent léitekiola.

Qu'il s'offrirait à nous, qu'il pourrait s'offrir à nous.

indéf. éskent léitekigula.

Qu'il s'offrirait à vous, qu'il pourrait s'offrir à vous.

indéf. éskent léitekiziela.

Qu'il s'offrirait à eux, qu'il pourrait s'offrir à eux.

indéf. éskent léitekiela.

Que nous nous offririons à toi, que nous pourrions nous offrir à toi.

masc. éskent gintakiyála,
fém. éskent gintakiñála,
resp. éskent gintakizúla.

Que nous nous offririons à lui, que nous pourrions nous offrir à lui.

indéf. éskent gintakióla.

Que nous nous offririons à vous, que nous pourrions nous offrir à vous.

indéf. éskent gintakiziéla.

Que nous nous offririons à eux, que nous pourrions nous offrir à eux.

indéf. éskent gintakiéla.

Que vous vous offririez à moi, que vous pourriez vous offrir à moi.

indéf. éskent zintakidéla.

Que vous vous offririez à lui, que vous pourriez vous offrir à lui.

indéf. éskent zintakióyela.

Que vous vous offririez à nous, que vous pourriez vous offrir à nous.

indéf. éskent zintakigiéla.

Que vous arriveriez à eux, que vous pourriez arriver à eux.

indéf. hel zintakieyéla *et* zeneinkeyela.

Qu'ils arriveraient à moi, qu'ils pourraient arriver à moi.

indéf. hel léizkidala *et* litakidála.

Qu'ils arriveraient à toi, qu'ils pourraient arriver à toi.

masc. hel léizkiyala *et* litakiyála,
fém. hel léizkiñala *et* litakiñala,
resp. hel léizkitzula *et* litakitzúla.

Qu'ils arriveraient à lui, qu'ils pourraient arriver à lui.

indéf. hel léizkiola *et* litakióla.

Qu'ils arriveraient à nous, qu'ils pourraient arriver à nous.

indéf. hel léizkigiela *et* litakigiéla.

Qu'ils arriveraient à vous, qu'ils pourraient arriver à vous.

indéf. hel léizkitziela *et* litakitziéla.

Qu'ils arriveraient à eux, qu'ils pourraient arriver à eux.

indéf. hel léizkiéla *et* litakiéla.

Que vous vous offririez à eux, que vous pourriez vous offrir à eux.

indéf. éskent zintakieyéla.

Qu'ils s'offriraient à moi, qu'ils pourraient s'offrir à moi.

indéf. éskent litakidála.

Qu'ils s'offriraient à toi, qu'ils pourraient s'offrir à toi.

masc. éskent litakiyála,
fém. éskent litakiñala,
resp. éskent litakitzúla.

Qu'ils s'offriraient à lui, qu'ils pourraient s'offrir à lui.

indéf. éskent litakióla.

Qu'ils s'offriraient à nous, qu'ils pourraient s'offrir à nous.

indéf. éskent litakigiéla.

Qu'ils s'offriraient à vous, qu'ils pourraient s'offrir à vous.

indéf. éskent litakitziéla.

Qu'ils s'offriraient à eux, qu'ils pourraient s'offrir à eux.

indéf. éskent litakiéla.

CONDITIONNEL FUTUR ET POTENTIEL CONDITIONNEL.

FORME RÉGIE EXQUISITIVE.

Il m'a demandé quand,... jusqu'où... à qui... *Galthatu déit nóiz..., nórano... nóri,* etc.

J'arriverais ou je pourrais arriver.

indéf. hel néintian *et* néintakian.

Tu arriverais ou tu pourrais arriver.

masc. et fém. hel héintian *et* hintakian,
resp. hel zintakian *et* zeneintian

Je m'offrirais ou je pourrais m'offrir.

indéf. éskent néintian *et* nintakian.

Tu t'offrirais ou tu pourrais t'offrir.

masc. et fém. éskent héintian,
resp. éskent zintakian.

Il arriverait et *il pourrait arriver.*
indéf. hel léitian *et* léitekian.
Nous arriverions ou *pourrions arriver.*
indéf. hel gintakian *et* genéintian.
Vous arriveriez ou *pourriez arriver.*
indéf. hel zintakeyéla.
Ils arriveraient ou *pourraient arriver.*
indéf. hel litakiála.

Il s'offrirait et *il pourrait s'offrir.*
indéf. éskent léitian *et* léitekian.
Nous nous offririons ou *pourrions nous offrir*
indéf. éskent gintakian.
Vous vous offririez ou *pourriez vous offrir.*
indéf. éskent zintakeyéla.
Ils s'offriraient ou *pourraient s'offrir.*
indéf. éskent litakiála.

Relations indirectes.

J'arriverais à toi ou *je pourrais arriver à toi.*
   masc. hel néinkiyan *et* nintakiyán,
   fém. hel néinkiñan *et* nintakiñán,
   resp. hel néinkizun *et* nintakizun.

Je m'offrirais ou *pourrais m'offrir à toi.*
   masc. éskent néinkiyan,
   fém. éskent néinkiñan,
   resp. éskent néinkizun.

En changeant le *la* final de la forme positive en *n*, on aura tous les terminatifs de cette forme exquisitive.

On conjugue de même *helturik izan néintian*, je pourrais être arrivé ; *eskenturik izan néintian*, je pourrais être offert.

CONDITIONNEL FUTUR ET POTENTIEL CONDITIONNEL.

FORME D'INCIDENCE.

Comme.... lorsque.... auquel.... *Nóla.... nóiz-ere.... zoiñi....*

J'arriverais et *je pourrais arriver.*
   indéf. hel benéinte *et* benintáke.

Tu arriverais.
masc. et fém. hel behéinte *et* behintáke,
resp. hel beitzenéinte *et* beitzintáke

Il arriverait.
   indéf. hel beléite *et* beléiteke.

Je m'offrirais et *je pourrais m'offrir.*
   indéf. éskent benéinte *et* benéinteke.

Tu t'offrirais.
m. et f. éskent behéinte *et* behintáke,
resp. éskent beitzenéinte *et* beitzintáke

Il s'offrirait.
   indéf. éskent beléite *et* beléiteke.

CONDITIONNEL. — FUTUR.

	Nous arriverions.		Nous nous offririons.
indéf.	hel beikinte *et* beikintáke.	*indéf.*	éskent beikinte *et* beikintáke.
	Vous arriveriez.		Vous vous offririez.
indéf.	hel beitzinteyé *et* beitzintakeyé.	*indéf.*	éskent beitzinteyé *et* beitzintakeyé.
	Ils arriveraient.		Ils s'offriraient.
indéf.	hel belíte *et* belítáke.	*indéf.*	éskent belíte *et* belítáke.

Relations indirectes.

J'arriverais à toi et je pourrais arriver à toi.   *Je m'offrirais à toi.*

masc.	hel benéinkik *et* benintákik,	*masc.*	éskent benéinkik *et* benintákik,
fém.	hel benéinkin *et* benintákin,	*fém.*	éskent benéinkin *et* benintákin,
resp.	hel benéinkizu *et* benintakizu.	*resp.*	éskent benéinkizu *et* benintakizu.

J'arriverais à lui.   *Je m'offrirais à lui.*

indéf.	hel benéinkio *et* benintakió.	*indéf.*	éskent benéinkio *et* benintakió.

J'arriverais à vous.   *Je m'offrirais à vous.*

indéf.	hel benéinkizie *et* benintakizie.	*indéf.*	éskent benéinkizie *et* benintakizie.

J'arriverais à eux.   *Je m'offrirais à eux.*

indéf.	hel benéinkie *et* benintakié.	*indéf.*	éskent benéinkie *et* benintakié.

Tu arriverais à moi et tu pourrais arriver à moi.   *Tu t'offrirais à moi.*

m. et f.	hel behéinkit *et* behintákit,	*m. et f.*	éskent behéinkit *et* behintákit,
resp.	hel beitzenéinkit *et* beitzintákit.	*resp.*	éskent beitzenéinkit *et* beitzintákit.

Tu arriverais à lui.   *Tu t'offrirais à lui.*

m. et f.	hel behéinkio *et* behintakió,	*m. et f.*	éskent behéinkio *et* behintakió,
resp.	hel beitzenéinkio *et* beitzintakió.	*resp.*	éskent beitzenéinkio *et* beitzintakió.

Tu arriverais à nous.   *Tu t'offrirais à nous.*

m. et f.	hel behéinkigu *et* behintakigu,	*m. et f.*	éskent behéinkigu *et* behintakigu,
resp.	hel beitzenéinkigu *et* beitzintakigu.	*resp.*	éskent beitzenéinkigu *et* beitzintakigu.

Tu arriverais à eux.   *Tu t'offrirais à eux.*

m. et f.	hel behéinkie *et* behintakié,	*m. et f.*	éskent behéinkie *et* behintakié,
resp.	hel beitzenéinkie *et* beitzintakié.	*resp.*	éskent beitzenéinkie *et* beitzintakié.

Composer les autres terminatifs avec la préfixe *bei* et la forme capitale, suivant la règle de la page 6.

On conjugue de même, en changeant le nom verbal, *hélturik izan benéinte*, je serais arrivé ; *eskentúrik izan benéinte*, je serais offert (dans le futur) ; je serais offert (dans le présent) se dit, dans cette forme : *eskentúrik benintzáte*.

POTENTIEL.

PRÉSENT ET FUTUR.

Neutre.
Je peux arriver ou *je pourrai arriver.*

indéf. hel náite *et* náiteke *et* nitáke *et* nádi (1)
masc. hel nítek *et* nitákek,
fém. hel níten *et* nitáken,
resp. hel nitézu *et* nitakézu.

Tu peux ou *pourras arriver.*

m. et f. hel háite *et* háiteke *et* hitáke *et* hádi
resp. hel záite *et* záiteke *et* zitáke.

Il peut arriver.

indéf. hel dáite *et* dáiteke *et* dádi,
masc. hel dítek,
fém. hel díten,
resp. hel dítezu.

Nous pouvons arriver.

indéf. hel gíte *et* gáite *et* gitáke,
masc. hel gítek *et* gitákek,
fém. hel giten *et* gitáken,
resp. hel gitézu *et* gitakézu.

Vous pouvez arriver.

indéf. hel zaiteyé *et* zaitekeyé *et* zitakeyé.

Ils peuvent arriver.

indéf. hel ditáke *et* dite,
masc. hel ditákek,
fém. hel ditáken,
resp. hel ditakézu.

Réfléchi.
Je peux ou *pourrai m'offrir.*

indéf. éskent náite,
masc. éskent nitek,
fém. éskent niten,
resp. éskent nitézu.

Tu peux t'offrir.

m. et f. éskent háite,
resp. éskent záite.

Il peut s'offrir.

indéf. éskent dáite,
masc. éskent dítek,
fém. éskent díten,
resp. éskent dítezu.

Nous pouvons nous offrir.

indéf. éskent gite *et* gitáke,
masc. éskent gítek,
fém. éskent giten,
resp. éskent gitézu.

Vous pouvez vous offrir.

indéf. éskent zitakeyé.

Ils peuvent s'offrir.

indéf. éskent ditáke,
masc. éskent ditákek,
fém. éskent ditáken,
resp. éskent ditakézu.

Relations indirectes.

Je peux arriver à toi.

masc. hel nitákik,
fém. hel nitákin,
resp. hel nitakízu.

Je peux m'offrir à toi.

masc. éskent nitákik,
fém. éskent nitákin,
resp. éskent nitakízu.

---

(1) Les terminatifs *nádi, hádi, dódi* ne sont usités que précédés de la particule conditionnelle *ba*; *jén banádi*, si je peux venir; *hel-badádi*, s'il peut arriver; *éskent bahádi*, si tu peux t'offrir.

POTENTIEL. — PRÉSENT ET FUTUR.

Je peux arriver à lui.

indéf.	hel nitakió,
masc.	hel nitakiók,
fém.	hel nitakión,
resp.	hel nitakiózu.

Je peux arriver à vous.

indéf. hel nitakizie

Je peux arriver à eux.

indéf.	hel nitakié,
masc.	hel nitakiék,
fém.	hel nitakién,
resp.	hel nitakiézu.

Tu peux arriver à moi.

masc. et *fém.*	hel hitákit et hitakidat,
resp.	hel zitákit et zitakidat.

Tu peux arriver à lui.

masc. et *fém.*	hel hitakió,
resp.	hel zitakió.

Tu peux arriver à nous.

masc. et *fém.*	hel hitakigu,
resp.	hel zitakigu.

Tu peux arriver à eux.

masc. et *fém.*	hel hitakié,
resp.	hel zitakié.

Il peut arriver à moi.

indéf.	hel ditakidat et dakidat,
masc.	hel ditakidak et dakidak,
fém.	hel ditakidan et dakidan,
resp.	hel ditakidázu et dakidázu.

Il peut arriver à toi.

masc.	hel ditákik et dákik,
fém.	hel ditákin et dákin,
resp.	hel ditakizu et dakizu.

Il peut arriver à lui.

indéf.	hel ditakió et dakió,
masc.	hel ditakiók et dakiók,
fém.	hel ditakión et dakión,
resp.	hel ditakiózu et dakiózu.

Il peut arriver à nous.

indéf.	hel ditakigu et dakigu,
masc.	hel ditakiguk et dakiguk,
fém.	hel ditakigun et dakigun,
resp.	hel ditakigúzu et dakigúzu.

Je peux m'offrir à lui.

indéf.	éskent nitakió,
masc.	éskent nitakiók,
fém.	éskent nitakión,
resp.	éskent nitakiózu.

Je peux m'offrir à vous.

indéf. éskent nitakizie.

Je peux m'offrir à eux.

indéf.	éskent nitakié,
masc.	éskent nitakiék,
fém.	éskent nitakién,
resp.	éskent nitakiézu.

Tu peux t'offrir à moi.

masc. et *fém.*	éskent hitákit,
resp.	éskent zitákit.

Tu peux t'offrir à lui.

masc. et *fém.*	éskent hitakió,
resp.	éskent zitakió.

Tu peux t'offrir à nous.

masc. et *fém.*	éskent hitakigu,
resp.	éskent zitakigu.

Tu peux t'offrir à eux.

masc. et *fém.*	éskent hitakié,
resp.	éskent zitakié.

Il peut s'offrir à moi.

indéf.	éskent ditakidat,
masc.	éskent ditakidak,
fém.	éskent ditakidan,
resp.	éskent ditakidázu.

Il peut s'offrir à toi.

masc.	éskent ditákik,
fém.	éskent ditákin,
resp.	éskent ditakizu.

Il peut s'offrir à lui.

indéf.	éskent ditakió,
masc.	éskent ditakiók,
fém.	éskent ditakión,
resp.	éskent ditakiózu.

Il peut s'offrir à nous.

indéf.	éskent ditakigu,
masc.	éskent ditakiguk,
fém.	éskent ditakigun,
resp.	éskent ditakigúzu.

VOIX INTRANSITIVE.

Il peut arriver à vous.

indéf. hel ditakizie et dakizie.

Il peut arriver à eux.

indéf. hel ditakié et dakié,
masc. hel ditakiék et dakiék,
fém. hel ditakién et dakién,
resp. hel ditakiézu et dakiézu.

Nous pouvons arriver à toi.

masc. hel gitákik,
fém. hel gitákin,
resp. hel gitakizu.

Nous pouvons arriver à lui.

indéf. hel gitakió,
masc. hel gitakiók,
fém. hel gitakión,
resp. hel gitakiózu.

Nous pouvons arriver à vous.

indéf. hel gitakizie.

Nous pouvons arriver à eux.

indéf. hel gitakié,
masc. hel gitakiék,
fém. hel gitakién,
resp. hel gitakiézu.

Vous pouvez arriver à moi.

indéf. hel zitakidayé et zitakidé.

Vous pouvez arriver à lui.

indéf. hel zitakioyé.

Vous pouvez arriver à nous.

indéf. hel zitakiguyé.

Vous pouvez arriver à eux.

indéf. hel zitakieyé.

Ils peuvent arriver à moi.

indéf. hel ditakiztat et dakiztat,
masc. hel ditakiztak et dakiztak,
fém. hel ditakiztan et dakiztan,
resp. hel ditakiztátzu et dakiztátzu.

Ils peuvent arriver à toi.

masc. hel ditakitzak et dakitzak,
fém. hel ditakitzan et dakitzan,
resp. hel ditakitzu et dakitzu.

Il peut s'offrir à vous.

indéf. éskent ditakizie et dakizie.

Il peut s'offrir à eux.

indéf. éskent ditakié et dakié,
masc. éskent ditakiék et dakiék,
fém. éskent ditakién et dakién,
resp. éskent ditakiézu et dakiézu.

Nous pouvons nous offrir à toi.

masc. éskent gitákik,
fém. éskent gitákin,
resp. éskent gitakizu.

Nous pouvons nous offrir à lui.

indéf. éskent gitakió,
masc. éskent gitakiók,
fém. éskent gitakión,
resp. éskent gitakiózu.

Nous pouvons nous offrir à vous.

indéf. éskent gitakizie.

Nous pouvons nous offrir à eux.

indéf. éskent gitakié,
masc. éskent gitakiék,
fém. éskent gitakién,
resp. éskent gitakiézu.

Vous pouvez vous offrir à moi.

indéf. éskent zitakidayé et zitakidé.

Vous pouvez vous offrir à lui.

indéf. éskent zitakioyé.

Vous pouvez vous offrir à nous.

indéf. éskent zitakiguyé.

Vous pouvez vous offrir à eux.

indéf. éskent zitakieyé.

Ils peuvent s'offrir à moi.

indéf. éskent ditakiztat,
masc. éskent ditakiztak,
fém. éskent ditakiztan,
resp. éskent ditakiztátzu.

Ils peuvent s'offrir à toi.

masc. éskent ditakitzak,
fém. éskent ditakitzan,
resp. éskent ditakitzu.

POTENTIEL. — PRÉSENT ET FUTUR.

Ils peuvent arriver à lui.

- *indéf.* hel ditakitzó *et* dakitzó,
- *masc.* hel ditakitzók *et* dakitzók,
- *fém.* hel ditakitzón *et* dakitzón,
- *resp.* hel ditakitzótzu *et* dakitzótzu.

Ils peuvent arriver à nous.

- *indéf.* hel ditakizku *et* dakizku,
- *masc.* hel ditakizkuk *et* dakizkuk,
- *fém.* hel ditakizkun *et* dakizkun,
- *resp.* hel ditakizkutzu *et* dakizkutzu.

Ils peuvent arriver à vous.

- *indéf.* hel ditakitzie *et* dakitzie.

Ils peuvent arriver à eux.

- *indéf.* hel ditakitzé *et* dakitzé,
- *masc.* hel ditakitzék *et* dakitzék,
- *fém.* hel ditakitzén *et* dakitzén,
- *resp.* hel ditakitzétzu *et* dakitzétzu.

Ils peuvent s'offrir à lui.

- *indéf.* éskent ditakitzó *et* dakitzó,
- *masc.* éskent ditakitzók,
- *fém.* éskent ditakitzón,
- *resp.* éskent ditakitzótzu.

Ils peuvent s'offrir à nous.

- *indéf.* éskent ditakizku *et* dakizku,
- *masc.* éskent ditakizkuk,
- *fém.* éskent ditakizkun,
- *resp.* éskent ditakizkutzu.

Ils peuvent s'offrir à vous.

- *indéf.* éskent ditakitzie.

Ils peuvent s'offrir à eux.

- *indéf.* éskent ditakitzé *et* dakitzé,
- *masc.* éskent ditakitzék,
- *fém.* éskent ditakitzén,
- *resp.* éskent ditakitzétzu.

Conjuguez de même, en changeant le nom verbal, le présent absolu du potentiel : *hélturik izan náite*, je peux être arrivé ; *eskentúrik izan náite*, je peux être offert.

POTENTIEL. — PRÉSENT ET FUTUR.

FORME RÉGIE POSITIVE.

Il croit..... on lui a dit..... *Ousté du..... erran déyoe.....*

Que je peux arriver.

- *indéf.* hel náitiala *et* nitakiála.

Que tu peux arriver.

- *masc. et fém.* hel háitiala *et* hitakiála,
- *resp.* hel zitakiála *et* záitiala.

Qu'il peut arriver.

- *indéf.* hel dáitiala *et* daitekiála.

Que je peux m'offrir.

- *indéf.* éskent náitiala.

Que tu peux t'offrir.

- *masc. et fém.* éskent háitiala,
- *resp.* éskent zitakiála.

Qu'il peut s'offrir.

- *indéf.* éskent dáitiala.

Que nous pouvons arriver.
indéf. hel gitakiéla *et* gáitiala.
Que vous pouvez arriver.
indéf. hel zitakeyéla *et* záiteyela.
Qu'ils peuvent arriver.
indéf. hel ditákiála *et* ditiála.

Que nous pouvons nous offrir.
indéf. éskent gitakiála.
Que vous pouvez vous offrir.
indéf. éskent zitakeyéla.
Qu'ils peuvent s'offrir.
indéf. éskent ditakiála.

Relations indirectes.

Que je peux arriver à toi.
masc. hel nitakiyála,
fém. hel nitakiñála,
resp. hel nitakizúla.
Que je peux arriver à lui.
indéf. hel nitakióla.
Que je peux arriver à vous.
indéf. hel nitakiziéla.
Que je peux arriver à eux.
indéf. hel nitakiéla.
Que tu peux arriver à moi.
masc. et fém. hel hitakidála,
resp. hel zitakidála.
Que tu peux arriver à lui.
masc. et fém. hel hitakióla,
resp. hel zitakióla.
Que tu peux arriver à nous.
masc. et fém. hel hitakigúla,
resp. hel zitakigúla.
Que tu peux arriver à eux.
masc. et fém. hel hitakiéla,
resp. hel zitakiéla.
Qu'il peut arriver à moi.
indéf. hel ditakidála.
Qu'il peut arriver à toi.
masc. hel ditakiyála,
fém. hel ditakiñála,
resp. hel ditakizúla.

Que je peux m'offrir à toi.
masc. éskent nitakiyála,
fém. éskent nitakiñála,
resp. éskent nitakizúla.
Que je peux m'offrir à lui.
indéf. éskent nitakióla.
Que je peux m'offrir à vous.
indéf. éskent nitakiziéla.
Que je peux m'offrir à eux.
indéf. éskent nitakiéla.
Que tu peux t'offrir à moi.
masc. et fém. éskent hitakidála,
resp. éskent zitakidála.
Que tu peux t'offrir à lui.
masc. et fém. éskent hitakióla,
resp. éskent zitakióla.
Que tu peux t'offrir à nous.
masc. et fém. éskent hitakigúla,
resp. éskent zitakigúla.
Que tu peux t'offrir à eux.
masc. et fém. éskent hitakiéla,
resp. éskent zitakiéla.
Qu'il peut s'offrir à moi.
indéf. éskent ditakidála.
Qu'il peut s'offrir à toi.
masc. éskent ditakiyála,
fém. éskent ditakiñála,
resp. éskent ditakizúla.

POTENTIEL. — PRÉSENT ET FUTUR.

Qu'il peut arriver à lui.
indéf. hel ditakióla.

Qu'il peut arriver à nous.
indéf. hel ditakigúla.

Qu'il peut arriver à vous.
indéf. hel ditakiziéla.

Qu'il peut arriver à eux.
indéf. hel ditakiéla.

Que nous pouvons arriver à toi.
masc. hel gitakiyála,
fém. hel gitakiñála,
resp. hel gitakizúla.

Que nous pouvons arriver à lui.
indéf. hel gitakióla.

Que nous pouvons arriver à vous.
indéf. hel gitakiziéla.

Que nous pouvons arriver à eux.
indéf. hel gitakiéla.

Que vous pouvez arriver à moi.
indéf. hel zitakidayéla.

Que vous pouvez arriver à lui.
indéf. hel zitakióyela.

Que vous pouvez arriver à nous.
indéf. hel zitakiguyela.

Que vous pouvez arriver à eux.
indéf. hel zitakiéyela.

Qu'ils peuvent arriver à moi.
indéf. hel ditakiztadala.

Qu'ils peuvent arriver à toi.
masc. hel ditakitzayála,
fém. hel ditakitzañála,
resp. hel ditakitzúla.

Qu'ils peuvent arriver à lui.
indéf. hel ditakitzóla.

Qu'il peut s'offrir à lui.
indéf. éskent ditakióla.

Qu'il peut s'offrir à nous.
indéf. éskent ditakigúla.

Qu'il peut s'offrir à vous.
indéf. éskent ditakiziéla.

Qu'il peut s'offrir à eux.
indéf. éskent ditakiéla.

Que nous pouvons nous offrir à toi.
masc. éskent gitakiyála,
fém. éskent gitakiñála,
resp. éskent gitakizúla.

Que nous pouvons nous offrir à lui.
indéf. éskent gitakióla.

Que nous pouvons nous offrir à vous.
indéf. éskent gitakiziéla.

Que nous pouvons nous offrir à eux.
indéf. éskent gitakiéla.

Que vous pouvez vous offrir à moi.
indéf. éskent zitakidayéla.

Que vous pouvez vous offrir à lui.
indéf. éskent zitakióyela.

Que vous pouvez vous offrir à nous.
indéf. éskent zitakiguyela.

Que vous pouvez vous offrir à eux.
indéf. éskent zitakiéyela.

Qu'ils peuvent s'offrir à moi.
indéf. éskent ditakiztadala.

Qu'ils peuvent s'offrir à toi.
masc. éskent ditakitzayála,
fém. éskent ditakitzañála,
resp. éskent ditakitzúla.

Qu'ils peuvent s'offrir à lui.
indéf. éskent ditakitzóla.

Qu'ils peuvent arriver à nous.	*Qu'ils peuvent s'offrir à nous.*
indéf. hel ditakizkúla.	*indéf.* éskent ditakizkúla.
Qu'ils peuvent arriver à vous.	*Qu'ils peuvent s'offrir à vous.*
indéf. hel ditakitziéla.	*indéf.* éskent ditakitziéla.
Qu'ils peuvent arriver à eux.	*Qu'ils peuvent s'offrir à eux.*
indéf. hel ditakitzéla.	*indéf.* éskent ditakitzéla.

Conjuguez avec les mêmes terminatifs, *héliurik izan náitiala*, que je puis être arrivé ; *eskentúrik izan náitiala*, que je peux être offert.

FORME RÉGIE EXQUISITIVE.

Il veut savoir quand... à qui... jusqu'où... comment, etc... *Nahi du jakin nóiz.... nóri... nórano... nóla*, etc...

Je peux arriver.	*Je peux m'offrir.*
indéf. hel náitian *ou* nitakian.	*indéf.* éskent náitian.
Tu peux arriver.	*Tu peux t'offrir.*
masc. et fém. hel háitian *ou* hitakian,	*masc. et fém.* éskent háitian,
resp. hel zitakian.	*resp.* éskent zitakian.
Il peut arriver.	*Il peut s'offrir.*
indéf. hel dáitian *et* daitekian.	*indéf.* éskent dáitian.
Nous pouvons arriver.	*Nous pouvons nous offrir.*
indéf. hel gitakian.	*indéf.* éskent gitakian.
Vous pouvez arriver.	*Vous pouvez vous offrir.*
indéf. hel zitakeyén.	*indéf.* éskent zitakeyén.
Ils peuvent arriver.	*Ils peuvent s'offrir.*
indéf. hel ditakian.	*indéf.* éskent ditakian.

Relations indirectes.

Je peux arriver à toi.	*Je peux m'offrir à toi.*
masc. hel nitakiyán,	*masc.* éskent nitakiyán,
fém. hel nitakinán,	*fém.* éskent nitakinán,
resp. hel nitakizun.	*resp.* éskent nitakizun.
Je peux arriver à lui.	*Je peux m'offrir à lui.*
indéf. hel nitakión.	*indéf.* éskent nitakión.
Je peux arriver à vous.	*Je peux m'offrir à vous.*
indéf. hel nitakizien.	*indéf.* éskent nitakizien.

On obtiendra tous les terminatifs de cette forme pour les relations indirectes en changeant le *la* final de la forme précédente en *n*.

On conjugue avec les mêmes terminatifs, *héliurik izan náitian*, je puis être arrivé ; *eskentúrik izan náitian*, je puis être offert.

POTENTIEL. — PRÉSENT ET FUTUR.

FORME D'INCIDENCE.

Lorsque... comme... auquel... où... parce que, etc... *Nóiz-ere... nóla... zóiñi... non nóra... zéren*, etc...

	Je peux arriver.		*Je peux m'offrir.*
indéf.	hel benáite *et* benáiteke.	*indéf.*	éskent benáite.
	Tu peux arriver.		*Tu peux t'offrir.*
masc. et fém.	hel beháite *et* beháiteke,	*masc. et fém.*	éskent beháite,
resp.	hel beitzitáke.	*resp.*	éskent beitzitáke.
	Il peut arriver.		*Il peut s'offrir.*
indéf.	hel beitáite *et* beitáiteke.	*indéf.*	éskent beitáite.
	Nous pouvons arriver.		*Nous pouvons nous offrir.*
indéf.	hel beikitáke *et* beikáite.	*indéf.*	éskent beikitáke.
	Vous pouvez arriver.		*Vous pouvez vous offrir.*
indéf.	hel beitzitakeyé *et* beitzitayé.	*indéf.*	éskent beitzitakeyé.
	Ils peuvent arriver.		*Ils peuvent s'offrir.*
indéf.	hel beititáke *et* beitite.	*indéf.*	éskent beititáke.

Relations indirectes.

	Je peux arriver à toi		*Je peux m'offrir à toi.*
masc.	hel benitákik,	*masc.*	éskent benitákik,
fém.	hel benitákin,	*fém.*	éskent benitákin,
resp.	hel benitakízu.	*resp.*	éskent benitakízu.

Voir les autres terminatifs aux tableaux, page 183.

On conjugue avec les mêmes terminatifs, *helturik izan benáite*, je peux être arrivé ; *eskentúrik izan benáite*, je puis être offert.

VOIX INTRANSITIVE.

POTENTIEL. — PASSÉ.

Neutre.

Je pouvais arriver et j'aurais pu arriver.

indéf.	hel nintakian *et* néintekian, (1)
masc.	hel nintakeyán,
fém.	hel nintakeñán,
resp.	hel nintakézun.

Tu pouvais arriver.

masc. et fém.	hel hintakian *et* héintekian
resp.	hel zintakian.

Il pouvait arriver.

indéf.	hel záitekian *et* zitakian,
masc.	hel zitakeyán,
fém.	hel zitakeñán,
resp.	hel zitakézun.

Nous pouvions arriver.

indéf.	hel gintakian,
masc.	hel gintakeyán,
fém.	hel gintakeñán,
resp.	hel gintakézun.

Vous pouviez arriver.

indéf.	hel zintakeyén *et* zintakén.

Ils pouvaient arriver.

indéf.	hel zitakien *et* zitakán,
masc.	hel zitakéyan,
fém.	hel zitakéñan,
resp.	hel zitakézun.

Réfléchi.

Je pouvais m'offrir et j'aurais pu m'offrir.

indéf.	éskent nintakian,
masc.	éskent nintakeyán,
fém.	éskent nintakeñán,
resp.	éskent nintakézun.

Tu pouvais t'offrir.

masc. et fém.	éskent hintakian,
resp.	éskent zintakian,

Il pouvait s'offrir.

indéf.	éskent záitekian,
masc.	éskent zitakeyán,
fém.	éskent zitakeñán,
resp.	éskent zitakézun.

Nous pouvions nous offrir.

indéf.	éskent gintakian,
masc.	éskent gintakeyán,
fém.	éskent gintakeñán,
resp.	éskent gintakézun.

Vous pouviez vous offrir.

indéf.	éskent zintakeyén.

Ils pouvaient s'offrir.

indéf.	éskent zitakien,
masc.	éskent zitakéyan,
fém.	éskent zitakéñan,
resp.	éskent zitakézun.

Relations indirectes.

Je pouvais arriver à toi.

masc.	hel nintakéiyan,
fém.	hel nintakéiñan,
resp.	hel nintakéizun.

Je pouvais m'offrir à toi.

masc.	éskent nintakéiyan,
fém.	éskent nintakéiñan,
resp.	éskent nintakéizun.

---

(1) On dit aussi : *néintian, héintian, zéitian,* etc., mais rarement.

POTENTIEL. — PASSÉ.

Je pouvais arriver à lui.

indéf. hel nintakión *et* nintakéyon,
masc. hel nintakióyan,
fém. hel nintakióñan,
resp. hel nintakiózun.

Je pouvais arriver à vous.

indéf. hel nintakéizien.

Je pouvais arriver à eux.

indéf. hel nintakién *et* nintakéyen,
masc. hel nintakiéyan,
fém. hel nintakiéñan,
resp. hel nintakiézun.

Tu pouvais arriver à moi.

masc. et *fém.* hel hintakédan,
resp. hel zintakédan.

Tu pouvais arriver à lui.

masc. et *fém.* hel hintakión,
resp. hel zintakión.

Tu pouvais arriver à nous.

masc. et *fém.* hel hintakégun,
resp. hel zintakégun.

Tu pouvais arriver à eux.

masc. et *fém.* hel hintakién,
resp. hel zintakién.

Il pouvait arriver à moi.

indéf. hel zitakédan,
masc. hel zitakedán *et* zitakedayán,
fém. hel zitakedañán,
resp. hel zitakedázun.

Il pouvait arriver à toi.

masc. hel zitakéiyan,
fém. hel zitakéiñan,
resp. hel zitakéizun.

Il pouvait arriver à lui.

indéf. hel zitakión,
masc. hel zitakióyan,
fém. hel zitakióñan,
resp. hel zitakiózun.

Il pouvait arriver à nous.

indéf. hel zitakégun,
masc. hel zitakegián *et* zitakeguyán,
fém. hel zitakeguñán,
resp. hel zitakegúzun.

Je pouvais m'offrir à lui.

indéf. éskent nintakión *et* nintakéyon,
masc. éskent nintakióyan,
fém. éskent nintakióñan,
resp. éskent nintakiózun.

Je pouvais m'offrir à vous.

indéf. éskent nintakéizien.

Je pouvais m'offrir à eux.

indéf. éskent nintakién *et* nintakéyen,
masc. éskent nintakiéyan,
fém. éskent nintakiéñan,
resp. éskent nintakiézun.

Tu pouvais t'offrir à moi.

masc. et *fém.* éskent hintakédan,
resp. éskent zintakédan.

Tu pouvais t'offrir à lui.

masc. et *fém.* éskent hintakión,
resp. éskent zintakión.

Tu pouvais t'offrir à nous.

masc. et *fém.* éskent hintakégun,
resp. éskent zintakégun.

Tu pouvais t'offrir à eux.

masc. et *fém.* éskent hintakién,
resp. éskent zintakién.

Il pouvait s'offrir à moi.

indéf. éskent zitakédan,
masc. éskent zitakedán,
fém. éskent zitakedañán,
resp. éskent zitakedázun.

Il pouvait s'offrir à toi.

masc. éskent zitakéiyan,
fém. éskent zitakéiñan,
resp. éskent zitakéizun.

Il pouvait s'offrir à lui.

indéf. éskent zitakión,
masc. éskent zitakióyan,
fém. éskent zitakióñan,
resp. éskent zitakiózun.

Il pouvait s'offrir à nous.

indéf. éskent zitakégun,
masc. éskent zitakegián,
fém. éskent zitakeguñán,
resp. éskent zitakegúzun.

VOIX INTRANSITIVE.

Il pouvait arriver à vous.

indéf.   hel zitakéizien.

Il pouvait arriver à eux.

indéf.   hel zitakién *et* zitakéyen,
masc.   hel zitakiéyan,
fém.   hel zitakiéñan,
resp.   hel zitakiézun.

Nous pouvions arriver à toi.

masc.   hel gintakéiyan,
fém.   hel gintakéiñan,
resp.   hel gintakéizun.

Nous pouvions arriver à lui.

indéf.   hel gintakión,
masc.   hel gintakióyan,
fém.   hel gintakióñan,
resp.   hel gintakiózun.

Nous pouvions arriver à vous.

indéf.   hel gintakéizieu.

Nous pouvions arriver à eux.

indéf.   hel gintakién *et* gintakeyén,
masc.   hel gintakiéyan,
fém.   hel gintakiéñan,
resp.   hel gintakiézun.

Vous pouviez arriver à moi.

indéf.   hel zintakedén.

Vous pouviez arriver à lui.

indéf.   hel zintakióyen.

Vous pouviez arriver à nous.

indéf.   hel zintakegién.

Vous pouviez arriver à eux.

indéf.   hel zintakiéyen.

Ils pouvaient arriver à moi.

indéf.   hel zitazkédan *et* zitakiédan,
masc.   hel zitazkedán *et* zitakedayán,
fém.   hel zitazkedañán,
resp.   hel zitazkedátzun.

Ils pouvaient arriver à toi.

masc.   hel zitazkéiyan *et* zitakiéiyan,
fém.   hel zitazkéiñan,
resp.   hel zitazkéitzun.

Il pouvait s'offrir à vous.

indéf.   éskent zitakéizien.

Il pouvait s'offrir à eux.

indéf.   éskent zitakéyen,
masc.   éskent zitakiéyan,
fém.   éskent zitakiéñan,
resp.   éskent zitakiézun.

Nous pouvions nous offrir à toi.

masc.   éskent gintakéiyan,
fém.   éskent gintakéiñan,
resp.   éskent gintakéizun.

Nous pouvions nous offrir à lui.

indéf.   éskent gintakión,
masc.   éskent gintakióyan,
fém.   éskent gintakióñan,
resp.   éskent gintakiózun.

Nous pouvions nous offrir à vous.

indéf.   éskent gintakéizien.

Nous pouvions nous offrir à eux.

indéf.   éskent gintakeyén,
masc.   éskent gintakiéyan,
fém.   éskent gintakiéñan,
resp.   éskent gintakiézun.

Vous pouviez vous offrir à moi.

indéf.   éskent zintakedén.

Vous pouviez vous offrir à lui.

indéf.   éskent zintakióyen.

Vous pouviez vous offrir à nous.

indéf.   éskent zintakegién.

Vous pouviez vous offrir à eux.

indéf.   éskent zintakiéyen.

Ils pouvaient s'offrir à moi.

indéf.   éskent zitazkédan,
masc.   éskent zitazkedán,
fém.   éskent zitazkedañán,
resp.   éskent zitazkedátzun.

Ils pouvaient s'offrir à toi.

masc.   éskent zitazkéiyan,
fém.   éskent zitazkéiñan,
resp.   éskent zitazkéitzun.

POTENTIEL. — PASSÉ.

Ils pouvaient arriver à lui.

indéf. hel zitazkión *et* zitakiéyon,
masc. hel zitazkióyan,
fém. hel zitazkióñan,
resp. hel zitazkiótzun.

Ils pouvaient arriver à nous.

indéf. hel zitazkégun *et* zitakiégun,
masc. hel zitazkegián *et* guyán,
fém. hel zitazkeguñán,
resp. hel zitazkegútzun.

Ils pouvaient arriver à vous.

indéf. hel zitazkéitzien *et* zitazketzien.

Ils pouvaient arriver à eux.

indéf. hel zitazkéyen *et* zitazkién *et* zitaké-
masc. hel zitazkiéyan,   yen,
fém. hel zitazkiéñan,
resp. hel zitazkiétzun.

Ils pouvaient s'offrir à lui.

indéf. éskent zitazkión,
masc. éskent zitazkióyan,
fém. éskent zitazkióñan,
resp. éskent zitazkiótzun.

Ils pouvaient s'offrir à nous.

indéf. éskent zitazkégun,
masc. éskent zitazkegián,
fém. éskent zitazkeguñán,
resp. éskent zitazkegútzun.

Ils pouvaient s'offrir à vous.

indéf. éskent zitazkéitzien.

Ils pouvaient s'offrir à eux.

indéf. éskent zitazkién,
masc. éskent zitazkiéyan,
fém. éskent zitazkiéñan,
resp. éskent zitazkiétzun.

On conjugue avec les mêmes terminatifs, *jóan izan záitekian*, il pouvait être allé, il aurait pu avoir été ; *eskéntu izan záitekian*, il pouvait s'être offert; *joánik izan záitekian*, il pouvait être allé ; *eskentúrik izan záitekian*, il pouvait être offert.

FORME RÉGIE POSITIVE.

Il a dit.... il croit.... *Erran du....* ousté du....

Que je pouvais arriver et que j'aurais pu arriver.

indéf. hel nintakiála.

Que tu pouvais arriver.

masc. et fém. hel hintakiála,
resp. hel zintakiála.

Qu'il pouvait arriver.

indéf. hel záitekiála.

Que nous pouvions arriver.

indéf. hel gintakiála.

Que je pouvais et aurais pu m'offrir.

indéf. éskent nintakiála.

Que tu pouvais t'offrir.

masc. et fém. éskent hintakiála,
resp. éskent zintakiála.

Qu'il pouvait s'offrir.

indéf. éskent záitekiála.

Que nous pouvions nous offrir.

indéf. éskent gintakiála.

Que vous pouviez arriver.   *Que vous pouviez vous offrir.*
indéf.   hel zintakéla *et* zintakeyéla.   *indéf.*   éskent zintakéla *et* zintakeyéla.

Qu'ils pouvaient arriver.   *Qu'ils pouvaient s'offrir.*
indéf.   hel zitakéla *et* zitakeyéla.   *indéf.*   éskent zitakéla *et* zitakeyéla.

Relations indirectes.

Que je pouvais arriver à toi.   *Que je pouvais m'offrir à toi.*
masc.   hel nintakéiyala,   *masc.*   éskent nintakéiyala,
fém.   hel nintakéiñala,   *fém.*   éskent nintakéiñala,
resp.   hel nintakéizula.   *resp.*   éskent nintakéizula.

Que je pouvais arriver à lui.   *Que je pouvais m'offrir à lui.*
indéf.   hel nintakióla.   *indéf.*   éskent nintakióla.

En changeant le *n* final de la forme capitale en *la*, on aura tous les terminatifs de cette forme ; voir autrement aux tableaux, page 193.

On conjugue avec les mêmes terminatifs, *hélturik izan nintakiála*, que je pouvais être arrivé ; *eskentúrik izan nintakiála*, que je pouvais être offert.

FORME D'INCIDENCE.

Comme... lorsque... là où... parce que, etc... *Nóla... nóiz-ere... nón-ere... zéren*, etc...

Je pouvais arriver et j'aurais pu arriver.   *Je pouvais m'offrir.*
indéf.   hel benintakian.   *indéf.*   éskent benintakian.

Tu pouvais arriver.   *Tu pouvais t'offrir.*
masc. et fém.   hel behintakían,   *masc. et fém.*   éskent behintakían,
resp.   hel beitzintakían.   *resp.*   éskent beitzintakian.

Il pouvait arriver.   *Il pouvait s'offrir.*
indéf.   hel beitzáitekian *et* beitzitakian.   *indéf.*   éskent beitzaitekían.

Nous pouvions arriver.   *Nous pouvions nous offrir.*
indéf.   hel beikintakian.   *indéf.*   éskent beïkintakian.

Vous pouviez arriver.   *Vous pouviez vous offrir.*
indéf.   hel beitzintakén *et* keyén.   *indéf.*   éskent beitzintakén.

POTENTIEL. — PASSÉ.

Ils pouvaient arriver.
indef. hel beitzitakén *et* beitzitakièn.

Ils pouvaient s'offrir.
indéf. éskent beitzitakén.

Relations indirectes.

Je pouvais arriver à toi.
masc. hel benintakéiyan,
fém. hel benintakéiñan,
resp. hel benintakéizun.

Je pouvais m'offrir à toi.
masc. éskent benintakéiyan,
fém. éskent benintakéiñan,
resp. éskent benintakéizun.

Je pouvais arriver à lui.
indéf. hel benintakión.

Je pouvais m'offrir à lui.
indéf. éskent benintakión.

Voir pour les autres terminatifs aux tableaux, page 193 ; ou bien les composer avec la forme capitale et la préfixe *bei*.

On conjugue avec les mêmes terminatifs, *héltu izan benintakian*, je pouvais être arrivé, j'aurais pu être arrivé ; *eskéntu izan benintakian*, je pouvais m'être offert ; *hélturik izan benintakian*, je pouvais être arrivé ; *eskentúrik izan benintakian*, je pouvais être offert.

FORME SIMPLE CONDITIONNÉE DU POTENTIEL PRÉSENT.

Nous avons donné, dans la conjugaison, trois manières de rendre le potentiel présent de la voix transitive : *dezáke*, *dióke* et *diro* ; il en existe une quatrième qui n'est plus usitée dans sa forme simple, mais qui l'est beaucoup précédée de la particule conditionnelle *ba* ; c'est *déza*, *dezé*, *dezázu*, *dezazie*, *dézat*, *dezágu*. Cette forme est employée pour exprimer le potentiel présent conditionné : *éman badézat*, si je peux donner ; *éman badezázu*, si vous pouvez donner. Elle n'est pas nécessaire, puisqu'on dit aussi bien, pour exprimer le potentiel présent conditionné : *éman badezáket*, si je peux donner ; *éman badezakézu*, si vous pouvez donner, etc. Néanmoins, dès lors qu'elle existe dans le langage, nous ne pourrions omettre de la donner, au moins en forme d'appendice, sans laisser notre travail incomplet ; d'autant qu'il est possible que cette forme soit la forme pure du potentiel présent, et que *dezáke*, qui en dérive, exprimât dans l'origine seulement le futur du potentiel, quoique aujourd'hui il exprime les deux temps dans tous les dialectes.

POTENTIEL PRÉSENT.

FORME SIMPLE.

Eskéni ba-déza..... S'il peut offrir.

		1	2	3	4	5	6
		le	les	le à lui	les à lui	le à eux	les à eux
il peut	....	déza	détza	dizó	ditzó	dizé	ditzé
ils peuvent	....	dezé	detzé	dizoé	ditzoé	dizéye	ditzéye
tu peux	*masc.*	dezak	detzak	dizók	ditzók	dizék	ditzék
	féminin.	dezan	detzan	dizón	ditzón	dizén	ditzén
	respect.	dezázu	detzátzu	dizózu	ditzótzu	dizézu	ditzétzu
vous pouvez	....	dezázie	detzatzie	dizózie	ditzótzie	dizézie	ditzétzie
je peux	....	dézat	detzat	dizót	ditzót	dizét	ditzét
nous pouvons	....	dezágu	detzágu	dizógu	ditzógu	dizégu	ditzégu

POTENTIEL PRÉSENT.
FORME SIMPLE.

		7 le à toi	8 les à toi	9 le à vous	10 les à vous	11 le à moi	12 les à moi
il peut		dizazu, k, n.	ditzatzu, k, n	dizazié	ditzatzié	dizat	dizat
ils peuvent		dirazte, ye, ñe	ditzatzie, ye, ñe	dizazié	ditzatzié	dizadé	dizadé
tu peux	*usuel* *fam.* *(respect.)*	....	....	....	....	dizadayát dizadañát dizadiázut	ditzadayát ditzadañát ditzadiázut
vous pouvez		....	....	....	dizaziét	dizadazie	ditzadatzie
je peux		dizazut, ydt, ñut	ditzatzut, yut, ñut	dizaziét	ditzaziét		
nous pouvons		dizazégu, ydgu, ñégu	ditzatzégu, yágu, ñágu	ditzaziégu	ditzatziégu		

POTENTIEL PRÉSENT.

FORME SIMPLE.

		13	14	15	16	17	18
		le à nous	les à nous	te	vous	me	nous
il peut		……… dizágu	ditzágu	m. f. héza / r. zitza	zitzé	néza	gitza
ils peuvent		……… dizagié	ditzagié	m. f. hezé / r. zitzé	zitzayé	nezayé	gitzayé
tu peux	masc. / fém. / resp.	dizadayágu / dizadañégu / dizadazúgu	ditzadayégu / ditzadañégu / ditzadatzúgu	………	………	nézak / nézan / nezázu	gitzak / gitzan / gitzátzu
vous pouvez		……… dizádaziégu	ditzadatziégu	………	………	nezázie	gitzatzie
je peux		………	………	m. f. hézat / r. aitzat	zitzét	………	………
nous pouvons		………	………	m. f. hezágu / r. zitzágu	zitzégu	………	………

La forme de la voix intransitive qui correspond à celle-ci est *dádi, díte, hádi, site, ziteyé, nádi, gite; hel bádadi,* s'il peut arriver; *hel badite,* s'ils peuvent arriver; *hel bahádi,* si tu peux arriver; *hel banádi,* si je peux arriver. Nous avons indiqué ces formatifs à la conjugaison du potentiel présent et futur de la voix intransitive.

CONJUGAISON DES FORMES COMPOSÉES.

Prodigieuse flexibilité des terminatifs du verbe basque.

Les formes composées qui sont indiquées à la fin des tableaux de chacune des formes de l'indicatif, du conditionnel et du potentiel reçoivent toutes les variations et toutes les combinaisons des formes secondaires. Nous nous sommes abstenus de les conjuguer, parce que leur formation n'offre aucune difficulté dès que la forme régie positive et la forme régie exquisitive sont connues. Il faut observer néanmoins que si on eût voulu conjuguer aussi ces formes, il n'aurait pas fallu répéter moins de vingt-cinq ou vingt-six fois la conjugaison de chaque forme, ou pour mieux dire la conjugaison de chaque combinaison d'une forme avec le nom verbal. Nous indiquerons, dans la première personne singulière de l'indicatif présent, les diverses modifications que peut recevoir chaque terminatif du verbe avec ces différentes formes :

1. Forme capitale : *eskéntzen dut*, j'offre.
2. Forme régie positive : *eskéntzen dudálá*, que j'offre.
3. Forme régie exquisitive : *eskéntzen dudan*, j'offre.
4. Forme d'incidence : *eskéntzen béitut*, j'offre, parce que j'offre.
5. Forme composée active : *eskéntzen dudalárik*, tandis que j'offre.
6. Forme composée causative : *eskéntzen dudalákoz*, parce que j'offre.
7. Forme composée simulative : *eskéntzen dudalakóan*, sous prétexte que j'offre.
8. Forme composée déterminative : *eskéntzen dudanian*, lorsque j'offre.
9. Forme composée durative : *eskéntzen dudáno*, tant que j'offre.
10. Forme composée dubitative : *eskéntzen dudánez*, si (*utrùm*) j'offre.
11. Forme composée expectative : *eskéntzen dudáneko*, pour quand j'offre.
12. Forme interrogative : *eskéntzen dúta ?* est-ce que j'offre ?
13. Forme nominale : nominatif : *eskéntzen dudána*, celui ou ce que j'offre.
14. Forme nominale : actif : *eskéntzen dudának*, celui ou ce que j'offre.
15. Forme nominale : génitif : *eskéntzen dudánaren*, de celui que j'offre.
16. Forme nominale : datif : *eskéntzen dudánari*, à celui que j'offre.
17. Forme nominale : médiatif : *eskéntzen dudánaz*, par celui que j'offre.
18. Forme nominale : élatif : *eskéntzen dudanétik*, de (*ex*) celui que j'offre.
19. Forme nominale : adlatif : *eskéntzen dudaniala*, à (*ad*) celui que j'offre.
20. Forme nominale : translatif : *eskéntzen dudanialat*, à (*in*) celui que j'offre.
21. Forme nominale : prolatif : *eskéntzen dudánarentako*, pour celui que j'offre.

22. Forme nominale : sociatif : *eskéntzen dudánareki*, avec celui que j'offre.
23. Forme nominale : causatif : *eskéntzen dudánarengatik*, à cause de celui que j'offre.
24. Forme nominale : despectif : *eskéntzen dudánagatik*, au mépris de, pour, ce que j'offre.
25. Forme nominale : déterminatif : *eskéntzen dudanialano*, jusqu'à celui que j'offre.
26. Forme nominale : posilif : *eskéntzen dudanian*, dans celui que j'offre.

On pourrait encore ajouter à cette nomenclature plusieurs cas de la déclinaison indéfinie.

Chacun des terminatifs qui indiquent les divers sujets et les divers régimes reçoit, comme le terminatif DUT, toutes ces modifications; mais il serait aussi inutile que fastidieux de les donner. Nous ferons observer seulement, afin de donner une idée de la richesse du verbe basque et de la flexibilité de ses terminatifs, que la seule troisième personne singulière transitive DU est susceptible de plus de six cent trente modifications différentes : en effet, dans la seule forme capitale elle subit cinquante-huit transformations, et vingt-trois différentes dans chacune des vingt-cinq formes composées. Il en est de la troisième personne plurielle DIE comme de la singulière. La première personne DUT, n'ayant pas autant de relations que la troisième, est susceptible de moins de modifications ; cependant elle en compte, elle aussi, au moins quatre cent soixante ; la seconde personne singulière en compte huit cents ; la deuxième personne plurielle trois cents, et la première personne plurielle le même nombre que la singulière, quatre cent soixante ; ce qui donne pour les six terminatifs de l'indicatif présent de la voix transitive DU, DIE, DUZU, DUZIE, DUT, DUGU, plus de trois mille deux cent quatre-vingts modifications, toutes différentes les unes des autres. Chacune des formes de l'indicatif, du conditionnel et du potentiel a le même nombre de flexions que l'indicatif présent. Le même calcul pour la voix intransitive, qui n'a pas de relations directes, donne pour chaque forme des mêmes modes mille cent soixante-quinze modifications. — Elles diffèrent toutes les unes des autres, mais elles se font d'après une loi si simple, si régulière, si uniforme, qu'elles se gravent facilement dans la mémoire et qu'elles se présentent naturellement à l'esprit dans l'occasion. Nous avons indiqué toutes ces modifications pour la forme capitale et pour les trois formes secondaires les plus importantes. Pour les formes composées, il suffit d'indiquer les règles de leur formation qui sont de la plus grande simplicité. Les voici :

1° La forme composée active se forme en ajoutant la terminaison *rik* à chacun des terminatifs de la forme régie positive : *dudála, dudalá-rik ; duzúla, duzúla-rik*.
2° La forme composée causative se forme en ajoutant *koz* aux terminatifs de la même forme positive : *diála, dialá-koz ; dugúla, dugulá-koz ; déyola, déyola-koz*.
3° La forme composée simulative se forme en ajoutant *koan* aux terminatifs encore de la même forme positive : *déla, déla-koan ; nizála, nizalakóan ; didla, didla-koan*.
4° La forme composée définitive se forme en ajoutant la terminaison casuelle *ian* à cha-

que terminatif de la forme régie exquisitive : *dúdan, dudan-ian ; den, dén-ian ; dirén, dirén-ian ;*

5° La forme composée durative se forme en ajoutant *o* aux terminatifs de la forme exquisitive : *dian, dián-o ; dúzun, duzun-o ; déyogun, déyogun-o ;*

6° La forme composée dubitative se forme en ajoutant la terminaison casuelle *ez* à chaque terminatif de la même forme exquisitive : *dúzun, duzun-ez ; dúdan, dudán-ez ; déyon, déyon-ez ;*

7° La forme composée déterminative ou expectative se forme en ajoutant *eko* aux terminatifs de la forme exquisitive : *nizan, nizan-éko ; déizugun, déizugun-eko ; nian, nián-eko ;*

8° La forme interrogative se forme comme il a été dit à la page 88 ;

9° Quant à la forme nominale, il suffit de savoir que, dans la langue basque, tous les terminatifs se déclinent en ajoutant les terminaisons casuelles à la forme régie exquisitive : *den, dén-a, dén-aren, dén-az, dén-ari ; zian, zia-na, zid-nak, zián-en ; zéyon-a, zéyon-aren, zéyon-areki,* etc.

Règles à suivre pour le placement du verbe.

I. La langue basque admet les inversions : ainsi on dit indifféremment : *háurrac éman zian eskía amári*, l'enfant donna la main à sa mère, ou *amári eskía éman zían háurrac*, ou *éman zían háurrac amári eskía*, ou *eskía háurrac amári éman zían;* on peut avec ces mots faire vingt-quatre combinaisons différentes et toutes sont régulières. Le déplacement peut se faire dans le sujet, dans les régimes directs et les régimes indirects et dans la forme verbale ; mais il ne peut pas se faire entre le nom verbal et le verbe qui le détermine; ainsi *éman* et *zían* restent toujours liés ensemble comme s'ils ne formaient qu'un seul mot.

II. Dans les combinaisons du verbe avec les noms verbaux, le nom verbal qui exprime l'idée s'énonce le premier, et le verbe qui en indique les rapports se place après, lorsque la proposition est affirmative ; ainsi on dit : *éman du eskía*, et non : *du éman eskía*. — Au contraire, lorsque la proposition est négative, le verbe, précédé de la particule négative *ez*, se met avant le nom verbal ; exemples : *éz-ta jóan*, il n'est pas parti ; *éz-tu éman*, il n'a pas donné.

Exceptions à cette règle: 1° il arrive quelquefois que, dans les propositions affirmatives, le verbe se place avant le nom verbal ; cela se fait lorsqu'on veut donner à la phrase le sens et la force exprimés en français par *c'est;* ainsi cette phrase : *nik dut igórri háurra*, veut dire : c'est moi qui ai envoyé l'enfant, *ego sum qui misi puerum; Joháne zen jóan lehénic*, signifie : c'est Jean qui partit le premier, *Joannes fuit qui primus profectus est.* — La règle précédente et cette exception s'appliquent aux formes régies comme aux formes capitales.

2° La forme adjective et les autres formes composées, précédées de la négation, se mettent indifféremment avant ou après le nom verbal ; ainsi on dit aussi bien : *zuk éman ez-tuzúna*, ce que vous n'avez pas donné, et *zuk ez-tuzúna éman*, *hási ez-tugulákoz* et *ez-tugulákoz hási*, parce que nous n'avons pas commencé ; *hártu eztiánian* et *ez-tiánian hartu*, lorsqu'il n'a pas pris.

Union de la particule négative au verbe.

En règle générale, la particule négative *ez* se joint au verbe et non point au nom verbal ; on dit *ez-tut éguin*, je n'ai pas fait ; *ez-ta héltu*, il n'est pas arrivé ; *ez-tugu éman*, nous n'avons pas donné ; et on ne dit pas : *dut ez-éguin, da ez-héltu, dugu ez-éman*.

Exceptions à cette règle : 1° On met la particule négative avant le nom verbal dans les formes énergiques : *éni dúzu ez-éman*, c'est à moi que vous n'avez pas donné ; *nik dut ez nahi*, c'est moi qui ne veux pas ; *hóri du ez máite*, c'est lui qu'il n'aime pas.

2° La particule négative se place encore devant le nom verbal dans ces sortes de locutions absolues : *zuk ez eginik ere*, quand même vous ne le feriez pas ; *houra ez jinik ere*, quand même il ne viendrait pas ; *zoúri ez emánik ere*, quand même il ne vous le donnerait pas.

3° La particule négative est souvent employée avec le radical seul des noms verbaux pour la forme impérative ; mais alors on sous-entend le verbe pour donner plus de concision et d'énergie au langage ; ainsi on dit : *ez eman*, pour *ez-tezazúla eman*, ne donnez pas ; *ez har*, pour *ez-tezasúla* ou *ez-tezaziéla har*, ne prenez pas ; *ez jo, ez jin, ez joan, ez sar, ez igor, ez utz, ez egon, ez igi*, etc., etc.

La particule *ez* s'unit au verbe comme affixe, et il arrive que lorsque la lettre douce *z* se rencontre avec une autre lettre douce dans le verbe, celle-ci se change en la lettre rude consonnante. C'est ainsi que le *b* se change en *p*, le *d*, en *t*, le *g*, en *k*, le *z*, en *tz*, et on dit : *ez-ta, ez-tut*, pour *ez-da, ez-dut* ; *ez-pa-du*, pour *ez-ba-du*; *ez-peinian*, pour *ez-beinian* ; *ez-kútu, ez-kira*, pour *ez-gutu, ez-gira* ; *e-tzén, e-tzira* pour *ez-zén, ez-zira*.

De la préfixe BA.

La particule *ba*, devant le verbe accompagné d'un nom verbal, a la signification du *si* conditionnel non régi ; ainsi *emáiteu bádu* signifie s'il donne ; *igórri banian*, si j'avais envoyé ; *joan badáite*, s'il peut aller ; *eman badizakezut*, si je peux vous le donner. Cette particule s'unit au verbe comme affixe ; et si la proposition est négative, la particule *ez* précède l'affixe *ba* et s'unit à celle-ci en changeant le *b* en *p* ; *ez-pa-da joáiten*, s'il ne va pas ; *ez-pa-zait léhéntzen*, s'il ne me devance pas ; *ez-pa-dáite eman*, s'il ne peut se donner.

La même préfixe *ba* (*bai*, oui) se met comme particule affirmative, dans tous les dialectes, devant les formes intransitives employées seules, pour signifier *il y a, il y avait, il y aura, il y aurait, il y aurait eu*, et devant certaines formes transitives employées aussi seules, pour exprimer le verbe *avoir*. Ainsi on dit : *báda ihize*, il y a du gibier ; *bazén lóhi hánitz*, il y avait beaucoup de boue ; *badáte bihar jei Bayounan*, il y aura fête demain à Bayonne ; *balizáte áski*, il y en aurait assez ; *bazátekian oráno habóro*, il y en aurait eu encore davantage ; *bádu áski ezagútze*, il a assez de raison ; *bazian nahikuntia*, il avait la volonté ; *badúke adina*, il aura l'âge ; *balúke ahála*, il aurait le pouvoir ; *bazukian zértzaz éros*, il aurait eu de quoi acheter. Ces mêmes et seuls temps prennent aussi la particule affirmative *ba* dans la forme régie positive : *badéla*, qu'il y a ; *badátiela*, qu'il y aura ; *badukiála*, qu'il aura ; *balukiála*, qu'il aurait, etc., etc.

Lorsque, dans l'emploi de ces temps du verbe, la proposition est négative, la préfixe *ba* disparait, et elle est remplacée par la particule négative *ez* ; on dit *ez-ta ihizerik*, il n'y a pas de gibier ; *et-zén lohirik*, il n'y avait pas de boue ; *ez-tu áski ezagútze*, il n'a pas assez de discernement ; *ez-túke adina*, il n'aura pas l'âge, etc.

Pour exprimer la particule conditionnelle *si* (1), lorsque le verbe est ainsi employé seul avec la préfixe *ba*, on se sert de la particule *balin* ou *baldin* : *balin bádu bihótzik*, s'il a du cœur ; *áski ógui balin báda*, s'il y a assez de pain. Dans les propositions négatives, on se sert de la particule conditionnelle *ba* placée après la particule *ez*, pour exprimer la condition : s'il n'y a pas de gibier, *ez-páda ihizérik;* s'il n'a pas envie, *ez-padu gutiziárik;* s'il n'avait pas le droit, *ez-pazian zuzéna*. On peut aussi ajouter *balin* et dire : *ez-palin bada ihizérik, ez-palin-bazian gutiziárik*.

Emploi des terminatifs à compléments.

Lorsque les régimes directs ou indirects du verbe ne sont pas des noms actuellement exprimés, mais bien précédemment mentionnés et désignés en français par les articles ou pronoms *le, la, les, à lui, à eux, leur, leurs*, ces régimes, soit directs, soit indirects, sont exprimés par le terminatif. Ainsi, en parlant de livres demandés par Pierre, on dira: *éman déitzot*, je les lui ai donnés ; *ez-teitzo emánen*, il ne les lui donnera pas.

Si les compléments directs et indirects sont des substantifs exprimés dans la proposition, le verbe ne prend pas toujours les modifications qui indiquent ces régimes. Voici alors les règles que l'on suit :

1° Si le régime direct est défini et déterminé par l'article *les* en français, le verbe prend les caractéristiques du régime direct pluriel ; ainsi, pour rendre : il a donné les livres, on dit : *éman* DUTU *libriac*, et non *éman du libriac ;* j'ai vu les hommes venir, se traduit : *ikhoúsi* DUTUT *gizónak jiten*.

2° Si le régime direct pluriel ne porte pas le caractère défini exprimé par *les* en français, le verbe ne prend pas le terminatif qui indique le régime pluriel ; ainsi on dit : *ikhoúsi* DUT *Parisen gizon eta emázte eta haur eta etche eta zamári eta orga eta karrotcha*, j'ai vu à Paris des hommes et des femmes et des enfants et des maisons et des chevaux et des chars et des voitures; *eman* DEIT *sagar eta intzaur eta udári eta guerézi eta arhan eta hur eta mizpira*, il m'a donné des pommes et des noix et des poires et des cerises et des prunes et des noisettes et des nèfles ; tandis que pour rendre : j'ai vu à Paris les hommes et les femmes et les enfants et les chevaux et les chars entremêlés, il faut dire: *ikhoúsi* DUTUT *Parisen gizonak eta emaztiak eta haurrak eta zamariak eta orgak algarréki nahasirik*. On dit encore : *gáldu du hogei árdi*, il a perdu vingt brebis; *atzáman du tchori hanitz tcheilerélan*, il a pris beau-

---

(1) Nous avons déjà dit que le *si* régi exquisitif (*an, utrum*) s'exprime par *eyá* suivi de la forme exquisitive, ou simplement par le cas médiatif indéfini de la forme exquisitive déclinée.

coup d'oiseaux dans les lacets (1) ; *ikhoúsi dut etche edérrik*, j'ai vu de belles maisons ; et *ikhoúsi dútut Pariséco etche edérrak*, j'ai vu les belles maisons de Paris ; *sáldu déyo libru hánitz*, il lui a vendu beaucoup de livres ; et *erósi déitzo líbriak*, il lui a acheté les livres.

3° Quant au régime indirect, lorsqu'il est exprimé par un nom ou un adjectif, l'usage permet d'exprimer ou de ne pas exprimer par le terminatif du verbe ce régime indirect ; ainsi on dit indifféremment : *emán du Johánerí makhilá bat*, ou *emán déyo Johánerí makhilá bat*, il donna à Jean un bâton ; *érran zian batér* ou *érran zóyen batér*, il dit aux uns ; *igórri dut lángiler pegár bat ardoú*, ou *igórri déyet lángiler pegár bat ardoú*, j'ai envoyé aux ouvriers une cruche de vin.

Il va sans dire que les pronoms personnels *me, nous, te, vous, à moi, à nous, à toi, à vous* s'expriment toujours par le terminatif du verbe ; ainsi on dit : *jo nái*, et non *jo du ni*, il m'a frappé ; *igórri zutié*, il vous a envoyés, et non *igórri du ziék* ; *emán déiku*, il nous a donné ; *lehéntu záik*, il t'a devancé. Faisons observer toutefois que l'usage ne réprouve pas l'expression des pronoms personnels lorsqu'ils sont régimes indirects ; ainsi on dit : *emán du goúri, lehéntu da hiri, igórri du éni*.

Tous les mots basques peuvent prendre le caractère verbal et se conjuguer.

Nous avons déjà vu que tous les terminatifs du verbe peuvent prendre la nature substantive et se décliner ; ainsi de *emán déitzot*, je les lui ai donnés, on forme *emán déitzodanak*, les choses que je lui ai données ; et on décline : *emán déitzodanen, déitzodaner, déitzodanez*, etc. — Le génie de la langue basque, qui permet de décliner ainsi le verbe, permet également de verbiser et de conjuguer tous les termes de la langue ; ainsi :

Gízon, homme, fait *gizóntu*, devenu homme ; et on dit : *gizóntzen hási da*, il a commencé à devenir homme ; *gizontúrik da*, il est déjà devenu homme ;

Emázte, femme, fait *emaztétu* ; *neskalíla*, fille, fait *neskatilátu* ; on dit : *neskatilátu beno léhen, emaztetúrik agértu zen*, avant de devenir fille, elle parut femme faite ;

Haúr, enfant, fait *haúrtu*, devenir enfant, tomber dans l'enfance ; *haúrtzen ári da*, il tombe dans l'enfance ;

Hoúr, eau, fait *hoúrtu*, fondu ; *hoúrtatu*, arrosé ; *nigárrez hoúrtu da*, il s'est fondu en larmes ; *sorhóa hoúrta ezázu*, arrosez la prairie ;

Ardoú, vin, fera également *ardoútu*, devenu vin, et on dira : *Kanáko eztéyetan*

---

(1) Nous ferons observer qu'après les noms de nombre et les adverbes de quantité *beaucoup, peu, plus, trop, assez, combien, tant*, rendus en basque par les adjectifs *hánitz, gúti, habóro* ou *gehiágo, sobéra, áski, zombát, hainbéste*, le substantif se met à l'indéfini ; ainsi on dit : *hámar gizon*, dix hommes ; *hámar gizoná*, à dix hommes ; *hánitz emáztei*, à beaucoup de femmes (en souletin *emáztei* est le datif indéfini, *emaztér* le datif pluriel).

Si cependant les noms de nombres étaient définis et précédés en français des articles *les, des, aux*, le nom serait en basque au pluriel défini ; on dit : j'ai vendu les dix moutons, *sáldu dútut hámar aharíak* ; aux deux hommes, *bi gizonér*.

Jésusek hoúra ardoútu zian, aux nôces de Cana Jésus changea l'eau en vin. — Le génie de la langue autorise à donner ainsi le caractère verbal et à conjuguer au besoin tous les noms ; cependant, il y a des termes qui sont moins susceptibles que d'autres de prendre le caractère verbal à cause de leur signification ; tels sont, par exemple, *áho*, bouche ; *súdur*, nez ; *bégui*, yeux ; *behárri*, oreille ; *zánkho*, pied ; *ésku*, main ; on ne peut pas dire néanmoins que ces termes ni d'autres font exception, l'usage permet de dire : *Jinkoak behárriak begitu bazutian eta begiac behárritu ; ahóa sudúrtu eta sudúrra ahótu, eskiak zankhótu eta zankhóak eskútu*. De plus, de *zánkho* vient le nom verbal *zankhakátu*, fouler aux pieds ; de *ésku*, *eskukátu*, manier.

L'adjectif *azkar* fait *azkártu*, *azkártze*, fortifier ;
Hándi, grand, fait *handítu*, *handítze*, grandir ;
Tchípi, petit, fait *tchipítu*, *tchipítze*, diminuer ;
Eder, beau, fait *edértu*, *edértze*, embellir ;
Zábal, large, *zabáltu*, *zabáltze*, élargir ;
Lúze, long, *luzátu*, *luzátze*, allonger ;
Léhen, premier, fait *lehéntu*, *lehéntze*, devancer ;
Azken, dernier, fait *azkéntu* ; et ainsi de tous les adjectifs.

Leurs comparatifs se verbisent de même : ainsi, *handiágo* fait *handiágotu*, devenu plus grand ; *handichiágo*, un peu plus grand, fait *handichiágotu* ; *handiéggi*, trop grand, fait *handiégitu*, devenu trop grand ; *handichégi*, un peu trop grand, fait *handichégitu*, devenu un peu trop grand ; ainsi des autres adjectifs.

Les mots qui dans les autres langues sont des prépositions, des adverbes et des conjonctions, sont dans la langue basque de véritables noms, sauf quelques exceptions ; ils se déclinent et se conjuguent comme les autres noms ; ainsi :

Hárrun, loin, fait *hurrúntu* ; *hurrúntze*, éloigner ;
Húllan, près, fait *hullántu* ; *hullántze*, rapprocher ;
Hor, là (près), fait *horrátu*, *horrátze*, pousser là, aller là (près) ;
Hara, cas adlatif de *han*, là (loin), fait *harátu*, *harátze*, aller là, transporter là, suivant qu'il se combine avec la voix transitive ou intransitive du verbe ;
Hoúna, cas adlatif de *hében*, ici, fait *hounátu*, *hounátze*, venir ici, se rapprocher ;
Nóra, cas adlatif de *nón* ou *noún*, où, fait *norátu*, *norátze* ; on dit *norátu da ?* où s'est-il dirigé ?
Bezála, comme, fait *bezalátu*, *bezalátze*, et avec le génitif relatif *bezaláko*, *bezalakótu*, devenir semblable ;
Hóla, ainsi, cas modal de *hóri*, cela, fait *holakátu*, devenir comme cela ; de même *hála*, ainsi, fait *halakátu*, devenu comme cette chose là (qui est loin) ;
Sobéra, trop, fait *soberátu*, *soberátze*, avoir du superflu, surabonder.
Aski, assez, fait *askítu*, *askítze*, avoir assez, être satisfait ;
Hánitz, beaucoup, fait *haníztu*, *hanízte*, abonder ;
Gúti, peu, fait *gutítu*, *gutítze*, diminuer ; de même *áphur*, peu, fait *aphúrtze* ;
Gábe, sans, fait *gabétu*, *gabétze*, priver, être au dépourvu.

On a vu, par quelques-uns des exemples précédents, que ce ne sont pas seulement les noms qui peuvent se conjuguer, mais que certains cas avec leur signification propre peuvent prendre le caractère verbal; ainsi le cas adlatif de *etche*, *etchéra*, à la maison, fera *etcherátu*, aller à la maison, rentrer à la maison; et on dit : *ingóiti etcherátu dâte*, il sera pour ce moment rentré à la maison; *haziéndak etcherátu dútut*, j'ai ramené les troupeaux à la maison; également le génitif relatif *etchéko*, de la maison, fait *etchekótu, etchekútze*, devenir habitué de la maison. — De même avec *hebénko*, d'ici, on forme *hebenkótu*; de *hánko*, de là, on fait *hánkotu*; de *Bayonáko* on fait *Bayonakótu*; de *Bayonára*, à Bayonne; de *Bayonarátu*, arrivé à Bayonne; de *aitáren*, du père, on fait *aitárentu*, faire qu'il soit du père; de *éne*, *énetu*, faire qu'il soit à moi. — On doit dire que cette propriété de se décliner et de se conjuguer s'étend généralement à tous les termes de la langue. Si elle ne reçoit pas son application dans certains termes tels que *eta*, et; *edo*, ou; *béna*, mais; c'est que leur signification ne les rend susceptibles ni de modification casuelle, ni de modification verbale.

FORMATION DES TERMINATIFS. — CARACTÉRISTIQUES DU SUJET, DU RÉGIME DIRECT ET DU RÉGIME INDIRECT.

I. Caractéristiques du sujet.

Pour la 1re personne SINGULIÈRE JE.

Le *N* initial (*ni*, je) pour toutes les formes de la voix intransitive : *Niz*, je suis; *Nintzan*, j'étais; *Nizáte*, je serai; *Nádin*, que je sois; *Néndin*, que je fusse; *Néinte, Nintzáte, Nintzátekian*.

Le *N* initial, pour les formes passées et conditionnelles de la voix transitive : *Nian*, j'avais; *nukian*, j'aurais eu; *núke*, j'aurais; *Nézan, ba-Néza, ba-Nu, Nezáke, Nezakian*.

Le *T* final, ou le *D* suivi de la terminaison *an*, pour les terminatifs du présent et du futur de la voix transitive : DUT, j'ai; *dúket*, j'aurai; *dezáket* et *dióket*, je puis et je pourrai; *dezádan*, que je fasse; *dezódan, dezazúdan*.

Pour la 1re personne PLURIELLE NOUS.

Le *G* initial (*gu*, nous) pour la voix intransitive : *Gira*, nous sommes; *Ginén*, nous étions; *Giráte*, nous serons; *Gitian, Gintian, Ginâte, Gintakian, ba-Gina*.

Le *G* initial pour les formes passées et conditionnelles de la voix transitive : *Gunian*, nous avions; *Gunúke*, nous aurions; *Gunukian*, nous aurions eu; *Genézan, Genezáke*.

Le *GU* final pour le présent et le futur de la voix transitive : DUGU, nous avons; *dukégu*, nous aurons; *dezakégu* ou *diókegu*, nous pouvons; *dezágun*, que nous agissions.

VERBE BASQUE.

Pour la 2ᵉ personne SINGULIÈRE TU ET VOUS.

Le *H* initial (*hi, toi*, masculin et féminin) pour les formes de la voix intransitive : *Hiz,* tu es ; *Hintzan,* tu étais ; *Hizáte,* tu seras ; *Hádin, Hintzáte, Hintzátekian, baHintz, baHendi.*

Le *H* initial, masculin et féminin pour les formes passées et conditionnelles de la voix transitive : *Hian,* tu avais ; *Húke,* tu aurais ; *Hukian,* tu aurais eu ; *Hezáke,* tu ferais ou pourrais.

Le *Z* initial (*zu, vous*) pour le *tu* respectueux de la voix intransitive et des formes passées et conditionnelles de la voix transitive : *Zira,* tu es ou vous êtes, au singulier ; *Zinén,* tu étais ; *Ziráte,* tu seras ; *Zunian,* tu avais ou vous aviez, au singulier ; *Zunúke,* tu aurais, etc.

Dans les formes présentes et futures de la voix transitive :

Le *K* final ou YAN pour le masculin : *duK, dúKeK, dezáKeK, dezaYAN, dukeYAN.*
Le *N* final ou ÑAN pour le féminin : *duN, dúKeN, dezáKeN, dezaÑAN, dukeÑAN.*
Le *ZU* final ou ZUN pour le respectueux : *duzu, dukézu, dezakézu, dezázun.*

Pour la 2ᵉ personne PLURIELLE.

Le *Z* initial (*ziek, vous*) et la terminaison plurielle IE ou YE, IEN ou YEN, pour la voix intransitive et les formes passées et conditionnelles de la voix transitive : *ZiraYE,* vous êtes ; *ziniÉN,* vous étiez ; *ZirateKIE* ou *keYE,* vous serez ; *ZuniÉN,* vous aviez ; *ZunukeYÉN, ZunuKIE, ZenezakezIE.*

ZIE final pour le présent et futur de la voie transitive : *duzIE,* vous avez ; *dukezIE,* vous aurez ; *dezakezIE* et *diókezIE,* vous pouvez ; *dezazIEN,* que vous....

Pour la 3ᵉ personne SINGULIÈRE.

D, L ou *Z* initiales pour les deux voix ; l'impératif a de plus le *B* initial : *Da,* il est ; *Du,* il a ; *Dáte,* il sera ; *Dúke,* il aura ; *Dádin, Dézan, Dádila, Dezála, Dáite, Dezáke* ou *Dióke, Zen,* il était ; *Zian,* il avait ; *Zátekian, Zukian, Záitekian, Zezakian, Ledin, Lézan, ba-Lédi, ba-Léza, ba-Litz, ba-Lu, Lizáte, Lúke, Léite, Lezáke, Biz, Béza, Békit, Bizat.*

Les initiales de la troisième personne plurielle sont les mêmes que celles de la troisième personne singulière.

Pour la 3ᵉ pers. plurielle DE LA VOIX INTRANSITIVE.

Les caractéristiques du pluriel sont, pour la forme simple de la voix intransitive, sans relations :

IR ou IT intercalés dans le mot : *da,* il est ; *dIRa,* ils sont ; *zen,* il était ; *zIRén,* ils étaient ; *dáte,* il sera ; *dIRáte,* ils seront ; *lIzáte, lITáte, baIRa, zITátekian.* — *DITIan,* qu'ils soient ; *ITIan,* qu'ils fussent ; *ITIáte, dIRáke, zITakian, ai-ITTe, bITe.*

Z ou *TZ* intercalés pour les relations indirectes de la même voix intransitive : *zITZók, zIztak, záITZak, zéIzkun, záizko, bekÍTZat, dakiztádan, lekízkun, balITZeizt, dakITZó, zITazkién.*

RÈGLES ET REMARQUES.

Pour la 3ᵉ p. plur. — DE LA VOIX TRANSITIVE.

La troisième personne plurielle de la voix transitive a les mêmes initiales que le singulier; ses caractéristiques sont les finales : E, IE ou YE, et pour les passés EN, IEN ou YEN : *Du*, il a ; *DIE* (1), ils ont; *zían*, il avait ; *zIÉN*, ils avaient ; *dúke*, il aura ; *dukIE* ou *dukeYE*, ils auront ; *dézan*, *dezÉN* ; *lézan*, *lezÉN* ; *zukían*, *zukIÉN* ; *béza*, *bezÉ* ; *baléza*, *balezÉ* ; *bálu*, *balIE* ; *lezáke*, *lezakIE* ou *lezakeYE* ; *dezáke*, *dezakeYE* ; *zezakían*, *zezakIÉN*.

II. Caractéristiques des Régimes.

§ 1ᵉʳ. RÉGIMES DIRECTS.

Pour la 1ʳᵉ pʳ. — SINGULIER.

Le pronom personnel *moi*, *ni*, régime direct du verbe, s'exprime par l'initiale *N* (ni) ; il m'a frappé, *jo Naí* ; ils me voient, *ikhoústen Náye* ; tu m'as touché, *hoúnki Náik*, *Náizu* ; il m'aura entendu, *éntzun Náike* ; qu'il m'attende, *egurúki Nézan* ; que vous m'accompagnassiez, *lágunt Nentzazíen* ; prends moi, *har Nézak*.

Pour la 1ʳᵉ pérsoNe PLURIELLE.

Le pronom personnel *nous*, *gu*, régime direct, s'exprime par *gu*, ou *G* initial : il nous a frappés, *jo Gútu* ; ils nous voient, *ikhoústen Gútte* ; tu nous a touchés, *hoúnki Gutuk* ; il nous aura entendus, *éntzun Gutúke* ; qu'il nous attende, *egurúki Gitzan*.

Pour la 2ᵉ personne DU SINGULIER.

Le pronom personnel *toi*, *hi*, des deux genres, régime direct, s'exprime par le *H* (*hi*) initial : il t'aime, *máite Hai* ; je t'embrasse, *besárkatzen Haút* ; il te connut, *ezagútu Hundian* ; ils t'auront trompé, *inganátu Haikeye* ; que je t'entende, *entzun Hezádan*.

Le pronom personnel *vous* singulier ou *toi* respectueux, *zu*, régime direct, s'exprime par le *zu* ou *Z* initial ; il vous a vu, *ikhoúsi zutu* ; je vous garde, *begirátzen zutut* ; qu'il vous laisse, *utz zitzán* ; que nous vous offrions, *éskent zitzágun* ; que je puisse vous voir, *ikhoús zitzakédan*.

---

(1) DUE aurait été la forme régulière; les Souletins, qui changent pour l'euphonie UE en IE, en ont fait DIE ; les Guipuscoans et les Labourdins ont ajouté un T euphonique et en ont fait DUTE ; le Biscayen, de *Daue*, pluriel de *Dau*, a fait DABEE et DAUDEE.

La troisième personne indéfinie est la plus simple dans toutes les formes, et elle semble devoir être considérée comme étant la forme radicale. Cependant, il serait possible que la forme radicale primitive fût plutôt A, U, et que le D, dans *da*, *du*, eût été introduit pour donner aux voyelles a, u, une articulation plus distincte et plus forte. Ce qui donnerait du fondement à cette opinion, c'est la disparition du D dans la composition des terminatifs ; ainsi de *da*, il est, on a fait : *zait*, il est à moi ; *záiku*, il est à nous ; *záyo*, il est à lui ; et le Biscayen, au lieu du z, emploie le y : *yat*, *yáku*, *yako*. Le D de la voix transitive DU se conserve plus généralement dans les terminatifs ; cependant, il disparait aussi dans certains terminatifs ; ainsi on dit *nai* ou *nau*, pour exprimer *il a moi* ; *hai*, *hau*, pour *il a toi*. Ces terminatifs sont composés de *ni*, moi ; *hi*, toi ; et du verbe DU ou U, AU.

Pour la 2ᵉ pᵉʳˢ. PLURIELLE.

Le pronom personnel *vous* pluriel, régime direct, s'exprime par zu ou Z initial et par l'E porté à la dernière syllabe ou la pénultième (ZU-E) : il vous a vus, *íkhousi* zutíe; je vous garde, *begirátzen* zutíet; qu'il vous laisse, *utz* zitzen; que nous vous offrions, *éskent* zitzegun; que je puisse vous voir, *íkhous* zitzakedan, ou zitzakiedan.

Pour la 3ᵉ pʳˢ. SINGULIÈRE.

La troisième personne du singulier, exprimée en français par *le*, *la*, et les régimes directs animés ou inanimés indiqués par les mêmes articles, se rendent par la forme simple ou indéfinie: je l'ai envoyé, *igórri dut;* il me l'a volé, *ebáxi déit;* je te l'avais rendu, *utzúli neyán;* vous le lui aurez dit, *érran déikozu;* nous le lui avions donné, *éman genéyon*.

Pour la 3ᵉ pers. PLURIELLE.

Tu, *ti*, *z* ou *tz*, intercalés dans le terminatif, sont les caractéristiques du régime direct pluriel : je les ai envoyés, *igórri durut, igórri diriat, dirizut;* il me les a volés, *ebáxi deizt, díztak, diztan, diztatzu;* je te les avais rendus, *utzúli neírzán;* vous les lui aurez dits, *érran déizkotzu;* nous les lui avions donnés, *éman genéirzon*.

§ 2ᵐᵉ. RÉGIMES INDIRECTS.

A MOI.

A moi, ID ou IT, unis ou séparés : il est arrivé à moi, *héltu zait*; ils sont arrivés à moi, *héltu záizt*; il donne à moi, *emáiten deit*; tu donnes à moi, *emáiten deírak*; ils auront donné à moi, *éman deíkede*; qu'il envoie à moi, *igor dizádan;* que vous envoyiez à moi, *igor dizadazun*.

A NOUS.

A nous, IKU ou IGUK (l'i uni au ou séparé) : il est arrivé à nous, *héltu záiku*; ils sont arrivés à nous, *héltu záizku*; il donne à nous, *emáiten deiku*; tu donnes à nous, *emáiten deíkuk*; il aura donné à nous, *éman déikegu*; qu'il envoie à nous, *igor dizágun;* qu'ils envoient à nous, *igor dizagién*, pour dizaguen.

A TOI.

A toi *(masc.)* IK ou IY *(fém.)* IÑ, *(resp.)* IZU : il est venu à toi, *jin zaik, zain, zaizu*; il offre à toi, *eskéntzen deik, dein, deizu*; il venait à toi, *jíten zeryan, zeíñan, zéizun* (on supprime le plus souvent l'i devant l'y et devant ñ) : il aura pris à toi, *hártu deikek, deiken, deikezu*.

A VOUS.

A vous *(pluriel)* IZIE: il s'est approché de vous (à vous), *hullántu záizie;* il envoie à vous, *igórten déizie;* ils avaient donné à vous, *éman zéizien;* j'aurais donné à vous, *éman neíkezien;* qu'il rende à vous, *utzul dizázien;* qu'il les prît à vous, *har litzatzien*.

A LUI. { **A lui,** io ou yo, unis ou séparés : il s'est éloigné de lui (à lui), *hurrúntu záyo* ; ils se sont approchés de lui, *hullántu záutzo* ; il a enseigné à lui, *erakáxi déyo* ; ils les ont montrés à lui, *erakoúxi deitzoe* ; tu l'avais apporté à lui, *ekhárri heyon* ; je les lui aurais emportés, *eróan neizkon* ; tu peux le lui gagner, *irábaz dizakiok* ; que je le lui commence, *has dizodan* ; qu'il le lui donne, *eman bizo*. }

A EUX. { **A eux,** ie ou ye, unis ou séparés : il s'est éloigné d'eux (à eux), *hurrúntu zaye* ; ils se sont approchés d'eux, *hullántu zautze* ; il le leur a enseigné, *erakaxi deye* ; ils les ont montrés à eux, *erakoúxi déitze* ; tu l'avais apporté à eux, *ekhárri heyen* ; je les leur aurais emportés, *eróan neizkén* ; tu peux le leur gagner, *irábaz dizakiek* ; que je le leur commence, *has dizedan* ; qu'il le leur donne, *eman bize*. }

Des cas du sujet et des régimes des verbes.

§. Ier. — Du Sujet.

Le sujet de la voix intransitive se met toujours au nominatif : l'enfant est parti, *háurra joán da* ; le cavalier avait passé, *zamaldúna igáran zen* ; la vache se sera perdue, *behía gáldu dáte* ; les enfants sont partis, *háurrak joán dira* ; les cavaliers avaient passé, *zamaldúnak jóan zirén* ; les vaches se seront perdues, *behíak gáldu diráte*.

Le sujet de la voix transitive se met toujours au cas actif : l'enfant a mangé, *háurrak jan du* ; le cavalier avait bu, *zamaldúnak edan zian* ; la vache aura senti, *behiak asmátu dúke* ; les enfants ont mangé, *háurrek jan die* ; les cavaliers avaient bu, *zamaldúnek edan zién* ; les vaches auront senti, *behiék asmátu dukie*.

☞ On doit remarquer, dans les exemples précédents, que la terminaison *ak* indique le nominatif pluriel avec un terminatif de la voix intransitive, et le cas actif singulier avec un terminatif de la voix transitive ; et que, devant un terminatif pluriel transitif, la terminaison du sujet pluriel est *ek*.

Le sujet du verbe est quelquefois employé à l'indéfini ; c'est lorsqu'il est accompagné d'un nom de nombre ou d'un adjectif de quantité : *hánitz*, beaucoup ; *sobéra*, trop ; *áski*, assez ; *gúti* et *áphur*, peu ; *gehiágo* et *habóro*, plus ; *bátzu* et *zombáit*, quelques ; *zombát*, combien ; *hainbéste*, tant.

Le substantif accompagné d'un nom de nombre ou d'un de ces adjectifs de quantité se met au nominatif indéfini, lorsqu'il est sujet du verbe dans la voix intransitive ; et au cas actif indéfini, lorsqu'il est sujet du verbe dans la voix transitive : *bi gizon héltu dira*, deux hommes sont arrivés ; *bi gizónek eróan die*, deux hommes l'ont emporté ; *sógile hánitz bazirén*, ils étaient beaucoup de spectateurs ; *laguntzále gúti hullántu zirén*, peu d'aides s'approchèrent ; *jakíle gútik ikhoúsi die*, peu de témoins l'ont vu ; *emázte bátzuk* ou *zoumbáitek éntzun zién*, quelques femmes l'entendirent ; *hánitz andérek éman zukién*, beaucoup de dames auraient donné.

Si les noms de nombre sont déterminés et accompagnés en français de l'article *les*, les substantifs auxquels ils sont joints prennent le caractère défini ; ainsi pour rendre : les deux hommes l'emportèrent, on dira : *bi gizonék eróan zién* ; les deux hommes sont arrivés, *hi gizónak héltu dira*.

Nous devons faire observer que la terminaison du cas actif *ek* est brève à l'indéfini et longue au pluriel défini.

Les adjectifs de quantité se mettent le plus souvent avant les substantifs ; cependant, l'usage autorise à les mettre aussi après, et alors ce sont les adjectifs qui prennent la terminaison casuelle ; ainsi on dit : *gizon hanitzek ikhoúsi die*, beaucoup d'hommes l'ont vu ; *hérri gútik ekhárten die*, peu de pays produisent.

§ II. Du régime direct. — Régime du verbe et régime du nom verbal.

Le régime direct du verbe se met toujours au nominatif : le maître envoie son serviteur, *náusiak igórten du bere mithila* ; le père a châtié l'enfant, *háurra zehátu du áitak*. — La voix transitive étant la seule qui admette un régime direct, et le sujet du verbe dans la voix transitive étant au cas actif, il n'est jamais possible de confondre le sujet avec le régime.

Dans les phrases précédentes : *náusiak igórten du bere mithila*, *háurra zehátu du áitak*: *bere mithila* et *háurra* sont régis par le terminatif transitif *du* ; et ces phrases se traduisent mot à mot : *le maître a son domestique en envoi*, ou *en action d'envoyer*; *le père a l'enfant châtié*.

Lorsqu'un mot est proprement régime des substantifs verbaux, il se met au génitif, comme le régime des autres substantifs, s'il est défini ; ainsi dans ces phrases : je l'ai vu envoyer le domestique, *ikhoúsi dut mithilaren igórten* ; il commença à châtier l'enfant, *hasi zen háurraren zehátzen* ; il est allé voir sa mère, *joán da amáren ikhoústera* ; *lánaren egitéko behár da dembóra*, pour faire le travail, il faut du temps : *mithilaren* est régime de *igórten* ; *háurraren* est régi par *zehátzen* ; *amáren* par *ikhoústera* ; *lánaren* par *egitéko* ; mais ces termes sont au génitif, suivant la règle de *liber Petri* ; et ces phrases se traduisent mot à mot en latin : *vidi eum in expeditione servi, cœpit in castigatione pueri ; ivit ad visum matris, pro executione laboris necessarium est tempus.* — De même qu'on dit : *haritzaren ostóa*, la feuille du chêne, *behiaren eznía*, le lait de la vache ; *ahariaren ilhia*, la laine du mouton, on dit pareillement : *ogíaren játen, játez, játeko ; ardoúaren edáten hasi da, ardoúaren edátez, edátera joán da ; makhiláren hártzen ikhoúsi dut ; makhiláren kartzéko, hártzian, hártzez*, etc., et au pluriel : *ogién játen uri zirén ollóak ; ostóen eta sagarrén biltzen hási dira ; behién eta zamarién edarátera igórri datut.*

Nous avons dit que le régime des noms verbaux se met au génitif lorsque ce régime est défini. (1) Si ce régime est à l'indéfini, il s'exprime par le nominatif indéfini, avec les noms verbaux comme avec les substantifs ordinaires. Ainsi on dit : *háritz ostóa*, la feuille de chêne; *háritz adárra*, la branche de chêne; et *háritz izardákitzen ari da*, il est occupé à émonder des chênes; *háritz osto biltzera jóan da*, il est allé ramasser des feuilles de chêne; *sagártze empheltatzera*, greffer des pommiers. — On dit : *árdi ilhía*, la laine de brebis, et *árdi mouzten ári zen*, il était occupé à tondre des brebis; *ardi lárru erósten ikhoúsi dut*, je l'ai vu acheter des peaux de brebis (2).

On voit qu'avec les régimes indéfinis, comme avec les régimes définis, les substantifs verbaux suivent les mêmes règles que les substantifs ordinaires.

Le régime du verbe se comporte avec l'adjectif verbal comme avec l'adjectif ordinaire ; on dit : *igórri du semía*, il a envoyé son fils; mot à mot : *il a son fils envoyé*; *anayia jóan da*, le frère est parti ; comme on dit : *azkar du besóa*, il a le bras fort; *hón du bihótza*, il a le cœur bon; *gáisto zian utcharà*, il avait la mine mauvaise ; *aizía hotz da*, le vent est froid.

Avec les adjectifs ordinaires, comme avec les adjectifs verbaux, le verbe se place toujours après les adjectifs dans les propositions affirmatives ; et devant, dans les propositions négatives : *ihour ez-tu ikhoúsi*, il n'a vu personne; *ikhoúsi du nourbait*, il a vu quelqu'un ; *góra da mendía*, la montagne est haute ; *ez-ta góra mendia*; *hón du osagarria*, il a la santé bonne ; *ez-tu hón osagarria*, il n'a pas la santé bonne.

Terminaisons des noms verbaux.

Les substantifs verbaux se terminent en *tze* et en *te*.

Les terminaisons des adjectifs verbaux sont presque toutes en *tu*, en *n* et en *i*.

Les terminaisons en *tu* sont les plus nombreuses. Tous les noms substantifs ou adjectifs de la langue se verbisent en prenant cette désinence *tu* pour l'adjectif verbal : *gizon, gizóntu; hárri, harrítu; haur, háurtu; hon, hóntu, hándi, handítu*. — Lorsque l'adjectif verbal est terminé en *tu*, le substantif verbal est terminé en *tze* : *gizóntze, harrítze, hóntze, handítze*, etc. Il faut excepter les adjectifs verbaux qui ont la lettre douce *z* avant *tu*; ainsi : *bóztu*, réjoui, fait *bózte* ; *hóztu*, refroidi, fait *hózte*; *láztu*, saisi d'effroi, ou devenu rude, dépoli, fait *lázte*.

Les adjectifs verbaux terminés en *n* et en *i* ont ordinairement le substantif verbal terminé en *te*: *jan*, mangé, *játe*; *eman*, donné, *emáite*; *jóan*, allé, *joáite*; *egon*, resté, *egóite*; *hási*, commencé, *háste*; *ikhási*, apprendre, *ikhásie*; *erósi*, acheté, *eróste*; *igórri*, *igórte*. — Il y a quelques exceptions à cette règle, mais elles sont en très petit nombre, surtout dans le souletin.

---

(1) Le défini est exprimé en français par *le, la, les, mon, ton, son, leur, mes, tes, ses, leurs*, après le verbe; et par *du, de la, des, de mon, de ton*, etc., après les noms.
L'indéfini est exprimé par *du, de la, des*, après les verbes actifs; et par *de* après les noms.

(2) Les auteurs anciens tels que Axular, Etcheverry, Gazteluzar, etc., mettent au génitif le régime du substantif verbal.

Nature des mots MAITE, NAHI, BEHAR, OUSTE.

Ces termes sont souvent employés dans la langue ; on s'en sert pour rendre les verbes français *aimer, vouloir, falloir* et *croire;* mais ils ne doivent pas être classés parmi les noms verbaux.

MAITE est un adjectif simple et signifie *cher, carus : máite dut,* j'aime, se traduit mot à mot : *je l'ai cher ; máite zian áita,* il aimait son père, *il avait son père cher; maitiágo zian áma,* il aimait plus sa mère ; mot à mot : *il avait sa mère plus chère.* *náhi* et *béhar* sont à la fois substantifs et adjectifs, comme bien d'autres termes tels que *hotz, bero, gaitz;* ils signifient : *voulu* et *volonté, nécessaire* et *besoin, nécessité.* Ils sont employés adjectivement, lorsqu'ils rendent les verbes *vouloir* et *falloir; Nahi dut bákia,* je veux la paix, se traduit mot à mot : *j'ai la paix voulue; nahiágo dut bihotz cháhia,* j'aime mieux le cœur pur ; mot à mot : *j'ai le cœur pur plus voulu; náhi nián igórri,* je voulais l'envoyer; mot à mot : *je l'avais voulu envoyé; nahi nintzan jóan,* je voulais aller ; mot à mot : *j'étais voulu allé* ou *je me voulais allé; nahiágo niz égon,* j'aime mieux rester, *je suis plus voulu rester,* ou *je me veux plus rester.* — *Béhar* s'emploie de la même manière que *náhi : gizónak béhar du adiskídebat,* l'homme a besoin d'un ami ; mot à mot : *l'homme a un ami nécessaire; uxtak béhar du laguntzalia,* l'aveugle a besoin du guide; mot à mot : *l'aveugle a le guide nécessaire; béhar dut igórri mithíla,* je dois envoyer le domestique ; mot à mot : *j'ai le domestique envoyé nécessaire; beharrágo dut beguirátu,* je l'ai gardé plus nécessaire.

Ces deux mots, NAHI et BÉHAR, s'emploient aussi substantivement, mais alors la construction de la phrase se fait selon les règles qui régissent les substantifs et leurs régimes, tandis que les phrases précédentes sont construites d'après les règles de l'accord du substantif avec l'adjectif. Ainsi on dit : *bákiaren nahia badu,* il a le désir de la paix; *lagun baten behárra banúke,* j'aurais besoin d'un compagnon.

Les termes *máite, náhi, béhar* ne doivent donc pas être considérés comme des noms verbaux, quoiqu'ils servent à rendre des verbes français ; mais, de même que les autres noms et adjectifs de la langue basque, ils se verbisent en prenant la terminaison *tu* et *tze : máite* fait *maithátu, maithátze; náhi* fait *nahítu, nahítze; béhar* fait *behártu, behártze.* Voici quelle est la signification de ces termes verbisés : *máite dut* veut dire : je l'aime, il m'est cher; *maithátzen dut* signifie : je commence à l'aimer, je suis en action d'aimer, mais il ne m'est pas cher encore ; *máite ukhen dut* veut dire : je l'ai aimé, je l'ai eu cher, mais il suppose qu'on ne l'aime plus ; *maithátu dut,* je l'ai aimé, *habeo amatum,* signifie qu'on continue à l'aimer. — *Nahi dut* signifie : je veux ; *nahítzen niz* veut dire : je deviens désireux; mot à mot : *je suis en action de vouloir; nahítu niz,* je suis devenu désireux. — *Behártzen dut* veut dire : je l'oblige, dans le sens de *je lui demande un service; behártu dut,* je l'ai obligé, je lui ai demandé un service, j'ai demandé son secours.

OUSTE n'est qu'un substantif simple, qui signifie opinion, idée ; OUSTE *dut,* je crois, doit se traduire mot à mot : *j'ai idée, j'ai opinion.*

Des termes EXI, ARI, ERAZI, OHI, JARRI.

Le terme éxi, éste, exprime l'idée d'une impression morale quelconque ; les mots auxquels il se joint expriment la nature de cette impression. On dit *onéxi* ou *ounhéxi (hoñ-éxi)*, pour rendre agréer, trouver bon ; *baitéxi (bait-éxi)*, signifie approuver ; *gaitzéxi (gaitz-éxi)*, désapprouver, s'offenser de ; *gutiéxi (guti-éxi)*, mépriser, estimer peu ; *ederéxi*, trouver beau, admirer ; *handiéxi*, *goréxi*, estimer, grand, haut, et glorifier, magnifier ; *berantéxi*, trouver qu'on tarde, s'impatienter d'attendre ; *berantéxi zütu*, il lui tarde que vous arriviez.

ARI, ABITZE, exprime l'idée d'une action continue mais déterminée ; le mot qui l'accompagne indique de quel genre est cette action. Le verbe français *occuper* donne une idée de la signification de ce mot, mais il n'en rend pas tout le sens. On dit : *izkiribátzen* ARI *da*, il écrit, il est occupé à écrire ; *elhéstan* ARI *da*, il parle, il est occupé à converser ; *játen* ARI *da*, il mange ; *nigárrez* ARI *da*, il pleure ; *óihuz* ARI *da*, il crie ; ces locutions, *nigárrez* ARI *da* et *óihuz* ARI *da*, disent plus que *nigar egiten du*, *óihu egiten du*; elles ajoutent à l'idée de pleurer et de crier une idée de persistance et d'intensité.

ERAZI, ERAZTE, se joint au radical des noms verbaux et en général à tous les mots pour leur donner le sens verbal causatif; on dit *jar*-ERAZI, faire asseoir ; *jan*-ERAZI, faire manger ; *har*-ERAZI, faire prendre ; *hont*-ERAZI, bonifier, faire mûrir ; *handi*-ERAZI, faire grandir ; *gizont*-ERAZI, faire devenir homme ; *haurt*-ERAZI, faire devenir enfant ; *bero*-ERAZI, faire chauffer. — Certains noms verbaux d'un usage très-fréquent s'emploient précédés du signe causatif, au lieu d'en être suivis ; tels sont ERA*koüxi*, montrer, composé de *ikhous-erázi*; ERA*káxi*, enseigner (*ikhas-erázi*) ; ERA*bili*, manier, rouler (*ebil-erázi*); ERA*khárri*, faire venir (*ekhar-erázi*); ERA*ntzun*, faire entendre (*éntzun-erázi*) ; et ERA*man*, ER*óan*, emmener, emporter, composés de *éman-erázi* et *jóan-erázi*. — Ces mêmes mots sont susceptibles de recevoir encore le mot *erázi* et d'avoir ainsi un double sens causatif ; ainsi on dit : *erákoux-erázi*, faire montrer ; *erábil-erázi*, faire manier ; *eráman-erázi*, faire emporter ; *erákhar-erázi*, donner ordre qu'on fasse venir ; *erántzun-erázi*, faire en sorte qu'on fasse entendre.

OHI s'emploie avec les formes de la voix transitive et de la voix intransitive. Il se joint ordinairement à l'adjectif verbal et se place entre l'adjectif et le terminatif du verbe : il forme un mode consuetudinaire et se traduit par *il a coutume*, *il a l'habitude de...* : *egin* OHI *du*, il a coutume de faire ; *déithu* OHI *da*, il a coutume d'être appelé ; *éman* OHI *zian*, il avait coutume de donner ; *jóan* OHI *zen*, il avait l'habitude d'aller ; on dit aussi bien *jóan* OHI *zian*.

Le mot JARRI, qui employé seul exprime l'idée de *s'asseoir*, s'unit souvent avec l'infinitif des adjectifs verbaux et rend le sens des verbes français *se mettre en*, *devenir* : *gáizturik jarri zen*, il se met en fureur ; *bózturik*, *harritúrik*, *gorritúrik jarri zen*, il fut tout joyeux, il fut effrayé, il devint rouge ; on dit aussi *ubel-ubéla jarri zen*, il devint tout pâle ; *gorri-górria jarri zen*, il devint tout rouge.

Locutions adverbiales OTHE, OTHIAN, OMEN ou UMEN, BALIMBA, AGIAN, BER, BAIT et GEROZ.

OTHE se place après les noms verbaux et donne à la proposition un sens à la fois dubitatif et interrogatif : *joan* OTHE *da?* serait-il parti ? *nórk egin* OTHE *du?* qui est-ce qui peut l'avoir fait ? *banóa jakitera* OTHE *diánez*, je vais savoir si par hasard il aurait.

OTHIAN ! est une exclamation de regret, de compassion, de surprise, qui se rend en français par *se peut-il ;* elle se place avant le nom verbal : OTHIAN *jóan da !* se peut-il qu'il soit parti ! OTHIAN *gáldu duzia*, se peut-il que vous ayez perdu ! mot à mot : *othian*, est-il parti ! *othian*, avez vous perdu !

OMEN ou UMEN se place comme *othe* après le nom verbal, il se rend en français par les locutions *il parait* ou *dit-on : héltu* OMEN *da*, il paraît qu'il est arrivé ; *ikhoúsi* OMEN *zian*, il avait, dit-on, vu.

BALIMBA est une exclamation de désir, d'espérance : BALIMBA *edirénen du*, j'espère bien qu'il le trouvera ; BALIMBA *botz izáteko du*, j'espère qu'il a lieu d'être content ; mot à mot : BALIMBA, il le trouvera ; BALIMBA, il a pour être content.

AGIAN se joint d'ordinaire au présent propositif et au futur, il se rend en français par *j'espère* ou *peut-être ;* c'est le cas positif du substantif *agia*, espérance, qui ne s'emploie plus qu'adverbialement.

BER se joint au verbe à la suite de la forme exquisitive de l'indicatif présent pour le temps présent, de l'indicatif passé pour le temps passé, et à la suite du subjonctif présent et passé pour indiquer un temps futur ; il rend la conjonction française *pourvu que : oúnxa nizan* BER, pourvu que je sois bien ; *ikhoústen dudan* BER, pourvu que je le voie, que je continue à le voir ; *ardou zian* BER, pourvu qu'il eût du vin ; *jáuzka dadin* BER, pourvu qu'il coure, qu'il saute ; *dántza lédin* BER, pourvu qu'il dansât.

ORDIAN s'emploie après les terminatifs du subjonctif passé et plusque-parfait, pour signifier *quand même, lors même : éman nézan ordian*, quand même je donnerais ; *hártu lúkian ordian*, lors même qu'il l'aurait pris.

BAIT s'emploie à la suite du nominatif indéfini de l'adjectif verbal sans verbe ; il signifie *pour le temps que : zu jin báit, eginik dúket*, pour votre arrivée, je l'aurai fait ; *zuk urhéntu báit, hében gutúzu*, pour le temps auquel vous l'aurez fini, nous sommes ici ; ou aussi vite que vous aurez fini, nous sommes ici. La forme composée *eneko* rend le même sens et elle est plus souvent employée dans le langage.

GÉROZ, *après*, ou *géroz, d'après, depuis*, placé à la suite du cas médiatif indéfini de l'adjectif verbal, exprime la conjonction française *depuis que ;* le sujet du verbe qui suit indique la personne dont il s'agit ; exemples : *zu ikhoúsiz géroz bóxturik da*, depuis qu'il vous a vu, il est plein de joie ; *sagárra jánez géroz, ardoúa edánez géroz, sabélian min du*, depuis qu'il a mangé la pomme, depuis qu'il a bu le vin, il souffre du ventre ; *áita joánez géroz, áita gáldux géroz, biziak éz-tu onetáko siráuik*, depuis que mon père est parti, depuis que j'ai perdu mon père, la vie n'a pas de charme pour moi.

Le même terme, *géroz* ou *géro*, à la suite du cas médiatif indéfini de la forme adjective du verbe, *dudánez, diánez, duzúnez, aiánez, dukezúnez*, etc., signifie *dès lors que, puisque: hási dudánez géroz, nahí dut urhéntu*, dès lors que ou puisque je l'ai commencé, je veux le finir ; *ikhousten duzúnez géroz*, dès lors que vous le voyez ; *égin dukezúnez géroz*, puisque vous l'aurez fait ; *hitzémon néyonez géroz*, dès lors que je le lui avais promis. — Ainsi, *hásiz géroz* veut dire : *après* avoir commencé, ou *depuis que* j'ai commencé, et *hási dudánez géroz, puisque* j'ai commencé.

Cette locution est de tous les dialectes, mais les Guipuscoans et les Biscayens, ou leurs écrivains plutôt, l'ont dénaturée. Ils ont joint la terminaison casuelle *ez* à *géro*, et, changeant le *g* en *k* par euphonie, ils ont composé *ezkero*; et au lieu de dire *jánez géro*, ils disent *jan ezkero*; au lieu de *ikhusiz géro* ou *géroz, ikhusi ezkera* ; au lieu de *joan zanez géro*, puisqu'il était parti, *joan zan ezkero*.

De l'usage de la forme adjective ou nominale du verbe.

Nous avons dit que les terminatifs du verbe se déclinent à tous les temps et dans toutes les relations.

Le terminatif de la forme exquisitive est toujours le radical ou le nominatif indéfini de la forme adjective.

Dans la voix intransitive, la forme adjective exprime le pronom relatif *celui qui*, ou simplement *qui* : celui qui marche, *ebilten* DENA ; l'homme qui marche, *ebilten* DEN *gizoña*, ou *gizon ebilten* DENA ; de celui qui marche, *ebilten* DENAREN ; de l'homme qui marche, *ebilten* DEN *gizónaren*, ou *gizon ebilten* DENAREN. Les deux constructions sont régulières et consacrées par l'usage, mais celle qui met le substantif à la fin est plus ordinairement employée. Suivant la règle de l'accord des noms dans la langue basque, le dernier terme est toujours le seul qui reçoive la terminaison casuelle ; l'autre reste à l'état radical.

Dans la voix transitive, la forme adjective ou nominale exprime les pronoms relatifs *celui qui, ce qui*, ou *qui*, sujets du verbe, et *celui que, ce que*, ou *que*, régimes du verbe. Ainsi, *lan haú egin* DIANA veut dire *celui qui a fait ce travail* ; *lán egin* DIANA *haú da*, ou *egin* DIAN *lána haú da* veut dire : *le travail qu'il a fait est celui-ci*. On dit : *min egin* DEITAN *harria*, ou *hárri min egin* DEITANA, la pierre qui m'a fait mal ; *ourthiki* DEITAN *harria*, ou *hárri ourthiki* DEITANA, la pierre qu'il m'a jetée ; *hárri ourthiki* DEITANAREN *herechá*, ou *ourthiki* DEITAN *harriaren herechá*, la marque de la pierre qu'il m'a jetée.

Des formes contractées improprement appelées verbes irréguliers.

La langue basque n'a pas de verbes irréguliers ; elle n'a qu'un verbe et une conjugaison, comme elle n'a qu'une seule déclinaison. Cependant il existe dans le langage certaines formes auxquelles on a donné improprement le nom de verbes irréguliers. Ce sont des formes contractées de la conjugaison de certains noms verbaux d'un usage très-commun. Ces formes contractées ne s'étendent jamais qu'à une très-minime partie de la conjugaison, et elles peuvent être toujours remplacées par la conjugaison régulière ; ainsi, pour *je vais, tu vas, il va*, on dit *banóa, bahóa, badóa*, mots composés de *jóan*, aller, et de *niz*, je suis ; *hiz*, tu es ; *da*, il est ; mais on dit aussi bien, *joáiten niz*, je vais ; *joáiten hiz*, tu vas ; *joáiten da*, il va. — Il en est de même de *nágo*, je reste, composé de *égon* et *niz*, *hiz*, *zira*, *da*; de *nabíla*, je promène, composé de *ébil*, marcher, et les terminatifs contractés du verbe ; de *darámat*, composé de *éraman* et *dut*; de *dadúkat*, composé de *edúki* et *dut*. Toutes ces formes et les autres semblables peuvent être remplacées par les formes régulières : *egóiten niz*, je reste ; *ebilten niz*, je marche, *eramáiten dut*, j'emporte ; *edukíten dut*, je tiens. — Les formes *diot, dioát, dioe, diok, dion, diózu, diozie* : je dis, ils disent, tu dis, vous dites, sont empruntées au latin ou à l'espagnol ; elles peuvent parfaitement être remplacées par la conjugaison régulière de *érran*, mais elles n'en sont pas composées comme les autres formes régulières.

Nous donnons les conjugaisons des formes irrégulières usitées en Soule :

FORMES CONTRACTÉES DE LA CONJUGAISON DU NOM VERBAL *JOAN*, ALLER.

INDICATIF. — PRÉSENT.

			à moi	à nous	à toi	à vous	à lui	à eux
il va	*ind.*	dóa	doákit	doakigu	....	doakizie	doakó	doaké
	mas.	dóak	doakidák	doakiguk	doákik	....	doakók	doakék
	fém.	dóan	doakidan	doakigun	doákin	....	doakón	doakén
	resp.	doázu	doakidázu	doakigúzu	doakízu	....	doakózu	doakézu
il vont	*ind.*	doátza	doázkit	doázkigu	....	doazkitzie	doazkó	doazké
	mas.	doátzak	doazkidák	doazkiguk	doázkik	....	doazkók	doazkék
	fém.	doátzan	doazkidan	doazkigun	doázkin	....	doazkón	doazkén
	resp.	doátzu	doazkidátzu	doazkigútzu	doazkítzu	....	goazkótzu	doazkétzu
tu vas	*m et f*	hóa	hoákit	hoakigu	....	....	hoakó	hoaké
	resp.	zoáza	zoázkit	zoazkigu	....	....	zoazkó	zoazké
vous allez	*ind.*	zoaztê	zoazkitét	zoazkigié	....	....	zoazkoyé	zoazkeyé
je vais	*ind.*	nóa	....	....	....	noakizie	noakó	noaké
	mas.	nóak	....	....	noákik	....	noakók	noakék
	fém.	nóan	....	....	noákin	....	noakón	noakén
	resp.	nóazu	....	....	noákizu	....	noakózu	noakézu
nous allons	*ind.*	goátza	....	....	....	goazkitzie	goazkó	goazké
	mas.	goátzak	....	....	goazkik	....	goazkók	goazkék
	fém.	goátzan	....	....	goázkin	....	goazkón	goazkén
	resp.	goátzu	....	....	goazkítzu	....	goazkótzu	goazkétzu

FORMES CONTRACTÉES DE LA CONJUGAISON DU NOM VERBAL JOAN, ALLER (Suite.)

IMPARFAIT.

		à moi	à nous	à toi	à vous	à lui	à eux
il allait	(ind.) (mas.) (fém.) (resp.)	zoan zoin zoñan zoazun	zoakidan zoakidán zoakidañan zoakidazun	zoakigun zoakigÿan zoakiguñan zoakigúzun	zoakiÿan zoakiñan zoakizun	zoakizien	zoakón zoakóyan zoakoñan zoakózun	zoakén zoakéyan zoakéñan zoakézun
ils allaient	(ind.) (mas.) (fém.) (resp.)	zoitzen zoatzein zoazañan zoitzan	zoazkidan zoazkidán zoazkidañan zoazkidazun	zoazkigun zoazkigÿan zoazkiguñan zoazkigitzun	zoazkiÿan zoazkiñan zoazkizun	zoazkitzien	zoazkón zoazkóyan zoazkoñan zoazkózun	zoazkén zoazkéyan zoazkéñan zoazkézun
tu allais	(mas.) (resp.)	hindoan zindoan	hindoakidan zindoakidan	hindoakigun zindoakigun			hindoakón zindoakón	hindoakén zindoakén
vous alliez	plur.	zindoazyen	zindoakidén	zindoakigién			zindoaŝoen	zindoakeyén
j'allais	(ind.) (mas.) (fém.) (resp.)	nindoan nindoán nindoañan nindoazun			nindoakiÿan nindoakiñan nindoakizun	nindoakizien	nindoakón nindoakóyan nindoakóñan nindoakózun	nindoakén nindoakéyan nindoakéñan nindoakézun
nous allions	(ind.) (mas.) (fém.) (resp.)	gindoitzan gindoatzán gindoatzañan gindoeszun			gindoazkiÿan gindoazkiñan gindoazkitzun	gindoazkitzien	gindoazkón gindoazkóyan gindoazkóñan gindoazkótzun	gindoazkén gindoazkéyan gindoazkéñan gindoazkézun

FORMES CONTRACTÉES DE LA CONJUGAISON DU NOM VERBAL *JOAN*, ALLER. (*Suite.*)

IMPÉRATIF.

			à moi	à nous	à toi	à vous	à lui	à eux
va	met	hóa / et hoála	hoákit / et hoakidála	hoakigu / hoakigúla	....	....	hoakó / hoakóla	hoaké / hoakéla
	resp.	zoáza / et zoázala	zoázkit / zoazkidála	zoazkigu / zoazkigúla	....	....	zoazkó / zoazkóla	zoazké / zoazkéla
allez	ind.	zoázte / et zoáztela	zoazkitél / zoazkidéla	zoazkiguyé / zoazkiguyéla	....	....	zoazkoyé / zoazkoyéla	zoazkeyé / zoazkeyéla
qu'il aille	ind.	bihóa / doéla	bihoákit / doakidála	bihoakigu / doakigúla	m. bihoákik / f. bihoákin / r. bihoakizu	bihoakizie / doakiziéla	bihoakó / doakóla	bihoaké / doakéla
qu'ils aillent	ind.	bihoátza / doatzéla	bihoázkit / doazkidála	bihoazkigu / doazkigúla	m. bihoázkik / f. bihoázkin / r. bihoazkizu	bihoazkitzie / doazkitziéla	bihoazkó / doazkóla	bihoazké / doazkéla
allons	ind.	goátzan	....	....	....	....	goazkón	goazkén

Les formatifs à compléments indirects sont rarement employés ; pour exprimer les relations indirectes, on use de préférence de la conjugaison régulière ; mais, dans la forme simple, on aime mieux en général se servir des terminatifs contractés. Ainsi on dira : *banóa, badóa, bazóaza, bazoátzan, hón, zoáza, bihóa, goátzan*, plutôt que *joditen niz, joditen da, joditen zira, joditen zen, jóan hádi, jóan zite, jóan bedi, jóan giñan*.

On remarquera que les premiers terminatifs de l'impératif se confondent avec ceux de l'indicatif présent, mais il faut observer que les terminatifs de l'indicatif présent et passé ne s'emploient jamais sans être précédés de la particule affirmative *ba* ou de la particule négative *ez, e*; tandis que les premiers terminatifs de l'impératif s'emploient toujours seuls.

FORMES IRRÉGULIÈRES DE LA CONJUGAISON DU NOM VERBAL *JAKIN*, SAVOIR.

	INDICATIF. — PRÉSENT.		INDICATIF. — PASSÉ.		INDICATIF. — FUTUR.		CONDITIONNEL. — PRÉSENT.	
	je le sais	je les sais	je le savais	je les savais	je le saurai	je les saurai	je le saurais	je les saurais
ind.	dakit	dakitzat	nakian	nakitzan	dakiket	dakizkeet	nakike	nakizke
mas.	dakiñat	dakitzaat	nakiñan	nakitzaan	dakikeyat	dakizkeyat	nakikek	nakizkek
fém.	dakiñat	dakitzañat	nakiñan	nakitzañan	dakikenat	dakizkenat	nakiken	nakizken
resp.	dakizut	dakitzaut	nakizun	nakitzun	dakikezut	dakizkotzut	nakikezu	nakirkötzu
	tu le sais	tu les sais	tu le savais	tu les savais	tu le sauras	tu les sauras	tu le saurais	tu les saurais
mas.	dakik	dakitzak	hakian	hakitzan	dakikek	dakizkek	hakike	hakitzake
fém.	dakin	dakitzan	hakian	hakitzan	dakiken	dakizken	hakike	hakitzake
resp.	dakizu	dakitzu	zenakian	zenakitzan	dakikezu	dakizkotzu	zenakike	zenakitzake
	il le sait	il les sait	il le savait	il les savait	il le saura	il les saura	il le saurait	il les saurait
ind.	daki	dakitza	zakian	zakitzan	dakike	dakizke	lakike	lakizke
mas.	dakik	dakitzak	zakiñan	zakitzan	dakikek	dakizkek	lakikek	lakitzakek
fém.	dakin	dakitzan	zakiñan	zakitzañan	dakiken	dakizken	lakiken	lakitzaken
resp.	dakizu	dakitzu	zakizun	zakitzun	dakikezu	dakizkotzu	lakikezu	lakitzakétzu
	nous le savons	nous les savons	nous le savions	nous les savions	nous le saurons	nous les saurons	nous le saurions	nous les saurions
ind.	dakigu	dakitzagu	genakian	genakitzan	dakikegu	dakizkegu	genakike	genakitzake
mas.	dakiñagu	dakitzagu	genakiñan	et genakitzan				et genakitzakek
				genakitzan				
fém.	dakiñagu	dakitzañagu	genakiñan	et genakitzan	dakikegun	dakizkegun	genakiken	et genakitzaken
resp.	dakizugu	dakitzugu	genakizun	et genakitzun	dakikeguzu	dakizkeguzu	genakikezu	et genakitzakétzu
	vous le savez	vous les savez	vous le saviez	vous les saviez	vous le saurez	vous les saurez	vous le sauriez	vous les sauriez
ind.	dakitzie	dakitzie	zenakien	zenakitzen	dakizketie	dakizketzie	zenakiké	zenakitzaké
	il le savent	ils les savent	ils le savaient	ils les savaient	ils le sauront	ils les sauront	ils le sauraient	ils les sauraient
ind.	dakie	dakitzé	zakiten	zakitzén	dakité	dakizketé	lakiké	lakitzaké
mas.	dakié	dakitzayé	zakitzegan	zakitzégan	dakikeyé	dakizkeyé	lakikeyé	lakitzakeyé
fém.	dakiñé	dakitzañé	zakitzéñan	zakitzéñan	dakikené	dakizkené	lakikené	lakitzakené
resp.	dakizie	dakitzaie	zakitzien	zakitzien	dakikezie	dakizketzie	lakikezie	lakitzaketzie

FORMES IRRÉGULIÈRES DE LA CONJUGAISON DU NOM VERBAL *JAKIN*. (Suite.)

	CONDITIONNEL PASSÉ		SUPPOSITIF PRÉSENT	
	COMPL. INDÉF. ET SINGUL.	COMPL. PLURIEL.		
	je l'aurais su — nous l'aurions su	je les aurais su — nous les aurions su	si je savais	si je les savais
indéf.	nakikian genakikian	nakitzakian genakitzakian	banaki	banakitza
masc.	nakikeyán genakikeyán	nakitzakeyán genakitzakeyán	si tu savais	si tu les savais
fémin.	nakikeñán genakikeñán	nakitzakeñán genakitzakeñán	bahaki	bahakitza
respect.	nakikézun genakikézun	nakitzakétzun genakitzakétzun	bazenáki	bazenakitza
	tu l'aurais su — vous l'auriez su	tu les aurais su — vous les auriez su	s'il savait	s'il les savait
m. et f.	hakikian zenakikién	hakitzakian zenakitzakién	baláki	balakitza
respec.	zenakikian	zenakitzakian	si nous savions	si nous les savions
	il l'aurait su — ils l'auraient su	il les aurait su — ils les auraient su	bagenáki	bagenakitza
indéf.	zakikian zakikién	zakitzakian zakitzakién	si vous saviez	si vous les saviez
masc.	zakikeyán zakikiéyan	zakitzakeyán zakitzakiéyan	bazenakie	bazenakitze
fémin.	zakikeñán zakikiéñan	zakitzakeñán zakitzakiéñan	s'ils savaient	s'ils les savaient
respec.	zakikézun zakikezién	zakitzakétzun zakitzakétzién	balakié	balakitzé

Toutes ces formes prennent les modifications de la forme régie exquisitive, de la forme régie positive et de la forme d'incidence. On dit *dakidan, dakizun, dakian, dakigun, dakizien; dakidála, dakizúla, dakiála, dakigúla; beitakit, beitakik, beitaki,* etc.

FORMES IRRÉGULIÈRES DE LA CONJUGAISON DU NOM VERBAL—ÉGON.

			à lui	à eux	à toi	à vous	à moi	à nous
il reste	*indéfini* *masculin* *féminin* *respectueux*	dago diagok diagon diagozu	diagoko diagokok diagokon diagokozu	dagoke diagokek diagoken diagokezu	diagokik diagokin diagokizu	diagokizie	diagokidat diagokidak diagokidan diagokidazu	dagokigu diagokignk diagokigun diagokiguzu
ils restent	*indéfini* *masculin* *féminin* *respectueux*	daude diaudek diauden diauditzn	dauko diaukok diaukon diaukoizu	dauzke diauzkek diauken diauzketzu	diaukik diaukin diauzkizu	diauzkizie	dauzkidat diauzkidak diauzkidan diauzkidazu	dauzkign diauzkignk diauzkigun diauzkignzu
tu restes	*mas. et fém* *respectueux*	hago zinde	hagoko ziauzko	hagoke zauke			hagokit ziauzkit	hagokigu zauzkigu
vous restez	*pluriel*	zauzte	zauzkoye	zauzkeye		niagokizie		zauzkigie
je reste	*indéfini* *masculin* *féminin* *respectueux*	nago niagok niagen niagozu	nagoko niagokok niagokon niagokozu	nagoke niagokek niagoken niagokozu	niagokik niagokin niagokizu			
nous restons	*indéfini* *masculin* *féminin* *respectueux*	gaude giaudek giauden giaudetzu	gauzko giauzkok giauzkon giauzkoitzu	gauzke giauzkek giauzken giauzketzu	giauzkik giaunkin giauzkikzu	giauzkizié		

IMPÉRATIF.

indéf. bégo, qu'il reste (laissez-le)
ind. beude, qu'ils restent
m. et f. hago, reste, demeure, attends
resp. zaude, restez (au singulier)
pl. zauzte, restez (au pluriel)

EMPARFAIT.

zagon, il restait
zauden, ils restaient
hinderon, tu restais
zinaudian, vous restiez (singulier)
zinaunden, vous restiez (pluriel)
nindagon, je restais
ginaunden, nous restions

FORMES IRRÉGULIÈRES DE LA CONJUGAISON DU NOM VERBAL *EBIL*, *EBILI*, MARCHER.

	je promène		nous promenons		je promenais		nous promenions
ind.	nabíla	*ind.*	gabíltza	*ind.*	nebílan *et* nembílan	*ind.*	gebíltzan
masc.	nabílak	*masc.*	gabíltzak	*masc.*	nebílán *et* nembílán	*masc.*	gebíltzán
fém.	nabílan	*fém.*	gabíltzan	*fém.*	nebílañán *et* nembílañán	*fém.*	gebíltzañán
resp.	nabílázu	*resp.*	gabíltzátzu	*resp.*	nebílázun *et* nembílázun	*resp.*	gebíltzátzun
	tu promènes		vous promenez		tu promenais		vous promeniez
m et f.	habíla	*ind.*	zabíltzé	*m et f.*	hebílan *et* hembílan	*ind.*	zebíltzén
resp.	zabíltza			*resp.*	zebíltzan *et* zembíltzan		
	il promène		ils promènent		ils promenaient		ils promenaient
ind.	dabíla	*ind.*	dabíltza	*ind.*	zebílan	*ind.*	zebíltzán
masc.	dabílak	*masc.*	dabíltzak	*masc.*	zebílán	*masc.*	zebíltzán
fém.	dabílan	*fém.*	dabíltzan	*fém.*	zebílañán	*fém.*	zebíltzañán
resp.	dabílázu	*resp.*	dabíltzátzu	*resp.*	zebílázun	*resp.*	zebíltzátzun

IMPÉRATIF.

ábil, *va, marche, et* habílála
zabíltza...... *et* zabíltzála
dábílála, *qu'il s'en aille*
zabíltzé, *allez-vous-en*, *et* zabíltzéla
dabíltzála, *qu'ils s'en aillent.*

FORMES IRRÉGULIÈRES. 453

FORMES IRRÉGULIÈRES DE LA CONJUGAISON DU NOM VERBAL ERABIL, FAIRE ALLER, AGITER, MENER.

(PRÉSENT.)

		le	les	te	vous	me	nous
il	(indéfini masculin féminin respectueux)	dárabila dárabilak dárabilan dárabilazu	dárabiltza dárabiltzak dárabiltzan dárabiltzazu	hárabila hárabila zárabila ou tza	zarabiltzé ou zarabiltzé	nárabila nárabilak nárabilan nárabilazu	gárabila gárabilak gárabilan gárabilazu
ils	(indéfini masculin féminin respectueux)	dárabilé darabilték darabiltén darabilézu	darabiltzé darabiltzék darabiltzén darabiltzeitzu	hárabile hárabile zárabile, ou tze	zarabiltzé ou zarabilté	nárabile nárabilek nárabilen nárabilezu	gárabile gárabilek gárabilen gárabilezu
tu	(mas. et fém. respectueux)	darabilak darabilan darabilazu	darabiltzak darabiltzan darabiltzazu			hárabilak hárabilan nárabilazu	garabilak garabilan garabiltzatzu
vous	(indéfini)	darabilazie	darabiltzatzie			narabilazie	garabiltzazie
je	(indéfini masculin féminin respectueux)	dárabilat dárabilát dárabilañat dárabilazut	dárabiltzat dárabiltzát dárabiltzañát dárabiltzazut	hárabilat hárabilat zárabiltzat	zárabiltzatet		
nous	(indéfini masculin féminin respectueux)	dárabilagu dárabilagok dárabilagun dárabilaguzu	darabiltzagu darabiltzagok darabiltzagun darabiltzaguzu	hárabilagu hárabilagu zárabiltzagu	zarabiltzégu		

FORMES IRRÉGULIÈRES DE LA CONJUGAISON DU NOM VERBAL *ERABIL*, FAIRE ALLER, AGITER, MENER. *(Suite.)*

PASSÉ IMPARFAIT.

		le	les	te	vous	me	nous
il	*indéfini*	zárabilan	zárabiltzan	....	zintarabilén	nindárabilan	gintárabilan
	masculin	zarabilán	zarabiltzán	hindárabilan	*ou* zintarabiltzén	nindarabilán	gintarabilán
	féminin	zárabilañan	zarabiltzañán	hindárabilan	....	nindárabilañán	gintarabilañán
	respectueux	zárabilazun	zarabiltzázun	zintárabilan	....	nindárabilázan	gintarabilázun
ils	*indéfini*	zarabilén	zarabiltzén	....	zintarabilén	nindarabilén	gintárabilen
	masculin	zarabiléyan	zarabiltzéyan	hindarabilén	*ou* zintarabiltzén	nindarabiléyan	gintarabiléyan
	féminin	zarabiléñan	zarabiltzéñan	hindarabilén	....	nindarabiléñan	gintarabiléñan
	respectueux	zarabilézun	zarabiltzézun	zintarabilén	....	nindarabilézien	gintárabilezien
tu	*mas. et fém.*	harabilan	harabiltzan	....	....	m. nindarabilayán	gintarabilayán
	respectueux	zenarabilan	zenarabiltzan	....	....	f. nindarabilañán	gintarabilañán
						r. nindarabilazán	gintarabilazun
vous	*indéfini*	zenarabilén	zenarabiltzén	....	....	nindarabilazién	gintarabilazién
je	*indéfini*	narabilan	narabiltzan	....	zintarabiládan	....	....
	masculin	narabilán	narabiltzayán	hindarabiládan	....	....	....
	féminin	narabilañan	narabiltzañán	hindarabiládan	....	....	....
	respectueux	narabilázun	narabiltzázun	zintarabiládan	....	....	....
nous	*indéfini*	genarabilan	genarabiltzan	hinderabilégun	zintarabilégun	....	....
	masculin	genarabilán	genarabiltzayán	hindarabilégun	....	....	....
	féminin	genarabilañán	genarabiltzañán	hindarabilégun	....	....	....
	respectueux	genarabilázun	genarabiltzázun	zintarabilégun	....	....	....

FORMES IRRÉGULIÈRES DE LA CONJUGAISON DU NOM VERBAL *ERAMAN*, EMPORTER.

INDICATIF. — PRÉSENT.

		le	les	te	vous	me	nous
il emporte		dárama	dáramatza	m. f. hárama r. záramatza	zaramatzé	nárama	gárama
ils emportent		daramé	daramatzé	m. f. haramé r. záramatzé	záramatzé	náramé	garamé
tu emportes	masc. fém. resp.	háramak dáraman dáramazu	háramatzak dáramatzan dáramatzu			náramak náraman náramazu	gáramak gáraman gáramazu
vous emportez		dáramatzie	dáramatzie			náramatzie	gáramatzie
j'emporte		dáramat	dáramatzat	m. f. háramat r. záramat	zaramatzatét		
nous emportons		dáramagu	dáramatzagu	m. f. háramagu r. záramagu	zaramatzágu		

FORMES IRRÉGULIÈRES DE LA CONJUGAISON DU NOM VERBAL *ERAMAN*, EMPORTER. *(Suite.)*

IMPARFAIT.

		le	les	te	vous	me	nous
il emportait		záraman	záramatzan	*m. f.* híndaraman *r.* zíntaraman	zintaramén	níndaraman	gintaráman
ils emportaient		zaramén	záramatzen	*m. f.* hindaramen *r.* zíntaramen	zintaramén	nindaramen	gintaramén
tu emportais	*m. et f.* haráman *resp.* zeneráman	harámatzan zeneramátzan			*m.* nindaramán *f.* nindaramañán *r.* nindaramázun	gintaramán gintaramañén gintaramázun
vous emportiez		zenaramén	zenáramatzen			nindaramazién	gintaramatzién
j'emportais		náraman	náramatzan	*m. f.* hindaramadan *r.* zintaramadan	zintaramédan		
nous emportions		generáman	genáramatzan	*m. f.* hindaramagún *r.* zintaramagun	zintaramégun		

IMPÉRATIF.

		le	les	te	vous	me	nous
qu'il emporte		dáramala	dáramatzala	*m. f.* háramala *r.* záramala	záramatzéla	náramala	gáramala
qu'ils emportent		dáramela	daramatzéla	*m. f.* háramela *r.* záramela	zaramatzéla	naraméla	garaméla
emporte	*m. et f.* erámak eráman *resp.* eramázu	erámátzak erámátzan eramátzu		*peu usités*	énaramak énaraman énaramazu	égaramak égaraman égaramazu
emportez		eramazie	eramatzie			énaramazie	égaramazie

FORMES IRRÉGULIÈRES DE LA CONJUGAISON DU NOM VERBAL *EDUKI*, TENIR, CONTENIR.

	le	les	te	vous	me	nous
il contient et tient	dadúka	dadúzka	m f. hadúka / r. zadúka	zaduké	nadúka	gadúka
ils tiennent et contien'.	daduké	daduzké	m f. haduké / r. zaduké	zuduké	naduké	gaduké
tu tiens et contiens	m. dadúkak / f. dadúkan / r. dadúkazu	dadúzkak / dadúzkan / daduzkátzu	....	....	nadúkak / nadúkan / nadúkazu	gadúkak / gudúkan / gadúkazu
vous tenez et contenez	dadukazie	daduzkatzie	....	....	nadukazie	gadukazie
je tiens ou contiens	dadúkat	dadúzkat	m f. hadúkat / r. zadukat	zadukatét	....	....
nous tenons ou conten'	dadukágu	daduzkágu	m f. hadukágu / r. zadukágu	zadukiégu	....	....

PASSÉ. — IMPARFAIT.

	le	les	te	vous	me	nous
il tenait ou contenait	zadúkan	zadúzkan	m f. hindadúkan / r. zintadúkan	zintadukén	nindadúkan	gintadúkan
ils tenaient ou conten'.	zadukén	zaduzkén	m f. hindadukén / r. zintadukén	zintadukén	nindadukén	gintadukén
tu tenais ou contenais ou retenais	m f. hadúkan / r. zenadúkan	hadúzkan / zenadúzkan	....	....	m. nindadukayén / f. nindadukañén / r. nindadukazun	gintadukayán / gintadukañán / gintadukazun
vous teniez ou conteniez	zenadúkan	zenaduzken	....	....	....	....
je tenais ou retenais	nadúkan	nadúzkan	....	....	....	....
nous tenions ou retenions	geñadúkan	geñadúzkan	....	....	....	....

L'Impératif a *edúkak*, *edúkan*, *edukásu*, tiens, retiens; *edukazie*, tenez, retenez.

FORMES IRRÉGULIÈRES POUR EXPRIMER CERTAINES PARTIES DU NOM VERBAL *ERRAN*, DIRE.

NOTA. — Ces terminatifs ne sont pas empruntés au nom verbal basque. On ne peut pas les considérer comme des formes contractées de la conjugaison régulière, comme le sont toutes les formes irrégulières. Ils proviennent évidemment du latin *dicere*, ou des langues romanes qui en sont formées.

INDICATIF. — PRÉSENT. **INDICATIF. — PASSÉ.**

il dit	*indéf.*	dío,	il disait	*indéf.*	zióan,
	masc.	diók,		*masc.*	zioán,
	fém.	díon,		*fém.*	zióñan,
	resp.	diózu.		*resp.*	ziózun.
ils disent	*indéf.*	dioyé,	ils disaient	*indéf.*	zioén,
	masc.	dioyé,		*masc.*	zioéyan,
	fém.	dioñé,		*fém.*	zioéñan,
	resp.	diózie.		*resp.*	ziózien.
tu dis	*masc.*	diok,	tu disais	*masc.*	hióan,
	fém.	díon,		*fém.*	hióan,
	resp.	diózu.		*resp.*	ziníoan.
vous dites	*indéf.*	diózie.	vous disiez	*indéf.*	ziníoén.
je dis	*indéf.*	djot,	je disais	*indéf.*	nióan,
	masc.	dioyát,		*masc.*	nioán,
	fém.	dioñát,		*fém.*	nióñan,
	resp.	diót et díozut.		*resp.*	niózun.
nous disons	*indéf.*	diógu,	nous disions	*indéf.*	giníoan,
	masc.	dióyagu,		*masc.*	giníoyan,
	fém.	dióñagu,		*fém.*	giníoñan,
	resp.	diózugu.		*resp.*	giníozun.

On dit aussi : *diótza*, il les dit ; *ziótzan*, il les disait ; *dióxut*, je te (r) le dis ; *dióziet*, je vous le dis ; *dioxó*, il lui dit ; *dioxé*, il leur dit ; *dioxoé*, ils lui disent.

Les formes abrégées *errak*, *erran*, *errázu*, dis, pour *erran ézak*, *erran ézan*, *erran ezázu* ; et *errazie*, dites, pour *erran ezazie*, appartiennent au nom verbal *erran*, dire.

Quelques autres noms verbaux d'un usage fréquent ont, comme *erran*, des formes contractées pour l'impératif.

	On dit :			On dit :	
mas.	egik *pour* egin ézak			emak *pour* eman ézak	
fém.	egin *pour* egin ézan	*fais.*		eman *pour* eman ézan	*donne.*
resp.	egizu *pour* egin ezázu			emázu *pour* eman ezázu	
plur.	egizie *pour* egin ezazie	*faites.*		emazie *pour* eman ezazie	*donnez.*

FORMES IRRÉGULIÈRES. 459

On dit :	On dit :	
háigu *pour* jin hádi	indak *pour* éman izádak	
tziáuri } *pour* jin zite { *viens.*	indan *pour* éman izádan	donne à moi.
et zato	indázu *pour* éman izadázu	
tziáuste } *pour* jin zitié { *venez.*	indázie *pour* éman izadázie	donnez à moi.
et zatzote		
	iguk *pour* éman izáguk	
	igun *pour* éman izágun	donne à nous.
biáigu *et* biauri *pour* jin bédi, *qu'il vienne*	igúzu *pour* éman izagúzu	
biaudé *pour* jin bite, *qu'ils viennent.*	iguzie *pour* éman izaguzie	donnez à nous.

Toutes les formes contractées ont les formes régies et la forme d'incidence. Ces dernières n'offrent aucune difficulté, parce qu'elles se composent absolument comme les mêmes formes dans la conjugaison régulière.

Ainsi : *dáki*, il sait, fait *dakian* pour la forme exquisitive ; *dakiála*, pour la forme régie positive; *beitáki*, pour la forme d'incidence.

Dóa fait *dóan, doála, beitóa. — Dabíla* fait *dabilan, dabílala, beitabíla. — Darabíla* fait *darabilan, darabilála, beitarabíla. — Dárama* fait *dáraman, dáramala, béitarama. — Dágo* fait *dagon, dágola, beitágo. — Dio* fait *dion, dióla, beitío,* etc., etc.

Nous avons dit que ces formes contractées ont été introduites pour donner plus de concision, de rapidité, et quelquefois plus d'énergie au langage ; que les noms verbaux auxquels ces formes se rapportent ont la conjugaison régulière dans toute son étendue et qu'on peut remplacer les formes contractées par les formes régulières. Ainsi on peut dire, et on dit très-bien : *joáiten da*, il va, au lieu de dire : *dóa* ou *badóa; joáiten zen*, au lieu de dire *baróan* ; et pour toutes les formes, autres que l'indicatif présent et passé et l'impératif, on est obligé de se servir toujours de la conjugaison régulière. — On dit également, et même plus souvent, *eramáiten du*, au lieu de *dárama* ; *erráiten du*, au lieu de *dio* ; *erráiten zian*, au lieu de *zióan.*

L'usage a donné aux formes contractées *dabila*, *nabila*, une signification qui modifie celle du nom verbal *ebíli* qui s'emploie dans le sens de *marcher* ; *badibíla* veut dire : il court ici et là, il promène ; il s'emploie aussi dans le sens du mot français *il va*, lorsqu'on le dit pour signifier *il a assez de santé ou de force pour aller, pour circuler.*

Dákit signifie je sais, *scio*; *nakian*, je savais, *sciebam*. — Les formes contractées de ces deux temps ne peuvent pas être remplacées par les formes régulières de l'indicatif présent *jakiten dut*, et de l'indicatif passé imparfait *jakiten nian*. *Jakiten dut*, mot à mot : *j'ai en action de savoir*, signifie proprement *j'apprends*, et les Basques ne l'entendent que dans ce sens : *jakiten nian*, mot à mot : *j'avais en action de savoir*, signifie *j'apprenais*. Si pour exprimer *je sais* et *je savais*, on voulait faire usage de la conjugaison régulière, il faudrait employer des temps parfaits et non présents : *jákin* ou plutôt *jakinik dut* , je sais ; *jakinik nian,* je savais.

Toutes les formes contractées, à l'exception de *dio*, prennent la préfixe *ba* à l'indicatif, à moins qu'elles ne soient employées dans le sens interrogatif; ainsi on dit : *Johánek badáki héltu hizála*, Jean sait que tu es arrivé ; *áski ardúra heben gáinti badabila*, il circule assez souvent par ici ; *badóa Bayonára*, il va à Bayonne ; *hánitz gáiza gogóan badarabíla*, il roule bien des choses dans son esprit.

Dans l'interrogation on ne met jamais la préfixe *ba* : *hórrek zer dáki?* celui-là, qu'est-ce qu'il sait? *nón dabíla?* où roule-t-il? *norát dóa?* où va-t-il?

APPENDICE.

TABLEAUX DES PRINCIPALES FORMES DU VERBE BASQUE

AU TRAITEMENT INDÉFINI

DANS LES DIALECTES

LABOURDIN, GUIPUSCOAN ET BISCAYEN.

VOIX INTRANSITIVE.

(1re Forme.) — INDICATIF. — PRÉSENT — (Page 27).

LABOURDIN (Ibilten, ibili, ibiliko da, *il marche, il a marché, il marchera*).

			à lui	à eux	à toi *(resp.)*	à vous	à moi	à nous
il		da	zaye	zayote	zaitzu	zaitzue	zait	zaiku
ils		dire	zaizko	zaizkote	zaizkitzu	zaizkitzue	zaizkit	zaiskigu
tu	respect.	zare	zatzaizko	zatzaizkote	. . . .	. . . .	zatzaizkit	zatzaiskigu
vous		zarete	zatzaizkote	zatzaizkote	. . . .	. . . .	zatzaizkitet	zatzaizkigute
je		naiz	natzayo	natzayote	natzaitzu	natzaitzue	. . . .	. . . .
nous		gare	gaizko	gaizkote	gaizkitzu	gaizkitzue	. . . .	. . . .

GUIPUSCOAN.

			à lui	à eux	à toi *(resp.)*	à vous	à moi	à nous
il		da	zayo	zaye	zatzu	zazute	zat	zagu
ils		dira	zazkio	zazkiote	zazkitzu	zazkitzute	zaakit	zazkigu
tu	respect.	zera	zatzayo	zatzaye	. . . .	. . . .	zaizat	zatzagu
vous		zerate	zatzazkio	zatzayeote	. . . .	. . . .	zatzazkit	zaizakigu
je		naiz	natzayo	natzaye	natzaitzu	natzaizute	. . . .	. . . .
nous		gera	gatzazkio	gatzazkiote	gatzazkitzu	gatzazkizute	. . . .	. . . .

BISCAYEN.

			à lui	à eux	à toi *(resp.)*	à vous	à moi	à nous
il		da	yako	yakee	yaizu	yatzue	yat	yaku
ils		dira	yakoz	yakeez	yatzuz	yatzuez	yataz	yakuz
tu	respect.	zara	zatzakoz	zatzakeez	. . . .	. . . .	zatzataz	zatzakuz
vous		zaree	natzakoze	zatzakeeze	. . . .	. . . .	zatzataze	zatzakuze
je		naz	natzako	natzakee	natzatzu	natzatzue	. . . .	. . . .
nous		gara	gatzakoz	gatzakeez	gatzatzuz	gatzatzuez	. . . .	. . . .

VOIX INTRANSITIVE.
(2me Forme.) — INDICATIF — PASSÉ. — (Page 41).

LABOURDIN (Ibilten, ibili, ibiliko zen, *il marchait, il avait marché, il aurait marché*).

		à lui	à eux	à toi (resp.)	à vous	à moi	à nous
il		zen	zitzayon	zitzayoten	zitzaitzun	zitzaitzuen	zitzaitan	zitzaikun
ils		ziren	zitzaizkon	zitzaizkoten	zitzaizkitzun	zitzaizkitzuen	zitzaizkidan	zitzaizkigun
tu	respect.	zinen	zinaizkon	zinaizkoten	....	....	zinaizkidan	zinaizkigun
vous		zineten	zinaizkoten	zinaizkoten	....	....	zinaizkidaten	zinaizkiguten
je		nintzen	nintzayon	nintzayoten	nintzaitzun	nintzaitzuen	....	....
nous		ginen	ginaizkon	ginaizkoten	ginaizkitzun	ginaizkitzuen	....	....

GUIPUSCOAN.

		à lui	à eux	à toi (resp.)	à vous	à moi	à nous
il		zan	zitzayon	zitzayen	zitzazun	zitzazuten	zitzadan	zitzagun
ils		ziren	zitzazkion	zitzayezten	zitzazkitzun	zitzazkitzuten	zitzazkidan	zitzazkigun
tu	respect.	ziñan	zintzayon	zinzayen	....	....	zintzadan	zintzagun
vous		ziñaten	zintzazkion	zintzazkioten	....	....	zintzazkidan	zintzazkigun
je		nintzan	nintzayon	nintzayen	nintzazun	nintzazuten	....	....
nous		giñan	gintzazkion	gintzazkioten	gintzazkizun	gintzazkizuten	....	....

BISCAYEN.

		à lui	à eux	à toi (resp.)	à vous	à moi	à nous
il		zan	yakon	yaken	yatzun	yatzuen	yatan	yakun
ils		zirean	yakozan	yakeezan	yatzuzan	yatzuezan	yataxan	yakuzan
tu	respect.	zinean	zintzakozan	zintzakeezan	....	....	zintzatazan	zintzakuzan
vous		ziñeen	zintzakozen	zintzakeezen	....	....	zintzatazen	zintzakuzen
je		nintzan	nintzakoen	nintzakeen	nintzatzun	nintzatzuen	....	....
nous		ginean	gintzakozan	gintzakeezan	gintzatzuzan	gintzatzuezan	....	....

VOIX INTRANSITIVE.

(3ᵐᵉ Forme.) — IMPÉRATIF — (Page 90).

LABOURDIN. (Ibil bedi, *qu'il marche*.)

			à lui	à eux	à toi (*resp*).	à vous	à moi	à nous
qu'il qu'ils toi vous	*resp.*	bedi beite zaite zaitezte	bekio bekizkote zakizko zakizkote	bekioye bekizteye zakizkoye zakizkote	bekitzu bekizkitzu	bekitzute bekizkitzue	bekit bekizkit zakizkit zakizkitet	bekigu bekizkigu zakiakigu zakizkitegu

GUIPUSCOAN.

| qu'il
qu'ils
toi
vous | *resp.* | bedi
bitez
zaite
zaitezte | bekio
bekiozka
zatzakie
zatzakizkio | bekie
bekiozkate
zatzakie
zatzakizkiote | bekizu
bekizkizu
....
.... | bekizute
bekizkizute
....
.... | bekit
bekizkit
zatzakit
zatzakizkit | bekigu
bekizkigu
zatzakigu
zatzakizkigu |

BISCAYEN.

| qu'il
qu'ils
toi
vous | *resp.* | bedi
beitez
zaitez
zaiteze | bekio
bekioz
zakio
zakioze | bekioe
bekioez
zakioez
zakioeze | begizu
begizuz
....
.... | begizue
begizuez
....
.... | bekit
bekidaz
zakidaz
zakidaze | bekigu
bekiguz
zagiguz
zagiguze |

VOIX INTRANSITIVE.

(4ᵐᵉ Forme.) — SUBJONCTIF — (Page 80).

LABOURDIN. (ibil dadin, qu'il marche.)

		à lui	à eux	à toi (resp).	à vous	à moi	à nous
qu'il	dadin	dakion	dakioten	dakizun	dakizuen	dakidan	dakigun
qu'ils	daiten	dakizkon	dakizkoten	dakizkitzun	dakizkitzuen	dakizkidan	dakizkigun
que tu resp.	zaiten	zatzakion	zatzaizkioten	....	....	zakizkidan	zakizkigun
que vous	zaitezten	zatzaizkioten	zatzaizkioten	....	....	zakizkidaten	zakizkigeten
que je	nadin	nakion	nakioten	nakizun	nakizuen	....	....
que nous	gaiten	gaizkion	gaizkioten	gaizkitzun	gaizkitzuen	....	....

GUIPUSCOAN.

qu'il	dedin	datzakion	datzakien	datzakizun	datzakizuten	datzakidan	datzakigun
qu'ils	ditezen	datzakizkion	datzakizkien	datzakizkitzun	datzakizkizuten	datzakizkidan	datzakizkigun
que tu resp.	zaitezen	zatzakion	zatzakien	....	....	zatzakidan	zatzakigun
que vous	zaitezten	zatzakizkion	zatzakizkioten	....	....	zatzakizkidan	zatzakizkigun
que je	naizen	natzakion	natzakien	natzakizun	natzakizuten	....	....
que nous	gaitezen	gatzakizkion	gatzakizkioten	gatzakizkizun	gatzakizkizuten	....	....

BISCAYEN.

qu'il	dedin	dakion	dakioen	dakizun	dakizuen	dakidan	dakigun
qu'ils	daitezan	dakiozan	dakioezan	dakizuzan	dakizuezan	dakidazan	dakiguzan
que tu resp.	zaitezan	zakiozan	zakioezan	....	....	zakidazan	zakiguzan
que vous	zaitezen	zakiozen	zakioezen	....	....	zakidazen	zakiguzen
que je	nadin	nakion	nakioen	nakizun	nakizuen	....	....
que nous	gaitezan	gakiozan	gakioezan	gakizuzan	gakizuezan	....	....

VOIX INTRANSITIVE.

(5ᵐᵉ Forme.) — SUBJONCTIF. — PASSÉ — (Page 85).

LABOURDIN. (Ibil zadin, qu'il marchât.)

	à lui	à eux	à toi (resp.)	à vous	à moi	à nous
qu'il	zadin	zakion	zakioten	zakizun	zakizuen	zakidan	zakigun
qu'ils resp.	zitezen	zitzakion	zitzakioten	zitzakizun	zitzakizuen	zitzakidan	zitzakigun
que tu resp.	zintezen	zintzakion	zintzakioten			zintazkidan	zintzakigun
que vous	zinteaten	zintzakioten	zintzakioteyen			zintazkidaten	zintzakiguten
que je	nindadin	nintzakion	nintzakioten	nintzakizun	nintzakizuen		
que nous	gintezen	gintzakion	gintzakioten	gintzakizun	gintzakizuen	gintzakidan	

GUIPUSCOAN.

	à lui	à eux	à toi (resp.)	à vous	à moi	à nous
qu'il	zedin	zekion	zekioten	zekizun	zekizuen	zekidan	zekigun
qu'ils resp.	zitezen	zekizkion	zekizkioten	zekizkizun	zekizkizuen	zekizkidan	zekizkigun
que tu resp.	sindezen	zenkion	zenkioten			zenkidan	zenkigun
que vous	sindezaten	zenkizkion	zenkizkioten			zenkizkidan	zenkizkigun
que je	nendin	nenkion	nenkien	nenkizun	nenkizuen		
que nous	gindezen	genkion	genkizkioten	genkizkizun	genkizkizuten	genkizkidaten	

BISCAYEN.

	à lui	à eux	à toi (resp.)	à vous	à moi	à nous
qu'il	zedin	egion	ekioen	ekizun	ekizuen	egidan	ekigun
qu'ils resp.	zediazan	ekiozan	ekioezan	ekizuzan	ekizuezan	ekidazan	ekizuzan
que tu resp.	zintezen	zenkiozen	zenkioezen			zenkidazan	venkiguzan
que vous	zintezen	zenkiozen	zenkioezen			zenkidazen	zenkiguzen
que je	nendin	nenkion	nenkioen	nenkizuen	nenkizueg		
que nous	gintezan	genkiozan	genkioezan	genkizuzan	genkizuezan		

VOIX INTRANSITIVE.

(6ᵐᵉ Forme.) — CONDITIONNEL FUTUR — ET POTENTIEL CONDITIONNEL — (Page 153).

LABOURDIN. (Ibil laiteke, *il marcherait et il pourrait marcher.*)

		à lui	à eux	à toi	à vous	à moi	à nous
il		laiteke	litzayoke	litzayokete	litzaitzuke	litzaitzueke	litzaiket	litzaikuke
ils		litezke	litzaizkioke	litzaizkiokete	litzaizkitzuke	litzaizkitzueke	litzaizkiket	litzaizkiguke
tu	resp.	zintezke	zintzaizkoke	zintzaizkokete	....	....	zintzaizkiket	zintzaizkiguke
vous		zintezkete	zintzaizkokete	zintzaizkoketeye	....	....	zintzaizkiketet	zintzaizkigukete
je		ninteke	nintzayoke	nintzayokete	nintzaitzuke	nintzaitzueke		
nous		ginteske	gintzaizkoke	gintzaizkokete	gintzaitzuke	gintzaitzueke		

GUIPUSCOAN.

il		liteke	litzakioke	litzakieke	litzakizuke	litzakizuteke	litzakidake	litzakiguke
ils		litezke	litzazkioke	litzazkieke	litzazkizuke	litzazkizuteke	litzazkidake	litzazkiguke
tu	resp.	zinteske	zintzazkioke	zintzakieke	....	....	zintzakidake	zintzazkiguke
vous		zinteske	zintzazkioke	zintzazkieke	....	....	zintzakidake	zintzazkiguke
je		ninteke	nintzakioke	nintzakieke	nintzakizuke	nintzakizuteke		
nous		gintezke	gintzakioke	gintzakieke	gintzakizuke	gintzakizuteke		

BISCAYEN.

il		leiteke	leikikeoz	leikikeoe	leikikezu	leikikezue	leikiket	leikikegu
ils		leitekez	leikikeoz	leikikeoez	leikikezuz	leikikezuez	leikikedaz	leikikeguz
tu	resp.	zeintekez	zeinkikeoz	zeinkikeoez	....	....	zeinkikedaz	zeinkikeguz
vous		zeintekeze	zeinkikeoze	zeinkikeoeze	....	....	zeinkikedaze	zeinkikeguze
je		neinteke	neinkikeo	neinkikeoe	neinkikezu	neinkikezue		
nous		ginteker	ginkikeoz	geinkikeoez	geinkikezuz	geinkikezuez		

VOIX INTRANSITIVE.

(7ᵐᵉ Forme.)—CONDITIONNEL.—PASSÉ.—(Page 139). *Les Labourdins confondent cette forme avec le potentiel passé; voyez plus loin.*

LABOURDIN. (Ethorri zaiteken, *il serait venu*.)

			à lui	à eux	à toi (resp).	à vous	à moi	à nous
il		zaiteken	zitzayoken	zitzayoteken	zitzaitzuken	zitzaikizuken	zitzaitaken	zitzaikiguken
ils		zitezken	zitzaizkoken	zitzaizkoteken	zitzaizkitzuken	zitzaizkitzueken	zitzaizkidaken	zitzaizkiguken
tu	resp.	zintezken	zinaizkoken	zinaizkoteken	....	....	zintzaizkidaken	sintzaizkiguken
vous		zintezketen	zinaizkoteken	zinaizkoteeken	....	....	zintzaizkidateken	zintzaizkiguteken
je		ninteken	nintzayoken	nintzayoteken	nintzaitzuken	nintzaitzueken	....	....
nous		gintezken	gintzaikoken	gintzaikoteken	gintzaitzuken	ginizaitzueken	....	....

GUIPUSCOAN. (Etorriko.)

			à lui	à eux	à toi (resp).	à vous	à moi	à nous
il		litzakean	litzayokean	litzayekean	litzazukean	litzazutekean	litzadakean	litzagukean
ils		litzatekean	litzazkiokean	litzakiotekean	litzakizukean	litzakizutekean	litzazkidakean	litzazkigukean
tu	resp.	ziñakean	zintzayokean	zintzayekean	....	....	zintzadakean	zintzagukean
vous		ziñatekean	zinsazkiokean	zintzakiotekean	....	....	zintzazkidakean	zintzazkigukean
je		nintzakean	nintzayoken	nintzayekean	nintzazukean	nintzazutekean	....	....
nous		giñakean	gintzayoztekean	gintzayoztekean	gintzazkizukean	gintzazkizutekean	....	....

BISCAYEN.

			à lui	à eux	à toi (resp).	à vous	à moi	à nous
il		litzatekean	litzakeon	litzakeoen	litzakezun	litzakezuen	litzakedan	litzakegun
ils		litzatekezan	litzakeozan	litzakeoezan	litzakezuan	litzakezuezan	litzakedazan	litzakeguzan
tu	resp.	zintzatekezan	zintzakeozan	zintzakeoezan	....	....	zintzakedazan	zintzakeguzan
vous		zintzatekezen	zintzakeozen	zintzakeoezen	....	....	zintzakedazen	zintzakeguzen
je		nintzatekean	nintzakeon	nintzakeoen	nintzakezun	nintzakezuen	....	....
nous		gintzatekezan	gintzakeozan	gintzakeoezan	gintzakezuzan	gintzakezuezan	....	....

VOIX INTRANSITIVE.

(8ᵐᵉ Forme.) — CONDITIONNÉ OU SUPPOSITIF PRÉSENT — (Page 101).

LABOURDIN. (Ibiltɀen, ibili, ibiliko, s'il marchait, s'il avait marché, s'il marcherait.)

		à lui	à eux	à toi (resp.)	à vous	à moi	à nous
s'il	balitz	balitzayo	balitzayote	balitzaitzu	balitzaitzue	balitzait	balitzaiku
s'ils	balire	balitzaizko	balitzaizkote	balitzaizkitzu	balitzaizkitzue	balitzaizkit	balitzaizkigu
si tu resp.	bazine	bazinaizko	bazinaizkote	....	....	bazinaizkit	bazinaizkigu
si vous	bazinete	bazinaizkote	bazinaizkoteye	....	....	bazinaizkitet	bazinaizkigute
si je	banintz	banintzayo	banintzayote	banintzaitzu	banintzaitzue	....	....
si nous	bagine	baginaizko	baginaizkote	baginaizkitzu	baginaizkitzue	....	....

GUIPUSCOAN. (Ibilliko.)

		à lui	à eux	à toi (resp.)	à vous	à moi	à nous
s'il	balitz	balitzayo	balitzaye	balitzazu	balitzazute	balitzat	balitzagu
s'ils	balira	balitzazkio	balitzazkiote	balitzazkizu	balitzazkizute	balitzazkit	balitzazkigu
si tu resp.	baziña	bazintzayo	bazintzaye	....	....	bazintzat	bazintzagu
si vous	baziñate	bazintzazkio	bazintzazkiote	....	....	bazintzazkit	bazintzazkigu
si je	banintz	banintzayo	banintzaye	banintzazu	banintzazute	....	....
si nous	bagiña	bagintzazkio	bagintzazkiote	bagintzazkizu	bagintzazkizute	....	....

BISCAYEN.

		à lui	à eux	à toi (resp.)	à vous	à moi	à nous
s'il	balitz	balitzako	balitzake	balitzazu	balitzazue	balitzat	balitzaku
s'ils	balira	balitzakoz	balitzakez	balitzazuz	balitzazuez	balitzadaz	balitzakuz
si tu resp.	bazina	bazintzakoz	bazintzakez	....	....	bazintzadaz	bazintzakuz
si vous	bazine	bazintzakoze	bazintzakeze	....	....	bazintzadaze	bazintzakuze
si je	banintz	banintzako	banintzake	banintzazu	banintzazue	....	....
si nous	bagiña	bagintzakoz	bagintzakez	bagintzazuz	bagintzazuez	....	....

VOIX INTRANSITIVE.

(9me Forme.) — **POTENTIEL.** — **PRÉSENT ET FUTUR** — (Page 171).

LABOURDIN. (Hel daiteke, *il peut arriver*.)

			à lui	à eux	à toi	à vous	à moi	à nous
il			daiteke	dakioke	dakiokete	dakikezu	dakikezue	dakiket	dakikegu
ils			daitezke	dakiokete	dakioketeye	dakizketzu	dakizketzue	dakizket	dakizkegu
tu	resp.	zaiteke	zitazkioke	zitazkiokete	....	....	zitazkiket	zitazkigu
vous		saitezketa	zitazkiokete	zitazkioketeye	....	....	zitazkiketet	zitazkiegu
je		naiteke	nakioke	nakiokete	nakikezu	nakikezue		
nous		gaiteke	gitazkioke	gitazkiokete	gitazketzu	gitazketzue		

GUIPUSCOAN. (Heldu daiteke.)

			à lui	à eux	à toi	à vous	à moi	à nous
il			daiteke	datzakioke	datzakioke	datzakikezu	datzakikezute	datzakidake	datzakiguke
ils			daitezke	datzazkioke	datzazkioke	datzazkiketzu	datzazkiketzute	datzazkidake	datzazkiguke
tu	resp.	zaiteke	zatzakioka	zatzakioke	....	....	zatzakidake	zatzakiguke
vous		zaitezke	zatzazkioka	zatzazkioke	....	....	zatzazkidake	zatzazkiguke
je		naiteke	natzakioke	natzakioke	natzakikezu	natzakikezute		
nous		gaiteke	gatzazkioke	gatzazkioke	gatzazkiketzu	gatzazkiketzute		

BISCAYEN.

			à lui	à eux	à toi	à vous	à moi	à nous
il			daiteke	dakikeoe	dakikeoe	dakikezu	dakikezue	dakiket	dakikegu
ils			daitekez	dakikeoz	dakikeoez	dakikezuz	dakikezuez	dakikedaz	dakikeguz
tu	resp.	zaitekeze	zakikeoz	zakikeoez	....	....	zakikedaz	zakikeguz
vous		zaitekeze	zakikeoze	zakikeoete	....	....	zakikedaze	zakikeguze
je		naiteke	nakikeo	nakikeoe	nakikezu	nakikezue		
nous		gaitekoz	gakikeoz	gakikeoze	gakikezuz	gakikezuez		

VOIX INTRANSITIVE.

(10me Forme.) — POTENTIEL. — PASSÉ — (Page 189).

LABOURDIN. (Ethor ziteken, *il pouvait venir*.)

			à lui	à eux	à toi	à vous	à moi	à nous
il		ziteken	zitzakion	zitzakioten	zitzakizun	zitzakizuen	zitzakidan	zitzakigun
ils		zitezken	zitzazkion	zitzazkioten	zitzazkitzun	zitzazkitzuen	zitzazkidan	zitzazkigun
tu	resp.	zinteken	zintzakion	zintzakioten	....	....	zintzakidan	zintzakigun
vous		zintezketen	zintzakioten	zintzakioteyen	....	....	zintzakidaten	zintzakiguten
je		ninteken	nintzakion	nintzakioten	nintzakizun	nintzakizuen	....	....
nous		gintezken	gintzakion	gintzakioten	gintzakizun	gintzakizuen	....	....

GUIPUSCOAN. (Etorri.)

			à lui	à eux	à toi	à vous	à moi	à nous
il		zitekean	zitzakiokean	zitzakiekean	zitzakizukean	zitzakizutekean	zitzakidakean	zitzakigukean
ils		zitezkean	zitzazkiokean	zitzazkiekean	zitzazkizukean	zitzazkizutekean	zitzazkidakean	zitzazkigukean
tu	resp.	zintekean	zintzakiokean	zintzakiekean	....	....	zintzakidakean	zintzakigukean
vous		zintezkean	zintzazkiokean	zintzazkiekean	....	....	zintzazkidakean	zintzazkigukean
je		nintekean	nintzakiokean	nintzakiekean	nintzakizukean	nintzakizutokean	....	....
nous		gintezkean	gintzakiokean	gintzakiekean	gintzakizukean	gintzakizutokean	....	....

BISCAYEN.

			à lui	à eux	à toi	à vous	à moi	à nous
il		leitekean	leikikeoen	leikikeoen	leikikezun	leikikezuen	leikikedan	leikikegun
ils		leitekezan	leikikeozan	leikikeoezan	leikikezuzan	leikikezuezan	leikikedazan	leikikeguzan
tu	resp.	zeintekian	zeinkikeozan	zeinkikeoezan	....	....	zeinkikedazan	zeinkikeguzan
vous		zeintekezan	zeinkikeozen	zeinkikeoezen	....	....	zeinkikedazen	zeinkikeguzen
je		neintekian	neinkikeozan	neinkikeoezan	neinkikezun	neinkikezuezan	....	....
nous		geintekezan	geinkikeozan	geinkikeoezan	geinkikezuzan	geinkikeauezan	....	....

VOIX TRANSITIVE.

(1re Forme.) — INDICATIF. — PRÉSENT — (Page 28).

LABOURDIN. (Ematen, eman, emanen du, il donne, il a donné, il donnera.)

	1 le	2 les	3 le à lui	4 les à lui	5 le à eux	6 les à eux
il	du	ditu	dio et daro	diozca	diote et datoe	diozate
ils	daue	dituzte	deiote	diotzale	diote	diotzate
tu respect.	duzu	dituzu	diozu	diotzatzu	diozute	diozaitzule
vous	duzue	dituzue	diozue	diotzatzue	dizoete	diozaitzuete
je	dut	ditut	diot	diotzat	diotet	diozatet
nous	dugu	ditugu	diogu	diozagu	diotegu	diotategu

GUIPUSCOAN. (Ematen, eman, emango.)

	1	2	3	4	5	6
il	du	ditu	dio	diozka	die	diozkae
ils	dioe	dituzate	dioee	dioskate	diete	diozkatee
tu respect.	dozu	diruzu	diozzu	dioskazu	diezu	diozkatezu
vous	diozue	dituzute	diozute	diozkazute	diezute	diozkatezute
je	diet	difuit	diot	diozkat	diet	diozkatet
nous	diegu	ditiegu	diegu	diozkagu	diegu	diozkategu

BISCAYEN. (Emoten, emon, emongo.)

	1	2	3	4	5	6
il	dau	ditu	deutsa	deutsaz	deutse	deutsez
ils	dane	diuez	deutsae	deutsaez	deutsee	deutseez
tu respect.	dozu	dituzuz	deutsazu	deutsazuz	deutsezu	deutsezuz
vous	diozue	dituzuez	deutsazue	deutsazuez	deutsezue	deutsezuez
je	dot	dodaz	deutsat	deutsadaz	deutset	deutsedaz
nous	dogu	doguz	deutsagu	deutsagu	deutsegu	deutseguz

VOIX TRANSITIVE.
(1re Forme.) — INDICATIF — PRÉSENT — (Suite).

LABOURDIN. (Ematen, eman, emanen darotzu, *il donne, il a donné, il donnera à toi,*)

		7	8	9	10	11	12
		le à toi	les à toi	le à vous	les à vous	le à moi	les à moi
il ils		darotzu darotzute	darozkitzu darozkitzute	darotzue darotzuete	darozkitzue darozkitzuete	darot *et* daut darotet dorotazu darotazue	darozkit darozkitet darozkidatzu darozkidatzue
tu vous	respect.	....	....	....	....		
je nous		darotzut darotzugu	darozkitzut darozkitzugu	darotzuet darotzuegu	darozkitzuet darozkitzuegu	....	....

GUIPUSCOAN. (Ematen, eman, emango).

il ils		dizu dizute	dizkizu dizkizute	dizute dizutee	dizkizute dizkizutee	dit didate didazu didazute	dizkit dizkidate dizkidazu dizkidazute
tu vous	respect.	....	....	....	....		
je nous		dizut dizugu	dizkizut dizkizugu	dizutet dizutegu	dizkizutet dizkizutegu	....	....

BISCAYEN, (Emoten, eman, emongo,)

il ils		deutsu deutsue	deutsuz deutsuez	deutsue deutsuee	deutsuez deutsueez	deust deusta deustazu deustazue	deustaz deustez deustazuz deustazuez
tu vous	respect.	....	....	....	....		
je nous		deutsut deutsugu	deutsudaz deutsuguz	deutsuet deutsuegu	deutsuedaz deutsueguz	....	....

VOIX TRANSITIVE.

(1re Forme.) — INDICATIF. — PRÉSENT. — (Suite).

LABOURDIN. (Ematen, eman, emanen daroku, il donne, il a donné, il donnera à nous.)

		13 le à nous	14 les à nous	15 te	16 vous	17 me	18 nous
il		daroku et danku	darozkigu	zaitu	zaituste	nau	gaitu
ils		darokute	darozkigute	zaituzte	zaituzteye	naute	gaituzta
tu	resp.	darokuzu	darozkigutzu			nauzu	gaituzu
vous		darokuzue	darozkigutzue			nauzue	gaituzue
je				zaitut	zaituztet		
nous				zaitugu	zaituztegu		

GUIPUSCOAN. (Ematen, eman, emango.)

		13	14	15	16	17	18
il		digu	dizkigu	zaitu	zaituzte	nau	gaitu
ils		digute	dizkigute	zaituzte	zaituztee	naute	gaituzte
tu	resp.	diguzu	dizkiguzu			nazu	gaituzu
vous		digusute	dizkiguzute			nasute	gaituzute
je				zaitut	zaituztet		
nous				zaitugu	zaituztegu		

BISCAYEN. (Emoten, emon, emongo.)

		13	14	15	16	17	18
il		deusku	deuskuz	zaituz	zaituez	nau	gaitu
ils		deuskue	deuskuez	zaituez	zaitueez	naue	gaituez
tu	resp.	deuskuzu	deuskuzuz			nozu	gaituzu
vous		deuskuzue	deuskuzuez			nozue	gaituzuez
je				zaitudaz	zaituedaz		
nous				zaituguz	zaitueguz		

VOIX TRANSITIVE.
(2ᵐᵉ Forme.) — INDICATIF. — PASSÉ — (Page 42).

LABOURDIN. (Ematen, eman, emanen zuen, *il donnait, il donna, il aurait donné.*)

		1	2	3	4	5	6
		le	les	le à lui	les à lui	le à eux	les à eux
il		zuen	zituen	zion	ziotzan	zioyen	ziotzayen
ils		zuten	zituzten	zioten	ziotzaten	zioteyen	ziotzaieyen
tu	resp.	zinuen	zinituen	zinion	ziniotzan	zinioten	ziniotzaten
vous		zinuten	zinituzten	zinioten	ziniotzaten	ziniotoyen	siniotzateyen
je		nuen	nituen	nion	niotzan	nioten	niotzaten
nous		ginuen	ginituen	ginion	giniotzan	ginioten	giniotzaten

GUIPUSCOAN. (Ematen, eman, emango.)

il		zuen	zituen	zion	ziozkan	zien	ziozkaten
ils		zuten	zituzten	zioten	ziozkaten	zieten	ziozkateen
tu	resp.	zenduen	zinituen	zinion	ziniozkan	zinien	ziniozkaten
vous		zenduten	zinituzten	zinioten	ziniozkaten	zinieten	ziniozkateen
je		nuen	nituen	nion	niozkan	nien	niozkaten
nous		genduen	ginituen	ginion	ginjozkan	ginien	giniozkaten

BISCAYEN. (Emoten, emon, emongo.)

il		euan *ou* eban	zituan	eutsan	eutsazan	eutsen	eutsezan
ils		euzen *ou* ebeen	zituen	eutsen	eutsaezan	eutseen	eutseezan
tu	resp.	zenduan	zenduzan	zeuntsan	zeuntsazan	zeuntsen	zeuntsezan
vous		zenduen	zenduezan	zeuntsaen	zeuntsaezan	zeuntseen	zeuntseezan
je		neuan *ou* neban	nituan	neuntsan	neuntsazan	neuntsen	neuntsezan
nous		genduan	genduzan	geuntsan	geuntsazan	geuntsen	geuntsezan

VOIX TRANSITIVE.

(2ᵐᵉ Forme.) — INDICATIF. — PASSÉ — (Suite).

LABOURDIN. (Ematen, eman, emanen zarotzun, *il donnait, il donna, il aurait donné à toi.*)

		7	8	9	10	11	12
		le à toi	les à toi	le à vous	les à vous	le à moi	les à moi
il ils tu vous je nous	resp.	zaroizun zarotzuen .... narotzun ginarotzun	zarozkitzun zarozkitzuen .... narozkitzun ginarozkitzun	zarotzuen zarotzueten .... narotzuen ginarotzuen	zarozkitzuen zarozkitzueten .... narozkitzuen ginarozkitzuen	zarotan zarotaten zinarotazun zinarotazuen	zarozkidan zarozkidaten zinarozkidatzun zinarozkidatzuen ....

GUIPUSCOAN. (Ematen, eman, emango.)

| il
ils
tu
vous
je
nous | resp. | zizun
zizuten
....
nizun
ginizun | zizkizun
zizkizuten
....
nizkizun
ginizkizun | zizuten
zizuteen
....
nizuten
ginizuten | zizkizuten
zizkizuteen
....
nizkizuten
ginizkizuten | zidan
zidaten
ziñidan
ziñidaten
....
.... | zizkidan
zizkidaten
ziñizkidan
ziñizkidaten
....
.... |

BISCAYEN. (Emoten, emon, emongo.)

| il
ils
tu
vous
je
nous | resp. | eutson
eutsuen
....
neuntsun
geuntsun | eutsuzan
eutsuezan
....
neuntsuzan
geuntsuzan | eutsen
eutseen
....
neuntsen
geuntsen | eutsezan
eutseezan
....
neuntsezan
geuntsezan | eustan
eusten
zeustan
zeusten
....
.... | eustazan
eustezan
zeustazan
zeustezan
....
.... |

VOIX TRANSITIVE.

(2ᵐᵉ Forme.) — INDICATIF. — PASSÉ — (Suite).

LABOURDIN. (Ematen, eman, emanen zarokun, il donnait, il donna, il aurait donné à nous.)

		13 le à nous	14 les à nous	15 te	16 vous	17 me	18 nous
il ils		zarokun zarokuten	zarozkigun zarozkiguten	zintuen zintuzten	zintuzten zintuzteten	ninduen ninduten	gintuen ginduten
tu vous	resp.	zinarokuzun zinarokuzuen	zinarozkigutzun zinarozkigutzuen	....	....	ninduzun ninduzuen	ginduzun ginduzuen
je nous		....	....	zintudan zintugun	zintuztedan zintuztegun	....	....

GUIPUSCOAN. (Ematen, eman, emango.)

		13	14	15	16	17	18
il ils		zigun ziguten	zizkigun zizkiguten	zinduen zinduten	zinduzten zinduzteen	ninduen ninduten	ginduen ginduzten
tu vous	resp.	ziñigun ziñiguten	ziñizkigun ziñizkiguten	....	....	ninduzun ninduzuten	ginduzun ginduzuten
je nous		....	....	zindudan zindugun	zinduztedan zinduztegun	....	....

BISCAYEN. (Emoteu, emon, emongo.)

		13	14	15	16	17	18
il ils		euskun euskuen	euskuzan euskuezan	zinduzan zinduezan	zinduezan zinduezean	ninduan ninduen	ginduzan ginduzan
tu vous	resp.	zeuskun zeuskuen	zeuskuzan zeuskuezan	....	....	ninduzun ninduzuen	ginduzuzan ginduzuezan
je nous		....	....	zinduedazan zinduguzan	zinduedazan zindueguzan	....	....

VOIX TRANSITIVE.

(3me Forme.) — IMPÉRATIF — (Page 91).

LABOURDIN. (Eman beza, *qu'il donne.*)

		1 le	2 les	3 le à lui	4 les à lui	5 le à eux	6 les à eux
qu'il qu'ils toi vous	resp.	beza bezate ezazu ezazue	betza betzate etzazu etzatzue	bezo bezote ezozu ezozue	betzo betzote etzotzu etzotzue	bezote bezote ou bezoteye ezozute ezozuete	betzote betzote ou betzoteye etzotzute etzotzuete

GUIPUSCOAN.

| qu'il qu'ils toi vous | resp. | beza bezate ezazue ezazute | bitza bitzate itzatzu itzatzute | bizayo bizayote zayozu zayozute | bizayozka bizayozkate zazkiozu zazkiozute | bizaye bizayete zayezu zayezute | bizayozkate bizayozkatee zazkiotezu zazkiotezute |

BISCAYEN. (Il a perdu l'impératif simple, il se sert de l'impératif composé de *eguin*, faire.)

| qu'il qu'ils toi vous | resp. | begi begie egizu egizue | begiz begiez egizuz egiznez | begioe begioe egiozu egiozue | begioz begioez egiozuz egiozuez | begioe begioez egiozue egiozue | begioez begioeez egioezuz egioezuez |

VOIX TRANSITIVE.

(3ᵐᵉ Forme.) — IMPÉRATIF — (Suite).

LABOURDIN. (Eman bizazu, *qu'il donne à toi.*)

		7 le à toi	8 les à toi	9 le à vous	10 les à vous	11 le à moi	12 les à moi
qu'il		bizazu	bitzazkitzu	bizazute	bitzazkitzute	bizat	bitzazkidat
qu'ils		bizazute	bitzazkitzute	bizazuteye	bitzazkitzuteye	bizatet	bitzazkidatet
toi	resp.	....	....	....	....	ezadazu	etzadatzu
vous		....	....	....	....	ezadazue	etzadatzue

GUIPUSCOAN.

qu'il		bizazu	bizazkizu	bizazute	bitzazkizute	bizat	bitzazkit
qu'ils		bizazute	bizazkizute	bizazutee	bitzazkizutee	bizatet	bitzazkitet
toi	resp.	....	....	....	....	zadazu	zazkidazu
vous		....	....	....	....	zadazute	zazkidazute

BISCAYEN.

qu'il		begizu	begizuz	begizue	begizuez	begit	begidaz
qu'ils		begizue	begizuez	begizuee	begizueez	begide	begidez
toi	resp.	....	....	....	....	egidazu	egidazuz
vous		....	....	....	....	egidazue	egidazuez

VOIX TRANSITIVE.

(3ᵐᵉ Forme.) — IMPÉRATIF — (Suite).

LABOURDIN. (Eman bizagu, qu'il donne à nous.)

		13	14	15	16	17	18
		le à nous	les à nous	te	vous	me	nous
qu'il qu'ils toi vous	resp.	bizagu .... ezaguzu ezaguzue	bizazkigu .... etzagutzu etzagutzue	zaitzala zaitzatela	zaitzatela zaitzatela	nazala nazatela nazazula nazazuela	gaitzala gaitzatela gaitzatzula gaitzatzuela

GUIPUSCOAN.

| qu'il
qu'ils
toi
vous | resp. | begigu
begigute
zaguzu
zaguzute | begizkigu
begizkigute
zazkiguzu
zazkiguzute | bizaitza
bizaitzate
....
.... | bizaitzate
bizaitzatee
....
.... | naza
nazate
nazazu
nazazute | gaitza
gaitzate
gaitzatzu
gaitzatzute |

BISCAYEN.

| qu'il
qu'ils
toi
vous | resp. | begigu
begigue
egiguzu
egiguzuez | begiguz
begiguez
egiguzuz
egiguzuez | zagiz
zagiez
....
.... | zagiez
zagieez
....
.... | nagi
nagie
nagizu
nagizue | gagiz
gagiez
gagizuz
gagizuez |

VOIX TRANSITIVE.

(4ᵐᵉ Forme.) — SUBJONCTIF. — PRÉSENT — (Page 84.)

LABOURDIN. (Eman dezan, qu'il donne.)

	1 le	2 les	3 le à lui	4 les à lui	5 le à eux	6 les à eux
qu'il	dezan	detzan	dezon	detzon	dezoten	detzoten
qu'ils	dezaten	detzaten	dezoten	detzoten	dezoteyen	detzoteyen
que tu *resp.*	dezazun	detzatzun	dezozun	detzotzun	dezozuten	detzotzuten
que vous	dezazuen	detzatzuen	dezozuen	detzotzuen	dezozueten	detzotzueten
que je	dezadan	detzadan	dezodan	detzodan	dezoledan	detzoledan
que nous	dezagun	detzagun	dezogun	detzogun	dezotegun	detzotegun

GUIPUSCOAN. (Eman dezan.)

	1	2	3	4	5	6
qu'il	dezan	ditzan	diazayon	diazakion	diazayen	dizaakioten
qu'ils	dezaten	ditzaten	diazayoten	diazakioten	diazayeten	dizaakioteen
que tu *resp.*	dezazun	ditzatzun	diazayozun	diazakiozun	diazayezun	dizaakiotezun
que vous	dezazuten	ditzatzuten	diazayozuten	diazakiozuten	diazayezuten	dizaakiotezuten
que je	dezadan	ditzadan	diazayedan	diazakiodan	diazayedan	dizaakiotedan
que nous	dezagun	ditzagun	diazayogun	diazakiogun	diazayegun	dizaakiotegun

BISCAYEN. (Emon dagian.)

	1	2	3	4	5	6
qu'il	dagian	dagizan	dagion	dagiozan	dagioen	dagioezan
qu'ils	dagien	dagiezan	dagioen	dagioezan	dagioeen	dagioeezan
que tu *resp.*	dagizun	dagizuzan	dagiozuzan	dagiozuezan	dagioezun	dagioezuzan
que vous	dagizuen	dagizuezan	dagiozuezan	dagiozueezan	dagioezuen	dagioezuezan
que je	dagidan	dagidazan	dagiodan	dagiodazan	dagioedan	dagioedazan
que nous	dagigun	dagiguzan	dagiogun	dagioguzan	dagioegun	dagioeguzan

VOIX TRANSITIVE.

(4ᵐᵉ Forme.) — SUBJONCTIF. — PRÉSENT — (Suite.)

LABOURDIN. (Eman diezazun, *qu'il donne à toi.*)

	7 le à toi	8 les à toi	9 le à lui	10 les à lui	11 le à moi	12 les à moi
qu'il qu'ils	diezazun diezazuten	dietzatzun dietzatzuten	diezazuen diezazueten	dietzatzuen dietzatzueten	diezadan diezatedan	dietzadan dietzatedan
que tu *resp.*	....	....	....	....	diezadazun	dietzadatzun
que vous	....	....	....	....	diezadazuen	dietzadatzuen
que je	diezazudan	dietzatzudan	diezazuedan	dietzatzuedan	....	....
que nous	diezazugun	dietzatzugun	diezazuegun	dietzatzuegun	....	....

GUIPUSCOAN.

qu'il qu'ils	dizazun dizazuten	dizazkizun dizazkizuten	dizazuten dizazuten	dizazkizuten dizazkizuteen	dizadan dizadaten	dizazkidan dizazkidaten
que tu *resp.*	....	....	....	....	dizadazun	dizazkidazun
que vous	....	....	....	....	dizadazuten	dizazkidazuten
que je	dizazudan	dizazkizudan	dizazutedan	dizazkizutedan	....	....
que nous	dizazugun	dizazkizugun	dizazutegun	dizazkizutegun	....	....

BISCAYEN.

qu'il qu'ils	dagizun dagizuen	dagizuzan dagizuezan	dagizuen dagizueen	dagizuezan dagizueezan	dagidan dagiden	dagidazan dagidezan
que tu *resp.*	....	....	....	....	dagidazun	dagidazuzan
que vous	....	....	....	....	dagidazuen	dagidazuezan
que je	dagizudan	dagizudazan	dagizuedan	dagizuedazan	....	....
que nous	dagizugun	dagizuguzan	dagizuegun	dagizueguzan	....	....

VOIX TRANSITIVE.

(4ᵐᵉ Forme.) — SUBJONCTIF. — PRÉSENT — (Suite.)

LABOURDIN. (Eman diezagun, *qu'il donne à nous.*)

	13 le à nous	14 les à nous	15 te	16 vous	17 me	18 nous
qu'il	diezagun	dietzagun	zetzan	zetzaten	nezan	gitzan
qu'ils	diezategun	dietzaguten	zetzaten	zetzateyen	nezaten	gitzaten
que tu *resp.*	diezaguzun	dietzagutzun	....	....	nezazun	gitzatzun
que vous	diezaguzuen	dietzagutzuen	....	....	nezazuten	gitzatzuten
que je	....	....	zetzadan	zetzatedan	....	....
que nous	....	....	zetzagun	zetzategun	....	....

GUIPUSCOAN.

	13	14	15	16	17	18
qu'il	dizagun	dizazkigun	zaitzan	zaitzaten	nazan	gaitzan
qu'ils	dizaguten	dizazkiguten	zaitzaten	zaitzateen	nazaten	gaitzaten
que tu *resp.*	dizaguzun	dizazkiguzun	....	....	nazazun	gaitzazun
que vous	dizaguzuten	dizazkiguzuten	....	....	nazazuten	gaitzazuten
que je	....	....	zaitzadan	zaitzatedan	....	....
que nous	....	....	zaitzagun	zaitzategun	....	....

BISCAYEN.

	13	14	15	16	17	18
qu'il	dagigun	dagiguzan	zagizan	zagiezan	nagian	gagizan
qu'ils	dagiguen	dagiguezan	zagiezan	zagieezan	nagien	gagiezan
que tu *resp.*	dagiguzun	dagiguzuzan	....	....	nagizun	gagizuzan
que vous	dagiguzuen	dagiguzuezan	....	....	nagizuen	gagizuezan
que je	....	....	zagidazan	zagiedazan	....	....
que nous	....	....	zagiguzan	zagiguzan	....	....

VOIX TRANSITIVE.

(5ᵐᵉ Forme.) — SUBJONCTIF. — PASSÉ — (Page 86).

LABOURDIN. (Eman zezan, qu'il donnât.)

	1 le	2 les	3 le à lui	4 les à lui	5 le à eux	6 les à eux
qu'il	zezan	zetzan et zitzan	zezon et zizon	zetzon et zitzon	zezoten et zizokoten	zetzoten
qu'ils	zezaten	zetzazten	zezoten	zezketen	zezoketen	zetzoketen
que tu resp.	zinezan	zinetzan	zinezon	zinetzon	zinezoten	zinetzoten
que vous	zinezaten	zinetzaten	zinezoten	zinetzoten	zinezoteyen	zinetzoteyen
que je	nezan	nitzan	nezon	nezon	nezoten	natzoten
que nous	ginezan	ginetzan	ginezon	ginetzon	ginezoten	ginetzoten

GUIPUSCOAN. (Eman zezan.)

qu'il	zezan	zitzan	zizayon	zizazkion	zizayen	zizazkioten
qu'ils	zezaten	zitzaten	zizayoten	zizazkioten	zizayeten	zizazkioten
que tu resp.	zenezan	ziñitzan	ziñizayon	ziñigazkion	ziñizayen	ziñizazkioten
que vous	zenezaten	ziñitzaten	ziñizayoten	ziñizazkioten	ziñizayeten	ziñizazkioteen
que je	nezan	nitzan	nizayon	nizazkion	nizayen	nizazkioten
que nous	geneazan	giñitzan	giñizayon	giñizazkion	giñizayen	giñizazkioten

BISCAYEN. (Emon legian.)

qu'il	legian	legian	legion	legiozan	legioen	legioezan
qu'ils	legien	legiezan	legioen	legiozan	legioeer	legioezan
que tu resp.	zengian	zengiezan	zengioen	zengiozan	zengioen	zengioezan
que vous	zengiezan	zengiezan	zengioeen	zengiozan	zengioeen	zengioeezan
que je	nengian	nengizan	nengion	nengiozan	nengioen	nengioezati
que nous	gengian	gengizan	gengion	gengiozan	gengioen	gengioezan

VOIX TRANSITIVE.

(5ᵐᵉ Forme.) — SUBJONCTIF. — PASSÉ — (Suite).

LABOURDIN. (Eman zezakizun, qu'il donnât à toi.)

	7 le à toi	8 les à toi	9 le à vous	10 les à vous	11 le à moi	12 les à moi
qu'il	zezakizun	zetzakitzun	zezakizuen	zetzakitzuen	zezakidan	zetzazkidan
qu'ils	zezakizuten	zetzakitzuten	zezakizueten	zetzakitzueten	zezakidaten	zetzazkidaten
que tu resp.	....	....	....	....	zinezakidan	zinetzazkidan
que vous					zinezakidaten	zinetzazkidaten
que je	nezakizun	netzakitzun	nezakizuen	netzakitzuen	....	....
que nous	ginezakizun	ginetzakitzun	ginezakizuen	ginetzakitzuen	....	....

GUIPUSCOAN.

	7	8	9	10	11	12
qu'il	zizazun	zizazkizun	zizazuten	zizazkizuten	zizadan	zizazkidan
qu'ils	zizazuten	zizazkizuten	zizazuteen	zizazkizuteen	zizadaten	zizazkidaten
que tu resp.	....	....	....	....	ziñizadan	ziñizazkidan
que vous					ziñizadaten	ziñizazkidaten
que je	nizazun	nizazkizun	nizazuten	nizazkizuten	....	....
que nous	ginizazun	giñizazkizun	giñizazuten	giñizazkizuten	....	....

BISCAYEN.

	7	8	9	10	11	12
qu'il	legizun	legizuzan	legizuen	legizuezan	legidan	legidazan
qu'ils	legizuen	legizuezan	legizueen	legizuezan	legiden	legidezan
que tu resp.	....	....	....	....	zengidazun	zengidazan
que vous					zengidazuen	zengidezan
que je	nengizun	nengizuzan	nengizuen	nengizuezan	....	....
que nous	gengizun	gengizuzan	gengizuen	gengizuezan	....	....

VOIX TRANSITIVE.

(5ᵐᵉ Forme.) — SUBJONCTIF. — PASSÉ — (Suite).

LABOURDIN. (Eman zezakigun, *qu'il donnât à nous*.)

	13 le à nous	14 les à nous	15 te	16 vous	17 me	18 nous
qu'il	zezakigun	zetzazkigun	zintzan	zintzaten	nintzan	gintzan
qu'ils	zezakiguten	zetzazkiguten	zintzaten	zintzateyen	nintzaten	gintzaten
que tu resp.	zenezakigun	zenetzazkigun			nintzazun	gintzazun
que vous	zenezakiguten	zenetzazkiguten			nintzazuen	gintzazuen
que je			zintzadan	zintzatedan		
que nous	....	....	zintzagun	zintzategun	....	....

GUIPUSCOAN.

	13	14	15	16	17	18
qu'il	zizagun	zizazkigun	zinzan	zinzaten	ninzan	ginzan
qu'ils	zizaguten	zizazkiguten	zinzaten	zinzatuen	ninzaten	ginzaten
que tu resp.	zinizagun	ziñizazkigun			ninzazun	ginzazun
que vous	zinizaguten	ziñizazkiguten			ninzazuten	ginzazuten
que je			zinzadan	zinzatedan		
que nous	....	....	zinzagun	zinzategun	....	....

BISCAYEN.

	13	14	15	16	17	18
qu'il	legigun	legiguzan	zengizan	zengiezan	nengian	gengizan
qu'ils	legiguen	legiguezan	zengiezan	zengieezan	nengien	gengiezan
que tu resp.	zengigun	zengiguzan			nengizun	gengizuzan
que vous	zengiguen	zengiguezan			nenginuen	gengizuezan
que je			zengidazan	zengiedazan		
que nous	....	....	zengiguzan	zengieguzan	....	....

VOIX TRANSITIVE.

(6ᵐᵉ Forme.) — CONDITIONNEL. — PRÉSENT — (Page 117).

LABOURDIN. (Ematen, eman luke, *il donnerait, il aurait donné*.)

		1 le	2 les	3 le à lui	4 les à lui	5 le à eux	6 les à eux
il		luke	lituzke	lioke	liotzake	liokete	liotzakete
ils		lukete	lituzkete	liokete	liotzakete	lioketeye	liotzaketeye
tu	resp.	zinduke	zintuzke	ziñioke	ziniotzake	ziñiokete	ziniotzakete
vous		zindukete	zintuzkete	ziñiokete	ziniotzakete	ziñioketeye	ziniotzaketeye
je		nuke	nituzke	nioke	niotzake	niokete	niotzaketeñ
nous		ginuke	gintuzke	ginioke	giniotzake	giniokete	giniotzakete

GUIPUSCOAN. (Ematen, eman, emango.)

		1	2	3	4	5	6
il		luke	lituke	lioke	lizkioke	lieke	lizkioteke
ils		lukete	litukete	liokete	lizkiokete	liekete	lizkiotekee
tu	resp.	zenduke	ziñituke	riñioke	ziñizkioke	ziñieke	ziñizkioteke
vous		zendukete	ziñitukete	ziñiokete	ziñizkiokete	ziñiekete	ziñizkiotekee
je		nuke	ñituke	ñioke	nizkioke	ñioke	nizkioteke
nous		genduke	giñituke	giñioke	giñizkioke	giñieke	giñizkioteke

BISCAYEN. (Emoten, emon, emongo.)

		1	2	3	4	5	6
il		leuke	leukez	leuskio	leuskioz	leuskioe	leuskioez
ils		leukee	leukeez	leuskioe	leuskioez	leuskioee	leuskioeez
tu	resp.	zeunke	zeunkez	zeunskio	zeunskioz	zeunskioe	zeunskioez
vous		zeunkee	zeunkeez	zeunskioe	zeunskioez	zeunskioee	zeunskioeez
je		neunke	neunkez	neunskio	neunskioz	neunskioe	neunskioez
nous		geunke	geunkez	geunskio	geunskioz	geunskioe	geunskioez

VOIX TRANSITIVE.

(6ᵐᵉ Forme.) — CONDITIONNEL — PRÉSENT — (Suite).

LABOURDIN. (Ematen, eman larotzuke, *il donnerait, il aurait donné à toi.*)

		7	8	9	10	11	12
		le à toi	les à toi	le à vous	les à vous	le à moi	les à moi
il		larotzuke	larozkitzuke	larotzueke	larozkitzueke	laroket *et* lauket	larozkiket
ils		larotzukete	larozkitzukete	larotzuekete	larozkitzuekete	laroketet	larozkiketet
tu	*respect.*	....	....	....	....	zinarotazuke	zinarozkidatzuke
vous		....	....	....	....	zinarotazukete	zinarozkidatzuketa
je		narotzuke	narozkitzuke	narotzueke	narozkitzueke	....	....
nous		ginarotzuke	ginarozkitzuke	ginarotzueke	ginarozkitzueke	....	....

GUIPUSCOAN.

il		lizuke	lizkizuke	lizuteke	lizkizuteke	lidake	lizkidake
ils		lizukete	lizkizukete	lizutekee	lizkizutekee	lidakete	lizkidakete
tu	*respect.*	....	....	....	....	ziñidake	ziñizkidake
vous		....	....	....	....	ziñidakete	ziñizkidakete
je		nizuke	nizkizuke	nizuteke	nizkizuteke	....	....
nous		giñizuke	giñizkizuke	giñizuteke	giñizkizuteke	....	....

BISCAYEN.

il		leuskezu	leuskezuz	leuskezue	leuskezuez	leusket	leuskedaz
ils		leuskezue	leuskezuez	leuskezuee	leuskezuez	leuskede	leuskedez
tu	*respect.*	....	....	....	....	zeunsket	zeunskedaz
vous		....	....	....	....	zeunskede	zeunskedez
je		neunskezu	neunskezuz	neunskezue	neunskezuez	....	....
nous		geunskezu	geunskezuz	geunskezue	geunskezuez	....	....

VOIX TRANSITIVE.

(6ᵐᵉ Forme.) — **CONDITIONNEL.** — **PRÉSENT** — (*Suite*).

LABOURDIN. (Ematen, eman larokegu, *il donnerait, il aurait donné à nous.*)

		13 la à nous	14 les à nous	15 te	16 vous	17 me	18 nous
il ils tu vous je nous	 resp. 	larokegu larokegute zinarokuzuke zinarokuzueke	larozkiguke larozkigukete zinarozkigutzuke zinarozkigutzueke	zintuzke zintuzkete .... zintuzket zintuzkegu	zintuzkete zintuzketeye .... zintuzketet zintuzketegu	nintuke nintukete nintukezu nintukezute	gintuzke gintuzkete gintuzkezu gintuzkezute ....

GUIPUSCOAN.

| il
ils
tu
vous
je
nous |

resp.

 | liguke
ligukete
ziñiguke
ziñigukete
....
.... | lizkiguke
lizkigukete
ziñizkiguke
ziñizkigukete
....
.... | zinduke
zindukete
....
....
zinduket
zindukegu | zindukete
zinduketee
....
....
zinduketet
zinduketegu | ninduke
nindukete
ninduzuku
ninduzukete
....
.... | sinduke
gindukete
ginduzuke
ginduzukete
....
.... |

BISCAYEN.

| il
ils
tu
vous
je
nous |

resp.

 | leuskegu
leuskegue
zeunskegu
zeunskegue
....
.... | leuskeguz
leuskeguez
zeunskeguz
zeunskeguez
....
.... | zindukez
zindukeez
....
....
zindukedaz
zindukeguz | zindukeez
zindukeez
....
....
zindukeedaz
zindukeeguz | ninduke
nindukee
nindukezu
nindukezue
....
.... | gindukez
gindukeez
gindukezuz
gindukezuez
....
.... |

VOIX TRANSITIVE.

(7ᵐᵉ Forme.) — CONDITIONNEL — PASSÉ — (Page 140).

			1	2	3	4	5	6
			le	les	le à lui	les à lui	le à eux	les à eux
LABOURDIN. (Eman zukien, il aurait donné.)							
il			zukien	zituzkien	ziokien	ziotzakien	ziotekien	ziotzayekien
ils			zuketen	zituzketen	zioketen	ziotzaketen	zioteketen	ziotzateyekien
tu	resp.		zintukien	zintuzkien	ziniokien	ziniotzakien	ziniotekien	ziniotzayekien
vous			zintuketen	zintuzketen	zinioketen	ziniotzaketen	ziunioteketen	ziniotzayetekien
je			nukien	nituzkien	niokien	niotzakien	niotekien	niotzayekien
nous			gindukien	ginituzkien	giniokien	giniotzakien	giniotekien	giniotzayekien
GUIPUSCOAN. (Eman.)							
il			zukean	lituukean	liokean	lizkiokean	liekean	lieztekean
ils			zuketean	lituketean	lioketean	lizkioketean	lieketean	lieztekeean
tu	resp.		zendukean	zinitukean	ziniokean	zinizkiokean	ziñiekean	ziñieztekean
vous			zenduketean	ziñituketean	ziñioketean	ziñizkioketean	ziñieketean	ziñiextekeean
je			nukean	nitukean	niokean	nizkiokean	niekean	nieztekean
nous			gendukean	giñitukean	giñiokean	giñizkiokean	giñiekean	giñieztekean
BISCAYEN. (Emon.)							
il			leukean	leukezan	leuskion	leuskiozan	leuskioen	leuskioezan
ils			leukoen	leukeezan	leuskioen	leuskiozan	leuskioeen	leuskioezan
tu	resp.		zeunkean	zeunkezan	zeunskioen	zeunskiozan	zeunskioen	zeunskioezan
vous			zeunkeen	zeunkezan	zeunskioen	zeunskioezan	zeunskioeen	zeunskioeezan
je			neunkean	neunkezan	neunskion	neunskiozan	neunskioen	neunskioezan
nous			geunkean	geunkezan	geunskion	geunskiozan	geunskioen	geunskioezan

VOIX TRANSITIVE.

(7ᵐᵉ Forme.) — CONDITIONNEL. — PASSÉ — (Suite).

LABOURDIN. (Eman zarotzukien, *il aurait donné à toi*.)

		7 le à toi	8 les à toi	9 le à vous	10 les à vous	11 le à moi	12 les à moi
il ils		zarotzukien zarotzutekien	zarozkitzukien zarozkitzutekien	zarotzuekien zarotzuetekien	zarozkitzuekien zarozkitzuetekien	zarotakien zarotatekien	zarozkidakien zarozkidatekien
tu vous	resp.	....	....	....	....	ziñarotazukien ziñarotazuekien	ziñarozkidatzukien ziñarozkidatzuekien
je nous		narotzukien ginarotzukien	narozkitzukien ginarozkitzukien	narotzuekien ginarotzuekien	narozkitzuekien ginarozkitzuekien	....	....

GUIPUSCOAN.

		7	8	9	10	11	12
il ils		lizukean lizuketean	lizkizukean liskizuketean	lizutekean lizutekean	lizkizutekean lizkizutekeean	lidakean lidaketean	lizkidakean lizkidaketean
tu vous	resp.	nizukean giñizukean	nizkizukean giñizkizukean	....	....	ziñidakean ziñidaketean	ziñidakean ziñidaketean
je nous		....	....	nizutekean giñizutekean	nizkizutekean giñizutekeean	....	....

BISCAYEN.

		7	8	9	10	11	12
il ils		leuskezun leuskezuen	leuskezuzan leuskezuezan	leuskezuen leuskezueen	leuskezuezan leuskezuezan	leuskedan leuskeden	leuskedazan leuskedezan
tu vous	resp.	neunskezun geunskezun	neunskezuzan geunskezuzan	....	....	zeunskedan zeunskeden	zeunskedazan zeunskedezan
je nous		....	....	neunskezuen geunskezuen	neunskezuezan geunskezuezan	....	....

VOIX TRANSITIVE.

(7ᵐᵉ Forme.) — CONDITIONNEL. — PASSÉ — (Suite).

LABOURDIN. (Eman zarokigukien, *il aurait donné à nous*).

		13 le à nous	14 les à nous	15 te	16 vous	17 me	18 nous
il		zarokigukien	zarozkigukien	zintuzkien	zintuzken	nintukien	gintuzkien
ils		zarokigutekien	zarozkigutekien	zintuzketen	zintuzketen	nintuketen	gintuzketen
tu	respect.	ziñarokiguzukien	ziñarozkiguzukien			nintukezun	zintuzkezun
vous		ziñarokiguzuekien	ziñarozkiguzuekien			nintukezuen	gintuzkezuen
je				zintuzkedan	zintuzkedan		
nous				zintuzkegun	zintuzkegun		

GUIPUSCOAN.

		13	14	15	16	17	18
il		ligukean	lizkigukean	zindukean	zindutekean	nindukean	gindukean
ils		liguketean	lizkiguketean	zinduketean	zindutekeean	ninduktekean	gindutekean
tu	respect.	ziñigukean	ziñizkigukean			ninñuzukean	ginduzukean
vous		ziñiguketean	ziñizkiguketean			ninduztekean	ginduzutekean
je				zindukedan	zindutekedan		
nous				zindukegun	zindutekegun		

BISCAYEN.

		13	14	15	16	17	18
il		leuskegun	leuskeguzan	zindukezan	zindukezan	nindukean	gindukezan
ils		leuskeguen	leuskeguezan	zindukeezan	zindukezan	nindukeen	zindukezan
tu	respect.	zeunskegun	zeunskeguzun			nindukezun	gindukezuzan
vous		zeunskeguen	zeunskeguezan			nindukezuen	gindukezuezan
je				zindukeedazan	zindukeeguzan		
nous				zindukeguzan	zindukeeguzan		

VOIX TRANSITIVE.

(8ᵐᵉ Forme.) — **SUPPOSITIF OU CONDITIONNÉ.** — **PRÉSENT** — (Page 102).

LABOURDIN. (Ematen, eman, emanen balu, *s'il donnait, s'il avait donné.*)

		1	2	3	4	5	6
		le	les	le à lui	les à lui	le à eux	les à eux
s'il		balu	balitu	balio	baliotza	baliote	baliotzate
s'ils		balute	balituzte	baliote	baliotzate	balioteye	baliotzateye
si tu	resp.	bazinu	bazintu	bazinio	baziniotza	bazinioto	baziniotzate
si vous		bazinute	bazintuzte	baziniote	baziniotzate	bazinioteye	baziniotzaieye
si je		banu	banitu	banio	baniotza	baniote	baniotzate
si nous		haginu	bagintu	baginio	baginiotza	baginiote	baginiotzate

GUIPUSCOAN. (Ematen, eman, emango.)

s'il		balu	balitu	balio	balizkio	balie	baliezte
s'ils		balute	balituzte	baliote	balizkiote	baliote	baliextee
si tu	resp.	bazendu	baziñitu	baziñio	baziñizkio	baziñie	baziñiezte
si vous		bazendute	baziñituzte	baziñiote	baziñizkiote	baziñiete	baziñieztee
si je		banu	banitu	banio	banizkio	banie	baniezte
si nous		bagendu	bagiñitu	bagiñio	baginiakio	bagiñie	bagiñiezte

BISCAYEN. (Emoten, emon, emongo.)

s'il		baleu	baleuz	baleutso	baleutsoz	baleutse	baleutsez
s'ils		baleue	balitusez	baleutsoe	baleutsoez	baleutsoe	baleutseez
si tu	resp.	bazendu	bazonduz	bazeutso	bazeuntsoz	bazeuntse	bazeuntsez
si vous		bazendue	bazenduez	bazeuntsoe	bazeuntsoez	bazeuntsee	bazeuntseez
si je		baneu	banituz	baneuntso	baneuntsoz	baneuntse	baneuntsez
si nous		bagendu	bagenduz	bageuntso	bageuntsoez	bageuntse	bageuntsez

VOIX TRANSITIVE.

(8ᵐᵉ Forme.) — **SUPPOSITIF OU CONDITIONNÉ. — PRÉSENT** — (*Suite*).

LABOURDIN. (Ematen eman, emanen balarotzu, *s'il donnait, s'il avait donné à toi.*)

		7	8	9	10	11	12
		le à toi	les à toi	le à vous	les à vous	le à moi	les à moi
s'il		balarotzu	balarozkitzu	balarotzue	balarozkitzue	balarot *et* balaut	balarozkit
s'ils		balarotzute	balarozkitzute	balarotzuete	balarozkitzuete	balarotet	balarozkitet
si tu	*resp.*					bazinarut	bazinarozkit
si vous						bazinarotet	bazinarozkitet
si je		banarotzu	banarozkitzu	banarotzue	banarozkitzue		
si nous		baginarotzu	baginarozkitzu	baginarotzue	baginarozkitzue		

GUIPUSCOAN.

s'il		baltzu	balizkizu	balizute	balizkizute	balit	balizkit
s'ils		baltzute	balizkizute	balizutee	balizkizutee	balidate	balizkidate
si tu	*resp.*					baziñit	baziñizkit
si vous						baziñidate	baziñizkidate
si je		banizu	hanizkizu	banizute	banizkizute		
si nous		bagiñizu	bagiñizkizu	bagiñizute	bagiñizkizute		

BISCAYEN.

s'il		baleutsu	baleutsuz	baleutsue	baleutsuez	baleust	baleustaz
s'ils		baleutsue	baleutsuez	baleutsuee	baleutsueez	baleuste	baleustez
si tu	*resp.*					bazeunst	bazeunstaz
si vous						bazeunste	bazeunstez
si je		baneuntsu	baneuntsuz	baneuntsue	baneuntsuez		
si nous		bageuntsu	bageuntsuz	bageuntsue	bageuntsuez		

VOIX TRANSITIVE.

(8ᵐᵉ Forme.) — SUPPOSITIF OU CONDITIONNÉ. — PRÉSENT. — (Suite).

LABOURDIN. (Ematen, eman, emanen balarozkigu, *s'il donnait, s'il avait donné à nous.*)

		13	14	15	16	17	18
		le à nous	les à nous	te	vous	me	nous
s'il		balaroku	balarozkigu	bazintu	bazintuzte	banintu	bagintu
s'ils		balarokute	balarozkigute	bazintuzte	bazintuzteye	baninuzte	bagintule
si tu	resp.	bazinaroku	bazinarozkigu	....	....	baninduzu	bagintuzu
si vous		bazinarokute	bazinarozkigute	....	....	baninduzue	bagintutzue
si je		....	....	bazintut	bazintutet	....	....
si nous		....	....	bazintugu	bazintutegu	....	....

GUISPUSCOAN.

s'il		baligu	balizkigu	bazindu	bazindute	banindu	bagindu
s'ils		baligute	balizkigute	bazindute	bazindutee	banindute	bagindute
si tu	resp.	baziñigu	baziñizkigu	....	....	baninduzu	haginduzu
si vous		baziñigute	baziñizkigute	....	....	baninduzute	baginduzute
si je		....	....	bazindut	bazindutet	....	....
si nous		....	....	bazindugu	bazindutegu	....	....

BISCAYEN.

s'il		baleusku	baleuskuz	baziñduz	bazinduez	banindu	bagindu
s'ils		baleuskue	baleuskuez	baziñduez	bazindueez	banindue	bagindue
si tu	resp.	bazeunsku	bazeunskuz	....	....	baninduzu	baginduzu
si vous		bazeunskue	bazeunskuez	....	....	baninduzue	baginduzue
si je		....	....	bazindudaz	bazindudaz	....	....
si nous		....	....	bazinduguz	bazindueguz	....	....

VOIX TRANSITIVE.

(9ᵐᵉ Forme.) — POTENTIEL. — PRÉSENT ET FUTUR — (Page 172).

LABOURDIN. (Eman dezake, il peut et il pourra donner.)

	1 le	2 les	3 le à lui	4 les à lui	5 les à eux
il	dezake	detzake	diozake	ditzazkioke	ditzazkiokete
ils	dezakete	detzakete	diozakete	ditzazkiokete	ditzazkioketeye
resp. tu	dezakezu	detzakezu	diozakezu	ditzazkioketzu	ditzazkioketezu
vous	diozakezue	detzakezue	diozakezute	ditzazkioketzue	ditzazkioketzue
je	dezaket	detzaket	diozaket	ditzazkioket	ditzazkioket
nous	dezakegu	detzakegu	diozakegu	ditzazkiokegu	ditzazkiokegu

GUIPUSCOAN.

	1	2	3	4	5
il	dezake	ditzake	diozake	ditzazkioke	diozakioke
ils	dezakete	ditzakete	diozakete	ditzazkiokete	diozakete
resp. tu	dezakezu	ditzakezu	diozakezu	ditzazkiokezu	diozakezute
vous	dezakezute	ditzakezute	diozakezute	ditzazkiokezute	diozakezutee
je	dezaket	ditzaket	diozaket	ditzazkioket	diozaket
nous	dezakegu	ditzakegu	diozakegu	ditzazkiokegu	diozakeguto

BISCAYEN. (Emon dai ou daike.)

	1	2	3	4	5
il	daike et dai	daikez et daiz	daikeo et dayo	daikeoz et dayoz	daikeoe et dayoe
ils	daikoe	daikeez	daikeoe	daikeoez	daikeoee
resp. tu	daikezu	daikezuz	daikeozu	daikeozuz	daikeoezuz
vous	daikezue	daikezuez	daikeozue	daikeozunez	daikeoezuz
je	daiket	daikedaz	daikeot	daikeodaz	daikeoet
nous	daikegu	daikeguz	daikeogu	daikeoguz	daikeoguz

VOIX TRANSITIVE.

(9ᵐᵉ Forme.) — POTENTIEL. — PRÉSENT ET FUTUR — (*Suite*).

LABOURDIN. (Eman dizakizuke, *il peut et il pourra donner à toi.*)

		7 le à toi	8 les à toi	9 le à vous	10 les à vous	11 le à moi	12 les à moi
il ils tu vous je nous	*resp.*	dizakizuke dizakizukete .... dizakizuket dizakizukegu	ditzazkitzuke ditzazkitzukete .... ditzazkitzuket ditzazkitzukegu	dizakizueke dizakizuekete .... dizakizueket dizakizuekegu	ditzazkitzueke ditzazkitzuekete .... ditzazkitzueket ditzazkitzuekegu	dizakedake dizakidakete dizakidazuke dizakidazueke	ditzazkidake ditzazkidakete ditzazkidatzuke ditzazkidatzueke ....

GUIPUSCOAN.

il ils tu vous je nous	*resp.*	dizazuke dizazukete .... dizazuket dizazukegu	ditzazkizuke ditzazkizukete .... ditzazkizuket ditzazkizukegu	dizazuteke dizazutekee .... dizazuteket dizazutekegu	ditzazkizuteke ditzazkizutekee .... ditzazkizuteket ditzazkizutekegu	dizadake dizadakete dizadakezu dizadakezute	ditzazkidake ditzazkidakete ditzazkidakezu ditzazkidakezute ....

BISCAYEN. (Emon daikezu *et* daizu.)

il ils tu vous je nous	*resp.*	daikezu *et* daizu daikezue .... daikezut daikezugu	daikezuz *et* daizuz daikezuez .... daikezudaz daikezuguz	daikezue *et* daizue daikezuee .... daikezuet daikezuegu	daikezuez *et* daizuez daikezuees .... daikezuedaz daikezueguz	daiket *et* dait daikede daikedazu daikedazue	daikedaz *et* daitzat daikedez daikedazuz daikedazuez ....

VOIX TRANSITIVE.

(9me Forme.) — POTENTIEL — PRÉSENT ET FUTUR — (Suite).

LABOURDIN. (Eman ditzakiguke, il peut et il pourra donner à nous.)

	13 le à nous	14 les à nous	15 te	16 vous	17 me	18 nous
il	dizakiguke	ditzazkiguke	zaitzake	zaitzakete	nazake	gaitzake
ils	*resp.* dizakigukete	ditzazkigukete	zaitzakete	zaitzakeieye	nazakete	gaitzakete
tu	dizakigukezu	ditzazkigukezu	....	....	nazakezu	gaitzaketzu
vous	dizakigukezue	ditzazkigukezute	....	....	nazakezue	gaitzaketzue
je	....	....	zaitzaket	zaitzaketet	....	....
nous	....	....	zaitzakegu	zaitzaketegu	....	....

GUIPUSCOAN.

	13	14	15	16	17	18
il	dizaguke	ditzazkiguke	zaitzake	zaitzakete	nazake	gaitzake
ils	*resp.* dizagukota	ditzazkigukele	zaitzakete	zaitzaketee	nazakete	gaitzakete
tu	dizagukezu	ditzazkigukezu	....	....	nazakezu	gaitzakezu
vous	dizagukezue	ditzazkigukezute	....	....	nazakezute	gaitzakezute
je	....	....	zaitzaket	zaitzaketet	....	....
nous	....	....	zaitzakegu	zaitzaketegu	....	....

BISCAYEN (Emon daigu et daikegu.)

	13 daikeguz et daigu	14 daikeguz et daiguz	15 zaikez et zaiz	16 zaikeez et zayeez	17 naike et nai	18 gaikez et gaiz
il	daikegu	daikeguz	zaikeez	zaikeez	naikee	gaikeez
ils	*resp.* daikegue	daikeguez	zaikeez	zaikeez	naikeen	gaikezuz
tu	daikeguzu	daikeguanez	....	....	naikezue	gaikeznez
vous	daikeguzue	daikeguznez	....	....	....	....
je	....	....	zaikedaz	zaikoedaz	....	....
nous	....	....	zaikeguz	zaikeguz	....	....

VOIX TRANSITIVE.

(10ᵐᵉ Forme.) — POTENTIEL. — PASSÉ. — (Page 190.)

LABOURDIN. (Eman zezakean, il pouvait et il aurait pu donner.)

	1. le	2. les	3. le à lui	4. les à lui	5. le à eux	6. les à eux
il	zezakean	zetzakean	ziezakiokean	ziezazkiokean	ziezakiotekean	ziezazkiotekean
ils	zezaketen	zetzaketen	ziezakioketen	ziezazkioketen	ziezakioteketen	ziezazkioteketen
tu	zenezakean	zenetzakean	zinizakiokean	zinitzazkiokean	zinizakiotekean	zinitzazkiotekean
vous	zenezaketen	zenetzaketen	zinizakioketen	zinitzazkioketen	zinizakioteketen	zinitzazkioteketen
je	nezakean	netzakean	nizakiokean	nitzazkiokean	nizakiotekean	nitzazkiotekean
nous	genezakean	genetzakean	giniezakiokean	ginitzazkiokean	giniezakiotekean	ginitzazkiotekean

GUIPUSCOAN.

	1. le	2. les	3. le à lui	4. les à lui	5. le à eux	6. les à eux
il	zezakean	zitzakean	ziozakean	zitzazkiokean	ziozakiotekean	zitzazkiokean
ils	zezaketean	zitzaketean	ziozakeean	zitzazkiokean	ziozaketekean	zitzazkiokean
tu	zenezakean	ziñitzakean	zaitiozakean	ziñitzazkiokeken	ziñiozaketekean	ziñitzazkiokekean
vous	zenezaketean	ziñitzaketean	ziñiozaketean	ziñitzazkioketen	aiñiozaketekean	ziñitzazkioketean
je	nezakean	nitzakean	niozakean	nitzazkiokean	niozakekean	nitzazkiokean
nous	genezakean	giñitzakean	giñiozakean	giñitzazkiokean	giñiozaketekean	giñitzazkioketean

BISCAYEN. (Emon leikean et leyan.)

	1. le	2. les	3. le à lui	4. les à lui	5. le à eux	6. les à eux
il	leikean et leyan	leikean et leizan	leikeon	leikeoas	leikeoen	leikeozan
ils	leikeen	leikeezan	leifkeoen	leikeoezan	leikeoeen	leikeoeezan
tu	zeinkean	zeinkeezan	zeinkeon	zeinkeozan	zeinkeoeen	zeinkeoezan
vous	zeinkeen	zeinkeeezan	zeinkeoen	zeinkeoeezan	zeinkeoeeen	zeinkeoeezan
je	neinkean	neinkeezan	neinkeon	neinkeozan	neinkeoen	neinkeoezan
nous	geinkean	geinkeean	geinkeon	geinkeozan	geinkeoen	geinkeoezan

VOIX TRANSITIVE.
(40ᵐᵉ Forme.) — POTENTIEL — PASSÉ — (Suite).

LABOURDIN. (Eman zizakizukean, *il pouvait et il aurait pu donner à toi.*)

		7 le à toi	8 les à toi	9 le à vous	10 les à vous	11 le à moi	12 les à moi
il ils		zizakizukean zizakizuketen	zitzazkitzukean zitzazkitzuketen	zizakizuekean zizakizueketen	zitzazkitzuekean zitzazkitzueketen	zizakidakean zizakidaketen	zitzazkidakean zitzazkidaketen
tu vous	respect.	....	....	....	....	zinizakidakean zinizakidakeu	zinitzazkidakean zinitzazkidakeu
je nous		nizakizukean ginizakizukean	nitzazkitzukean ginitzazkitzukean	nizakizuekean ginizakizuekean	nitzazkitzuekean ginitzazkitzuekean	....	....

GUIPUSCOAN.

		7	8	9	10	11	12
il ils		zizazukian zizazuketean	zitzazkizukean zitzazkizuketean	zizazutekean zizazutekean	zitzazkizutekean zitzazkizutekeean	zizadakean zizadaketean	zitzazkidakean zitzazkidaketean
tu vous	respect.	....	....	....	....	ziñizadakean ziñizadaketean	ziñitzazkidakean ziñitzazkidaketean
je nous		nizazukean ginizazukean	nitzazkizukean giñitzazkizukean	nitzazkizutekean ginitzazkizutekean	nizazutekean giniazutekean	....	....

BISCAYEN. (Emon leikezun.)

		7	8	9	10	11	12
il ils		leikezun leikezuen	leikezuzan leikezuezan	leikezuen leikezuen	leikezuezan leikezueezan	leikedan leikedan	leikedazan leikedazan
tu vous	respect.	....	....	....	....	zeinkedan zeinkeden	zeinkedazan zeinkedezen
je nous		neinkezun geinkezun	neinkezuzan geinkezuzan	neinkezuen geinkezuen	neinkezuezan geinkezuezan	....	....

VOIX TRANSITIVE.
(10me Forme.) — POTENTIEL. — PASSÉ — (*Suite*).

LABOURDIN. (Eman zizakigukean, *il pouvait et il aurait pu donner à nous.*)

		13 le à nous	14 les à nous	15 te	16 vous	17 me	18 nous
il ils		zizakigukean zizakiguketen	zitzazkigukean zitzazkiguketen	zintzakean zintzakefen	zintzazkean zintzazketen	nintzakean nintzaketen	gintzakean gintzaketen
tu vous	resp.	zinizakigukean zinizakiguken	zinitzazkigukean zinitzazkiguken	....	....	nintzakezun nintzakezuen	gintzakezun gintzakezuen
je nous		....	....	zintzakedan zintzakegun	zintzazkedan zintzazkegun	....	....

GUIPUSCOAN.

il ils		zizagukean zizaguketean	zitzazkigukean zitzazkiguketean	zintzakean zintzaketean	zintzaizketean zintzaizketeam	nintzakean nintzaketean	gintzakean gintzaketean
tu vous	resp.	ziñizagukean ziñizaguketean	ziñitzazkigukean ziñitzazkiguketean	....	....	nintzakezuan nintzakezutean	gintzakezuan gintzakezutean
je nous		....	....	zintzakedan zintzakeguan	zintzaizketedan zintzaizkeguan	....	....

BISCAYEN. (Emon leikegun.)

il ils		leikegun leikeguen	leikeguzan leikeguezan	zeinkezan zeinkeezan	zeinkeezan zeinkeezan	neinkean neinkeen	geinkezan geinkeezan
tu vous	resp.	zeinkegun zeinkeguen	zeinkeguzan zeinkeguezan	....	....	neinkezun neinkezuen	geinkezuan geinkezuzan
je nous		....	....	zeinkedazan zeinkeguzan	zeinkeedazan zeinkeeguzan	....	....

☞ Le dissyllabe *aro*, qui se trouve fréquemment répété dans les terminatifs du dialecte labourdin, est très souvent remplacé par la diphtongue *au*, soit dans le langage parlé, soit dans le langage écrit.

La forme simple du futur (*dúke*, il aura ; *dáteke*, il sera) manque à ces trois dialectes. Il en reste cependant quelques traces dans le Labourd.

Les formes *litake*, *lezake* et *baladi*, *baleza*, existent dans les dialectes des trois provinces ; mais elles ne sont guère connues et employées que dans les terminatifs simples que nous donnons ici :

VOIX INTRANSITIVE.

CONDITIONNEL PRÉSENT (Page 116).

	LABOURDIN.	GUIPUSCOAN.	BISCAYEN.
je serais	nintake	nintzake	nintzateke
tu serais m. f.	hintake	intzake	intzateke
tu serais resp.	zintake	ziñake	zintzatekez
il serait	litake	lizake	litzateke
nous serions	gintake	giñake	gintzatekez
vous seriez	zintazkete	ziñateke	zintzatekeze
ils seraient	litazke	lirake	litzatekez

VOIX TRANSITIVE.

CONDITIONNEL FUTUR — ET POTENTIEL CONDITIONNEL (Page 154).

	LABOURDIN. (Eman lezake, *il donnerait*.)		GUIPUSCOAN. Eman lezake.		BISCAYEN. Emon leike.	
	rég. sing. ou indéf.	régime plur.	régime sing.	régime plur.	régime sing.	régime plur.
je	nezake	netzake	nezake	nitzake	neinke	neinkez
tu m. f.	hezake	hetzake	ezake	itzake	einke	einkez
tu resp.	zinezake	zinetzake	zehezake	ziñitzake	zeinke	zeinkez
il	lezake	letzake	lezake	litzake	leike	leikez
nous	ginezake	ginetzake	genezake	giñitzake	geinke	geinkez
vous	zinezakete	zinetzakete	zenezakete	ziñitzakete	zeinkee	zeinkeez
ils	lezakete	letzakete	lezakete	litzakete	leikee	leikeez

SUPPOSITIF PRÉSENT.

VOIX INTRANSITIVE (Page 95).

	LABOURDIN. Joan baladi, *s'il allait* (*in futuro*).	GUIPUSCOAN. Joan baledi.	BISCAYEN. Joan baledi.
si je	banindadi	banedi	bañendi
si tu *m. f.*	bahindadi	baedi	baendi
si tu *resp.*	bazindadi	baziñedi	bazendiz
si il	baladi	baledi	baledi
si nous	bagindadi	bagintez	bagendiz
si vous	bazintazte	baziutez	bazendize
si ils	balite	balitez	balediz

VOIX TRANSITIVE (Page 96).

LABOURDIN. Eman baneza, *si je donnais* (*in futuro*).

	LABOURDIN		GUIPUSCOAN		BISCAYEN	
	rég. sing. ou indéf.	régime plur.	rég. ind. ou sing.	régime plur.	régime sing.	régime plur.
si je	baneza	banetza	baneza	balitza	banengi	banengiz
si tu *m. f.*	baheza	bahetza	baeza	baitza	baengi	baengiz
si tu *resp.*	bazineza	bazinetza	bazeneza	baziñitza	bazengi	bazengiz
si il	baleza	baletza	baleza	balitza	balegi	balegiz
si nous	bagineza	baginetza	bageneza	bagiñitza	bagengi	bagengiz
si vous	bazinezate	bazinetzate	bazenezate	haziñitzate	bazengie	bazengiez
si ils	balezate	balitzate	balezate	balitzate	balegie	balegiez

Ces trois dialectes ont le traitement masculin et le traitement féminin, outre le traitement indéfini ; mais ils n'ont pas un traitement respectueux pour les premières et les troisièmes personnes. Ainsi le Labourdin et le Guipuscoan diront bien, pour exprimer *il a donné: eman du,* à l'indéfini ; *eman dik,* au masculin ; *eman din,* au féminin ; mais ils ne disent pas *eman dizu.* Le Biscayen dit également *emon dau,* à l'indéfini ; *emon yok,* au masculin ; *emon yon,* au féminin ; mais il ne dit pas *yozu.* Le traitement indéfini sert dans ces dialectes pour le respectueux. Dans une partie de la Navarre française, on a au contraire perdu le traitement indéfini et on a conservé le respectueux que l'on emploie aussi pour l'indéfini. Le Souletin seul a conservé l'usage complet de l'un et de l'autre ; il emploie l'indéfini dans la narration écrite et dans le discours public ; et le respectueux lorsqu'il s'adresse en particulier à une personne à laquelle il doit des égards.

La forme régie positive *dudala, dela*, et la forme régie exquisitive *dudan, den*, existent dans tous les dialectes. La forme d'incidence *beitut* ou *baitut* est en usage dans les trois provinces de France et dans la Navarre espagnole ; il en est de même de l'emploi du génitif avec les noms verbaux : *amaren ikhoustera, zaldien edaraten, makhilaren erabilten*. Le Guipuscoan et le Biscayen n'usent pas de la forme d'incidence ; suivant la construction latine et espagnole, ils emploient la forme capitale dans les propositions incidentes comme dans la proposition dominante, et ils emploient le nominatif accusatif pour les régimes des noms verbaux, au lieu du génitif.

Les formes composées sont à peu près les mêmes dans tous les dialectes. Pour la forme composée *active*, au lieu d'employer le cas infinitif en *rik*, le Labourdin et le Guipuscoan se servent souvent, par contraction, de la forme simple positive ; ainsi ils diront *zuela* pour *zuelarik* ; *zegoela* pour *zegoelarik*. La forme *interrogative* est particulière au Souletin et au Navarrais ; elle ne diffère pas de la forme capitale dans les trois autres dialectes.

JINKOA DELA GORAIPHATU

HONAITHORTU ETA MAITHATU

OROTAN ETA BETHI.

HALABIZ.

En terminant ce travail, j'élève mes faibles regards vers Vous, ô Verbe Eternel, et, me prosternant, je vous adore ; — Vous que j'ai reçu mission de faire connaître aux hommes, Vous qui devriez être l'unique objet de mes études et de mes méditations : — Pensée éternelle, Pensée unique, immuable, infinie, conçue et engendrée par l'infinie Intelligence ; — Splendeur de la gloire du Père, Image Substantielle de son essence ; — Expression vivante de sa Sagesse, de sa Puissance, de son action et de ses perfections infinies ; — Eternel objet de ses complaisances en qui il se connait et se contemple ; et dans la contemplation duquel il produit l'Eternel et substantiel Amour que vous produisez en même temps et éternellement avec lui en contemplant votre Principe et en refluant vers la Source d'où vous émanez ; — Dieu de Dieu, Lumière de Lumière ; — Parole toute-puissante sortie dans le temps de la bouche du Très-Haut pour donner l'être à ce qui n'était point ! — Par Vous les siècles ont été faits, par Vous l'univers est sorti du néant ; — Par Vous l'homme a été créé à l'image de la Divinité ; — Par Vous, dans l'origine, son entendement fut illuminé des splendeurs de la Vérité. — Alors sa pensée, votre image fidèle, s'engendrait en lui pure et brillante comme le rayon qu'engendre le soleil, comme Vous êtes engendré dans le sein du Père ; alors sa parole, expression naturelle et limpide de la pensée, donnait à celle-ci la forme extérieure et les couleurs qui lui étaient propres ; et cette parole était une comme la vérité, pure et claire comme la lumière, elle devait être la même dans tous les esprits et la même sur toutes les lèvres. — Mais le péché, en dépouillant l'homme du vêtement de la justice, l'a séparé de Vous ; et dès lors votre lumière a cessé d'éclairer son intelligence. Sa raison, abandonnée à sa faiblesse, s'est égarée dans la nuit de l'incertitude, du doute et de l'erreur ; ses pensées n'ont plus été l'expression pure de la vérité ; elles sont devenues vagues, incertaines, inconstantes, ténébreuses et erronées, et la parole a participé de toutes les infirmités de la pensée ; elle en a revêtu les mille formes diverses, elle a varié comme les nuances infinies des hypothèses et des erreurs ; et elle a perdu peu à peu les traits de son origine et les caractères de ressemblance avec le Verbe de Dieu de qui elle émana dans le principe. Ainsi la parole de l'homme a déchu avec lui de sa perfection primitive ; ainsi les peuples en sont venus à multiplier et à matérialiser le Verbe dans leur langage, comme la Divinité dans leur culte, et quelques-uns même l'ont perdu entièrement. — Au milieu de cette universelle dégénérescence du langage, l'esprit s'arrête avec complaisance devant ces magnifiques restes de grandeur et de perfection que nous offre la langue Basque et qui nous donnent une idée de ce que pouvait être la langue de l'homme avant sa chute. La simplicité et la puissance d'expansion que l'on trouve dans cette langue ; l'unité, la spiritualité, la fécondité et les grandes prérogatives de son Verbe, de ce Verbe qui est l'âme, la vie, la lumière du discours; de ce Verbe qui concentre en lui l'expression de l'être, de l'action, de la possession, du mouvement et de la puissance ; qui lie toutes les idées, qui indique les rapports des substances sans s'identifier avec elles ; tous ces caractères ne sont-ils pas autant de traits divins qui nous révèlent encore, ô Verbe incréé, votre manifestation dans la parole humaine ? — Est-ce à sa fidélité au culte du vrai Dieu que le peuple Basque doit de les avoir mieux conservés que tous les autres peuples du monde ? Nous aimons à le croire. O Vous, qui êtes descendu dans ces régions ténébreuses du péché et de l'erreur, pour y porter de nouveau la justice et la vérité, Verbe incarné, Lumière du monde, faites que tous les peuples ouvrent les yeux au flambeau de la foi que vous avez apporté sur la terre, pour éclairer les ténèbres de notre esprit, pour nous guider dans le chemin de la vie et nous faire arriver aux splendeurs de l'Eternelle Vérité. Faites que le peuple Basque, qui semble avoir conservé avec vous des liens plus étroits, soit constant à marcher à la lumière de votre parole ; — que toujours il garde sa foi et sa langue.

Pour nous, enfant de ce peuple, que Vous avez daigné appeler à la participation de votre sacerdoce, nous Vous demandons un regard de miséricorde et de bienveillance, et une bénédiction pour ce travail. — Puisse-t-il, ô Maître Souverain de notre existence et de toutes nos actions, puisse-t-il, en quelque manière, servir à votre gloire ; afin que le temps que nous y avons employé ne soit point pour nous un temps perdu ! Amen.

FIN.

TABLE DES MATIÈRES.

	Pages.
Épître Dédicatoire. — Préface	v
Alphabet basque	xi

Le Verbe Basque.

Son unité et ses propriétés	1
Ses modes et ses formes	2
Des noms verbaux	7
Les temps du verbe basque	12
Observations sur les combinaisons du verbe avec les noms verbaux	21

Tableaux des formes du Verbe Basque.

1re Forme : Indicatif présent	25
2e Forme : Indicatif passé	39
3e Forme : Indicatif futur	55
4e Forme : Subjonctif présent	79
5e Forme : Subjonctif passé	84
6e Forme : Impératif	89
7e Forme : Suppositif ou Conditionné futur	94
8e Forme : Suppositif présent	99
9e Forme : Votif futur	105
10e Forme : Votif présent	110
11e Forme : Conditionnel présent	114
12e Forme : Conditionnel passé	137
13e Forme : Conditionnel futur et potentiel conditionnel	152
14e Forme : Potentiel présent et futur	170
15e Forme : Potentiel passé	188

CONJUGAISON DES FORMES DU VERBE
COMBINÉES AVEC LES NOMS VERBAUX.

VOIX TRANSITIVE.

Indicatif présent.

Présent en action, forme capitale	201
Présent parfait	206
Présent propositif ou futur	210
Forme régie positive	215
Forme régie exquisitive	220
Forme d'incidence	224

Indicatif passé.

Passé en action ou imparfait, forme capitale	229
Passé parfait	233
Passé propositif ou conditionnel	234
Forme régie positive	235
Forme d'incidence	240

Indicatif futur.

Futur parfait, forme capitale	245
Futur en action	249
Forme régie positive	250
Forme régie exquisitive	255
Forme d'incidence	259

Impératif	263

Subjonctif ou forme régie optative.

Présent	266
Passé	269

Suppositif ou conditionné.

Futur	274
Présent parfait	277
Présent en action	280

Votif.

Futur	282
Présent parfait	285

Conditionnel présent.

Forme capitale	289
Forme régie positive	296
Forme régie exquisitive	299
Forme d'incidence	300

Conditionnel futur et Potentiel conditionnel.

Forme capitale	304

TABLE DES MATIÈRES.

	Pages.
Forme régie positive	305
Forme régie exquisitive	309
Forme d'incidence	309

Conditionnel passé.

Forme capitale	310
Forme régie positive	314
Forme d'incidence	315

Potentiel présent et futur.

Forme capitale	316
Forme régie positive	320
Forme régie exquisitive	323
Forme d'incidence	324

Potentiel passé.

Forme capitale	325
Forme régie positive	329
Forme d'incidence	332

VOIX INTRANSITIVE
(Neutre, réfléchie et passive).

Indicatif présent.

Présent en action, forme capitale	333
Présent parfait	336
Parfait absolu ou passif	338
Présent propositif ou futur	339
Forme régie positive	340
Forme régie exquisitive	343
Forme incidente	346

Indicatif passé.

Passé en action ou imparfait, forme capitale	349
Passé parfait	352
Passé propositif	353
Forme régie positive	354
Forme incidente	357

Indicatif futur.

Futur en action, forme capitale	360
Futur parfait	363
Futur parfait absolu ou passif	364
Forme régie positive	365
Forme régie exquisitive	368
Forme d'incidence	369

	Pages.
IMPÉRATIF	370

Subjonctif ou forme régie optative.

Présent	373
Passé	375

Suppositif ou conditionné.

Futur	378
Présent	380

Votif.

Futur	384
Présent	384
Parfait	385

Conditionnel présent.

Forme capitale	386
Forme régie positive	390
Forme régie exquisitive	393
Forme d'incidence	394

Conditionnel passé.

Forme capitale	395
Forme régie positive	398
Forme d'incidence	399

Conditionnel futur et Potentiel conditionnel.

Forme capitale	401
Forme régie positive	404
Forme régie exquisitive	407
Forme d'incidence	408

Potentiel présent et futur.

Forme capitale	410
Forme régie positive	413
Forme régie exquisitive	416
Forme d'incidence	417

Potentiel passé.

Forme capitale	418
Forme régie positive	421
Forme d'incidence	422

TABLE DES MATIÈRES.

	Pages.
Forme simple conditionnée du potentiel présent............................	424
CONJUGAISON DES FORMES COMPOSÉES. Prodigieuse flexibilité des terminatifs du verbe basque......................	427

Règles et remarques.

Règles à suivre pour le placement du verbe..............................	430
Union de la particule négative au verbe.	430
De la préfixe *ba*........................	431
Emploi des terminatifs à compléments.	432
Que tous les mots basques peuvent prendre le caractère verbal et se conjuguer............................	433
Formation des terminatifs :	
Caractéristiques du sujet...............	435
Caractéristiques des régimes...........	437
DES CAS DU SUJET DU VERBE............	439
Des cas du régime du verbe et du nom verbal................................	440
Terminaisons des noms verbaux.......	441
Nature des mots *maite*, *nahi*, *behar*, *ouste*...............................	442
Des termes *æi*, *ohi*, *ari*, *erazi*, *jarri*.	443
Des locutions adverbiales *othe*, *othian*, *umen*, *balimba*, *agian*, *ber*, *bait*, *ordian*, *geroz*......................	444

	Pages.
De l'usage de la forme adjective du verbe................................	445
Des formes contractées improprement appelées verbes irréguliers.	
Formes contractées ou irrégulières de *jóan*, aller........................	446
Formes irrégulières de *jakin*, savoir...	449
Formes irrégulières de *egon*, rester...	451
Formes irrégulières de *ebil*, marcher.	452
Formes irrégulières de *erabil*, faire aller.................................	453
Formes irrégulières de *eraman*, emporter..............................	455
Formes irrégulières de *eduki*, tenir.	457
Formes irrégulières pour rendre certains terminatifs du verbe *erran*, dire	458
Observations sur ces formes irrégulières	459

APPENDICE.

Tableaux des principales formes du verbe basque dans les dialectes LABOURDIN, GUIPUSCOAN et BISCAYEN.............	461
Voix intransitive DA, ZEN, etc...........	463
Voix transitive DU, ZUEN, etc...........	473
CONCLUSION............................	507

Je soussignée, imprimeur à Bayonne, certifie qu'il n'a été tiré que cinq cents exemplaires, dont un seul sur papier grand-raisin vélin pour S. A. le Prince Louis-Lucien Bonaparte, de l'ouvrage ayant pour titre : LE VERBE BASQUE, *par M. l'abbé Inchauspe.*
Bayonne, le 20 Février 1858.

Vᵉ A. LAMAIGNÈRE NÉE TEULIÈRES.

BAYONNE. — Imprimerie de veuve LAMAIGNÈRE née TEULIÈRES